신편 신역 청련집 靑蓮集

심경호(沈慶昊)

현 고려대학교 명예교수. 1955년 충북 출생으로, 서울대학교 국어국문학과와 동 대학원 석사과정을 졸업하고, 일본 교토(京都)대학에서 문학박사학위를 받았다. 고려대학교 문과대학 한문학과 교수, 고려대학교 한자한문연구소장을 역임하고, 현재 동아한학연구 편집위원장, 애산학회 이사 및 편집위원장, 율곡국학원 이사로 있다. 저서로 『강화학파의 문학과 사상』(단독 및 공저 1-4), 『조선시대 한문학과 시경론』, 『한학입문』, 『한국한문기초학사』 1-3, 『다산과 춘천』, 『여행과 동아시아 고전문학』, 『김시습평전』, 『안평 : 몽유도원도와 영혼의 빛』, 『한국한시의 이해』, 『한시의 세계』, 『한시의 서정과 시인의 마음』, 『한시의 성좌』, 『김삿갓 한시』, 『(증보)한문산문미학』, 『간찰』, 『참요』, 『내면기행』, 『산문기행』, 『국왕의 선물』 1-2, 『옛 그림과 시문』, 『한국의 석비문과 비지문』, 『호, 주인옹의 이름』, 『한국의 과문(科文)의 양식과 시제(試題)』, 『응제(應製)와 제술(製述)』, 『서울 고전만유』, 『성호사설의 변정 · 상론 · 제안』 등 40여 종이 있다. 역서로 『주역철학사』, 『불교와 유교』, 『금오신화』, 『역주 원중랑집』(공역), 『한자 백가지 이야기』, 『선생, 세상의 그물을 조심하시오』, 『증보역주 지천선생집』(공역), 『서포만필』 1-2, 『삼봉집』, 『기계문헌』 1-6, 『심경호 교수의 동양고전강의 : 논어』 1-3, 『육선공주의』 1-2(공역), 『동아시아 한문학 연구의 방법과 실천』, 『도성행락(圖成行樂) : 명청 문인의 화상 제영』, 『여유당전서(시)』(네이버 지식백과), 『춘향전·춘향가』, 『을병조천록』, 『신편신역 청련집』, 『강화학파 정제두 · 이충익 · 심대윤』(한국사상선), 『신편신역 김시습전집』 등 40여 종이 있다.

신편 신역
청련집青蓮集

초판 1쇄 발행 2025년 12월 13일

저자 | 이후백
역주자 | 심경호

펴낸곳 | (주)태학사
등록 | 제406-2020-000008호
주소 | 경기도 파주시 광인사길 217
전화 | 031-955-7580
전송 | 031-955-0910
전자우편 | thspub@daum.net
홈페이지 | www.thaehaksa.com

편집 | 조윤형 여미숙 김태훈
마케팅 | 김민선
경영지원 | 김영지

값 50,000원

ISBN 979-11-6810-395-5 (93810)

책임편집 | 조윤형
디자인 | 이윤경

태학명문 6

신편 신역 청련집 靑蓮集

이후백 李後白 저
심경호 沈慶昊 역주

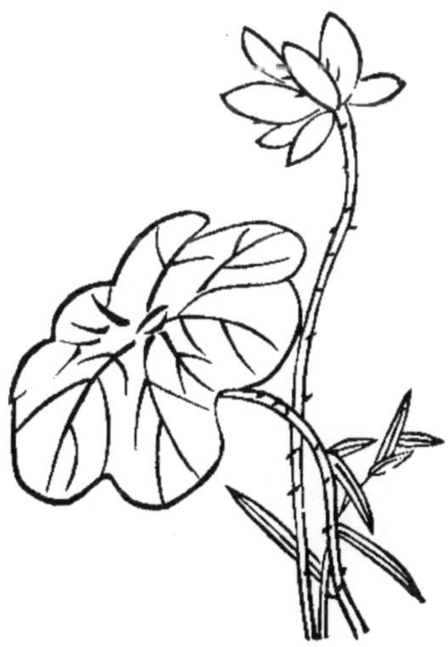

연안이씨청련공파종중
태학사

청련 이후백 선생 영정
청련사(靑蓮祠) 소장(경기도 파주시 광탄면 발랑리 182번지).

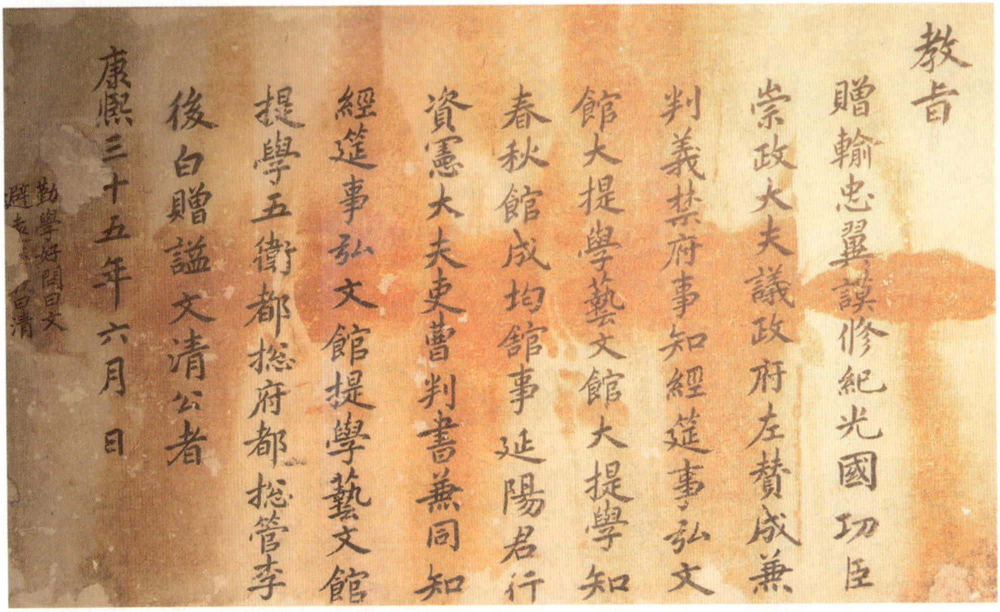

敎旨
贈輸忠翼謨修紀光國功臣
崇政大夫議政府左贊成兼
判義禁府事知經筵事弘文
館大提學藝文館大提學知
春秋館成均館事延陽君行
資憲大夫吏曹判書兼同知
經筵事弘文館提學藝文館
提學五衛都摠府都摠管李
後白贈謚文淸公者
康熙三十五年六月 日

증시 고지(贈謚敎旨). 1696년(숙종 22) 6월 '문청(文淸)'의 시호를 내렸다.

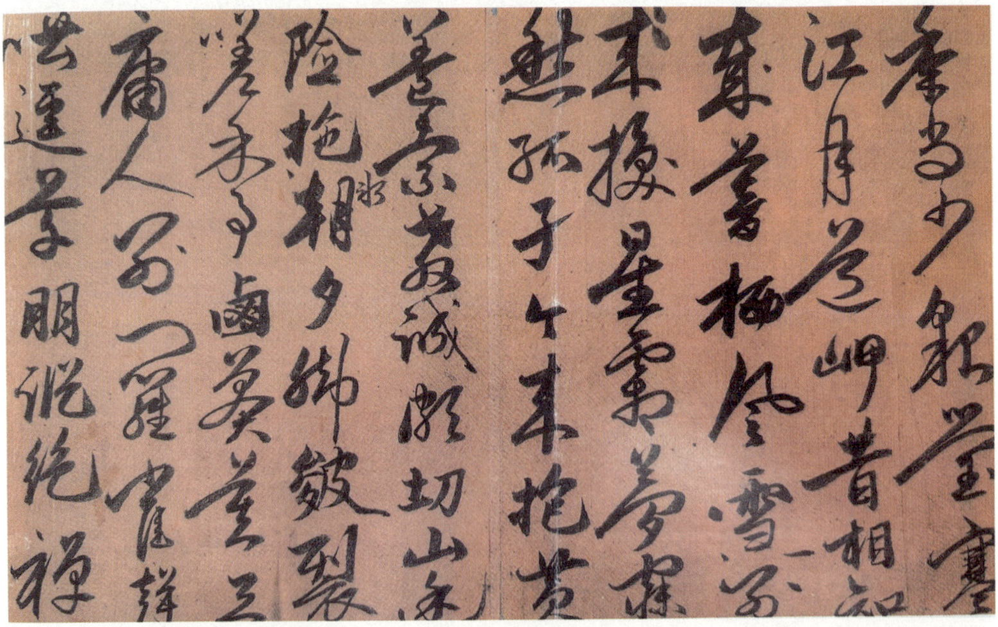

청련 이후백 선생 유묵. 석천(石川) 임억령(林億齡)이 월출산(月出山) 혜원(慧遠) 스님에게 준 시에 차운한 오언고시의 일부. 본서 157~159면 참조.

청련 이후백 선생 묘소. 경기도 파주시 광탄면 발랑리 산49번지.

청련 이후백 선생 신도비. 황경원(黃景源)이 비문을 짓고, 후손 이현수(李鉉洙)가 글씨를 쓰고 아울러 전액(篆額)을 올렸다. 1985년(을축) 4월에 세웠다.

청련 이후백 선생의 위패를 모신 사당 청련사(靑蓮祠)의 전경(위) 및 내관(아래).
경기도 파주시 광탄면 발랑리 182번지(부흥로 451).

간행사

존경하는 연안이씨 청련공파 종원 여러분, 그리고 청련공(青蓮公, 諱 後白, 諡號 文淸)의 고결한 학문과 청렴한 정신을 기리는 모든 연안이씨 종원 여러분과 역사학계, 계보학계 및 유학계 선생님들께 깊은 경의와 함께 이 역사적인 소식을 전합니다. 선대 종원들의 오랜 염원과 종원 여러분들의 각고의 노력이 결실을 맺어, 마침내 『신편 신역 청련집(新編新譯 青蓮集)』이 세상의 빛을 보게 되었습니다. 이 책은 단순한 문집의 재번역을 넘어, 500년을 이어 온 청련공의 정신을 시대적 언어로 완벽하게 복원하고, 공의 삶과 사상을 후대에 정확하고도 생생하게 전달하기 위한 저희 종중의 숭고한 문화적 사명 선언입니다. 저희 종중은 시대의 혼탁함 속에서도 맑고 '푸른 연꽃'처럼 세상을 비추고자 하셨던 청련공의 정신이 오늘날 우리 후손들은 물론, 이 땅의 모든 지식인들과 공직자들에게 시대를 초월한 가르침과 사표(師表)가 될 수 있다고 확신합니다. 이 책의 발간이 지니는 숭고한 의미를 되새기며, 그간의 지난한 여정을 상세히 말씀드리고자 합니다.

Ⅰ. 시대의 사표, 청련공의 고결한 생애와 위상

청련공은 1520년(중종 15년) 경상남도 함양군 우암촌(牛岩村)에서 태어나시어 1578년(선조 11년) 타계하실 때까지, 약 60년의 생애 동안 문인(文人)으로서의 탁월한 재능과 청백리(淸白吏) 관료로서의 굳건한 소신을 양립시키신 우리 가문의 빛나는 명인(名人)이십니다. 공의 삶은 일찍이 문학적 소명으로 시작되었습니다. 공의 자(字)인 '계진(季眞)'은 당나라 시선(詩仙) 이백(李白)을 처음 인정해 준 하지장(賀知章)의 그것과 같으며, 호 '청련(靑蓮)' 역시 이백의 호와 같습니다. '후백(後白)'이라는 이름은 조부 참판공(諱 元禮)께서 평소 이백을 좋아하셔서 '뒤에 태어난 이백'이란 뜻으로 지어 주셨다고 합니다.

공이 8세 때 절에서 글을 읽고 있었는데, 경상도 관찰사가 공이 총명하다는 소문을 듣고 찾아와 탑 옆에 새로 심은 작은 소나무를 보고 '탑반송(塔畔松)'이란 시제를 주자, 공이 즉석에서 읊으니, 관찰사가 대단히 기특하게 생각했고, 일시에 이 시가 전파되었는데, 선배들은 "이 시가 비단 천재의 조숙한 성취일 뿐 아니고, 그 뜻과 취향을 볼 수 있다."라고 평했습니다. 공께서는 9세 때 양친(兩親)을 여의시고 백부 참봉공(諱 國權)의 집에 기거하실 때, 당곡(唐谷) 정희보(鄭希輔)를 사사하였는데, 이때 이미 구졸암 양희, 옥계 노진과 더불어 '천령삼걸(天嶺三傑)'로 일컬어질 만큼 명성을 떨치셨습니다. 공은 15세 때 백부를 따라 화개와 악양 사이를 배를 타고 가면서 소상팔경가(瀟湘八景歌) 8편을 지으셨는데, 이 가사가 사람들 사이에 소문이 나서 여러 악부에 등재되었습니다. 공께서는 100여 수의 시를 남기셨는바, 당시풍의 칠언절구뿐 아니라 여러 양식에 능하셨고, 조신으로서 각종 행사에 참여하고 관련 시들도 지으셨는데, 1560년(명종 15) 칠언배율의 「서총대(瑞葱臺)」에서는 연산군의 황음을 비판하고 중흥 이후의 군신제우(君臣際遇)의 광경을 칭송하셨습니다. 공은 시만이 아니라 산문의 여러 문체에도 통하셔서 당대 사장(詞章)의 대표적 인물에 포함되셨습니다.

공께서는 16세 때 홀로 계신 조모 정부인 홍씨 할머니를 모시기 위해 전라남도 강진으로 이사하셨는데, 조모에 대한 공경함이 지극하여 마을에서 모두 칭찬했다고 합니다. 23세 때 향시에서 장원을 하신 후 공의 학문은 날로 진보하였는데, 『옥봉집』과 『고죽유고』에 따르면 공이 32세 때, 옥봉 백광훈과 고죽 최경창이 공에게 사제의 예를 갖추었다는 사실이 확인되고, 훗날 김창협(金昌協)은 『태천집』에서 공이 조선 중기 당시풍(唐詩風)을 일으킨 문단의 종장(宗匠)이었음을 공인하였습니다. 이후 공께서는 석천 임억령, 하서 김인후, 사암 박순, 고봉 기대승, 송천 양응정 등 당대의 기라성 같은 선비들과 교유하시며 학문적 깊이를 더하셨습니다.

공의 족적은 고위 공직자로서 더욱 굳건합니다. 27세에 사마시, 36세에 식년 문과에 급제하신 후 24년간 조정에서 관직 생활을 하셨습니다. 40세 때는 암행어사로 호남을 순찰하셨는데, 공이 강직하다는 소문을 듣고 미리 관직을 떠난 수령들이 많았다고 합니다. 공께서는 지제교(知製敎)를 겸대할 만큼 국왕의 교서와 공문서 제술에 능하셨으며, 44세 때에는 호당(湖堂)에 선발되시어 젊은 엘리트 관료로서의 역량을 인정받으셨습니다. 공은 48세 때, 승정원 동부승지로 계실 때에 왕에게, 국가를 소유한 군주는 재정이 부족함을 염려하지 말고 민심을 잃을까 염려해야 하는데, 만일 재물을 함부로 거두어들이는 신하를 등용한다면 재물은 얼마 얻지도 못하고 민심은 많이 잃을 것이므로 수령들이 사사로이 재물을 궁중에 헌납하는 것을 엄금해야 한다고 말씀을 올리심으로써 사사로운 헌정의 폐단을 근절시키셨습니다. 그리고 49세 때, 사간원 대사간으로 계실 때에 간관의 말에 대한 승지의 지적에 대하여 간관의 말이라 하더라도 잘못이 있을 경우에는 고쳐야 한다고 말씀하시고 스스로 대사간의 직을 사임하셨습니다.

50세 되던 1569년(선조 2년)에는 성절사 정사로 서장관 류성룡과 함께 중국 명나라에 다녀왔고, 54세 되던 1573년(선조 6년)에는 종계변무주청사(宗系辨誣奏請使)로 중국 명나라에 가서 태조의 가계에 대하여 『대명회전』에 잘못 기록되어 있는 점을 수정케 한 공적으로 사후에 수충공성익모수기광국공신으로 등록되는 한편 좌찬성과 대제학을 받으시고 연양부원군에 봉해지셨습니다.

51세 되던 1570년(선조 3년) 공이 승정원 도승지로 계실 때 왕명에 따라 「국조유선록서(國朝儒先錄序)」를 지으셨는데, 여기서 공은 『국조유선록(國朝儒先錄)』이 김굉필·정여창·조광조·이언적의 사현(四賢)을 정주학(程朱學)을 잇는 정통으로 공인하였음을 확인하셨습니다. 이에 대하여 송시열(宋時烈)은 행장에서 다음과 같이 언급하였습니다.

선조가 일찍이 공에게 『국조유선록(國朝儒先錄)』 서문을 지으라고 명했는데, 공이 위로 도학(道學)의 연원(淵源)을 밝히고 다음으로 전수(傳授)의 통서(統緖)를 서술함에 있어 노숙하고 우아 간요하여 사람들이 이론을 제기하지 않았으니, 공은 식견이 있는 말을 하는 군자(君子)라고 할 만하다.

공은 52세 때 문신정시(文臣庭試)에 장원하셨는데, 공의 학문과 실력이 당대 최고였음을 보여 준다고 하겠습니다. 1575년 3월 명종왕비인 인순왕후가 서거하자 공이 지문(誌文)을 지어 올리셨는데, 이 사례는 공이 국가의 공용문인 이른바 관각문(館閣文)을 제작하는 문신의 반열에서 일정한 지위를 공인받고 있다는 사실을 말해 준다고 평가됩니다. 공은 같은 해 5월 형조판서가 되셨는데, 당시 우의정 박순(朴淳)은 형조판서를 천거하라는 선조의 명이 있자 공이 청백한 지조로 공사(公事)에 봉사하고 있으니 이 임무에 적합하다고 하면서 공을 천거하셨다고 합니다.

1575년 10월에 공은 함경도 관찰사로 임명되어 함경도의 문교(文敎)를 진작시켰는데, 함흥에 있는 문회당을 서원으로 승격시키고 사액을 받는 등 문회서원(文會書院)의 위상을 확립하셨습니다. 또한 공은 함경도 관찰사로서 민생을 안정시키기 위한 선정을 시행하셨습니다. 이에 대하여 이이(李珥)는 『경연일기』에서 공이 함경도 관찰사로서 선정을 베풀었다고 평가했고, 정약용(丁若鏞)은 공의 정사(政事)는 천리(天理)의 공정에서 나온 것이라고 『목민심서』에 적었습니다. 당시 공께서 변경의 각 진영 순시에 나섰을 때 지적을 받지 않은 진영이 없을 정도였는데, 한 진영을 맡고 있던 이순신의 비범함을 일찍이 알아보시고 격려하셨던 혜안은 공의 지도력과 통찰력이 얼마나 뛰어났는지를 증명합니다. 공의 공직관은 충무공 이순신에게 큰 영향을 끼쳤다고 합니다.

58세 되던 1577년(선조 10년) 공은 이조판서가 되셨는데, 어느 날 일가 한 분이 와서 벼슬을 부탁하자, 안색이 변하시면서 그분 이름도 적힌 『효렴부(孝廉簿)』라는 책을 꺼내 보이면서 장차 천거하려고 하였는데 "만약 구하는 자만이 얻게 된다면 이는 공도가 아니다.〔若求者 得之卽 非公道者也.〕"라고 하시면서 더 이상 천거할 수 없다고 말씀하셨다는 일화는 유명합니다.

공은 이조판서이던 1577년 12월에 을사삭훈반교문(乙巳削勳頒敎文)을 지으셨는데, 이 글은 선조가 위사공신(衛社功臣, 을사사화를 일으켜 공신호를 받은 사람)의 공신호를 삭탈해야 함을 반포하는 글로서, 선조가 대제학이 지은 글이 문장이 미흡하다는 이유로 물리치시고 공에게 다시 짓게 한 것으로, 공의 문장이 경국문장(經國文章)으로서 시대를 초월하여 인정받았음을 증명합니다. 이 글에 대하여 송시열은 공의 행장에서 다음과 같이 말했습니다.

> 화패(禍敗)의 원류를 소급하고 뭇 간신들의 기만과 은폐를 지척(指斥)하며 명종의 우애의 정을 분명하게 드러내고 봉성대군의 억울함의 진상을 밝혀서 명백하고도 통쾌하여 읽는 사람으로 하여금 감격해서 눈물을 흘리게 한다. 의론하는 사람들은 '비단 문장이 출중할 뿐 아니라 그 지기가 빛남을 볼 수 있다'라고 말했다.

공은 59세(1578년)에 마지막으로 호조판서를 배수하셨는데, 노수신은 '호조의 장관은 강직하고 밝으며 법을 지키는 사람을 택하여야 한다.'고 하면서 공을 추천하였다고 합니다. 공은 그 해 9월 휴가를 받아 함양의 부친 선영에 성묘하고 옥계 노진의 영구에 곡하고 돌아와 감기가 들어 하룻밤 만에 서거하셨습니다. 실록의 사관은 공을 "총명하여 시에 능하고 옛글에 널리 통했다.", "재주가 넉넉하고 문장을 잘했으며 흔들리지 않고 정도를 지켰다.", "글은 꾸밈을 좋아하지 않았고 벼슬에 임해서는 직분을 다했다.", "뜻에 힘써 책을 보았고 학문이 매우 정통했으며 시문이 호건해 사람들이 애송함이 많았다."라고 극찬했습니다. 공은 사후에 청백리에 녹선되셨는데, 율곡 이이는 "공은 관리로 있을 때 그 직분을 다했으며, 몸가짐이 깨끗하여 벼슬이 육경의 지위에 이르렀으나, 살림이 가난하고 소박하기가 유생과 같았다. 뇌물을 일절 받지 않았고, 손님이 와도 술잔과 소반이 냉담했다. 정승으로 들어갈 물망이 있었는데, 졸하게 되어, 사림에서 몹시 아까워하며 이제 정2품 지위에는 사람이 없다고 했다."고 합니다.

Ⅱ. 정본(正本)을 향한 여정, 그리고 『신편 신역 청련집』의 탄생

청련공의 문집인 『청련집(青蓮集)』 목판본(木版本)에 대한 국역 작업은 1991년 연안이씨청련공파도문회 이광국 회장님의 주도로 문학박사 전형대 선생의 연구용역을 거쳐, 1992년 『국역 청련집』으로 처음 세상에 나왔습니다. 그러나 시간이 흐름에 따라 학계에서는 더 정확하고 상세한 정본의 필요성이 꾸준히 제기되어 왔습니다.

이러한 염원은 2020년 공의 탄신 500주년을 맞이하여 더욱 구체화되었습니다. '코로나 19 팬데믹'으로 인해 당초 계획했던 학술대회가 2022년 8월 20일, 공의 11대손 이순탁 님이 초대 학장을 역임하신 연세대학교 상경대학 건물에서 성대히 개최되면서 중요한 전환점을 맞았습니다. 우리 종중은 공의 관료로서의 삶과 문장가로서의 삶을 조명하고자 한국계보연구회에 연구용역을 의뢰하였고, 당시 회장이셨던 김학수 교수님을 포함하여 임형택, 심경호, 강제훈, 김봉곤 교수님 등 당대 최고 학자들이 연구진으로 참여하셨습니다. 이 자리에서 심경호 교수님께서는 『국역 청련집』의 문제점(진본이 아닌 글의 수록, 다른 문헌에 산재된 자료의 누락 등)을 지적하시면서, '청련집'의 '정본(定本)'을 만들 것을 강력하게 제언하셨습니다. 심경호 교수님의 제언은 우리 종중이 오랫동안 품어 왔던 '청련공 문집의 완벽한 복원'이라는 숙제에 대한 명쾌한 해답이었습니다. 이에 우리 종중은 곧바로 2023년 11월 29일 심경호 교수님께 '청련집 역주 연구용역'을 정식으로 의뢰하였고, 교수님께서는 작년 여름의 무더위에도 불구하고 오로지 청련공의 고결한 정신을 올곧게 전하겠다는 일념으로 이 정본화 작업에 심혈을 기울이셨습니다. 이 자리를 빌려, 우리 종중의 종원들을 대표하여 심경호 교수님과 김학수 교수님의 헌신적인 노고에 깊은 존경과 감사를 표합니다.

Ⅲ. 『신편 신역 청련집』의 학술적 성과와 민족문화사적 의의

이 『신편 신역 청련집』은 중간본인 석판본과 기존 『국역 청련집』의 정리본을 기준으로 하되, 청련공 선생의 삶과 사상을 완벽하게 복원하고 재조명하는 데 중대한 학술적 성과를 이루어 냈습니다.

1. 도학(道學)의 연원 확립

공께서 51세 때(1570년) 지어 올린 「국조유선록서(國朝儒先錄序)」는 조선 유학의 정통(道統)을 정몽주 이후 김굉필, 정여창, 조광조, 이언적 등 '사현(四賢)'에게서 찾고, 그들의 학문이 정주학(程朱學)을 계승하여 '의리'와 '조존극치(操存克治)'의 방도를 가르쳤음을 명확히 했습니다. 이 신편 신역본은 이 중요한 서문 전체를 수록하여, 공의 깊은 경학(經學) 식견과 사상을 온전히 밝히고 있습니다.

2. 경국문장(經國文章)의 복원

공은 지제교의 관함을 지닐 만큼 국왕의 교서 및 조정의 공문 제술에 능했는데, 본 신편 신역본은 명종의 왕비 인순왕후의 지문(誌文) 제술 사실을 비롯하여, 공이 국정의 주요 문서를 얼마나 많이 작성했으리라는 추정을 뒷받침하는 귀중한 자료들을 정리했습니다. 특히 장편 칠언고시 11수는 조선 중기의 정식시(程式詩)로서 과거 문체의 변천사를 살필 수 있는 귀중한 자료일 뿐만 아니라, 남원 광한루이 비보를 위한 철구 건립 등 중요한 역사적 사실을 담고 있어 문학적·역사적 가치가 매우 높습니다.

3. 정본 확립과 추가 자료 수집·정리

기존 『국역 청련집』에 실려 있던 산문 중 공의 글이 아닌 작품은 과감히 제외하고, 공과 관련된 시 12제를 비롯한 관계 문헌을 보완하고, 국가 기록인 『국조보감(國朝寶鑑)』의 관련 기록들을 수집·정리하여 청련공의 행적을 입체적으로 복원했습니다.

4. 새로운 번역 및 주석과 해설 추가

시문(詩文)을 현대적 감각에 맞게 새로 번역하는 동시에, 원문의 이해를 돕기 위한 상세한 주석과 깊이 있는 해설을 추가하여 연구자는 물론 일반 독자들까지도 쉽게 청련공의 사상에 접근할 수 있도록 하였습니다.

5. 민족문화사적 기여

이 신편 신역본의 간행은 단순한 문중 사업을 넘어, 청련공의 인간과 문학, 정치활동의 공적을 보다 엄밀하게 살피고 조선 명종, 선조 연간의 『실록』이나 해당 시기 활동 인물들의 문집에서 결락된 사실들을 보충할 수 있게 함으로써, 한국 민족문화사를 공정하게 서술하는 데도 크게 기여하리라 기대됩니다.

Ⅳ. 출판의 완성과 종원들의 협력

우리 종중은 2024년 12월 연구용역결과보고회를 거쳐 다음 해인 2025년 3월 24일 청련공의 사당인 '청련사(青蓮祠)'가 소재한 파주시에 있는 한국학 관련 굴지의 출판사 '태학사'에 출판을 의뢰하게 되었습니다. 이후 교정 등을 하는 과정에서 저는 종중 대표로서 심경호 교수님으로부터 '신편 신역' 초고를 받아 처음부터 끝까지 숙독하며 교열하고 검증하는 작업에 적극적으로 참여하였습니다. 학자의 헌신, 종중의 사명감, 그리고 전문 출판사의 편집 노하우가 결합하여 마침내 이 귀한 책이 금년 12월에 세상에 나오게 된 것입니다. 이 자리를 빌려 태학사의 지현구 회장님과 마지막까지 편집과 교정을 여러 번에 걸쳐 꼼꼼하게 살펴 주신 조윤형 주간님께 깊은 감사의 말씀을 드립니다.

이 역사적인 사업이 결실을 맺기까지는 종중 고문님들을 비롯한 임원님들과 종원님들의 적극적인 성원과 도움도 컸습니다. 청련공파 종원 여러분의 적극적인 지지와 관심이 없었다면 이 책의 간행은 불가능했을 것입니다. 이 자리를 빌려 다시 한번 청련공파 종원님들께 진심으로 깊은 감사를 드립니다.

Ⅴ. 청련공의 정신을 미래로

저희 연안이씨청련공파종중은 이 『신편 신역 청련집』의 간행을 통해 청련공의 정신을 현재의 시공간으로 불러내어, 후손들이 그 고결한 삶의 지표를 따라 살아가기를 간절히 염원합니다. 이 책이 수많은 젊은 후손들에게 학문의 중요성과 청렴의 가치를 일깨우는 살아 있는 교과서가 되기를 바랍니다. 청련공께서 남기신 시, 가사, 계사, 서문, 교문 등은 세상을 걱정하고 백성을 사랑하며 소신을 굽히지 않았던 한 선비의 피와 땀이 어린 기록입니다. 이 책을 통해 우리 종원들이 청련공의 후손이라는 긍지와 자부심을 더욱 확고히 하고, 공의 유훈(遺訓)을 계승하여 연안이씨 문중의 명예를 더욱 빛내 주시기를 부탁드립니다. 다시 한번 귀한 결실을 위해 애써 주신 모든 분들께 감사드리며, 이 책이 우리 사회와 학계에 청련공의 정신을 널리 전파하는 데 크게 기여하기를 기원합니다.

2025년 12월 13일

연안이씨청련공파종중 회장(청련공 11대손)

청안(淸眼) 이철진(李哲鎭) 근상(謹上)

축사

우리 연안이씨(延安李氏) 문중의 큰 어른이시자 조선 중기의 명망 높은 학자이신 청련(青蓮) 이후백(李後白) 공은 조선의 학술 문화적 수준을 한 단계 끌어올리고 청직(清直)을 몸소 실천한 경세가(經世家)이셨습니다. 이번에 청련공파(青蓮公派) 문중에서 공의 시문(詩文)과 관료 시절 임금께 올린 글, 그리고 각종 관련 자료를 정성껏 모아 한 권의 책으로 엮어 내셨습니다.

이는 단순한 문집(文集) 간행을 넘어, 우리 문중의 찬란한 정신문화와 학문적 전통을 되새기고 널리 알리는 뜻깊은 사업이라 하겠으며, 연안이씨의 위상을 한층 더 높이셨습니다.

청련공(青蓮公)께서는 조선 중기의 격동 속에서도 성리학적(性理學的) 충효(忠孝)의 길을 지켜 가며 올곧은 뜻을 펼치셨으며, 여러 양식의 시문과 주상(主上)께 올린 글들을 통해 그의 높은 학식(學識)과 충정(忠情)을 유감없이 드러내셨습니다. 오늘날 우리가 그 기록을 다시 마주할 수 있다는 것은 큰 경사요, 후손 된 도리를 다하는 일이라 생각합니다.

이번 문집 간행을 위해 노고를 아끼지 않으신 이철진(李哲鎭) 회장님과 종중의 여러 어른들 그리고 관계자 여러분께 깊은 감사의 말씀을 드립니다. 이 문집이 후손들에게는 가문의 자긍심이자 정신적 유산이 되고, 학문과 역사 연구에도 소중한 자료가 되기를 기대합니다.

끝으로, 청련 이후백 공의 높은 뜻과 글이 이 책을 통해 오래도록 전해지기를 바라며, 후손들에게 귀한 경전(經典)이 될 것으로 확신합니다. 연안이씨 청련공파 종중의 무궁한 발전과 여러분의 건강을 기원합니다.

2025년 12월

연안이씨 전국대종회

회장 이혁범(李赫範)

차례

신편 신역 청련집 - 속집(續集)

신편 신역 청련집 - 후집(後集)

신편 신역 청련집 – 부록(附錄)

『신편 신역 청련집』 해제

심경호(沈慶昊)

1.

『청련집(靑蓮集)』은 이후백(李後白, 1520~1578)의 문집이다. 이후백의 본관은 연안(延安), 자(字)는 계진(季眞), 호는 청련(靑蓮)·청련거사(靑蓮居士)·송소(松巢)·하의거사(荷衣居士)이다. 봉호는 연양군(延陽君)이고, 시호는 문청(文淸)이다. 관찰사 이숙함(李淑瑊)의 증손으로, 현감 이세문(李世文)의 손자이며 이국형(李國衡)의 아들이다.[1] 어머니는 나주임씨 임종의(林宗義)의 딸이다.[2]

이국형은 본래 이숙황(李淑璜)의 아들 이원례(李元禮)의 차남인데, 이숙함의 아들 이세문의 후사로 나갔다.[3] 이원례는 영남 일원의 문사 32명이 진주 촉석루에서 맺은 진양수계인 금난계의 회원으로, 중국 당나라 때 시인으로 후대에 시선이라 불리던 이백(李白)을 무척 좋아했다. 그래서 장남 이국권(李國權)에게서 난 손자를 '작은

1 연안이씨(延安李氏)의 시조는 중국 당나라의 중랑장이었던 이무(李茂)로, 소정방이 백제를 평정할 때에 종군하여 우리나라에 왔다가 신라에서 벼슬을 했고 이때 연안을 본관으로 받게 되었다고 전한다. 연안은 황해도 연백군(延白郡)의 신라시대 때 이름이다.

2 황경원(黃景源) 찬, 「자헌대부 이조판서 겸 동지경연사홍문관제학예문관제학 오위도총부도총관 증 수충공성익모수기광국공신 숭정대부 의정부좌찬성 겸 판의금부사지경연사 홍문관대제학예문관대제학지춘추관성균관사 연양부원군 시 문청공 청련이선생 신도비명(資憲大夫吏曹判書兼同知經筵事弘文館提學藝文館提學 五衛都摠府都摠管 贈輸忠貢誠翼謨修紀光國功臣 崇政大夫議政府左贊成兼判義禁府事知經筵事 弘文館大提學藝文館大提學知春秋館成均館事 延陽府院君謚文靑公靑蓮李先生神道碑銘)」의 서술 내용을 따른다.

3 『연안이씨청련공파보』(1957년, 李浩敬 서문)에 의한다.

이백'이라는 뜻으로 소백(小白)이라 이름 짓고, 차남 이국형에게서 난 손자를 '뒤에 태어난 이백'이라는 뜻으로 후백(後白)이라고 이름 지었다고 한다. 이후백의 자 '계진(季眞)'은 이백을 처음 인정해 주었던 하지장(賀知章)의 그것과 같고, 호의 '청련(靑蓮)'은 이백의 호와 같다.[4]

이후백은 1520년 4월 11일 경상도(현 경상남도) 함양군(咸陽郡) 우암촌(牛岩村)에서 출생했다.[5] 9세에 양친을 잃고 백부 이국권(李國權)의 집에서 양육되었다. 함양에 기거할 때 당곡(唐谷) 정희보(鄭希輔, 1488~1547)를 사사했다. 이때 구졸암(九拙菴) 양희(梁喜, 1515~1580), 옥계(玉溪) 노진(盧禛, 1518~1578)과 동문이어서, 그들과 함께 '천령삼걸(天嶺三傑)'로 일컬어졌다.[6]

16세에는 조모 홍씨의 친정인 전라도(현 전라남도) 강진(康津)으로 이주했다. 21세 때 군수 홍처성(洪處誠, ?~1529)의 딸인 남양홍씨와 결혼했다. 부인 홍씨는 조모 정부인의 질손(姪孫)이기도 하다.

이후백은 강진에 거처하면서, 석천(石川) 임억령(林億齡, 1496~1568), 하서(河西) 김인후(金麟厚, 1510~1560), 사암(思菴) 박순(朴淳, 1523~1589), 고봉(高峯) 기대승(奇大升, (1527~1572), 송천(松川) 양응정(楊應鼎, 1519~1581) 등과 교유했다.[7] 이후백은 김인후를 존경하여, 소쇄원(瀟灑園)에서 종유했다.[8]

한문학사에서는 이후백을 조선 명종 연간의 삼당파(三唐派)와 연관지어 일컫는다. 김창협(金昌協, 1651~1708)은 『태천집(笞川集)』의 서(序)에서 김지수(金地粹, 1585~1639)의 시문을 평가하여, "이후백이 처음으로 당시(唐詩)를 배웠고 이어 최

4 申用浩·姜憲圭, 『先賢들의 字와 號』, 전통문화연구회, 1998, 62면.

5 『함양군사(咸陽郡史)』에 따르면 함양 군동 모간[수동면 우명리 가성]에서 살았다고 한다.

6 李德壽, 「吏曹參判贈吏曹判書梁公墓碣銘」, 『西堂私載』 卷8 「墓碣銘」. "及長, 與盧玉溪禛·李靑蓮後白, 相切磋爲學, 時稱天嶺三傑."; 김윤수, 「좌안동우함양(左安東右咸陽)과 천령삼걸론(天嶺三傑論)」, 『한문고전연구』 29, 한국한문고전학회, 2014, 7~39면.

7 金東河, 「靑蓮李後白의 詩文學硏究」, 연세대학교 대학원 박사학위논문, 1999, 8~32면; 崔錫起, 「李後白論」, 『南道文化硏究』 19, 순천대학교, 2010, 40~45면.

8 金東河, 「靑蓮李後白의 詩文學硏究」, 연세대학교 대학원 박사학위논문, 1999, 20~22면.

경창과 백광훈이 연달아 나와서 문단에 더욱 명성이 났는데 공〔김지수〕이 그 뒤를 이었다고 해도 부끄러움이 없을 것이다."[9]라고 논평했다. 김창협은 이후백이 호남에서 당시를 지은 첫 번째 인물이고, 최경창(崔慶昌, 1539~1583)과 백광훈(白光勳, 1537~1582)이 그의 뒤를 이었다고 분명히 밝혔다.[10]

이후백은 27세 되던 1546년(명종 원년)에 사마시(司馬試)에 합격하고, 36세 때인 1555년(명종 10) 을묘(乙卯) 식년시(式年試)에 급제했다. 『사마방목(司馬榜目)』에 따르면 명종 원년 병오(丙午) 증광시(增廣試)의 진사시에 3등 42위(71/99)로 합격했다. 또 『문과방목(文科榜目)』에 따르면 명종 10년 을묘 식년시에 병과 22위(32/33)로 급제했다.

명종 연간에 이후백은 지제교(知製敎)의 삼자함(三字銜)을 지니게 했다. 그 사실은 명종 연간의 「서총대친림사연도(瑞蔥臺親臨賜宴圖)」(고려대학교박물관 소장)의 참연제신(參宴諸臣) 목록에서 확인할 수 있다. 이 그림은 1560년(명종 15) 9월 19일, 명종이 창덕궁 후원의 서총대에 나와 재상들 이하 문신·무신들을 위해 베푼 연회를 그린 것으로, 표지에 '서총대시연도(瑞蔥臺侍宴圖)'라는 제목이 붙어 있고 홍섬(洪暹, 1504~1585)의 서문, 그림, 참연제신(參宴諸臣) 81명의 이름과 벼슬이 적힌 목록으로 구성되어 있다. 또 상진(尙震, 1493~1564)의 『범허정집(泛虛亭集)』 부록에 「서총대사연좌목(瑞蔥臺賜宴座目)」이 실려 있다. 이 좌목에 따르면 당시 이후백은 '승의랑(承義郎) 병조좌랑(兵曹佐郎) 지제교(知製敎)'의 품계와 직책이었다. 이후백은 결코 이른

9 金昌協, 「苔川集序」, 『農巖集』 권22. "湖南之詩, 自李靑蓮後白始學唐, 因以崔白代興, 益有聲詞苑. 以公而繼其後, 殆可以無愧焉矣."

10 황경원(黃景源)은 이후백 신도비문을 작성하면서 '이후백이 최경창과 백광훈을 종유(從遊)했다.'는 식으로 잘못 적었다. 최경창의 본관은 해주(海州), 자는 가운(嘉運), 호는 고죽(孤竹)이다. 1568년(선조 원년) 증광시 문과에 급제했다. 청백리(淸白吏)에 녹선(錄選)되었다. 문집에 『고죽유고』가 있다. 백광훈의 본관은 해미(海美), 자는 창경(彰卿), 호는 옥봉(玉峯)이다. 이후백과 박순에게 수학했으며 22세에는 진도에 귀양 와 있던 노수신(盧守愼)에게 배웠다. 1560년(명종 19) 진사시에 합격했으나 과거를 포기했다. 글씨에도 일가를 이루어 영화체(永和體)에 빼어났다. 문집에 『옥봉집』이 있다.

나이에 대과(문과)에 합격한 것은 아니었지만, 문사(文思)에 뛰어나 지제교를 겸임하고 국왕을 대신하여 국정에 관계되는 크고 작은 여러 문서들을 작성했으리라 짐작된다. 아쉽게도 이후백의 문집 『청련집』의 초간본과 중간본에는 그 사실이 잘 드러나지 않는다.

이후백은 1563년(명종 18) 12월 12일(병진)에 정원(政院, 승정원)이 뽑은 호당(湖堂)[11] 8인에 들었다. 박순(朴淳)·정윤희(丁胤禧)·유전(柳坱)·최옹(崔顒)은 먼저 뽑힌 사람들이고, 기대승(奇大升)·이산해(李山海)·신응시(辛應時)·이후백은 뒤에 추가로 뽑힌 사람들이었다.[12] 그리고 실록의 사관(史官)은 이후백을 평하여, "총명하여 시에 능하고 옛 글에 널리 통했다.",[13] "재주가 넉넉하고 문장을 잘했으며 흔들리지 않고 정도(正道)를 지켰다.",[14] "글은 꾸밈을 좋아하지 않았고 벼슬에 임해서는 직분을 다했다.",[15] "뜻에 힘써 책을 보았고 학문이 매우 정통했으며 시문이 호건(豪健)해 사람들의 애송이 많았다."[16]라고 했다.

이후백은 59세로 졸하기까지 24년간 관직 생활을 했다. 1569년(선조 2, 기사)〔중국 명나라 융경(隆慶) 3년〕 10월에는 성절사(聖節使) 정사(正使)로 중국 명나라에 다녀왔다. 중국의 『목종장황제실록(穆宗莊皇帝實錄)』 권41의 1570년 정월 23일 기사에 "조선국왕 이송(李昖)이 배신(陪臣) 예조참판 이후백 등을 보내어 입하(入賀)하므로, 연

11 호당(湖堂)은 독서당(讀書堂)의 다른 이름이다. 문관 가운데 문학에 뛰어난 사람에게 휴가를 주어 학업을 닦게 하던 서재이다. 조선 세종 8년(1426년) 사가독서(賜暇讀書) 제도를 마련하여 자택에서 독서하게 했다가 후에 진관사(津寬寺)에서 독서하게 했다. 성종 23년(1492년) 지금의 마포 한강변에 있던 사찰을 확장하여 남호독서당(南湖讀書堂)을 열었고, 이후 중종 때 두모포(豆毛浦)에 동호독서당(東湖讀書堂)을 열었다. 두모포는 현재 성동구 옥수동이다.

12 『명종실록』 권29, 명종 18년(계해, 1563년) 12월 12일(병진).

13 『명종실록』 권24, 명종 13년(1558년) 8월 9일(계축), 「오흡(吳潝)을 회령 부사로, 이후백을 승문원 박사로 삼다」.

14 『명종실록』 권29, 명종 18년(1563년) 5월 11일(무자), 「강사상(姜士尙) 등에게 관직을 제수하다」.

15 『명종실록』 권30, 명종 19년(1564년) 10월 13일(임오), 「윤의중(尹毅中)·박순(朴淳)·강사필(姜士弼) 등에게 관직을 제수하다」.

16 『명종실록』 권31, 명종 20년(1565년) 11월 18일(신해), 「대사간 박순(朴淳) 등이 배제(陪祭)에 불참한 집의 김계휘(金繼輝)의 출사 계청으로 체직을 청하다」.

회를 열어 주고 상을 주기를 관례대로 했다."라고 적혀 있다.[17] 당시 서장관(書狀官)은 류성룡(柳成龍, 1542~1607)이었다. 류성룡은 28세 때 사헌부 감찰의 직함으로 성절사 서장관이 되어 연경에 갔는데, 『서애선생연보(西厓先生年譜)』는 "이때 청련(青蓮) 이후백(李後白)이 정사(正使)였고 선생은 서장관으로 따라갔다."라고 밝혔다.[18] 류성룡의 부친 류중영(柳仲郢, 1515~1573)은 모친이 연안이씨로, 이후백은 그의 외가 쪽 친척이었다. 류중영의 저서 『입암일고(立巖逸稿)』에는 이후백과의 교유 사실을 알려 주는 시문이 불행하게도 남아 있지 않다.[19]

1571년(선조 4) 이후백은 문신정시(文臣廷試)에서 거괴(居魁, 으뜸 자리를 차지함)하여 가자(加資, 품계의 자급을 더함)되었다고 하고, 왕명에 따라 「유민도시(流民圖詩)」를 제술하여 올렸다. 「유민도」는 10첩(帖)으로, 이후백은 '축첩부시(逐帖賦詩)'했다고 한다.[20] 윤현(尹鉉, 1514~1578)의 「유민도부(流民圖賦)」가 윤현의 문집 『국간집(菊磵集)』에 수록되어 있는데, 이 글도 이 무렵 응제(應製)한 것인 듯하다.[21]

이후백은 1573년(선조 6, 계유) 종계변무주청사(宗系辨誣奏請使)로서 공적을 세웠다.[22] 당시 서장관은 윤탁연(尹卓然, 1538~1594)[23]이었다. 본래 중국 명나라 효종(孝

17 『穆宗莊皇帝實錄』 卷41 隆慶 4年(1570年) 正月23日. "朝鮮國王李昖, 遣陪臣禮曹參判李後白〔李後白: 廣本後作淩〕等, 入賀. 宴賞如例〔宴賞如例:廣本賞作賚〕."

18 류성룡(柳成龍), 『서애집(西厓集)』, 「서애선생연보(西厓先生年譜)」 권1. "(穆宗皇帝隆慶三年己巳. 先生二十八歲) 十月, 以聖節使書狀官兼司憲府監察赴京.〔時李青蓮後白爲正使, 先生以書狀輔行.〕"

19 柳仲郢 原著, 柳龍佑·李迎春 번역, 『立巖逸稿』, 安東 : 豊山府院君記念事業會, 2006.

20 유민도는 중국 북송 때 정협(鄭俠)에게서 시작되었다. 정협은 복청(福清) 사람으로, 자(字)는 개부(介夫)이다. 정협은 왕안석(王安石)에게 서찰을 보내, 신법(新法)의 폐단을 말했으나 받아들여지지 않았다. 안상문(安上門) 감문관이 되었을 때, 큰 가뭄이 들어 유민(流民)이 길을 메웠는데, 그 모습을 그려 마체(馬遞)를 발동시켜 소장과 함께 신종(神宗)에게 바쳤다. 신종은 그림을 보고 몹시 탄식하다가, 이튿날 청묘(青苗)·면역(免役) 등의 신법을 혁파했다고 한다. 『송사(宋史)』 권321, 「정협열전(鄭俠列傳)」 참조.

21 윤현(尹鉉), 「유민도부(流民圖賦)」, 『국간집(菊磵集)』 권상(卷上) 잡저(雜著).

22 국역청련집간행회(國譯青蓮集刊行會), 『국역청련집(國譯青蓮集)』, 「연보」 1573년 조항, 전라남도 대학교출판부, 1992.

23 윤탁연(尹卓然)의 본관은 칠원(漆原), 자는 상중(尙中), 호는 중호(重湖)이다. 1565년(명종 20) 알성 문과에 급제하여 청요직을 두루 역임하고 벼슬이 판서에까지 올랐다. 임진왜란 때 특명으로 함경도

宗)의 홍치(弘治) 연간(1488~1505)에 서부(徐溥) 등이 칙명을 받아 『대명회전(大明會典)』을 편찬하여, 1510년〔중국 명나라 무종(武宗) 5년〕 수정을 거쳐 반포했다. 이 서적은 중국 명나라 초기부터 사용해 오던 행정 법규를 이부(吏部)·예부(禮部)·병부(兵部)·공부(工部)·호부(戶部)·형부(刑部)의 관제로 집대성한 것으로 모두 180권이다. 종계변무는 그 기록 가운데 조선 태조 이성계(李成桂)의 가계(家系)가 무함(誣陷)을 입었다고 하여 그 수정을 중국 명나라 조정에 요청한 외교적 사안을 말한다. 그보다 앞서 고려 공양왕 2년(1390년), 이성계의 정적이었던 윤이(尹彝)·이초(李初)가 중국 명나라로 가서 공양왕이 이성계의 인척이며 이성계와 공모하여 중국 명나라를 치려 한다고 알리고 또 이성계가 고려의 권신(權臣) 이인임(李仁任, ?~1388)의 아들이라고 모함했다. 중국 명나라에서는 이 내용을 자국의 『태조실록(太祖實錄)』과 『대명회전』에 기록했다. 조선은 건국 초에 이 사실을 중국 명나라 사신을 통해 알게 된 후 여러 차례에 걸쳐 그 시정을 중국 명나라 측에 요구했다. 그리고 1573년에는 종계변무정사로 이후백을 파견한 것이다.

1575년(선조 8) 5월에 이후백은 형조판서가 되었다. 그리고 『숙종실록』에 따르면 8월 1일에는 함경도관찰사가 되었다. 이때 이후백은 함경도의 문교(文敎)를 진작시키는 과제를 자담하여 함흥에 있던 문회서원(文會書院)의 위상을 확립했다. 이 서원은 1469년(예종 원년) 관찰사 이계손(李繼孫, 1423~1484)이 함흥향교(咸興鄕校) 내 장도회(長都會)를 설치한 것에 뿌리를 두었다. 1563년(명종 18) 관찰사 유강(兪絳, 1510~1570)이 향교와는 별도로 문회당(文會堂)을 설립하고 영각(影閣)을 지어 공자의 화상을 봉안했다. 1575년(선조 8)에 이후백은 이를 서원으로 승격시키고 이듬해 '문회(文會)'라고 사액(賜額)받았다. 이때 이후백은 선조에게 계청(啓請)하여 경서를 반사(頒賜)받고, 각 고을에 학전(學田)을 마련하여 각 고을에서 세금을 수송하게 했으며, 또 매월 어물과 찬을 운반하여 날마다 30인분을 공급하게 했다. 이로써 남도

도순찰사가 되어 의병을 모집하고 왜군에 대한 방어 계획 등을 도모하다 그곳에서 죽었다. 함흥의 창의사(彰義祠)에 제향되었다. 시호는 헌민(憲敏)이다. 저서에 『계사일록(癸巳日錄)』이 있다.

13개 고을의 유생들이 모두 이곳에 와서 학업을 익힐 수 있었다.[24] 1607년(선조 40)에는 별사(別祠)를 건립하여 이계손의 위패를 모셨다. 1628년(인조 6)에는 인조의 비(妃) 인열왕후(仁烈王后)의 부친으로, 함경도 관찰사를 지낸 일이 있는 한준겸(韓浚謙, 1557~1627)을 배향했다. 1642년(인조 20)에는 유강과 이후백, 1667년(현종 8) 문덕교(文德敎), 1702년(숙종 28) 이광하(李光夏), 1712년(숙종 38) 남구만(南九萬)을 추가로 배향했다.[25]

또한 함경도관찰사로서 이후백은 민생을 안정시키기 위한 선정을 시행했다. 율곡(栗谷) 이이(李珥, 1536~1584)는 『경연일기(經筵日記)』[『석담일기(石潭日記)』]에서 "이후백이 함경도에 있을 때에 백성들에게 선정의 혜택을 주더니 이에 이르러 이조판서가 되었다."라고 높이 평가했다.[26] 다만 이와 관련하여 백호(白湖) 임제(林悌, 1549~1587)는 이후백이 '맥도(貊道)'[27]를 행하여 흉년 등의 이유로 조세를 줄여 주는 일이 도리를 잃어서 함경도의 여러 고을들이 외려 황폐해졌다고 지적한 칠언절구 1수를 남기기까지 했다. 즉, "혜초는 서릿바람에 지고 옥은 티끌에 버려졌는데, 한때 맑은 덕이 벼슬아치들을 고무시켰네. 가련하도다, 맥도는 결국 이어 가기가 어려워, 상국(相國)

24 남구만(南九萬), 「북관각청절목서(北關各廳節目序)」, 『약천집(藥泉集)』 권27.

25 임진왜란 때 대성전이 소실되었다가 1621년(광해군 13) 관찰사 심돈(沈惇)이 중건하고, 1686년(숙종 12) 유생들이 개축했다. 문회서원은 1871년(고종 8) 서원철폐령으로 훼철되었다.

26 李珥, 『石潭日記』 卷之下. "以李後白爲吏曹判書 後白在咸鏡 民懷善政 至是拜銓長." 이이(李珥)의 본관은 덕수(德水), 자는 숙헌(叔獻), 호는 율곡(栗谷) 또는 석담(石潭), 시호는 문성(文成)이다. 13세 때인 1548년에 진사시에 합격하고, 29세 때인 1564년에 식년문과에 장원급제했다. 45세 때 「시무육조(時務六條)」를 지어 바쳤으나 받아들여지지 않아 48세 때 관직을 버리고 율곡으로 돌아갔다. 이듬해 서울의 집에서 사망했다. 문묘에 종향되었으며, 파주의 자운서원(紫雲書院) 등 전국 20여 개 서원에 배향되었다. 저서에 『율곡전서』가 있다.

27 『맹자』 「고자 하(告子下)」에 보면 백규(白圭)가 "20분의 1을 세(稅)로 거두려 하는데 어떻습니까?" 하자, 맹자가 "자네의 도(道)는 맥(貊)의 도이니 …… 맥국에는 오곡이 생산되지 않고 성곽·궁실·종묘·제사 등의 예가 없다. …… 그러므로 20분의 1만 거두어도 넉넉하다.〔子之道, 貉道也. …… 夫貉, 五穀不生, 惟黍生之. 無城郭·宮室·宗廟·祭祀之禮 …… 故二十取一而足也.〕"라고 했다. 또 말미에 "요순의 도보다 세금을 경감하고자 하는 자는 큰 맥국과 작은 맥국이다.〔欲輕之於堯舜之道者, 大貉小貉也.〕"라고 했다.

〔본래 재상을 가리키지만 고위관료를 가리키는 말로 통용〕이 백성의 병을 고쳐 준 것이 바로 백성의 병이 되었도다."[28]라고 했다. 이 시는 차천로(車天輅, 1556~1615)의 『오산설림초고(五山說林草藁)』와 이수광(李睟光, 1563~1628)의 『지봉유설(芝峯類說)』에 전한다.[29] 임제의 지적은 거꾸로 이후백이 함경도 도민의 실상을 파악하여 그 부세 부담을 줄여주는 행정을 실행하여 백성들을 궁핍에서 구해 주었던 사실을 잘 말해 준다. 차천로는 "이후백 공이 영북(嶺北, 함경도)의 안절사〔관찰사에 해당〕로 가서 그 전부터 내려오던 폐단을 모두 없애 버렸다. 따라서 군현의 부세 수입을 거의 삭제해 버렸기 때문에 웅부(雄富)한 고을이 드디어 쇠해지고 말았다. 그 뒤 수령들이 혹 허위로 조작하여 다른 세를 징수하니 백성들이 비로소 이것을 괴롭게 여겼다."라고 했다. 이후백이 폐단을 없앴으나 그 이후 그 선정이 이어지지 못했다고 안타까워한 것이다. 그렇기에 정약용(丁若鏞, 1762~1836)은 『목민심서(牧民心書)』에서 이후백의 사적을 선정의 사례로 인증했다. 심지어 정약용은 "이 청렴의 정사(政事)는 천리(天理)의 공정에서 나온 것이요, 임 백호(林白湖)가 시를 지어서 기롱한 것은 본래 오활한 선비의 소견이다. 그런데 온 세상이 이 시를 전해 외워 명언으로 삼고 있으니, 이는 모두 세속의 의논인지라, 거론할 필요도 없다."[30]라고 분명하게 논파했다.

1590년(선조 23)에 이르러, 이후백은 1573년의 종계변무 공적으로 광국공신(光國功臣) 2등과 연양군(延陽君)에 추봉되었다. 또한 사후에 청백리(淸白吏)에 녹선(錄選, 선정되어 문건에 기록됨)되었고, 함흥의 문회서원(文會書院)과 강진의 서봉서원(瑞峯書

28 車天輅, 『五山說林草藁』. "李公後白按節嶺北, 盡祛宿弊, 郡縣賦入, 蠲除殆盡. 雄富之邑, 遂爲凋殘. 其後守宰, 或鑿空他稅徵之, 民始苦之. 林悌以詩諷而傷之曰: '蕙折霜風玉委塵, 一時淸德動簪紳. 可矜貊道終難繼, 相國醫民是病民."

29 李睟光, 『芝峯類說』「文章部」6 '東詩'. "李判書後白爲咸鏡監司, 莅政淸明, 務祛宿弊, 一道稱頌. 然蠲減太甚, 郡邑凋敝, 科外誅求, 民始苦之, 林悌有詩曰: '蕙折霜風玉委塵, 一時淸德動替紳. 可憐貊道終難繼, 相國醫民是病民.'" 『연려실기술(燃藜室記述)』·『오산설림초고(五山說林草藁)』·『목민심서(牧民心書)』 등에 실려있으나 정작 『임백호집(林白湖集)』에서는 확인되지 않는다. 『오산설림초고』는 전구 2번째 글자가 矜으로 되어있으나 의미상의 차이는 없다.

30 정약용(丁若鏞), 『목민심서』 호전(戶典) 6조 「제5조 평부(平賦) 상(上)」.

院)에 배향되었다. 서봉서원이 건립되고 이후백이 배향된 것은 1590년의 일이라고 한다.[31] 원래 강진 서기산(瑞氣山) 북편 아래 강진읍 서산리 월곡마을에 위치했다. 강진읍의 서쪽, 만덕산 백련사(白蓮寺)의 북쪽, 호산(湖山)의 북편에 해당한다. 1924년에 강진군 작천면(鵲川面) 현산리(峴山里) 박산마을로 이건되어 박산서원(博山書院)으로 개칭되었다. 서인 노론 계열의 서원이라고 알려져 있다.

한편, 이후백의 아들 이선경(李善慶, 1576~1592)은 유희춘(柳希春, 1513~1577)[32]에게 가르침을 청한 일이 있다.[33] 찰방(察訪)을 지냈는데, 이선경은 임진왜란 때 전사했다. 첫째 손자 이태길(李泰吉)은 현감을 지냈다. 둘째 손자 이유길(李有吉)은 18세 때 이순신(李舜臣, 1545~1598)의 휘하에 들어가 명량해전(鳴梁海戰)에서 공을 세워 효력부위익위사세마(效力副尉翊衛司洗馬)의 관직을 받고 '충효(忠孝)' 두 글자를 하사받았다. 중국 명나라에서 후금(後金)의 침입으로 원병을 청하자, 함흥판관 이유길은 구원병에 자원하여 영유현령(永柔縣令)을 제수받고 좌영 중군(左營 中軍)으로 출전하여 전사했다. 순조 때 대광보국숭록대부의정부영의정 겸 영경연춘추관관상감사 세자사(大匡輔國崇祿大夫議政府領議政 兼領經筵春秋館觀象監事 世子師)로 증직되었으며, 충의(忠毅)라는 시호가 내리고, 부조묘(不祧廟)의 은전도 내렸다.[34] 셋째 손자 이복길(李復吉)은 연시조「오련가(五連歌)」2편을 남겼다.[35]

31 1712년(숙종 38)에 이르러 최경창(崔慶昌)과 백광훈(白光勳)을 추배했다.

32 유희춘(柳希春)의 본관은 선산(善山), 자는 인중(仁中), 호는 미암(眉巖)이다. 1538년 별시 문과에 급제했다. 1547년 양재역 벽서사건(良才驛壁書事件)으로 제주도·함경도에서 19년 동안 유배생활을 했으며, 선조가 즉위하자 석방되었다. 만년에는 선조의 명으로 경서의 구결언해(口訣諺解)에 참여했다. 담양(潭陽) 의암서원(義巖書院) 등에 배향되었다. 저서로『미암일기』·『속몽구(續蒙求)』·『역대요록(歷代要錄)』등이 있다. 시호는 문절(文節)이다.

33 『미암집』제9권 일기(日記) 임신년(1572, 선조 5년) 9월 23일의 기록에 보면, "이선경(李善慶)이『대학혹문(大學或問)』을 가지고 와서 배우기를 청했다. 나는 굳이 사양했는데 노쇠한 나이에 기운을 기르려면 사람을 가르치는 일을 할 수 없기 때문이었다."라고 했다.

34 1712년(숙종 38) 전라남도 해남군 해남읍 용정리에 이순신을 배향하는 충무사(忠武祠)가 건립되고 이후 사당의 이름이 민충사(愍忠祠)로 바뀌고 이순신을 도운 다섯 충신이 차례로 배향되었는데, 이유길은 1829년(순조 29) 배향되었다. 이 사당은 해방후 용정사(龍井祠)라고 이름이 바뀌었다.

35 구사회·박재연,「『傳家秘寶』와 松亭 李復吉의 새로운 연시조「五連歌」에 대하여」,『한국시가연구』

증손 이수인(李壽仁, 1601~1661)은 1624년(인조 2) 생원시와 진사시에 합격하여 1632년 헌릉참봉이 되었고, 이듬해 증광문과에 병과로 급제하여 승문원 권지부정자가 되었다. 1638년 저작박사·전적에 승진하고, 이어 감찰·병조좌랑·정언을 지냈다. 1642년 재차 전적에 제수되었으나 사은례만 하고 귀향했다. 이수인에 대해서는 박세채(朴世采, 1631~1695)가 행장을 지어, "평소 임천(林泉)을 몹시 좋아하는 성벽(性癖)이 있어 월출산(月出山)의 안정동(安靜洞)에 집을 짓고 심신을 수양하다가 세상을 떠났다."라고 했다.[36] 강진군(康津郡) 성전면(城田面) 월하리(月下里)에는 안운(安雲)·월하(月下)·죽전(竹田) 마을이 있는데, 안운 마을은 바로 인근의 안정동과 백운동을 합친 이름이다. 이곳에 한국의 대표적인 별서의 하나로 주목받는 강진 백운동 별서가 있는데, 이 지역은 원래 이후백 집안의 사패지(賜牌地)였던 곳으로 알려져 있다.[37] 1661년 이수인이 죽은 후에 백운동 원림(園林)의 소유권이 연안이씨로부터 원주이씨 이담로(李聃老, 1627~1701)에게 넘어간 것으로 추정된다. 강진 원주이씨 백운동 입산조 이담로의 부친은 이빈(李彬)으로, 그의 외조부가 백광훈이다. 이후백의 손자 이복길의 부인 해미백씨는 백광훈의 손녀이다. 따라서 이후백의 증손이 이수인이고, 이후백의 제자인 백광훈의 외증손이 바로 이담로이다.

이후백의 문학에 대해서는 작가론,[38] 한시론,[39] 시조론,[40] 삼당시인 및 호남시단

40, 한국시가학회, 2016, 97~117면.

36 朴世采, 「弘文館典翰惶菴李公行狀」, 『南溪先生朴文純公文正集』 卷82.

37 정민, 『강진 백운동 별서정원』, 글항아리, 2015, 50면; 김경국, 「강진 원주이씨의 백운동(白雲洞) 별서(別墅) 정착과정 고찰」, 『민족문화연구』 81, 고려대학교 민족문화연구원, 2018, 177~200면.

38 최석기, 「李後白論」, 『남도문화연구』 19, 순천대학교, 2010.

39 金東河, 「青蓮李後白의 詩文學研究」, 연세대학교 대학원 박사학위논문, 1999; 김동하, 「이후백의 삶과 시」, 『외국문화연구』 22, 조선대학교 인문학연구소, 1999; 김동하, 「青蓮李後白詩의 風格」, 『고시가연구』 15, 한국고시가문학회, 2005; 김동하, 「李後白의 七言古詩에 드러난 儒教思想의 詩的形象化」, 『고시가연구』 18, 한국고시가문학회, 2006; 金大鉉, 「青蓮李後白漢詩에 나타난 두 가지 새로운 경향」, 『한국언어문학』 53, 한국언어문학회, 2004.

40 呂基鉉, 「瀟湘八景의 受容과 樣相」, 『중국문학연구』 25, 한국중문학회, 2002; 鄭容秀, 「李後白의 瀟湘八景歌 辨證」, 『문화전통논집』 창간호, 경성대학교 부설 한국학연구소, 1993; 金基鉉, 「李後白과 그의 時調」, 『시조학논총』 2, 한국시조학회, 1986.

과의 교류,[41] 당시풍[42] 등을 중심으로 여러 논고가 발표되었다.

2.

이후백은 1520년 4월 경상도 함양(咸陽)의 개평촌(介坪村)에서 태어났다. 나이 9세에 부모를 여의었다. 「연보」에 따르면 12세에는 옥계(玉溪) 노진(盧禛) 등과 더불어 표인(表寅)의 문하에서 글을 배웠다.[43] 노진은 1537년(중종 32) 정유(丁酉) 식년시(式年試)의 생원시에 2등 2위(7/100)로 합격하고 1546년(명종 1) 병오(丙午) 증광시(增廣試)에 을과 4위(07/33)로 급제했다. 그의 책문(策文)은 목활자본 『동책정수(東策精粹)』에 실려 과문(科文)의 모범으로 전할 정도로 문장에 뛰어났다.[44] 이후백이 과거에 급제하여 벼슬할 때 노진 역시 중앙 정계에서 벼슬을 하고 있었다. 서로가 서로의 시에 차운(次韻)하여 쓴 시도 있고,[45] 노진 사후에 이후백이 쓴 만시(輓詩)도 있다.[46]

41 金鍾西, 「玉峯白光勳과 湖南詩壇의 交遊」, 『한국한시연구』 10, 한국한시학회, 2002; 김종서, 「16세기 湖南詩壇과 三唐詩人」, 『한국한시연구』 11, 한국한시학회, 2003.

42 김동하, 「청련 이후백 시의 풍격」, 『한국시가문화연구』 15, 한국시가문화학회, 2005. 2, 51~74면; 李聖炯, 「청련 이후백의 당시풍 수용 양상 고찰 : 절구의 시어와 소재분석을 중심으로」, 『한문고전연구』 29, 한국한문고전학회, 2014, 93~123면.

43 단, 김동하는 「연보」를 제외하면 표인(表寅)에 대한 기록이 전혀 나타나지 않으며, 「연보」는 이후백이 동학 가운데 가장 어렸다고 하지만 오건(吳健)이라는 인물이 있어 그 말이 성립되지 않는다고 지적했다. 김동하, 「李後白의 生長과 詩人的 形成過程」, 『瑞江大論文集』 17, 서강정보대학, 1998, 182~185면.

44 이정섭 옮김, 『동책정수(東策精粹)』, 국립중앙도서관 한국고전전국역총서 2, 국립중앙도서관, 2006.

45 중간본 『靑蓮集』 上 五言絶句 「贈盧玉溪禛」; 七言絶句 「登第下鄉贈知禮使君盧玉溪禛」; 본서 '원집(原集)' 참조. 이하 『청련집』 인용은 특별한 언급이 없는 한 중간본을 따르고, 본 신편 신역본 '원집'의 역주를 근거로 한다.

46 『靑蓮集』 上 五言律詩 「輓盧玉溪子膺」.

이후백의 16세에 일가는 강진으로 이사를 했다. 이후백은 조모를 봉양했는데, 공경함이 매우 지극했기 때문에 마을에서 모두 칭찬했다고 한다.

1542년(중종 37) 향시에서 23세의 이후백은 장원을 했다고 한다. 이후에 학문에 정진하여 그 수준이 많이 진보되었으며, 이로 인해 많은 문사들이 그와 교유하고 싶어 했다. 1551년(명종 6)부터는 백광훈·최경창과 교유했다. 「연보」에 의하면 그들은 이후백에게 사제의 예를 갖추었다. 이 사실은 백광훈의 『옥봉집(玉峯集)』과 최경창의 『고죽유고(孤竹遺稿)』에서도 확인할 수 있다.[47] 특히, 백광훈은 이후백을 매우 존경하여, 『옥봉집』에 관련 한시 4수를 남겼다.[48] 그리고 이후백의 문집 『청련집』에는 백광훈의 형 백광홍(白光弘, 1522~1556)을 위한 만시(輓詩)[49]가 남아 있다.

그런데 이후백의 교유 관계에서 특히 주목할 만한 인물은 김인후(金麟厚, 1510~1560)와 기대승(奇大升, 1527~1572)이다.

「연보」에 의하면, 이후백은 33세 되던 1552년에 김인후를 처음 만나고, 35세 되던 1554년에 기대승을 처음 만났다. 당시 김인후는 왕실 외척의 권력 다툼을 혐오하여 관직에서 물러나 고향인 전라도 장성(長城)에서 학문에 열중하고 있었다. 또한 김인후는 당시 호남 시사(詩社)를 대표하고 있었다. 『청련집』에는 이후백과 김인후가 주고받았던 시들[50]이 있다. 이 시들은 양산보(梁山甫, 1503~1557)의 후손이 엮은 『소쇄원사실(瀟灑園事實)』 천(天) 권4에 「제하서시후(題河西詩後)」와 「답이계진(答李季眞)」이라는 제목으로 수록되어 있다. 또한 현전본 『하서전집(河西全集)』에는 이후백의 「증김하서인후(贈金河西麟厚)」를 화운(和韻)한 작품도 수록되어 있다.[51] 이것으로

47 白光勳, 『玉峯集』 別集 附錄. "庚戌, 公十四歲. 聞青蓮李公, 以布衣講學于金陵之博山, 就而學焉. 李公每以絶世奇寶稱之, 一時有崔孤竹慶昌."; 崔慶昌, 「呈詔使朱杏村小帖」, 『孤竹遺稿』 附錄. "海道海州人, 字嘉運. 孤竹, 其號也. 才高氣豪, 風采動人. 少與白光勳, 遊青蓮李後白之門. 中戊辰科, 官至鍾城府使."

48 白光勳, 『玉峯集』 上 「詠盆蘭呈青蓮先生」·「敬次青蓮先生題愼上舍軒」·「奉別青蓮先生」; 『옥봉집』 中 「青蓮先生挽」.

49 『청련집』 上 「輓白岐峯光弘」.

50 『청련집』 上 七言絶句 「贈金河西麟厚」·「次韻二首附」.

보아 김인후와 이후백은 소쇄원(瀟灑園)에서 주로 만나 교유했음을 알 수 있다.

기대승은 25세 되던 1551년(명종 6)에 알성시(謁聖試)에 응시했지만, 그의 합격을 싫어했던 윤원형(尹元衡)[52]의 방해로 낙방했다.[53] 이후 성리학 공부에 몰두했다. 28세 되던 해에 기대승은 이후백과 처음 만났는데, 『청련집』 중간본의 「연보」에 의하면 전라도 광주에서 서로 만나 경서의 뜻을 논했다고 한다. 그런데 기대승은 「면앙정기(俛仰亭記)」 2편을 지은 것으로 보아, 그도 김인후와 마찬가지로 면앙정에서 이후백을 만났을 가능성이 크다. 29세 때인 1555년(명종 10) 정월에 부친 물재(勿齋) 기진(奇進, 1487~1555)의 상을 당하여 여묘살이를 시작하여, 1557년 3월에 복(服)을 벗고, 그 달에 서석산(瑞石山)과 월출산(月出山)을 유람했다. 서석산은 면앙정(俛仰亭)과 소쇄원(瀟灑園)이 있는 현재의 무등산(無等山)이고, 월출산은 이후백이 거처했던 강진과 가까운 지역인 영암(靈巖)에 있는 산이다. 『청련집』에는 이후백과 기대승의 교유 사실을 말해 주는 한시 3수가 있고,[54] 기대승의 『고봉집(高峯集)』에는 관련 한시 10수가 있다.[55]

51 『청련집』의 「贈金河西麟厚」는 두 수인데, 『瀟灑園事實』 수록 「題河西詩後」는 그 한 수이다. 「贈金河西麟厚」의 제1수만 수록했다. 『소쇄원사실』에 대해서는, 權洙用, 「『瀟灑園事實』을 통한 瀟灑園 研究」(전남대학교 문화재학협동과정 석사논문, 2005. 2.)를 참고.

52 윤원형(尹元衡, ?~1565)의 본관은 파평(坡平), 자는 언평(彦平)이다. 문정왕후(文定王后)의 동생으로, 소윤(小尹)의 영수였다. 1533년 별시 문과에 을과로 급제했다. 인종(仁宗)이 세자였을 때 세자의 외숙인 대윤(大尹)의 윤임(尹任)과 다투다가, 1544년 인종이 즉위하자 파직당했다가 다음해 명종이 즉위하여 문정왕후의 수렴청정이 시작되면서 득세했다. 을사사화의 공으로 서원군(瑞原君)에 봉해졌다. 1547년 양재역 벽서사건(良才驛壁書事件)을 계기로 대윤의 잔당을 모두 숙청했다. 1565년 문정왕후가 죽자 삭직되고 강음(江陰)에 귀양 가서 사망했다.

53 기대승(奇大升)의 본관은 행주(幸州), 자는 명언(明彦), 호는 고봉(高峰) 또는 존재(存齋)이다. 시호는 문헌(文憲)이며, 전라남도 나주(羅州) 출생이다. 1549년 사마시를 거쳐, 1558년 식년문과에 급제했다. 1567년 선조가 즉위하자 조광조(趙光祖)와 이언적(李彦迪)에 대한 추증을 건의했고, 1570년 영의정 이준경(李浚慶)과의 불화로 해직당했다. 1572년 대사간을 지내다가 병으로 그만두고 귀향하는 도중 객사했다. 이황과 12년 동안 서한으로 사단칠정(四端七情)에 대한 토론을 벌였다. 광주(光州)의 월봉서원(月峰書院)에 배향되었다. 저서에 『고봉집』·『주자문록(朱子文錄)』·『논사록(論思錄)』 등이 있다.

54 『청련집』 上 七言絶句 「與景錫次寄高峰大升韻」 3수.

「연보」에는 나와 있지 않지만 이후백은 석천(石川) 임억령(林億齡, 1496~1568)[56]과도 교유했다. 임억령은 박상(朴祥, 1474~1530)의 문인으로 1525년(중종 20) 식년문과에 병과로 급제한 이후 여러 직위에 임명되었다. 하지만 1545년(명종 즉위년) 을사사화(乙巳士禍) 때 동생 임백령(林百齡, 1498~1546)이 소윤 일파에 가담하여 대윤의 선비들을 추방하자, 자책을 느끼고 금산군수(錦山郡守)의 직을 사퇴했다. 그 뒤 임백령이 원종공신(原從功臣)의 녹권(錄卷)을 보내오자 분격하여 이를 불태우고 해남(海南)에 은거했다. 이때 해남의 송설당(松雪堂)에서 후학을 양성하는 한편, 담양(潭陽) 성산동(星山洞)을 오갔다.[57] 이후백은 임억령보다 24세나 아래로, 임억령을 사우(師友)로 여겼을 가능성이 있다. 임억령은 식영정사선(息影亭四仙)의 한 사람이자 성산사선(星山四仙)의 한 사람으로 꼽혔다. 식영정도 실은 서하당(棲霞堂) 김성원(金成遠, 1525~1597)이 장인 임억령을 위해 지은 것이었다. 임억령과 이후백의 교유 사실은 『청련집』에 실린 「석천 임억령의 시에 차운하여 월출산 승려 혜원에게 드리다〔次林石川億齡贈月出山僧慧遠韻〕」 시를 통해 추정할 수 있다. 특히 임억령은 이후백이 한글로 작성했던 「소상팔경(瀟湘八景)」 시가를 한시로 번역해서 「번이후백소상야우지곡(飜李後白瀟湘夜雨之曲)」 9수를 남겼다. 자신보다 한참 어린 문인의 국문 시가를 읽고 이를 한시로 다시 한역했다는 사실로부터도 그들의 교유가 깊었음을 짐작할 수 있다.

앞서 말했듯이 이후백은 27세 되던 1546년(명종 1) 4월 15일에 거행된 병오(丙午)

55 奇大升, 『高峰集』 卷1 詩 「太學士和期韻兩首見示 輒敢仰次 示季眞汝守兩僚」(2수)·「次季眞韻」·「次汝守韻寄季眞」·「醉中城字韻 季眞汝守見和 得用其韻」·「醉後呈景錫季眞」·「又呈季眞」(2수) ; 詩 外集 「次季眞開城感舊韻」·「次季眞韻」.

56 임억령(林億齡)의 자(字)는 대수(大樹), 본관은 선산(善山)이다. 1516년(중종 11) 진사가 되고, 1525년(중종 20) 식년문과에 병과로 급제했다. 그 뒤 부교리·사헌부지평·홍문관교리·사간·전한·세자시강원설서 등을 지냈다. 아우 임백령(林百齡)이 1545년(명종 즉위년) 을사사화 때 주역의 한 사람이었으므로, 금산군수 의 벼슬을 버리고 해남(海南)에 은거했다. 문집에 『석천집(石川集)』이 있다. 그 위패가 최부(崔溥)·유희춘(柳希春)·윤구(尹衢)·윤선도(尹善道)·박백응(朴伯凝)의 위패들과 함께 해남읍 해촌서원(海村書院)에 모셔져 있다.

57 권혁명, 「湖南 詞宗 林億齡의 詩作 敎育 一考 : 梁應鼎과의 「棠城酬唱詩」를 중심으로」, 『한성어문학』 27, 한성대학교 한성어문학회, 2008, 5~28면.

증광시(增廣試)의 진사시에 3등 42위(71/99)로 합격했다. 『사마방목』에 전력은 유학(幼學)으로 기재되어 있다. 선발 인원은 99명으로 1등 4인, 2등 25인, 3등 70인이었으며, 장원급제는 김경운(金慶雲)이었다. 생원시의 장원은 박민헌(朴民獻)이었다. 36세 되던 1555년(명종 10) 을묘 식년문과에 책문(策文)으로 병과(丙科) 22위(32/33)로 급제했다. 장원급제는 한복(韓輹)이었다. 동방 급제자에 이기(李墍, 1522~11600)가 있었는데, 그는 『송와잡기(松窩雜記)』를 집필하게 된다.

이듬해(1556년) 이후백은 37세의 나이에 병조좌랑의 직을 받고 세자시강원(世子侍講院) 설서(說書)의 직을 겸대(兼帶)했다. 「연보」에 따르면 1557년에는 사간원 정언이 되었다. 39세이던 1558년에는 홍문관 부수찬이 되었다가 이조좌랑으로 옮기고, 40세이던 1559년에는 이조정랑(정5품)에 이르렀다. 그리고 『청련집』 중간본 연보에 따르면 이해 호남 어사로 나갔다. 42세 되던 1561년 의정부 검상(檢詳)이 되고, 43세 되던 1562년(명종 17) 홍문관 응교(應敎)와 사간원 사간(司諫)으로 승진했다.

1567년(명종 22), 중국 명나라 한림원 검토(翰林院檢討) 허국(許國) 일행이 목종(穆宗) 황제의 등극을 알리기 위해 조선에 왔다. 이후백은 홍문관 전한(弘文館典翰)으로서 원접사 참찬(參贊) 박충원(朴忠元)의 종사관에 충원되어, 조서(詔書) 반포를 위해 오는 중국 사신을 맞아 돌아왔다. 중국 명나라 사신 일행은 가평관(嘉平館)에 이르러 명종의 승하 소식을 듣고 사인(舍人)을 보내 제본(題本)을 조선 조정에 올렸다. 그해 음력 7월 3일에 조선 14대 국왕 선조가 즉위했다. 중국 명나라 사신은 목종 황제가 제위에 올랐다는 조서(詔書)를 반포했다. 이후백은 중국 명나라 사신을 잘 맞이한 공로로 승정원 동부승지에 발탁되었다. 당시 48세였다. 얼마 있다가 병조참지(兵曹參知)에 임명되었다. 이듬해 49세 때는 사헌부 대사헌이 되었다.

1569년(선조 2) 8월 26일에 이후백은 도승지(정3품)가 되었다. 10월에 예조참판의 직함을 띠고 성절사(聖節使)로 중국 명나라에 갔다가 이듬해(1570년) 3월에 귀국했다. 앞서 말했듯이, 감찰 류성룡(柳成龍)이 서장관이었다.[58]

58 『西厓先生年譜』 卷1, "三年己巳. 先生二十八歲 十月, 以聖節使書狀官兼司憲府監察赴京.〔時李靑蓮後

1570년(선조 3) 5월 14일의 정사(政事)에서 이후백은 다시 도승지가 되었다. 이때 박승임(朴承任)이 우승지에 제수되었다. 이해 이후백은 「국조유선록서(國朝儒先錄序)」를 지어 올렸다. 『국조유선록(國朝儒先錄)』은 선조의 명으로 1570년 간행된 서적으로, 유희춘(柳希春, 1513~1577)과 양응정(梁應鼎, 1519~1581) 등이 김굉필(金宏弼, 1454~1504)의 『경현록(景賢錄)』, 이언적(李彦迪, 1491~1553)의 유사(遺事)를 초록(抄錄)하고 정여창(鄭汝昌, 1450~1504), 조광조(趙光祖, 1482~1519) 등의 저작을 모아 엮은 것이다. 대개 이 작업은 1568년경부터 시작된 듯하다.

1571년(선조 4) 이후백은 예조참판, 사헌부 대사헌, 홍문관 제학(提學)을 배수했다가 이조참판으로 자리를 옮겼다. 이는 정3품 당상관 이하의 문신을 대상으로 실시된 문신정시(文臣庭試)에서 장원을 하여 진급한 것이다. 53세 되던 1572년(선조 5, 임신) 예문관 제학을 배수했다.[59]

54세 되던 1573년(선조 6, 계유) 2월에는 종계변무정사(宗系辨誣正使)로서 중국 북경에 갔다. 종계변무는 조선 건국 때부터 선조 때까지 2백여 년간 중국 명나라 『태조실록』과 『대명회전』에 잘못 기록된 태조 이성계의 가계(家系)를 시정해 달라고 요구했던 사안인데, 조선으로서는 왕통의 합법성을 입증하여 왕권을 공고하게 하기 위한 매우 중요한 문제였다. 처음 이 사실을 알았던 조선의 국왕 태조는 1394년 6월에 중국 명나라 사신 황영기(黃永奇)의 귀국 편에 변명주문(辨明奏文)을 지참하게 하여 이의 시정을 요청했고, 이후 역대로 조선의 국왕과 조정은 계속해서 사신을 보내어 종계변무를 요구했다. 마침내 1584년 종계변무주청사 황정욱(黃廷彧, 1532~1607) 등이 중찬본 『대명회전』에서 수정된 관련 기록의 등본을 가지고 돌아오

白爲正使, 先生以書狀輔行.〕四年庚午 先生二十九歲 三月, 回自燕京."

59 중간본 『청련집』 연보에는 이후백이 53세(1572년)에 예문관 제학 당시 경연에서 동파(東坡) 소식(蘇軾)의 시를 진강할 것이 아니라 주자(朱子)〔주희(朱熹)〕의 '감흥시(感興詩) 20운(韻)' 즉 「재거감흥이십수(齋居感興二十首)」를 진강해야 한다고 청했다고 되어 있다. 하지만 『선조실록』을 보면 선조 6년(1573) 12월 21일 「조강을 하고 유희춘 등이 『근사록』, 소동파 시 비평 등을 아뢰다」의 기사가 있다. 연보는 『실록』과 일년이나 차이가 난다. 그리고 『선조실록』에는 당시 진강 과목을 바꾸자고 건의한 인물은 유희춘으로 되어 있다.

고,[60] 1588년 사은사(謝恩使) 유홍(兪泓, 1524~1594)은 종계변무가 반영된 『대명회전』의 일부를 가져오며, 1589년에 성절사(聖節使) 윤근수(尹根壽, 1537~1616)가 오류가 바로잡힌 『대명회전』 전질(全帙)을 수령해 옴으로써 종계변무의 외교적 사안이 일단락되기에 이른다. 그보다 앞서 1573년에 이후백은 중찬본 『대명회전』의 수정을 약속하는 중국 명나라 황제의 칙서를 받아 돌아왔다. 이때 선조대왕은 교외로 나와 일행을 맞았으며, 이후백에게는 가의대부(嘉義大夫)로 자급(資級)을 올려 주었다. 그리고 1588년 사은사 유홍 일행이 돌아왔을 때 선조는 종계변무의 공신들을 포상하면서, 이미 사망한 이후백을 수충공성익모수기광국훈신(輸忠貢誠翼謨修紀光國勳臣)으로 교신록에 등록하는 한편, 좌찬성과 대제학을 뒤미쳐 내리고 연양부원군(延陽府院君)으로 봉(封)하게 된다.

이후백은 56세에 대사간과 형조판서를 거쳐, 함경도관찰사로 나갔다가 58세 때인 1577년(선조 10, 정축)에 돌아왔다. 10월에 이조판서가 되었다. 그리고 『선조실록』에는 나오지 않지만 행장과 신도비에 따르면 이조판서가 되었을 때 다시 예문관 제학을 겸한 듯하다. 관각문을 잘 지었으므로 예문관 제학을 거듭 겸대했을 가능성이 있다. 12월에 왕명을 받아 「을사삭훈반교문(乙巳削勳頒敎文)」을 지었으며 인성왕후의 복제(服制)를 결정하는 상소를 올렸다. 당시 선조는 을사사화를 일으킨 자들에게 주었던 위사공신(衛社功臣)의 호를 삭탈해야 한다는 사실을 국왕의 명으로 반포하는 글이 있어야 한다고 판단했다. 그래서 처음에 대제학(大提學) 김귀영(金貴榮, 1520~1593)[61]에게 글을 짓게 했다. 하지만 '문장이 졸렬하고 소략해서' 이후백에게 다시 짓게 했다. 『선조수정실록』 제11권, 선조 10년 12월 1일 자에 그 교서

60 『선조실록』 권18, 선조 17년(1584) 11월 1일(계유), 「종계 변무사 황정욱 등이 칙서를 받아 돌아오자 죄인을 사면하고 상을 내리다」.

61 김귀영(金貴榮)의 본관은 상주(尙州), 자는 현경(顯卿), 호는 동원(東園)이다. 1540년 진사가 되고, 1547년 알성문과에 병과로 급제했다. 사신으로서 9번이나 중국 명나라에 다녀왔다. 임진왜란 때 임해군(臨海君)을 배종하여 피란했는데, 함경도 회령(會寧)에 머무는 동안 국경인(鞠景仁)에 의해 적장 가등청정(加藤淸正)에게 넘겨졌다.

가 실려 있고, 그 아래 다음과 같은 사관의 논평이 실려 있다. "상이 처음에 반포하는 교서를 대제학 김귀영에게 지어 올리라고 명했는데, 문장 내용이 졸렬하고 소략했다. 상이 이르기를, '이는 국가의 큰 일이니 당연히 말은 분명하고 뜻은 구비되게 하여 중외(中外)에 효유해야 하는데, 어찌 이처럼 소략하게 할 수 있겠는가?' 하고, 이내 다시 이후백에게 지어 올리게 했다."[62] 이 「을사삭훈반교문」은 정치적으로 매우 중대한 의미를 지니고 있어서 그만큼 그 제술이 쉽지 않았을 것이다. 하지만 이후백은 그 제술을 사실상 자담(自擔)했다. 정치적 탄압이나 세인의 지탄을 두려워하지 않는 개결(介潔)하고 호준(豪俊)한 태도가 잘 드러난다.

이후백은 59세 되던 해인 1578년(선조 11)에 호조판서를 배수했다. 이후 휴가를 얻어 함양으로 내려갔으나, 이해 10월에 타계했다. 그의 죽음이 전해지자 선조는 크게 슬퍼하고, 사후에 관작을 추봉하거나 시호를 내리는 등 은졸(隱卒)의 예전(禮典)을 파격적으로 시행했다.

이후백은 매우 강직하여 인망이 매우 두터웠다. 앞서 보았듯이 이이(李珥)는 『경연일기』(『석담일기』)에서 "이후백이 함경도에 있을 때에 백성들에게 선정의 혜택을 주더니 이에 이르러 이조판서가 되었다."라고 언급했다.[63] 이미 차천로(車天輅, 1556~1615)는 『오산설림초고(五山說林草藁)』에서 "이후백 공이 영북(嶺北, 함경도)의 안절사[관찰사에 해당]로 가서 그 전부터 내려오던 폐단을 모두 없애 버렸다. 따라서 군현의 부세 수입을 거의 삭제해 버렸기 때문에 웅부(雄富)한 고을이 드디어 쇠해지고 말았다. 그 뒤 수령들이 혹 허위로 조작하여 다른 세를 징수하니 백성들이 비로소 이것을 괴롭게 여겼다."라고 했다.

이후백은 청렴했다. 어느 날 집안 사람이 찾아와 벼슬을 부탁했는데 이후백이 안색이 변하면서 효렴부(孝廉簿)[64]를 보여 주니, 여러 사람의 이름이 적혀 있었고 벼슬

62 『선조수정실록』 권11, 선조 10년(1577) 12월 1일(계미), 「위훈 삭제의 뜻을 반포하는 교서」.

63 李珥, 『石潭日記』 卷之下. "以李後白爲吏曹判書 後白在咸鏡 民懷善政 至是拜銓長."

64 효렴부(孝廉簿)는 천거할 사람들을 적은 문서를 말한다. 효렴은 중국 한(漢) 무제(武帝) 때 동중서(董仲舒)의 건의에 의해 설치된 인재 선발 방식으로, 지방관이 효성 있고 청한한 사람을 중앙에 추

을 부탁한 사람의 이름도 적혀 있었다. 이후백이 말하기를, 이 책은 자신이 천거하고자 한 인물들을 적어 놓은 책인데, 집안 사람인 그가 자신에게 벼슬을 구하려 했기 때문에 그를 천거하면 공도(公道)에 어긋나므로 그를 천거할 수 없다고 말했다. 이 일화는 『청련집』의 행장(行狀)과 신도비명(神道碑銘), 유사(遺事)에서도 찾아볼 수 있으며, 『선조수정실록』의 이후백 기사[65]에 분명하게 기록되어 있다.

1694년(갑술, 숙종 20)에 이르러 광성부원군(光城府院君) 김만기(金萬基)의 셋째 아들인 김진서(金鎭瑞, 1663~1712)가 강진의 청련 이후백 사당에 편액을 청하는 상소문을 제술(製述)하고 김증(金翻)이 소두(疏頭)로서 그 글을 올렸다. 1725년(영조 1) 4월 16일에는 김면(金冕) 등이 이후백 서원에 편액을 내려 주기를 청하는 상소를 했다. 『승정원일기』 591책(탈초본 32책), 영조 원년(1725) 4월 16일에 기사와 상소문이 실려 있다. 김면 등의 상소문 내용은 김증 소두의 상소문과 내용이 거의 같고, 서두와 결미에 내용이 추가되어 있다. 당시 영조의 비답(批答)은 "상소의 내용은 해당 조(曹)로 하여금 처리하도록 하겠다."라고 했으나, 결국 사액은 하지 않았다.

『선조수정실록』의 졸기(卒記, 사망기사)에서도 나타나듯, 이후백은 특정 당파를 지지하지는 않았다.[66] 하지만 서인의 영수 율곡 이이와 송강(松江) 정철(鄭澈, 1536~1593)[67]이 그를 긍정적으로 평가했다. 이후백도 서인의 입장에 서 있었을 것으로도 예상할 수 있다. 이후 그의 자손이 송시열(宋時烈, 1607~1689)에게 행장을 부탁하고, 황경원에게 신도비명을 청했다. 송시열은 1685년에 쓴 이후백 행장에서 자

천하여 등용하게 하는 제도이다.

65 『선조수정실록』 권12, 선조 11년 6월 1일(신사), 「이조판서 이후백이 병으로 사직하자 체직시키다」.

66 『선조수정실록』 권12, 선조 11년(1578) 10월 1일(무인), 「호조판서 이후백의 졸기」. "雖以先輩名流, 目爲西人, 而口無適莫之言."

67 정철(鄭澈)의 본관은 연일(延日), 자는 계함(季涵), 호는 송강(松江), 시호는 문청(文淸)이다. 1561년 진사시에서 수위를 차지하고, 다음 해 별시문과에 장원급제했다. 1580년 강원도관찰사로 등용, 3년 동안 강원도·전라도·함경도의 관찰사를 지냈다. 1589년 우의정으로 발탁되어 정여립(鄭汝立)의 모반사건을 다스렸다. 1591년 광해군 책봉을 건의했다가 진주(晉州)와 강계(江界)로 유배되었고, 만년에 강화(江華) 송정촌(松亭村)에 우거했다. 창평(昌平) 송강서원, 영일군(迎日郡) 오천서원(烏川書院) 별사(別祠)에 배향되었다. 문집으로 『송강집』과 『송강가사』 등이 전한다.

신의 증종조(曾從祖) 규암(圭庵) 송인수(宋麟壽)[68]가 혹독한 화를 당한 이후 "30여 년이 지난 정축년(1577년)에 공의 글이 한번 나오자 원분이 일시에 깨끗이 씻어졌으니, 나는 항상 마음에 경앙하기를 변함없이 했다."라고 밝혔다. 그래서 이후백의 현손 이석형(李錫亨)이 행장을 써 달라고 부탁하니 끝내 사양하지 못한다고 했다.[69] 이후백은 1577년에 「을사삭훈반교문」을 지어 올려 을사사화 때 공신호를 받은 사람의 호를 삭탈하는 한편, 을사사화에 억울하게 죄를 뒤집어 쓴 사람들의 누명을 벗겨 주었다. 그때 누명을 벗게 된 사람 중 하나가 송시열 증조부의 형제였다.

3.

이후백은 경학을 비롯한 학문에서 상당한 평가를 받았다. 그렇기에 이후백은 조선 도학(道學)의 맥을 국가적으로 공인한 『국조유선록』의 서문을 작성할 수 있었다. 송시열 찬술의 행장과 『청련집』 중간본 3권 1책의 「연보」에서는 이후백이 경학에 뛰어났다는 사실에 대해 다음과 같이 서술했다.

> 선생의 학문은 날로 진보하여 옥봉(玉峯) 백광훈(白光勳), 고죽(孤竹) 최경창(崔慶昌), 동은(峒隱) 이의건(李義健), 고담(孤潭) 이순인(李純仁), 남계(南溪) 김윤(金胤), 사문(斯文, 선비) 임회(林薈, *林誨), 사문(斯文, 선비) 윤기(尹箕) 등 여러 분이 선생을 따라 교유했다.

68 송인수(宋麟壽, 1499~1547)는 1526년(중종 21) 대간(臺諫)으로 있을 때 김안로(金安老)의 재집권을 막으려다 제주목사로 좌천된 뒤에 다시 사수(泗水)로 유배되었다. 1537년(중종 32) 김안로 등이 제거되자 예조 참의, 형조참판 등을 역임하고 대사성이 되었다. 1547년(명종 2)에 양재역벽서사건(良才驛壁書事件)이 일어나 사사(賜死)되었다가 1570년(선조 3)에 신원되었고, 1660년(현종1) 송준길(宋浚吉)의 계청으로 이조판서 대제학에 추증되고 문충(文忠)이라는 시호를 받았다.

69 宋時烈, 「靑蓮李公行狀」, 『송자대전』 권206. "乙巳之禍, 圭庵宋文忠公, 余曾叔祖也. 以一世領袖而受禍最酷, 含冤九原, 殆三十餘年矣. 至於萬曆丁丑, 公文一出, 神人冤憤, 一時淸雪. 余每景仰於心, 如一日也. 今碩亨, 以行狀千里來托. 余不敢終辭, 而第錄如右, 以俟立言之君子云."

> 백광훈과 최경창 두 분은 이를 계기로 사제의 예를 갖추었다. 청계(淸溪) 유몽정(柳夢井), 건재(健齋) 김천일(金千鎰) 등 여러 선비들도 예문에 착오가 있거나 경서의 뜻에 의문되고 잘 모르는 것이 있으면 반드시 왕복하며 어려운 것을 물어보고, 감탄하며 말하기를, "이론과 분별이 정확하니, 지금 세상 사람은 발돋움해도 따라갈 수 없는 사람이다."라고 했다.[70]

그런데 이후백은 어려서부터 시로 이름이 높았다.[71] 문집 『청련집(靑蓮集)』에는 절구·율시·배율·고시 등의 한시 100여 수가 실려 있는데, 당시풍의 절구가 특히 유명하다. 그리고 이후백은 시만이 아니라 산문의 여러 문체에 통했다. 이후백이 활동하던 시기인 1572년(선조 5) 10월 1일에 유희춘(柳希春)은 선조에게 당대 문장의 대표들을 열거하면서, "이 시대 사장(詞章)의 대표적 인물로는 노수신(盧守愼)·김귀영(金貴榮)·윤현(尹鉉)·이후백(李後白)·기대승(奇大升)·박승임(朴承任)을 치는데 이후백이 조금 뒤진다고들 합니다."라고 언급했다.[72] 그런데 1575년(선조 8) 명종의 왕비 인순왕후(仁順王后, 1532~1575, 康陵)가 서거하자, 3월 7일에 이후백은 지문(誌文)을 지어 올렸다. 당시에 애책(哀冊)은 허봉(許篈, 1551~1588)[73]이, 시책(諡冊)은 구봉령(具鳳

70 국역청련집간행회, 『국역 청련집』, 「연보」, 전라남도대학교출판부, 1992. "先生學問日進, 白玉峯光勳·崔孤竹慶昌·李峒隱義健·李孤潭純仁·金南溪胤·林斯文薈·尹斯文箕, 皆從而遊. 白崔兩公, 則因執師弟之禮. 柳淸溪夢井·金健齋千鎰, 諸名儒每有禮文庭, 經義疑晦處, 必往復問難. 歎曰: '論辯精確, 非今世人所可跂及.'"

71 柳希春, 『眉巖先生集』 卷9 上, 「經筵日記別編」, '壬申', "當代詞章之士, 盧守愼·金貴榮·尹鉉·李後白·奇大升·朴承任最著, 而季眞差遲澁云."; 李濟臣, 『淸江先生詩話』, "李佐郎後白朴執義淳皆自幼時有詩名."

72 『선조실록』 권6, 선조 5년(임신, 1572) 10월 1일(갑인).

73 허봉(許篈)의 본관은 양천(陽川), 자는 미숙(美叔), 호는 하곡(荷谷)이다. 1568년 생원시에 합격하고, 1572년 친시 문과에 병과로 급제했다. 1574년 서장관으로 중국 명나라에 가서 『하곡조천기(荷谷朝天記)』를 썼다. 1583년 이이(李珥)를 탄핵했다가 갑산(甲山)에 유배되었다. 1585년 노수신(盧守愼)의 주선으로 재기용되지만 거절하고, 영평〔현재의 포천〕 백운산(白雲山)과 춘천 등지를 유랑하다가 1588년 금강산에서 병사했다. 문집에 『하곡집』과 『하곡수어(荷谷粹語)』 등이 있다.

齡, 1526~1586))이 지어 올렸다.[74] 이 사례는 이후백이 국가의 공용문인 이른바 관각문(館閣文)을 제작하는 문신들의 반열에서 일정한 지위를 공인받고 있었다는 사실을 잘 말해 준다.

이후백은 허균(許筠, 1569~1618)이 주목한 16세기 호남의 작가에는 선정되지 못했고, 이수광(李睟光, 1563~1628)이 꼽은 당대의 호남 시인에도 들지 못했다.[75] 하지만 이후백은 박순(朴淳)[76]과 더불어 당시 시단에 당시풍을 진작시키는 데 크게 기여했다.[77] 앞서 보았듯이 김창협(金昌協)은 호남의 시가 이후백 때부터 비로소 당시(唐詩)를 배우기 시작했다고 명백히 밝혔다. 16세기 조선 한시에서는 당시풍이 중시되었고, 당시풍은 삼당시인(三唐詩人)이 선도했다고 말한다.[78] 김창협의 논평을 따른다면, 이후백은 16세기 조선 한시단에 당시풍을 진작시킨 장본인이라고 할 수

74 『선조실록』 권9, 선조 8년(을해, 1575) 3월 7일(병오).

75 허균은 호남의 대표 시인으로 朴訥齋昆季·崔山斗·眉菴昆季·梁彭孫·羅世纘·林亨秀·金河西·林石川·宋純·吳璜·朴思菴·李一齋·梁松川·奇高峯·高霽峯 등을 꼽았다. 許筠, 『惺所覆瓿藁』 卷23 '湖胡人才之浮沈' 참조. 이수광은 당대 호남의 10대 시인으로 朴祥·林億齡·林亨秀·金麟厚·梁應鼎·朴淳·崔慶昌·白光勳·林悌·高敬命을 들었다. 李睟光, 『芝峯類說』 卷4 「文章部」 7 참조.

76 박순(朴淳)의 본관은 충주, 자는 화숙(和叔), 호는 사암(思菴)이고, 시호는 문충(文忠)이다. 1553년 친시문과에 장원급제했다. 1572년 영의정에 올라 14년간 재직했다. 동서 당쟁 속에서 서인으로 지목되어 탄핵을 받고 영평(永平)[현재의 경기도 포천] 백운산(白雲山)에 은거했다. 개성 화곡서원(花谷書院), 광주(光州) 월봉서원(月峰書院) 등에 배향되었다. 문집에 『사암집』이 있다.

77 李選, 『芝湖集』 卷10, 「思菴朴公行狀」, "後來崔慶昌·白光勳·李達之流, 其源皆自公所倡始."; 金昌協, 『農巖集』 卷22, 「苔川集序」, "湖南之詩, 自李青蓮始學唐. 因以崔白代興, 益有聲詞苑."

78 삼당시인은 최경창(崔慶昌)·백광훈(白光勳)·이달(李達)을 말한다. 최경창의 본관은 해주(海州), 자는 가운(嘉運), 호는 고죽(孤竹)이다. 백광훈·이후백과 함께 양응정(梁應鼎)의 문하에서 공부했다. 1568년(선조 원년) 증광문과에 을과로 급제하여 북평사(北評事)가 되었다. 다음 해 대동도찰방(大同道察訪)으로 복직했다. 1582년(선조 16) 53세에 종성부사(鍾城府使)로 특별히 제수되었으나, 대간이 그의 갑작스러운 승진을 문제 삼았으므로 성균관직강에 개수되었다. 상경 도중에 종성객관에서 사망했다. 팔문장(八文章)의 한 사람으로도 불렸다. 문집에 『고죽유고(孤竹遺稿)』가 있다. 백광훈은 본관은 해미(海美), 자는 창경(彰卿), 호는 옥봉(玉峯)이다. 아버지는 백세인(白世仁)이며, 어머니는 광산김씨 첨정 김광통(金廣通)의 딸이다. 형인 백광안(白光顔)과 백광홍(白光弘) 및 종제 백광성(白光城) 등 한집안 4형제가 문장으로 칭송을 받았다. 저서에 『옥봉집(玉峯集)』이 있다. 이달의 자는 익지(益之), 호는 손곡(蓀谷)·동리(東里)이다. 허균(許筠)이 그의 전기 「손곡산인전(蓀谷山人傳)」을 지었다. 『손곡시집(蓀谷詩集)』이 있다.

있다.[79]

이후백의 시 가운데서 절구(絶句)는 당시풍이 짙다고 논하기도 한다.[80] 그러나 이후백의 시가 절구로 대표되는 것은 아니다. 이후백의 시를 당시풍으로 개괄하는 것은 설득력이 없다. 현전하는 이후백의 시를 통하여 그 시 세계를 재론할 필요가 있다.

송시열의 「청련 선생 이공 행장(青蓮先生李公行狀)」에는 공이 어렸을 때부터 총명했다고 했다. 『청련집』에는 이후백이 어렸을 때 지은 「탑송(塔松)」도 수록되어 있다. 이 시는 골동(骨董)이나 기념비를 숭상하는 것이 아니라 생명적이고 성장하는 것을 우위에 두는 관념을 탑과 소나무의 비교를 통해 드러냈다. 해학적인 멋이 있다.

이후백은 대우(對偶)에 뛰어났다. 언젠가 김인후(金麟厚)가 "영산홍이 사양 속에

79 다만, '당시풍'의 개념은 함의가 모호하다. '당시'라고 하여도 크게 4개 시대로 나눌 수 있다. 중국 명나라 고병(高棅)은 『당시품휘(唐詩品彙)』의 1393년 작성 서(序)에서 개원(開元)부터 대력(大曆) 초까지를 성당, 대력부터 원화(元和) 말까지를 중당, 태화(太和)부터 오대까지를 만당이라고 보았다. 조이광(趙宧光)은 『당인만수절구(唐人萬首絶句)』의 1541년 간본 범례에서 성당은 개원(開元) 원년(713년)부터 영태(永泰) 원년(765)까지 53년, 중당은 대력 원년(766년)부터 태화 9년(835년)까지 70년으로 보았다. 조이광의 설에 따르면, 초당은 선천(先天) 원년(712년) 이전의 95년간, 만당은 개성(開成) 원년(836년) 이후 71년간이 이에 해당한다. 그런데 초당·성당·중당·만당의 각 시기마다 다양한 시풍이 공존했다.이를테면 만당 70여 년간 다양한 시풍들이 공존했다. 우선 두목(杜牧)은 유미주의(唯美主義) 작가이지만 우국적인 호건성(豪健性)도 지녔다. 또 온정윤(溫庭筠)과 이상은(李商隱)을 추종하던 한악(韓偓)·오융(吳融)·이군옥(李羣玉), 또 온정윤·이상은과는 다른 작풍을 보여준 피일휴(皮日休)·육귀몽(陸龜蒙), 두목(杜牧)의 칭찬을 받은 장호(張祜)·조하(趙嘏), 장적(張籍) 일파로 불리는 사공도(司空圖)·주경여(朱慶餘), 가도(賈島)의 파로 지목되는 이동(李洞)·당구(唐求)·유부(喩鳧), 요합(姚合)의 파에 속하는 이빈(李頻)·주하(周賀)·이함용(李咸用)·방간(方干)·내붕(來鵬)·진도(陳陶)·조업(曹鄴), 방림십철(芳林十哲)로 불리는 10인 중의 정곡(鄭谷)·장교(張喬), 통속의 기치를 들고 방가(放歌)하던 나은(羅隱)·두순학(杜荀鶴)·이산보(李山甫)·호증(胡曾) 등도 모두 이름을 날렸다. 이혜순, 「신라말 빈공제자의 시에 대하여」, 『한국한문학연구』 7, 한국한문학연구회, 1984, 22~23면.

80 17수에서 대우의 특징이 두드러지고, 서정(抒情)과 서경(敍景)에 적합한 시어의 활용 빈도가 높다. 매화 같은 경물도 고향의 표상으로 제한하여 인식했고, 풍경시는 청신(淸新)한 시어와 색감의 대조를 통해서 '청기(淸奇)'한 풍격을 구현했다. '규원(閨怨)'을 소재로 삼았을 뿐 아니라, 조선의 전설 및 지명도 과감하게 작품화했다. 李聖炯, 「청련(青蓮) 이후백(李後白)의 당시풍(唐詩風) 수용(受容) 양상(樣相) 고찰(考察) : 절구(絶句)의 시어와 소재분석을 중심으로」, 『한문고전연구』 29, 한국한문고전학회, 2014, 93~123면.

비치고〔映山紅映斜陽裏〕"라는 구를 지었으나 오래도록 대구를 찾지 못하다가, 이후백이 찾아왔기에 말하자, 이후백은 지황이 뜰에 난 것을 보고 "생지황이 가는 빗속에 났네〔生地黃生細雨中〕"라고 했다. 김인후는 가상하게 여겼다고 한다.[81] '영산홍(映山紅)'과 '생지황(生地黃)'을 초목문(草木門)의 대어(對語)로 사용하며, 지리의 '山'과 '地', 색깔의 '紅'과 '黃'을 짝으로 했다. '山'은 평성, '地'는 거성으로 평측교호의 원리로 지켰다. 본동사 '映'과 '生'을 대로 한 것도 공교하다. '斜陽'과 '細雨'도 천문문(天文門)의 대어이다.

이후백은 시평(詩評)에도 뛰어났다. 유희춘은 김계(金啓, 자 亨彦)를 위한 장편 만사(挽詞)를 이후백에게 보여 주었는데, 이후백은 칭찬하되 "차가운 산에 눈물이 반짝이네〔冷山淚爲熒〕"라는 구절의 병폐를 지적했다. 이에 유희춘은 그 구절을 "또 북해의 귀양살이 슬프니, 눈물이 두 눈에 반짝이네.〔又悲北海棘, 淚皆從雙熒.〕"로 고쳤다고 한다.[82]

이수광은 『지봉유설』「문장부(文章部)」6 '동시(東詩)'에서 이후백의 시 2수를 거론하고 논평했다. 첫 수는 이후백이 어렸을 때 방백(관찰사)의 행렬에 잘못 끼어들자 방백이 시를 지으라고 명했으므로 그 명에 따라 지었다고 하는 즉흥시이다. 이후백의 시는 가도(賈島)와 한유(韓愈)의 고사를 이용했다. 가도의 자가 낭선(浪仙)이다. 시의 구절을 퇴고하는 데 골몰하여 한유의 행렬을 보지 못하고 난입하고 말았다. 하지만 한유는 마음에 두지 않고 가도와 함께 시의 구절을 반복해서 토론했다고 한다. 이수광이 주목한 또 한 수는 이후백의 「규정(閨情)」 시로, 곧 「규원사시조(閨怨四時調)」 중 '춘(春)'의 구절이다. 중국이나 한국에서 '규원' 시는 상당히 많이 지어졌다. 여성 자신이 스스로 지은 것도 있고, 남성이 여성의 말투를 모방해서 지은 것도 있다. 이수광에 따르면 김극검(金克儉, 1439~1499)의 이후에 이후백도 여성

81 李濟臣, 『清江先生詩話』. "金河西嘗得句: '映山紅映斜陽裏,' 久未覓對. 一日見李佐郎後白至, 語及之. 李見地黃生階, 乃曰: '生地黃生細雨中'. 河西然之."

82 柳希春, 『眉巖先生集』 권11 日記 갑술년(1574)〔만력(萬曆) 2년 우리 선조대왕 7년〕 1월 4일.

이 먼 곳에 있는 애인을 그리워하는 마음을 절묘하게 드러냈다. 이후백의 시는 감정 표현이 더욱 완곡하고 김극검의 시는 직설적인 듯하다.

이후백의 시 세계를 살필 때 주의할 점은 오랫동안 조신(朝臣)으로 있었으므로 궁중의 각종 행사에 참여하고 관련 시들을 지었을 것이라는 사실이다. 그 일례로 응제(應製)의 칠언배율 「서총대(瑞葱臺)」 시가 남아 있다. 명종은 1560년(명종 15) 9월 19일(임오)에 서총대에서 곡연(曲宴)을 행했다.[83] 그리고 어제(御題)의 율시(律詩)를 내리고 좌우에게 명하여 갱운(賡韻, 군주가 지은 시의 운에 따라 지음)하게 하고, 또 무신에게 명하여 과녁을 쏘게 하여 차등 있게 상을 내렸다. 이후백은 서총대 사연(賜宴)에서 응제하여 「서총대」를 지었다. 『청련집』에는 칠언배율의 시로 이 1수만 남았다. 명종의 시에 갱운한 것이 아니라 왕명에 응해서 지은 것이다.[84] 즉 '서총대(瑞葱臺)'라는 제목 가운데 '대(臺)' 자를 제1연 마지막에 사용하고, 그 글자가 속하는 평성 회(灰) 운을 처음부터 끝까지 사용했다. 이후백은 이 「서총대」 시에서 지난 연산군의 황음(荒淫)을 비판하고, 중흥 이후의 군신제우(君臣際遇, 어진 군주와 훌륭한 신하가 뜻이 맞음)의 광경을 칭송했다. 이후백은 사연의 때만 아니라 다른 각종 행사 때에도 응제(應製)의 시와 문을 많이 지었을 것이다.

또한 이후백은 「중국 사신의 〈한강〉 시에 차운하다〔次天使漢江韻〕」라는 제목의 칠언율시를 문집에 남겼다.[85] 1567년(명종 22) 1월 12일, 융경제(隆慶帝)의 등극조(登極詔)를 반포하러 중국 사신이 온다는 보고가 있어 좌찬성 홍섬(洪暹)이 접반관, 예조판서 박충원(朴忠元)이 원접사가 되었고, 홍문관 전한이던 이후백은 의정부 사인 기대승, 이조좌랑 이산해와 함께 원접사 종사관에 임명되었다. 당시 중국 명나라 정사는 허국(許國), 부사는 위시량(魏時亮)이었는데, 이후백은 『청련집』에 일행의 한강 뱃놀이 때 지은 시를 남긴 것이다. 이후백은 중국 명나라 사신이 왔을 때 접반(接

83 심경호, 『국왕의 선물』 1, BM성안당·BM책문, 2012.

84 李後白, 「瑞葱臺」(應制), 『青蓮先生集』 卷1 七言排律.

85 李後白, 「次天使漢江韻」, 『青蓮先生集』 卷1 七言律詩.

伴)의 역할을 하면서 중국 사신과 창화를 더욱 많이 했을 것으로 추정된다. 단, 『황화집(皇華集)』에는 이 시도 수록되어 있지 않다.[86]

이후백은 시의 여러 양식을 모두 잘 지었다. 문집을 구성할 때 만시(挽詩)를 많이 수록했다. 그 가운데에는 앞서 말했듯이 백광홍(白光弘)을 위한 만시가 있다.[87] 백광홍은 평안도평사(平安道評事)로 있을 때 그곳의 자연 풍물들을 두루 돌아보고 「관서별곡(關西別曲)」을 지은 것으로 유명하며, 문집으로 『기봉집』이 전한다. 이후백이 지은 백광홍 만시는 재주 있는 이의 불우함을 한탄하고, 홀로 남은 고독감을 짙게 드러냈다.

또 이후백 시의 서정성을 잘 보여 주는 시가 칠언율시 「비구승(比丘僧)」이다.[88] 비구승이 비록 출가했어도 부모의 형편을 생각하는 마음을 끊을 수 없고, 풍수지탄(風樹之嘆)의 말을 떠올리면 애간장이 무너지게 되리라고 그 마음을 추측했다. 인간에 내재하는 효심의 말려야 말 수 없는 본질을 꿰뚫어본 것이다. 오언고시 「경로정(敬老亭)」은 고향에 경로정을 세우고 경로연을 주도하며, 촌사(村社)의 사람들이 노인들을 공경하는 뜻을 잘 지켜 나가길 다짐한 시이다.

이후백이 지은 사경(寫景)의 시로 「장춘오(藏春塢)」·「인수교(仁壽橋)」·「관어대(觀魚臺)」·「백화담(百花潭)」·「송국경(松菊逕)」의 5수가 문집에 남아 있다. 사패지(賜牌地)의 공간을 구획하여 지은 것인 듯한데, 단순한 사경이 아니라 노년의 감회를 담아내었다. 본래 장춘오와 인수교는 중국 북송 때 조약(刁約, 자 景純)의 고사에서 연유한다. 조약은 진사에 급제하고 교리(校理)와 사관(史館)의 요직을 맡았으나, 뒤에 벼슬을 그만두고 윤주(潤州)로 돌아가 장춘오라는 서재를 짓고 소요했다. 『상우록(尙友

86 趙季 輯校, 「足本皇華集』 中 卷之三十(隆慶元年丁卯頒登極詔使), 鳳凰出版社, 2013. '정묘황화집(丁卯皇華集)'에는 허국(許國)이 이후백에 준 시로 「양원증이사성(陽原贈李司成)」의 오언율시 1수가 있다. 주석에 '都監官, 成均館司成 李後白, 號陽原'이라 했다. 『명종실록』에서 이후백의 관함이 '홍문관 전한'으로 되어 있는 것과는 차이가 있다.

87 『청련집』 上 五言律詩, 「挽白評事」(光弘號岐峯).

88 『청련집』 上 七言律詩, 「比丘僧」.

錄)』 권6에 전한다. 소식(蘇軾)의 「증장조이로(贈張刁二老)」 시에 "장춘오에는 꾀꼬리와 꽃들이 떠들썩하고, 인수교 가에는 해와 달이 길어라〔藏春塢裏鶯花鬧, 仁壽橋邊日月長〕."라고 했다. 이후백의 이 5수 시는 당시풍의 어구를 많이 빌려 왔다. 특히 「장춘오」·「인수교」·「관어대」·「백화담」은 기존의 시구를 그대로 사용하기도 했다.

이를테면 「장춘오」의 첫 구는 중국 원나라 육문규(陸文圭, 1252~1336)의 「기사신춘(己巳新春)」[89] 시에서 가져왔다. 「인수교」의 제4구는 소식(蘇軾)의 「동파(東坡)」[90]에서 가져왔다. 「관어대」의 제4구는 두보(杜甫)의 시[91]에서 가져왔다. 「백화담」의 제4구는 두보의 「광부(狂夫)」 시[92]에서 가져왔다. 「송국경」은 다른 시들과는 달리 명시의 어구를 그대로 차용하지는 않았으나, 각 구의 시어는 옛 시의 시어를 차용한 것이 많다.

이후백은 당시의 문인이나 관료들이 그러했듯이 젊은 시절 정시(程詩) 즉 과시(科詩)를 오랫동안 연마해야 했을 것이다. 그것과 관련 깊은 것이 『청련집』의 칠언고시 11수이다. 즉, 11수의 칠언고시는 2수의 오언고시와 달리 고전에서 시제를 취하고, 시제의 한 글자를 운자로 선택해서 처음부터 끝까지 그 운자가 속한 운목(韻目)의 글자들을 사용했다. 영계(瀯溪)의 늙은이라든가 궁향(窮鄕)의 서생(書生)이라든가 하는 식으로 자칭한 것으로 보아, 아직 관직에 나아가기 전에 정식시(程式詩)를 연마하면서 자신의 관념을 투영한 듯하다. 영계는 거창의 시내로, 영계의 늙은이란 자신이 거창(합천) 출신임을 드러낸 말이다. 어떤 시에서는 나주의 금구(金狗)를 소재로 삼기도 하고, 어떤 시에서는 재주 있는 문인은 하늘의 시기를 받아 현달하지 못한다는 시궁(詩窮)의 관념을 토로하기도 했다.[93]

89 陸文圭, 「己巳新春」. "年年春色先摧柳，萬紫千紅次第開. 零落墻陰人不問，只憐殘雪一株梅."

90 蘇軾, 「東坡」. "雨洗東坡月色淸，市人行盡野人行. 莫嫌犖确坡頭路, 自愛鏗然曳杖聲."

91 (宋)曾季貍, 『艇齋詩話』. "老杜: '青青竹筍迎船出, 白白江魚入饌來.'"

92 杜甫, 「狂夫」. "萬里橋西一草堂, 百花潭水卽滄浪. 風含翠篠娟娟淨, 雨裛紅蕖冉冉香. 厚祿故人書斷絶, 恒飢稚子色凄涼. 欲塡溝壑唯疏放, 自笑狂夫老更狂."

93 오언고시(五言古詩) : 「次林石川 億齡 贈月出山僧彗遠韻」·「敬老亭」. 칠언고시(七言古詩) : 「題紅葉」·「曹娥碑」·「鸚鵡洲」·「巫山神女廟」·「銀橋」·「鐵狗行」·「韶石」·「黔驢」·「護花鈴」·「大鯉上龍門」·「文章憎命達」

이후백보다 조금 뒤의 장만(張晩, 1566~1629)의 경우 『낙서집(洛西集)』 권1에 정식시 2수가 있다. 첫 번째 「금룡선을 하사하다〔賜金龍扇〕」는 어느 때 지은 것인지 분명하지 않지만, 두 번째 시 「매선생의 비음에 제하다〔題梅先生碑陰〕」는 장만이 24세 되던 1589년(선조 22, 기축) 진사시의 회시(복시)에서 입격한 과시이다.[94] 「금룡선을 하사하다」 시는 19운 19연(19구)으로, 제목의 '扇' 자를 선택하여 그 글자를 제4연 마지막 글자로 사용하고, 그 글자가 속하는 거성 산(霰) 운에 속하는 글자들로 압운했다. 즉 일운도저(一韻到底)했다. 각 구 안의 평측은 고시의 형식이다. 시제는 중국 송나라 장영(張詠, 946~1015)의 고사에서 따온 것이다. 3연〔즉 조선에서 말하는 3구〕이 1단을 이루도록 해서 모두 6단으로 구성하고, 마지막 결미 1연(1구)을 두었다. 조선 후기 과시와 같은 구성이다. 다만, 평측은 조선 후기의 과시와 달리 장편고시의 율격이다. 또 장만의 「매선생의 비음에 제하다」 시는 24운 24연(24구)으로, 제목 중 '비(碑)' 자를 골라 그 글자를 제15연 마지막 글자로 사용하고, 그 글자가 속하는 평성 지(支) 운에 속하는 글자들로 압운했다. 이 시는 4연 1단으로 되어 있다. 따라서 조선 중기에는 정식시가 3연 1단도 있지만 4연 1단도 허용되었던 듯하다. 이후백의 정식시는 단 구성이 각기 다르며, 3연 1단의 예는 없다.

이후백의 「철구행(鐵狗行)」은 군불견체(君不見體) 56구 장편 칠언고시이다. 시제의 '구(狗)'를 제3연 마지막 글자로 사용하고, 그 글자가 속한 상성 유(有) 운을 일운도저(一韻到底)했다. 시에서 말하는 '철구'는 비보설(裨補說)의 압승법(壓勝法)과 관련이 있는 듯하다. 불교의 경우, 『오등회원(五燈會元)』 권14에 "쇠 개는 바위에 비친 달을 보고 짖고, 진흙 소는 산에 걸린 구름을 들이받아 부순다.〔鐵狗吠開岩上月, 泥牛觸破嶺頭雲.〕"라는 공안(公案)이 있어, 정식분별(情識分別)을 벗어날 것을 가르친다. 그런데 옛 대방국이라고 전하는 남원의 광한루 아래에 철구의 상(像)이 있었던 듯하며, 이것은 불교의 공안과는 관련이 없다. 이후백은 철구의 상을 각서(刻犀)와 범마(範馬)

94 심경호, 「낙서와 지천 최명길의 창수(唱酬) 및 지천의 서찰에 관하여」, 허경진·심경호 외, 『낙서 장만 연구』, 보고사, 2020.

의 고사와 비교했다. 각서는 중국 진(秦)나라의 효문황(孝文王) 때 이빙(李冰)이 촉(蜀) 땅을 다스리면서 돌로 물소 세 마리를 만들어 수정(水精)을 진압해서 물의 재해를 진압한 일을 말한다. 두보(杜甫)의 「석서행(石犀行)」에 "원기만 항상 조화한다면, 자연히 파도의 피해는 면하리라. 어찌하면 장사를 얻어 천강을 끌어다가, 다시 수토를 다스려 돌물소를 없앨까?〔但見元氣常調和, 自免坡濤恣調瘵. 安得壯士堤天綱, 再平水土犀奔茫?〕"라고 했다. 현재의 광주광역시 석서정(石犀亭)은 비보설과 관련하여 석서를 세운 것에서 기원한다. 범마의 고사는 중국 한(漢) 무제(武帝)가 대원(大宛)의 말을 얻고 그 기념으로 동상을 만들어 노반문(魯班門) 밖에 세우고 그 문을 금마문이라 불렀던 것을 말한다. 「철구행」 시에서 이후백은 철구가 '청련도사'를 선뜻 따라나서지 못하는 것은 해코지할 무엇이 있을까 두려워해서가 아니라 규중의 사자후를 두려워해서라고 했다. 공처가의 해학스런 말인 듯하다. 이후백은 함경도관찰사로 있을 때 「철구에게 전하는 서찰〔傳鐵狗書〕」이라는 칠언절구 두 수를 지었는데, 이것은 남원 기생을 직접 부르지 못하고 그 기생을 철구라고 대칭(代稱)한 듯하다.

한편, 이후백의 시조 및 가사는 한문학의 세계와 긴밀하게 연계되어 있다. 『교주가곡집(校註歌曲集)』에 이후백의 시조 한 수가 실려 있다.[95] 중장은 중국 당나라 왕발(王勃)의 「등왕각서(滕王閣序)」에 나오는 "지는 놀은 짝 잃은 따오기와 나란히 날고, 가을 강물은 끝없는 하늘과 한 색이로다.〔落霞與孤鶩齊飛, 秋水共長天一色.〕"라고 한 데서 유래한다.

> 독상악양루(獨上岳陽樓)ᄒᆞ야 동정호(洞庭湖) 칠백리(七百里)라
> 낙하(落霞)ᄂᆞᆫ 여고목제비(與孤鶩齊飛)ᄒᆞ고 추수(秋水)ᄂᆞᆫ 공장천일색(共長天一色)으로
> 한(限)업슨 오초동남경(吳楚東南景)이 안전(眼前)의 니어시니 락무궁(樂無窮)인가

이후백은 시문에 뛰어났고, 정황상 국왕의 문서나 조정의 중요 공문, 외교상의 문

95 『校註歌曲集』 573, 作家〈李後白〉.

서를 상당히 많이 제술했으리라 추정된다. 시에 대해서도 호남지방에 당시풍을 일으킨 것으로 한정할 수가 없다. 장편 칠언고시 11수는 조선 중기의 정식시(程式詩)로 조선 과거 문체의 변천을 살필 때 귀중한 자료일 뿐만 아니라, 이후백은 정식시를 이용해서 남원 광한루의 비보(裨補)를 위한 철구(鐵狗) 건립 사실을 밝히고 자신의 심회를 토로했으며, 또 다른 시편에서는 문학과 궁달의 문제를 심각하게 논했다.

이후백은 삼자함(三字銜), 즉 지제교(知製敎)의 관함(官銜)을 지닐 만큼 국왕의 교서 및 조정의 공문 제술에 능했다. 1575년(선조 8) 정월에 명종의 왕비 인순왕후(강릉)가 서거한 후 3월 7일(병오)에 이후백이 지문(誌文)을 지었다는 사실로도 그가 선조 초 조정의 주요 문서를 상당히 많이 지었으리라는 것을 추측할 수 있다. 또한 사행 때 종사관으로 활약했던 것으로 보아, 주로 변문으로 작성하는 외교 문서의 제작에 공을 많이 들였을 것이다.

이후백의 학술 사상을 추정하는 데 중요한 자료로, 1570년(선조 3) 12월 하순에 작성한 「국조유선록서(國朝儒先錄序)」가 있다. 이와 관련하여 송시열 찬술의 행장에 다음과 같은 말이 있다.

> 선묘(선조)가 일찍이 공에게 명하여 「국조유선록서(國朝儒先錄序)」를 지으라 하자, 공은 위로는 도학(道學)의 연원(淵源)을 밝히고, 다음으로 도학의 전수의 통서(계통)를 서술했는데, 노성(老成)하고 전요(典要)하여 사람들이 이론(異論)을 제기하지 않았으니, 공은 지언(知言)의 군자(君子)라고 말할 수 있겠다. 진지(眞知)와 실천(實踐)의 공부가 없다면 어찌 여기에 간여할 수 있겠는가? 옛사람이 말하기를, "고기 한 점으로 솥 전체 국의 맛을 안다."라고 했다. 하물며 여기의 서너 건 문자(文字, 글)들은 고기 한 점에 그치는 정도가 아니지 않음에야 더 말해 무엇 하겠는가?[96]

96 宋時烈, 「靑蓮先生李公行狀」, 『宋子大全』 "宣廟嘗命公作「國朝儒先錄序」. 公上明道學之淵源, 次敍傳授之統緖. 老成典要, 人無間言, 公可謂知言之君子矣. 不有眞知實踐之功, 焉得而與此哉? 古人云: '一臠可以知全鼎,' 況此數件文字, 不止一臠而已乎?"

이후백의 「국조유선록서」는 정여창(鄭汝昌)의 『일두선생집(一蠹先生集)』 속집에도 전문이 실려 있다.[97] 이 「국조유선록서」에서 이후백은 유희춘 등이 『국조유선록』을 편찬한 방법과 서명을 『국조유선록』으로 품정하고 교서관에서 간행하기에 이른 경위를 먼저 밝혔다.[98] 이어서 네 사람의 선현들이 조선의 도통(道統)을 이었으며 그들의 저서가 군주의 덕을 높이는 데 효용이 있다는 점을 강조했다.

이후백은 『국조유선록』이 조선 유학의 정맥으로 인정한 김굉필·정여창·조광조·이언적 각각에 대해 장단점을 공정하게 논했다. 이황(李滉, 1501~1570)은 조광조와 이언적의 행장을 작성하면서, 조광조에 대해서는 '천자고처(天資高處)'를 극언하면서도 학력에 대해서는 말하지 않았고, 이언적에 대해서는 '학력심처(學力深處)'를 극언하면서도 '천자고처'는 가볍게 다루었다.[99] 조광조 행장에서는 그가 도학을 창명한 공적도 실마리조차 찾을 수 없으므로 함부로 적지 못하겠다고 했다.[100] 그리고 조선의 문장 대가 가운데 이언적만이 흉중으로부터 유출하여 의리가 밝고 올바른 글을 남겼다고 평가했으나, 행장에서는 그의 천자(天資)에 대하여는 가볍게 다루었다. 이후백의 논점은 이황의 이러한 논점과 유사한 면이 있었을 것이다. 그러나 이

97 鄭汝昌, 『一蠹先生集』 續集 卷3 附錄 「儒先錄序」〔李後白〕. 한국고전번역원 제공 공근식 역(2004)을 일부 참조했다.

98 李後白, 「國朝儒先錄序」. "隆慶庚午歲, 卽我殿下踐祚之三年也. 于時宵旰求治, 勤御經筵, 尤留意於性理之學. 一日夕講罷, 上語副提學柳希春曰: '李彦迪文集則予旣覽之矣. 金宏弼·鄭汝昌·趙光祖, 玆皆不世出之賢, 亦豈無所著述乎? 爾其爲予裒輯以來.' 希春承命兢惶, 退與玉堂諸儒, 蒐摭標別, 幷收其行狀及遺事, 彙次凡例, 倣『伊洛淵源錄』, 屢稟睿裁而更定焉. 於宏弼則取『景賢錄』所載, 稍有增損. 彦迪文字頗多, 不可盡錄, 則抄列其緊要者若干篇, 其他多得之於聞見. 書旣成, 投進請名之爲『國朝儒先錄』, 上允之. 深加玩繹, 下校書館印布國中, 且命臣序之." 작성 일자에 대해 서문 끝에 "是歲冬十有二月下澣, 通政大夫承政院都承旨知製教兼經筵參贊官春秋館修撰官藝文館直提學尙瑞院正臣李後白奉教謹序"라고 밝혔다.

99 權斗經 編, 『退陶先生言行通錄』 卷5 議論 第4 論人物. "某於靜菴行狀, 極言天資高處, 而其說學力處少. 晦齋行狀, 極言學力深處, 而其說天資高處較輕."

100 李滉, 「答柳仁仲 論趙靜菴行狀 別紙」, 『退溪集』 卷12. "趙先生倡明道學之功固大. 然由今而欲尋其緒餘, 不知何書何言而有所稱述耶? 鄙意, 推尊先正, 雖曰務極贊揚, 然亦當從其實而言之, 不可以捏虛誇能, 而爲之辭, 以欺後人也. 故如是云云. 今雖承誨而不能從."

후백은 『국조유선록』이 김굉필·정여창·조광조·이언적 등 사현을 정몽주(鄭夢周) 이후 염락관민(濂洛關閩)의 학〔정주학(程朱學)〕을 잇는 정통으로 공인한 사실을 선명하게 드러냈다. 또한 그 네 선현의 업적을 염락관민의 학과 마찬가지로 '의리(義理)와 왕패(王覇)의 구분 및 조존(操存)과 극치(克治)의 방도에 있어서 가르침'을 드리운 점에 있으며, 그들이 권강(勸講)을 통해서 군주를 계옥(啓沃)한 점, 그들의 저서가 당대에도 군주의 덕을 보필할 수 있다고 논평했다. 그리고 이후백은 간사한 이들이 네 선현을 모욕하는 것을 봉쇄하겠다는 뜻을 분명히 했다.

4.

이후백의 문집 『청련집(青蓮集)』은 1700년 전후에 목판으로 초간된 듯하다. 간행 경위는 분명하지 않다. 불분권 1책으로 총 40판이다. 이 간행본에 이후백의 행장이 실려 있는데, 이후백의 현손 이석형의 요청으로 1686년에 송시열이 지은 글이다. 따라서 이 간행본은 1686년 이후 간행되었으리라 추정된다. 연세대학교 중앙도서관장본(811.97/이후백/청)이 있다. 한편 장서각(D3B-1584), 성균관대학교 존경각(D3B-2955) 등의 소장본들은 후쇄본(後刷本)으로, 연세대학교 중앙도서관 소장본에 비하여 보유편이 개각되어 있다. 개각한 시기는 분명하지 않다. 개각된 부분을 살펴보면, 「전철구서(傳鐵狗書)」·「무제(無題)」·「탑송(塔松)」 등 시 3수 가운데 「전철구서」와 「무제」를 삭제하는 대신 「내승제명기(內乘題名記)」를 추가했고, 「내승제명기」 뒤에 1710년 김보택(金普澤)의 추기(追記)를 두었다.

즉, 초간본은 불분권 1책이다. 권수(卷首)에 목록과 1686년 송시열이 지은 행장을 두었다. 내용은 오언절구(五言絶句) 10수, 육언절구(六言絶句) 1수, 칠언절구(七言絶句) 26수, 오언율시(五言律詩) 7수, 칠언율시(七言律詩) 17수, 칠언배율(七言排律) 1수, 오언고시(五言古詩) 2수, 칠언고시(七言古詩) 11수, 서(序) 1편, 삭위훈문(削僞勳文) 1수, 보유(補遺) 3수이다. 보유는 「전철구서(傳鐵狗書)」·「무제(無題)」·「탑송(塔

松)」 등 칠언절구 3수이다.

그러나 초간 당시 이후백의 시문은 철저하게 수집되지 못했다.

한편, 일본 동양문고에 『청련집』 필사본 2권 2책이 있다. 마에마 교사쿠〔前間恭作〕 구장본(동양문고 Ⅶ-4-131)이다. 이 필사본의 뒤에는 이후백이 젊은 시절 창작한 「소상팔경가시(瀟湘八景歌詩)」 8수 연작과 시조 1편이 들어 있다.

- 四周單邊 半郭 21.7~15.0cm, 有界, 10行 20字 註雙行, 無魚尾; 29.9~19.3cm
- 表題: 青蓮集
- 印: 在山樓蒐書之一
- 藏書記: K. Mayema Sept. 3 1911

1962년에 후손 이호경(李浩敬)은 여러 문집에 나오는 기사를 모으고 시를 보충하고 부록 문자를 첨부한 다음 기근섭(奇近燮, 1884~1978)[101]의 발문을 받아 3권 1책의 석인본(石印本)으로 『청련선생집(青蓮先生集)』을 간행했다. 이 중간본의 권수에는 변언(弁言)과 목록(目錄)이 있고, 권1은 시(詩)이다. 권1은 초간본에 비해 칠언절구와 칠언율시 부분에 새로 발견한 시와 초간본 보유편에 있던 시를 끼워 넣었다. 즉 초간본 보유의 칠언절구 「전철구서(傳鐵狗書)」, 칠언절구 「무제(無題)」, 칠언절구 「탑송(塔松)」〔유시작(幼時作)〕은 모두 칠언절구 부분으로 옮겼다. 권2는 서(序)·문(文)·장(狀)이다. 「족회서(族會序)」와 「양평ᄋᆞ공행장(襄平吳公行狀)」을 추가했다. 권3은 부록(附錄)이다. 세계(世系), 연보(年譜), 시장(諡狀), 변무사적(辨誣事蹟) 등이다. 권말에 기근섭 발문이 있다. 이 본은 국립중앙도서관(古3648-文62-348), 경기대학교 중앙도서관 등에 소장되어 있다.

101 기근섭(1884~1978)의 본관은 행주, 자는 의경(毅卿), 호는 문강(聞江)이다. 광주광역시 (북구) 누문리에 살았다. 부친은 기동준(奇東準), 조부는 기창현(奇昌鉉), 증조는 기문국(奇文國)이고, 외조는 장흥(長興) 고제두(高濟斗)이다. 처부는 울산(蔚山) 김종환(金琮煥)이다. 광주광역시 서구문화원에서 소개하는 「광주의 역사, 문화, 자연, 인물의 이야기」에 의한다.

이 외에 문중 필사본 1종이 있었다고 한다. 이 필사본은 1992년 국역청련집간행회(國譯靑蓮集刊行會) 번역본의 저본이 되었다. 석인본인 1962년 중간본 『청련집』은 초간본보다 많은 시문을 수록했고, 1992년 번역본의 저본은 부록을 더욱 충실하게 편찬했다. 민족문화추진회(현 한국고전번역원)에서는 간행 연도 미상의 초간본인 연세대학교 중앙도서관 소장본[102]을 저본으로 한국문집총간에 『청련집』을 영인 수록했다. 영인 저본은 행장(行狀)의 제1, 2, 6판과 원집(原集)의 제1~6판이 상태가 불량하여 동일 내용의 1992년 국역청련집간행회 영인본(즉, 1962년 중간 석인본)으로 대체했다고 한다.

1992년 국역청련집간행회 간행의 『국역 청련집』은 문중 재편의 필사본을 저본으로 삼았다.[103] 이 재편본은 석인 중간본을 저본으로 삼되, 실록이나 필기류 기록 등을 부록에 모았다. 여기에 이후백의 주의체 산문 3편을 수록했으나, 이것은 이후백 단독의 상주문(上奏文)은 아니다.

① 「진강에서 주자 감흥시(朱子感興詩)로 소동파의 시와 바꾸시기를 청하는 상주문〔請以朱子感興詩易蘇東坡詩奏〕」[104]

② 「인성왕후의 상복제도를 논한 상주문〔論仁聖王后服制奏〕」

"殿下於仁聖王妃, 有祖孫之義."

③ 「홍문관과 양사(兩司)에서 남곤의 시비에 관해 차론(箚論)하는 일을 그만두도록 왕명을 내려 주시길 청하는 상주문〔請寢令弘文館兩司南袞是非箚論之命奏〕」

102 半葉은 10行 17字이고 半郭의 크기는 21.8~16.0(cm)이다.

103 國譯靑蓮集刊行會, 『國譯 靑蓮集』, 全南大學校出版部, 1992.

104 頃日, 上命入東坡詩, 臣未知上欲者一二處耶? 欲留覽耶? 蘇軾爲人, 矜豪詭譎, 心術不正, 發於文詞, 亦皆不平, 是故芮曄掌學校之政, 朱子遺書論曰: '蘇氏以雄深繁妙之文, 扇其傾危變幻之習, 以故人之被其毒者, 淪肌浹髓, 而不自知,' 今正當拔本塞源, 庶乎可以障狂瀾, 而東之, 自上若欲興於詩, 則有朱子感興詩二十首在, 蓋皆五言, 凡一千二百六十字之中, 天地萬物之理, 聖賢萬古之心,古今萬事之變, 無不在焉, 音韻鏗鏘, 興致悠遠, 吟詠之間, 意味深長, 以此詩, 易在彼幸甚.

①은 『선조실록』 권7, 선조 6년 계유(1573) 12월 21일의 조강(朝講)에서 유희춘(柳希春)이 주달(奏達)한 내용으로 나온다.[105] ②는 『선조실록』 권11, 선조 10년 정축(1577) 11월 29일(신사)의 기사와 관련이 있다. 당일, 예조가 대행 왕대비의 상에 자최(齊衰) 기년복이라 아뢰니 이로 인해 논란이 있었으나, 이후백의 견해는 별도로 밝혀져 있지는 않다. ③은 『선조실록』 권2, 선조 1년 무진(1568) 7월 29일의 유희춘 주달과 관련이 있다. 주강에서 유희춘은 남곤의 군부 기망죄를 들어 그의 관직 추탈을 요구했다.[106] 이 글들은 이후백이 공동으로 의견을 밝힌 것일 수는 있으나 이후백 단독의 상주문은 아니다.

또 이후백의 '보살만(菩薩蠻)' 조의 전사(塡詞)로 간주되는 작품이 석인본에 전하여, 국역본에도 그대로 실었다.[107] 보살만 조는 '菩薩鬘'으로 적으며, 무산일편운(巫山一片雲)·자야가(子夜歌)·화간의(花間意)·화계벽(花溪碧)·성리종(城裏鐘)·중첩금(重疊金)·매화구(梅花句)·만운홍월(晩雲烘月) 등 별칭이 많다. 쌍조 44자로, 전·후단 각 4구 2측운 2평운으로 되어 있다. 『청련집』 중간본에 실린 것은 이백(李白)의 보살만 조 「평림막막연여직(平林漠漠烟如織)」을 베낀 것이되, 일부 글자가 잘못되고 평측 규칙에서 어긋난 부분이 있다.[108] 가중에 전해 오던 전사본을 이후백의 작으로 오인한 듯하다. 동양문고본 필사본 『청련집』에도 「보살만」이 들어 있다.

본 신편 신역에 있어, 문중 구장의 필사본을 구할 수 없었다. 따라서 1962년 중간 석인본, 동양문고본 필사본 『청련집』, 그리고 1992년 『국역 청련집』을 기준으

105 『선조실록』 권7, 선조 6년(계유, 1573) 12월 21일(정묘).

106 丙子/晝講, 應敎柳希春啓曰: "爲惡之人, 至二三十年, 則未有公論不定者. 南袞欺罔君父, 斲喪王室, 其罪甚大, 生旣保富貴, 死又不失官爵, 此姦之幸免, 國人所憤."

107 국역청련집간행회, 『국역 청련집』, 전라남도대학교출판부, 1992, 139~140면.

108 『국역청련집』에는 "平沙漠漠烟如織, 寒山一帶傷心碧. 暮色入高樓, 樓上有人愁. / 闌干空佇立, 宿鳥歸意急. 何處是歸程? 長亭復短亭."으로 되어 있으나 이백의 사는 "平林漠漠烟如織 , 寒山一帶傷心碧. 暝色入高樓 , 有人樓上愁. / 玉階空佇立 , 宿鳥歸飛急, 何處是歸程 , 長亭更短亭."이며, 격률은 다음과 같다. 中은 평측에 구애받지 않는 경우를 말한다. "中平中仄平平仄 中平中仄平平仄. 中仄仄平平 中平中仄平 / 中平平仄仄 中仄中平仄 中仄仄平平 中平中仄平"

로 하되, 이후백과 수창(酬唱)했을 시들, 이후백을 위한 제문(祭文)과 만시(輓詩)를 별도로 수집, 정리하여 '속집(續集)'으로 독립시키고, 이후백 관련 문헌을 가능한 한 수집해서 '부록'을 보완했다. 즉 『청련집』 '원집(原集)'의 다음에 신규로 '속집'을 두어 '청련 이후백 관련 시' 12제를 보완하고, 이후백을 위한 제문과 만시를 두었다. 이를테면 구사맹(具思孟)의 「제이총재후백문(祭李冢宰後白文)」은 이후백 사후에 바로 작성된 것이고, 그 내용이 이후백의 관력과 인품, 동시대인들의 평가 등을 이해하기 위해 긴요하다. 종래에는 건원(建院) 사적의 제향 축문 다음에 두었던 것이다.

1992년 번역본의 경우, 계사(啓辭)와 주의(奏議)에 이후백의 문건으로 추정되는 글을 실록에서 발췌하면서 편자의 안어(按語)를 첨부했다. 하지만 발췌문에 오탈자가 많다. 본 신편 신역에서는 실록에서 원문을 새로 발췌하고 1992년 번역 당시의 안어는 〔 〕 속에 넣어 제시했다. 필요한 경우 새로운 해설을 부기했다.

이후백과 동시대인들이 이후백과 관련하여 남긴 시 가운데 본서에서 추가한 작품들은 다음과 같다.

01. 윤경인 및 이계진에게 부치다〔寄景仁及李季眞〕
02. 이계진 후백의 시에 차운하여 승려의 시축에 적다〔次李季眞後白韻 題僧軸〕
03. 은대 이십영(銀臺二十詠)
04. 태학사가 '기(期)' 자 운의 두 수를 화답해서 보냈으므로 곧바로 차운해서 계진과 여수 두 동료에게 보여 주다〔太學士和期韻兩首見示 輒敢仰次 示季眞汝守兩僚〕
05. 계진(이후백)의 시에 차운하다〔次季眞韻〕
06. 이계진 후백이 연경으로 떠남을 전송하다, 두 수〔送李季眞後白赴京, 二首〕
07. 상국 이계진이 연경으로 임무를 띠고 가는 것을 전송하다〔送李相國季眞赴京〕
08. 청련 이계진 후백이 종계변무 주청의 일로 연경에 가는 것을 전송하다〔送別青蓮李季眞後白以宗系奏請使赴京〕
09. 이계진 후백이 공무로 연경에 가는 것을 전송하다〔送李季眞後白赴京〕

10. 이계진 후백이 관북 안찰사로 나가는 것을 전송하다〔送李季眞後白按關北〕

11. 삼가 청련 선생을 이별하면서〔奉別靑蓮先生〕

12. 청련 선생이 신형 상사의 누헌에 쓰신 시에 삼가 차운하다〔敬次靑蓮先生題愼上舍軒. 名衡〕

13. 영벽당이 중건되었기에 청련 노선생의 시에 차운하다, 두 수〔暎碧堂重成 次靑蓮老先生韻 二首〕

14. 청련 선생을 위한 만시〔靑蓮先生挽〕

15. 청련 선생을 위한 만시〔靑蓮先生挽〕

이 시들을 보면, 이후백의 교유 관계나 학문적, 정치적 위상을 더욱 분명하게 알 수 있을 것이다.

본 신편 신역본에서는 『청련집』 중간본과 구 번역본의 하권 세계·연표 및 부록의 행장, 신도비, 실기, 건원추향사적에 관한 내용을 '후집(後集)'으로 구성했다. 그리고 실록과 『국조보감(國朝寶鑑)』 등등 신사(信史)에서 관련 기록을 초록하는 한편, 후인들의 필기(筆記) 등에서도 역시 관련 기록을 더욱 수집하여 부록으로 삼았다.

권말에는 청련 이후백의 시문을 정리하고 관련 문헌을 부록으로 붙여 1962년 석인(石印)으로 다시 간행한 중간본과 일본 동양문고 소장 필사본의 가사를 함께 편집했다. 『청련집』 초간본은 한국고전번역원의 DB를 통해 대조할 수 있을 것이다.

『청련집』을 새로 엮고 졸역과 해설을 붙인 이 책이 이후백의 정치행동과 문학학술활동의 실상을 이해하는데 도움이 되고, 16세기 후반의 정치문화사를 구성하는데 기여할 수 있기를 희망한다.

2025년 8월 10일

신편 신역 책임자 삼가 적음

참고문헌

1. 자료

李後白, 『靑蓮集』, 한국문집총간 속3, 민족문화추진회.
______, 『靑蓮集』, 일본 동양문고 소장 필사본.
『靑蓮先生集』 중간본, 1962년 3권 1책 石印本, 국립중앙도서관(古3648-文62-348), 경기대학교 중앙도서관 등 소장.
國譯靑蓮集刊行會, 『국역 청련집』(저본 : 1962년 중간 『청련집』), 1992. 2.
『연안이씨청련공파보』(1957년, 李浩敬 서문), 문중 소장본.

奇大升, 『高峰集』, 한국문집총간 40, 민족문화추진회, 1989.
金昌協, 『農巖集』, 한국문집총간 162, 민족문화추진회, 1996.
柳仲郢 原著, 柳龍佑·李迎春 번역, 『立巖逸稿』, 安東 : 豊山府院君記念事業會, 2006.
李睟光, 『芝峯類說』 상·하, 조선고서간행회, 1915, 고려대학교 중앙도서관 소장.
______, 『芝峯集』, 한국문집총간 66, 민족문화추진회, 1988.
白光弘, 『岐峯集』, 한국역대문집총서 452, 경인문화사, 1993.
白光勳, 『玉峯詩集』, 한국문집총간 47, 민족문화추진회, 1988 ; 옥봉집편찬위원회, 『옥봉집(玉峯集)』, 1992,
宋時烈, 『宋子大全』, 한국문집총간 108-116, 민족문화추진회, 1990-3.
申景濬, 『旅菴遺稿』, 한국문집총간 231, 민족문화추진회, 1999.
梁晩煥 중간, 『瀟灑園事實』, 1903년 간, 조선대학교 중앙도서관 소장.
梁應鼎, 『松泉遺集』, 한국문집총간 37, 민족문화추진회, 1989.
兪好仁, 『㵢谿集』, 한국문집총간 15, 민족문화추진회, 1988.
柳希春, 『眉巖先生集』, 한국문집총간 34, 민족문화추진회, 1988.
李德壽, 『西堂私載』, 한국문집총간 186, 민족문화추진회, 1997.
李　選, 『芝湖集』, 한국문집총간 143, 민족문화추진회, 1995.
李　珥, 『栗谷全書』 1-2, 한국문집총간 44-45, 민족문화추진회, 1988.
李濟臣, 『淸江集』, 한국문집총간 43, 민족문화추진회, 1988.
李　滉, 『退溪集』, 한국문집총간 29-31, 민족문화추진회, 1989,

林億齡,『石川集』, 여강출판사, 1989 ;『石川詩集』, 한국문집총간 27, 민족문화추진회, 1989.

丁若鏞,『與猶堂全書』, 한국문집총간 281~286, 민족문화추진회, 2002;『정본 여유당전서』, 다산학술재단, 2012.

鄭汝昌,『一蠹先生集』, 한국문집총간 15. 민족문화추진회, 1988.

鄭 澈,『松江歌辭』, 성주본.

崔慶昌,『孤竹遺稿』, 한국문집총간 50, 민족문화추진회, 1988.

許 筠,『國朝詩刪』, 보고사, 2017 영인.

國史編纂委員會 편,「朝鮮王朝實錄」, 探求堂, 1981 영인.

『國朝寶鑑』 상하(수정판), 세종대왕기념사업회, 1980; 민족문화추진회 역,『(신편국역)국조보감』, 14책, 민족문화추진회, 2006.

편자 미상,『國朝人物考』上·中·下, 서울대학교 도서관 편, 서울대학교출판부, 1978 영인; 세종대왕기념사업회 편역,『국역 국조인물고』1-34, 1999-2007.

李荇 등,『(국역)新增東國輿地勝覽』, 민족문화추진회, 1969-1970.

『輿地圖書』上下, 國史編纂委員會, 영인, 1973.

『海東地圖』上下. 1. 서울대학교규장각 편, 서울대학교규장각, 1995.

『咸陽郡史』1-3, 함양군사편찬위원회 편, 함양군, 2012.

李肯翊,『燃藜室記述』, 朝鮮古書刊行會, 1911-1913 ;『국역 연려실기술』, 민족문화추진회, 1966-1977.

李圭景,『五洲衍文長箋散稿』, 古典刊行會 影印, 1958;『(국역분류)오주연문장전산고』, 민족문화추진회, 1967-1982 ; 李圭景,『分類五洲衍文長箋散稿』, 난해원전교감정리사업 인터넷자료, 민족문화추진회, 2005.

『皇華集』, 台灣:珪庭出版社, 1978, 影照 趙季 輯校,『足本 皇華集』上中下, 江蘇省:鳳凰出版社, 2013.

『國朝榜目』·『文科榜目』·『司馬榜目』, 한국학중앙연구원 한국역대인물종합정보시스템(http://people.aks.ac.kr/index.aks)

『大東野乘』1-4, 조선고서간행회(1909), 경희출판사, 1968 ;『대동야승』1-13, 서울대학교출판부, 1968 ;『국역 대동야승』, 민족문화추진회, 1971.

尹炳泰,『韓國古書綜合目錄』, 대한민국 국회도서관, 1968.

尹炳泰 輯,『韓國書誌年表』, 韓國圖書館協會, 1972.

편자미상,『校註歌曲集』, 正陽社, 1951 영인.

김흥규·이형대·이상원·김용찬·권순회·신경숙·박규홍 편저,『古時調大全』, 고려대학교 민족문화연구원, 2012.

이정섭 옮김,『동책정수(東策精粹)』, 국립중앙도서관 한국고전전국역총서 2, 국립중앙도서관, 2006.

2. 논저

강제훈, 「16세기 조선의 사림계 관인 이후백의 관직 생활과 그 의미」, 임형택·심경호·강제훈·김봉곤·김학수, 『청련 이후백 : 16세기 사림 문화(文華)를 이끈 지성』, 태학사, 2023.

權洙用, 「『瀟灑園事實』을 통한 瀟灑園 研究」, 전남대학교 문화재학협동과정 석사논문, 2005. 2.

권혁명, 「湖南 詞宗 林億齡의 詩作 敎育 一考 : 梁應鼎과의 「棠城酬唱詩」를 중심으로」, 『한성어문학』 27, 한성대학교 한성어문학회, 2008.

김경국, 「강진 원주이씨의 백운동(白雲洞) 별서(別墅) 정착과정 고찰」, 『민족문화연구』 81, 고려대학교 민족문화연구원, 2018.

金基鉉, 「李後白과 그의 時調」, 『時調學論叢』 2, 한국시조학회, 1986.

金大鉉, 「青蓮 李後白 漢詩에 나타난 두 가지 새로운 경향」, 『한국언어문학』 53, 한국언어문학회, 2004.

김봉곤, 「기호사림(畿湖士林)의 청련 이후백 인식과 서원 건립」, 임형택·심경호·강제훈·김봉곤·김학수, 『청련 이후백 : 16세기 사림 문화(文華)를 이끈 지성』, 태학사, 2023.

김동하, 「青蓮 李後白의 시문학 연구」, 연세대학교 대학원 박사학위논문, 1999.

______, 「青蓮 李後白 詩의 풍격」, 『고시가연구』 15, 한국고시가문학회, 2005.

______, 「李後白의 七言古詩에 드러난 유교사상의 詩的 形象化」, 『고시가연구』 18, 한국고시가문학회, 2006.

김신중, 「瀟湘八景歌의 관습시적 성격」, 『고시가연구』 5, 한국고시가문학회, 1998.

김윤수, 「좌안동우함양(左安東右咸陽)과 천령삼걸론(天嶺三傑論)」, 『한문고전연구』 29, 한국한문고전학회, 2014.

김학수, 「연안이씨 청련가(青蓮家)의 가풍과 그 계승 양상」, 임형택·심경호·강제훈·김봉곤·김학수, 『청련 이후백 : 16세기 사림 문화(文華)를 이끈 지성』, 태학사, 2023.

배대웅, 「조선시대 강진 지역 시조 연구」, 조선대학교 대학원 국어국문학과 석사논문, 2015. 8.

申用浩·姜憲圭, 『先賢들의 字와 號』, 전통문화연구회, 1998.

심경호, 『여행과 동아시아고전문학』, 고려대학교출판부, 2011.

______, 『국왕의 선물』 1, BM성안당·책문, 2012.

______, 「낙서와 지천 최명길의 창수(唱酬) 및 지천의 서찰에 관하여」, 허경진·심경호 외, 『낙서 장만 연구』, 보고사, 2020.

______, 「청련 이후백 시문의 재평가」, 임형택·심경호·강제훈·김봉곤·김학수, 『청련 이후백 : 16세기 사림 문화(文華)를 이끈 지성』, 태학사, 2023.

안대회·이종묵·김형술·안순태·박진욱·김세호·임영길, 『명승 관련 신사료 연강정사기를 통한 18세기 한강 연안 명승의 현황 및 복원방향 연구』, 국립문화재연구소 자연문화재연구실

(천연기념물센터), 2015. 12.
呂基鉉, 「瀟湘八景의 受容과 樣相」, 『중국문학연구』 25, 한국중문학회, 2002.
여기현, 「瀟湘八景의 시적 형상화 양상」, 『반교어문연구』 15, 반교어문학회, 2003.
李聖炯, 「청련 이후백의 당시풍 수용 양상 고찰 : 절구(絶句)의 시어와 소재분석을 중심으로」, 『한문고전연구』 29, 한국한문고전학회, 2014.
임형택, 「연안이씨가의 문화 전통」, 임형택·심경호·강제훈·김봉곤·김학수, 『청련 이후백 : 16세기 사림 문화(文華)를 이끈 지성』, 태학사, 2023.
장정수, 「기행시조의 창작 배경 및 특성 연구」, 『우리말글』 61, 우리말글학회, 2014.
전경원, 「소상팔경시의 형상화 양상과 의미맥락 연구」, 건국대학교 박사논문, 2006.
정　민, 『강진 백운동 별서정원』, 글항아리, 2015.
정용수, 「李後白의 瀟湘八景歌 辨證」, 『문화전통논집』 창간호, 경성대학교 부설 한국학연구소, 1993.
최석기, 「李後白論」, 『남도문화연구』 19, 순천대학교, 2010.

3. 인터넷 검색 자료

국사편찬위원회 한국역사정보시스템 http://www.koreanhistory.or.kr
규장각한국학연구원. http://e-kyujanggak.snu.ac.kr
디지털 한국박물관. http://www.hangeulmuseum.org
문화재청, http://www.cha.go.kr
전라남도 영암군, 디지털영암문화대전, '구암사', https://yeongam.grandculture.net/yeongam/toc/GC04400732
하동군 악양면사무소, http://city.hadong.go.kr/acyang
한국고전번역원 한국고전종합DB, http://db.itkc.or.kr
한국역대인물종합정보시스템, http://people.aks.ac.kr

청련 이후백 행력표

1520년(중종 15, 경진)〔중국 명나라 정덕(正德) 15〕

4월 11일, 함양군(咸陽郡) 개평촌(介坪村)에서 출생하다.

1528년(중종 23, 무자)〔명나라 가정(嘉靖) 7〕 9세.

7월, 모친상을 당하다. ○10월, 부친상을 당하다.

1531년(중종 26, 신묘)〔가정(嘉靖) 10〕 12세.

표인(表寅)의 문하에 들어가다.

1534년(중종 29, 갑오)〔가정(嘉靖) 13〕 15세

「소상팔경가사(瀟湘八景歌詞)」를 짓다.

1540년(중종 35, 경자)〔가정(嘉靖) 19〕 21세.

남양홍씨 홍처성(洪處誠)의 딸과 혼인하다.

1542년(중종 37, 임인)〔가정(嘉靖) 21〕 23세.

향시(鄕試)에 합격하다.

1543년(중종 38, 계묘)〔가정(嘉靖) 22〕 24세.

금릉(金陵)〔강진(康津)〕 박산촌(博山村)에 거처를 짓다.

1546년(명종 1, 병오)〔가정(嘉靖) 25〕 27세.

아들 이선경(李善慶)이 태어나다.

○4월, 사마시의 진사시에 합격하다〔병오 증광시 진사 3등 42위(71/99)〕.

1548년(명종 3, 무신)〔가정(嘉靖) 27〕 29세.

조모상을 당하다.

1551년(명종 6, 신해)〔가정(嘉靖) 30〕 32세.

백광훈(白光勳)·최경창(崔慶昌)·이의건(李義健) 등이 종유하다.

1552년(명종 7, 임자)〔가정(嘉靖) 31〕 33세.

장성(長城)으로 김인후(金麟厚)를 방문하다.

1554년(명종 9, 갑인)〔가정(嘉靖) 33〕 35세.

광주(光州)에 가서 동문(同門)인 기대승(奇大升)을 만나다.

1555년(명종 10, 을묘)〔가정(嘉靖) 34〕 36세,

문과에 급제하다. ○승문원 권지부정자가 되다.

1556년(명종 11, 병진)〔가정(嘉靖) 35〕 37세.

세자시강원 설서, 병조좌랑이 되다.

1557년(명종 12, 정사)〔가정(嘉靖) 36〕 38세.

사간원 정언이 되다.

1558년(명종 13, 무오)〔가정(嘉靖) 37〕 39세.

8월 9일, 승문원 박사가 되다. ○홍문관 부수찬, 이조좌랑이 되다.

1559년(명종 14, 기미)〔가정(嘉靖) 38〕 40세.

홍문관 교리, 승정원 주서, 이조정랑을 거쳐 호남어사(湖南御史)로 나가다. 승정원 주서일 때 반시(泮試)에서 수석을 한 최립(崔岦)에게 「은대 이십영(銀臺二十詠)」을 짓게 하다.

1560년(명종 15, 경신)〔가정(嘉靖) 39〕 41세.

5월 3일, 세자시강원 설서가 되다. 5월 12일, 사간원 정언이 되다. ○8월 4일, 세자시강원 사서가 되다.

1562년(명종 17, 임술)〔가정(嘉靖) 41〕 43세.

홍문관 응교, 사간원 사간이 되다.

1563년(명종 18, 계해)〔가정(嘉靖) 42〕 44세.

2월 29일, 병조정랑이 되다. ○5월 11일 홍문관 부수찬(종6품)에 임명되었다가, 5월 29일 이조좌랑(정6품)으로 개차되다. 12월, 사가독서(賜暇讀

書)를 하다.

1564년(명종 19, 갑자)〔가정(嘉靖) 43〕 45세.

10월, 병조정랑이 되다.

1565년(명종 20, 을축)〔가정(嘉靖) 44〕 46세.

1월, 부교리가 되었다가 다시 병조정랑이 되다. ○10월, 의정부 검상이 되다.

○11월, 사헌부 장령, 홍문관 부응교, 의정부 사인이 되다.

1566년(명종 21, 병인)〔가정(嘉靖) 45〕 47세.

2월, 사헌부 집의, 홍문관 부응교가 되다. ○3월, 홍문관 응교가 되다.

○7월, 의정부 사인이 되다.

1567년(명종 22, 정묘)〔융경(隆慶) 1〕 48세.

1월, 홍문관 전한이 되다. ○원접사 종사관이 되다.

1569년(선조 2, 기사)〔융경(隆慶) 3〕 50세.

8월 26일, 도승지(정3품)가 되다. 10월, 예조참판의 직함으로 성절사(聖節使) 정사가 되어 중국에 가다. 종사관은 류성룡(柳成龍)이었다.

1570년(선조 3, 경오)〔융경(隆慶) 4〕 51세.

1월 23일 북경 자금성에 들어가 하례를 행하다.

○5월 14일, 정사(政事)에서 다시 도승지가 되다. ○12월, 왕명으로 『국조유선록(國朝儒先錄)』의 서문을 짓다.

1571년(선조 4, 신미)〔융경(隆慶) 5〕 52세.

3월, 문신정시(文臣庭試)에 장원하다. 상(賞)으로 가선(嘉善)의 품계를 가자(加資)받다. ○8월 24일, 대사헌이 되다. ○11월 21일, 한성부 우윤이 되다.

1572년(선조 5, 임신)〔융경(隆慶) 6〕 53세. 11월 9일, 대사헌이 되다.

1573년(선조 6, 계유)〔만력(萬曆) 1〕 54세.

1월 4일, 호조참판이 되다.

○2월 28일, 종계변무주청사(宗系辨誣奏請使)로 북경에 가다. 윤탁연(尹卓

然)이 서장관이었다.

○6월 24일, 제학이 되다. 이때 김귀영(金貴榮)이 대제학이 되었다. ○7월, 이조참판, 동지성균관사가 되다. ○11월, 동지경연사가 되다.

1574년(선조 7, 갑술) 55세.

1월부터 3월까지 이조참판으로 있었다. 5월부터 7월까지 제학(提學, 종2품)으로 있었다. 홍문관(弘文館) 혹은 예문관(藝文館)의 제학을 겸직했을 가능성이 있다. 7월 21일, 정사(政事)에 대사간이 되었다가 곧 대사헌이 되다.

1575년(선조 8, 을해)〔만력(萬曆) 3〕 56세.

3월 7일, 인순왕후 지문(誌文)을 작성하다. 3월 20일, 대사간이 되다. ○5월 11일, 형조판서가 되다. ○8월 1일, 함경도관찰사가 되다.

1577년(선조 10, 정축)〔만력(萬曆) 5〕 58세.

10월 1일, 이조판서가 되다. 예문관 제학을 겸한 듯하다.

○12월, 왕명으로 「을사삭훈반교문(乙巳削勳頒教文)」을 짓다.

1578년(선조 11, 무인)〔만력(萬曆) 6〕 59세.

6월 1일, 병으로 이조판서의 직을 사직하자 체직되다. 이후 호조판서가 되었다.

○10월 7일, 졸하다. ○12월, 파주(坡州) 광탄(廣灘)에 장사 지내다.

1590년(선조 23, 경인)〔만력(萬曆) 18〕

8월, 광국공훈(光國功臣)에 2등에 녹훈되고 연양군(延陽君)에 추봉되다.

1610년(광해군 2, 경술)〔만력(萬曆) 38〕 강진(康津) 서봉서원(瑞峯書院)에 배향되다.

1696년(숙종 22, 병자)〔청나라 강희(康熙) 35〕 7월, '문청(文淸)'의 시호를 받다.

1789년(정조 13, 기유)〔청나라 건륭(乾隆) 54〕 지례(知禮) 도동서원(道洞書院)에 배향되다.

1801년(순조 1, 신유)〔청나라 가경(嘉慶) 6〕 영암(靈巖) 구봉서원(龜巖書院)에 배향되다.

1962년(임인) 12세 후손 이호경(李浩敬)이 『청련집』을 석인본으로 중간하다.

*전거 : 송시열 찬 「행장」, 황경원 찬 「신도비명」, 조선왕조실록, 『청련집』 중간본 연보 등.

신편 신역 청련집 - 원집(原集)

오언절구(五言絶句)

강가에서 벗과 헤어지다〔江上別友人〕

이지러진 새벽 달 아래 고기잡이 마을 缺月漁村曉,
가을 수국(水國)[1]에 외로운 배 하나. 孤舟水國秋.
술잔 기울이더니 임은 이미 멀어져 杯傾人已遠,
노를 멈추고 다시 머뭇거린다오.[2] 停棹更夷猶.

헌납 조유성[3]에게 드리다〔贈趙獻納 惟誠〕

정월 초하루 분잡한 서울에 나그네 되니 元日客京塵,
고향은 천 리나 멀리 떨어져 있네. 故鄕千里外.
그대를 만나 보매 마음이 대략 같아 相逢情略同,
술자리 파하고도 그대로 마주하오. 酒罷還相對.

1 수국(水國)은 강이나 늪이 많은 고을을 말한다

2 원문의 '이유(夷猶)'는 이유(夷由)로도 표기한다. 머뭇거리며 배회하는 모습이다. 『초사(楚辭)』 「구가(九歌) 상군(湘君)」에 "그대 떠나지 못하고 주저함이여!〔君不行兮夷猶!〕"라고 했는데, 왕일(王逸)이 "이유는 망설이는 모양〔猶豫〕이다."라고 주했다.

3 조유성(趙惟誠, 1526~1575)의 본관은 순창(淳昌)이다. 순창에서 출생했으며, 외가에서 자랐다. 자

옥계 노진[4]에게 드리다〔贈盧玉溪 禛〕

사십인데 벌써 늙었다면	四十已云老,
인생 백 년을 어찌하나?[5]	百年能幾何?
봄비 오는 밤 관청에서	官堂春雨夜,
술잔 들고 매화를 바라본다오.[6]	把酒看梅花.

는 중실(仲實). 할아버지는 화릉 참봉을 지낸 조여옥(趙汝玉)이고, 아버지는 성균 생원 조수억(趙壽億)이다. 어머니는 조원길(趙元吉)의 후손인 조구(趙球)의 딸이다. 처는 해주오씨이고, 재취는 순천박씨이다. 1548년(명종 3) 부친상을 당했을 때 『주자가례(朱子家禮)』에 따라 상례를 치렀다. 1555년(명종 10) 봄에 식년문과에 갑과로 급제했다. 1559년(명종 14) 3월 동지사 서장관으로 중국 명나라에 갔다 왔다. 내직으로 호조·예조·형조·공조의 좌랑 및 봉상시판관(奉常寺判官), 정언, 헌납 등을 역임하고, 외직으로 고부군수, 나주목사를 역임했다. 1567년(선조 2) 사간원 정언을 거쳐 지평이 되었다. 1572년 기대승이 별세했을 때 망우를 위한 제문을 지었다. 1573년 장령이 되었다. 금산군수로 재임 중 전염병에 걸려 1575년(선조 8) 4월 50세의 나이로 세상을 떠났다. 유희춘(柳希春)이 묘갈명을 작성했다.

4 노진(盧禛, 1518~1578)의 자는 자응(子膺), 호는 칙암(則庵)·옥계(玉溪), 본관은 풍천(豐川)이다. 시조는 진사 노유(盧裕)이다. 증조부 노숙동(盧叔同)은 가정대부(嘉靖大夫) 사헌부 대사헌에 이르렀다. 조부 노분(盧昐)은 호가 졸존재(拙存齋)로 예문관 교리를 지냈고, 예조참판에 추증되었다. 부친 노우명(盧友明)은 진사시에 합격한 후, 천거로 현릉 참봉에 제수되었으며, 이조판서에 추증되었다. 노우명의 둘째 아들이다. 외조부는 권시민(權時敏), 처부는 안처순(安處順)이다. 경상도 함양 지곡면 개평에 살았다. 1537년(중종 32) 정유(丁酉) 식년시 생원 2등 2위(7/100)로 합격하고 1546년(명종 원년) 병오(丙午) 증광시(增廣試) 을과 4위(07/33)로 급제했다. 지례현감을 거쳐 이조판서에 이르렀으며, 청백리에 피선되었다. 문효(文孝)의 시호(諡號)가 내렸다. 1577년(선조 8년, 정유) 효로써 정문(旌門)되었으며, 1579년 남원 고룡서원(古龍書院)〔창주서원(滄洲書院)〕, 1581년 당주서원(溏州書院)에 배향되었다. 1878년(고종 15) 두 서원이 훼철되었는데 당주서원은 유허비만 섰고 창주서원은 1959년 남원시 도통리에 복설(復設)되었다. 『함양군사(咸陽郡史)』 참조.

5 『맹자(孟子)』「공손추 상(公孫丑上)」에 보면, 맹자가 공손추(公孫丑)와의 문답에서 부동심을 말할 때 "나는 나이 마흔에 마음이 동요하지 않았다."라고 했고, 『예기(禮記)』「곡례 상(曲禮上)」에 "40세에는 강건하여서 벼슬을 한다.〔四十强而仕.〕"라고 했다. 그러한 말들에 비추어 스스로가 마흔에도 쇠약한 것을 자조한 말이다.

6 동각관매(東閣官梅)의 고사를 이용한 표현이다. 『양서(梁書)』「하손열전(何遜列傳)」에 보면, 중국 남조시대 양나라 하손(何遜)이 건안왕(建安王)의 수조랑(水曹郎)으로서 양주(揚州)에 머물며 매화 한 그루를 사랑했는데, 낙양(洛陽)에 돌아갔다가 이를 못 잊어 자청해서 다시 부임한 뒤 종일 나무 밑을 서성이며 시를 읊었던 고사가 있다. 두보(杜甫) 역시 공부원외랑(工部員外郎)을 역임하여

독서당[7] 앞 강 가운데 모래밭[8]이 있다〔讀書堂前 江心有沙〕

강물 한가운데 한 자락 모래밭 江心一帶沙,
구름 하늘의 그림자와 동떨어져 있네. 隔斷雲天影.
뭇 산들이 솟은 것에 비교한다면 若比群山高,
깎아 버리는[9] 공을 조금 덜 수 있겠군. 剗去功差省.

절구(絶句)

보슬비 속에 돌아갈 길을 잃고 細雨迷歸路,
나귀 타고 십 리 바람 속을 가노라니, 騎驢十里風.
들매화 곳곳에 피어나 野梅隨處發,
은은한 향기[10]에 넋이 끊어질 정도. 魂斷暗香中.

'두공부(杜工部)'라고 불리는데, 시(「和裴迪登蜀州東亭送客逢早梅相憶見記」)에서 "동각의 관매가 시흥을 움직이니, 도리어 하손이 양주에 있을 때 같구나.〔東閣官梅動詩興, 還如何遜在楊州.〕"라고 했다.

7 독서당(讀書堂)은 문관에게 휴가를 주어 학업만 닦게 하던 곳이다. 「연보」에 의하면 이후백은 39세 되던 1558년(명종 13) 홍문관 부수찬 및 이조좌랑에 배수되고, 독서당에서 사가독서(賜暇讀書)하는 은전을 입었다. 사가독서 제도는 1426년(세종 8)에 시작되었다. 1492년(성종 23) 이후 마포 한강 변에 있던 사찰을 확장하여 남호독서당(南湖讀書堂)을 열었고, 중종 때에는 현재의 두모포(豆毛浦)에 동호독서당을 열었다. 이를 호당(湖堂)이라고 부른다. 두모포는 현재의 서울 성동구 옥수동 부근이다.

8 서울 성동구 마장동 앞 한강에 있었던 저자도(楮子島)를 말한다.

9 원문의 '잔거(剗去)'는 깎아 버린다는 뜻이다. 이백(李白)의 시(「陪侍郎叔遊洞庭醉後」)에 "우뚝 솟은 군산을 깎아 버려, 상수의 흐름을 평평하게 하련다.〔剗却君山好, 平鋪湘水流.〕"라고 한 데서 온 말이다. 군산(君山)은 동정호(洞庭湖) 가운데에 있는 산이다.

10 매화 향기는 은은한 향기〔暗香〕라고 표현한다. 중국 북송 때 임포(林逋)의 「산원소매(山園小梅)」에 "앙상한 그림자 비꼈고 물은 맑고 얕은데, 은은한 향기 풍겨오고 달빛은 황혼이로다.〔疏影橫斜水淸淺, 暗香浮動月黃昏.〕"라고 했다.

해설 이 작품은 초판본에 「실제(失題)」라고 했다. 『대동시선(大東詩選)』·『기아(箕雅)』·『해동시선(海東詩選)』·『동국풍아(東國風雅)』에도 소개된 이후백의 대표작 중 하나이다. 중국 당나라 두목(杜牧)의 「청명(淸明)」 시와 의경(意境)이 유사하다.

청풍원[11] 역루에서 신 군[12]의 집을 생각하며〔淸風院樓 念愼君居廬〕[13]

청풍원 역루에서 멀리 바라보니	淸風樓上望,
숲의 운기가 동쪽 하늘에서 일어나네.	林靄起天東.
물가 해오라기 봉우리 넘어가니	渚鷺踰峯去,
둥지를 절간 소나무에 부쳐 놓은 게지.[14]	巢應寄寺松.

11 영암의 청풍원(淸風院)을 말한다. 조선전기에 지금의 전라남도 영암읍 학송리 개신리 미륵동 마을 지역에 설치되었으나 조선 후기에 폐원되었다. 『신증동국여지승람(新增東國輿地勝覽)』 역원조에 의하면, 영암군에는 보현원(普賢院)·수원(燧院)·청풍원(淸風院)이 있었는데, 청풍원은 청정원(淸淨院)이라고도 했다. 영암군의 남쪽 4.32km〔11리〕에 있다고 했는데, 영암읍 학송리 삼거리의 원교(院橋) 남쪽에 청풍원 터가 전한다. 강진, 해남에서 불티재를 넘어오거나 강진병영에서 작천재를 넘어와서 영암읍이나 덕진면 영보역으로 향하는 갈림길에 해당한다. 반대로 영암에서 강진이나 해남을 가기 위하여 풀치재나 작천재를 넘어가려면 반드시 지나쳐야 하는 길목이었다.

12 신형(愼衡)을 말하는 듯하다. 신형의 본관은 거창인데 영암(靈巖)에 거주했다. 자는 언균(彦均)이다. 1510년생인데, 64세 때인 1573년(선조 6) 계유(癸酉) 식년시에 생원 3등 28위(58/100)로 합격하게 된다. 『옥봉시집(玉峯詩集)』 상권에 칠언절구 「청련 선생이 신형 상사의 누헌에 쓰신 시에 삼가 차운하다〔敬次靑蓮先生題愼上舍軒. 名衡〕」가 있는데, 백광훈의 이 칠언절구는 이 시에 차운한 것이 아니지만 이 시와 같은 시기에 작성된 듯하다.

13 초간본에는 제목에서 '염(念)'이 '억(憶)'으로 되어 있다. 즉 「淸風院樓 憶愼君居廬」라 했다.

14 신군이 벼슬길에 나가지 않고 처사로 살아가는 것을 비유한 말이다.

실제(失題)[15]

신령한 바람은 빈 골짝에 휘휘 불고 靈籟飄空壑,
가녀린 구름은 푸른 산마루를 주름 잡아 꾸미네. 纖雲縐碧岑.
절간 창 아래 오늘 밤 이야기 나누나니 僧窓今夜話,
강 마을에서 마주했던 지난날 마음 그대로라오. 江郭昔年心.

김영정[16]에게 드리다〔贈金英禎〕

날 차가워 그대 성곽으로 가는 길 걱정되고 天寒愁郭路,
병이 많아 이 몸은 시골 술잔에 겁이 나네. 多病愵村杯.
매화 사랑하는 습벽을 아직도 끊지 못했기에 未了梅花癖,
그대에게 한 가지 꺾어 보내라[17] 부탁한다오. 煩君折得來.

양 충순위[18]의 벽 위에 장난삼아 쓰다〔戲題梁忠順衛壁上〕

손님 싫어하는 양 충순위 厭客梁忠順,
늘상 한 잔 술마저 아낀다만, 常慳酒一杯.

15 초간본에는 '절구(絶句)'라고 했다.
16 김영정의 생몰년은 미상이다.
17 역사(驛使) 편에 매화를 부쳐달라는 말이다. 남조 중국 송나라 육개(陸凱)가 강남에 있을 때 교분이 두터웠던 범엽(范曄)에게 매화 한 가지를 부치면서, "북으로 가는 역사를 보고 매화를 꺾어 농산(隴山)에 사는 그대에게 부치오. 강남에는 아무것도 줄 것이 없어 우선 한 줄기의 봄을 보낸다오.〔折梅逢驛使, 寄與隴頭人. 江南無所有, 聊贈一枝春.〕"라는 시를 함께 부친 데서 유래했다. 『태평어람(太平御覽)』 권970 「매(梅)」 참조.

사서(司書)[19]는 무슨 일로　司書何事者,
만취하여 야심한 때 돌아오나?　大醉夜深廻?

해설 『명종실록』에 보면 명종 17년(임술, 1562) 11월 20일(경자)에 이후백을 세자시강원 사서(世子侍講院司書)로 삼았다는 기록이 있고, 이듬해 명종 18년(계해, 1563) 2월 29일(무인)에 이후백을 병조정랑으로 삼았다는 기록이 있다. 이 시는 세자시강원 사서로 있던 기간에 지었다.

우련정[20]에 적다〔題友蓮亭〕

연꽃 핀 못가 가을 잎 서걱서걱 지는데[21]　池荷秋摵摵,

18　양 씨는 누구인지 알 수 없다. 단, 양응정(梁應鼎)의 아들일 가능성이 있다. 양응정은 양산해(梁山海), 양산룡(梁山龍), 양산숙(梁山璹), 양산축(梁山軸)〔또는 양산수(梁山岫)〕 등의 아들을 두었는데, 양산룡은 1579년(선조 12)에 식년 사마시에 합격하여 생원이 되었다. 다른 형제들은 사마시에 합격하지 못하고 무반 직에 있었을 가능성이 있다. 충순위는 세종 때 설치한 충무위(忠武衛)에 딸렸던 군대의 하나이다. 임금의 친족과 양반의 자서제질(子壻弟姪) 등이 소속된다. 『경국대전(經國大典)』 병전(兵典) 경관직(京官職)·번차도목(番次都目) 참조.

19　여기서는 저자 자신을 말한다. 사서는 세자시강원(世子侍講院)에 속한 정6품 벼슬로, 세자에게 경사(經史)와 도의(道義)를 가르쳤다. 세자시강원에는 이사(貳師)·좌우빈객(左右賓客)·보덕(輔德)·필선(弼善)·문학(文學)·사서(司書)·설서(說書) 등의 관원이 있어, 이들을 요속(僚屬)이라고 불렀다.

20　우련정(友蓮亭)의 위치는 알 수 없다. '우련'은 연꽃을 벗한다는 뜻이다. 중국 북송의 주돈이(周敦頤)의 「애련설(愛蓮說)」에 연(蓮)을 노래하여 "진흙탕에서 나와도 물들지 않는다〔出於泥而不染〕"라고 했는데, 증조(曾慥)가 연(蓮)을 '깨끗한 벗〔淨友〕'이라고 불렀다.

21　원문의 척척(摵摵)은 나뭇잎이 지는 소리를 형용한 것이다. 『문선(文選)』 수록의 노심(盧諶) 시(「時興」)에 "서걱서걱 방초는 떨어지고, 치렁치렁 꽃들은 지네.〔摵摵芳草零, 蘂蘂芬華落.〕"라고 했는데, 여연제(呂延濟)의 주(注)에 "척척(摵摵)은 잎이 떨어지는 소리이다."라고 했다. 중국 당나라 이기(李頎)의 시(「聽董大彈胡笳聲兼寄語弄房給事」)에 "먼저 상음의 줄을 타고 뒤에 각음과 우음을 타는 듯이, 사방 교외에 가을 잎이 서걱서걱 소리내며 처량하다.〔先拂商弦後角羽, 四郊秋葉悰摵摵.〕"라고 했다.

소나무에 걸린 해가 저녁나절 붉디붉네.[22]	松日晩暉暉.
한바탕 취하면 헤어지기 어렵나니	一醉難爲別,
붉은 단장 여인[23]이 다시 옷을 잡아당기기에.[24]	紅粧更挽衣.

22 원문의 휘휘(暉暉)는 태양이 작열하는 모습이다. 중국 삼국시대 위(魏)나라 유정(劉楨)의 「대서부(大暑賦)」에 "혁혁하고 염염하며, 열렬하고 휘휘하여, 마치 활활 타오르는 불이 몸뚱이에 붙은 듯하고 또 뜨거운 샘에 살갗을 담근 듯하다.〔赫赫炎炎, 烈烈暉暉, 若熾燎之附體, 又溫泉而沉肌.〕"라고 했다. 또한 휘휘(暉暉)는 빛이 강하게 반사하는 모습을 형용하는 말로도 쓰인다. 중국 당나라 한유(韓愈)의 시(「人日城南登高」)에 "아른아른 들판에는 아지랑이 오르고, 찬란하게 물결은 얼어붙었네. 소반의 채소는 겨울과 봄 채소 섞였고, 동이의 술은 청주와 탁주 함께하네.〔靄靄野浮陽 暉暉水波凍 盤蔬冬春雜 樽酒淸濁共〕"라고 했다. 『고금사문유취(古今事文類聚)』 전집(前集) 권6 「인일성남등고(人日城南登高)」 참고.

23 원문의 홍장(紅粧)은 연꽃을 비유한다. 중국 송나라 소식(蘇軾)의 시(「和文與可洋川園池三十首」 중 제2수 「橫湖」)에 "푸른 일산이 붉은 단장 가려 주는 것 넋 놓고 보느라, 호숫가에 밤새도록 서리 내린 것도 몰랐네.〔貪看翠蓋擁紅粧, 不覺湖邊一夜霜.〕"라고 했다.

24 중국 당나라 맹교(孟郊)의 시(「古別離」)에서 "이별하려다가는 낭군의 옷깃 끌어당기나니, 낭군은 이제 어디로 향하나?〔欲別牽郎衣, 郎今向何處.〕"라고 노래한 정서와 통한다.

육언절구(六言絶句)

술에 취하여 적다〔醉題〕

명복(命福)[25]을 부르는 이 어떤 사람인가?	呼命福何許人?
가짜 명복은 숭산의 달이지만,[26]	假命福崇山月.
참된 명복은 하늘가에 있어	眞命福在天涯,
만나고픈 마음에 애간장 끊어지네.	欲見之腸斷絶.

25 명복(命福)은 수명과 복록을 말한다. 만나고 싶은 여인으로 의인화하여, 마음대로 이루어지지 않음을 은유했다.

26 은자의 삶을 형용한다. 중국 송나라 관사복(管師復)이 숭산(崇山)에 은거했는데 어떤 사람이 그에게 "무슨 즐거움이 있느냐?"라고 묻자, 관사복이 "언덕에 덮인 흰 구름은 갈아도 다함이 없고, 못에 가득한 밝은 달은 낚아도 흔적이 없네.〔滿塢白雲耕不盡, 一潭明月釣無痕.〕"라고 했다. 『산당사고(山堂肆考)』「경운조월(耕雲釣月)」 참조.

칠언절구(七言絶句)

탑송(塔松)[27]

〔어릴 때 지었다.〕

한 자 청송을 탑 무더기 옆에 심었더니	一尺青松塔群裁,
탑은 높고 솔은 낮아 가지런하지 못하네.	塔高松短不相齊.
곁의 사람아 소나무 낮다고 괴이타 마오	傍人莫怪青松短,
훗날 소나무 더 높고 탑이 도리어 낮으리라.	他日松高塔反低.

저녁 연기〔暮烟〕

흰 띠풀 집[28] 무너진 울타리에 아주 가늘게 피어나더니	白屋殘籬細細生,
뽕나무 가래나무[29] 마을에 평평하게 깔리는 것이 보이네.	轉看桑柘一村平.

27 연보에 따르면, 8세 되던 정해년에 관찰사의 명으로 지었다고 한다. 시제는 '탑반송(塔畔松)'이었다.

28 백옥(白屋)은 흰 띠풀로 지붕을 인 집이라는 뜻으로, 가난한 백성들이 사는 오두막집을 가리킨다. 중국 당나라 유장경(劉長卿)의 시(「逢雪宿芙蓉山主人」)에 "날 저물자 청산은 아스라이 멀고, 날씨 찬데 백옥은 가난도 하구나.〔日暮蒼山遠, 天寒白屋貧.〕"라고 했다.

29 상자(桑柘)는 뽕나무와 가래나무. 옛날에 집 담 밑에 뽕나무와 가래나무를 심었으므로 전(轉)하여 향리(鄕里)의 주택, 또는 고향을 말한다.

부스부슬 저녁 어스름에 긴 바람 불어 가더니 霏霏薄晩長風過,
일백 장 높은 산이 반나마 푸른빛을 잃었구나. 百丈高山半失靑.

방백의 행차를 범하다〔犯馬〕[30]

먼 들판 아침 햇살 동서로 어지럽고 遠郊初日眩西東,
얼굴 때리며 모래 먼지가 북풍에 휘날리네. 搏面塵沙滾北風.
잘못하여 아정[31]을 건드렸어도 원한 없을 줄 아오 誤觸牙旌知不恨,
낭선(浪仙)[32]도 이런 일로 한문공(韓文公)[33]을 알았으니. 浪仙從此識韓公.

해설 이수광(李睟光)의 『지봉유설(芝峯類說)』 권13 「문장부(文章部) 6 동시(東詩)」에 이 시를 소개하여, 첫 구는 '遠郊斜日眩西東'이라 하고 둘째 구는 '撲眼塵沙困北風'이라 했다. 『지봉유설』에 따르면 첫 구의 '아침 햇살'은 '저녁 햇살'로, 둘째 구의 '얼굴 때리며'는 '눈을 때리며'로 풀이해야 할 것이다. 그런데 이수광은 "혹자는 말하기를, 이것은 옛사람이 지은 것인데 공이 차용했다고 했다.〔或言: 此乃古人所作而公借用云.〕"라

30 범마(犯馬)는 신분이나 지위가 낮은 사람이 고관(高官)이 지나가는 앞으로 말을 타고 가까이 가거나 그 앞을 지나가는 일, 왕의 명을 받고 나가는 사관이나 선전관을 만났을 때 관원들이 말에서 내리지 않는 일 등, 무례(無禮)하고 불공(不恭)한 죄를 범한 것을 말한다. '범기(犯騎)'라고도 한다.
31 아정(牙旌)은 아문기(牙門旗)라고도 한다. 대장군의 의장(儀仗)으로 쓰이는 상아(象牙)로 장식한 큰 깃발이다.
32 낭선(浪仙)은 중국 당나라 가도(賈島, 779~843)로, 낭선은 그의 자이다. 애초에 승려가 되어 이름을 무본(無本)이라 했으나 한유(韓愈)의 권유로 뒤에 환속하여 장강주부(長江主簿)를 지내기도 했지만 일생을 청빈하게 살았다. 소식(蘇軾)은 '맹교는 청한하고 가도는 수척하다〔郊寒島瘦〕'라고 평하여, 맹교(孟郊)와 더불어 교한도수(郊寒島瘦)라 일컬어진다.
33 한문공은 중국 당나라 한유(韓愈)이다. 시호가 문공이다. 가도(賈島)가 '승고월하문(僧敲月下門)'이란 시구를 짓고는 손짓을 하면서 퇴(推) 자를 쓸까, 고(敲) 자를 쓸까 하고 수없이 고심하며 결정하지 못했다. 가도가 하루는 나귀를 타고 도성 거리에 나갔다가 행차 중인 한유를 만나 물으니, 한유는 "고(敲) 자가 퇴(推) 자보다 좋다."라고 했다. 『당시기사(唐詩紀事)』 권40 참조.

고 덧붙였다. 단, 고인의 작은 확인되지 않는다.

운성[34] 백련사[35]에서 여러 친족에게 드리다〔雲城白蓮寺贈諸族〕

당에 가득 모인 모임에서 친족의 정을 한껏 펴는데	滿堂佳會儘情親,
자리에 백발의 분들이 왜 이렇게 많은가?	席上何多白髮人?
젊은이나 연장자나 골육의 정을 모두 아나니	少長咸知同骨肉,
일만 가지의 꽃이 한 뿌리 봄기운에서 나왔도다.	萬枝花是一根春.

아쟁 타는 소리를 듣고〔聞箏〕

강 모래톱의 이월 밤에 아쟁[36] 소리 들으며	江洲二月聽箏夜,

34 운성(雲城)은 보통 전라도 운봉현(雲峯縣), 즉 지금의 전라북도 남원(南原) 지역을 가리킨다. 하지만 여기서는 강진(康津)을 말하는 듯하다.

35 백련사는 강진의 절로, 훗날의 만덕사(萬德寺)이다. 조선 초의 승려 행호(行乎)는 속성은 최씨(崔氏)이고 본관은 해주(海州)인데, 출가하여 천태종(天台宗)의 영수가 되었으며, 태종이 지은 치악산 각림사(覺林寺)의 낙성식을 주재하고 장령산 대자암(大慈庵)의 주지가 되었다. 세종 즉위 초 판천태종사(判天台宗事)가 되었으나 얼마 후 벼슬을 버리고 지리산 금대사(金臺寺)·안국사(安國寺)와 천관산 수정사(修淨寺)를 중수하고, 1430년부터 1436년까지 강진의 백련사(白蓮寺)를 중수했다. 백련사에 사적비(事蹟碑)가 있다.

36 원문의 쟁(箏)은 중국 진시황 때 슬(瑟)을 개조하여 만들어 12 내지 13줄로 되어 있는 현악기라고 하는데, 수(隋)나라 구부기(九部伎)의 고려기(高麗伎)에서 쓰인 서역 계통의 악기이라고 한다. 여기서는 질박한 악기를 뜻한다. 아쟁 소리를 듣는다는 것은 명리(名利)의 장(場)을 떠나 있는 상황을 상징한다. 또한 절조를 지킨다는 뜻을 지닌다. 진(晉)나라 환이(桓伊)는 젓대〔笛〕를 잘 불고 쟁(箏)도 잘 탔다. 사안(謝安)이 진(晉) 무제(武帝)에게 의심을 받고 있을 때 환이가 연음(宴飮)에서 젓대 한 곡조를 분 다음, 쟁(箏) 한 곡조를 타겠다고 청하여 「원시(怨詩)」를 노래했다. 그 시에 "충성스럽고 믿음직한 일은 드러나지 않고, 결국에는 의심을 받을 걱정만 있도다.〔忠信事不顯, 乃有見疑患.〕"라는 내용이 있어서, 진 무제의 마음을 뉘우치게 한 일화가 있다. 『진서(晉書)』 권81 「환이

흰머리 새로 났다는 말은 듣고 싶지 않아라. 白髮新生不願聞.
이제 이미[37] 머리가 흰 눈 얹은 모양이니 如今格是頭成雪,
아쟁을 새벽까지 타든 말든 마음대로 하구려. 彈到天明亦任君.

규원사시사(閨怨四時詞)[38]

봄

봄볕 그늘 아래 희고 붉은 꽃 피어 白白紅紅麗日陰,
빈 뜰에 춘색이 등한하게 깊어 가네. 空園春色等閑深.
이 몸은 다만 뜰 앞 버들과 같아 妾身祗似庭前柳,
눈썹 모양 새로우나 마음 이미 시들었소. 眉様雖新已朽心. 右春

여름

들빛이 구름에 이어져 보리 이랑 넘실대건만 野色連雲麥漾濤,
우리 집 밭두렁은 쑥대만 제멋대로 우북하네. 自家田壟信蓬蒿.
후회 말아요 돌아올 때 돈주머니 바닥났어도[39] 還時不恨囊金盡,

열전(桓伊列傳)」 참조.

37 원문의 '격시(格是)'는 '이시(已是)'와 같다. 중국 당나라 고황(顧況)의 시(「霞靑竹杖歌」)에 "저자 말에서는 바로 어느 누구도 이별하지 않고, 강해에 노니는 미천한 신하는 오랏줄에 묶이지 않는다.〔市頭格是無人別, 江海賤臣不拘絏.〕"라는 구절이 있어, 그 용법이 참고된다.

38 '규원사(閨怨詞)'라고도 부르는 시 양식의 일종이다. 규원사는 젊은 부인의 애원(哀怨)을 소재로 하여 읊은 시를 총칭하는 말로, 중국 당나라 때 왕창령(王昌齡)과 유신(庾信)의 작품이 유명하다.

39 중국 전국시대 유세가(遊說家)인 소진(蘇秦)의 고사이다. 벼슬길에 오르고자 노력했으나 뜻을 이루지 못했음을 뜻한다. 전국시대 소진이 진(秦)나라에 가서 벼슬을 하고자 진왕(秦王)에게 열 번이나 글을 올려 설득하려 했지만, 그의 말이 먹혀 들지 않자 벼슬을 얻지 못한 채 검은 담비 갖옷이 다 해지고 여비로 가져간 황금 1백 근도 다 떨어져 마침내 고향으로 돌아갔다고 한 데서 온 말이다. 『사기(史記)』 권68 「소진열전(蘇秦列傳)」 참조.

광주리 가득 비단실[40]은 손수 켜낸 것이려니. 滿篋新絲手自繅. 右夏

가을

지난 날 가을 맞으면 특별히 슬프더니 舊日蓬[41]秋特地哀,
외론 여인 방에 가을 오자 슬픔이 되살아나누나! 空閨秋至却蘇哉!
옥문관(玉門關)[42] 길은 어디쯤인가? 玉門關路知何許?
듣자니 서풍 가을바람이 거기에서 온다네. 聞道西風自此來. 右秋

겨울

상상되네 변방 바람 아래 오랑캐 말 횡행할 터 料得邊風虜騎横,
한 치 붉은 마음을 긴긴 밤에 누굴 위해 밝힐까? 寸心長夜爲誰明?
원컨대 다리미 재 속의 불을 가져다가 願將熨斗灰中火,
황하 만 리의 얼음을 죄다 녹이고 싶어라. 爍盡黃河萬里氷. 右冬

해설 이 시는 당시풍(唐詩風)을 지닌 걸작으로 꼽혔다. 4수 중 봄날을 노래한 시편은 이수광의 『지봉유설』에 논평이 있다. 이후 「규원사시사」는 『해동시선(海東詩選)』을 비롯한 여러 책에 수록되었다.

40 원문의 신사(新絲)는 새로 켠 비단실이란 말인데, 새로 지은 시들을 비유한다. '사(絲)'는 '시사(詩思)'의 '사(思)'를 비유한다.

41 원문의 봉추(蓬秋)는 '逢秋'의 오자인 듯하다.

42 옥문관(玉門關)은 중국 감숙성(甘肅省) 돈황(敦煌)에 있는 관문이다. 변경으로 가는 관문을 뜻하는 말로 쓰인다.

송천 양응정[43]의 시에 차운하다〔次梁松川應鼎韻〕

관아 누각이 백 리 바람[44] 아래 높이 임하고	官閣高臨百里風,
치솟은 처마 구름 장막이 햇빛 속에 들어 있다.	翻簷雲幕日光中.
실버들[45] 하늘거리면 시 읊는 흥취도 이누나	柳絲也動吟詩興,
맑은 못에 비쳐 푸른 하늘 일렁이고.	影着淸池漾碧空.

43 양송천(梁松川)은 양응정(梁應鼎, 1519~1581)으로, 본관은 제주(濟州), 자는 공섭(公燮), 호는 송천이다. 1519년(중종 14) 전라도 능주(綾州)〔화순군 능성(綾城)〕 월곡리(月谷里)에서 태어났다. 증조부는 양담(梁湛), 조부는 양이하(梁以河), 아버지는 교리 양팽손(梁彭孫, 1488~1545)이다. 어머니는 금산김씨(錦山金氏)로, 김섬(金銛)의 딸이다. 형은 동래부사를 지낸 양응태(梁應台)이다. 의병장을 지낸 양산숙(梁山璹)이 그의 셋째 아들이다. 임억령(林億齡)에게서 시를 배웠다. 또한 김인후(金麟厚)·이안눌(李安訥) 등과 교유했고, 정철(鄭澈)·백광훈(白光勳) 등이 그를 스승으로 섬겼다. 1540년(중종35) 생원시에 장원으로 합격하고, 1552년(명종 7) 식년문과(式年文科)에 을과로 급제하여 검열(檢閱)을 거쳐 공조좌랑이 되었다. 1550년 전라도 해남(海南)에서 임억령과 수창(酬唱)하여 「당성수창시(棠城酬唱詩)」를 엮었다. 1556년 병조좌랑으로 문과 중시(重試)에서 장원급제하여, 호당〔독서당〕에서 사가독서를 했다. 이듬해 공조좌랑으로 있을 때 윤원형(尹元衡)의 탄핵을 받고 파직당했다가 1560년(명종 15)에 복직되었다. 1563년 순창군수에 부임했다가 1565년 홍문관 수찬(修撰)으로 영전했다. 이후 광주목사와 진주목사를 거쳐 1571년(선조 4) 경주부윤이 되어 1574년까지 재임하다가 진주목사 재직 당시의 일로 파직되었다. 1576년에 의주부윤으로 기용되었고, 이듬해 성절사(聖節使)로 중국 명나라에 다녀와 대사성이 되었다. 이후 벼슬에 나아가지 않고 처향(妻鄕)인 광산구 어룡동 박산리에 거주했다. 죽산박씨들이 많이 살아 '박실〔朴谷〕' 혹은 '박뫼〔朴山〕'로 불렸는데, 이후 양씨의 집성촌이 되었다. 세 아들을 이이(李珥)·성혼(成渾)의 문하에서 수학하게 했다. 시문에 능하여 선조(宣祖) 때 8문장의 한 사람으로 뽑혔으며, 효행(孝行)으로 정문(旌門)이 세워졌다. 1631년(인조 9) 아들 양산숙이 선무원종공신(宣武原從功臣) 1등에 책록되자 추은(推恩)을 입어 예조참판에 증직되었다. 저서에 『송천유집(松泉遺集)』과 『용성창수록(龍城唱酬錄)』이 있다.

44 목민관이 선정으로 고장이 평화로운 것을 상징한다. 이백(李白)의 시(「經亂離後天恩流夜郎憶舊遊書懷贈江夏韋太守良宰」)에 "이곳 백 리의 고을만은 태고시대처럼 순박하여, 흥겹게 희황 이전의 사람으로 누워 지낸다.〔百里獨太古, 陶然臥羲皇.〕"라는 구절이 나온다.

45 유사(柳絲)는 봄날에 물이 오른 버들가지를 말한다.

양응정의 원운(元韻)

남평[46] 동헌에서 미풍에 기대어 南平東館倚微風,
시에 뛰어난 인사들이 자리에 가득한데, 詩伯騷英一座中.
더욱이 기쁜 일은 수령이 너그러워 更喜使君寬作念,
찰랑찰랑한 논두렁이 사방 하늘까지 닿았기에. 稻畦新漲四連空.

해설 양응정은 1558년(명종 13, 갑자)에 고시관이 되어 「천도(天道)」라는 책제(策題)를 내어 이이(李珥)를 수석으로 뽑은 인물이다. 양응정의 책문은 중세시대의 자연관을 기저에 두고 천문과 자연의 운행에 관한 의문점을 묻고 천인(天人)의 관계에 대한 자설을 진술할 것을 요구했다. 1842년 목활자 간행의 『송천유집(松川遺集)』에는 양응정이 이후백에게 준 원시가 들어 있지 않다.

노사훈[47]의 시에 차운하다〔次盧士訓韻〕

물가 언덕이 낚시하던 곳[48] 아니라 말을 말게 水丘莫道非遊釣,

46 남평은 전라남도 나주시 남평읍 등 동부 지역 일대에 있었던 고을이다. 오림역(烏林驛)이 있었다. 백인걸(白仁傑, 1497~1579)이 1537년(중종 32) 문과에 급제하고 예조좌랑을 거쳐 남평현감(南平縣監)이 되어 학당(學堂)을 세우고 학장(學長)을 두었다. 백인걸은 을사사화에 사간원 헌납으로 있으면서 직언을 일삼다가 옥에 갇혔고, 양재역벽서사건으로 안변(安邊)에 유배당했다.

47 노사훈(盧士訓, 1540~1579)의 자는 학고(學古), 호는 운고(雲皐)이다. 노진(盧禛)의 아들이며, 아우는 노사회(盧士誨)이다. 저술로 『운고일고(雲皐逸稿)』가 있다.

48 원문의 '유조(遊釣)'는 어릴 때 낚시하던 자취가 남은 곳이라는 뜻이다. 한유(韓愈)의 「송양소윤서(送楊少尹序)」에 "이제 돌아가서는 그 나무를 가리키면서 '아무 나무는 나의 아버님께서 심으신 것이고, 아무 물과 아무 언덕은 내가 어린 시절에 낚시질하고 놀던 곳이다.〔某樹, 吾先人之所種也. 某水某丘, 吾童子時所釣遊也.〕'라고 하면, 고향 사람들이 모두들 공경할 것이다."라고 한 데서 온 말이다.

조각돌을 어느 때에야 무덤 앞에 세울지? 片石何時立墓墟?
꿈속에도 한 치 이 마음이 외려 잊지를 못해 夢裡寸心還耿耿,
흰머리로 돌아가서[49] 초가집을 지으련다. 白頭歸去結茅廬.

노사훈의 원운(元韻)

고향 언덕[50]은 우촌(牛村) 밖 저 멀리 아득하고 某丘迢遞牛村外,
무덤의 나무[51]는 야동(冶洞)[52]에 창량(蒼凉)하다. 宰樹蒼凉冶洞墟.
십 년간 봉래산 은총[53]에 이미 물렸거늘 十年已飫蓬山寵,
어인 일로 내 고향에 집 한 채가 부족한가? 何事吾鄉缺一廬?

해설 정인홍(鄭仁弘, 1535~1623)의 『내암집(來庵集)』 권13 「익산 군수 노군 묘지명〔益山郡守 盧君 墓誌銘〕」은 노사훈의 아우 노사회(盧士誨, 1545~1604)의 묘지명이다. 정인홍은 노사회의 부친 노진의 외가 친족이었다. 노사회의 본관은 풍천(豐川)이다. 부친 옥계

49 '괘관(掛冠)' 고사를 의식한 표현이다. 남조(南朝) 제(齊)의 도홍경(陶弘景)도 관복(冠服)을 벗어서 신무문(神武門)에 걸어 놓고 사직소를 남긴 뒤에 고향으로 떠나갔던 고사가 있다.

50 원문의 '모구(某丘)'는 고향 언덕을 말한다. 위에서 든 한유(韓愈)의 「송양소윤서(送楊少尹序)」에 "'아무 나무는 나의 아버님께서 심으신 것이고, 아무 물과 아무 언덕은 내가 어린 시절에 낚시질하고 놀던 곳이다.〔某樹, 吾先人之所種也. 某水某丘, 吾童子時所釣遊也.〕"라고 했다.

51 원문의 '재수(宰樹)'는 무덤가에 심어진 나무를 이른다. 재(宰)는 무덤이란 뜻이다.

52 원문의 '야동(冶洞)'은 야로(冶爐)를 말한다. 경상남도 합천군(陜川郡)에 속해 있는 지명으로, 본래 신라 때 적화현(赤火縣)이었다.

53 원문의 봉산총(蓬山寵)은 봉래산에서 받은 은총이란 말인데, 조정의 신하로서 받은 은총을 상징한다. '봉산(蓬山)'은 전설 속의 삼신산의 하나인 봉래산(蓬萊山)으로, 동해 가운데 있으며 신선이 산다고 한다. 이 봉래산에는 유경(幽經)과 비록(秘錄)이 있다 하여, 중국 후한(後漢) 때 학자들이 궁중의 장서각(藏書閣)인 동관(東觀)을 '노씨장실(老氏藏室)' 또는 '도가봉래산(道家蓬萊山)'이라 일컬었다. 『후한서(後漢書)』「두장전(竇章傳)」 참조. 이후 봉래산은 홍문관, 규장각, 독서당 등의 별칭으로 사용되었다.

(玉溪) 노진(盧禛)은 자헌대부 이조판서를 지냈다. 모친 정부인 안씨(安氏)는 안유(安裕)의 후손으로 기묘명현(己卯名賢) 안처순(安處順)의 따님이다. 형 별좌 노사훈(盧士訓)은 부모 상때 몸을 상해 타계했다. 노사회는 1594년(선조 27) 헌릉참봉(獻陵參奉)에 제수되었으나 나아가지 않았다. 1596년(선조 29) 발탁되어 예산현감(禮山縣監)에 제수되었다. 1602년(선조 35) 진위현령(振威縣令)에 제수되었는데 사은숙배하기 전에 형조좌랑으로 옮기라는 명이 있어, 열흘을 넘기고 정랑에 승진했다. 이후 무주현감에 제수되었다가 곧바로 체직되어 공조좌랑이 되고, 곧 정랑으로 승진했다. 익산군수로 나갔다가 전에 공조에 있을 때의 일로 체직당해 집으로 돌아갔다. 고을 선비들이 남계서원 원장으로 추대했다. 1604년(선조 37) 10월 10일 병으로 타계했으니, 향년 60세였다. 12월 16일 천령(天嶺, 함양)의 주곡(酒谷) 언덕에 장사지냈다. 서산유씨(瑞山柳氏) 부정 유응(柳凝)의 따님과 결혼했는데 부인이 먼저 죽었다. 2남3녀를 두었다. 『습열당유고(習悅堂遺稿)』가 『풍천노씨세고(豊川盧氏世稿)』 권5에 들어 있다. 단, 이 속에는 이후백에게 준 시가 보이지 않는다.

무제(無題)[54]

강남에 봄 다해 기러기도 가 버렸으니	春盡江南雁已還.
그리운 천 리 길에 서찰도 부칠 수 없네.	相思千里寄書難.
덕진[55]의 왕손[56]이 나를 가엽게 여겨	德津龍種眞憐我.

54 중간본 『청련집』에서는 제목을 「실제(失題)」라고 했다.

55 전라남도 영암군 덕진포(德津浦)를 가리킨다.

56 원문의 '용종(龍種)'은 여러 가지 뜻이 있으나, 여기서는 왕손의 뜻이다. 단, 노쇠하고 못난 사람의 뜻으로도 쓴다. 중국 당나라 고적(高適)의 시(「人日寄杜二拾遺」)에 "늙고 못난 이 몸이 도리어 이천 석의 품계에 오르니, 동서남북으로 떠돌아다니는 그대에게 부끄럽다.〔龍鍾還忝二千石, 愧爾東西南北人.〕"라고 보인다.

질박한 성품으로[57] 한강 물결 거슬러 왔네. 含素悠然沂漢瀾.

하서 김인후[58]에게 드리다〔贈金河西麟厚〕, 2수

제1

술 즐기시는 강남의 적선인(謫仙人)[59] 江南嗜酒謫仙人,
진실한 사귐에 길이 참예하여 자나 깨나 친숙하다. 眞契長參夢寐親.
끼치신 말씀에서 소쇄(瀟灑)의 구절을 우연히 거두니 咳唾偶收瀟灑句,
세간의 주옥은 도무지 보배일 리 없도다. 世間珠玉摠非珍.

제2

시로(詩老)가 병에 걸린 일은 예전에도 많았지 詩老罹痾古亦多,
간과 쓸개에 아로새겨 청화(淸華)의 시어를 토해 내기에. 坐雕肝腎吐淸華.
응당 우아하신 분을 신명이 보우하리니 惟應愷悌神明護,
약의 힘이 이제는 줄었는지 더했는지요? 藥力如今減也加?

57 원문의 '함소(含素)'는 품성이 질박한 것을 말한다.

58 김인후(金麟厚, 1510~1560)의 본관은 울산(蔚山), 자는 후지(厚之), 호는 하서(河西)·담재(湛齋), 시호는 문정(文正)이다. 김안국(金安國)의 문인으로, 성균관에 들어가 이황(李滉) 등과 함께 학문을 닦았다. 을사사화(乙巳士禍) 이후로는 고향 장성(長城)으로 내려가 학문 도야와 제자 양성에 힘썼다. 성리학에 조예가 깊어 후일 기대승(奇大升)의 주정설(主情說)에 많은 영향을 미쳤다. 1796년(정조 20) 문묘에 배향되었다. 저서로는 『하서집』이 있다.

59 적선인(謫仙人)은 이백(李白)처럼 문재(文才)가 뛰어난 사람을 일컫는다. 이백이 처음 장안(長安)에 들어갔을 때 하지장(賀知章)이 장안의 자극궁(紫極宮)에서 이백을 보고 '적선인(謫仙人)'이라 하면서 그를 현종(玄宗)에게 천거했다. 이백이 하지장을 축하하여 지은 시(「對酒憶賀監」)에 "장안에서 처음 만났을 때 나를 귀양 온 신선이라 불렀네.〔長安一相見, 呼我謫仙人.〕"라고 했다.

김인후의 화답 시, 2수

제1

나무 굴혈에서 금환 찾은 이[60]는 따로 있어	樹穴探環自有人
신선의 배 타고 어느 날 친하게 담소하랴?	仙舟何日笑談親?
양원(梁園)[61]의 소쇄(瀟灑)란 이름은 내가 지은 것 아니다만	梁園瀟灑名非我,
짐짓 송 신평[62]이 담벽에 진기한 구절 남긴 것을 보네.	且見新平壁上珍.

〔이후백의 자주(自註)에 "소쇄원(瀟灑園)의 이름은 하서(김인후)가 창안한 것이다." 라고 했으므로, 그 명칭이 송 신평에게서 나왔다는 사실을 분명히 했다.〕

〔李自註: "瀟灑園之名, 創自河西"云. 故明其出於宋新平.〕

제2

듣자니 그대는 매일매일 재주 많아 근심한다지.	聞君日用患才多.

60 일반적으로 아들이 어려서 일찍 죽은 슬픔을 말할 때 사용하는 전고이다. 여기서는 이후백이 조숙한 천재라는 사실을 말하기 위해 이 전고를 사용했다. 『진서(晉書)』 권34 「양호열전(羊祜列傳)」에, 서진(西晉)의 정남장군(征南將軍) 양호(羊祜)가 5세 되던 해에 한번은 느닷없이 유모(乳母)에게 내가 갖고 놀던 금환(金環)을 가져오라고 하자, 유모가 "너에게 원래 이런 물건이 없었지 않느냐." 하니, 양호가 곧장 이웃 이씨(李氏) 집 동쪽 담벼락에 서 있는 뽕나무 사이에서 금환을 찾았다. 그러자 그 집 주인이 "이것은 우리 죽은 아이가 잃은 물건인데, 왜 가져가느냐." 하므로, 유모가 이씨에게 자초지종을 얘기했다. 사람들은 "이씨의 아들이 곧 양호의 전신(前身)이었다." 했다. 『진서(晉書)』 권34 「양호전(羊祜傳)」 참고.

61 소쇄원(瀟灑園)을 말한다. 지금의 전라남도 담양군 남면(南面) 지곡리(芝谷里)에 있는 정원으로, 중종 때 조광조(趙光祖)의 제자 소쇄(瀟灑) 양산보(梁山甫, 1503~1557)가 건립했다. 자는 언진(彦鎭), 호는 소쇄옹(瀟灑翁), 본관은 제주(濟州)이다. 15세에 정암(靜菴) 조광조(趙光祖)의 문하에서 수학했다. 기묘사화(己卯士禍)로 조광조가 실각하고 죽임을 당하자 담양으로 내려와 소쇄원을 짓고 은둔했는데, 여러 번 관직에 천거되었으나 나아가지 않고, 하서(河西) 김인후(金麟厚), 청송(聽松) 성수침(成守琛)과 교유했다.

62 송순(宋純, 1493~1582)을 가리킨다. 본관이 신평(新平)이다, 자는 수초(遂初)·성지(誠之), 호는 기촌(企村)·면앙정(俛仰亭), 시호는 숙정(肅正)이다. 부응교, 사간원 대사간, 전라도관찰사, 이조참판, 의정부 우참찬 등을 역임했다.

병이 새 시에 들어가는 것도 또한 아름답구려. 病入新詩此亦華.
작년 시월 벼슬길 떠났다니 年前十月休官去.
술 힘이 지금에는 약보다도 더 늘었군. 酒力如今比藥加.
〔이후백은 내가 질병으로 벼슬을 그만둔 일이 가을이었다고 하므로 그만둔 달을 분명히 드러내었다.〕
〔李謂吾辭疾在秋云. 故著其月.〕

해설 초간본 『청련집』에는 「제하서시후(題河西詩後)」의 제목으로 제1수만 실려 있다. 제2구가 '眞契長參夢寐親'으로 되어 있다. 1548년(명종 3, 무신) 당시 39세의 하서 김인후는 순창(淳昌) 점암촌(鮎巖村)에 우거하며 「무신년 상원일에 소쇄원에 삼가 부친다〔戊申上元奉寄瀟灑園〕」 시를 지었다. 김인후가 이후백에게 답시를 쓴 것은 그 이전의 일이다. 김인후(金麟厚)의 『하서선생전집(河西先生全集)』 권6 '칠언절구'에 「계진에게 네 수의 시가 있는데, 그 두 수는 나에게 전적으로 관계되므로 내가 그에 따라 화답했다〔季眞有四詩. 其二專屬於余. 余從而和之〕」라는 제목의 시를 이후백의 원운(原韻)을 아래에 실어두었다. 이후백의 제1수는 "江南嗜酒謫仙人. 眞契長參夢裡親. 咳唾偶收瀟灑句. 世間珠玉總非珍."로 기록하고 이후백의 자주(自註) "소쇄원 제영을 말한다.〔謂瀟灑園題詠.〕"를 두었다. 제2수는 "詩老罹痾古亦多. 坐雕肝腎吐淸華. 唯應豈弟神明護. 藥力如今減也加."라고 기록했다. 제1수에서 '몽매(夢寐)'가 '몽리(夢裡)'로 되어 있다. 제2수에서는 '개제(愷悌)'가 '개제(豈弟)'로 되어 있는데, 서로 통해 쓰는 글자이므로 차이가 없다.

유정 스님에게 드리다〔贈惟晶〕

매화원에서 오로지 환상에서 벗어나더니 梅花院裡惟離幻,
그 후 오백 년은 탕왕의 덕[63]이 아름다웠다. 後五百年湯德休.

밤새 배 안에서 바위산 이야기를 나누니 一夜舟中話巖壑,
강남 돌아갈 생각이 진정 유유하여라. 江南歸思正悠悠.

관청 일을 마치고 집으로 돌아오며〔罷衙還家〕

괴원(승문원)[64] 선생이 늙고 또 병들어 槐院先生老病兼,
간과 폐에 불이 나고 수염은 흰 눈이 돋는다. 火生肝肺雪生髯.
봄바람은 꽃이 피든 지든 아랑곳 않누나 春風不管花開落,
관아 마치고 돌아오면 처마 끝에 달빛 가득하다. 衙罷歸來月滿簷.

벗에게 답하다〔答友人〕

경숙(景叔)[65]의 사립문은 큰길에 임해 있으나 景叔柴門臨大路,

63 형정(刑政)을 너그럽게 시행하는 것을 말한다. 『사기』 권3 「은본기(殷本紀)」에 보면, 탕 임금이 밖에 나가 보니 어떤 사람이 들판에 그물을 사방으로 치고 '하늘로부터 사방에 이르기까지 모두 내 그물 안으로 들어오라.'라고 축원하는 것을 보고, '아, 모조리 다 잡으려 하는구나.'라고 하고, 삼면의 그물을 제거한 뒤에 "왼쪽으로 가고 싶으면 왼쪽으로 가고 오른쪽으로 가고 싶으면 오른쪽으로 가되, 나의 명을 따르지 않는 것만 내 그물로 들어오라.〔欲左左, 欲右右. 不用命, 乃入吾網.〕" 라고 했다. 제후들이 이 말을 듣고 '탕의 덕이 지극하도다!'라고 했다.

64 괴원(槐院)은 승문원(承文院)의 별칭이다. 승문원 앞에 회화나무를 심었으므로 이른 말이다. 승문원은 조선 시대 정3품 아문으로 사대교린(事大交隣)에 관한 문서를 관장하고 이문(吏文)의 교육도 담당했다. 관원은 도제조(都提調)·제조(提調)·부제조(副提調) 등을 두었는데, 부제조는 정3품 당상관이다.

65 중국 송나라 때 병부시랑(兵部侍郞) 진국공(晉國公) 왕호(王祜, 924~987)를 말한다. 자는 경숙(景叔)이다. 재상의 덕망이 있었으나 직언을 했던 까닭에 끝내 재상이 되지 못하자, 뜰에 세 그루의 홰나무〔三槐〕를 심고 "내 자손 가운데 반드시 삼공(三公)이 되는 이가 있을 것이다."라고 했다. 마침내 그 아들 왕단(王旦)이 재상이 되었다고 한다. 소식(蘇軾)의 「삼괴당명(三槐堂銘)」은 그 사실

원지(元之)[66]의 초가집은 겹겹 산으로 막혀 있네. 元之茅舍隔重山.
인정이야 본시 깊고 얕은 차이 없건만 人情本是無深淺,
땅 기운은 어째서 가기 쉬운 곳과 어려운 곳이 있나? 地勢如何有易難?

달 아래〔月下〕

달 아래 조각배를 푸른 강에 띄우니 月下扁舟泛碧江.
모래밭에 놀란 백로가 쌍쌍이 날아가네. 沙頭驚鷺起雙雙.
나부끼듯 홀연히 하늘가로 돌아가 飄然忽去歸天際.
취하여 은하의 직녀 창을 두드리련다. 醉叩銀河織女窓.

철구에게 전하는 서찰〔傳鐵狗書〕

가을 서재에서 쓴 말로 남녘 달 하직하고 秋齋苦語辭南月,
겨울에는 꽉꽉 싸매고 북풍 타고 갔지. 冬帶堅封駕北風.
우습구나 청련 노거사여! 可笑青蓮老居士!
언제나 오갈 때면 서찰 매어 단 기러기 신세라니 往來長作繫書鴻.

을 소재로 지은 글이다.

66 원지(元之)는 중국 북송의 왕우칭(王禹偁, 954~1001)으로, 원지는 그의 자이다. 한림학사 지제고(翰林學士知制誥)를 지냈고 북송의 고문운동을 주도했다. 왕우칭은 황주자사(黃州刺史)로 좌천되었을 때 자신의 은거생활을 담은 「황강죽루기(黃岡竹樓記)」에서 "죽루 두 칸을 짓고, 월파루(月波樓)와 통하게 했다.〔因作小樓二間, 與月波樓通.〕"라고 했고, 「죽루기(竹樓記)」에서는 여름의 비, 겨울의 눈, 거문고 칠 때, 바둑 둘 때에 죽루기에서 지내기가 다 좋다고 했다.

보유: 철구에게 전하는 서찰〔傳鐵狗書〕, 별도의 시

가을장마 속 영북(嶺北)[67]에서 함께 옷깃 적셨더니	秋霖嶺北共霑襟,
지금은 장안에서 비에 갇혀 이불도 없구나.	滯雨長安獨無衾.
나는 사나이 장부라도 죽고 싶은 마음인데	我是丈夫猶欲死,
너는 진정 아녀자로서 그 마음 오죽했겠니?	爾誠兒女作何心?

해설 철구(鐵狗)는 남원의 광한루 앞에 있었던 쇠로 만든 개로, 한양으로 소식을 전해준다는 민간 전설이 전해진다. 일설에는 춘향이가 기다리다 지쳐 편지를 철구에 맡겨 이 도령에게 전하고자 했다는 말이 있다. 또한 철구는 오랑캐와 요귀를 쫓는다는 민간 신앙과 관련이 있는 듯하다. 『청련집』 중간본에는 철구(鐵狗) 관련의 시로, 칠언절구 「전철구서(傳鐵狗書)」, 칠언고시 「철구행(鐵狗行)」이 있다. 초간본에는 보유(補遺)에 「전철구서(傳鐵狗書)」가 들어 있었다. 한편, 중종 때 진사시에 합격하고 문과에 급제한 후 구례현감(求禮縣監)을 지닌 김경(金璟)이 「철구행(鐵狗行)」을 지어 일시에 회자되었다고 하지만 지금은 그 시가 전하지 않는다. 김경의 딴 이름은 김횡(金滉)으로, 자(字)는 광두(光斗)이며, 본관은 해평(海平)이다. 그런데 그의 『역파문집(櫟坡文集)』 권1 「서정(西征)」 시에 따르면 송악에 철구가 있다고 했다. 철구는 광한루 앞에만이 아니라 요충지에 적을 막는다는 뜻에서 건립되었던 듯하다. 단, 김경은 철구가 승려의 어리석은 계책에서 비롯된 것이라고 비판했다. 참고로 그 시를 소개하면 다음과 같다.

처음 판문교에 이르렀더니	始到板門橋,
이곳이 개성의 구역이라 하네.	云是開城域.
앞으로 나아가길 이십 리에	前進二十里,

67 영북(嶺北)은 마천령(摩天嶺) 북쪽 함경도를 말한다. 이 시는 함경도관찰사로 있을 때의 소첩에게 보낸 시인 듯하다.

다리의 바윗돌에 취적을 새겨 두었군. 橋石刻吹笛.
급히 토성 바깥에 당도하니 急抵土城外,
비석의 면에는 치적을 많이 기록해 두었네. 碑面多政蹟.
우뚝하니 장명등은 截然長明燈,
삼각산 위해 설치해 두었다는군. 云爲三角設.
송악에는 철구가 있어 松嶽有鐵狗.
이것과 함께 적을 대비한다니! 與此同備賊!
요망한 승려의 계책이 너무도 어리석어라 妖僧計太愚,
천명을 이찌 감히 막으랴? 天命渠敢遏?
우러러 곡령을 바라볼 때 仰瞻鵠嶺峙,
산기운은 어찌 그리도 무성한지! 山氣何鬱鬱!
땅에서 뽑혀 용과 범이 서린 듯하고 拔地蟠龍虎,
하늘에 꽂혀 칼과 창이 열 지은 듯하다. 揷天列釰戟.

죽암[68]에 제하다〔題竹巖〕

바위 벼랑에 서너 줄기 대나무는 우수수 울고 巖際蕭蕭竹數竿,
그윽한 오솔길을 서너 잔 들이키고 비실비실 건네. 幽蹊略勺步蹣跚.
그늘진 못에는 어제도 오늘도 진세의 일이라곤 없고 陰池日日無塵事,
구름 그림자와 하늘빛이 한결같아 보이네.[69] 雲影天光一樣看.

68 함양의 죽암진(竹巖津)을 말한다.

69 주희(朱熹)의 「관서유감(觀書有感)」 시에 "반 묘의 네모난 연못 한 거울처럼 열렸는데, 비치는 빛과 구름 그림자가 함께 배회하네. 묻노니 저 어찌 이렇듯이 맑은가? 근원에 활수(活水)가 있기 때문이라네.〔半畝方塘一鑑開, 天光雲影共徘徊, 問渠那得淸如許? 爲有源頭活水來.〕"라고 했다.

임사수[70]의 시에 화운하다〔和林士秀〕

남계[71]는 북쪽으로 돌아 나가고 물살은 푸른데 濫溪北轉波相綠,
방장산[72] 남쪽 머리에 구름이 막 피어나네. 方丈南頭雲政生.
이곳이 바로 강산의 제일 절경인데 此是江山奇絶處,
묻나니, 그대는 무슨 일로 다시 어딜 찾는가? 問君何事更尋行?

해설 고향인 함양(咸陽)의 풍광을 묘사했다. 남계(濫溪)는 우암촌 인근의 하천이고 방장산(方丈山)은 지리산의 또 다른 이름이다.

조카 박승림[73]에게 차운하여 부치다〔次寄從弟朴承林〕

맑은 시절 녹봉이 후하여 먹을 것에 가난하지 않고 厚祿淸時食不貧,
부엌에서는 검루[74]가 한강 물고기를 지지고 있네. 廚中婁煮漢江鱗.

70 임사수(林士秀)에 대해서는 생졸과 경력 등이 미상이다. 이후백의 생부 이국형(李國衡)의 부인이자 이후백의 모친 나주임씨(羅州林氏) 가계의 인물인 듯하다. 모친은 한림(翰林) 임종의(林宗義)의 따님이다.

71 남계(藍溪)는 경상남도 함양군 수동면 원평리에 있는 시내를 말한다. 1552년 정여창(鄭汝昌)을 제향하기 위해 남계서원(藍溪書院)이 세워져, 1566년 사액을 받았다. 1597년에 소실되었다가, 1603년에 복원되고 1612년에 중건되었다.

72 방장산은 두류산(頭流山) 곧 지리산(智異山)의 별칭이다. 삼산은 동해(東海)의 선경(仙境)인 삼신산(三神山), 즉 봉래(蓬萊)·방장(方丈)·영주(瀛洲)를 가리키는 것으로, 우리나라 금강산(金剛山)·지리산·한라산(漢拏山)의 별칭으로 쓰인다.

73 이후백의 누이가 박승원(朴承元)에게 시집갔는데, 그 집안 사람인지 모른다. 단, '승(承)'자가 항렬자라면 박승림을 조카라고 한 것이 맞지 않게 된다. 이후백의 딸이 박거현(朴擧賢)에게 시집갔는데, 그 가계와 관련이 있는지 모른다.

74 원문의 '누(婁)'는 검루(黔婁)로, 중국 남제(南齊)의 효자 유검루(庾黔婁)를 말한다. 여기서는 박승림을 효자 유검루에게 견준 것이다. 유검루가 잔릉현령(孱陵縣令)이 되었는데, 현에 부임한 지

스스로 알고말고, 한바탕 배 부르길 새장의 새[75]같이 함을. 自知一飽如籠鳥,
멀리 남계[76]에서 회 치는[77] 사람이 그립구나. 遠憶藍溪斫膾人.

유 내한[78]의 〈취별가인도〉에 적다〔題兪內翰醉別佳人圖〕

기슭의 나무들 안개 걷히지 않아 몽롱한데 岸樹矇矓霧不開,
배 안에서 남은 취기로 괜스레 고개 들어 본다. 舟中殘醉首空擡.
강 흐름이 일천 척 깊이가 안 된다면 江流若不深千尺,

10일도 못 되어 갑자기 놀라 온몸에 땀이 흐르므로 벼슬을 버리고 집으로 돌아오니, 아버지 유이(庾易)가 병에 걸려 있었다. 의원이 "병의 차도를 알려면 변을 맛보아야 하는데, 변이 달면 병세가 더하고 쓰면 형세가 호전된다."라고 하자, 검루는 직접 변의 맛을 보았는데, 그 맛이 달고 미끄러우므로 더욱 근심하고 괴로워했다. 이에 저녁이 되면 매양 북극성에 머리를 조아리고 자신이 대신 죽기를 축원했다. 그러자 하늘이 감동하여 그달 그믐까지 아버지의 수명을 연장시켜 주었다고 한다. 『남사(南史)』 권50 「검루전(黔婁傳)」; 『소학(小學)』 「선행(善行)」 참조.

75 세상살이에 속박되어 자유롭게 살지 못하는 것을 비유한 말이다. 중국 진(晉)나라 반악(潘岳)이 「추흥부(秋興賦)」에서 몸이 벼슬살이에 구속당하는 것을 비유하여 "비유하건대 연못 속의 물고기와 새장 속의 새가 강호와 산림을 생각하는 것과 같다.〔譬猶池魚籠鳥, 有江湖山藪之思.〕"라고 한 말이 나온다.

76 남계(藍溪)는 함양군 수동면 원평리에 있는 시내를 말한다. 위에 나왔다.

77 중국 진(晉)나라 때의 효자(孝子)인 왕상(王祥)이 사신에게 잔인하게 대하는 계모를 지극한 효성으로 봉양했는데, 계모가 한겨울에 잉어회를 먹고 싶어 하자 강가로 내려가 얼음을 깨려 하니 얼음이 저절로 깨지면서 잉어가 뛰어 올라왔다고 한다. 『진서(晉書)』 권33 「왕상전(王祥傳)」 참고.

78 내한은 중국에서는 한림학사(翰林學士)를 뜻하고, 조선에서는 예문관(藝文館)의 대교(待敎)와 검열(檢閱), 승문원(承文院)의 정자(正子)와 검열(檢閱) 등 관각(館閣)의 직책을 가리킨다. 유 내한은 유강(兪絳, 1510~1570)을 말하는 듯하다. 유강의 본관은 기계(杞溪)로, 자는 강지(絳之)이다. 집의, 직제학, 대사간, 대사헌 등을 지냈고, 사은사(謝恩使)로 중국 명나라에 다녀온 후에 도승지, 호조판서 등을 역임했다. 1556년(명종 11) 경상 감사가 되었다가 그 이듬해에 동지중추부사로 벼슬을 옮겼다. 시호는 숙민(肅敏)이다. 1563년(명종 18) 관찰사 유강이 함경남도 함흥시 동북쪽에 있는 향교로부터 원사를 분리하여 문회당(文會堂)을 설립했으며, 이때 영각(影閣)을 지어 공자의 화상을 봉안했다. 1575년(선조 8) 관찰사 이후백이 서원으로 승격시키고 이듬해 사액받았다.

일만 곡(斛)[79] 슬픔을 어떻게 싣고 가랴? 得載離愁萬斛來?

사암 박순[80]에게 드리다〔贈朴思菴淳〕[81]

작은 집이 자미궁(紫微宮) 가까이 높이 매달리고 小屋高懸近紫微,
달빛 가에는 중 그림자가 나는 듯 개울 건너네. 月邊僧影渡江飛.
서호 처사 찾아와 묵던 밤에 西湖處士來相宿,
동악의 흰 구름이 삼베옷을 적시도다. 東岳白雲沾草衣.

이우당[82]에 제한 영천 신잠[83]의 시에 차운하다〔次二友堂申靈川潛韻〕[84]

〔영암(靈巖)의 영보촌(永保村). 사감 신희남(愼喜男)[85]의 당호이다.〕

북녘 산고개에서 숲들이 공읍하며 모이고 北嶺林巒拱揖來,
남산의 푸른 기운이 시야에 돌아드네. 南山蒼翠望中廻.
온 마을 누대며 저택이 집집마다 좋지만 一村樓館家家好,
이 이우당이 참된 곳에 열렸기에 유독 사랑하노라. 獨愛玆堂眞地開.

79 원문 '만곡(萬斛)'의 곡은 십두(十斗)로, 만곡은 수량이 많은 것을 뜻한다.

80 박순(朴淳, 1523~1589)의 호는 사암(思菴)이다. 동서 당쟁이 격심할 때 이이(李珥)를 편들다가 서인으로 지목되어 탄핵을 받았다.

81 초간본 『청련집』에는 제목이 「무제(無題)」로 되어 있다.

82 이우당(二友堂)은 이 시의 주에 밝혀져 있듯이 신희남(愼喜男)의 당호이다.

83 신잠(申潛, 1491~1554)으로, 본관은 고령(高靈), 자는 원량(元亮), 호는 영천자(靈川子)·아차산인(峨嵯山人)이다. 신숙주(申叔舟)의 증손자이다. 1519년 현량과(賢良科)에 급제했으나, 같은 해에 기묘사화(己卯士禍)로 인하여 파방(罷榜)되었다. 그 뒤 20여 년간 아차산 아래에 은거하다가 인종 때 다시 복직되어 상주목사(尙州牧使)로 있던 중에 사망했다.

84 중간본에 「화이우당소제신영천잠운(和二友堂所題申靈川潛韻)」이라 했다.

신잠의 원운(元韻)

이우당에 우연히 들어와 二友堂中偶入來,
높은 누헌을 배회하느라 돌아갈 줄 모르네. 層軒徙倚却忘廻.
너무도 아름다워라, 그림 같은 월출산이여 最憐月出山如畵,
운환 같은 산의 아지랑이를 낙조가 열어 주네. 落日烟鬟照耀開.

해설 이우당은 바로 신씨(愼氏) 집안의 옛 가옥으로, 대나무와 연꽃이 있는 까닭에 그렇게 이름을 지었다고 한다. 후대의 문곡(文谷) 김수항(金壽恒, 1629~1689)의 『문곡집』 권4에 「상사 신성윤이 이우당에 관한 시를 청하기에 차운해서 지어 주다〔愼上舍聖尹求題二友堂 次韻寄贈〕」가 있다. 신성윤(愼聖尹)은 자(字)가 여임(汝任)이고, 본관은 거창(居昌)이다. 신광익(愼光翊)의 아들이며, 신천익(愼天翊)의 종질이다. 그 시에 "명문가에 쌓은 덕이 경사를 이제 여니, 이우당이란 이름난 집 몇 년이나 되었나? 매운 절개와 맑은 향기 원래의 세업이라, 연꽃이 핀 못가에 대숲까지 펼쳐져 있네.〔高門積慶啓方來, 二友名堂歲幾回. 苦節淸芬元世業, 芙蓉池畔竹林開.〕"라고 했다.

85 신희남(愼喜男, 1517~1591)으로, 본관은 거창(居昌), 자는 길원(吉遠), 호는 영계(瀯溪)이다. 1543년(중종38) 진사시에 합격하여 벼슬이 예조참의에까지 올랐다. 1570년(선조 3) 수찬·장령 등을 거쳐 종부시정(宗簿寺正)이 되어 『명종실록』 편찬에 참여했다. 1576년(선조 9) 강원도관찰사로 나갔다. 1581년(선조 14)에는 동서 붕당의 대립을 싫어해서 자청해서 금산군수(錦山郡守)로 나갔다가 벼슬을 버리고 고향인 전라남도 영암(靈巖)으로 내려가 여생을 마쳤다. 석봉(石峯) 한호(韓濩)에게 글씨를 가르쳤다. 문집으로 『영계집(瀯溪集)』이 있다. 신희남은 광주목사(光州牧使)를 지낸 오겸(吳謙)의 사위이다. 오겸은 1547년에 전주부윤(全州府尹)이 되었는데, 이해 중삭공신연(仲朔功臣宴)에 참여하여 가선대부(嘉善大夫)에 승진되고 금양군(錦陽君)에 봉해졌으나, 모부인이 연로하다는 이유로 외직을 구하여 담양부사(潭陽府使)와 광주목사를 역임했다. 1570년 가을 좌찬성으로서 병을 핑계 삼아 휴가를 얻어 고향 나주(羅州) 광산(廣山)〔현 광주광역시 광산구 송산동〕에 돌아왔다. 율곡 이이(李珥)가 「우의정 금양군 휘 겸 묘지명(右議政錦陽君諱謙墓誌銘)」을 찬술했다. 뒤에 보듯 신희남은 전라남도 영암(靈巖)에 있는 서재를 죽림서원(竹林書院)이라고 일컬었다. 이 시에서 말하는 이우당이 그 서재의 당을 말하는지 모른다.

들길〔野路〕

들길의 매화는 나그네 적삼에 뚝뚝 지고 野路梅花點客衫,
석양 아래 행색이 개울 못에 비친다. 夕陽行色照溪潭.
내 어찌하여 다리 옆 풀을 밟지 않고 如何不踏橋邊草,
외로이 삼월삼짇날 푸른 봄을 등지는가?[86] 孤負青春三月三?

급제하여 고향으로 내려갈 때 지례군수 옥계 노진[87]에게 부치다〔登第下鄕途中 寄知禮使君盧玉溪〕

필마에 아이 하나 행색이 추악하여 匹馬單童行色惡,
관리들은 배를 따는 자[88]라고 잘못 말하네. 官人誤道摘梨郎.
누가 알랴, 명광전(明光殿)[89]에 시를 바쳐 誰知獻賦明光殿,
머리 위 하늘 꽃[90]에서 오색 향기 나는 줄을. 頭上天葩五色香?

86 삼월 삼짇날 곡강연(曲江宴)을 베풀어 도성 사람들이 모두 강가에서 계사(禊事)를 치르고 술을 마시며 청초(青草)를 밟고 노는데, 이를 답청절(踏青節)이라고 한다. 다리 옆 풀 운운한 것은 음력 정월 보름날 밤에 다리를 밟던 일을 답교(踏橋)라고 하는 것에 연계시킨 것이다. 이 시구는 다른 사람들과 답청을 즐기지 않고 홀로 들길을 가는 외로운 심정을 반추했다.

87 노진(盧禛)에 대해서는 앞에 나왔다.

88 좋은 것을 버리고 나쁜 것을 취하는 것을 비유한 표현이다. 『주자어류(朱子語類)』 권118 「주훈문인(朱訓門人)」에 정자상(鄭子上)이 『좌전(左傳)』에서 의심스러운 부분을 묻자, 주희(朱熹)가 사서(四書)에서 궁구해야지 지엽적인 일에 연연해서 되겠느냐고 나무라면서 "지금 이와 같은 것은 '단맛 나는 복숭아를 버리고 산 근처의 신맛 나는 배를 따는 것이다.'라고 할 수 있다.〔今若此, 可謂是颺了甛桃樹, 沿山摘醋梨也.〕"라고 했다.

89 명광전(明光殿)은 중국 한(漢)나라 무제(武帝)가 건립한 궁전으로, 금과 옥, 진주 등으로 발을 만들어 쳐서 밤낮없이 빛나고 밝기 때문에 붙여진 이름이다. 중국 당나라 시인 두보(杜甫)의 시(「十二月一日三首」 제1수)에 "명광전에서 조서의 초안 잡으면 사람들 부러워했건만, 폐병이 났으니 언제야 황제에게 조회 갈까?〔明光起草人所羨, 肺病幾時朝日邊.〕"라는 구절이 있다.

해설 노진은 1546년(명종 1) 증광 문과에 을과로 급제, 승문원의 천거로 박사가 되고, 전적 예조의 낭관을 거쳐 1555년(명종 10) 지례현감(知禮縣監)으로 나갔다. 이후백은 이해 식년문과에 급제했다. 이후백은 선조 초 조정에서 노진과 함께 복무했는데, 노진이 먼저 타계하자 깊이 애도했다.

실제(失題)

늦은 봄 상안의 해가 질 무렵 春晚長安欲多暉,
길 양쪽 수양버들 참으로 의의하다. 夾道楊柳正依依.
광통교[91] 옆길은 신선 꽃 난만하여 廣通橋畔仙葩爛,
바람이 천향[92]을 나그네 옷에 불어 보내네. 風送天香吹客衣.

고봉 기대승의 시에 차운하여 경석[93]에게 드리다〔與景錫次奇高峯大升韻〕, 3수

제1

봄 그리움이 엄습하여 늙은 몸 더욱 미칠 듯해서 春思掩人老更狂,
맑은 밤에 그대 만나 깊은 술잔 청했지. 相逢淸夜喚深觴.
돌아와서도 남쪽 누각의 흥이 사라지지 않아 歸來不盡南樓興,

90 원문의 '천파(天葩)'는 어사화(御賜花)를 말한다. 보통은 뛰어난 재주나 시문을 뜻한다. 후자의 예로 중국 당나라 문인 한유(韓愈)의 시(「醉贈張祕書詩」)에 "동야는 세속을 경동시키니 천파가 뛰어난 향기를 발한 때문이네.〔東野動驚俗, 天葩吐奇芬.〕"라고 했는데, 동야는 맹교(孟郊)의 자이다.

91 광통교(廣通橋)는 한양 중부 광통방(廣通坊)에 있던 다리로, 광교(廣橋)·대광교(大廣橋)·대광통교(大廣通橋)라고도 한다. 청계천에 놓인 다리 중 가장 큰 다리였다.

92 천향(天香)은 궁중(宮中)에서 사용하는 훈향(薰香)을 말하거나 계화(桂花)나 매화, 모란의 좋은 향기를 가리킨다. 여기서는 후자이다.

솔바람 서늘하고 달그림자는 침상에 스며드네.	松風微涼影透床.

제2

누대의 맑은 놀이는 취중에도 절제 있고	臺上淸遊醉不狂,
솔바람 눈을 날려 금 술잔에 채웠도다.	松風吹雪入金觴.
술 깨고 난 한밤중 세속 생각 없었으니	醒來半夜無塵思,
만고 흥망을 한 침상에서 겪은 듯하네.	萬古興亡閱一床.

제3

풍류는 소년 시절 광기가 전혀 없어도	風流全滅少年狂,
흥 이르면 그래도 술잔 하나 잡아 본다.	興至猶堪把一觴.
봄 강에 파란 오리 같은 물[94]이 돌아오기까지	更待春江回鴨綠,
마름 섬에서 피리 빗겨 불며 호상(胡床)[95]에 걸터앉네.	蘋洲橫笛據胡床.

93 경석(景錫)은 정윤희(丁胤禧, 1531~1589)의 자이다. 정윤희의 본관은 나주(羅州), 호는 고암(顧庵)·순암(順庵)이다. 정응두(丁應斗)의 아들로 정윤조(丁胤祚)·정윤희·정윤우(丁胤祐)·정윤복(丁胤福)의 4형제가 문명이 있었다. 이황(李滉)의 문인이다. 1556년(명종 11) 알성 문과에 장원으로 급제하여 성균관 전적, 사간원 정언, 이조정랑 등을 역임하다가 1566년(명종 21) 문과중시에서 다시 장원을 했다. 사륙문[四六文, 변문(騈文)]에 뛰어나 한때 홍문관과 예문관의 모든 문건을 찬술했다. 문집으로 『고암집(顧庵集)』이 있다. 『고봉집』 기존 번역본에 조선 중기의 무신 김경석이라고 비정한 것은 잘못이다.

94 원문 '압록(鴨綠)'은 압두록(鴨頭綠)의 준말이니, 푸른 물이라는 말이다. 술을 가리키기도 하여, 이백(李白)의 「양양가(襄陽歌)」에 "멀리 보니 한수가 오리 머리처럼 푸르러, 흡사 포도주가 막 괴기 시작한 것 같네. 만일 이 강물이 봄 술로 변한다면, 쌓인 누룩으로 술지게미 누대를 만들리라.[遙看漢水鴨頭綠, 恰似葡萄初醱醅. 此江若變作春酒, 壘麴便築糟丘臺.]"라고 했다. 여기서는 푸른 강물이 일어나는 모습을 말한다. 또한 전라남도 곡성(谷城) 지방을 흐르는 섬진강(蟾津江)을 압록강(鴨綠江)이라 하고 섬진을 압록진(鴨綠津)이라고 하는 것과도 관련이 있는 시어이다.

95 호상(胡床)은 의자의 일종으로, 간편하게 접을 수 있도록 윗부분을 노끈으로 얽어 만들었다. 교상(交床), 승상(繩床)이라고도 한다. 중국 진(晉)나라 유량(庾亮)이 무창(武昌)을 다스릴 때, 하속(下屬)인 은호(殷浩) 등이 달밤에 남루(南樓)에 올라 있을 때 유량이 남루에 오르자 피하려 하니, 유량은 "제군들은 잠시 더 있게나. 이 늙은이도 여기서의 흥취가 얕지 않구나."라고 하고 호상에 걸

기대승의 원운(原韻)

젊어서 무뢰하여 그저 미친 듯 거칠어 少年無賴只顚狂
술을 사랑하여 일백 잔도 기울일 만했네. 愛酒猶堪倒百觴
그 버릇을 지금도 뉘우칠 줄 몰라서 餘習至今知未悔
밤늦도록 만취하여[96] 침상에 누워 읊조리네 夜深濡首臥吟床

서당에 이 어리석고 미친 사람이 무슨 요행으로 끼어들어 書堂何幸忝疎狂,
늙어서도 남들과 더불어 잔 가득 술을 채우나? 老與隨人酒滿觴?
인생 백 년의 회포를 누구에게 다시 말하랴? 懷抱百年誰復說?
그저 쑥대 구레나룻 긁으며[97] 빈 침상에 누워 있네. 且搔蓬鬢偃空床.

해설 기대승의 『고봉집(高峯集)』 속집 권1에는 「취한 후 경석과 계진께 드리다〔醉後呈景錫季眞〕」라는 제목으로 '소년무뢰지전광(少年無賴只顚狂)'의 1수만 실려 있다.

터앉아 은호 등과 함께 밤새도록 얘기하며 시를 읊었다는 고사가 있다. 『진서(晉書)』 권73 「유량전(庾亮傳)」 참고.

96 원문의 '유수(濡首)'는 술에 몹시 취하여 본성을 잃고 광태를 부린다는 뜻이다. 『주역』 미제괘(未濟卦) 상구(上九)에 "술을 마시고서 미더움이 있으면 허물이 없거니와, 머리를 적시면 미더움이 있다 해도 실수할 것이다.〔有孚于飮酒, 無咎, 濡其首 有孚, 失是.〕"라 했고, 「상전(象傳)」에 "술을 마셔 머리를 적시는 것은 또한 절제를 모르는 것이다.〔飮酒濡首, 亦不知節也.〕"라는 내용이 보인다.

97 벼슬살이하는 자신이 부끄럽다는 말이다. 중국 당나라 두보(杜甫)의 시(「樓上」)에 "천지간에 부질없이 머리만 긁적이며, 백옥의 비녀를 자꾸만 뽑는구려.〔天地空搔首, 頻抽白玉簪.〕"라는 구절이 있다.

장춘오(藏春塢)[98]

자색 꽃 붉은 꽃은 계속 계속 피어도 萬紫千紅續續開,
천공에게 순환 고리 있음을 믿지 않는다만, 天公不信有環回.
장춘오만 홀로 꽃과 풀에 인색하지 않아 藏春不獨慳花卉,
늙은이 검은 등[99]을 아이 얼굴로 바꾸어 주네. 鎭得童顏換背鮐.

해설 이 「장춘오」 시와 아래의 「인수교」 시는 중국 북송의 문인 소식(蘇軾)의 시 「증장조이로(贈張刁二老)」에 나오는 "장춘오 안에는 꾀꼬리와 꽃들이 떠들썩하고, 인수교 가에는 해와 달이 길도다.〔藏春塢裏鶯花鬧, 仁壽橋邊日月長.〕"라는 구절에서 시제(詩題)를 취한 것이다. 월과(月課)로 지은 것일 수 있다.

인수교(仁壽橋)

바위 하나 서너 자 너비의 네모난 다리에서 一石方橋數尺平,
칠십 노인 흥이 나서 걷는 모습이 보기 좋아라. 偏憐耆興作閑行.
부추기는 아동이든 어른이든 번거롭다 물리치고 扶携煩却冠童輩,
지팡이 끄는 쟁그랑 소리를 혼자 사랑하누나.[100] 自愛鏗然曳杖聲.

98 원문의 '장춘오(藏春塢)'는 본디 중국 북송 때 조약(刁約)의 동산 이름이자 실명(室名)이다. 조약이 벼슬을 그만두고 향리로 돌아오자, 명류들이 그를 맞이하여 장춘오라는 작은 둑 모양의 화단을 만들어 주었다. 조약의 자는 경순(景純)이어서 조경순(刁景純)이라고도 불렀다.

99 원문의 '배태(背鮐)'는 태배(鮐背)와 같은 말로, 노인의 등에 복어의 무늬처럼 검은 점이 생기는 것을 말한다.

100 중국 북송의 문인 소식(蘇軾)의 「동파일절(東坡一絶)」 시에 "비에 씻긴 동쪽 언덕, 달빛 맑은 밤, 왕래 끊긴 길을 야인 홀로 걷노라니, 울퉁불퉁 돌길에, 잘각잘각 지팡이 소리를 나는 사랑하노라.〔雨洗東坡月色淸, 市人行盡野人行. 莫嫌犖确坡頭路, 自愛鏗然曳杖聲.〕"라고 했다. 동파는 동쪽 언

관어대(觀魚臺)

젊어서 티끌 속 허둥대던 일이 늙어선 웃을 만하네 少日塵埃老可咍,
평평한 모래밭 흐르는 물 곁에 석대가 아스라하다. 平沙流水石臺危.
손자 아이는 고기의 즐거움을 내가 아는 걸[101] 모르고 兒孫不識知魚樂,
반찬으로 삼을 일만 그저 다만[102] 떠드누나. 白白徒誇入饌來.

백화담(百花潭)[103]

못물이 맑은 물결 이루며 서리 같은 구레나룻 비추고 潭水滄浪燭鬢霜,
벼 논에 물 대고 남은 물결이 찬 햇볕에 일렁인다. 灌秔餘浪漾寒光.

덕이란 뜻인데, 소식이 머물던 곳 근처의 언덕을 그렇게 부르고 그 이름을 고유명사처럼 사용했다. 앞서 중국 당나라 백거이(白居易)는 충주(忠州) 교외의 동쪽 언덕에 복숭아나무와 자두나무를 심고 그곳을 사랑했다. 소식은 평소 백거이를 좋아했으므로 백거이의 시어에서 연상하여 거처의 동쪽 언덕을 동파라 하고, 자신의 호를 아예 동파거사(東坡居士)라 한 듯하다.

101 '어유호상(魚遊濠上)'의 고사를 원용하여 한 말이다. 『장자(莊子)』「추수(秋水)」에 보면 장자가 혜자(惠子)와 함께 호수(濠水)의 다리를 거닐다가 "물고기가 나와 유유히 노닐고 있으니, 이것은 물고기의 즐거움이다."라고 하니, 혜자가 "그대는 물고기가 아닌데, 어떻게 물고기의 즐거움을 아는가?"라고 반문했다. 장자는 "방금 그대가 내게 '그대가 어찌 물고기의 즐거움을 아는가?'라고 물은 것은 내가 물고기의 즐거움을 아는 것을 이미 그대가 알았기 때문이네."〔汝安知魚樂云者, 既已知吾知之而問我.〕라고 했다.

102 원문의 '백백(白白)'은 '그저 다만'이란 뜻이다.

103 백화담(百花潭)은 중국 사천성(四川省) 성도현(成都縣)의 서북쪽에 있던 못 이름인데, 이 못의 북쪽에 바로 두보(杜甫)의 완화초당(浣花草堂)이 있었다. 두보의 「광부(狂夫)」 시에 "만리교의 서쪽으로 한 초당이 있으니, 백화담의 물이 바로 창랑의 물이라네.〔萬里橋西一草堂 百花潭水即滄浪〕"라고 했고, 또 두보의 「회금수거지(懷錦水居止)」 시에는 "만리교 서쪽의 집이며, 백화담 북쪽의 별장이, 높은 난간은 모두 물을 마주했고, 늙은 나무는 오랜 세월을 겪었네.〔萬里橋西宅 百花潭北莊 層軒皆面水 老樹飽經霜〕"라고 했다.

맑디맑고 조용한 푸른 대밭[104]이 없다 해도 縱無翠竹娟娟靜,
향기 은은한 붉은 연꽃을 거닐면서 보노라. 行見紅蕖冉冉香.

해설 이 시는 두보의 「광부(狂夫)」에서 시제를 취했다. 즉 두보는 다음과 같이 노래했다.

만리교 서쪽에 하나의 초당이 있고 萬里橋西一草堂,
백화담 물은 창랑의 물이로다. 百花潭水卽滄浪.
바람 품은 푸른 댓가지는 곱고 맑으며 風含翠篠娟娟淨,
비에 젖은 붉은 연꽃 은은히 향기롭다. 雨裛紅蕖冉冉香.
후한 녹봉 받는 벗들은 서신 끊기고 厚祿故人書斷絶,
늘 주리는 어린아이는 낯빛이 처량하다. 恒飢稚子色凄涼.
구렁에 묻혀 죽는다 해도 소탈하기만 하니 欲塡溝壑惟疎放,
우습군, 미친 이가 늙을수록 더욱 미쳐 가다니! 自笑狂夫老更狂!

송국경(松菊逕)

뭇꽃들 다 져도 절개 홀로 굳세어 過盡群芳節獨强,
오솔길의 타고난 자질이 서리 얼음에 속하네. 逕中天質[105]屬氷霜.
인간 세상 젊은이들도 반은 시들어 떨어지건만 人間年少凋零半,
백발로 배회하며 감개가 한량없다. 白髮徘徊感慨長.

104 위에서 인용한 두보(杜甫)의 「광부(狂夫)」 시에 "바람 품은 푸른 댓가지 곱고 맑으며, 비에 젖은 붉은 연꽃 은은히 향기롭네.〔風含翠篠娟娟淨, 雨裛紅蕖冉冉香.〕"라고 했다.

105 초간본 『청련집』에 '天地'로 되어 있으나 중간본에 '天質'로 되어 있다. 중간본을 따른다.

해설 이 시의 시제는 중국 진(晉)나라 도연명(陶淵明) 즉 도잠(陶潛)이 지은 「귀거래사(歸去來辭)」의 "세 갈래 오솔길이 황폐해졌으나, 솔과 국화는 아직 남아 있네.〔三逕就荒, 松菊猶存.〕"라는 구절에서 취해 왔다.

영사정의 처사 안처순[106]에게 드리다〔贈永思亭安處士處順〕[107]

대방[108] 남쪽은 강산 명승이 풍족한데 帶方南畔足江山,
과객은 총총히 떠나 돌아올 자취 없네. 過客悤悤跡未還.
모래밭 머리에서 홀로 오래 기다려도 獨立沙頭延佇久,
흰 물새는 짝이 없고 옛 낚시 바위 한가하네. 白鷗無侶古磯閑.

판서 이장곤[109]의 옛집을 지나면서〔過李判書長坤舊宅〕

문 앞의 수레와 말이 연기처럼 흩어졌네 門前車馬散如烟,
상국의 풍류가 백 년도 안 되었건만. 相國風流未百年.
마을 거리는 쓸쓸하게 한식도 지나고 村巷寥寥過寒食,
수유꽃만 낡은 담장 가에 피어났구나. 茱萸花發古墻邊.

106 안처순(安處順, 1492~1534)의 본관은 순흥(順興), 자는 순지(順之), 호는 기재(幾齋)·사재당(思齋堂)이다.

107 초간본 『청련집』에 「안처사」라고만 되어 있다. 중간본에 따른다.

108 대방(帶方)은 옛 대방국(帶方國)이 있었다고 하여 붙여진 지명인데, 전라도 남원(南原)의 별칭이다. 『신증동국여지승람(新增東國輿地勝覽)』 권39 「전라도 남원도호부(南原都護府)」 참조.

백련당 문익주[110]에게 드리다〔贈文白蓮堂益周〕

앞개울 비추는 가을 달이 흥취를 끌어내기에	前川秋月引閑興,
바위 위 평평한 곳에 걸어 올라 자미궁을 바라본다.	步上巖臺望紫微.
북궐은 아득하여 소식이 끊어졌으나	北闕迢遞消息斷,
종남산(終南山) 위수(渭水)[111]는 꿈속에 아련하다.[112]	終南渭水夢依依.

109 이장곤(李長坤, 1474~1519)의 본관은 벽진(碧珍), 자는 희강(希剛), 호는 학고(鶴皐)·금헌(琴軒)·금재(琴齋)·우만(寓灣), 시호는 정도(貞度)이다. 1502년(연산군 8) 문과에 급제하여 사헌부 장령 등을 거쳐 1510년(중종 5) 평안도 병마절도사에 제수되었고, 이조판서·병조판서·우찬성 등을 역임했다. 이상정(李象靖, 1711~1781)의 『대산집(大山集)』 권49 「우찬성금헌이선생행장(右贊成琴軒李先生行狀)」 참고. 이장곤은 심정(沈貞, 1471~1531)과 홍경주(洪景舟, ?~1521)에게 속아 기묘사화를 일으켰으나 조광조(趙光祖)의 처형을 반대하다가 삭탈관직당하고 우안(牛岸)에 은거했다. 구봉령(具鳳齡, 1526~1586) 『백담집』 속집 제3권 「기행시」 원주 및 2018년 번역본 주 참조. 기묘사화 때 화를 당한 '팔현(八賢)'의 한 사람이다. 즉, 1639년(인조 17) 김육(金堉)이 편찬한 『기묘팔현전(己卯八賢傳)』에 정광필(鄭光弼)·안당(安瑭)·김정(金淨)·조광조(趙光祖)·김식(金湜)·기준(奇遵)·신명인(申命仁) 등과 함께 이장곤이 입전(立傳)되어 있다. 1784년(정조 8) 무렵 방계 후손인 이서룡(李瑞龍)이 『금헌선생문집(琴軒先生文集)』 목판본 1책을 간행했다. 권수(卷首)에 1784년 9월 채제공(蔡濟恭)이 지은 서문이 있고, 권미(卷尾)에 1784년 1월 안정복(安鼎福)이 지은 발문이 있다. 1934년 대구(大丘)의 후손들이 『금헌선생실기(琴軒先生實紀)』 석판본 2책으로 중간했다.

110 문익주(文益周, 1535~1605)의 본관은 남평(南平), 자는 중욱(仲郁), 호는 백련당(白蓮堂)이다. 나주목사(羅州牧使)를 지낸 문서(文敍)의 5세손이고, 할아버지는 문명부(文命敷)이며 아버지는 문팽석(文彭碩)이다. 문익주는 신희남(愼喜男)의 문하에서 수학하고, 세 고을의 수령을 지냈다. 부모상을 당해 시묘살이를 할 때 집 연못의 붉은 연꽃이 흰색으로 변해서 마을 사람들이 그의 집을 백련당(白蓮堂)이라 불렀다고 한다. 이후백과 교의가 깊었으며, 조헌(趙憲)·백광훈(白光勳)·정철(鄭澈) 등과도 교의가 깊었다. 임진왜란 때 김천일(金千鎰)·고경명(高敬命)과 함께 의병을 일으켰다. 김종후(金鍾厚)가 문익주 묘갈명을 지어 붉은 연꽃이 흰 연꽃으로 바뀐 기이한 사적을 적었다.

111 종남산(終南山)과 위수(渭水)는 중국 장안의 지명인데, 이를 끌어와 서울의 남산과 한강을 비유한 것이다.

112 원문의 '의의(依依)'는 아련한 모습을 나타내거나 하늘거리는 모습을 나타낸다. 여기서는 앞의 뜻으로 보았다. 중국 동진의 도연명(陶淵明)이 지은 「귀전원거(歸田園居)」에 "어슴푸레 먼 마을의 인가(人家) 보이고, 아련히 마을에서는 연기 피어오르네.〔曖曖遠人邨, 依依墟里煙.〕"라고 노래한 구절이 참고가 된다.

섣달에 부채를 보내면서〔臘月贈扇〕

섣달 추위에 부채 보내는 뜻을 괴이타 마라,	莫怪隆冬贈扇意,
너 지금 나이 어리거늘 어찌 알리?	爾今少年渠能知?
헤어진 뒤 그리운 마음이 가슴속 불로 되면	相思一別胸中火,
쇠도 녹이는 유월 염천[113]보다도 더 뜨거울 것이기에.	遠勝流金六月時.

병마절도사에게 드리다〔贈兵使〕

호남의 병마 대장군	湖南兵馬大將軍,
꽃 무늬 투구에 황금 갑옷으로 무리에서 뛰어나네.	花冑金甲[114]逈出群.
만 리에 봉후(封侯)된 반정원(班定遠)[115]이요	萬里封侯班定遠,
평생을 인사들에게 몸 굽힌 신릉군(信陵君)[116]이로다.	平生下士信陵君.

113 『초사(楚辭)』「초혼(招魂)」에 "열 개의 해가 번갈아 나와서 쇠를 녹이고 돌을 녹인다.〔十日代出 流金鑠石些〕"라고 했다. 또한 소식(蘇軾) 「옥석게(玉石偈)」에 "추위가 지극하면 아교가 꺾이고, 더위가 심하면 쇠가 녹아 흐른다.〔寒至折膠熱流金.〕"라고 했다. 인간 사회의 위난(危難)을 빗댄 말이다.

114 중간본에만 이 시가 있는데, 해당 글자는 비어 있다. 문맥으로 보아 '甲'으로 추정한다.

115 중국 후한 때 명장(名將)인 반초(班超)를 말한다. 흉노의 지배하에 있던 50여 부족을 한(漢)나라에 복종시키고, 서역(西域)으로 나가 전공을 세워 정원후(定遠侯)에 봉해졌다. 『후한서(後漢書)』「반초전(班超傳)」 참조.

116 신릉군은 중국 전국시대 위(魏)나라 공자 위무기(魏無忌)이다. 위(魏)나라 은사(隱士)인 후영(侯嬴)은 70세가 넘도록 위나라 동문인 이문(夷門)에서 문지기로 있었는데, 신릉군이 몸소 수레를 몰고 이문으로 가서 매우 공손한 태도로 후영을 맞이해 와서 상객(上客)으로 삼았다. 주해(朱亥)는 푸줏간에 은둔해 살다가 진(秦)나라가 조(趙)나라를 포위했을 때 신릉군의 계책에 따라 위나라 장수 진비(晉鄙)를 철퇴로 때려죽이고 그 병부(兵符)를 빼앗았다. 『사기(史記)』「신릉군전(信陵君傳)」 참조.

소혁을 읊다〔咏小革〕

요임금 때 열 개 태양이 함께 동방에 생기니 堯時十日並生東,
풀과 나무 타고 말라 바람에 날려갔네.[117] 草木憔枯零落風.
임금만 분노하여 예(羿)[118]를 시켜 활로 쏘게 했으니 帝獨憂怒令羿射,
지금까지 그 자취가 둥근 과녁에 남아 있네. 至今遺跡貫輪中.

우연히 읊다〔偶吟〕

뜰 앞 여린 풀은 바람 끼고 향기 뿜고 庭前小草挾風薰,
남은 꿈을 깨고 나자 낮술에 얼근하다. 殘夢初醒午酒醺.
깊은 뜰에 꽃잎 져서 봄 낮이 길고 深院落花春晝永,
주렴 너머로 벌 나비는 늦게까지 분분하다. 隔簾蜂蝶晩紛紛.

117 『회남자(淮南子)』「본경훈(本經訓)」에 "요임금 때 열 개의 해가 한꺼번에 떠서 농작물을 태우고 초목이 모두 말라 버려 백성들이 먹을 것이 없게 되었다.〔逮至堯之時, 十日竝出, 焦禾稼, 殺草木, 而民無所食.〕"라고 했다.

118 예(羿)는 활의 명수였으며, 하(夏)나라 중강(仲康)의 아들 상(相)을 시해하고 유궁국(有窮國)을 세웠다가 자신의 신하 한착(寒浞)에게 살해되었다. 예의 아내 항아(姮娥)가 서왕모(西王母)의 선약(仙藥)을 훔쳐 월궁(月宮)으로 달아나 두꺼비〔蟾蜍〕가 되었다는 전설 때문에 달을 섬월(蟾月)이라 부른다. 『장자』「덕충부(德充符)」에 "활의 명인인 예의 사정거리 안에 있으면서 그 복판에 위치한 자는 화살을 맞기 마련이다."라고 했다. 『천중기(天中記)』 권9 「해(海)」는 『산해경(山海經)』을 인용하여, "요임금 때 열 개의 해가 나오자 요임금이 예로 하여금 아홉 개를 쏘아 떨어뜨리게 했는데, 이들이 떨어져 초목을 녹였다.〔堯時十日竝出, 堯使羿射九日, 落爲沃焦.〕"라고 했다. 또한 『맹자』「진심 상(盡心上)」에 "거장(巨匠)은 졸렬한 장인을 위하여 먹줄과 먹통을 쓰는 방식을 고치거나 없애지 않으며, 명궁인 예는 졸렬한 사수를 위하여 구율을 바꾸지 않는다.〔大匠不爲拙工改廢繩墨, 羿不爲拙射變其彀率.〕"라고 했다. 『맹자』「이루 하(離婁下)」에서는 하나라 사람 방몽(逢蒙)이 활쏘기의 명수인 예(羿)에게 활쏘기의 기법을 배웠는데, 예의 기법을 다 터득하자 세상에 자기보다 뛰어난 자는 예밖에 없다 생각하고 드디어 스승인 예를 죽였다고 했다.

남원 광한루에 제하다〔題南原廣寒樓〕

흰 비단[119] 손수 짜고 푸른 다락 올라갈 때[120]	手織氷綃上翠樓,
물가 아지랑이 멎고 계수나무꽃〔달〕에 가을이 깊었으리.	渚烟初歇桂花秋.
견우 낭군 간 뒤로는 아무 소식이 없어	牛郎去後無消息,
오작교 가에서 밤이면 밤마다 시름한다오.[121]	烏鵲橋邊夜夜愁.

해설 광한루(廣寒樓)는 본래 황희(黃喜)가 남원에 유배되었을 때 지은 누정으로, 광통루(廣通樓)라 불렀다가, 1434년(세종 16) 남원부사 민공(閔恭)이 고쳐 짓고 1444년(세종 26) 전라도관찰사 정인지(鄭麟趾)가 부근 경치가 '광한청허부(廣寒淸虛府, 달)'와 같다고 해서 광한루로 이름을 바꾸었다. 광한루는 전라북도 남원의 진산인 교룡산(蛟龍山) 아래, 지금의 남원시 천거동 75번지에 있다. 1583년(선조 16) 남원태수 장의국(張義國)이 광한루를 수리하자, 양대박(梁大樸)은 "10년이 못 되어 광한루가 반드시 잿더미가 될 것인데, 어찌 백성들을 이렇게 수고롭게 하는가?"라고 했다고 한다.[122] 이 무렵 임제(林悌, 1549~1587)가 「용성광한루주석수창(龍城廣寒樓酒席酬唱)」 시를 지었다. 정유재란 때 불에 탄 것을 2년 후 1599년 남원부사 겸 방어사 원신(元愼)이 잔루

119 원문의 '빙초(氷綃)'는 얇고 흰 비단이다. 중국 당나라 왕발(王勃)의 「칠석부(七夕賦)」에 "비췻빛 사(梭)를 멈추고는 서리같은 비단을 말고, 원앙 모양 저(杼)를 잡아당겨 얼음 같은 생초를 자르네.〔停翠梭兮卷霜穀, 引鴛杼兮割冰綃.〕"라고 했다.

120 원문의 '상취루(上翠樓)'는 중국 당나라 왕창령(王昌齡)의 「규원(閨怨)」의 시어를 연상시킨다. 왕창령은 "규방의 어린 아내가 수심을 모르다가, 봄날 화장하고 취루에 올라, 홀연 길가의 버들 초록 색깔 보고서, 낭군이 출세하러 가도록 보낸 걸 후회하네.〔閨中少婦不知愁, 春日凝妝上翠樓. 忽見陌頭楊柳色, 悔敎夫婿覓封侯.〕"라고 했다.

121 광한루를 달에 있는 광한궁(廣寒宮)에 견주고, 오작교를 은하수의 오작교에 견주었다. 광한궁은 서왕모(西王母)의 불사약을 훔쳐 먹고 달아난 항아(姮娥)가 살고 있는 월궁(月宮)으로, 앞에 계수나무 숲이 있었다고 하여, 계수나무는 달을 상징한다. 오작교는 견우와 직녀가 칠월 칠석에 만난다는 다리이다.

122 양대박(梁大樸), 「창의종군기(倡義從軍記)」, 『청계집(靑溪集)』 권3.

(殘樓)를 얽었다. 1626년(인조 4) 부사 신감(申鑑)이 대루(大樓)를 광한루 옛터에다 중건했다. 신흠(申欽)의 「광한루기」가 전한다. 정유재란 전까지 광한루 현판에 남아 있었을 칠언율시로, 하평성 제11 우(尤) 운의 누(樓)·두(頭)·수(收)·유(遊)·구(求) 다섯 자를 운자로 사용했다.[123] 이후백도 하평성 제11 우(尤) 운을 사용하되, 절구로 지었다. 조선 후기의 차운시는 운자가 다르다. 이덕무(李德懋)는 남원을 지나면서 광한루에 올랐을 때 "교룡성 북쪽 산은 창 모양 같고, 오작교 남쪽 강은 비단 같구나〔蛟龍城北山如戟, 烏鵲橋南水似羅〕"라고 읊었다. 다만, 그에 앞서 1791년(정조 15년) 2월 말, 정약용(丁若鏞)은 진주목사로 있는 부친을 뵙기 위해 진주로 향하다가 「남원 광한루에 올라〔登南原廣寒樓〕」라는 시를 지어, 정유재란 전의 현판 시와 마찬가지로 하평성 우(尤) 운을 고르되, 流(류)·樓(루)·州(주)·收(수)·舟(주)의 다섯 글자를 운자로 사용했다. 광한루의 누(樓) 자를 운자로 선택한 것이다.

123 조선 전기 서거정(徐居正)이 광한루에서 차운한 3수의 시를 보면 바로 하평성 우(尤) 운의 그 다섯 자를 운자로 사용했다. 김종직(金宗直)의 차운시도 같다. 조경남(趙慶男)의 『난중잡록(亂中雜錄)』에 의하면, 당시 현판에는 옛사람이 지은 시들이 있었는데, 그 운자는 이 다섯 자였다고 한다.

오언율시(五言律詩)

설상사 당[124]의 환취당[125]에 제하다〔題薛上舍瑭環翠堂〕

빈 창으로 달빛 밝은 밤 　虛窓明月夜,
둘러앉은 취향(醉鄕)[126]의 사람들. 　環坐醉鄕人.
밀랍 촛불은 비단 장막에 휘황하고 　蠟燭暉紗幕,

124 『국조방목』에 의하면, 설당(薛瑭)의 본관은 순창(淳昌)이고, 순창에서 살았다. 1534년(중종 29) 진사시(進士試)에 노수신(盧守愼)과 함께 합격했다.

125 원문의 '환취(環翠)'는 중국 당나라 시인 백거이(白居易)의 시(「贈舒員外遊香山寺詩」)에 "향산사의 돌 누각은 하늘 기대 열렸거니, 푸른 산이 둘러 있고 호수 물결 감도누나.〔香山石樓倚天開 翠屛壁立波環迴〕"라는 구절에서 취해 온 듯하다. 조선의 성종도 창경궁(昌慶宮) 통명전(通明殿) 북쪽에 정자 하나를 꾸며 친히 환취정(環翠亭)이라 이름 짓고 사신(詞臣, 시문을 잘 짓는 관료 문인)들에게 명하여 기(記)를 짓게 하고 그 글들 채점하니 서거정(徐居正)의 기문만이 삼하(三下)〔12등급 중 아홉째 등급〕에 들었을 뿐, 나머지는 모두 불합격이었다. 성종은 좌부승지(左副承旨) 김종직(金宗直)에게 기(記)를 고쳐 짓도록 하여 그 글을 현판(懸板)에 새겨 걸게 했다. 『성종실록』 권168, 성종 15년 7월 5일(병술) 기록 참조. 김종직이 지은 「환취정기」는 『점필재집(佔畢齋集)』 문집 제2권에 들어 있다.

126 취향(醉鄕)은 술에 취해 정신이 몽롱한 경지를 말한다. 중국 당나라 왕적(王績)이 유령(劉伶)의 「주덕송(酒德頌)」을 모방하여, 두강(杜康)과 의적(儀狄) 이래의 애주가들을 모아 『취향기(醉鄕記)』라는 주보(酒譜)를 저술했다. 왕적은 본래 수(隋)나라 대업(大業) 연간에 효제염결(孝悌廉潔)로 천거되어 비서성정자(祕書省正字)와 육합현승(六合縣丞)을 역임했다. 하수(河水) 가에 있던 밭에다 노비를 시켜 기장을 심게 하여 그것으로 술을 빚었으며 복식법(服食法)으로 양생(養生)을 했다고 한다. 『신당서(新唐書)』 권196 「은일열전(隱逸列傳) 왕적(王績)」 참조. 중국 당나라 백거이(白居易)의 시(「醉後」)에 "오히려 소호라 늘 일찍 술을 깨어, 오랫동안 취향에 머물지 못함을 꺼리노라.〔猶嫌小戶長先醒, 不得多時住醉鄕.〕"라고 했다.

뜨락 꽃에는 옥가루 눈[127]이 수북하다. 庭花糝玉塵.
거문고 소리, 노랫소리는 먼 나그네와 수작하고 絃歌酬遠客,
비단 치마는 꽃다운 봄 기운이 고와라. 羅綺艷芳春.
스스로 이 맑은 미치광이 모습[128]을 웃나니 自笑淸狂態,
전생의 이태백이 계진을 축하하누나. 前身賀季眞.

해설 설당(薛塘)은 노수신(盧守愼)과 생원시 동년이었다. 『사마방목』에 따르면 설당은 1534년(중종 29) 갑오 식년시 생원시에 3등 71인으로 합격했다. 본관은 순창(淳昌)으로, 순창에 거주했다. 자는 백보(伯寶)이다. 부친은 선무랑(宣務郞) 수사헌부감찰(守司憲府監察) 설공포(薛公誧)였다. 노수신은 생원시에 3등 1위(31/100)를 했고, 같은 해 진사시에서 2등 13위(18/100)를 했다. 그리고 노수신의 『소재집(穌齋集)』 권4에 「김 선생의 운에 화답하다. 14일이다〔和金先生韻 十四日〕」 시가 있는데, 자주(自註)에 "흐렸다. 동년(同年) 설당(薛瑭)이 내방(來訪)했는데, 그가 김 선생의 운에 화답한 시가 있었다."라고 했다. 김 선생은 누구인지 알 수 없다. 시는 이러하다. "크고 작은 일은 도를 같이할 수 있지만, 지위 고하야 어찌 한 시대에 같겠는가? 공경히 큰 은혜를 받든 지는 오래이건만,[129] 대인을 만나 보아 이롭기는[130] 더디구려. 벌과 전갈 같은 독

127 원문의 '옥진(玉塵)'은 옥설(玉屑)과 같은 말로 눈을 비유한다. 백거이의 시(「酬皇甫十早春對雪見贈」)에 "자욱하더니 다시 펄펄, 봄바람에 옥가루 날리네.〔漢漢復雰雰, 東風散玉塵.〕"라고 했다.

128 원문의 '청광(淸狂)'은 중국 당나라 시인 두보(杜甫)의 「견흥(遣興)」에 "하공은 고상하게 사투리를 쓰고, 벼슬할 땐 늘 거리낌 없이 방종했는데, 상소하여 벼슬을 사퇴하더니, 황관 쓰고 고향으로 돌아갔네.〔賀公雅吳語, 在位常淸狂, 上疏乞骸骨, 黃冠歸故鄕.〕"라고 했다.

129 가의(賈誼)가 장사왕태부(長沙王太傅)로 폄척(貶斥)되어 나갈 때 굴원(屈原)이 빠져 죽은 상강(湘江)에 서 글을 지어 조문했는데, 그 첫머리에 "나는 공경히 크나큰 은혜를 받들고, 장사에서 대죄를 하게 되었도다.〔恭承嘉惠兮, 俟罪長沙.〕"라고 했다. 큰 죄를 지은 자신을 벌하기를유배(流配)에 그쳤다는 뜻으로 한 말이다. 『사기(史記)』 권84 「가생전(賈生傳)」 참조.

130 대인을 만나 보는 것이 이롭다는 것은 『주역』 건괘(乾卦) 구이(九二)에 "나타난 용이 밭에 있음이니, 대인을 만나 보는 것이 이롭다.〔見龍在田, 利見大人.〕"라고 한 데서 온 말이다. 초야에 있는 현자(賢者)가 대덕(大德)을 지닌 군주를 만나는 것이 이롭다는 의미이다. 저자 자신은 죄인의 몸이어서 군주를 만날 길이 없다는 뜻이다.

충은 언제나 사라질까? 노둔한 말도 옛길은 알아서 찾아간다오.[131] 다시 찾아가 배알할 길이 없는지라, 김 선생 시에 화답한 시에 다시 화답만 할 뿐이로다.〔巨細猶同道, 高卑詎一時. 恭承嘉惠久, 利見大人遲. 蜂蠆何年滅? 駑駘舊徑知. 無因更進拜, 只和和金詩.〕"

옥과현[132] 향교 연석의 시에 차운하다〔次玉果縣校軒宴席韻〕

좌객에는 도회 사람도 시골 사람도 있고　座客幷都鄙,
술상의 채소는 쓴맛 단맛 다 섞여 있네.　盤蔬雜苦甘.
첩첩 봉우리에는 봄기운이 멀리서 불타고　亂峯春燎遠,
서늘한 달빛에다 저녁 서리 더하네.　涼月夕霜添.
한껏 마시며 높은 담론으로 의기투합하고　縱酒高談合,
노랫소리 들으며 고운 흥취도 아우르네.　聽歌麗興兼.
평생 지나치던 이곳에서　半生經過地,
오늘은 외람되이 함께 취하네.　此日忝同酣.

해설 김인후(金麟厚)는 1543년(중종 38) 부모 봉양을 위해 옥과현감(玉果縣監)으로 나갔다가, 중종이 죽자 제술관(製述官)으로 부름을 받고 상경했다. 이때 인종이 즉위하고 여론이 김인후를 만류하여 경연(經筵)의 보도를 맡기고자 했으나, 김인후는 어버이 병환을 이유로 사직을 청하여 임소(任所)로 돌아갔다. 명종 초 을사사화(乙巳士禍)가 일

131 중국 춘추시대 제(齊)나라 관중(管仲)과 습붕(隰朋)이 환공(桓公)을 수행하여 고죽국(孤竹國)을 정벌했는데, 봄에 갔다가 겨울에야 돌아오면서 옛길을 잃어버리고 헤매게 되자, 관중이 말하기를 "늙은 말의 지혜를 쓸 만하다.〔老馬之智可用也〕" 하고, 늙은 말을 풀어놓아 말 가는 대로 따라가다가 마침내 옛길을 찾게 되었다는 데서 온 말이다. 『한비자(韓非子)』「설림 상(說林上)」 참조. 여기서는 늙은 말이 길을 잘 알 듯이, 경험이 많은 노인이 모든 일에 도움을 줄 수 있다는 의미이다.
132 전라남도 곡성군 옥과면 일대에 설치된 조선시대 행정구역이다.

어난 이후에는 병을 이유로 고향 장성(長城)에서 성리학 연구에 전념했다. 누차 교리(校理)에 임명되었으나 취임하지 않았다. 죽을 때에 비문 등에 옥과현감 이후의 관직을 쓰지 말라고 명했다. 이후백이 이 시를 쓴 것은 명종 때로 추정되므로 김인후가 옥과현감으로 있었던 때는 아니다.

송죽헌[133]의 시에 차운하다〔次松竹軒韻〕

대나무 길고 소나무 또 늙으니	竹脩松更老,
비췻빛 들어올 만큼 당 하나 높구나.	翠入一堂高.
죽순이 맛있는 걸 어찌 고기를 생각하랴?	筍美那思肉?
복령(茯苓) 살쪘으니 게 다리[134]보단 훨씬 좋다.	苓肥亦勝螯.
달빛 흔들려 섬돌에 백옥이 가득하고	月搖盈砌玉,
바람이 뒤흔들자 허공에 송도(松濤)[135] 울리네.	風撼半天濤.
궤안에 기대어 삼삼하게 마주하는 걸	几案森相對,
무엇 하러 힘들여 삼경[136]을 만들까?	何須三逕勞?

133 송죽헌(松竹軒)은 누구의 헌호인지 알 수 없다.

134 원문의 '오(螯)'는 해오(蟹螯)를 말한다. 중국 진(晉)나라 필탁(畢卓)이 말하기를, "술을 수백 곡의 배에 가득 싣고, 사철의 맛 좋은 음식들을 배의 양쪽 머리에 쌓아 두고, 오른손으로는 술잔을 들고, 왼손에는 게의 집게다리를 들고서 술 실은 배에 둥둥 떠서 노닌다면 일생을 마치기에 넉넉할 것이다.〔得酒滿數百斛船, 四時甘味置兩頭, 右手持酒杯, 左手持蟹螯, 拍浮酒船中, 便足了一生矣.〕"라고 했다. 『진서(晉書)』 권49 「필탁전(畢卓傳)」 참고.

135 원문의 '도(濤)'는 송도(松濤)를 말한다. 소나무 숲에 부는 바람 소리가 마치 바다의 파도 소리 같다 하여 이렇게 일컫는다.

136 원문의 '삼경(三逕)'은 중국 전한(前漢) 때 장후(蔣詡)가 두릉(杜陵)에 은거하면서 집 안에 세 갈래 길을 내고 소나무, 대나무, 국화를 심어 당시 고사(高士)였던 양중(羊仲)과 구중(求仲) 두 사람하고만 어울렸던 데에서 유래한다. 『삼보결록(三輔決錄)』 「도명(逃名)」 참조. 그 후 도잠(陶潛) 즉 도연명의 「귀거래사(歸去來辭)」에 "삼경이 묵었으나, 소나무와 국화는 아직 남아 있다.〔三徑就荒, 松菊猶存.〕"라고 했다.

노 옥계[137]의 〈계정〉 시에 차운하다〔次盧玉溪溪亭韻〕

구름 따라 절정의 돌계단 오르고 緣雲登絶磴,
험한 곳 벗어나 중류로 내려가니, 脫險下中流.
읍내 노인 술맛 자랑할 줄 알고 邑老能誇酒,
산승도 조각배 젓는 법 아는구나. 山僧解刺舟.
숲에 향기 짙고 꽃은 기슭을 덮었으며 林香花沒岸,
모래밭 희어 달빛이 강섬을 비추는지 모를 정도. 沙白月迷洲.
물길 따라 휘도는 흥취 다하지 않아 不盡沿洄興,
정승(丁丞)[138]이 부질없이 머리를 움츠리누나.[139] 丁丞謾縮頭.

137 노진(盧禛)을 말한다. 본관은 풍천(豐川), 자는 자응(子膺), 호는 옥계(玉溪), 시호는 문효(文孝)이다. 앞에 나왔다.

138 '정승(丁丞)'은 중국 북송(北宋)의 정치가이자 학자인 정도(丁度, 990~1053)를 말한다. 노진을 정도에게 견준 것이다. 정도는 과거에 급제하여 추밀부사(樞密副使)·참지정사(參知政事) 등의 벼슬을 지냈다. 북송 인종(仁宗)의 명으로 정도(丁度) 등이 1037년부터 『집운(集韻)』을 편찬하기 시작하여 1039년에 완성했다. 죽어서 전설상의 선계 부용관주(芙蓉館主)가 되었다고 한다. 한편 석연년(石延年, 994~1041)은 죽어서 같은 전설상의 선계 부용성주(芙蓉城主)가 되었다고 한다. 『유설(類說)』 권24 「괄이지(括異志)」 '부용관주(芙蓉館主)' 및 같은 책 권56 「구공시화(歐公詩話)」 '부용성주(芙蓉城主)' 참조.

139 임포(林逋)는 중국 북송의 은사(隱士)로, 고산(孤山)에 은거하며 20년 동안 성시(城市)에 발을 들여놓지 않았다고 한다. 임포가 허동(許洞)을 오만하게 보자, 허동이 시를 지어 "세도가가 물건 보내면 거위처럼 목을 빼고, 좋은 손님이 찾아오면 자라처럼 머리를 움츠리네.〔豪民送物鵝伸頸 好客臨門鱉縮頭〕"라고 조소했다고 한다. 『고금사문유취(古今事文類聚)』 권33 「시기은사(詩譏隱士)」 참조. 북송 때 소식(蘇軾)의 시(「陳季常見過」)에 "들으니 그대는 귀헌을 열어서, 동쪽 난간이 교목을 굽어본다는데, 남들은 말하기를 그대가 일을 두려워해, 거북처럼 머리를 움츠리려 한다 하네.〔聞君開龜軒 東檻俯喬木 人言君畏事 欲作龜頭縮〕"라고 했다.

이월 매화가 피는가 싶더니 며칠도 안 되어 죄다 져서 남은 것이 없다〔二月梅花方開 不數日盡落無餘〕

널 기다려 금년에 늦는다고 꾸짖었더니　待爾嗔年晩,
네가 피었을 때는 이미 봄도 한창이라.　開時已仲陽.
섬돌 처마 밑에서 겨우 웃는 모습 찾았거늘[140]　階簷纔索笑,
비바람이 또다시 미친 듯 몰아치다니!　風雨又成狂!
예쁜 살구꽃 태깔이 없지 않고　艶杏非無色,
활짝 핀 복숭아꽃도 역시 향기 있다만,　夭桃亦有香.
나의 시정이 도무지 일어나질 않아　吾詩難動興,
지팡이 머물러 두고 다시 상심하노라.　柱杖更懷傷.

무제(無題)

도와주는 사람은 어진 종사관　協化賢從事,
평교하는 사이는 상공 어른.　平友大相公.
명성과 위엄은 진작에 익숙하고　聲威曾亦熟,
술잔의 술은 우연히 함께하는데,　杯酒偶相同.
옛 역참은 찬 개울에 임하고　古驛臨寒澗,
빈 숲은 삭풍이 뒤흔드네.　空林振朔風.
응당 알리라, 이별 뒤 꾸는 꿈이　應知別後夢,

140 원문의 '색소(索笑)'는 두보(杜甫)의 시(「舍弟觀赴藍田取妻子到江陵喜寄」)에 나오는 "처마 밑을 배회하며 매화를 찾아 함께 웃으니, 성긴 가지에 찬 꽃이 반쯤은 웃음 금치 못하네.〔巡簷索共梅花笑 冷蕊疏枝半不禁〕"라는 표현을 원용했다.

길이 이 산중에 있으리란 것을. 長在此山中.

백 평사[141]를 애도하다. 이름은 광홍, 호는 기봉이다〔挽白評事 光弘號岐峯〕

뛰어난 재주[142]로 중한 명망에 부응하고 茂材膺重望,
장구한 계책[143]은 탁 트인 관로[144]를 가리켰네. 長策指亨衢.
참아 듣겠는가, 관서의 별곡[145]을? 可忍關西別?
서울의 늙고 병든 이 몸을 괜스레 놀래켰네. 空驚洛下癯.
풍상의 세월이 홀연히 바뀌어서 風霜時忽改,
넓고 넓은 우주에 나는 도리어 외로운 몸, 宇宙我還孤.
먼 훗날 예수[146]의 한을 품고 汭水他年恨,
시골 주막 병술을 홀로 사 왔다오. 村壺獨自酤.

해설 백광홍(白光弘, 1522년 출생)이 1556년(명종 11)에 요절하자 지은 만시(挽詩)이다. 당시 이후백은 37세로 세자시강원 설서 혹은 병조좌랑으로 있었다. 기봉(岐峯)은 현재

141 평안도 병마평사(兵馬評事)를 지낸 백광홍(白光弘)을 말한다. 해설 참조.
142 원문의 '무재(茂材)'는 본디 수재(秀才)를 가리킨다. 후한 광무제(光武帝) 유수(劉秀)의 이름을 피하여 무재(茂材)라 고쳤다.
143 중국 당나라 조하(趙嘏)의 시에 "중국 당나라 태종황제 장구한 계책을 세웠으나, 얻은 영웅은 모두 흰머리 늙은이였네.〔太宗皇帝眞長策, 賺得英雄盡白頭.〕"라는 구절이 있다. 『고금사문유취(古今事文類聚)』 전집 권27 참조.
144 원문의 '형구(亨衢)'는 사통팔달(四通八達)한 대로로, 활짝 트인 관로(官路)를 의미한다. 『주역』 대축(大畜)에 "상구는 하늘의 거리이니, 형통하다.〔上九, 何天之衢, 亨.〕"라고 했다.
145 위에서 말했듯이, 1555년(명종 10) 백광홍은 평안도 병마평사가 되어 관서지방을 돌아보던 중 「관서별곡」을 지었다.
146 예수는 탐진강 상류를 말한다. 기산(岐山)에서 발원하는 경수(涇水)·위수(渭水)·예수(汭水)를 삼천이라고 하는데, 탐진강 상류가 기산에 해당하므로 예수라는 지명이 있었던 듯하다.

전라남도 장흥군 안양면 기산(岐山)을 말한다. 장흥군 안양면에 기산리 마을이 있다. 기산팔문장(岐山八文章)이라고 하면 기봉(岐峯) 백광홍(白光弘), 옥봉(玉峯) 백광훈(白光勳), 남계(南溪) 김윤(金胤), 서곡(書谷) 임분(林賁), 죽곡(竹谷) 임회(林澮), 동계(東溪) 백광성(白光城), 풍잠(風岑) 백광안(白光顔), 지천(芷川) 김공희(金公喜)를 꼽는다. 백광홍은 일재(一齋) 이항(李恒)에게서 글을 배웠다. 1549년(명종 4) 사마시(司馬試) 양시(생원시와 진사시)에 합격하고, 1552년(명종 7) 문과에 급제, 홍문관 정자(正字, 정9품)에 임명되었다. 이해 왕명으로 영·호남 문신들이 시재(詩才)를 겨루었는데 백광홍이 으뜸이었다. 당시 상격으로 하사받은 『선시(選詩)』 10권이 장흥 기양사(岐陽祠)에 있다. 다음 해 호당(독서당)에 뽑혔다. 1555년(명종 10) 평안도 병마평사(兵馬評事, 정6품)로 나가서 「관서별곡(關西別曲)」을 지었다. 이듬해 고향으로 내려오던 중 전라북도 부안(扶安)의 처가에서 35세의 나이로 숨졌다. 김인후·이이·기대승·정철·최경창 등과 교류했다. 막내동생 옥봉 백광훈은 13세에 초시를 합격했으며 조선 8대 문장가의 한 사람으로 꼽힌다. 둘째 동생 백광안(白光顔)과 사촌 백광성(白光城)도 학문이 뛰어났다. 백광홍의 시문 상당히 유실되었으나 1851년 후손 백진항(白鎭恒)이 유고를 모아 『기봉집(岐峯集)』을 만들었다. 15년 후 후손 백후진(白厚鎭)이 증보하면서 「관서별곡」을 첨부했다. 백광홍은 1808년(순조 8) 장흥 기양사에 배향되었다.

칠언율시(七言律詩)

석천 임억령의 시에 차운하여 월출산 승려 혜원에게 드리다〔次林石川億齡贈月出山僧慧遠韻〕[147]

구정(九井)[148] 삼십육 봉이 푸른 하늘 떠받쳤고 九井巉巉柱碧旻.
우리 대사는 이 아래서 영진(靈眞)을 길렀다오. 吾師此下養靈眞.
가사는 가야(伽倻)의 차가운 달빛을 띠고 衲衣冷帶伽倻月.
석장(錫杖)에는 방장산의 향기가 남았네. 杖錫香留方丈春.
법주(法廚)에 연기 끊기면 쌀이 떨어졌을 때요 烟斷法廚初絶粒.
빗자루 한가한 건 선탑(禪榻)에 먼지 없기 때문이네. 帚閑禪榻不生塵.
천화(天花, 우담바라) 떨어진 곳에 다른 향기들 무색하니 天花落處無餘臭.
골짜기에 넘치는 숭란[149]을 꺾어 지닐 필요 없네. 溢壑崇蘭未要紉.

147 초간본의 제목은 「월출산 승려에게 드리다〔贈月出山僧〕」이지만, 중간본의 제목을 따른다.

148 전라남도 영암군(靈巖郡) 동쪽 5리에 있는 월출산(月出山)의 구정봉(九井峯)을 말한다. 월출산을 월악산(月嶽山)이라고도 한다. 구정봉에는 종처럼 생긴 흔들바위가 있는데, 한 사람이 흔들거나 열 사람이 흔들어도 똑같이 흔들린다고 한다. 허목(許穆)의 『기언(記言)』 권28 「월악기(月嶽記)」 참조. 월출산에는 천황봉(天皇峯)·구정봉(九井峯)·사자봉(獅子峯)·도갑봉(道岬峯)·주지봉(朱芝峯) 등이 벌여 있고, 구정봉 아래에는 동석(動石)이 있으며 사찰로는 도갑사(道岬寺)·무위사(無爲寺) 등이 있다. 『신증동국여지승람』 권35 「전라도(全羅道) 영암군(靈巖郡)」 참조.

149 중국 전국시대 송옥(宋玉)의 「초혼(招魂)」에 "맑은 바람이 혜초를 흔들자, 한 떨기 난초에 꽃향기 넘치어라.〔光風轉蕙, 氾崇蘭些.〕"라고 했다. 원문의 '숭란(崇蘭)'은 인품과 덕성이 고상한 사람을 비유하는 말이다.

해설 임억령(林億齡)의 본관은 선산(善山), 자는 대수(大樹), 호는 석천(石川)이다. 해남 출신이며, 박상(朴祥, 1474~1530)의 문인이다. 임득무(林得茂)의 증손으로, 아버지는 임우형(林遇亨)이며, 어머니는 박자회(朴子回)의 딸 음성박씨이다. 일찍 아버지를 여의고 박상 형제에게 글을 배웠다. 1516년(중종 11) 전체 4위로 진사가 되고, 1525년(중종 20) 식년시(式年試) 병과(丙科) 19위, 전체 29위로 급제했다. 그 뒤 부교리·사헌부 지평·홍문관 교리·사간·전한·세자시강원설서 등으로 일했다. 1545년(명종 즉위년) 을사사화(乙巳士禍) 때 금산군수(錦山郡守)로 있었는데 동생 임백령(林百齡)이 소윤 일파에 가담하여 대윤의 많은 선비들을 추방하자 벼슬을 사퇴했다. 임백령이 원종공신의 녹권(錄券)을 보내오자 이를 불태우고 해남에 은거했다. 을사사화 이후 1552년에 동부승지·병조참지를 역임하고, 이듬해 강원도관찰사를 거쳐 1557년 담양부사(潭陽府使)가 되었다. 저서로 『석천집(石川集)』이 있다.

거창의 침류정[150]에 제하다〔題居昌枕流亭〕

사십 년 전의 다박머리가	四十年前丱角流,
벼슬하여 깊은 금원에서 윤음[151] 작성을 맡았네.	入司綸綍禁園幽.
몸은 백발이어도 옷깃 세워 처음 조복을 걸치고	身還白髮初欹領,
환띠에는 황금이 무거워라 고리에 잔뜩 도금하여.	帶重黃金漫鍍鉤.
고을 노인들 죽어 가서 종기 같은 묘가 몇이던가?	邑老凋零山幾腄?
세상사 변천하여 사연이 천 갈래로 다단하다.	世情遷變事千頭.

150 침류정(枕流亭)은 1552년(명종 7)이 조충언(曺忠彦)이 거창현감(居昌縣監)으로 있을 때 세웠다.

151 원문의 '윤발(綸綍)'은 임금의 윤음(綸音)을 말한다. 『예기(禮記)』「치의(緇衣)」에 "왕의 말은 가는 실과 같으나 말이 나오면 굵은 실과 같고, 왕의 말은 굵은 실과 같으나 말이 나오면 밧줄과 같다.〔王言如絲, 其出如綸. 王言如綸, 其出如綍.〕"라고 했다. 이후백이 명종 때 지제교(知製教)를 맡았으므로 윤음을 제작하는 일을 했다.

난간에 기댄 곳에 여울 소리는 다름없다만　　灘聲不改憑欄地,
깊은 술잔을 다 비우도록 시름을 깨뜨리지 못하네.　　倒盡深杯未破愁.

해설 침류정의 '침류(枕流)'란 흐르는 물로 베개를 삼는다는 말이다. 진(晉)나라 손초(孫楚)가 왕제(王濟)에게 '돌을 베고 물로 양치질하련다〔枕石漱流〕'라고 할 말을 '물을 베고 돌로 양치질하련다〔枕流漱石〕'라고 하니, 왕제가 말의 잘못을 지적하자 손초가 "물을 베는 것은 귀를 씻고자 해서이고〔欲洗其耳〕 돌로 양치질하는 것은 치아를 갈아 닦고자 해서이다〔欲礪其齒〕"라고 했다는 고사가 있다. 『세설신어(世說新語)』「배조(排調)」와 『진서(晉書)』 권56 「손초열전(孫楚列傳)」에 나온다. 침류정은 1552년(명종 7) 조충언(曺忠彦)이 거창현감(居昌縣監)으로 있을 때 세웠다. 그러나 임진왜란으로 훼손되었으므로, 1602년(선조 35) 이보(李輔)가 현감으로 있으면서 중수했다. 1919년 1월 31일, 이곳에서 연호(連湖) 이주환(李柱煥, 1854~1919) 의사(義士)가 자결했다. 1936년 8월 병자년 대홍수로 유실된 뒤, 1992년 옛터에 다시 건립했다. 정자 안에 이후백의 이 「침류정」 시와 이주환의 「침류정에서 죽음을 앞 두고 벽에 쓰다〔枕流亭臨命題壁〕」 시가 걸려 있다.

상우정에 제하다〔題尚友亭〕

가난한 늙은 숙부께선 세속과 인연 끊었으니　　老叔家貧斷世情,
우리 가문 유풍이란 본래부터 청백이었네.　　吾宗遺韻本來淸.
정자 지은 것은 유람하여 감상하려는 것이 아니니　　築室不爲游觀事,
부럽기는 상우[152]라는 이름이 너무도 적절한 것.　　所羡偏宜尚友名.

152 상우(尙友)는 시대를 거슬러올라가 옛사람과 벗하며 평론하는 것을 말한다. 『맹자』「만장 하(萬章下)」에 "천하의 선사(善士)를 벗하는 것으로도 아직 충분하지 않아서 다시 우러러 옛사람을 논한

단아하신 그 모습 마치 응당 국언[153]을 넘어섰고　雅儀政應超國彦,
높은 풍모는 원래 고향의 영걸을 흡인할 수 있었네.　高風元得引鄕英.
사랑스럽기는 손님 흩어진 뒤 서재 창가의 고요함이니　最憐客散書牕寂,
흥에 겨워 묵은 서적에 몰입해서 면목이 밝아지누나.　興入陳編面目明.

중국 사신의 〈한강〉 시에 차운하다〔次天使漢江韻〕

사신의 일을 마치고 잠시 나와 노니나니　使事初竣且出遊,
얼마나 다행인가 이 나라에 이 누각 있다는 것이?　陋邦何幸有玆樓?
평평한 섬돌과 푸른 물결이 가없이 펼쳐지고　階平碧浪漫無際,
넓은 하늘 먼 구름이 쉬지 않고 흩어지네.　天闊遙雲散不收.
미친 듯 부는 한 줄기 바람은 누가 꾸민 장난일까?　風陣放顚誰作戲?
연회 자리 낭자하여 부끄럽기만 할 뿐,　宴筵狼藉秪堪羞.
이 몸은 바빠서 누에 올라 즐기는 흥을 다 누리지 못하고　悤悤未盡登臨興,
돌아오는 길에 눈보라 흩날려 갖옷[154]에 가득하다.　歸路翩然雪滿裘.

다. 그 시를 외우고 그 글을 읽으면서 그 사람을 알지 못해서야 되겠는가? 이로써 세상을 논하는 것이니, 이것이 바로 우러러 벗하는 것이다.〔以友天下之善士爲未足, 又尙論古之人. 誦其詩讀其書, 不知其人可乎? 是以論其世也, 是尙友也.〕"라고 했다.

153 국언(國彦)은 국사(國士)와 같은 말이다. 중국 한(漢)나라의 소하(蕭何)가 고조(高祖)에게 한신(韓信)을 천거하면서 "다른 여러 장수는 얻기가 쉬우나 한신 같은 이는 둘도 없는 국사입니다.〔諸將易得耳, 至如信者, 國士無雙.〕"라고 한 데에서 유래했다. 『사기』 권92 「회음후열전(淮陰侯列傳)」 참고.

154 원문은 '구(裘)'로, 가죽옷을 말한다. 그런데 갖옷을 말한 것은 나라의 일을 맡은 존재라는 의식을 담고 있으며, 눈보라가 가득하다는 것은 국가의 책무를 다하는 것이 쉽지는 않다는 것을 암시한다. 『시경』 「정풍(鄭風) 고구(羔裘)」에 "갖옷 입은 저 사람이여, 나라를 바로잡는 일을 맡으셨네.〔彼其之子, 邦之司直.〕"라고 했다.

해설 이 시는 1573년(선조 6)에 지은 시이다. 이보다 앞서 48세의 이후백은 1567년(명종 22, 정묘) 1월에 홍문관 전한이 되고 원접사 종사관이 되었다. 이때 원접사는 박충원(朴忠元)인데, 당시의 『황화집(皇華集)』(정묘황화집)에는 이후백의 이름이 나오지 않는다. 이후백은 1573년(선조 6, 계유) 원접사 정유길(鄭惟吉)과 접반사 노수신(盧守愼)의 종사관으로 활약하여, 『황화집』(계유황화집)의 창수시(唱酬詩)에 이름이 나온다. 창수시란, 한 사람이 시제와 운자로 시를 지으면 다음 사람이 그 시제와 운자로 시를 지어 화답하는 방식으로 시를 지은 것을 말한다. 줄여서 창수라고 한다. 당시 함께 종사관으로 활약한 윤현(尹鉉)의 『국간집(菊磵集)』 하권에 「한강루, 중국 사신 한세능의 시에 차운하여 올리다〔漢江樓. 次呈韓天使〕」 시가 있는데, 압운은 물론 첫 구가 이후백의 시와 같다.

중국에서 명나라가 건국되고 1392년 이후 조선이 건국된 후 조선 인조 19년〔명나라 숭정(崇禎) 6년, 1641년〕까지 242년 사이에 명나라는 모두 186회에 걸쳐 조선에 사신을 파견했다. 이 가운데서 '문학지사(文學之士)'의 관리를 파견한 것이 모두 24번이고, 문관 출신 정사와 부사는 모두 39명이었다. 조선은 문신의 사신이 나오면 대제학이 접반사로 나가는 관례였다. 문관 사신의 24차 내방에 대해 13차례나 현직 문형을 접반사로 선임했으며, 사신과 접반사·관반사·송반사 등의 창수는 『황화집』으로 엮었다. 중종 원년〔정덕(正德) 원년, 1506년〕 명사 서목(徐穆)이 왔을 때의 창화집은 성종 23년〔홍치(弘治) 5년〕의 창화집과 합철했다. 선조 39년(1606년)에는 1602년 『임인황화집(壬寅皇華集)』과 그 해 『병오황화집(丙午皇華集)』을 목활자로 간행하고, 선조 41년(1608년)에는 세종 32년(1450년)의 『경오황화집(庚午皇華集)』부터 선조 15년(1582년)의 『임오황화집(壬午皇華集)』까지를 목활자로 한꺼번에 인쇄했다. 인조 4년(1626년)에는 그해의 『병인황화집(丙寅皇華集)』을 훈련도감자 소자 목활자로 간행했다. 인조 11년(1633년)의 『계유황화집(癸酉皇華集)』은 중국 명나라에서도 간행된 듯하다. 영조 49년(1773년)에는 『경오황화집』으로부터 『계유황화집』까지 23집을 인서체자목활자 25책 50권으로 간행했다.[155]

155 임진왜란 전 『황화집』의 판본으로 금속활자본은 총 17종으로 초주갑인자본은 15세기에 8종,

『황화집』의 서명이 『시경』「황황자화(皇皇者華)」에서 왔다는 것은 주지의 사실이다.[156] 하지만 중국에서 외국으로 사신으로 가서 지은 시문을 '황화'라고 한 예는 찾아볼 수 없다. 그런데 실은 예겸(倪謙)의 「설제등루부(雪霽登樓賦)」에 '원명사신(爰命詞臣), 황화견행(皇華遣行)'이라 하여, 조선의 사신 파견을 '황화'로 부른 예가 일찍이 있었다. 조선 조정으로서는 스스로를 중국이 직접 다스리는 국경 안의 지역인 '내복(內服)'과 문화와 문명이 동등하다는 뜻을 각인시키기 위해 '황화'라는 용어를 습용했을 가능성이 있다. 각종 「황화집서」에서 반복적으로 나타나는 '원습자순(原隰咨諏)'이란 표현은 왕명을 받은 사신이 사방을 다니면서 두루 자문(諮問)하는 것으로, 역시 『시경』의 「황황자화(皇皇者華)」에서 나왔다. 중국의 관점에서 보면 이 말은 채방(採訪)의 뜻을 지니겠지만, 조선 조정으로서는 조선의 문화문명을 정확히 평가해 달라는 뜻을 지닌다고 보아야 할 듯하다.

	皇華集名	使行 年度	明使	遠接使 館伴使	朝鮮唱和文臣
15	丁卯皇華集 〔御製序皇華集 卷30〕	明宗 22 / 隆慶 1(1567년) 〔洪暹 序〕	許國, 魏時亮	朴忠元 〔遠接使〕	朴忠元
16	戊辰(賜諡使)皇華集 〔御製序皇華集 卷31〕	宣祖 1 / 隆慶 2(1568년) 〔金貴榮 序〕	歐希稷	朴淳 〔遠接使〕	朴淳, 洪暹, 李山海, 辛應時

16세기 9종이다. 임진왜란 이후 『황화집』의 금속활자본은 총 2종으로 17세기 삼주갑인자본(三鑄甲寅字本) 1종, 18세기 후기운각인서체자본(後期芸閣印書體字本) 1종이다. 목활자본은 총 35종으로 17세기 갑인자체 훈련도감자본 20종, 갑진자체 훈련도감자본은 1종, 병자자체 훈련도감자본 14종이다.

156 『시경』「황황자화(皇皇者華)」에 "반짝반짝 빛나는 꽃이여, 저 언덕과 습지에 피었도다. 부지런히 달리는 사나이는, 행여 못 미칠까 염려하도다.〔皇皇者華, 于彼原隰. 駪駪征夫, 每懷靡及.〕"라고 했고, "내가 탄 말은 인마인데, 여섯 가닥 고삐가 고르도다. 이리저리 채찍질하여 달려서, 두루 찾아서 자문을 하도다.〔我馬維駰, 六轡既均. 載馳載驅, 周爰咨詢.〕"라고 했다.

17	戊辰(頒冊立皇太子詔使)皇華集〔御製序皇華集 卷32〕	宣祖 1 / 隆慶 2(1568년)〔李滉 序〕	成憲, 王璽	朴淳〔遠接使〕	朴淳
18	癸酉皇華集〔御製序皇華集 卷33~34〕	宣祖 6 / 萬曆 1(1573년)〔盧守愼 序〕	韓世能, 陳三謨	鄭惟吉〔遠接使〕 盧守愼(接伴使)	鄭惟吉, 李拭, 盧守愼, 元混, 朴永俊, 朴忠元, 姜暹, 金貴榮, 柳希春, 洪天民, 睦詹, 權徹, 洪暹, 尹鉉, 李陽元, 李後白, 權擘
19	壬午皇華集〔御製序皇華集 卷35~36〕	宣祖 15 / 萬曆 10(1582년)〔鄭惟吉 序〕	黃洪憲, 王敬民	李珥〔遠接使〕 鄭惟吉〔接伴使〕	李珥, 鄭惟吉, 朴淳, 金貴榮, 鄭芝衍, 柳堜, 沈守慶, 李陽元, 金添慶, 姜暹, 柳成龍, 許篈, 高敬命, 金瞻

관압사 류중영[157]이 북경으로 가는 것을 전송하다〔送管押使柳仲郢赴京〕

내종과 외종으로 다르지만 항렬은 같으니	內外殊宗行則同,
모든 자손들이 함께 판교공[158]에서 나왔네.	諸孫俱出判校公.

157 류중영(柳仲郢, 1515~1573)의 본관은 풍산(豊山)〔지금의 경상북도 안동〕, 자는 언우(彦遇), 호는 입암(立巖)이다. 류소(柳沼)의 증손으로, 할아버지는 류자온(柳子溫)이다. 아버지는 간성군수 류공작(柳公綽)이며, 어머니가 증 이조참의 이형례(李亨禮, 1448~1507)의 따님인 연안이씨이다. 선조 때 영의정을 역임한 류성룡(柳成龍)의 아버지이다. 1540년(중종 35) 식년문과에 급제하고, 지성균교수(知成均敎授)가 되었다. 이어 황주·상주·양주·안동의 훈도(訓導)를 역임했다. 1546년(명종 1) 양현고직장(養賢庫直長)을 겸했으며, 이듬해 박사가 되었으나 파직되었다. 1549년에 전적(典籍)·감찰·공조좌랑을 거쳐, 1553년에는 장령(掌令)·사복시정·사간·장악원정이 되었다. 이듬해 의주목사로 나갔다. 1564년에 황해도관찰사로 나아갔다가 1560년에 정주목사로 부임했다. 1572년(선조 5)에 승지를 거쳐 예조참의·경연관 등을 역임했다. 저서로는 『입암일고(立巖逸稿)』가 있다.

158 고려시대에 통례문부사(通禮門副使)를 지낸 이지(李漬)의 후손 이숙황(李淑璜)을 가리킨다. 이숙황은 1468년(세조 14) 무자(戊子) 식년시에 병과 18위(28/33)로 합격하고 성균관 직강을 거쳐 판교

깊은 정분에 청문(靑門)[159]에서 조도(祖道, 전송)[160]하니	深情爲祖靑門道,
먼 이별이 도리어 백로 철 바람 부는 날이구나.	遠別還當白露風.
요동 계구(薊丘)의 산과 물에 심안이 넓어지라	遼薊山河心眼豁,
오랑캐 도둑질과 억센 태도는 웃으면서 빈말로 돌리시오.	虜戎偸梗笑談空.
뽕나무 활 당겨 사방을 쏘아 보는 남아의 뜻[161]을 세워	桑弧四射男兒志,
부디 밥을 조금이라도 더 들어서[162] 몸을 잘 보전하시길.	努[163]力加餐善保躬.

해설 류중영(柳仲郢)이 관압사로 중국에 갔다온 사실은 『명종실록』 본문에는 나오지 않는다. 하지만 『명종실록』에 보면 명종 19년(갑자, 1564년) 6월 21일(신묘)에 헌부에서 우부승지 최응룡(崔應龍)의 파직을 청한 기사가 있고, 그 세주에 "응룡이 의주목사가 되었을 때, 마침 류중영이 북경에 사신으로 갔다가 좋은 말을 얻어 가지고 돌아왔다. 자신이 그 말을 타는 것이 혐의스럽자 응룡의 말과 서로 바꾸었는데, 응룡은 중영의 말을 또 우윤(右尹) 심뢰(沈鐳)의 말과 서로 바꾸었다. 그래서 남들이 모두 비웃었다. 그러나 응룡의 잘못은 곧 중영이 그르친 것이다."라고 했다. 당시 최응룡은 파

의 직에 있었다. 판교는 승문원이나 교서관의 정3품 당하관 곧 준직(準職)이다. 이후백의 부친 이국형은 이후백의 증조부 이숙함의 큰형님인 이숙황의 장남 이원례의 차남인데, 이분이 이후백의 조부 이세문의 양자로 왔다. 이형례는 이원례의 아우이다. 이후백의 4대조와 이형례의 조부는 이말정으로 같으나, 그 각각의 후손은 가계를 달리했다.

159 청문(靑門)은 본래 중국 장안성(長安城)의 동남문인 패성문(覇城門)을 가리킨다. 문의 색깔이 청색이어서 이렇게 불렀다. 여기서는 한양의 남소문(南小門)인 광희문(光熙門)을 가리키는 듯하다.

160 원문의 '조(祖)'는 '조도(祖道)'의 준말이다. 옛날 황제의 아들인 누조(累祖)가 여행길에서 죽었으므로 그를 노신(路神)으로 모신다고 한다. 조전(祖奠)이라고도 한다.

161 남아의 장대한 포부를 의미한다. 『예기』 「사의(射義)」에 따르면, 남아(男兒)가 태어나면 사방(四方)을 경영(經營)하는 데 뜻을 두게 한다는 의미에서, 뽕나무 활〔桑弧〕과 쑥대 화살〔蓬矢〕 여섯 개로 천지사방(天地四方)을 향해 각각 한 발씩 쏘았다고 한다.

162 원문의 '가찬(加餐)'은 밥 많이 먹으라는 말로, 건강에 유념하라는 뜻이다. 작자 미상의 고악부(古樂府) 「음마장성굴행(飮馬長城窟行)」에 "무릎꿇어 절하고 서찰을 읽으니, 서찰의 내용은 끝내 어떠했던가. 서두에는 밥을 많이 먹으라 했고, 말미에는 내내 그리워한다 했다오.〔長跪讀素書, 書中竟何如? 上言加餐飯, 下言長相憶.〕"라고 했다.

163 중간본 『청련집』에 '弩(노)'로 되어 있으나 '努(노)'의 잘못이다.

직되었다. 최응룡은 1561년(명종 16, 신유) 10월 5일(신유) 의주목사에 임명되었다가, 1563년(명종 18, 계해) 10월 7일(임자) 공조참의에 임명되었다. 따라서 류중영이 중국에 간 것은 대개 1562년이나 1563년의 일일 것이다.

비로 인하여 곡성[164]에 머물면서〔滯雨谷城〕

어사의 풍류가 두목지(杜牧之)[165]를 닮아 있어	御史風流似牧之,
지난날 대방(남원)[166]에 있을 적에 청루에 들렀네.	青樓昨過帶方時.
춘정은 늙은 나이에도 죄다 없애기 어려워라	春情向老消難盡,
푸른 소매 새벽에 이르러 눈물에 흥건히 젖었구나.	翠袖浸晨淚欲滋.
무정한 강물 위를 그림 배 떠나가니,	江水無情移畫舫,
뿔나팔 소리는 원망하듯 정기(旌旗)를 보냈네.	角聲如怨送征旗.
욕천(浴川)[167]에서 사흘이나 사람을 머물게 하는 비	浴川三日留人雨,
우습구나, 천공이 이렇듯 뒤늦게야 내 사정을 알다니!	可笑天公見事遲!

164 곡성(谷城)은 현재 전라남도 동북부에 있는 군이다. 동쪽으로 구례군, 서쪽으로 담양군, 북쪽으로 전북특별자치도 남원시, 순창군과 접하며, 남쪽으로는 전라남도 순천시, 화순군과 경계를 이룬다. 곡성읍은 섬진강 곡성분지의 중앙부에 위치해 있으며 군청 소재지이다.

165 중국 당나라 두목(杜牧)이 강남의 번화한 도시인 양주에서 회남 절도사(淮南節度使) 우승유(牛僧孺)의 막료(幕僚)로 있을 적에 홍등가에서 풍류를 즐긴 일을 말한다. 목지(牧之)는 그의 자(字)이다. 풍채가 뛰어나서 술에 취해 양주의 저자를 지나갈 때면 청루(青樓)의 기생들이 다투어 귤을 던져 그가 타고 가던 수레에 귤이 가득했다고 한다. 『시림광기(詩林廣記)』 권6 「두목지(杜牧之) 견회(遣懷)」 참조.

166 대방(帶方)은 전라남도 남원(南原)의 이칭이다. 당나라가 백제를 멸망시키고 진무(鎭撫)하기 위해 대방주(帶方州)를 설치했다는 데서 기원한 명칭이다. 『동사강목(東史綱目)』 부록 권하(卷下) 「웅진도독부고(熊津都督府考)」 소주(小註)에 대방을 지금의 나주(羅州)라고 했다.

167 욕천은 곡성의 옛 이름이다.

해설 유몽인(柳夢寅)의 『어우야담(於于野談)』 「학예편」에 다음 일화와 함께 이 시를 소개했다. "과거에 급제한 후 호남지방의 어사가 되었는데, 남원 고을에 이르러 부사가 기생 말진(末眞)을 시켜 천침(薦枕, 잠자리에서 모심)하게 하니, 자못 마음에 두어서 이별을 아쉬워하면서 떠나갔다. 곡성 땅에 이르러 큰 비를 만나게 되어 사흘간 머물러야 했는데, 그곳에서 지은 시가 있다." 『어우야담』에서는 제3구의 '春情向老'가 '춘심지로(春心至老)'로 되어 있고, 제4구의 '浸晨'이 '침신(侵晨)'으로 되어 있다.

집승정(集勝亭)[168]

먼지 속에서 헛된 이름 위해 분주하다가	塵中奔走爲浮名,
거울 속 백발 자란 모습을 어이 감당하랴?	鏡裡那堪白髮生?
관도(官渡)의 뱃놀이는 시름이 끝없더니	官渡弄舟愁不盡,
들 누정 난간에 기대자 시야가 외려 훤하다.	野亭憑檻眼還明.
모래밭은 텅 비어 낙엽이 우수수 지고	汀空落木蕭蕭下,
하늘 드넓어 먼 봉우리들이 점점이 비껴 있네.	天闊遙岑點點橫.
남국의 강산에는 이런 경승 없으니	南國江山無此勝,
한잔 술로 짐짓 망향의 정 삭이노라.	一盃聊遣望鄕情.

168 집승정(集勝亭)은 서울 경강(京江)의 정자인 듯하다. 남국에는 이런 경치가 없다고 했으므로 남쪽의 누정이 아니다. 따라서 경상북도 예천군 개포면 금리에 안승종(安承宗)이 짓고 이황(李滉)이 「집승정십운(集勝亭十韻)」을 남긴 집승정을 말하는 것이 아니다.

사신의 임무를 받들어 서쪽으로 나가며〔奉使西出〕

아침에 왕궁을 하직하고 서교로 나오니	朝辭魏闕出西郊,
소나무 사이로 해는 말끔하고 지난밤 안개가 사라졌다.	松日蒼涼宿霧消.
노제(路祭)[169]에서 벗들은 술그릇 술동이[170]를 함께하고	祖道親朋尊榼共,
객점 누정의 이정표는 짧은 것, 긴 것이 뒤섞였네.	客亭堠置短長交.
끝없이 이어지는 청산을 시 읊으며 지나고	青山歷亂吟邊過,
아득히 펼쳐진 큰 들판을 멀리서 바라본다	大野微茫望裡遙.
염천의 흙먼지가 말갈기에 뭉쳐서 더욱 괴롭다만	更苦炎塵團馬鬣,
멋진 바람이 달을 불어와서 숲 가지 끝에 올리네.	好風吹月上林梢.

해설 이 시는 1567년(명종 22) 원접사 종사관으로서 평안도로 향하면서 지었다.

추위가 심하여 잠을 이루지 못하다〔寒甚不寐〕

섣달 가까우니 추위 위세가 특별히 엄하여	臘近寒威特地嚴,
외론 등불 아래 혼자 앉았자니 밤이 가물가물하네.[171]	一燈孤坐夜厭厭.
성근 종소리는 은은하게 맑은 누각(漏刻) 소리 전하고	疏鍾隱隱傳清漏,
휘몰아치는 눈은 우수수 낮은 처마를 때린다.	急雪騷騷打矮簷.

169 원문의 '조도(祖道)'는 먼 길을 떠나는 사람을 위하여 도로(道路)의 귀신에게 제사를 지내고, 떠나는 자에게 술대접을 하면서 전송하는 것을 말한다. 앞에 나왔다.

170 원문의 '준합(尊榼)'은 '준합(樽榼)'과 같다. 술을 담는 그릇을 말한다.

171 원문의 '염염(厭厭)'은 가물가물한 모습이다. 『세설신어』「품조(品藻)」에 "염파와 인상여는 천 년 전에 죽은 사람인데도 늠름히 늘 살아 있는 듯하고, 조여와 이지는 지금 사람인데도 가물가물 지하에 있는 사람과 같다.〔廉頗·藺相如, 雖千載上死人, 懍懍恒如有生氣; 曹蜍·李志, 雖見在, 厭厭如九泉下人.〕"라고 했다.

세간사는 늘그막[172]의 이 뜻에 감당할 수 없고　　世事不堪遲暮意,

천기는 도리어 세월을 머무는가 의아하다.　　天機還訝歲年淹.

술잔의 술이 다하도록 전송할 이 없어　　盃中酒盡無人送,

베개 기대어[173] 바람 드는 마루에서 수염이나 비틀 뿐.[174]　　攲枕風軒只撚髥.

벗이 고향으로 돌아가는 것을 전송하다〔送友歸鄕〕

명승지가 영표(영남)에 많다고들 하니　　勝地人言嶺表多,

멀리 산수를 머금어 더욱 자랑할 만하다.　　遠含山水更堪誇.

방장산으로 신선 찾아가며 때때로 학을 타고　　尋仙方丈時乘鶴,

남계에 낚대 쥐어 동해 뜰 뗏목을 물리치네.　　把釣藍溪却泛槎.

후한 녹봉 십 년 받고도 국은을 나는 저버렸고　　厚祿十年吾負國,

객지 생활에 지친 오늘 그대는 집으로 돌아가네.　　倦遊今日子還家.

죽마[175] 타던 옛 친구가 내 소식 묻거들랑　　篠驂舊侶如相問,

군은을 연모하나 구레나룻 희었다고 말해 주게나.　　貪戀君恩鬢已華.

172 중국 당나라 두보(杜甫)의 시 「야망(野望)」에 "오직 늘그막을 병치레로 다 바치고, 티끌만큼도 성조에 보답하지 못했네.〔惟將遲暮供多病, 未有涓埃答聖朝.〕"라고 했다.

173 '의침(攲枕)'은 베개를 높이 세워 편히 눕는 것을 말한다. 『송명신언행록(宋名臣言行錄)』 외집 권5에 보면, 소옹(邵雍)이 친구 집에서 낮잠을 자다가 침병(枕屛)을 보고 지은 시에 "마침내 이제 높다랗게 누운 사람이 베개 기대어 아이들 노는 걸 보누나.〔遂今高臥人, 攲枕看兒戲.〕"라는 구절이 나온다.

174 원문의 '연염(撚髥)'은 시를 읊으면서 수염을 비튼다는 말이다. 중국 당나라 노연양(盧延讓)의 시(「苦吟」)에 "한 글자를 읊어 이루매, 두어 줄기의 수염 비틀다가 끊기네.〔吟成一箇字, 捻斷數莖鬚.〕"라고 했다.

175 원문의 '조참(篠驂)'은 죽마(竹馬)와 같다.

그윽한 거처에서 즉흥으로〔幽居卽事〕

울타리 밖 소나무 삼나무는 푸른빛을 끼고　　籬外松椮擁翠微,
아침 오면 산기운이 창문을 뚫고 오네.　　朝來山氣透窓扉.
푸른 하늘에 구름 가벼운데 기러기 가늘게 울고　　雲輕碧落鴻微叫,
둥지는 빈 처마에 썰렁하고 제비도 돌아간 뒤에.　　巢冷虛簷燕已歸.
바람이 시든 연잎을 흔들자 소리가 서걱서걱　　風動敗荷聲摵摵,
이슬이 겨울 국화에 맺히니 고운 자태 휘황하다.　　露晞寒菊艶輝輝.
가을빛은 나의 전원 생각을 일으키지만　　秋光起我田園思,
군은을 사모하여 옷자락 떨쳐 떠나지[176] 못하네.　　自戀君恩未拂衣.

벗이 과거에 낙제하여 고향으로 돌아감을 송별하다〔送友人落第歸鄕〕

호해(湖海)에서 소년 시절 벗을 만나니　　湖海相逢昔少年,
형설로 고심하며 옛 서적을 마주하네.　　苦心螢雪對陳篇.
선방의 상념 고요해라, 구름은 대나무에 가라앉고　　禪房想靜雲沉竹,
서당의 읊조림 맑아라, 빗방울은 연잎을 때렸지.　　橫舍吟淸雨打蓮.
적(籍)을 천문(天門)에 두다니 나로선 분수 넘는 일　　籍着天門吾已濫,
부시(賦詩)는 관청 제정 운서를 지키니 그대 정말 어여뻐라.　　賦遺官韻子堪憐.
그대는 쓸쓸히 외로운 기러기와 동무하여 떠나니　　蕭條獨伴孤鴻去,

176 옷자락을 떨친다는 표현에는 자연 속에 은거하겠다는 뜻이 들어 있다. 일례로 중국 당나라 이백(李白)의 시(「玉眞公主別館苦雨」)에 "공을 이루면 옷자락 떨치고 떠나가서, 창주 물가 찾아 소요하리라.〔功成拂衣去, 搖曳滄洲旁.〕"라고 했으며, 두보(杜甫)의 시(「曲江對酒」)에 "벼슬에 얽매인 몸 창주는 요원한 꿈이라, 옷자락 떨치지 못하는 걸 그저 슬퍼할 따름일세.〔吏情更覺滄洲遠, 老大徒傷未拂衣.〕"라고 했다.

필마 곁에는 천 리 서릿바람이 모질겠지. 千里霜風匹馬邊.

사명을 받들고 호남에 내려와 우연히 읊다〔奉使湖南偶吟〕

강물은 가을 하늘을 머금어 벽옥같이 맑은데, 江水涵秋碧玉明,
석양빛이 번득여 처마와 기둥에 어른거리네. 光翻斜日動簷楹.
서리 내린 모래톱에는 나뭇잎 우수수 떨어지고 霜洲木葉蕭蕭墮,
바람 부는 포구에는 신선 배가 훌훌 가볍다. 風浦仙帆片片輕.
바라보는 눈은 먼 산 이내에 아물아물하고 望眼欲迷山靄遠,
시 읊는 혼은 달빛 맑은 사실을 새삼 깨닫네. 吟魂偏覺月華清.
유연히 무거운 군은을 다시 짊어졌거늘 悠然更荷君恩重,
하필 전원으로 돌아가 야인(농부) 정취를 흡족해하랴? 何必歸田愜野情?

해설 「연보」에 의하면 1558년에 39세의 이후백은 홍문관 부수찬이 되었다가 이조좌랑이 되었다. 1559년에는 홍문관 교리를 거쳐 이조정랑에 승배되었는데, 수의어사(繡衣御史)로 왕명을 받들어 호남을 순찰했다.

성절사[177]를 송별하다〔送聖節使〕

해마다 서천 향해 웃으며[178] 중화 땅 생각하더니 年年西笑想中華,
사신으로 임명되어 지금 팔월의 사신 뗏목[179] 따라가시네. 奉使今隨八月槎.
만고의 산하는 옛 전쟁터요, 萬古山河爭戰地,
오색구름 자욱한 성궐은 천자의 저택이네. 五雲城闕帝王家.
공물은 이리, 사슴[180]까지 뜰에 가득 진설하고 貢連狼鹿庭陳盛,

배는 형관(荊關)[181]에 이르러 세곡을 넉넉히 싣고 오네.	舟達荊關稅運賖.
장쾌한 유람을 굳센 필력으로 수습하여서	收拾壯遊憑健筆,
돌아오면 진흙 차던 개구리[182]가 놀라 일어나리라.	歸來驚起蹶泥蛙.

177 중국에 사신으로 가는 사행(使行)에는 사은사(謝恩使)·주청사(奏請使)·진하사·진위사(陳慰使)·진향사(進香使)·문안사(問安使)·참핵사(參覈使) 등 일이 있을 때 보내는 별행(別行)이 있고, 연례적으로 보내는 절행(節行) 또는 동지사행(冬至使行)이 있었다. 동지사는 정조사(正朝使)·성절사(聖節使)·세폐사(歲幣使)를 겸했으며, 성절사는 하성절사(賀聖節使)라고도 말했다. 여기서의 성절사가 어느 해의 성절사인지 알 수 없다.

178 원문의 '서소(西笑)'는 본래 서울로 간다는 말인데, 여기서는 중국의 서울로 간다는 뜻이다. 중국 후한 환담(桓譚)의 『신론(新論)』「거폐(祛蔽)」에 "사람들이 장안의 음악을 들으면 문을 나서면서 서쪽을 향해 웃음 짓고, 고기 맛이 좋은 것을 알면 푸줏간을 대하고서 입맛을 크게 다신다.〔人聞長安樂, 則出門西向而笑. 知肉味美, 則對屠門而大嚼.〕"라고 했다.

179 원문의 '차(槎)'는 박망(博望)의 뗏목으로, 해외에 사신으로 나가는 것을 말한다. 중국 한(漢)나라 때 장건(張騫)이 무제의 명을 받고 대하(大夏)에 사신으로 나가 황하의 근원을 찾았는데, 이때 배를 타고 은하수로 올라가 견우와 직녀를 만났다고 한다. 중국 남조 양나라 송름(宋懍)의 『형초세시기(荊楚歲時記)』 참조.

180 중국 주(周)나라 목왕(穆王)의 낭록(狼鹿) 고사에서 나온 말이다. 주나라 쇠퇴기에 목왕이 견융(犬戎)을 정벌하려고 하자, 제공(祭公) 모보(謀父)가 무력을 써서는 안 된다고 극력 간했다. 그러나 목왕은 견융을 정벌하고 흰 이리 네 마리와 흰 사슴 네 마리를 잡아 가지고 돌아왔다. 『사기』 권4 「주본기(周本紀)」 참고.

181 원문의 '형관(荊關)'은 자형관(紫荊關)을 말한다. 만리장성의 관구(關口)의 하나이다. 중국 하북성 역현성(易縣城)의 서쪽에 있는 자형령(紫荊嶺) 위에 위치해 있는데, 하북 평원에서 태항산(太行山)으로 진입하는 주요한 길목이다.

182 원문의 '궐니와(蹶泥蛙)'는 『장자(莊子)』「추수(秋水)」에 나온다. 개구리가 동해에 사는 자라에게 "나는 즐겁다네. 밖에 나오면 우물 난간 위에서 깡충 뛰놀고, 안에 들어가면 깨어진 벽돌 끝에서 쉰다네. 물 위에 엎드릴 때는 두 겨드랑이를 물에 찰싹 붙인 채 턱을 들고, 진흙을 찰 때는 발이 빠져 발등까지 잠겨 버리지. 장구벌레와 게와 올챙이를 두루 보아도 나만 한 것이 없다네.〔吾樂與! 出跳梁乎井幹之上, 入休乎缺甃之崖. 赴水則接腋持頤, 蹶泥則沒足滅跗. 還虷蟹與科斗, 莫吾能若也.〕"라고 말한 내용이 있다.

백련사[183]〔강진 만덕사〕 인우 스님이 소매에 시축을 넣고 와서 시를 구하기에 그를 위해 근체시 세 수를 지어 주다〔白蓮社〔康津萬德寺〕僧印牛 袖軸求詩 爲賦近體三首餉之〕

제1수

백련산은 바다를 압도해 층층이 푸르고	蓮山壓海碧層層,
그 속에 공(空)을 설하는 물외(物外)의 중이 있어,	中有談空物外僧.
몸은 인생 백 년을 기탁하여 포말보다 가볍고	身寄百年輕一沫,
학문은 삼매(三昧)를 전수받아 일천 등이 밝아라.	學傳三昧炯千燈.
마음은 옛 우물 같아 파도 일기 어렵고[184]	心如古井波難起,
도는 식은 재[185]를 닮아서 불꽃을 뿜지 않네	道似寒灰焰不騰.
등각(等覺)[186]의 하늘에 주착(住着)했으니,	等覺天中從住着,

183 백련사는 전라남도 강진군 도암면(道岩面) 만덕산(萬德山)에 있는 절로, 만덕사(萬德寺)라고도 한다. 839년(신라 문성왕 1) 무염(無染)이 창건했다. 효령대군(孝寧大君)이 이곳에 8년 동안 머물기도 했다. 백련사 안 기둥에 '만덕산(萬德山)'과 '백련사(白蓮社)'라는 현판이 걸려 있는데 신라 김생(金生)의 필적이라고 전한다.

184 원문의 '고정(古井)'은 마음이 고요하여 외물에 동요되지 않는 것을 비유한다. 중국 당나라 맹교(孟郊)의 시 「열녀조(烈女操)」에 "파란을 맹세코 일으키지 않으리니, 첩의 마음은 고정의 물이라오.〔波瀾誓不起, 妾心古井水.〕"라고 한 데서 나왔다.

185 '한회(寒灰)'는 싸늘하게 식은 재라는 말이다. 『삼국지(三國志)』 권21 「위서(魏書) 유이전(劉廙傳)」에 "식은 잿더미 위에 연기가 일어나게 하고, 말라 죽은 나무에 꽃이 피어나게 했다.〔起煙於寒灰之上 生華於已枯之木〕"라고 했다. 또 두보(杜甫)의 시(「自京竄至鳳翔喜達行在所」)에 "석양을 당해서는 눈이 빠질 듯하고, 식은 재를 부착한 듯 마음은 활기를 잃었네.〔眼穿當落日, 心死著寒灰.〕"라고 했다.

186 원문의 '등각(等覺)'은 부처의 10가지 다른 이름〔十號〕 가운데 하나이자, 성문·연각·보살의 수행계위에서 최후의 단계인 구경각(究竟覺)을 말한다. 등정각(等正覺) 또는 정등각(正等覺)이라고도 하며, 묘각(妙覺)·아뇩다라삼먁삼보리(阿耨多羅三藐三菩提)·불지(佛地) 또는 불지(佛智)와 동일한 지위이다. 또한 등각(等覺)은 지극히 비슷한 깨달음이란 뜻으로, 52위 등의 보살 수행계위에서 최후의 단계인 부처의 깨달음인 구경각 직전의 단계를 말한다. 온갖 공덕이 원만한 부처의 지혜〔覺〕와 거의 같다는 뜻에서 등각이라고 한다. 금강심(金剛心)·유상사(有上士)·인극(鄰極) 또는 일생보처(一生補處)라고도 한다.

법문은 종승(宗乘)[187]을 꿰뚫을 수 있다오.	法門能自貫宗乘.

제2수

바위 골짝에 몸을 숨겨 구담(瞿曇)[188]을 배우고	巖壑潛身學瞿曇,
운납(雲衲)[189]에 노을 패옥[190] 차고 잠영(簪纓)[191]을 사양했네.	雲衣霞佩謝纓簪.
평생 거북이처럼 머리, 발, 꼬리 감추었으니[192]	生涯秖作龜藏六,
세간 일로 원숭이처럼 조삼모사에 성낼 일[193] 무어 있나?	世事何煩狙怒三?
꽃비[194] 내릴 때 참선 공부 이루고	花雨落時禪業做,
석두희천[195]이 짚친 곳에서 이지의 근원 찾네.	石頭點處理源探.

187 원문의 '종승(宗乘)'은 각 종(宗)의 소홍(所弘)하는 종의(宗義) 및 교전(敎典)을 말한다. 흔히 선문(禪門) 및 정토문(淨土門)에서 자기 쪽을 표칭(標稱)하는 말로 삼았다. 『벽암록(碧巖錄)』 제50칙 수시(垂示)에 "권형조불(權衡佛祖), 귀감종승(龜鑑宗乘)"이라 했다. 각 종파에서 다른 종의 교의(敎義)를 여승(餘乘)이라 함에 대하여, 자기 종의 교의를 종승이라 한다.

188 '구담'은 석가모니(釋迦牟尼)의 성(姓)인 고타마(Gautama)이다.

189 원문의 '운의(雲衣)'는 운납(雲衲)을 말한다. 승려의 누더기 옷이 구름처럼 펄럭인다 하여 붙인 이름으로, 운수승(雲水僧)이나 행각승(行脚僧)을 일컫는 말로 쓰인다. 또한 운의는 은둔자의 옷, 신선의 옷을 상징하므로, 승려의 옷을 신선의 옷에 견주었다.

190 원문의 '하패(霞佩)'는 신선이 차는 옥인데, 신선을 가리키는 말로 쓰인다. 중국 당나라 한유(韓愈)의 시(「調張籍」)에 "그대에게 하늘을 나는 노을을 빌려, 나와 더불어 하늘을 오르내리리.〔乞君飛霞佩, 與我高頡頏.〕"라고 한 예가 있다.

191 원문의 '영잠((纓簪)'은 압운을 맞추기 위해 '잠영(簪纓)'을 바꾸어 쓴 말이다. 잠영은 고관이 쓰는 관모의 동곳비녀와 관모의 끈으로, 높은 관직을 상징한다.

192 장륙귀(藏六龜)를 말한다. 4족(足)과 머리, 꼬리를 숨기는 거북이처럼 안(眼)·이(耳)·비(鼻)·설(舌)·신(身)·의(意)의 6식(識)을 단속하는 불교 수행자를 뜻한다. 속세를 떠나 은둔하는 것을 말하기도 한다.

193 조삼모사(朝三暮四)의 고사를 가리킨다. 『장자』 「제물론(齊物論)」에 보면 중국 전국시대 송(宋)나라 저공(狙公)이 원숭이들에게 아침에 도토리를 세 개 주고 저녁에 네 개 주겠다고 하자 원숭이들이 모두 성내더니, 아침에 네 개 주고 저녁에 세 개 주겠다고 하자 기뻐하더라는 내용이 나온다.

194 원문의 '화우(花雨)'는 제천(諸天)이 부처의 설법에 감탄하여 꽃을 비처럼 뿌린 것을 말한다. 『인왕경(仁王經)』 「서품(序品)」에 "그때 무색계(無色界)에서 향화(香華)가 내렸는데, 그 향기가 수미(須彌)와 같았고, 그 꽃잎이 거륜(車輪)과 같았다."라고 했다.

195 원문의 '석두(石頭)'는 중국 당나라 승려 석두희천(石頭希遷)이다. 무제대사(無際大師)라고도 하

항하사(恒河沙)[196]같이 보화(普化)[197]하고 참선에 정진하여　恒河普化參精進,
일법이 천승 제후라는[198] 지남(指南)을 얻었네.　一法千乘得指南.

제3수

시단에 질탕하게 노니는 청련 늙은이와　詩壇跌宕青蓮老.
불사에 깊이 숨은 백족[199]의 승려.　佛域幽潛白足僧.
한 사람은 말이 남을 놀라게 못 해도[200] 마음 홀가분하고,　語不驚人心自率.
한 사람은 공력이 중생을 제도해도 교화가 증빙이 없네.[201]　功能濟衆化無憑.
돌솥에 차 끓이니[202] 샘물처럼 맑고,　茶烹[203]石鼎淸如水.
강 연잎으로 옷 만드니 얼음처럼 차갑구나.　衣製江荷冷似氷.
깨끗한 선사에서 함께 맹세한 때가 언제인가?　淨社同盟知幾日?

며, 단주(端州) 사람으로 속성(俗姓)은 진씨(陳氏)이다. 형산(衡山) 남사(南寺)의 동쪽에 있는 큰 바위에 암자를 짓고 살았기 때문에 사람들이 석두화상(石頭和尙)이라고 불렀다. 『전등록(傳燈錄)』 권14에 "등은봉(鄧隱峯)이 마조(馬祖)를 하직하고 석두화상을 참예(參詣)하러 가려고 하자, 마조가 등은봉에게 말하기를, '석두는 길이 미끄럽다.' 했다."라고 했다.

196 원문의 '항하(恒河)'는 항하사(恒河沙), 즉 인도의 갠지스 강에 있는 모래라는 말로, 헤아릴 수 없이 많은 것을 뜻한다.

197 원문의 '보화(普化)'는 널리 보시(普施)하고 화육(化育)하는 것을 말한다.

198 궁극의 진리에 이르면 천승 제후의 지존과도 같은 경지에 이른다는 뜻이다.

199 백족(白足)은 승려를 지칭한다. 중국 후진(後秦) 구마라습(鳩摩羅什)의 제자 담시(曇始)가 발이 얼굴보다도 희었으며 진흙탕을 맨발로 걸어다녀도 더러워지지 않았으므로 백족화상(白足和尙)이라고 불렀다는 고사에서 유래한다.

200 중국 당나라 두보(杜甫)의 시(「江上値水如海勢聊短述」)에 "나는 성질이 아름다운 시구를 지나치게 좋아해서, 남을 놀라게 하지 못하면 죽어도 그만두지 않네.〔爲人性僻耽佳句, 語不驚人死不休.〕"라고 했다.

201 교화를 하되 남이 알지 못하게 한다는 뜻이다.

202 중국 당나라 한유(韓愈)의 「석정연구시(石鼎聯句詩)」에서 빌려 온 표현이다. 이 시는 도사(道士) 미명(彌明), 진사(進士) 유사복(劉師服), 교서랑(校書郞) 후희(侯喜) 3인이 차 달이는 돌솥을 두고 교대로 읊은 연구(聯句)이다.

203 중간본 『청련집』에 '熟(숙)'으로 되어 있으나 잘못이다. 초간본을 따른다.

미간 찌푸렸던 귀거래의 도연명[204]은 무엇을 배웠던가?　　攢眉歸去學何曾?

내가 스님의 시축에 세 수의 시를 쓰고 나서 천천히 스스로 또 해명하여, '무릇 스님이 나의 시를 구한 뜻은 필시 우리 유교의 도를 들으려 해서겠지만 나의 시는 스님이 산모퉁이에 은둔한 모습만 그저 기록했으니 이는 물리도록 듣던 이야기일 뿐이거늘 어찌 이것으로 그 소망을 메워 줄 수 있었겠는가?'라고 하고는 이에 한퇴지(한유)가 문창 스님에게 글을 주었던 뜻을 밟아 율시 한 수를 이루다〔余旣以三詩題上人軸. 徐又自解之曰夫上人之求余詩. 必欲聞吾道. 余之作徒記其山阿隱遯之態. 此其厭飫者耳. 豈能塞其望. 於是步退之贈文暢之意成一律〕

태고는 홍황(鴻荒)[205]하여 사람과 동물이 섞여 살다가　　太古鴻荒民物混.
집에 살고 밥 지어 먹기를 희황과 요임금[206] 때부터 시작해서,　　宮居粒食自羲堯.
군신부자의 도리를 오직 중하게 삼고　　君臣父子倫惟重.
예악문장의 도를 크게 밝혔다.　　禮樂文章道孔昭.
배 부르고 등 따뜻해서 안일하면 진정 자포자기이니[207]　　飽暖逸居眞自棄.

204　중국 동진(東晉) 때 승려 혜원(慧遠)이 여산(廬山)에 백련사(白蓮社)를 짓고 도연명(陶淵明)〔즉 도잠(陶潛)〕에게 들어오기를 권했으나 도연명은 눈살을 찌푸리고〔攢眉〕 가 버렸다. '눈살 찌푸린 사람〔攢眉客〕'이란 곧 도연명을 가리킨다. 『고금사문유취(古今事文類聚)』 전집(前集) 권35 「선불부(仙佛部) 승(僧)」 참조. 한편 '찬미(攢眉)'는 시를 짓기 위해 깊이 고심하는 모습을 형용하는 말로 쓰기도 한다. 중국 북송의 동파(東坡)소식(蘇軾)이 지은 시(「贈寫眞何充秀才」)에 "또 보지 못했는가 눈 속에 나귀 탄 맹호연이, 미간 찌푸린 채 산처럼 어깨 웅크리고 시 읊는 그 모습을.〔又不見雪中騎驢孟浩然, 皺眉吟詩肩聳山.〕"이라는 구절이 있다. 또 소식(蘇軾)의 다른 시(「正月一日雪中過淮謁客回作」 2수 중 제2수)에 "무슨 한이 있어 눈썹을 찌푸리는가. 맑은 시구를 얻어서 좋아라.〔攢眉有底恨, 得句不妨淸.〕"라고 했다.

205　중국 위(魏)나라 시인 혜강(嵇康)의 「난자연호학론(難自然好學論)」에 "홍황(鴻荒)의 세상은 순박하여 이지러지지 않는다.〔鴻荒之世, 大樸未虧.〕"라고 했다.

206　원문의 희(羲)는 희황(羲皇) 즉 복희씨(伏羲氏)를 말하고, 요(堯)는 요임금을 말한다.

207　『맹자』 「등문공 상(滕文公上)」에 "후직이 백성들에게 농사를 가르쳐 오곡을 심고 가꾸게 했는데,

명(明)으로 성(誠)에 이르라는 가르침[208]을 따라야 하리라. 明誠遺教且須繇.
그대에게 묻나니, 어찌하여 홀로 임금 은혜를 버리고 問渠何獨捐慈愛.
사슴들과 무리 지어 산꼭대기[209]에 부쳐 사는가? 麋鹿爲群寄岳椒?

참의 신희남[210]의 〈서재〉 시에 차운하다〔次愼參議喜男書齋韻〕

기둥 서른 개 작은 집을 새로 여니 小屋新開三十椽.
그윽한 거처에서 낮이 길어 해 흥에 끌리네. 幽居長日興相牽.
봉우리는 저녁 뫼부리에 이어져 하늘 밖을 가로지르고 峯連晩嶂橫天外.
눈발은 회오리바람에 둥실 떠올라 대밭에 넘쳐나네. 雪泛回風漲竹邊.
구름 계곡에서 성리의 묘함을 바르게 탐구하니 雲谷正追論性妙.
박산[211]의 내 집터를 먼저 정한 것이 외려 부끄럽구나. 博山還愧卜基先.

오곡이 익어 백성들이 잘살게 되었다. 인간에게는 도리가 있으니, 배불리 먹고 따뜻이 옷 입고서 편안히 지내기만 하고 가르침이 없으면 금수(禽獸)에 가까워진다. 이 때문에 성인이 이를 근심하여 설(契)을 사도(司徒)로 삼아 인륜을 가르치게 했다. 그 내용은 부자간에는 친함이 있으며 군신간에는 의리가 있으며 부부간에는 분별이 있으며 장유간에는 차례가 있으며 붕우간에는 믿음이 있다는 것이다."라고 했다.

208 원문의 '명성(明誠)'은 이치를 밝게 깨달아 성(誠)에 이르는 것을 말한다. 『중용장구』 제21장에 "성으로 말미암아 밝아지는 것을 성이라 하고, 명으로 말미암아 성해지는 것을 교라 하니, 성하면 밝아지고 밝아지면 성해진다.〔自誠明, 謂之性, 自明誠, 謂之教, 誠則明矣, 明則誠矣.〕"라고 한 데서 유래했다.

209 원문의 '악초(岳椒)'는 산초(山椒)와 같다. 평측 때문에 '山'을 '岳'으로 바꾸어 썼다. 초(椒)는 산꼭대기〔山頂〕이다. 남조 중국 송나라 사장(謝莊)의 「월부(月賦)」에 "국화는 산꼭대기에 향기를 흩고, 기러기는 강여울에 울음을 흘리네.〔菊散芳於山椒, 鴈流哀於江瀨.〕"라고 했다.

210 신희남(愼喜男)의 본관은 거창(居昌), 자는 길원(吉遠), 호는 영계(瀯溪)이다. 앞서 보았듯이 이우당(二友堂)을 두었다. 여기서는 전라남도 영암(靈巖)에 서재 죽림서원(竹林書院)을 두었다고 했는데, 죽림서원의 당실이 이우당이었는지 모른다. 김인후(金麟厚)의 「제죽원(題竹院)」 시에 나오는 죽원은 죽림서원(竹林書院)의 약칭이다.

211 전라남도 강진(康津)의 박산촌을 말한다.

지금은 게으르고 우둔해서 귀거래 날 알 수 없기에	如今懶拙迷歸定.
유독 절간 침상을 빌려 노승과 동무하여 잠을 잔다네.	獨借僧牀伴老眠.

비구승(比丘僧)

금주(나주)성의 비구승이	錦州城裡比丘僧,
성 머리에 홀로 서서 불러도 대답없네.	獨立城頭喚不應.
"어버이 계신 고향이 해마다 기근임을 멀리 생각하고	遠憶親鄕連歲饉,
보리[212]가 언제쯤이면 풍년 들까 괴롭게 지켜봅니다.	苦看來麥幾時登.
바람이 푸른 보리밭 물결 뒤흔들자 시름 조금 덜고	風搖翠浪愁初減,
해가 누런 구름[213]을 내리쬐자 기쁨 믄득 더하지요."	日曝黃雲喜却增.
선영 나무에 눈물 흘리는[214] 내가 이 말 듣고는	泣樹餘生聞此語,
뱃속 내장이 꺾이고 무너지는 것을 이기지 못하겠네.	不堪腸肚亂摧崩.

212 원문의 '내맥(來麥)'은 본래 호밀을 말하지만 여기서는 보리를 가리키는 듯하다.

213 원문의 '황운(黃雲)'은 보리가 누렇게 익어 바람에 넘실대는 것을 비유한다. 중국 북송의 왕안석(王安石)이 지은 시(「同陳和叔游齊安院」)에 "흰 눈을 켜내니 뽕나무는 다시 푸르고, 황색 구름을 다 베어내니 모는 참으로 푸르구나.〔繅成白雪桑重綠, 割盡黃雲稻正靑.〕"라고 하여 흰 눈으로 누에고치, 황색 구름으로 보리가 익은 것을 비유했다.

214 원문의 '읍수(泣樹)'는 부모의 무덤 가에 있는 나무를 보고 운다는 뜻이다.『이십사효고사전(二十四孝高士傳)』「왕부읍묘(王裒泣墓)」에 보면, 중국 진(晉)나라 무제(武帝)〔사마소(司馬昭)〕 때 왕부(王裒)는 아버지 왕의(王儀)가 억울하게 참형을 당한 것을 슬퍼하여 평생 서쪽을 향해 앉지 않았다. 천둥소리가 날 때면 무덤 앞 측백나무를 어루만지며 통곡했는데, 눈물이 나무에 떨어지자 나무가 메말랐다고 한다.

도사 한윤명[215]을 곡하다〔哭韓都事胤明〕

서울의 교유한 이들은 모두가 준재이다만	京洛交遊摠俊英,
그대와는 통가의 처지라서 더욱 정이 깊다오.	通家於子更深情.
성리 연구는 성현의 학문을 이었고	研窮性理聖賢學,
소쇄한 풍모는 빙설처럼 맑도다.	瀟洒風姿氷雪淸.
한번 병으로 일어나지 못할 줄 어찌 알았으랴?	一病[216]豈知無起日?
이 몸은 지엄한 일정에 내몰리는 것이 한스럽네.	此身還恨迫嚴程.
조촐한 제수를 결국 무덤에 올리지 못하고	綿茅竟乏阡間奠,
동쪽으로 고양을 바라보며 눈물을 쏟는다.	東望高陽涕泗橫.

고봉 기대승을 위한 만시〔輓奇高峯大升〕[217]

이욕이 사람을 헷갈리게 하여 일마다 잘못된다만	利慾迷人事事非,
그대는 남쪽 외지에서 태어나 전휘[218]를 이었네.	君生南服紹前徽.

215 한윤명(韓胤明, 1526~1567)의 자는 사형(士炯), 호는 형암(炯菴), 본관은 청주(淸州)이다. 부친은 소위장군(昭威將軍) 행호분위부사직(行虎賁衛副司直) 한곤(韓鯤)이며, 부인은 의령남씨(宜寧南氏)이다. 동생은 한윤종(韓胤宗)·한윤관(韓胤寬)·한윤광(韓胤光)·한윤선(韓胤善)이다. 즉, 강진(康津) 사람 한윤종의 형이다. 이일재(李日齋)의 문하에서 수학했다. 세간에서는 그를 낙하명유(洛下名儒)라고 칭송했다. 또한 이이(李珥)와도 교유를 했다. 1552년(명종 7) 식년시 생원에 3등 11위로 합격했다. 처음에는 공천(公薦)으로 의금부도사(義禁府都事)에 임명되었다가 학문이 독실하여 1566년(명종 21)에 왕손사부(王孫師傅)에 임명되었다. 즉 선조의 사부이다. 사후인 1569년(선조 2)에는 그의 처자들이 곤궁하다는 사실이 보고되어, 선조의 특명에 따라 쌀 등이 하사되었다.

216 초간본 『청련집』에 '一死'로 되어 있으나 중간본에 따라 '一病'으로 고친다.

217 기대승(奇大升)의 『고봉집(高峯集)』 별집 부록 제2권 만장(挽章)에 수록되어 있다. 기대승은 1572년(선조 5)에 타계했다.

218 '전휘(前徽)'는 전인(前人)의 아름다움이란 말로, 가문의 전통을 말한다.

뜻은 쇠퇴한 풍속 부지하여 태고의 순박함으로 돌리려 하고　　志扶衰俗還淳古,
정신은 성현의 끼친 글 회통하여 깊은 뜻 밝혀 냈네.　　神會遺編闡奧微.
향리를 잠시 떠나는 걸 함께 애석해했는데　　共惜鄉園聊暫去,
신세가 영원히 어긋난 소식을 홀연 듣다니.　　忽聞身世已長違.
현인의 죽음[219]은 자고로 시운에 관계하기에　　云亡自古關時運,
올해 눈물 두 번 흘리는 것을 어이 참으랴?[220]　　可忍今年淚再揮?

죽암 안전[221]을 위한 만시〔輓竹巖安瑑〕

젊은 날 교유하여 기개로 친했고　　早日交游氣槪親,
늙어서는 정이 깊어 통혼을 했네.　　晩來情思爲婚姻.
강호에 방랑하여 마음에 근심이 없고,　　江湖放浪心無累,
술에 빠져서는 정신에 흥이 있었네.　　麴蘗沉冥興有神.
헤어진 지 오래라 멀리 가르침을 받들지 못했건만　　久別不堪承遠訓,[222]

219　원문의 '운망(云亡)'은 어진 이가 세상을 떠난 것을 말한다. 『시경』「대아(大雅) 첨앙(瞻卬)」에 "선인(善人)이 없으니 나라의 명맥이 끊기고 병들리라.〔人之云亡, 邦國殄瘁.〕"라고 한 데서 나왔다.

220　1572년(선조 5)에 남명(南冥) 조식(曺植)이 이미 세상을 떠난 데 이어 고봉 기대승이 또 세상을 떠났기에 이렇게 읊은 것이다.

221　안전(安瑑, 1518~1571)은 전라북도 남원 출신이다. 기묘명현(己卯名賢)인 안처순(安處順)의 아들로, 안선국(安善國)의 아버지이다. 본관은 순흥(順興). 자는 문보(文寶), 호는 죽암(竹巖)·사재당(思齊堂)이다. 17세에 부친상을 치르고 모부인을 지성으로 모셨다. 거업(擧業)을 닦지 않고 덕을 숨기고 지냈다. 후부인 노씨(盧氏)가 죽자 심려하다가 1571년(선조 4) 타계했다. 안극창(安克昌)·안환(安瓛) 편찬의 『죽계세적(竹溪世蹟)』 목활자본 3권 1책은 죽암 안전과 그의 아들 매담(梅潭) 안창국(安昌國, 1542~1595), 안창국의 조카 청계(淸溪) 안영(安瑛, 1565~1592)의 행적과 시문을 엮어 간행했다. 송환기(宋煥箕)가 1805년(순조 5)에 지은 안영의 행장이 권3에 있다. 부록에 정철(鄭澈)이 작성한 안전의 묘갈명이 있다.

222　중간본 『청련집』에 '訃(부)'로 되어 있으나, 1992년 번역본에는 '訓(훈)'으로 바꾸어 번역했다. 문맥상 '訓(훈)'이 옳다.

고향 산 어디에서 상여를 전송하랴?	故山何處送靈輴?
해 바뀌어 새 전장을 찾아갈 때는	他年訪到新庄裏,
바위 대나무, 뜰 소나무도 새봄이겠지.	巖竹庭松又改春.

해설 죽암 안전은 이후백의 젊은 시절부터 친우이자, 인척을 맺은 인물이다. 노진(盧禛)과 기대승(奇大升)도 안전의 죽음을 슬퍼하여 만시를 지었다.

찬성 류공작[223]을 위한 만시〔輓柳贊成公綽〕

아드님[224]이 초선관 옥관자[225]라 경사와 영광 빼곡하고[226]	趨庭貂玉慶光稠,
식사 때는 언제나 진수성찬으로 부모 봉양이 넉넉하네.	食有常珍愛養優.
오래전 은혜로 백성들이 바야흐로 다섯 벌 바지를 노래하고[227]	宿惠民方歌五袴,

223 류공작(1481~1559)의 본관은 풍산, 자는 유재(裕哉)이다. 류중영(柳仲郢)의 부친으로, 서애 류성룡(柳成龍)의 조부이다. 류자온(柳子溫)의 아들이다. 대구광역시 군위군 군위읍 외량리 산10에 묘가 있다. 앞서 보았듯이 이형례(李亨禮)의 딸과 혼인했다. 어려서 부모를 여의고 음직(蔭職)으로 예빈시 주부, 사헌부 감찰 등의 직을 거쳐 간성군수로 부임했다. 손자 류운룡(柳雲龍)이 퇴계 이황(李滉)에게 묘갈명을 청해서, 이황의 글(「通訓大夫行杆城郡守柳公墓碣銘 幷序」)을 새긴 묘전비가 세워졌다. 이황은 류공작 처 연안이씨(1484~1518)의 묘갈명(「淑人李氏墓碣銘 幷序」)도 지어 주었다.

224 원문의 '추정(趨庭)'은 아들이 아버지에게 가르침을 받는 것을 말하며, 전(轉)하여 자식을 뜻한다. 『논어』「계씨(季氏)」에 보면, 공자께서 뜰에 혼자 서 있을 때, 아들 이(鯉)가 종종걸음으로 뜰을 지나가자〔趨而過庭〕, 시(詩)와 예(禮)를 배우도록 가르쳤다고 나온다.

225 원문의 '초옥(貂玉)'은 대신의 반열을 말한다. 초(貂)는 담비 꼬리와 매미 날개 모양으로 장식한 초선관(貂蟬冠)이고, 옥(玉)은 옥관자(玉貫子)이다.

226 류공작의 아들 류중영(柳仲郢)의 자는 언우(彦遇), 호는 입암(立巖)이다. 1540년(중종 35) 식년문과에 급제한 뒤, 의주목사(義州牧使), 황해도관찰사, 예조참의 등을 역임했다. 저서에 『입암집(立巖集)』이 있다. 앞에 나왔다.

227 원문의 '오고(五袴)'는 고을 수령이 정사를 잘하여 백성들이 부유함을 뜻한다. 중국 동한(東漢)의 염범(廉范)이 촉군태수(蜀郡太守)로 부임하여 금법(禁法)을 해제하고 백성의 생활을 안정시키자,

숙환으로 눕자 하늘도 세 거스름[228]을 원망하지 않았네. 沉痾天不怨三仇.
강 교룡도 낮에는 엎디어 돌아가는 영구가 장엄했고, 江蛟[229]伏晝嚴歸翣,
솔 이슬은 가을 기운을 전하여 선산 언덕이 상쾌했네. 松露傳[230]秋爽故丘.
사십 년 전에 죽으면 한 구덩이에 묻히자고[231] 맹세했기에 四十年前同穴誓,
구천(九泉, 황천) 깊은 곳에서 서로 만나오리다. 寸心相對九泉幽.

구졸암 양희를 위한 만시〔輓梁九拙菴喜〕

같은 고향, 같은 마을 또 같은 스승 모시고 同鄕同里又同師,
죽마 타고 서로 안 것이 아이 때부터라네. 竹馬相知自少兒.
〔이하는 빠졌음.〕 〔以下, 缺〕

해설 양희(梁喜, 1515~1581)의 본관은 남원(南原), 자는 구이(懼而), 호는 구졸(九拙)·구졸암(九拙菴)이다. 1546년(명종 1)에 문과에 급제했다. 파주목사와 김해부사를 거쳐 장례원 판결사에 이르렀다. 1581년(선조 14) 동지사로 중국 명나라에 갔다가 옥하관(玉

백성들이 노래를 지어 "평생 속옷도 없더니 지금은 바지가 다섯이네.〔平生無襦今五袴.〕"라고 했다는 고사가 있나. 『후한서(後漢書)』「염범전(廉范傳)」 참고.

228 원문의 '삼구(三仇)'는 삼역(三逆)을 말한다. 삼역은 역천(逆天)·역지(逆地)·역인(逆人)을 말한다. 『후한서』「외효전(隗囂傳)」에 나온다. 중국 남조(南朝) 양(梁)나라 유협(劉勰)의 『문심조룡(文心雕龍)』「격이(檄移)」에 보면, "외효가 왕망의 신에게 보낸 격문을 보면 삼역을 포진하여 문장이 아로새겨 꾸미지를 않으면서도 언사가 절실하고 사실이 분명하다.〔觀隗囂之檄亡新, 布其三逆, 文不雕飾, 而辭切事明.〕"라고 했다.

229 중간본 『청련집』에 '蚊(문)'으로 되어 있으나, 의미상 '蛟(교)'가 옳다.

230 중간본 『청련집』에 '溥(부)'로 되어 있으나, 의미상 '傳(전)'이 옳다.

231 『시경』「왕풍(王風) 대거(大車)」에 "살아서는 집을 달리했으나 죽어서는 묘혈을 함께 하리라.〔穀則異室, 死則同穴.〕"라고 했다. 보통은 부부가 한 구덩이에 장례지내지는 것을 말한다. 여기서는 뜻이 같은 친우 사이의 맹세를 말한다.

河館)에서 병사했다. 이조참판에 추증되었다. 저서로 『용성세고(龍城世稿)』 권1에 『구졸암고(九拙菴稿)』가 전한다. 아들은 양홍주(梁弘澍)로, 파주목사였을 때 성혼(成渾, 1535~1598)에게 배웠다. 사위는 정인홍(鄭仁弘)이지만, 두 사람은 뒤에 원한을 맺어 서로 해치려고 도모한 일이 있었다고 한다. 성혼의 『우계집(牛溪集)』 「연보(年譜)」 권1 참조. 양희와 관련된 일로 이른바 '진주음부옥사(晉州淫婦獄事)'가 있다. 1701년(숙종 27) 지방 유림의 공의로 박맹지(朴孟智)·양관(梁灌)·표연말(表沿沫)·강한(姜漢)·양희(梁喜)·하맹보(河孟寶)를 추모하기 위해 구천서원(龜川書院)을 창건했다. 경상남도 나촌(羅村)〔지금의 함양군(咸陽郡) 수동면(水東面) 우명리(牛鳴里) 구라(九羅)〕에 양희의 사적과 관련된 대고대(大孤臺)가 있고, 함양(咸陽) 읍내의 뇌계(㵢溪) 유호인(俞好仁)의 집터 부근 위천(渭川)에는 소고대(小孤臺)가 있었다.

옥계 노자응을 위한 만시〔輓盧玉溪子膺〕

그대의 품성은 깊고도 고요하며 도량이 큰 바다 같은데	德宇淵停量海渾.
젊은 나이에 도를 듣고는 뜻이 더욱 돈독했네.	妙齡聞道志彌敦.
유가의 전승은 바로 명덕과 성의의 일이요	儒傳自是明誠事.
시대의 논의는 정축[232]의 자리가 마땅하다 했네.	時論宜居鼎軸尊.
거상 삼년에 슬픔이 지나쳐서 마침내 고질로 되니	毁極三年終痼疾.
장락궁에서는 부음 받고 더욱 슬픔으로 끊었다네.	訃承長樂更哀奔.
인재 죽어 나라가 시들 일[233]이 바로 오늘이라	邦家殄瘁丁今日.

232 원문의 '정축(鼎軸)'은 조정의 중책을 맡은 승상·정승·재상을 말한다. 정(鼎)은 종묘(宗廟)의 제례(祭禮)에 쓰이는 귀중한 솥이고, 축(軸)은 수레바퀴의 한가운데 있는 구멍에 끼우는 긴 나무 또는 쇠를 가리킨다.

233 진췌(殄瘁)는 현인(賢人)의 죽음으로 나라가 시든다는 뜻이다. 『시경』 「대아(大雅) 첨앙(瞻卬)」에 "현인이 없어지니, 나라가 시들었네.〔人之云亡, 邦國殄瘁.〕"라는 구절이 있다.

어려서부터 친했던 이 사람[234]의 슬픔은 말할 틈도 없구려.	童稚情親不暇言.

해설 원래 시 제목의 노 옥계는 노진(盧禛)으로, 본관은 풍천(豊川), 자는 자응(子膺), 호는 옥계, 시호는 문효(文孝)이다. 앞에 나왔다. 이 시는 1578년에 작성했다. 이때 양응정(梁應鼎)도 다음 만시(「盧玉溪禛輓」)를 지어, 『송천유집(松川遺集)』 권1에 수록되어 있다.

마음에 뿌리 둔 것은 오로지 효우(孝友)이고	根心唯孝友,
학문을 온축한 것은 경륜(經綸)이로다.	蘊學是經綸.
이치의 해득에 온전한 눈이라고는 없거늘	理解無全目,
하늘에 통하는 일이 하물며 사람에게 있으랴?[235]	天通況在人?
저울대 잡고 인재 천거하는 원리는 공의 발탁에서 천명되고	持衡公已闡,
솥이 국맛 조절하듯 정치하는 일이 새로워지리라 기대했건만	和鼎望逾新.
갑작스레 사당의 들보가 꺾이듯이 운명하셨으니	遽爾摧梁木,
나의 사사로운 슬픔은 진술할 필요도 없으리라.	吾私不必陳.

234 중국 당나라 시인 두보(杜甫)의 시(「送路六侍御入朝」)에 "어린 시절 서로 친했던 이후 사십 년 동안, 중간의 소식은 우리 서로 다 깜깜했었지. 다시 후일의 만남은 그 어디가 될런고, 우연히 서로 만난 곳이 바로 이별의 자리로세.〔童稚情親四十年, 中間消息兩茫然. 更爲後會知何地, 忽漫相逢是別筵.〕"라고 했다.

235 본래 천신(天神)은 땅에 내려오지 않고 지기(地祇)는 하늘에 올라가지 못하게 하여 서로 간여하지 못하게 해서 각각 자신의 자리를 지키게 하는 것을 말한다. 『서경(書經)』 「주서(周書) 여형(呂刑)」에 "요 임금이 희(羲)와 화(和)에게 명하여, 하늘과 땅이 혼란스럽게 뒤섞이지 않도록 금함으로써, 잡신들이 함부로 강림하는 일이 없게 했도다.〔乃命重黎, 絶地天通, 罔有降格.〕"라는 말이 나온다.

칠언배율(七言排律)

서총대 응제(瑞葱臺 應制)[236]

북원의 산과 언덕이 구불구불 돌아 나간 곳,	北苑岡巒邐迤回,
동쪽 언저리 깎아지른 언덕을 서총대라 잘라 부르네.	東邊斷阜割稱臺.
하늘이 빛나는 사직 열어 번거로운 백성의 군역 덜어 준 땅	天開奕業蠲煩地,
후원의 파가 신령한 서기를 징표하여 상서로이 심겨 있었네.	葱表靈祇效瑞栽.
날마다 만기(萬機)를 총괄할 임어(臨御)를 간소하게 하고	日摠萬機臨幸簡,
시운이 중도에 막히는 때를 당하여 연회를 개최하여선,	運丁中否宴遊催.
규모 넓혀 쌓아서 장려함이 고소산성(姑蘇山城)과 다툴 정도.	築增欲軋姑蘇壯,
환락이 극도에 달하여 사직의 재앙을 완전히 잊었도다.[237]	樂極都忘社稷災.
진계(眞界)는 풀도 가시도 돋는 일 용납하지 않으니	眞界不容生草棘,
중흥의 처음에 먼지를 쓸어 정화한 것을 기뻐하고	中興初喜淨塵埃.
황폐하여 망한 자취를 영원한 귀감으로 크게 이어받아	丕承永鑑荒亡迹,

236 이 시는 임금의 명에 응하여 제작한 십운배율(十韻排律) 형식이다. 당시 여러 사람들이 응제를 했다. 이후백은 제목 '서총대(瑞葱臺)' 가운데 '대(臺)' 자를 골라 제2구에 사용하고, 그 글자가 속한 평성 제10 회(灰) 운에 속하는 글자들 9개를 아래의 짝수 번째 구에 차례로 사용했다.

237 『예기』「악기(樂記)」에 "악이 극에 이르면 근심스럽게 되고 예가 거칠면 치우친다. 악을 후하게 하면서도 근심이 없고 예를 갖추면서도 치우치지 않는 것은 오직 큰 성인만이 가능할 것이다.〔樂極則憂, 禮粗則偏矣. 及夫敦樂而無憂, 禮備而不偏者, 其唯大聖湉.〕"라고 했다.

쉬는 날 한가히 이어(移御)하여 장엄한 의장을 갖춰 오시니, 暇日閑移仗衛來.
무반을 사열하고 농작을 살펴 게으르고 해이함을 막으시고 閱武省農防逸弛,
연꽃 향기와 푸른 솔 있어 배회하기 알맞도다. 荷香松翠侑徘徊.
맑은 가을날 대도 행하는[238] 문신들을 모두 불러 清秋盡召周行彥,
용좌에서 친히 따뜻한 옥 술잔을 전해 권하시니 黼座親傳暖玉盃.
범상한 골상이야 티끌에 막혀 어찌 쉽게 이르랴? 凡骨隔塵那易到?
당시 창 잡던 하위 직[239]이라 우연히 모실 수 있었네. 當時執戟偶叨陪.
신선의 반열이 한바탕 끝나고선 길이 헷갈렸으니 仙班一輟還迷路,
삼청(三淸)[240]을 꿈속에서 돌아 나온 듯 황홀하여라. 怳似三清夢裡廻.

해설 서총대는 창덕궁 후원에 쌓았던 석대와 정자이다. 연산군 때 만든 것으로, 영화당(映花堂) 동남쪽, 춘당대(春塘臺) 동편에 있었다. 『임하필기(林下筆記)』「문헌지장편(文獻指掌編)」에 "성종(成宗) 때에 창경궁(昌慶宮)의 후원(後苑)에 파가 돋아났는데, 줄기 하나에 가지가 아홉이었으므로 당시 사람들이 이를 '상서로운 파'라고 했다. 그 뒤 연산군 때에 이곳에 대(臺)를 쌓고 이를 서총대라고 불렀는데, 이것이 곧 지금의 탕춘대(蕩春臺)이다." 했다. 명종은 재위 15년인 1560년 9월 19일(임오)에 서총대에서 곡연(曲宴)을 행했다. 곡연이란 궁중의 금원(禁苑)에서 근신들에게 베풀던 사사로운 연회이다. 이날의 곡연은 규모가 매우 컸다. 이날 명종은 율시의 어제(御題)를 내리고 좌우에 명하여 화운시를 지어 올리게 하고, 또 무신에게 명하여 과녁을 쏘게 하여 차등 있게 상을 내렸다. 그러고서 좌우에 명하여 국화를 머리에 꽂게 하고, 술 잘 마

238 원문의 '주행(周行)'은 대도(大道) 또는 지선(至善)의 도를 가리킨다. 『시경』「소아(小雅) 녹명(鹿鳴)」에 "나를 좋아하는 사람은 나에게 대도를 보여 줄지어다.〔人之好我, 示我周行.〕"라고 한 데서 온 말이다.

239 원문의 '집극(執戟)'은 창을 쥐고 숙위(宿衛)하는 낭중(郞中)이라는 뜻으로, 관직이 높지 않은 관원을 가리키는 말로 쓰인다.

240 삼청(三淸)은 삼청경(三淸境)의 준말이다. 신선이 산다는 옥청(玉淸)·상청(上淸)·태청(太淸)의 세 궁(宮)을 아울러 이르는 말이다.

시는 몇 사람에게는 특별히 큰 잔으로 마시게 했다. 그리고 술을 종자기에 따르게 하여 좌의정 이준경(李浚慶)[241]에게 권하도록 명하고, "경이 지난해 취로정(翠露亭) 연회에 병 때문에 참석하지 못했으므로 경에게 벌주를 내린다."라고 했다. 저녁이 되어 신하들은 모두 궁촉(宮燭)을 하사받아 집으로 돌아갔다. 훗날 『명종실록』을 편찬한 사신은, 곡연은 조정에서 하는 연향이 아니라 국왕이 사사롭게 신하들을 유희로 이끈 것이거늘, 대간까지도 곡연에 참여한 것은 잘못이라고 비판했다. 당시 명종의 어제는 율시였는데, 『명종실록』이나 『열성어제(列聖御製)』 「명종」에 수록되지 않았다. 영의정 상진(尙震)은 다음 날 국왕의 은혜에 감사하는 전(箋)을 올렸다. 「상사서총대사연전(上謝瑞蔥臺賜宴箋)」이라는 제목으로 그의 문집 『범허정집』에 전한다.

1560년(명종 15) 서총대의 곡연에 참석한 사람들은 당시의 성사를 그림으로 그려 보관했다. 연회에 참석한 사람들은, "성군과 명신이 만나는 성대한 일이요, 감동하여 군주를 추대함이 깊은 일이므로 반드시 도화에 옮겨 그린 뒤에야 이 사실을 전하는 것이 오래갈 수 있다."라고 생각했다. 그래서 그림 그리는 일을 예조에 부탁해서, 1564년(명종 19)에 비로소 축(軸)을 장황((裝潢, 표구)했다. 이 그림은 「서총대인견도(瑞蔥臺引見圖)」, 혹은 「서총대친림사연도(瑞蔥臺親臨賜宴圖)」나 「서총대시연도(瑞蔥臺侍宴圖)」라고 했다.

명종은 이날 서총대에서 문신에게는 주제를 주어 시를 짓게 하고 무신에게는 짝을 지어 활쏘기를 시켰다. 성적이 좋은 사람들에게는 내탕고(內帑庫)에서 호랑이 가죽 등을 내어 상으로 하사했다. 「명묘조서총대시예도(明廟朝瑞蔥臺試藝圖)」〔고려대학교박물관 소장 채색 궁중행사도 『의령남씨전가경완도(宜寧南氏傳家敬翫圖)』 수록〕는 명종이 서총대에 친림하여 문무시예(文武試藝)를 시행한 날 남응운(南應雲, 1509~1587)이 글짓기

241 이준경(李浚慶, 1499~1572)의 본관은 광주(廣州), 자는 원길(元吉), 호는 동고(東皐)·남당(南堂), 시호는 충정(忠正)이다. 중종 때 과거에 급제하여 벼슬길에 올랐는데, 김안로(金安老) 일파의 모함으로 파직되었다가 김안로가 제거된 뒤 재등용되었다. 영의정 이기(李芑)의 모함으로 유배되었다가 이듬해 석방되었다. 을묘왜란(乙卯倭亂) 때 전라도 도순찰사로서 왜적을 격퇴했다. 을사사화(乙巳士禍)로 화를 입은 사람들을 신원(伸冤)했다.

와 활쏘기에서 모두 으뜸으로 뽑혀 말 두 필을 상으로 하사받은 고사를 그린 것이다. 그림과 함께 있던 글이 유몽인(柳夢寅, 1559~1623)의 『어우야담』에 인용되어 있다. 서총대 위에는 초승달 모양의 차일을 설치했고, 어좌를 중심으로 관원들이 열 지어 있다. 화면 중앙에 흰 말과 검은 말을 하사받는 모습이 그려져 있다. 홍익대학교박물관에도 같은 소재의 그림이 있다.

「서총대친림사연도(瑞蔥臺親臨賜宴圖)」(고려대학교박물관 소장)는 명종이 창덕궁 후원의 서총대에 나와 재상들이 자리한 가운데 베푼 작은 연회를 그린 그림이다. 표지에 '서총대시연도(瑞蔥臺侍宴圖)'라는 제목이 붙어 있고 홍섬(洪暹, 1504~1585)의 서문, 그림, 81명의 참연제신(參宴諸臣)의 이름과 벼슬이 적힌 목록 순으로 되어 있다. 기녀들이 한 줄로 앉아 있고, 그 뒤에는 거문고·대금·피리·비파·장고 등을 연주하는 악공 10명이 나란히 앉아 있다. 호랑이 가죽과 두 필의 말이 차일 밖에 준비되어 있다. 당시에 이 그림을 여러 개 만들어 서로 나누어 가졌다고 한다. 상진의 『범허정집』 부록에 「서총대사연좌목(瑞蔥臺賜宴座目)」이 실려 있다. 좌목이란 연회에 참석한 명부를 말한다. 이 좌목에는 참석자의 관직이 적혀 있다. 이후백은 '승의랑(承義郎) 병조좌랑 지제교(兵曹佐郎知製敎)'의 품계와 직책이었다. 「서총대인견도」에는 1564년(명종 19)에 홍섬(洪暹)이 서문을 적었다.[242] 이 글을 「서총대인견도서(瑞蔥臺引見圖序)」라고도 하고 「서총대시연도첩후서(瑞蔥臺侍宴圖帖後敍)」라고도 했다.

조선 후기에도 서총대에서 중구절에 시사(試射)를 하는 일이 종종 있었다. 국왕이 서총대 시사의 상격(賞格)을 반사하고, 거둥 전후에 어가를 따르는 군병에게 시상하라는 영이 내리면, 호조의 여러 낭청이 계사(計士)와 서리(書吏)를 인솔하여 무명·베와 호피·표피를 가지고 대령했다. 단, 국왕이 친림하여 상을 주는 경우가 아닐 때는

242 홍섬(洪暹)은 1560년(명종 15) 이양(李樑)의 횡포를 탄핵하다가 사임했으나, 1563년(명종 18) 의금부판사로 복직되어 양관 대제학을 지냈다. 1567년(명종 22) 예조판서가 되었다가 그해 선조가 즉위하자 원상(院相)으로서 정무를 처결하고 우의정에 올랐다. 하지만 남곤(南袞)의 죄상을 탄핵하다가 파직되었다. 1571년(선조 4)에 좌의정이 되고 1573년(선조 6) 궤장을 하사받고, 영의정을 세 번에 걸쳐 중임했다. 1579년(선조 12) 병으로 사임하고 영중추부사가 되었다.

판하(判下)를 기다려서 제급(題給)했다. 정조는 서총대 시사를 통해 신하들의 결속을 다졌다. 정조 때의 서총대 시사와 관련하여 정약용(丁若鏞)은 「구월 서총대에서 시사하던 날에 짓다〔九月瑞蔥臺試射日作〕」라는 시를 남겼다.

오언고시(五言古詩)

석천 임억령[243]이 월출산 혜원[244] 스님에게 준 시에 차운하다〔次林石川億齡贈月出山僧彗遠韻〕

바닷가 진영에 월출산이 대치하니　海鎭峙月出,[245]
종남산의 우뚝한 절개일 뿐만 아니라네.　不啻南山節.
이어진 봉우리들은 앞도 뒤도 웅장한데,　連峯表裡雄,
승려의 띳집을 지난날에도 최근에도 얽었네.　僧廬新舊結.
수염 깎고 범패 울리고 여창을 행하니[246]　剔髭唱梵臚,
석가여래가 호걸을 그르쳤구나.　如來枉豪傑.
혜원이야 아직 나이가 젊지만　遠也年尙少,
용모가 형형하여 겨울 강에 비친 달과 같아라.　貌瑩寒江月.

243　임억령(林億齡)의 본관은 선산(善山), 자는 대수(大樹), 호는 석천(石川)이다. 1525년(중종 20) 식년 문과에 급제하고 벼슬이 병조 참지에 이르렀다. 1545년(명종 즉위년) 을사사화(乙巳士禍) 때 아우 임백령(林百齡)이 소윤(小尹)에 가담하자, 벼슬을 사퇴하고 해남(海南)에 은거했다. 앞에 나왔다.

244　월출산(月出山)은 전라남도 영암군 영암읍 개신리에 있는 해발 809m의 산이다. 앞에 나왔다. 혜원(慧遠)은 생몰년이나 행적, 법력을 알 수 없다.

245　초간본 『청련집』에는 '月生'으로 되어 있으나 중간본에는 '月出'로 되어 있다. 여기서는 중간본을 따른다.

246　원문의 '창범려(唱梵臚)'는 범패 울리고 여창(臚唱) 하는 것을 말한다. 여창은 의식의 순서를 적은 것을 차례에 따라 소리 높여 읽던 일을 말한다.

도갑사[247]에서 지난날 서로 알게 되어　道岬昔相知,
세모의 풍설 속에 거처했었다만,　歲暮棲風雪.
한번 헤어진 뒤 한 해[248]가 바뀌도록　一別換星霜.
자나 깨나 외톨이 처지를 시름한다오.　夢寐愁孤子.
최근에 황권[249]을 품고 와서는　今來抱黃卷,
가르침 찾는 정성이 자못 간절해서,　索敎誠頗切.
산길이 험하고 빙판까지 깔려 있어　山途險拖氷,
아침저녁 다니느라 발의 피부가 찢어질 정도　朝夕脚皴裂.
아아, 나는 하는 일이 주책맞으니　嗟予事鹵莽,
용렬한 사람과 다르다 생각지 말게나!　莫與庸人別!
문 앞의 새 그물에는 참새 소리 시끄럽고　門羅雀聲嘈,
오솔길에 풀이 덮여 친구 발자취가 끊어졌다오.　逕草朋蹤絶.
하물며 선과(禪科)를 새로 설치했다니　禪科況新設,
물외에서도 재갈과 고삐를 만났구료.　物外遭羈紲.
말을 타고 구종(驅從)까지 갖춰 성대하고　乘馬盛驅從,
그 기염이 손을 뜨겁게 지질 정도.　氣焰煮手熱.
그대는 어찌하여 저들과 아주 어긋나서　伊何好相舛,
식사에서 삶은 자라[250]를 버리듯 하는가?　如食舍炰鼈?

247 도갑사(道岬寺)는 영암 월출산에 있는 절로, 신라 때 도선국사(道詵國師)가 창건했다고 한다.

248 성상(星霜)은 1년에 한 번 도는 성신(星辰)과 매년 추위를 당해 떨어지는 서리라는 뜻으로, 보통 연세(年歲)를 가리킨다. 여기서는 1년의 시간을 의미한다.

249 원문 '황권(黃卷)'은 책을 가리킨다. 좀이 슬지 않도록 황벽(黃蘗)나무의 즙을 짜 서책에 발랐던 데에서 유래했다.

250 『시경』「소아(小雅) 유월(六月)」에 "여러 벗들에게 술과 음식을 올리니 자라를 삶고 잉어를 회쳤도다.〔飮御諸友, 炰鼈膾鯉.〕"라고 했고, 『시경』「대아(大雅) 한혁(韓奕)」에 "한후가 나가 노제를 지내니 도 땅에서 유숙하도다. 현보가 전송하니 청주가 일백 병이로다. 그 안주는 무엇인가? 삶은 자라와 생선이로다. 그 나물은 무엇인고. 죽순과 포약 나물이로다. 그 선물은 무엇인가? 네 마리 말과 노거로다. 제기가 많기도 하니 제후들이 잔치하도다.〔韓侯出祖, 出宿于屠. 顯父餞之, 淸酒百

맛 좋은 고기[251]는 담박한 맛에 속하고	雋永入淡泊,
무 뿌리[252]는 외려 혀를 댈 수 있도다.	虀根還可舌.
산 벗어났던 학은 산으로 돌아갈 수 있다만[253]	出鶴會歸山,
구름과 이끼가 옛 굴혈을 막아 두었구나.	雲苔封故穴.
뒤따를 수 없어 창망하기만 하니	悵望不能追,
선배의 뛰어난 기세에 내가 부끄럽다.	逸氣慙前列.

임억령의 원운(原韻)[254]

진나라 때 높은 선비가 있었으니	晉時有高士,
바로 정절공 도연명이로다.	乃是陶靖節.
세상 보기를 쥐의 간처럼 보고,[255]	視世一鼠肝,
이름 난 승려와 즐겨 벗을 맺었지.	喜與名僧結.

壺. 其殽維何, 炰鼈鮮魚. 其蔌維何, 維筍及蒲. 其贈維何, 乘馬路車. 籩豆有且, 侯氏燕胥.〕"라고 했다.

251 원문의 '전영(雋永)'은 음식의 맛이 감미로워 뒷맛이 오래도록 남는 것을 말한다.

252 원문의 '제근(虀根)'에서 '제(虀)'는 미나리이지만, 뿌리를 먹을 수 있는 채소로 일반적인 것이 무이므로 이 시에서는 무 뿌리로 번역했다.

253 중국 남제(南齊) 때 주옹(周顒)이 북산(北山)에 은거하다가 조정의 부름을 받고 해염현령(海鹽縣令)이 되었는데, 임기를 마치고 돌아가는 길에 다시 북산에 들르려고 하자, 공치규(孔稚圭)가 「북산이문(北山移文)」을 지어 다시는 북산에 발을 들여놓지 못하도록 했다. 이 시구는 그 뜻을 반대로 사용했다.

254 임억령의 문집 『석천집』에는 전하지 않는다.

255 쥐의 간이란 미세하고 하찮은 것을 말한다. 『장자(莊子)』 「대종사(大宗師)」에 자래(子來)가 병이 나서 죽게 되자 자리(子犁)가 문안 가서 "위대하도다, 조화여. 장차 자네를 무엇으로 만들까? 장차 자네를 어디로 데려갈까? 자네를 쥐의 간으로 만들 것인가? 자네를 벌레의 팔뚝으로 만들 것인가?〔偉哉造化! 又將奚以汝爲? 將奚以汝適? 以汝爲鼠肝乎? 以汝爲蟲臂乎?〕"라고 한 내용이 나온다. 중국 송나라 진용(陳容)의 시(「潘公海夜飲書樓」)에 "저 분의 미덕은 한량이 없어, 세상 보기를 쥐의 간처럼 여기도다.〔夫君美無度, 視世一鼠肝.〕"라고 했다.

여산은 산 가운데 빼어난 산이요	廬山山之秀,
혜원 선사는 승려 가운데 걸출한 승려.	遠師僧之傑.
백련사에 소요하고	逍遙白蓮社,
호계의 달 아래 손을 맞잡았네.	握手虎溪月.
그 일이 우주에 전파되어	其事播宇宙.
청풍이 난초 잎의 흰눈을 쓰는 듯하다.[256]	淸風洒蘭雪.
아아, 나는 선생의 후대 사람으로	嗟予後先生,
천지 사이에 한 몸뚱이 외로워라!	天地一身孑!
월출산에서 크게 휘파람 불며	大嘯月出山,
뜬구름과 함께 높이 절친이 되니,	高與浮雲切.
바닷바람은 구정봉에 불어오고	海風吹九井.
나의 연잎 옷에 불어와 찢을 듯하다.	吹我荷衣裂.
혜원 스님은 그 속에 거주하여	遠也住其中,
옛 승려 혜원과 차이가 없어,	古僧無分別.
만 겹 구름 속을 출입하다가	出入雲萬重,
마침내 세상 사람과 단절했도다.	遂與世人絶.
나는 여전히 세속 인연이 무거운 데다가	予猶俗緣重,
중간에 진토에서 재갈과 고삐에 묶여,	中間塵勒緤.
번번이 맑은 봉우리에 의지하여 멀리 바라보면	每望倚晴峯,
나의 간과 폐가 뜨거워지곤 했다.	使我肝肺熱.
지금 다시 관직을 버리고	如今復棄官,
진흙 속에서 꼬리를 끄는 자라[257]가 되었으니,	曳尾泥中鼈.

256 이백(李白)의 시(「別魯頌」)에 "천지 사이에 홀로 서니, 청풍이 난초 잎의 흰눈을 쓰는 듯하다.〔獨立天地間, 淸風洒蘭雪.〕"라고 했다.

257 진흙 속에 꼬리를 끌고 다닌다는 뜻으로 은거 생활의 자유로움에 비유한다. 『장자』「추수(秋水)」에 "이 거북이 죽어서 뼈를 남겨서 귀한 취급을 받는 것이 좋겠는가, 살아서 진창 속에 꼬리를 끌

나는 마땅히 구름 속 솔가지에 둥지를 틀어 吾當巢雲松,
촉 사람의 장광설[258]을 영원히 종식하리라. 永息蜀庬舌.
가을바람 불어 마침 귀거래하겠으니 秋風會歸去,
나를 위해 암혈을 청소해 두어 爲我掃巖穴.
장차 천 년 이후에 將使千載後,
나의 이름이 도연명과 나란히 하게 해 주오. 名與陶翁列.

경로정(敬老亭)[259]

타관살이 십 년 만에 殊方十年客,
고향으로 이제 돌아왔더니, 故鄉今歸矣.
초가 정자를 물가에 얽었으되 茅亭水際構,[260]
놀이하고 관상할 목적이 아니라네. 非爲遊觀事.
경로의 잔치를 여기에서 하니 敬老燕於斯,
바위에 이름 건 것이 진실로 까닭 있다. 揭石良有以.

고 다니는 것이 좋겠는가?〔此龜者寧其死爲留骨而貴乎? 寧其生而曳尾於塗中乎?〕"라고 했다.

258 중국 북송 선제(宣帝) 때 소식(蘇軾)이 하옥되었다가 풀려나온 뒤에 앞서 장방평(張方平)이 그를 구원하기 위해 올리려고 했던 상소를 읽어 보고는 그 내용이 너무 과격해서 자신도 모르게 혀를 내밀고 안색이 변했던 일을 가리킨다. 『언행귀감(言行龜鑑)』 권6 참조. 장방평은 촉 땅에 속하는 익주(益州)의 자사(刺史)로서 치적을 올렸다. 소순(蘇洵)이 지은 「장익주화상기(張益州畫像記)」에 보면, 북송 인종(仁宗) 때 익주에 도둑이 창궐하자 장방평을 익주자사로 보내 진무(鎭撫)하게 했는데, 그가 촉인을 제(齊)·노(魯)의 사람처럼 대우하여 줌으로써 촉인을 심복하게 했다고 한다. 또한 『송사(宋史)』 권318 「장방평전(張方平傳)」 참고.

259 초간본 『청련집』에서는 이 시를 「석천 임억령이 월출산 혜원 스님에게 준 시에 차운하다〔次林石川億齡贈月出山僧彗遠韻〕」 시의 아래에 배치했으나, 중간본에서는 「경로정」을 오언고시 부분의 맨 처음에 두었다. 여기서는 초간본을 따른다.

260 초간본에는 '構'로 되어 있으나 중간본에는 '搆'로 되어 있다. 통용한다.

마을의 옛일들이 모두 바뀌고	村中往事改,
원로들도 생존한 이는 얼마 되지 않아,	耆舊存無幾.
이분들 봉양을 늦출 수 없으니	養之不可遲,
한마을 사람들이 모두 자식인걸.	一社皆人子.
간곡하게 자제들을 타일러	丁寧戒諸子,
부디 근본을 떨어뜨리지 말게 하라.	愼勿隳[261]其始.
당우(唐虞)[262]의 세상도 별다르지 않아	唐虞世無異,
오직 효제일 뿐이었다네.	孝悌而已耳.

해설 이 시는 격구마다 압운을 한 형식이다. 상성 제4 지(紙) 운[矣·以·子·始·耳]과 거성 제4 치(寘) 운[事·幾]을 통압했다.

261 초간본에는 '隳(휴)'로 되어 있으나 중간본에는 '墮(타)'로 되어 있다. 서로 다른 글자이지만 이 시에서는 의미상 통한다.

262 당우(唐虞)는 태평성세를 가리킨다. 당(唐)은 요 임금이 다스리던 나라이고 우(虞)는 순 임금이 다스리던 나라이다.

칠언고시(七言古詩)

홍엽에 제하다[263]〔題紅葉〕

미앙궁에 가을이 저물려 하자	未央宮中秋欲暮,
하룻밤 매서운 찬 기운에 허공에 서리 가득하니,	涼威一夜霜滿空.
상림원 일천 그루의 잎이 죄다 붉어져	上林千樹葉盡赤,
나풀나풀 일만 조각 동서로 흩어지네.	飄零萬片隨西東.
미인은 잠에서 깨어나 세월의 흐름에 느껴	美人睡起感年華,
옥 같은 눈물에 붉은 비단 소매가 남몰래 젖누나.	玉淚暗濕羅衫紅.
하염없는 그윽한 마음을 말할 수 없어	幽懷脈脈不敢語,
주렴 걷고 처량한 바람결에 붓 대롱 들었네.	捲簾搦管臨凄風.
시 적으려고 설도(薛濤)의 종이를 쓰랴?	題詩何用薛濤牋?

263 이 시는 홍엽양매(紅葉良媒)의 고사를 시제(詩題)로 삼았다. 남주인공은 문헌에 따라 이인(李茵) 혹은 노악(盧渥)이라고도 하고 우우(于祐)라고도 한다. 『초계어은총화(苕溪漁隱叢話)』 후집(後集) 권16과 『고금사문유취(古今事文類聚)』 등에 수록된 이야기는 다음과 같다. 중국 당나라 희종(僖宗) 때 우우가 어구(御溝)에서 시(詩)가 적힌 붉은 나뭇잎 하나를 주웠는데, 그 시에 "흐르는 물은 어이 그리 급한가? 깊은 궁중은 종일토록 한가롭네. 은근히 붉은 잎을 부치노니, 잘 가서 인간 세계 이르러라.〔流水何太急? 深官盡日閒. 殷勤謝紅葉, 好去到人間.〕"라고 했으므로, 우우 역시 붉은 나뭇잎에다 "일찍이 나뭇잎에 깊은 원망 쓴 것을 보았나니, 나뭇잎에 시 써서 누구에게 부쳤던고?〔曾聞葉上題紅怨, 葉上題詩寄阿誰?〕"라고 적어 어구에 흘려 보냈다. 당시 궁녀였던 한씨(韓氏)이 이 시를 주웠다. 뒤에 희종이 궁녀들을 풀어 시집을 보내게 되자, 공교롭게 우우와 한씨가 서로 결혼을 하게 되었다고 한다.

잎에 먹글씨 기름져 향그런 안개 짙어라.　葉間膩墨香霧濃.
읊조리며 애간장 끊어진들 누가 알랴?　吟哦腸斷知者誰?
궁중의 도랑만 영롱하게 울려날 뿐.　只有御溝鳴玲瓏.
차라리 시 쓴 잎사귀 띄워서 성 밖으로 내보내면　寧將泛水出城去,
그 사정이 인간 세상과 통하리라.　有情庶與人間通.
우우(于祐)는 참으로 마음 깊어　于郎眞箇有心者,
다 읽기도 전에 속에서 먼저 감응하여,　一讀未了先感衷.
물살 근원에 답시 부쳐 장난했다만　波原寄赴聊戲耳,
뉘 알았으랴, 여인의 상자 속에 들어간 줄을?　誰知已入香笥中?
하루아침 풍류로 멋진 인연 이뤄　風流一朝好緣成,
난새, 봉새가 십 년을 깊은 숲에 살았도다.　十年鸞鳳棲深叢.
중매한 옛 잎에 글자 여전히 분명하니　傳媒舊葉字尙明,
한바탕 웃음이 천공(조물주) 인연 아니었던가?　一笑豈非由天公?
예로부터 유정물은 사물을 감동시켰으니　從來有情解感物,
월하노인 실[264]이 뭉치에 가득한들 무에 부러우랴?　何羨月老繩滿絨?
그대 보지 못했나　君不見
대자사 누대에서 오동잎에 적은 일이　大慈[265]樓上桐葉題,
이 일의 기이한 인연과 같다는 것을?　亦與此事奇緣同?

해설 「홍엽에 제하다[題紅葉]」는 군불견체(君不見體) 26구 장편 칠언고시로, 제3연 마지막 글자에 제목의 '紅' 자를 사용했다. 평성 동(東) 운을 처음부터 끝까지 사용했다. 즉, 일운도저(一韻到底)의 방식이다.시제는 '홍엽양매(紅葉良媒)'의 고사를 소재로 했다.

264 원문의 '월노승(月老繩)'은 월하노인(月下老人)이 붉은 끈을 가지고 다니면서 부부의 인연을 맺어 준다는 전설에서 가져 온 말이다. 중국 당나라 위고(韋固)가 달밤에 어떤 노인을 만나 장래의 아내에 대한 예언을 들었다는 데서 유래한다.

265 '大慈'가 『청련집』에 '太玆'로 오식되어 있다.

『태평광기』 권350은 『북몽쇄언(北夢瑣言)』을 인용하여 이인(李茵)의 고사라고 했고, 『운계우의』는 노악(盧渥)의 고사라고 했다. 『고금사문유취(古今事文類聚)』 후집 권10 「홍엽제시(紅葉題詩)」 및 속집 권5 「금구득홍엽(禁溝得紅葉)」와 『산당사고(山堂肆考)』 권40 「제엽(題葉)」에는 우우(于祐)의 고사로 되어 있다. 각주에서 말했듯이, 중국 당나라 때에 궁녀 한씨(韓氏)가 붉은 나뭇잎에 시를 써서 궁궐 도랑물에 흘려 밖으로 내보냈는데, 그 시에 "흐르는 물은 어이 그리 급한가? 깊은 궁중은 종일토록 한가롭네. 은근히 붉은 잎을 부치노니, 잘 가서 인간세계에 이르러라.〔流水何太急! 深宮盡日閒. 慇懃付紅葉, 好去到人間.〕"라고 했다. 우우(于祐)가 개울에서 이 시를 읽고 화답하는 시를 역시 붉은 잎에 써서 궁성 뒤 개울의 상류에서 궁중으로 띄웠다. 그 뒤 궁에서 한씨를 방출하여 시집보낼 때에 우우가 한씨를 만나 첫날밤 붉은 잎을 내보이니, 한씨도 그 붉은 잎을 내놓으면서 시를 짓기를, "한 절의 아름다운 글귀 흐르는 물 따랐으니, 십 년 동안 시름이 가슴에 가득했네. 오늘날 봉황의 짝을 이루니, 홍엽이 좋은 중매인 줄 이제야 알겠네.〔一聯佳句隨流水, 十載幽愁滿素懷. 今日已成鸞鳳侶, 方知紅葉是良媒.〕"라고 했다.

이후백 시의 마지막 구에서 대자사(大慈寺) 누대 운운한 것은 『본사시(本事詩)』에 나오는 촉후(蜀侯) 계도(繼圖)의 고사를 인용했다. 촉후 계도가 대자사의 누대에 기대어 있을 때 큰 오동잎이 바람에 불려 왔는데, 그 위에 다음 시가 적혀 있었다. "푸른 화장을 지우고 아미를 모으나니, 심중의 일이 울적하기에. 붓대롱 잡고서 뜰에 내려가, 상사의 글자를 쓰노라. 이 글자를 비위에 쓰지 않고, 이 글자를 종이에 쓰지 않고서, 가을 잎 위에 쓰나니, 추풍이 일어나 따라가서, 천하의 유심한 사람들이 상사병으로 죽는 일이 없게 하고, 천하의 마음 저버린 사람들이 상사의 뜻을 알지 못하게 했으면 하여, 유심한 사람이든 마음 저버린 사람이든 어느 곳에 떨어졌는지 모르게 했으면 하노라.〔拭翠斂蛾眉, 爲鬱心中事. 搦管下庭除, 書作相思字. 此字不書石, 此字不書紙. 書向秋葉上, 願逐秋風起. 天下有心人, 盡解相思死. 天下負心人, 不識相思意, 有心與負心, 不知落何地.〕" 수년 후 계도가 혼인 상대를 가려서 임씨(任氏)와 혼인했다고 한다.

조아비(曹娥碑)

아득한 절벽 풀덤불 수북한 곳에	蒼茫斷岸草蘺蘺,
버려진 비석 넘어지고 귀부도 갸우뚱하네.	荒碑半倒龜趺危.
이끼가 깊이 끼었어도 글자는 아직 완연하여	笞衣深合字尚宛,
헤쳐 보니 하나하나 말을 하는 듯하다.	披拂一一猶言之.
조아는 스물네 살에 효의 덕을 이뤄	娥年廿四德成孝,
부모 봉양하려고 슬하를 떠나지 않았더니,	自擬奉養無違離.
어찌 알았으랴, 자중하지 못하여 부녀간 그만두고	豈意卽罷不自重,
천 이랑의 파도를 거슬러 강물에 빠져 죽을 줄을?	逆濤千頃爲沉屍?
강변으로 달려가 곡하느라 눈동자도 마를 정도로	江邊走哭雙眸枯,
열이레 동안 정신이 피로했다.	一十七日精神疲.
슬프고 슬프다 살아서 다시 뵙지 못하니	哀哀此生不復見,
차라리 물결 밑으로 몸을 던져 혼이 따르리라.	寧投波底魂相隨.
외려 풍이(馮夷)에게 호소하여 아비 시신 찾아내어	却訴馮夷覓父屍,
의연히 안고서 강가로 나왔네.	依然抱出江之湄.
유해가 고기 자라의 먹이는 면했으니	遺骸免被魚鼈食,
하늘이 시킨 것이지 사람이 한 일 아니로다.	天實使之非人爲.
누가 글을 새겨 석 장(丈) 높이 비석을 세워	何人刻立三丈石,
아름다운 자취를 주옥 같은 시어에 실었나?	美迹載以瓊琚詞?
비가 때리고 서리가 갈아도 귀신이 보호하여	雨蕩霜磨神鬼護,
천 년토록 남아 시인의 슬픔을 자아내네.	千年留與騷人悲.
말 멈추고 다 읽은 후 한번 돌아보니	停驂讀罷一回顧,
망망한 낙조에 강물이 가없구나.	茫茫落日江無涯.

해설 「조아비(曹娥碑)」는 22구 장편 칠언고시로, 제목의 '碑'자를 시에 사용하지 않았지만

'碑'자가 속한 평성 支운을 짝수 번째 구마다 일운도저(一韻到底)했다. 효녀 조아(曹娥)는 무당 조우(曹盱)의 딸이다. 아비가 5월 5일 강에서 파사신(婆娑神)을 맞는 굿을 하다가 불어난 강물에 빠져 죽자, 조아가 밤낮으로 소리치며 아비의 주검을 찾다가 17일이 지난 뒤 강에 몸을 던져 익사한 채 아비의 주검을 안고 물 위에 떠올랐다. 『고금사문유취(古今事文類聚)』 권9 「서익강도(胥溺江濤)」에 나온다. 뒤에 중국 후한 한단순(邯鄲淳)이 조아를 위해서 비문을 지었는데, 이것이 「조아비(曹娥碑)」이다. 뒷면에 후한의 채옹(蔡邕)이 '황견유부외손제구(黃絹幼婦外孫齏臼)'라는 은어(隱語)를 써 넣었다. 후한 말 조조(曹操)가 양수(楊修)와 함께 길을 가다가 이 글을 보았을 때 양수는 곧바로 알아챘으나 조조는 30리를 더 가서야 깨달았다. 그 의미는 '절묘한 좋은 문장〔絶妙好辭〕'이다. 황견(黃絹)은 오색실〔色絲〕로 만들었으므로 '절(絶)', 유부(幼婦)는 소녀(小女)이므로 '묘(妙)'. 외손은 딸의 자식〔女子〕이므로 '호(好)', 제(齏)는 매운〔辛〕 부추이고 구(臼)는 물건을 받아들이는〔受〕 기구이므로 둘을 합하여 '사(辭)'이다. 『세설신어(世說新語)』 「첩오(捷悟)」에 나온다.

앵무주(鸚鵡洲)

황학루 앞 앵무주	黃鶴樓前鸚鵡洲,
하늘이 잠긴 푸른 강물은 기름같이 평평하다.	涵天碧江平如油.
갈대꽃은 양쪽 기슭에 눈처럼 휘날리고	蘆花兩岸雪紛披,
나그네가 찾았을 땐 서풍 부는 때,	遊人正値西風秋.
예형(禰衡)의 무덤은 지금 어디 있나?	禰君遺塚今何處?
차가운 흰 모래밭 십 리에 눈동자 희미해라.	白沙十里迷寒眸.
당시의 그 재주는 천하에 뛰어나서	當年才調天下奇,
이름이 사해를 뒤흔들어 속된 무리 놀랐는데,	名動四海驚凡儔.
어찌하여 가는 곳마다 받아들여지지 않아	如何到處不見容,

몸이 자주 조조와 유표의 꾀에 빠졌던가?	將身屢陷曹劉謀?
마침내 강하에서 재앙 입어	終然江夏譾罹怏,
원통한 뼈 묻힌 곳에 안개 낀 물결만 으슥하다.	寃骨葬處烟波幽.
평생 한번 지은 부를 사람마다 흠모하여	平生一賦人所慕,
모래섬의 이름 내걸어 천고의 시름 남겼네.	揭作洲名千古愁.
단풍 숲 멀고 아스라하며 방초는 시들었으니	楓林迢遰芳草歇,
그대 시혼은 일모에 머뭇머뭇하겠지.	詞魂日暮應夷猶.
이날 말 멈추고 옛 자취를 찾아서	停驂此日訪陳迹,
물풀 강기슭에 눈물 뿌리며 마음이 유유해라.	洒淚蘋渚心悠悠.
부질없이 시를 배워 「초혼사」를 본뜨려 하니	空學些吟擬楚招,
오강 만 리 하늘에 수심 찬 구름이 떴구나.	吳天萬里愁雲浮.

해설 「앵무주(鸚鵡洲)」는 20구 장편 칠언고시이다. 시제의 '洲'를 수구입운의 글자로 사용하고, 그 글자가 속하는 평성 우(尤)운을 짝수 번째 구마다 일운도저(一韻到底)했다. 앵무주는 중국 호북성(湖北省) 무창(武昌)의 서남쪽 양자강 가운데 있는 강섬이다. 후한 때 황조(黃祖)가 강하태수(江夏太守)로 있을 때 그의 아들 장릉태수(章陵太守) 황역(黃射)이 빈객을 모아 잔치를 했는데, 앵무새를 바치는 자가 있으므로 이를 기념하기 위하여 「앵무부」를 짓게 하자 예형(禰衡)이 「앵무부」를 지어 문장을 과시했다. 하지만 황조는 예형을 살해했다. 『후한서(後漢書)』 권80 하 「문원열전(文苑列傳)」에 나온다. 이백(李白)의 「앵무주를 바라보며 예형을 슬퍼하다〔望鸚鵡洲懷禰衡〕」 시에 "오강에서 「앵무부」 지을 제, 붓 들어 쓰매 뭇 영재를 초월했거니, 쟁글쟁글 금옥 소리 떨치어라, 구절마다 훨훨 날며 우는 듯하네.〔吳江賦鸚鵡, 落筆超群英. 鏘鏘振金玉, 句句欲飛鳴.〕"라고 했다. 지금의 중국 호북성 무한시(武漢市) 사산(蛇山) 장강(長江) 가에 황학루가 있는데, 중국 당나라 최호(崔顥)의 「황학루(黃鶴樓)」 시에 "비 갠 강엔 선명한 한양의 나무, 방초 금세 무성해진 앵무주로다.〔晴川歷歷漢陽樹, 芳草萋萋鸚鵡洲.〕"라는 구절이 있다.

무산신녀묘(巫山神女廟)

하늘가 푸른 봉우리 열둘이 늘어선 곳　天邊碧峯橫十二,
나그네는 단풍 숲에서 잠시 쉬었네.　遊人暫憩楓林間.
양대(陽臺)의 꿈 깨자 운우락(雲雨樂)은 흩어졌어도　陽臺夢罷雲雨散,
사당은 남아 아스라하다만,　尙有遺廟留孱顔.
비단 이불 구슬 자리는 찾을 길 없고　錦衾瑤席無處尋,
벽 사이 옛 그림엔 이끼 잔뜩 끼었네.　壁間古畵苔班班.
등나무 칡나무 덩굴 뻗어 허물어진 틈을 메꾸고　騰[266]蘿引蔓補屋罅,
찬 시내는 집을 둘러 나가며 찰찰 소리내네.　寒溪繞戶鳴潺潺.
때맞추어 제수를 몇 차례나 올리나?　時將羞殽能幾薦?
분주한 길손은 와서 부여잡고 오르네.　行人旁午來躋攀.
당년의 곱던 신녀는 지금은 허환이 되어　當年神艶是虛幻,
몽혼은 떠난 뒤 다시 오기 어려우니,　夢魂一去難復還.
끝끝내 사람들은 실제라고 가리키지만　終然世人指爲實,
사당은 간특한 신에 의지하는 것 아니랴?　廟宇無乃憑神姦?
괴이한 일 좋아하는 풍속이야 말해서 무엇 하랴?　好怪末俗何足道?
유연히 홀로 완고한 돌의 비석에 기대어 보니,　悠然獨倚碑石頑.
구름 사이 원숭이 울음소리가 끝나기도 전에　雲間猿叫聽未了,
한 줄기 소낙비가 앞산을 지나가누나.　一陣行雨過前山.

해설 「무산신녀묘(巫山神女廟)」는 18구 장편 칠언고시로, 시제의 '山' 자를 마지막 구인 제18구 마지막 글자로 쓰고 '山'이 속한 평성 산(刪) 운을 짝수 번째 구마다 일운도저(一韻到底)했다. 무산신녀묘는 중국 남송 육유(陸游)의 「입촉기(入蜀記)」 가운데

266 초간본에 '騰'으로 되어 있으나 문맥상 '藤'이 옳다.

1170년 10월 23일의 기록에서 사천성 무산현 무산을 지날 때 방문한 응진관(凝眞觀) 묘용진인(妙用眞人)의 사당이 그곳이다.[267] 묘용진인은 곧 무산신녀를 말한며, 초나라 양왕이 운몽택 가운데 고당(高唐)에서 무산신녀를 만났다고 한다. 송옥(宋玉)의 「고당부서(高唐賦序)」에 보면, 초나라 양왕이 고당에 노닐다가 나른해져서 낮잠을 자다가 꿈속에서 한 부인을 만났다. 그 부인은 자신이 무산의 여인인데, 고당의 손님으로 왔다가 그대가 고당에 와서 노닌다는 말을 듣고 천침(薦枕)하려 왔다고 했다. 다음 날 신녀는 떠나면서, "나는 무산의 남쪽 고구(高丘)의 험벽한 곳에 있으면서, 아침에는 지나가는 구름이 되고 저녁에는 지나가는 비가 되어, 아침마다 저녁마다 양대(陽臺)의 아래에 있을 것입니다.〔妾在巫山之陽, 高丘之岨, 旦爲朝雲, 暮爲行雨, 朝朝暮暮, 陽臺之下.〕"라고 했다. 여기서 '조운모우(朝雲暮雨)'라는 성어가 나왔다.

은교(銀橋)

화청궁 안에 가을바람 새로우니	華清宮裡秋風新.
태액지 수면에 파문이 가지런하다.	太液池面波紋勻.
군왕은 난간에 기대어 서늘한 밤기운을 어거하니	君王憑欄御夜涼.
명월이 정히 삼오야 보름날에 해당하네.	明月正當三五辰.
엷은 구름 흩어지고 옥 이슬 뚝뚝 떨어지는데	薄雲散盡玉露零.
긴 하늘이 담담하여 작은 티끌 하나 없네.	長天澹澹無纖塵.
구만 리 하늘의 얼음 바퀴를 우러러 쳐다보니	仰眺氷輪九萬里.
남은 광휘가 여전히 더하여 정신이 삽상하다.	餘輝尙可爽精神.
두꺼비는 계수나무에 기대고 토끼는 약을 찧는 모습을	倚桂蟾蜍搗藥免.
방불하게 보고자 하지만 방도가 없었다네.	欲見彷彿知無因.

267 심경호, 『여행과 동아시아고전문학』, 고려대학교출판부, 2011.

나공원 신선은 본래 천상계의 손님이었기에	羅仙元自上界客.
광한루에 노닐며 감상한 것이 몇 해 봄이었던가?	遊賞廣寒知幾春?
기이한 경지로 속인의 눈을 놀라게 하려고 해서	期將異境駭俗眼.
장난스레 계수 지팡이를 던져 푸른 하늘을 버티게 하자,	戲擲桂杖撑蒼旻.
잠깐 사이에 일천 장(丈)의 다리로 화(化)해서는	須臾化作橋千丈.
꼿꼿하게 구름 끝에 걸려 흰 은이 가로 비낀 듯하다.	直掛雲端橫素銀.
들쑥날쑥 아스라한 계단도 올라가기에 적당해서	參差危級穩宜躡.
더위잡고 오르면 항아의 손님이 될 수 있게 하여,	攀登可作姮娥賓.
결국 지존에게 항해를 먹을 수 있게 하려고	終教至尊餐沆瀣.
잠깐 보석 신을 끌고 자신전(紫宸殿)을 사직하게 했네.	暫曳寶舃辭紫宸.
자취를 허공에 붙이자니 평지와도 같아	迹着空虛若平地.
학을 몰아 동해 물가로 날아감보다 더욱 흔쾌하다.	快勝駕鶴東海濱.
구중 하늘의 차가운 기운이 뼈와 살에 핍박하더니	九霄冷氣逼肌骨.
홀연 옥 대궐이 아스라이 솟아난 모습이 보였네.	忽見玉闕高嶙峋.
흙덩이 땔나무 같은 궁전들[268]을 굽어보니 얼마나 되나?	俯視塊蘇是何許?
무희의 예상과 우의가 외려 친근하구나.	霓裳羽衣還相親.
돌아와 황황하여 꿈이런가 여기지만	歸來恍恍付一夢.
기이한 악보를 번안하여 세간 사람을 놀라게 했네.	新翻異譜驚世人.
신선 사다리 소멸한 뒤로는 다시 더위잡기 어려워	仙梯[illegible]滅難再攀.
얼마나 오래 달을 바라보며 헛되이 머뭇거렸던가?	幾時望月空逡巡?
어이 알았으랴, 되놈〔안녹산〕 말이 가을바람 맞으며 내달려서	那知胡馬騁秋風.
서쪽 검문으로 도망가는 몸이 될 줄을?	西作劒門奔逃身?

268 『열자(列子)』「주목왕(周穆王)」에 보면, 주 목왕이 도사를 따라 천상에서 노닐 적에 인간세계를 내려다보니, 그 궁사(宮榭)들이 포개 놓은 흙덩이나 쌓아 놓은 땔나무〔累塊積蘇〕처럼 보였다고 한다.

잔도와 사다리는 구불구불 구천에 닿았고　棧梯縈紆接九天.
양귀비 없이 쓸쓸히 떠나니 쓰라린 슬픔이 가시지 않는데,　蕭蕭獨去饒悲辛.
다시 은교를 추억하자 더욱 애간장이 끊어져　却憶銀橋更斷腸.
행궁에서 밤마다 옷과 수건을 눈물로 적셨다.　行宮夜夜沾衣巾.
본래 군주의 도는 바깥에서 구하는 것이 아니어서　由來君道不外求.
지덕을 사용하길 귀하게 여겨 신민에게 임어해 왔네.　貴用至德臨臣民.
일월의 순조를 탔기에 아름답다 할 만하지만　承調日月足云美.
어이하여 물외에서 신선을 이웃 삼았나?　詎向物外仙爲隣?
어이하여 군주의 몸으로 맑은 신령을 흠모하여　胡爲一身慕淸靈.
구중궁궐에서 방술의 무리를 인견했던가?　禁闈引接方術倫?
광한루에서 등촉 들고 구경하고 다시 달 아래 유람하며　觀燭廣寒復遊月.
황당하고 기괴한 일에 마음을 부림이 어이 그리 잦았더냐?　役意荒怪何其頻?
끝내 국가의 운명이 엎어지고 자빠질 판이었으니　終然國步際顚倒.
은교는 기우는 형세를 부축하는 데 도움 되지 못했도다.　銀橋無賴扶傾淪.
풍류라면 조지미(趙知微)[269]를 어이 이기랴?　風流爭似趙知微?
가을 하늘에 달이 어스름하여 진정 욕할 만하구나.　秋空翳月誠堪嗔.

269 조지미(趙知微)는 중국 당나라 의종(懿宗) 함통(咸通) 연간의 사람이다. 『역세진선체도통감(歷世眞仙體道通鑒)』 권42에 보면, 구화산(九華山) 봉황령(鳳凰嶺)에 집을 지어 살면서 날마다 도서(道書)를 외고 풀옷을 입고 나무 뿌리를 먹기를 수십 년 동안 계속하니 도행(道行)이 찬란하게 드러나 사람들이 많이 추종했다. 단약과 금을 잘 제련했으므로 제자들에게 팔도록 시켜서 자급했다고 한다. 『유설(類說)』 권45 「삼수소독(三水小牘)」 '천주봉완월(天柱峯玩月)'애 보면, "조지미가 도술이 있어서 황보현진 등이 그를 스승으로 섬겼다. 중추절에 음기가 쌓여 해소되지 않자, 뭇 사람들이 좋은 절기를 놓치게 된 것을 애석해 했다. 조지미는, '술과 안주를 준비하면, 천주봉에 올라 달을 구경할 수 있다.'라고 했다. 문밖을 나가보니 하늘의 경색이 트여서 맑았다. 마침내 산 봉우리에 오르니 달빛이 대낮처럼 환했다. 모여서 술을 마시다가, 달이 져서 바야흐로 산을 내려오려고 하는데, 스산하게 바람이 불고 심하게 비가 내려 음울하고 어둡기기 이전과 같았다.〔知微有道術皇甫玄眞等師事之. 中秋積陰不解, 衆惜良辰, 知微曰: '可備酒肴, 登天柱峯, 玩月.' 旣出門, 天色開晴. 及登山峯, 月色如晝. 會飮, 月落方歸下山, 則悽風苦雨, 陰晦如前.〕"라고 했다.

지팡이 짚고 걸어서 천주봉에 오를 터이니 携筇步上天柱峯.
은교를 사용하여 상진(上眞)을 방문할 것 없도다. 不用銀橋訪上眞.

해설 이 시는 25연 50구의 칠언고시이다. 제목의 은(銀)를 골라 제8연 대구(對句)의 마지막 자로 삼고, 그 글자가 속하는 평성 제11 진(眞)으로 압운했다.[270] 행시(行詩) 형성 과정에 출현한 장편칠언 형식이다. 이 시는 중국 당나라 나공원(羅公遠)의 고사를 이용했다. 나공원의 또 다른 이름은 나사원(羅思遠)으로, 중국 당나라 현종(명황) 때 술사(術士)이다. 팽주(彭州) 구룡현(九隴縣) 사람인데, 악주(鄂州)에 거처했으므로 악주 사람이라고도 한다. 나공원은 중추절에 계수나무 석장을 공중에 던져 은교(銀橋)를 만들어, 현종과 함께 월궁에 올라 선녀들의 춤을 구경하고 「예상우의곡(霓裳羽衣曲)」을 들었다. 현종은 나공원에게 은신술을 가르쳐 달라고 했지만 나공원이 가르쳐 주지 않자 그를 살해했다고 한다. 송나라 장군방(張君房) 찬 『운급칠첨(雲笈七籤)』 권112 「신선감우전(神仙感遇傳) 하(下) 나공원」에 그 이야기가 있다. 나공원이 당 현종과 함께 은교로 월궁에 올라 「예상우의곡」을 들었다는 이야기는 여러 문헌에 나온다. 나공원이 현종에게 은신술을 주지 않아 살해되었다는 이야기도 여러 문헌에 나온다. 한편 나공원이 중국 당나라 선천(先天)〔당나라 현종 이융기(李隆基)가 712년 8월부터 713년 11월에 사용한 연호〕 연간에 은신술로 황태자의 금은기물이나 말을 멋대로 다른 곳에 이동시켜 두었다는 일화도 있다. 이 이야기는 중국 당나라 장작(張鷟)의 『조야첨재(朝野僉載)』와 그것을 전재한 중국 송나라 이방(李昉) 등 편찬의 『태평광기(太平廣記)』 권285 「환술(幻術) 2 나공원」에 전한다. 기이하게도 이 일화는 고려·조선의 시문에 전고로 활용된 예가 없다.

김시습(金時習, 1435~1493))이 50세 무렵 강원도 양양(襄陽)에 거처하면서 양양부사(襄陽府使) 유자한(柳自漢)에게 보낸 진정서(陳情書)에서, 나공원이 현종에게 "폐하

270 평성 제11 진(眞) 운의 운자 가운데 '新·匀·辰·塵·神·因·春·旻·銀·賓·宸·濱·峋·親·人·巡·身·辛·巾·民·隣·倫·頻·淪·嗔·眞' 등의 글자를 사용했다.

가 만약 나의 술수를 배우신다면 천하의 군주일 수가 없게 됩니다."라고 말한 것을 인용했다. 그 말은 본래 당나라 단성식(段成式, 803~863)의 『유양잡조(酉陽雜俎)』 권2 「호사(壺史)」, 그리고 『태평광기』 권22 「신선」 '나공원' 조항에 나온다. 다만 『유양잡조』에서는 "만약 신의 법술을 다 배우고자 하신다면 반드시 옥새를 품안에 품고 민가로 들어가셔서 장차 서민의 옷을 입고 곤궁하게 지내야 할 것입니다.〔若盡臣術, 必懷璽入人家, 將困於魚服也.〕"라고만 했다. 이에 비해 『태평광기』에서는 나공원이 "만약 신하의 술수를 다하고자 하신다면 반드시 옥새를 가슴에 품고 인가로 들어가셔서 어복(변복)하여 고생을 하셔야 할 것입니다.〔若盡臣術, 必懷璽入人家, 困於魚服矣.〕"[271] 라고 말한 것으로 되어 있고, 전후 이야기도 매우 상세하다.

한편 『유양잡조』 권3 패편(貝編)에는 나공원이 당 현종의 명으로 불공(不空)과 기우(祈雨)를 하여 공력을 다투어 불공이 이겼다는 이야기, 불공이 나공원의 여의(如意)를 이용하여 신통술을 부렸다는 이야기가 실려 있다. 이것은 『태평광기』의 내용과 통하되 법술의 경쟁 상대가 다르고, 나공원이 술수에서 진 것으로 되어 있다. 또 『사천통지(四川通志)』 권38의 3 '선석(僊釋)·나공원(羅公遠)' 조는 나공원이 팽주 구롱현 사람이라고 적고, 뒤에 악주에 노닐다가 악주 자사의 지우를 입어 명황(현종)을 알현하게 되었으며, 섭법선(葉法善) 및 금강(金剛)과 술법을 겨루어 이겼다는 사실을 적었다. 그리고 명황이 은신술을 가르쳐 달라고 했지만 거절했다는 이야기, 살해된 후 촉 땅에서 환생하여 '당귀(當歸)'를 부쳐 주었는데, 과연 안록산의 난으로 촉 땅으

271 성임(成任) 편(編), 김장환(金長煥)·박재연(朴在淵)·이내종(李來宗) 역, 『태평광기상절(太平廣記詳節) : 역주편(譯注篇)』, 학고방(學古房), 2005. '어복(魚服)'은 '어부의 옷'을 말하는 것이 아니라 '백룡어복(白龍魚服)'이라는 성어에서 뜻을 취한 것이다. 중국 한(漢)나라 유향(劉向)의 『설원(說苑)』 「정간(正諫)」에 보면 오(吳)나라 왕이 백성들과 어울려 술을 마시자 오자서(伍子胥)가 백룡(白龍)의 비유를 들어 이렇게 간(諫)했다고 한다. "옛날에 백룡이 맑고 차가운 연못에 내려와 물고기로 화했는데 어부 예저(豫且)가 그 눈을 쏘아 맞혔습니다. 백룡이 천제(天帝)에게 이를 하소연하자, 천제는 '물고기는 본래 사람이 쏘아 잡으라고 있는 것이니 예저에게 무슨 죄가 있겠느냐? 백룡이 물고기로 화하지 않았으면 예저도 쏘지 않았을 것이다.'라고 했습니다. 이제 만승(萬乘)의 지위를 버리고 포의(布衣)의 선비들과 어울려 술을 마시니 예저의 근심이 있을까 두렵습니다."

로 몽진했다가 서울(장안)으로 돌아왔다는 이야기를 나열했다.

이후백은 '군주의 몸으로 맑은 신령을 흠모하여 구중궁궐에서 방술의 무리를 인견한 일'을 비판하는 것에 초점을 두었다. 나공원이 현종을 면전에서 비판한 고사를 끌어다 쓴 것은 아니다. 군주를 풍간하고 계옥하는 뜻을 담았다.

철구행(鐵狗行)

그대 못 보았나, 진(秦)나라 때 이빙(李冰) 태수가	君不見秦時李太守,
돌 다듬어 무소상 새겨 파강 어구에 세운 일을?[272]	伐石刻犀巴江口?
또 못 보았나, 한나라 때 무제가	又不見漢家武皇帝,
놋쇠 부어 구리 말을 만들어 언덕같이 높게 한 일을?[273]	鑄銅範馬高如阜?
천 년 이전 기이한 승사(勝事)가 동해에 이르러서	千年奇勝到東海,
외려 귀한 쇠를 녹여 철구를 만들었구나.	還教寶鐵融成狗.
번화한 대방(남원)은 예전에는 나라라 일컬었으니	繁華帶方古稱國,
그 처음 어느 호사가가 쪼아 새겼던가?	厥初好事誰調剖?
굳은 쇠 아직도 주인 그리는 마음 띠고 있으니	堅鐵猶帶戀主心,
진흙탕 수레 따르며 장난하는 개에 견주랴?	豈比泥車隨戲走?
광한루 밑에서 문지기 일을 맡아	廣寒樓下作司閽,
포악한 객이 창을 넘보지 못하게 하네.	未許暴客干牕牖.

272 중국 당나라 두보(杜甫)의 「석서행(石犀行)」에서 소재로 삼은 내용이다. 당나라 때 강가에 돌로 만든 물소인 석서(石犀)를 세우면 수재(水災)를 막아 준다는 미신이 있었는데, 이빙(李冰)이 석서를 만들어 파강(巴江) 어구의 수재를 막고자 했다. 이에 두보가 「석서행」을 지어 풍자했다.

273 한 무제(漢武帝)로 널리 알려져 있는 중국 전한(前漢)의 제7대 황제 효무황제(孝武皇帝) 유철(劉徹)의 때에 상마자(相馬者, 말의 상을 잘 보는 자)인 동문경(東門京)이 동마(銅馬)를 주조하는 방법을 바쳤다. 한 무제는 노반문(魯班門) 밖에 동마를 주조해서 세우고, 노반문을 금마문(金馬門)으로 이름을 바꾸게 했다. 『후한서』 「마원전(馬援傳)」에 나온다.

복숭아꽃 화장하고 멀리 홀로 서 있으면 桃花妙粧逈獨立,
그림자가 오작교의 맑은 가을 물에 들어오네. 影入鵲橋秋水溜.
삼생에 고기나 훔친다는 말을 부끄러워하는 듯 三生似恥盜肉語,
날마다 연한 고기와 좋은 곡식을 먹으며, 日啖桂臠哺瓊粮.
새 쫓고 토끼 치는 일은 전혀 익숙지 않아 追飛搏走渾未貫,
어슬렁거리는 여우라 해도 사주하기 어렵네. 綏綏有狐難爲嗾.
뼈다귀 던져 주어도 부를 수 없음을 사람들은 아나니, 人知投骨不可招,
데리고 놀 이는 영계(濇溪)[274]의 늙은이뿐. 狎翫自有濇溪叟.
그 늙은이는 사람이 아름답고 현명하기에 叟乎其人美且偲,
늘어진 귀에 매단 두 귀고리가 참으로 짝을 얻었도다. 墮耳重環眞得偶.
긴긴 날 깨끗한 서재에 앉아 책상에 책들을 벌여 두니 淸齋日永書滿几,
이원(梨園)의 분칠한 기생들은 추한 모습으로 분분할 뿐. 梨園粉黛紛麤醜.
빠른 곡조 피리를 난잡하게 불고 느린 현악을 낑낑 소리 내며 亂吹繁管戛慢絃,
반상에 음식 괴고 술동이에 명주(名酒)가 질펀한 것을 업수이 보노라. 陵看崇案樽瀰酒.
영특하게 길든 너는 참으로 당나라 사원마(沙苑馬)[275] 같고 靈馴眞似唐苑馬,
늙은이는 술잔 물고 춤추며 절하고 만세 부르며, 啣杯拜舞稱萬壽.
봄꽃과 가을 달 아래 즐거움이 다할 날 없더니 春花秋月樂未畢,

274 영계(영계)는 경상남도 거창(居昌)의 관아 왼쪽을 흐르던 시내이다. 박지원(朴趾源)의 「거창현오신사기(居昌縣五愼祠記)」에 "영남에 거창(居昌)이란 고을이 있다. 그 관청 소재지의 왼쪽 영계(濇溪)라는 시냇가에 신씨(愼氏) 성을 가진 다섯 사람을 나란히 제사 드리는 곳이 있는데, 모두 추증된 벼슬이 좌랑(佐郞)이고 이름은 석현(錫顯), 극종(克終), 덕현(德顯), 치근(致勤), 광세(光世)이다. 이 다섯 사람은 그 고을의 아전으로서 충의의 공적이 국사(國史)에 드러나고 읍지(邑誌)에 기록되어 있으니, 어찌 이른바 '큰 환난을 막은 사람에게는 제사를 지내 준다.'는 경우가 아니겠는가?"라고 했다. 하지만 여기서 영계는 함양의 지역을 두루 말한다. 이후백은 자신의 친우를 영계 출신의 늙은이에게 빗대었다.

275 중국 당나라 때 궁중의 비원(祕苑)에서 기르던 말을 말한다. 당나라 두보(杜甫)의 시(「奉酬嚴公寄題野亭之作」)에 "어가를 인도하느라 참람하게 사원마를 탔고, 그윽한 곳에 깃들어 참으로 금강의 물고기를 낚네.〔奉引濫騎沙苑馬, 幽棲眞釣錦江魚.〕"라고 읊었다.

늙은이가 남쪽 바닷가로 한번 떠나서는 돌아올 기약 아득하고	南涯一去歸期久.
너는 얼굴 모습 여위어 초상집 개와 같으니	形容瘦已似喪家,
쑥대 같은 털의 때를 누가 씻겨 줄 것인가?	蓬毛誰爲掃塵垢?
사람 향해 어여삐 여겨 달라 빌지 않았거늘	不向人中更乞憐,
일찍이 꼬리 흔들고[276] 머리 숙인[277] 적 있었던가?	何曾掉尾因俛首?
외론 누대에 한밤이 적막하여 꿈은 싸늘하고	孤樓夜寂夢未溫,
은하의 별빛이 관로의 버드나무를 담그고 있을 때,	星河正蘸官街柳.
나무 위 까마귀는 바람에 몸 뒤집고 이지러진 달이 오르며	風鴉翻樹缺月昇,
물시계 종이 울리는 소리를 말똥말똥 새벽에 듣네.	耿耿漏鍾聞曉扣.
망선루(望仙樓) 향하는 길이 큰길에 통해서	望仙一路接通衢,
분분하게 나그네가 앞뒤로 아득하니,	紛紛過客迷前後.
컹컹 시기하는 개들은 온종일 짖어 대지만	狺狺猜吠日未休,
괴통(蒯通)의 말이 구차하지 않음[278]을 비로소 믿으리라.	始信蒯生言不苟.
옛날 사수(泗水)[279] 가에 취해 누웠던 일 생각나거늘	憶曾泗水濈醉臥,

276 중국 송나라 승상 유항(劉沆)의 「술회(述懷)」 시에 "호랑이는 태어나면 사흘 만에 소를 엿보나니, 사냥해 먹는데 어찌 꼬리치며 구걸하랴?〔虎生三日便窺牛, 獵食寧能掉尾求?〕"라고 했다.

277 중국 당나라 한유(韓愈)의 「응과목여시인서(應科目與時人書)」에 "머리를 조아리고 귀를 늘어뜨린 채 꼬리를 흔들며 애걸하는 것은 나의 뜻이 아니다.〔若俛首帖耳, 搖尾而乞憐者, 非我之志也.〕"라고 했다.

278 원문의 '괴생(蒯生)'은 중국 전한시대의 괴통(蒯通)을 말하며, 괴철(蒯徹)이라고도 한다. 중국 진나라 말 한나라 초의 무장 한신(韓信)이 제(齊)나라를 치려다가 역이기(酈食其)가 이미 변설로 제나라의 항복을 받자 포기하려 했다. 이때 괴통이 공을 뺏기지 말라고 간언하여 한신이 제나라를 치자, 제나라는 역이기에게 속았다고 여겨 역이기를 삶아 죽였다. 괴통은 또 한신이 제왕(齊王)이 된 이후 연나라와 조나라 세력을 합쳐 한나라와 초나라에 맞서는 삼분계책을 올렸으나 받아들여지지 않았다. 한신은 잡혀 죽을 때 괴통의 말을 듣지 않은 것을 후회했다. 후에 고조가 잡아 죽이려 하자 "개는 각각 자기 주인을 위해 짖는다."는 명언을 하여 풀려났다. 『사기(史記)』 권92 「회음후열전(淮陰侯列傳)」에 나온다.

279 여기서의 사수(泗水)는 현재의 경상남도 사천(泗川) 일대를 가리키는 듯하다. 조선시대 진주목(晉州牧)에 속했다.

비록 속아 팔려 가는 일이 있다 해도 어찌 차마 저버리랴?	縱有所賣那忍負?
듣자니 남긴 자취를 신선에게 의탁하여	似聞遺迹托神仙,
소나무에 가려진 누각이 바위 숲 가까이 있다지.	隱松樓觀依巖藪.
높은 인연으로 단약 솥을 핥던 옛날을 못 잊어라[280]	高緣未忘舐鼎時,
신선 집〔회남왕 유안(劉晏)〕에선 흰 구름을 가벼이 밟았지.	仙家白雲輕可蹂.
하물며 청련이라는 도우가 있어	況知道友有青蓮,
코끼리 밟고 학과 놀아[281] 끝내 허물 없음을 알지 않는가?	踏象弄鶴終無咎?
달려가 맑은 모임에 참여함이 또한 아주 즐거우리만	走參淸契亦甚樂,
하루에도 열에 여덟아홉 번을 머뭇머뭇하다니!	一日趑趄恒八九!
순강(鶉江)[282]이 사수(泗水)일 수 없어서도 아니요	不是鶉江不可泗,
보물 쇠사슬의 끈을 풀기 어려워서도 아니라네.	不是寶鎖難解紐.
길가의 이리와 범은 전혀 해코지하지 않지만	道傍豺虎摠非害,
다만 규중의 사자후(獅子吼)가 두려워서라오.	只怕閨中獅子吼.

해설 「철구행(鐵狗行)」은 군불견체(君不見體)의 56구 장편 칠언고시이다. 시제의 '구(狗)'를 제3연 마지막 글자로 사용하고, 그 글자가 속한 상성 유(有) 운을 짝수 번째 구절

280 중국 한(漢)나라 회남왕(淮南王) 유안(劉安)이 신선술을 터득하여 온 가족을 이끌고 승천할 때 그 집의 닭과 개도 그릇에 남아 있던 단약(丹藥)을 핥아 먹고 하늘에 올라가서 개는 천상에서 짖고 닭은 구름 속에서 울었다고 한다. 『논형(論衡)』 「도허(道虛)」에 나온다.

281 원문의 '답상농학(踏象弄鶴)'은 학창의(鶴氅衣)를 입고 말을 타고 나가 말이 순백의 상연(象筵)을 밟아 나가는 것을 말한다. 상연은 순백의 드넓은 들판을 말한다. 중국 당나라 유우석(兪禹錫)의 시(「酬令狐相公雪中遊玄都見憶」)에 "사람은 학창의 들쓰고 나가고, 말은 상연을 밟으며 가네.〔人披鶴氅出, 馬踏象筵行.〕"라고 했다.

282 순강(鶉江)은 전라남도 곡성(谷城) 근처를 지나는 섬진강(蟾津江) 상류의 일부 구간을 말한다. 때로는 섬진강을 가리킨다. 남원(南原)에는 순자진(鶉子津)이 있었다. 『신증동국여지승람』에 의하면, 진안현(鎭安縣) 중대산(中臺山)과 태인현(泰仁縣) 운주산(雲住山)의 물이 합쳐 흘러서 남원부 서쪽 40리쯤에 이르러 순자진이 되는데, 곡성현(谷城縣)에 들어가서 압록진(鴨綠津)이 된다고 했다.

마다 일운도저(一韻到底)했다. 철구는 비보설(裨補說)의 압승법(壓勝法)과 관련이 있는 듯하다. 불교에서는 『오등회원(五燈會元)』 권14에 "쇠 개는 바위에 비친 달을 보고 짖고, 진흙 소는 산에 걸린 구름을 들이받아 부순다.〔鐵狗吠開岩上月, 泥牛觸破嶺頭雲.〕"라는 공안(公案)이 있어, 정식분별(情識分別)을 벗어날 것을 가르친다. 그런데 옛 대방국이라고 전하는 남원의 광한루 아래에 철구가 있었던 듯하며, 이것은 불교의 공안과는 관련이 없다. 이후백은 이 철구의 조각을 각서(刻犀)와 범마(範馬)의 고사와 비교했다. 각서는 진(秦)나라 효문황(孝文王) 때 이빙(李冰)이 촉(蜀) 땅을 다스릴 때 돌로 물소 세 마리를 만들어 수정(水精)을 진압해서 물의 재해를 진압한 일을 말한다. 두보(杜甫)의 「석서행(石犀行)」에 "원기만 항상 조화한다면, 자연히 파도의 피해는 면하리라. 어찌하면 장사를 얻어 천강을 끌어다가, 다시 수토를 다스려 돌 물소를 없앨까?〔但見元氣常調和, 自免坡濤恣調瘵. 安得壯士堤天綱, 再平水土犀奔茫?〕"라고 했다. 광주광역시 석서정(石犀亭)은 비보설과 관련하여 석서를 세운 것에서 기원한다. 범마의 고사는 한 무제가 상마자(相馬者) 동문경(東門京)이 동마(銅馬)를 주조하는 방법을 바치자 한 노반문(魯班門) 밖에 동마를 주조해서 세우고 노반문을 금마문(金馬門)으로 이름 바꾸게 한 고사를 말한다. 이후백은 자신의 한 친우를 영계(瀯溪)의 늙은이라고 불렀는데, 영계는 거창의 시내이다. 그런데 이후백은 영계의 늙은이가 남원의 철구와 도우 청련과 함께 맑은 모임을 갖다가 떠나서는 선뜻 다시 오지 못하는 이유는 해코지할 무엇이 있어서가 아니라 규중의 사자후가 두려워서라고 했다. 공처가를 조소하는 해학의 말인 듯하다. 이후백은 함경도관찰사로 있을 때 「철구에게 전하는 서찰〔傳鐵狗書〕」이라는 칠언절구 두 수를 지었는데, 남원 기생을 직접 부르지 않고 철구라고 대칭(代稱)한 듯하다.

소석(韶石)

함지의 여향[283]이 오랫동안 적막한데 咸池遺響久杳寂,

동정호 물결에 가을 푸른 하늘이 흔들린다.[284]　　洞庭波浪搖秋碧.
정호[285]의 시름에 찬 구름에 애간장 끊어졌거늘　　愁雲鼎湖已斷腸,
하물며 소주에서 소석을 다시 보니 어떠랴?　　況復韶州見韶石?
소 음악[286]이 바야흐로 연주될 때 봄기운이 소석을 감돌아　　韶之方奏春繞石,
음률이 팔음에 화협하여 순수하게 다시 펼쳐지네.　　律協八音純更繹.
새와 짐승도 모두 춤을 추고 신과 사람도 감동시켜　　率舞鳥獸感神人,
상서로운 바람이 순임금 덕을 먼 나라까지 불어 보내네.　　祥風鼓德吹遐域.
소 음악이 끝나면 구름이 소석을 잠그어　　韶之既闋雲鎖石,
아홉 곡조 흩어져 산이 적막하고　　九成淪散山寥闃.
원숭이 울고 산새도 울고 시냇물도 오열하여　　猿鳴鳥嘯澗聲咽,
빈 바위에서는 그윽한 자취 찾을 길 없네.　　空巖無處尋幽迹.
중화(순)의 당시 화평이 어찌 우연이랴?　　重華當日豈徒哉?
지극한 음을 써서 틀어진 반역자도 화합시켰다네.　　要用至音和乖逆.
분분하게 관현을 연주하며 산수나 구경하면　　紛紛管絃賞山水,
난잡한 탐닉을 후세에 책망함을 어이 견디랴?　　荒耽後世那堪責?
슬피 바라보아도 남훈(南薰)[287]을 볼 수가 없어　　悵望南薰不可見,

283 함지(咸池)는 황제(黃帝)의 음악이다. 『장자』「천운(天運)」에 "황제(黃帝)가 함지(咸池)의 음악을 동정의 들판에서 연주했다."라고 했다.

284 『초사(楚辭)』「구가(九歌) 상부인(湘夫人)」의 "우수수함이여 가을바람이 불어대니, 동정호가 물결 침이여 나뭇잎이 떨어지도다.〔嫋嫋兮秋風, 洞庭波兮木葉下.〕"라는 시상을 차용했다.

285 정호(鼎湖)는 중국 하남성(河南省) 형산(荊山) 아래에 있는 지명으로, 황제(黃帝)가 형산 아래서 솥을 주조한 데서 붙여진 이름이다. 『사기(史記)』「봉선서(封禪書)」에 보면, 황제가 솥을 주조하고 나서 용을 타고 승천할 적에 군신(群臣)과 후궁(後宮)으로 함께 따라 올라간 자가 70여 인이었고, 따라가지 못한 소신(小臣)들은 용의 수염을 잡고 있다가 용의 수염이 빠지는 바람에 모두 떨어져 버렸다고 한다.

286 소(韶)는 순(舜)임금의 음악이다. 『서경』「익직(益稷)」에 "순(舜)임금의 음악인 소소(韶簫)를 아홉 번 연주하자, 봉황이 날아와서 춤을 추었다.〔簫韶九成, 鳳凰來儀.〕"라고 했다.

287 '남훈(南薰)'은 순(舜)임금, 혹은 순임금 같은 성군을 말한다. 순임금이 오현금(五絃琴)을 처음으로 만들어 「남풍가(南風歌)」를 지어, "훈훈한 남쪽 바람이 우리 백성의 수심을 풀어 줄 만하고, 제

저물녘 가을바람에 나귀 탄 나그네[288]로다.	西風日暮騎驢客.
석양은 산에 걸리고 돌은 말이 없는데	斜陽掛山石無語,
구의산[289] 돌아보니 구름이 정말 희구나.	回頭九疑雲政白.

해설 「소석(韶石)」은 20구 장편 칠언고시이다. 시제의 '석(石)' 자를 제2연의 마지막 글자로 사용하고, 그 글자가 속한 입성 맥(陌) 운을 주로 사용하되 입성 석(錫) 운을 통압했다. 그리고 첫구에도 운자를 사용했다. 제3연과 제5연은 출구(바깥짝)의 마지막에 석(石) 자를 사용했다. 소석은 중국 소주(韶州)의 지명으로, 우순(虞舜)의 사당이 있는 곳이다. 중국 당나라의 한유(韓愈)가 원주(袁州)로 유배 가면서 소주자사(韶州刺史) 장서(張曙)에게 화답한 시(「量移袁州酬張韶州」)에, "잠시 배를 소석의 아래에 묶어 놓고, 우순(虞舜)의 사당에 상빈이 되어 관과 옷깃을 정돈하려 한다.〔暫欲繫舟韶石下, 上賓虞舜整冠裾.〕"라고 했다. 한편 순임금이 만든 음악을 소악(韶樂)이라고 한다. 『논어』「술이(述而)」에 "부자께서 제(齊)나라에 계실 때에 소악을 들으시고 석 달 동안 고기 맛을 모르셨다."라 하고, 「팔일(八佾)」에서는 공자가 소악(韶樂)에 대해 "지극히 아름답고 또 지극히 좋다.〔盡美矣, 又盡善也.〕"라고 했다. 순임금을 '중화(重華)'라고도 한다. 『서경』「순전(舜典)」에 "옛날 순임금을 상고해 보니 중화가 요임금에 합치했다.〔曰若稽古帝舜, 曰重華協于帝.〕"라고 했다. 이후백은 남훈의 시절을 볼 수 없다는 사실을 슬퍼했다. 남훈은 순임금이 지었다는 노래이다.

때 부는 남풍이 우리 백성의 재산을 늘려 줄 만하네.〔南風之薰兮, 可以解吾民之慍兮, 南風之時兮, 可以阜吾民之財兮.〕"라고 노래한 데서 유래한다. 「남풍가」는 「남훈가(南薰歌)」라고도 한다. 『예기(禮記)』「악기(樂記)」와 『공자가어(孔子家語)』「변악해(辨樂解)」 참조.

288 원문의 '기려객(騎驢客)'은 시상(詩想)에 몰두한 시인을 말한다. 중국 당나라 가도(賈島)가 시상에 몰두하며 말을 타고 가다가 경조윤(京兆尹)의 행차를 피하지 않아 붙잡혀 들어간 고사가 있다. 『신당서(新唐書)』「가도전(賈島傳)」 참고.

289 원문의 '구의(九疑)'는 중국 호남성(湖南省)에 있는 산 이름이다. 순(舜)임금이 남쪽으로 순행을 갔다가 창오(蒼梧)의 들에서 죽어서 이곳에 묻혔다. 『사기』「오제본기(五帝本紀)」 참고.

검려(黔驢)

아아 슬프다, 세상 사람은 제 힘을 못 헤아려　噫嘘嘻世人不量力,
걸핏하면 작은 분노를 타서 곧바로 망령되이 침노하다니!　動乘小忿旋妄侵!
경망하고 조급하면 어떻게 스스로 보존할 계책을 알겠는가?　輕躁何知自保計?
강한 사람 업신여기고 큰 힘과 싸워 재앙이 잇따르네.　凌强鬪大災相尋.
누가 어리석은 짐승을 시켜 이런 불행을 범하게 했나?　誰敎微獸冒此辜?
슬프다 노새여, 검주에서 죽었구나!　哀哉驢也死於黔!
강배에 실어 올 때 이미 즐겁지 않았는데　江舟載入已非樂,
하물며 다시 궁벽한 산 음지에 버림받았음에랴!　況復放棄窮山陰!
형모만 쓸데없이 큰 것을 무어 자랑하랴?　形貌空大何足誇?
타향 사람 시기와 의심, 시름과 근심이 깊었다네.　異鄕猜訝虞憂深.
맑은 샘물 살찐 풀에 (이하 세 글자 불명)　淸泉豊草□□□,
오히려 산봉우리에 의지해서 제 명을 마쳤으리.　尙可畢命依山岑.
산군(호랑이)의 맹위는 온 짐승을 벌벌 떨게 하니　山君威猛慴百毛,
위태로워라 갑자기 빈 숲속에서 튀어나오니!　危乎倉卒於空林!
혼이 놀라 멀리 도망침이 정말 다행이다만　魂驚遠走是云幸,
숲에 숨어 엿보는 것을 끝내 어찌 금하랴?　蔽林窺覘終何禁?
큰 소리 지름이 방어의 도구는 아니더라도　宏聲縱非捍禦具,
조금은 놀라게 해서 기회 노리는 마음 소거할 수 있지.　猶可微駭消機心.
어찌하여 촐싹대어 삼가지 않고서　胡爲狎習不自愼,
짧은 기술로 포악한 놈 막으려 했던가?　欲將短技防暴臨?
두 발굽으로는 호랑이의 발톱, 이빨 당하기 어려워　雙蹄難可敵爪牙,
뼈와 살이 으깨지고 부서져 숲 덤불에 수북했네.　骨肉委碎叢榛森.
이로써 기술을 내어 강한 자를 성나게 하여　由來出技以怒强,
끝내 사로잡히지 않는 것이 거의 없네.　畢竟鮮不爲所擒.

제나라 멸망시킨 식후(息侯)도 몸이 끝내 죽었고[290]	息侯滅蔡身竟殲,
초나라 노략한 호자 표(豹)도 나라가 침몰되었네.[291]	胡子掠楚邦亦沉.
분분하게 앙화를 도박하고 자성하지 않으니	紛紛賭禍不自省,
땅강아지가 나무 흔들어 봐도[292] 담임하지 못하네.	蚍蜉撼樹元非任.
유주자사 완세옹(유종원)[293]은	柳州刺史玩世翁,
한 세월을 남해 물가에서 불우하게 지내며,	光年坎軻南海潯.
어리석은 자가 남 이용해 기회 타기 좋아함을 불쌍히 여겨	秪憐昧者好乘物,
이에 가탁하여 비유를 끌어와 잠규(箴規)를 진술했네.	托斯引譬陳規箴.
노루의 간여가 주제 넘고 쥐 도둑질도 때 있음을 말하여	麑干非類鼠竊時,
아울러 「삼계」를 드리워 지금까지 전하네.	並垂三戒傳至今.
말이 옳다 해도 바른 말이 반드시 있지는 않기에	其言雖是未必有,
일은 세상 놀라게 함이 귀하다는 점을 나는 믿는다네.	事貴驚世吾所諶.
붓 휘갈기길 사양하지 않고 하찮은 말을 서술하여	不辭揮翰述微詞,
병들고 미친놈에게 거듭 폄침(砭針)으로 삼으리라.	重與病狂當砭針.

해설 「검려(黔驢)」는 38구의 장편 칠언고시이다. 첫 구는 감탄사 '희허희(噫噓嘻)'를 사용하여 8자로 구성했다. 제목은 검주(黔州)의 나귀란 뜻으로, 졸렬한 기능(技能)을 비유하는 말이다. 중국 당나라 유종원(柳宗元)의 「삼계(三戒)」 가운데 '검지려(黔之驢)'에서 소재를 취했다. 유종원의 「삼계」는 「임강지미(臨江之麋)」·「검지려(黔之驢)」·「영모

290 『춘추좌씨전(春秋左氏傳)』에 나오는 기원전 684년〔노(魯)나라 장공(莊公) 10년〕 식국(息國)의 식후(息侯) 사례이다.

291 『춘추좌씨전』에 나오는 기원전 506년〔노(魯)나라 정공(定公) 4년〕 호자(胡子) 표(豹)가 초(楚)나라 성읍을 점령했던 사례이다.

292 중국 당나라 한유(韓愈)의 시(「調張籍」)에 "개미가 큰 나무를 흔들려고 하니, 자기 역량 모르는 게 가소롭구나.〔蚍蜉撼大樹, 可笑不自量.〕"라고 했다.

293 완세옹(玩世翁)은 세속을 내리 깔아 보고 자기 삶을 살아가는 사람이란 뜻이다. 여기서는 중국 당나라 때 유주자사(柳州刺史)로 좌천되어 있던 유종원(柳宗元)을 가리킨다.

씨지서(永某氏之鼠)」 등 서로 독립되어 있으면서 서로 호응하는 세 개의 단편으로 구성되어 있다. 각각 미(麋, 큰 사슴)·여(驢, 노새)·서(鼠, 쥐) 등의 형상을 이용해서 부패한 세력들을 풍자했다. '검지려'에서는 본디 나귀가 없던 검주에 어떤 사람이 나귀를 가져다가 산 밑에 풀어 놓았더니, 호랑이가 처음에는 나귀의 큰 체구를 보고 큰 울음소리를 듣고 무서워했으나, 나귀의 발길에 한 번 차여 보고 나서는 나귀에게는 차는 것 이외의 기능이 없음을 알고 마침내 나귀를 물어 죽였다고 했다. 이후백은 이렇듯이 약자가 자신의 능력을 헤아리지 않고 강자에게 망령되이 덤비는 역사의 사례로 『춘추좌씨전』에서 두 사실을 거론했다.

기원전 684년〔노(魯)나라 장공(莊公) 10년〕 식국(息國)의 식후(息侯)는 자신과 이종 사이인 채(蔡)나라 애후(哀侯)가 부인 식규(息嬀)에게 무례했다는 이유로 초나라에게 본국을 토벌하려는 것처럼 가장해 달라고 청하여 채나라로 하여금 구원을 오게 하여 채나라를 타격하고 채나라 제후를 모욕 주기로 했다. 초나라 문왕이 이에 동의해서 채나라 군사를 쳐서 채나라 제후를 포로로 잡았다. 채나라 제후는 원한을 품어서 초나라 문왕에게 식규의 미모를 찬양해서 초나라 문왕이 이 때문에 식국을 멸망시키고 식규를 아내로 맞아 두 아들을 낳았다. 이 두 아들이 초나라 왕 도오(堵敖)와 성왕(成王)이다. 초나라 문왕은 식규를 총애하여 기원전 680년 그녀를 위해 채나라를 토벌했다. 『춘추좌씨전』 애공(哀公) 17년에 '신과 식에 현을 두었다〔實縣申息〕'라고 기록했다. 기원전 585년에 진(晉)나라가 채나라를 토벌하자, 초나라가 신(申)과 식(息)의 병력으로 채나라를 구원했다.

한편 기원전 506년〔노(魯)나라 정공(定公) 4년〕 오나라 합려(闔閭)가 초나라 수도를 침공하자 호자(胡子) 표(豹)가 호나라에 가까운 초나라 성읍을 점령했다. 초나라가 나라를 회복한 뒤에도 호자 표는 초나라에 사대를 하지 않고, "존망에는 천명이 있으니, 초나라를 섬긴다고 하여 무엇 하겠는가? 비용만 많이 든다.〔存亡有命, 事楚何爲? 多取費焉.〕"라고 했다. 기원전 495년〔노나라 정공 15년〕 2월 신축에 초나라 소왕(昭王)이 호를 멸망시키고 호자 표를 포로로 잡았다.

호화령(護花鈴)

장안성에 비 갓 지나가자	長安城裡雨初經,
장안성 위로 안개가 자욱하다.	長安城上烟冥冥.
봄빛은 오후(五侯)의 집에 먼저 찾아 들어	春光先到五侯家,
담탕한 봄바람이 뜨락에 불어오면	東風淡蕩吹階庭.
온갖 꽃이 망울을 터뜨려 소화(韶華)의 기운을 희롱하고	百花齊綻弄韶華,
홍색과 자색이 햇빛에 반짝여 광형(光熒, 현란한 빛)을 다투네.	紅紫耀日爭光熒.
빼곡히 촘촘하게 숲을 이룬 곳에	叢叢窠窠密成林,
따스한 구름이 낮게 깔려 꽃향기가 무르익으니,	暖雲低壓蒸芳馨.
풍류 공자는 두 눈을 열어	風流公子雙眼開,
비단 두건 반쯤 벗고는 빈 난간에 기대어,	半脫錦幘憑虛欞.
술잔 잡고 오랜 시간 요염한 꽃을 아끼고	把酒多時惜妖艷,
봄이 가고 꽃도 따라 떨어질까 염려하건만,	秪恐春盡隨凋零.
얄밉게도 참새들은 사태를 전혀 모르고	生憎鳥雀不解事,
가지 끝에 어지러이 모여 분분하여 그치지 않아,	亂集梢上紛未停.
남은 꽃심 짓밟고 연약한 망울 쪼아 대어	踏破殘蘂啅軟葩,
좋은 곡식이 메뚜기를 만난 것과 같아라.	有如嘉穀遭蝗螟.
쇠 탄환을 던져 쫓아내도 헛일이니	金丸彈去亦徒勞,
죄다 몰아내려면 장차 어이하랴?	欲盡驅逐將何令?
새 기계를 고안해서 새 그물 밖에 두고는	新機巧出網羅外,
붉은 줄에 황금 방울을 가득히 이어 달아,	紅繩滿綴黃金鈴.
가지 사이에 백여 자를 빼곡히 두어	枝間橫繫百餘尺,
홀연 바람에 움직여 쩔렁쩔렁 소리 내자,	忽然風動聲玲玲.
짹짹거리며 서로 돌아보며 가까이 오려 않으니	嘈啾相顧不敢近,
날아 흩어짐이 우레에 놀랄 정도에 그치랴?	飛散豈啻驚雷霆?

정원 난간이 적적하고 석양이 걸릴 때　園欄寂寂掛夕陽,
일만 가지가 적절하게 누각을 에워쌌네.　萬條帖妥環樓亭.
주춤주춤 연회하며 기쁨이 남아돌아　逡巡遊宴喜有餘,
손바닥 매만지며 혼잣말로 위세와 영험 자랑하며,　撫掌暗語誇威靈.
해마다 해마다 이 즐거움 누려서　年年歲歲管此樂,
이 몸이 몇 번이나 취했다가 몇 번이나 깰 것인가?　將身幾醉還幾醒?
영화를 하루아침에 머물 수 없게 되어　繁華一朝不可留,
누대 자빠지고 동산 황폐하며 사초만 푸르러,　臺傾苑廢莎草青.
다만 나의 사치로 기롱과 폄하를 사게 되리니　只將奢侈買幾貶,
꽃 보호한다는 설이 천 년이나 내려오네.　護花之說垂千齡.
산중의 늙은이는 그윽하고 담백한 일을 일삼아　山中老夫事幽淡,
동풍이 하룻밤에 자색 빗장문[294]을 뒤흔들면,　東風一夜搖紫扃.
처마 앞 얼기설기 화훼들이 이미 수놓은 듯 깔려　簷前亂卉已布繡,
지팡이 짚고 홀로 구경하며 술병을 지니기도 하며,　扶笻獨賞時携甁.
꽃 피고 지는 일은 조물주에게 맡기고　只將開落付天公,
들새가 서식하여 깃을 섞든 말든 괘념치 않으니,　遮莫野鳥棲交翎.
나불나불 고운 들새의 말은 정말 짝할 만하거늘　喃喃好語政可伴,
하물며 방울을 매달아 저 새가 듣고 놀라게 하랴?　何況懸鈴驚彼聽?

해설　「호화령(護花鈴)」은 42구의 장편 칠언고시이다. 시제의 '영(鈴)' 자를 제10연 마지막 글자에 사용하고, 그 글자가 속한 평성 청(青) 운을 짝수 번째 구마다 일운도저(一韻到底)했다. 호화령은 중국 당나라 현종 때 참새로부터 꽃을 보호하기 위해 매달아 놓은 방울로, 『개원천보유사(開元天寶遺事)』에 보인다. 현종은 동산에서 갈고를 치게 하여 꽃이 빨리 피게 했다는 갈고최화(羯鼓催花)의 고사도 있다.

294　원문의 '자경(紫扃)'은 궁궐의 문을 가리키는 뜻으로 사용하지만, 여기서는 은둔한 산 속의 거처를 미화하여 표현한 말이다.

큰 잉어가 용문을 오르다〔大鯉上龍門〕

용문의 산은 드높이 구름을 헤치고	龍門之山高拂雲,
만 리 강물 근원은 은하수 내달리듯 한데,	河源萬里天河奔.
산 밑에 숨은 피라미가 수없이 많건만	山下潛儵不知數,
펄떡 뛰어 폭포를 오르려 해도 붙잡을 것 없네.	跳躑欲上難爲援.
그중에 큰 잉어는 참으로 이물이라	中有大鯉眞異物,
물결 뚫고 성난 파도 위로 단번에 튀어 오르며,	衝波一躍驚濤翻.
마음으로 고기나 자라의 짝이 아니라고 기대하여	心期不是魚鼈伍,
기세가 이미 강과 바다도 삼키려 하네.	氣勢已欲江海呑.
지느러미 떨치며 삼급 위로 곧바로 올라가서	奮鬐直上三級上,
벼락 치는 소리에 천지가 캄캄하더니,	震雷一聲天地昏.
구층 하늘 위로 솟구쳐 날아서 변화하여 사라지니	飛騰九霄變化去,
비린내 나는 바람이 꾸역꾸역 산뿌리에 불어온다.	腥風陣陣吹山根.
구름 내뿜고 안개 마시며 해와 달에 가까이 이르러	噓雲吸霧薄日月,
신령한 비를 시원하게 쏟아 내어 팔극(팔황)을 적시누나.	快注靈雨浸八垠.
굽어보니 예전에 같이 무리 짓던 고기들은	俯視昔時同隊魚,
아직 점액(點額)[295]하고 모래 속에 도사리고 있군.	尙將點額蟠沙痕.
종래 신물이란 끝가지 칩거하지만은 않으니	從來神物不終蟄,
틀림없이 날개 떨쳐 건곤(천지) 위로 솟구치리라.	會須振翼凌乾坤.
십 년이나 바다 배우는[296] 잠수하는 비늘 동물이 있거늘[297]	十年學海有潛鱗,

295 시험에 낙제한다는 뜻이다. 용문을 올라간 잉어는 용이 되고, 그렇지 못한 잉어는 이마에 점이 찍혀서 돌아간다는 데서 나온 말이다.

296 원문의 '학해(學海)'는 대해(大海)를 향하는 강물처럼 꾸준히 공부한다는 뜻이다. 중국 한(漢)나라 양웅(揚雄)의 『법언(法言)』 「학행(學行)」에 "백천은 바다를 배워서 바다에 이르고, 구릉은 산을 배우되 산에 이르지 못한다.〔百川學海而至於海, 丘陵學山而不至於山.〕"라고 했다.

297 당나라 한유(韓愈)가 벗 이관(李觀)에게 준 시(「北極贈李觀」)에 "북극에는 홀로 날아가는 새 한 마

꼬리 흔들며[298] 곧바로 용문을 찾으려 하는가?	搖尾經[299]欲尋龍門?
어느 때 갈기 흔들어 큰 파도 깨뜨리고	何當掉鬣破巨浪,
한바탕 하토에 비를 내려 백성을 소생시키랴?	一雨下土蘇黎元?

해설 「큰 잉어가 용문을 오르다〔大鯉上龍門〕」 시는 22구의 장편 칠언고시이다. 시제의 '문(門)' 자를 제10연 마지막 글자로 사용하고, 그 글자가 속한 평성 원(元) 운을 짝수 번째 구에 일운도저(一韻到底)했다. 용문은 지금의 중국 섬서성 한성현(韓城縣)의 교외인 하양(夏陽) 사마판(司馬坂) 부근에 있는 황하의 나루터로, 이 부근은 협곡 이어서 그 부근에서 황하의 흐름이 급속히 빨라진다. 그 때문에 물고기가 이 급류를 오르려면 상당히 곤란하지만, 일단 그곳을 다 오른 고기는 용으로 화했다고 한다. 이것은 『삼진기(三秦記)』라는 서적에 보이는 전설로, 뒷날의 '등용문' 전설이다. 혹은 '용문'은 용문지유(龍門之遊)의 뜻을 지닌다. 『남사(南史)』「육수전(陸倕傳)」에 보면, 유방(劉昉)이 중승(中丞)으로 있을 때 연회를 자주 열자 육수·유효작(劉孝綽) 등 명인들이 모였는데, 그들의 모임을 '용문지유'라고 했으며, 귀공자들조차도 끼지 못했다고 한다.

문장은 명운이 형통함을 미워한다〔文章憎命達〕

긴 휘파람 불며 격앙하여 우주를 둘러보고	長嘯激昂眄宇宙,
가슴에는 오악이 높이 솟아 있구나.	胸中五岳高崚嶒.
안타까워라 예부터 글하는 무리는	堪嗟古來翰墨徒,

리, 남명에는 깊이 숨은 큰 물고기 한 마리.〔北極有羈羽, 南溟有沈鱗.〕"라고 했다.

298 앞에 나왔듯이, 당나라 한유(韓愈)의 「응과목여시인서(應科目與時人書)」에 "머리를 조아리고 귀를 늘어뜨린 채 꼬리를 흔들며 애걸하는 것은 나의 뜻이 아니다.〔若俛首帖耳, 搖尾而乞憐者, 非我之志也.〕"라고 했다. 앞에 나왔다.

299 원문의 '經'은 '徑'의 뜻이다.

기구하고 울퉁불퉁함을 분분히 이어 왔다니.	崎嶇嶒嶝紛相承.
초당의 두보 노인이 어찌 헛말했으랴?	草堂杜老豈虛語?
명운이 문장의 미움을 받는 듯하네.[300]	有命似被文章憎.
선비가 천지간에 태어나 범용한 무리와 달라	士生天地異凡庸,
재주와 기세가 낙락하여 구름 하늘로 치솟아서,	才氣落落雲霄凌.
반딧불 창 아래서 기예를 닦아 잠시도 쉬지 않아	螢窓遊藝不暫停,
책상 가득한 고전들에 정신을 의지하여,	盈床典墳神所憑.
기약하긴 곧바로 천자의 계책을 빛내려고 하거늘	心期直擬燠皇猷,
어찌 세상에 아첨하여 벼슬로 명예를 구하랴?	豈欲媚世求譽稱?
문사의 근원은 삼협 강물을 거꾸로 쏟는 듯하고[301]	詞源倒流三峽水,
문장의 광채는 신묘한 빛이 일만 장(丈) 솟구치듯 하며,	文彩萬丈神光騰.
천손이 운금 치마를 짜 주어[302] 티끌 베틀에서 벗어났고	天孫雲錦脫塵機,
초록 못 맑은 물결에 연꽃 마름[303]이 펼쳐지듯 하여,	綠池波淨披荷菱.
꽃다운 이름은 모두 나라 빛낼 작가라고 허여하기에	英名共許華國手,
금마문 들어가 옥당에 몸이 의당 오르련만,	金馬玉堂身宜登.
어찌하여 불의해서는 득의하여 드날리지 못하고	如何不遇揚得意,
조칙이 영영 끊겨 천문에 징소되지 못하는가?	飛詔永斷天門徵?

300 당나라 두보(杜甫)가 이백(李白)을 추억하며 지은 시(「天末懷李白」)에 "문장은 명운의 형통함을 미워하고, 산도깨비는 사람이 지나감을 기뻐한다.〔文章憎命達, 魑魅喜人過.〕"라고 했다.

301 당나라 두보(杜甫)의 「취가행(醉歌行)」에 "문장의 근원은 삼협의 물을 쏟는 듯하고, 필력의 전진은 천군을 쓸어 낼 기세로다.〔詞源倒流三峽水, 筆陣獨掃千人軍.〕"라고 했다.

302 송나라 소식(蘇軾)이 「조주한문공묘비(潮州韓文公廟碑)」에서 당나라 한유(韓愈)의 문장을 칭송하여 "공이 옛날에 용을 타고 백운향에 노닐면서, 손으로 은하수를 헤치고 하늘 문장을 나눠 받으니, 천손이 공을 위해 운금 치마를 짜 주었도다〔公昔騎龍白雲鄉, 手抉雲漢分天章, 天孫爲織雲錦裳〕."라고 했다.

303 원문의 '하릉(荷菱)'은 '능하(菱荷)'와 같다. 마름잎과 연꽃을 말한다. 당나라 두보(杜甫)의 「미피행(渼陂行)」에 "낚싯줄 이어 드리워도 깊이를 알 수 없는데, 마름잎 연꽃은 닦은 듯이 깨끗하구나.〔沈竿續縵深莫測, 菱葉荷花淨如拭.〕"라고 했다.

하나의 관직도 받지 못하고 얼굴 이미 늙어서	一官未授顏已衰,
동곳 처지고 흰머리만 부질없이 더부룩하니,	垂簪白髮空鬅鬙.
배고픔과 추위로 겪는 고통을 어이 다 말하랴?	飢寒困苦何足道?
인간 세상 앙화와 환란이 끊임없이 이어지네.	人間禍患紛相承.
평생의 포부가 도리어 빌미로 되어	平生所負反爲祟,
간 곳마다 슬피 읊나니 시름을 이기기 어려워라.	悲吟到處愁難勝.
부평같이 떠돌기에 생활에 끝내 보탬 없고	萍蓬飄迫竟莫補,
후세에 시인의 신세를 동정받을 뿐이라네.	後來祗得騷人矜.
기이한 재주가 어찌 몸 해치는 물건이랴?	奇才豈是害身物?
예부터 궁색한 일이 왜 잇따라 일어났나?	古來窮阨何相仍?
「치안책」 올렸던 가의(賈誼)는 장사(長沙)로 좌천되고[304]	治安賈生落長沙,
『춘추』에 밝은 동중서(董仲舒)는 강도(江都) 승(丞)이었네.[305]	春秋董子江都丞.
유주(柳州) 강에서는 유종원이 늙어 간 일을 보고[306]	柳江又見子厚老,
창려(昌黎)의 경우는 증기(蒸氣)와 장독(瘴毒)에 걸린 일을 게양하네.[307]	昌黎揭揚罹炎蒸.

304 중국 한(漢)나라 문제(文帝) 때 흉노(匈奴)가 변방을 침략하고 조정의 기강이 문란하자, 가의(賈誼)가 「치안책(治安策)」을 올려 세상일에 대해 통곡할 만한 것 한 가지, 눈물을 흘릴 만한 것 두 가지, 길이 탄식할 만한 것 여섯 가지가 있다고 했다. 가의는 장래가 촉망되었으나 참소를 입고 장사태부(長沙太傅)로 좌천되었고, 다시 징소되었지만 33세로 요절했다.

305 중국 한(漢)나라 무제(武帝) 때의 동중서(董仲舒)는 『춘추(春秋)』에 밝아 『춘추번로(春秋繁露)』를 지었다.강도(江都)의 승(丞)이 되었으나 공손홍(公孫弘)에게 미움을 받아 교서왕(膠西王)의 승(丞)으로 좌천되고, 나중에 벼슬을 그만두고 저술에 힘쓰다가 생을 마쳤다.

306 당나라 유종원(柳宗元)은 자(字)가 자후(子厚)이다. 798년 과거에 급제하고 왕숙문(王叔文)이 정권을 잡으면서 예부원외랑(禮部員外郎)에 발탁되었으나 순종(順宗)이 승하하고 개혁 정책이 실패하면서 영주(永州)로 유배되었다가 유주(柳州)로 옮겨 그곳에서 죽었다.

307 당나라 한유(韓愈)는 원화(元和) 14년(819)에 「논불골표(論佛骨表)」를 올렸다가 헌종(憲宗)의 노여움을 사서 광동(廣東)의 조주자사(潮州刺史)로 좌천되었다. 한유는 향관이 창려(昌黎)라고 주장했다.

추운 맹교(孟郊)와 가난한 가도(賈島)[308]야 말할 것도 없으니　寒郊貧島未須言,
읊은 시에 장안 부자 아이들을 모기, 파리 같다고 한 말[309]이 있네.　吟哦有似蚊與蠅.
홀로 어여뻤어라, 적선 이 한림(이백)은　獨憐謫仙李翰林,
풍모가 활달하여 남명으로 날아가는 큰새 같았거늘,　風儀軒豁南溟鴻.
천자의 상에서 국맛 조절함을 귀하다 않고서　調羹御床未爲貴,
만 리 밖 야랑으로 좌천되니[310] 첩첩 산이 일천 층.　夜郎萬里山千層.
지음인 두보가 두릉에 포의로 있어[311]　知音杜陵有布衣,
일생 금란지교(金蘭之交)로 허락했다만,　一生自許金蘭朋.
가여워라, 불우하여 유분(幽憤)을 기탁해서　應憐坎軻寄幽憤,
고초 끝에 시사(詩詞)가 너그럽지 못했다네.　詩詞苦楚非寬弘.
일천 년을 흘러 전해 관례로 지목하니　流傳千載指爲例,
시단에서 외우며 슬픔이 가슴을 메우네.　騷林遺誦悲塡膺.

308 원문의 '한교빈도(寒郊貧島)'는 당나라 시인 맹교(孟郊)와 가도(賈島)에 대해 '교한도수(郊寒島瘦)'의 논평이 있는 것을 따른 말이다. 북송의 소식(蘇軾)이 「제유자옥문(祭柳子玉文)」에서 당나라 시인의 시격(詩格)에 대해 "원진(元稹)의 시는 경박하고, 백거이(白居易)의 시는 저속하며, 맹교의 시는 한산(寒酸)하고, 가도의 시는 살점 없이 앙상하다.〔元輕白俗, 郊寒島瘦.〕"라고 평한 글에서 유래한다.

309 당나라 한유(韓愈)의 시(「醉贈張秘書」)에 "장안 부잣집 아이들은, 식탁에 비싼 안주 차려 놓고, 글 지으며 술 마실 줄은 모르며, 기녀의 붉은 치맛자락에 취하니, 한동안 즐거움은 얻더라도, 떼 지어 나는 모기같다네.〔長安衆富兒, 盤饌羅羶葷. 不解文字飮, 惟能醉紅裙. 雖得一餉樂, 有如聚飛蚊〕"라고 했다.

310 당나라의 이백(李白)은 지덕(至德) 2년(757)에 57세의 나이로 현종(玄宗)의 제16자 영왕(永王) 린(璘)의 요좌(僚佐)가 되었다. 영왕이 군사를 일으켜 동순(東巡)을 하자 이백은 「영왕동순가(永王東巡歌)」를 지어 칭송했다. 그러나 영왕은 전투에서 패하여 죽임을 당하고, 이백은 곽자의(郭子儀)의 구명에 힘입어 감형을 받고 야랑(夜郎)에 유배되었다. 『신당서(新唐書)』 권202 「이백전(李白傳)」 참고.

311 당나라 두보(杜甫)는 장안(長安)에서 처자가 있는 봉선현(奉先縣)으로 갈 때 지은 시(「自京赴奉先縣詠懷五百字」)의 첫머리에서, "두릉에 한 사람 포의가 있으니, 나이 들수록 뜻이 더욱 졸렬해지는데, 자기를 허여하는 것은 어찌 그리도 어리석은지, 내심으로는 순 임금 때의 직과 설에 견준다나.〔杜陵有布衣, 老大意轉拙, 許身一何愚, 竊比稷與契.〕"라고 했다.

오늘날 궁벽한 시골에서 한 서생이	窮鄕今日一書生,
십 년을 흰눈빛으로 책 읽으며[312] 산승과 이웃했으니,	十年映雪隣山僧.
높은 풍모는 고인에게 미치지 못한다 해도	高風縱未涉古人,
기예를 바침은 어찌 시속의 무리에게 양보하랴?	奏技豈讓時輩能?
어찌하여 분주하게 풍진에서 곤욕을 겪는가?	胡爲奔走困風塵?
이름이 천거 문서에 끼이지 못했기 때문이라네.	名參薦書猶未曾.
길게 읊어 짐짓 다시 불평을 호소하고는	長吟聊復訴[313]不平,
온종일 붓을 잡아 전전긍긍할 따름이다.	搦毫盡日心兢兢.

해설 이 시는 54구의 장편 칠언고시이다. 시제의 '증(憎)' 자를 제3연 마지막 글자로 사용하고, 그 글자가 속한 평성 증(蒸) 운을 짝수 번째 구에 일운도저(一韻到底)했다. 시제는 당나라 두보(杜甫)가 「천말회이백(天末懷李白)」 시에서 "문장은 명운이 형통함을 미워하고, 산도깨비는 사람이 지나감을 기뻐한다.〔文章憎命達, 魑魅喜人過.〕"라고 한 구절에서 따왔다. 문장지사(文章之士)와 운명의 관계를 논하는 화두이다. 이후백은 문학으로 이름을 남긴 역사상의 인물들이 실생활에서 곤욕을 당한 사실을 차례로 열거하여 문학의 재주가 있는 사람을 하늘이 시기한다는 통념을 재확인했다. 이어서 '이름이 천거 문서에 끼는 것을 여태 이루지 못한' 자신의 처지를 서글퍼했다.

312 원문의 '영설(映雪)'은 중국 진(晉)나라 손강(孫康)이 눈빛에 비추어서 책을 읽으며 고학(苦學)했다는 '손강영설(孫康映雪)'의 성어에서 온 말이다.

313 중간본 『청련집』에 '訢(흔)'으로 되어 있으나 '訴(소)'의 잘못이다.

계사(啓辭)

사사로이 재물 바치는 일을 막기를 청하는 글〔請杜私獻啓〕[314]

상(上)이 비현각(丕顯閣)에서 소대(召對)했다.

상이 말했다.

"백승지가(百乘之家)는 취렴(聚斂)하는 신하를 기르지 않는다[315]고 했는데, 그러면 천승지국(千乘之國)과 만승지국(萬乘之國)은 그렇지 않단 말인가?"

기대승이 아뢰었다.

"천승의 나라나 만승의 나라인들 어찌 그렇지 않겠습니까? 취렴하는 신하를 기르지 않는다는 것에 대해 유독 백승지가를 들어 말한 것은 백승지가가 되어야 비로소 채지(采地)를 소유하므로 가신(家臣)을 읍재(邑宰)로 삼아 다스리게 해서 가신들이 일정한 녹을 먹게 되기 때문에 취렴하는 신하를 기르지 않는다고 한 것입니다. 백승지가도 취렴하여 백성에게 원망을 사서는 안 되거늘, 더구나 천승지국과 만승지국의 경우에야 더 말해 무엇 하겠습니까? 이것은 작은 것을 들어서 큰 것을 비유한 것입

314 기대승(奇大升), 『고봉선생집(高峯先生集)』 「논사록(論思錄)」 권상(卷上) 12월 초9일자 기록에 들어 있다.

315 『대학장구』 10장에 보면 맹헌자(孟獻子)가 "수레 끄는 네 필의 말을 기르는 집은 닭이나 개를 길러서 팔지 않고, 얼음을 떼어다 쓸 수 있는 집에서는 소나 양을 기르지 않고, 백승지가(대부의 집)에서는 세금을 많이 거두어들이는 신하를 기르지 않으니, 세금을 많이 거두어들이는 신하를 두기보다는 차라리 내 재물을 훔쳐가는 신하를 두겠다.〔畜馬乘, 不察於鷄豚, 伐冰之家, 不畜牛羊, 百乘之家, 不畜聚斂之臣, 與其有聚斂之臣, 寧有盜臣.〕"라고 했다.

니다. 옛날 공의자(公儀子)는 전원에 있는 아욱을 뽑아 버리고 베 짜는 아내를 쫓아 버리고는 '녹을 먹는 몸으로 백성과 더불어 이익을 다툰다면 백성이 장차 어디에서 삶을 영위하겠는가?'라고 말했습니다.[316] 그런데 후세에는 녹을 먹는 몸으로도 백성과 이익을 다투어 자기 자신을 살찌우기 위해서 이익을 챙기는 짓을 매우 심하게 합니다. 도둑질하는 신하라는 것은 국가의 소유물을 도둑질하는 자요, 취렴하는 신하라는 것은 백성이 먹고살 것을 긁어모아 국가의 수입으로 삼는 자입니다. 국가의 재물을 훔쳐 가는 신하는 주군으로 하여금 민심을 잃게 하지는 않기 때문에 '차라리 도둑질하는 신하를 두는 것이 낫다.'라고 한 것이니, 이것은 취렴하는 신하를 두어서는 안 된다는 것을 강조하여 말한 것입니다. 후세에 군주가 국가의 재정을 풍족하게 하려는 계책을 가지고 있게 되자, 이익을 말하는 신하가 일어나게 되었습니다. 우리 조정에서도 호조의 관원이 국가의 재정을 풍부히 하려고 해서 취렴하기를 좋아하고 백성을 생각하지 않는다면 재물은 비록 모아도 백성이 흩어져 국가가 제대로 될 수 없을 것입니다. 도둑질하는 신하를 두는 것이 괜찮다는 것이 아니라 취렴하는 신하를 두어서는 안 된다는 것을 강조하여 말한 것입니다."

기대승이 또 아뢰었다.

"취렴의 폐해에 대해 옛 성인이 이와 같이 훈계했는데도 후세의 군주들은 한량없이 사치스러운 생활을 했으므로 절약하고 검소하지 못했습니다. 재물은 천지에서 생기는 것으로 자연히 일정한 수가 있게 마련이니, 백성에게 가 있지 않으면 윗사람에게 가 있는 것입니다. 윗사람이 사치를 지극히 하고 욕심을 다 부려서 무절제하게 써 버린다면 목전에 당장 바닥나므로 취렴하는 신하를 등용하지 않을 수 없는데, 긁어모아야 한다[317]는 신하의 말이 군주의 뜻에 맞으므로 군주가 그 신하의 그 말을 기

316 공의자(公儀子)는 중국 춘추시대 노(魯)나라 목공(穆公)의 재상 공의휴(公儀休)를 말한다. 그는 자기 집 채마밭의 아욱이 향기롭자 뽑아 버리고 베를 잘 짜는 처를 내쫓고 베틀을 불태워 백성과 더불어 이익을 다투지 않았다고 한다. 『사기(史記)』 권119 「순리전(循吏傳)」 참고.

317 원문은 '부극(掊克)'이다. 조세를 함부로 받아서 백성을 못살게 하는 것으로 관리가 취렴(聚斂)하는 것을 뜻한다.

께이 쓰는 것입니다. 그리하여 교묘하게 명목을 붙여서 백성으로부터 세금을 무겁게 거두니, 이는 모두 군주가 근검절약하지 않기 때문입니다. 군주가 만일 취렴하는 신하를 기르지 않으려고 한다면 마땅히 근검절약을 근본으로 삼아야 할 것입니다."

이후백이 아뢰었다.

"검약하면 용도가 절대 번다하지 않게 됩니다. 만약 군주가 한 번이라도 국가의 재정을 부유하게 하려는 뜻을 가진다면 취렴하는 신하가 으레 먼저 자신의 이익을 챙기는 법이니, 자기를 이롭게 하지 않고 성심으로 국가를 부유하게 하려는 자가 또한 몇 명이나 있겠습니까? 국가를 소유한 군주는 재정이 부족함을 염려하지 말고 민심을 잃을까 염려해야 합니다. 만일 취렴하는 신하를 등용한다면, 재물은 얼마 얻지도 못하고 민심은 잃는 것이 아주 많아질 것입니다.

근래 외간에서 전하는 말에, 수령들이 사사로이 재물을 바치는 일이 있어, 간혹 공공연히 사적으로 바치는 물건임을 칭탁하면서 다른 곳에서 구하는 자도 있다고 합니다. 선왕께서는 성스럽고 명철하시어 교화와 정치가 청명(淸明)했는데, 어찌하여 이런 말이 있게 되었는지 모르겠습니다. 이러한 것들을 일절 엄금하여 그 근원을 봉쇄하여야 할 것입니다. 수령들이 비록 군주를 사랑하는 마음을 갖고 있다 하더라도 자연히 명분이 있고 자연히 금법이 있으니, 어찌 사사로이 물건을 바칠 수 있겠습니까? 곁길이나 굽은 길을 가는 것은 모두 자신을 위한 계책이니, 군주에게 아첨하는 것은 은총을 견고히 하고자 하는 것입니다."

기대승이 아뢰었다.

"이후백이 취렴하는 신하를 바탕으로 부연해서 말했으니, 그 뜻이 매우 좋습니다. 격물(格物)과 치지(致知)의 학문은 마땅히 한 가지 사안을 바탕으로 그 나머지를 유추하고 연역하는 것입니다. 사적으로 물건을 바치는 일이란 간사한 사람이 백성의 고혈(膏血)을 긁어모아 자신이 100을 취하고 1을 군주에게 떼어 바치는 것이니, 군주가 만약 그것을 받아들인다면 이익은 간사한 신하에게 돌아가고 원망은 받아들인 군주에게 돌아가게 됩니다. 반드시 근본을 바르게 하고 근원을 맑게 한 뒤에야 이러한 폐단이 없을 것이니, 가령 교묘하게 명목을 만들어 백성에게 갈취하고 나라를 병들게 한다면 국가의 근본인 백성이 쇠진하여 결국에는 환란과 패망을 초래하게 됩니다."

기대승이 또 아뢰었다.

"지난번에 어떤 사람이 토지와 노비를 내수사(內需司)에 바쳤는데, 내수사가 이것을 가지고 백성과 소송을 벌여 추심(推尋)했습니다. 왕자(王者)는 지공무사하여 천지일월과 하나가 되어야 하는데, 어찌 타인의 사사로운 헌납을 받고 게다가 백성과 더불어 송사까지 한단 말입니까. 권세가에서 백성과 송사하는 일도 사람들이 비난하는데, 더구나 국가를 소유한 군주로서 백성과 송사할 수 있겠습니까. 그러므로 '국가는 이익을 이익으로 여기지 않고 의로움을 이익으로 여긴다.'[318]라고 한 것입니다. 참다운 이(利)는 의(義)에 화합하여 생기는 것이니, 자기도 편안하고 남도 편안한 것입니다. 이익을 구하지 않아도 저절로 이롭지 않음이 없는 것이 『대학』에서 이른 바 '의(義)로써 이익을 삼는다.'는 것입니다. 이욕의 마음은 남과 나를 구별하는 마음에서 생기는 것이니, 자기에게 이롭고자 하면 반드시 남에게 해가 되기 마련입니다. 사람들마다 자기에게 이롭게 하고자 하여 남과 다투고 빼앗으려 한다면 이익을 추구해도 얻지 못한 채 해만 따르게 되니, 이것이 이른바 '이(利)로써 이익을 삼는다.'는 것입니다. 성인의 간곡한 경계가 이와 같은데도 후세에 국가를 멸망시키고 집안을 전복시킨 자들은 대부분 이러한 의리를 몰랐습니다. 삼가 바라옵건대 십분 살피고 유념하소서."

上召對于丕顯閣. (중략) 上曰: "'百乘之家, 不畜聚斂之臣'云. 千乘萬乘, 獨不然乎?"

先生〔奇大升〕啓曰: "千乘萬乘, 何獨不然乎? 不畜斂臣, 獨言於百乘之家者, 百乘之家, 始有采地, 故以家臣爲邑宰而使治之, 食其常祿, 故不畜聚斂之臣. 百乘之家,

318 『대학장구』 전(傳) 10장에서 위에서 든 맹헌자의 말 다음에, "이것은 '나라는 이익을 이롭게 여기지 않고 의(義)를 이롭게 여긴다.'라는 의미이다.〔此謂國不以利爲利, 以義爲利也.〕"라고 했다.

猶且不可聚斂以取怨於民, 而況千萬乘乎? 擧小而喩大之言也. 古者, 公儀子拔園葵去織婦曰: '食祿而與民爭利, 則小民將何所售乎?' 後世食祿而爭利於民, 肥己而爲分利之事, 甚矣. 盜臣者, 盜國之有者也. 斂臣者, 斂民食而入之國也. 盜國財者, 不至於失民心. 故曰: '寧有盜臣.' 所以甚言斂臣之不可畜也. 後世人主, 有富國之計, 而言利之臣起矣. 如我朝戶曹之官, 欲富國計, 喜聚斂而不念生民, 則財雖聚而民散, 不能爲國矣. 非宜有盜臣也. 所以甚言聚斂之臣之不可畜也."

又啓曰: "聚斂之害, 先聖之訓戒如此, 而後世人君, 奢侈無度, 故不能節儉. 財者, 天地所生, 自有常數, 不在於民則在於上. 窮奢極欲, 用之無節, 則目前財匱, 不得不用斂臣矣. 掊克之言, 順適其意, 故人君樂用焉. 巧爲名目, 重取於民, 皆由於不儉約. 人君如欲不畜斂臣, 當以儉約爲根本也."

李後白啓曰: "儉約則用度自不煩矣. 若爲人君者, 一有富國之意, 則斂臣例先自私. 不利其已而誠心富國者, 亦幾人哉? 有國者不患不足, 而患失民心. 如用斂臣, 則得財無幾, 而失民甚多矣. 近來外間傳說, 守令等有私獻之事, 間有公然託私獻, 而求於他處者矣. 先朝聖哲, 化理淸明, 而不知何以有此言也. 此等事, 一切嚴禁, 杜塞其根源, 可也. 守令雖有愛君之心, 自有名分, 自有法禁, 何可私獻乎? 旁谿曲逕, 皆爲身謀. 曲諂於君, 欲固其寵也."

先生〔奇大升〕啓曰: "李後白, 因聚斂之臣, 推演而言之, 其意好矣. 格物致知之學, 當因一事, 而推演其餘也. 私獻之事, 奸邪之人, 剝民膏血. 己取百分, 以一分納於君上, 君若受之, 則利歸於下, 而怨歸於上. 必端本淸源, 然後可無此弊也. 若使巧作名目, 取民而病國, 邦本殄瘁, 終致亂亡也."

又啓曰: "頃者, 或有人, 以其田民納于內需司, 內需司就訟而推之. 王者, 至公無私, 與天地日月爲一, 何可受人之私納, 至與民爭訟乎? 豪右之家, 與民爭訟, 人且非議之, 而況以國而可與民爭訟乎? 故曰: '國不以利爲利, 以義爲利也.' 利者, 義之和, 己安而人亦安矣. 不求利而自無不利, 所謂以義爲利者也. 利心生於物我之相形, 欲利於己, 必害於人. 人各欲利於己, 而與我爭奪, 則求利未得, 而害己隨之, 所謂以利爲利者也. 聖人之丁寧告戒如此, 而後世亡國敗家者, 率多昧於此義, 伏願十分省念焉."

박신원[319]의 일로 인한 혐의를 피하는 글〔因朴愼元事避嫌啓〕

대간은 임금의 이목(耳目)이 되어 온 나라의 공론을 진달하는 관직이어서 사체(事體: 일의 본질)가 지극히 중요하니, 진실로 딴 사람들로 하여금 그 사이에서 흔들거나 억누르거나 철주(掣肘)[320]해서는 안 됩니다. 이는 바꿀 수 없는 통규(通規)입니다. 설령 논계한 바가 혹은 풍문의 잘못 때문이거나 혹은 자기 견해의 오류로 인해 옳은 것을 그르다 하고 검은 것을 희다 하여 사람들 마음에 복종하지 않는 바가 있으면, 근밀(近密)한 자리에 있으면서 유윤(惟允)[321]의 직책을 맡은 자〔승지-역자〕가 어찌 사실을 모아 개진(開陳)하여 면류관의 임금 앞에서 변석하겠습니까? 마음에 그른 줄을 알면서도 바람 따라 침묵하여 자신만 용납될 계책을 삼으면서 '당연히 처리하는 곳이 있을 것이다.'라고 말해야 되겠습니까?

말이란 일정한 주장이 없고, 오직 올바라야 할 뿐입니다. 올바름이 있는 곳이라면 공경(公卿)이라 하더라도 추요(芻蕘)[322]에 대해서도 마땅히 굽혀야 하거늘, 어찌 지망(地望)이나 형세(形勢) 때문에 가볍게 여기거나 중하게 여기거나 할 수 있겠습니까?

대간은 본시 언책(言責)을 담임합니다. 그러나 사람마다 대현(大賢)일 수 없거늘,

319 박신원(朴愼元, 1527~?)의 자(字)는 계초(季初), 본관은 밀양(密陽)이다. 아버지는 박빈(朴蘋)이며, 어머니 청주한씨(淸州韓氏)는 한백(韓伯)의 딸이다. 박근원(朴謹元, 1525~1584)의 아우이다.

320 철주(掣肘)는 다른 사람의 일에 간섭하여 뜻한 바를 이룰 수 없게 만드는 것을 뜻한다. 『여씨춘추(呂氏春秋)』「구비(具備)」에 보면, 중국 춘추시대 노(魯)나라 복자천(宓子賤)이 선보(單父)의 수령으로 임명되어 떠나갈 적에 군주의 측근 서리(書吏) 두 사람을 데리고 가서 글씨를 쓰게 하고는 옆에서 팔꿈치를 잡아당겨 글씨를 잘못 만들고 오히려 화를 내었다. 그 서리들이 사직하고 돌아가 군주에게 자초지종을 고하자, 군주는 자신을 경계하려는 뜻임을 알아채고는 간섭하지 않았다고 한다.

321 승정원 승지의 직임을 가리킨다. 『서경』「순전(舜典)」에 순임금이 신하 용(龍)에게 "짐은 참언이 선인의 행실을 해친 나머지 짐의 무리를 흔들고 놀라게 하는 것을 싫어하므로 그대를 임명하여 납언으로 삼으니, 밤낮으로 짐의 명령을 출납하되 미덥게 하라.〔朕堲讒說殄行, 震驚朕師, 命汝作納言, 夙夜出納朕命惟允.〕"라고 했다.

322 식견이 없는 미천한 사람이란 뜻이다. 『시경』「대아(大雅) 판(板)」에 "내 하는 말 긴급한 일이니 웃어넘기지 말라. 선현의 말씀에 꼴 베고 나무하는 이에게도 물어보라 하였다.〔我言維服, 勿以爲笑. 先民有言, 詢于芻蕘.〕"라고 했다.

어찌 하는 말마다 오류가 없을 수 있겠습니까? 말을 하여 혹 틀렸다면 곡절은 자신에게 있습니다. 국정(國政)에 해가 되기 전에 능히 구하여 그치게 한다면, 이 또한 임금을 사랑하는 일이거늘, 어찌 노할 것이 있습니까? 하물며 후설(喉舌)[323]의 신하는 직책이 왕명의 출납에 있어 중하여서 일반 관원과는 비교될 바가 아님에야 더 말해 무엇 하겠습니까? 만일 사람들이 자신을 의론하는 것을 듣고 싶지 않다면 어찌 신중히 하고 상세히 살펴서 그 말이 잘못되지 않게 하지 않는단 말입니까?

이와 같지 않으면 우불(吁咈)[324]의 기풍은 끊어지고, 연합(延合, 영합)의 환난만 생겨, 온 세상이 아첨이나 하며 구차하게 용납되려고만 하는 데로 돌아가게 되어, 대신들의 말이 혹 미진한 데가 있어도 '대신의 말을 어찌 어길 수 있는가?' 하고, 대간의 말이 혹 오류라 하여도 '대간의 말을 어찌 논할 수 있는가?'라고 하게 될 것입니다. 이렇게 누적하기를 그만두지 않는다면, 거의 자사(子思)가 이른바 '감히 서로 바로잡지 못하여 나랏일이 날로 잘못되어 가게 될 것이다.'[325]라고 한 꼴이 되지 않겠습니까?

청송 고을은 사무가 번다하지 않아 다스리기 어려운 곳이 아닙니다. 박신원(朴信元)이 비록 전일에는 병을 앓았지만 이제는 조금 차도가 있어서, 예빈시 부정 및 본

323 후설(喉舌)은 왕명의 출납과 나라의 중대한 언론을 담당한 승지(承旨)이다. '후설'은 '목구멍과 혀'라는 말로, 왕명을 전달하고 신하들의 말을 임금에게 전달하는 기능을 말한다.

324 '우불(吁咈)'은 도유우불(都兪吁咈)의 준말이다. 우불은 반대, 도유는 찬성을 뜻하는 것으로, 요(堯)·순(舜)·우(禹) 등 성왕(聖王)이 신하들과 정사를 토론할 때 찬성과 반대의 의견을 기탄없이 개진하던 데서 유래했다.

325 『자치통감(資治通鑑)』 권1 주기(周紀) 1 안왕(安王) 25년에 보면, 자사가 위후(衛侯)에게 "왕의 국사가 장차 날로 잘못될 것입니다.〔君之國事, 將日非矣.〕"라고 하자, 위후가 까닭을 물으니, 자사가 "임금이 한마디 말을 내놓으며 스스로 옳다고 하면 경대부가 감히 그 잘못을 바로잡지 못하고, 경대부가 한마디 말을 내놓으며 역시 스스로 옳다고 하면 사서인이 감히 그 잘못을 바로잡지 못하니, 이는 임금과 신하가 모두 혼자 잘났다고 하는 것입니다. 그런데도 아랫사람들이 같은 목소리로 치켜세우고만 있으니, 이는 치켜세우면 순순히 따르는 것이 되어 복이 오는 반면에, 바로잡으면 거역하는 것이 되어서 화를 자초하기 때문입니다. 이렇게 된다면 좋은 일이 어디에서 생겨나겠습니까?〔君出言, 自以爲是, 而卿大夫莫敢矯其非. 卿大夫出言 亦自以爲是, 而士庶人莫敢矯其非. 君臣旣自賢矣, 而群下同聲賢之, 賢之則順而有福, 矯之則逆而有禍, 如此則善安從生?〕"라고 대답했다.

부(本府)〔청송〕의 부사(府使)가 되었을 적에 모두 사은하고 출사(出仕)하여 평인(平人, 병 없는 사람)과 똑같았거늘, 어떻게 그가 소임을 감당하지 못하리란 것을 알겠습니까? 간관들이 그의 몸에 중병이 있다고 아뢴 것은 필시 한때 잘못 들은 것에서 나왔을 터인데 정원은 그가 이미 나았음을 분명히 알았습니다. 쬐끄만 일이어서 제쳐두고 논계(論啓)하지 않았다면 그만이거니와, 이미 침묵하고 있을 수 없다면 사실에 의거하여 진달하는 것이 무슨 불가함이 있겠습니까?

저 이른바 '저억(沮抑)'이란 말은, 저쪽에서 일을 논함이 지극히 공정하고 오류가 없음에도 사사로운 뜻을 가지고 이의하여 시비(是非)를 현혹하고 문란시키는 것을 말합니다. 그렇지 않다면 아무래도 저억이라고 지목할 수는 없을 듯합니다. 다만 사기(辭氣)의 사이에 평온할 수 없어서 분격에 가깝게 했다면 이것은 책임을 면할 수 없을 따름입니다. 이것을 가지고 저자들과 비교한다면 박하다고 이를 뿐이겠습니까?

사간원을 위해 계책을 낸다면, 마땅히 인책하며 부끄럽게 여기기에 겨를이 없어야 하거늘, 피혐하는 말 속에 자신들의 오류와 망령됨은 망각하고 유독 승지의 잘못을 지척(指斥)하면서 반복하여 박신원의 병이 무겁다는 것을 발명했으니, 이는 거듭 잘못하는 일이 아니겠습니까? 경연에 들어와서까지도 미혹을 고집하고 생각을 돌리지 않다가 정유일(鄭惟一)[326]이 논변까지 초래하여 심지어 '명기(名器)[327]를 협사(挾私)한다.'고 지적하는 모욕까지 이르게 했으니, 누가 그렇게 시킨 것이겠습니까? 창랑(滄浪)이 상황을 스스로 취하는 것[328]과 같지 않습니까?

청송은 한적하고 궁벽하여 사람마다 부임하기 좋아하는 곳입니다. 박신원을 체

326 정유일(鄭惟一, 1533~1576)의 본관은 동래(東萊), 자는 자중(子中), 호는 문봉(文峰)이다. 대사간·승지·이조판서 등을 지냈다. 관직에서 물러난 뒤 『한중록(閑中錄)』·『관동록(關東錄)』·『송조명현록(宋朝名賢錄)』 등을 저술했으나 임진왜란 때 소실되었다. 안동의 백록리사(栢麓里祠)에 봉안되었다. 저서에 『문봉집((文峰)集)』이 있다.

327 어떤 직위와 그에 따르는 수레나 옷 따위를 가리키는 말로, 벼슬자리를 비유한다.

328 창랑의 물이 맑으면 사람들은 갓끈을 빨고, 흐리면 발을 씻는다. 이는 물의 청탁(淸濁)이 스스로 취하는 것이듯이, 남에게 대접을 받고 받지 못하는 것은 모두 자신의 행동에 달렸다는 말이다. 『맹자』「이루 상(離婁上)」에 나온다.

직하라고 청한 것은 잘못된 견해에 불과하거늘, 정원이 반드시 논변하려 한 것도 역시 반드시 깊이 다스릴 필요가 없습니다. 양사가 논한 것은 대간의 체모를 중히 여겨 모두가 좋게 되도록 하려 서로 성공했습니다. 다만 단지 승지들의 저억(沮抑)한 죄만 말하고, 간관들이 저억받게 된 까닭은 그 연유가 오로지 당초의 오류에 있다는 사실은 말하지 않았으니, 신의 생각에는 끝내 찐덥지 않은 점이 있습니다.

또 의계(議啓)[329]한 승지들이 이미 체직되고 정유일도 추고하도록 명하셔서, 이처럼 벌을 주셨으니 역시 뒷사람들에게 경계할 만합니다만, 반드시 무겁게 다스리려고 한다면, 신의 생각에는 언로(言路)가 점점 좁아져 앞날의 폐단이 도리어 우려스러운 점이 있을까 두렵습니다. 신이 우활(迂闊)하고 망령되기는 합니다마는 구차하게 동조할 수는 없습니다. 급히 신을 체직하라 명하소서."

〔이에 양사가 모두 "승지들이 대간을 경멸하고 공론을 두지 않아, 오늘의 진언(進言)하는 길을 막고 뒷날의 무궁한 폐단을 열어 놓아 관계하는 바가 아주 중합니다. 그러므로 신등은 망령되이 헤아리건대, 먼저 파직한 다음에 추고하여, 한편으로는 대간의 체모를 중히 하고, 한편으로는 후설(喉舌)인 신하들의 멋대로 하는 것을 다스리기를 청했던 것인데, 지금 대사간 이후백이 아뢴 것을 보니 신들의 소견과는 크게 서로 모순(矛盾)이 되어 서로가 용납될 수 없으므로, 신들의 직을 갈아주소서."

상이 답했다. "사직하지 마라. 모두들 물러가 기다리고 물론(勿論)하라."〕

臺諫爲人主耳目, 陳一國公論, 事体至重, 固不可使他人撓抑掣肘於其間, 此不易之通規. 設若所論, 或以風聞之誤, 或因己見之謬, 以是爲非, 以黑爲白, 而人心有所不服, 則居近密之地, 任惟允之責者, 寧摭實開陳, 辨釋於冕旒之前耶? 將心知其非, 承風含默, 爲自容之計, 而曰當有處之之地耶?

329 제기된 문제나 사태에 관해서 의논하여 임금에게 아뢴다는 뜻이다.

言無常主, 惟其是而已. 是之所在, 公卿當屈於芻蕘, 爲可以地望形勢, 爲之輕重乎?

臺諫固任言責, 然人非大賢, 何能每言無誤? 言而或誤, 則曲在我矣. 及其未害於政, 而有能救止之, 是亦愛君, 何怒之有? 況喉舌之臣, 職重出納, 非庶官之比耶? 如不欲人之議已也, 盍亦愼重詳審, 而無誤其言乎?

不若是, 吁咈之風絶, 而延合之患生, 擧一世, 歸於依阿苟容之地. 大臣或有未盡, 則曰: "大臣[330]之言, 何可違也?" 臺諫或涉謬誤, 則曰: "臺諫之言, 何可論也?" 積此不已, 幾何其不爲子思所謂: "莫敢相矯, 而國事日非"者耶?

靑松爲邑, 非務繁難治之地, 朴信元昔雖患病, 今已差間, 其爲禮賓副正及本府府使, 皆謝恩出仕, 與平人等, 何以知其不可堪任乎? 諫官乃啓以身有重病, 必出於一時之謬聞, 而政院灼知其已瘳, 幺麿[331]一事, 置之不論則已矣. 旣不能容默, 則據實陳達, 有何不可?

夫所謂沮抑者, 彼之論事, 至公無誤, 而以私意間之, 以眩亂是非之謂也. 不然, 則恐未可以沮抑目之也. 但其辭氣之間, 有不能平穩, 而步於憤激, 是不得免其責耳. 以此較彼, 其不曰薄乎云爾.

爲諫院計, 卽當引咎縮恧之不暇, 而避嫌之辭, 忘己謬妄, 獨斥承旨之失, 反覆發明信元之病重, 此非再誤耶? 逮入經席, 執迷不回, 以致鄭惟一之論辨, 至指以挾私名器之辱, 孰使之然哉? 不類於滄浪之自取乎?

靑松閑僻, 人所樂赴, 其請遞信元, 不過爲謬見, 而政院之必欲論辨, 亦不必深治也. 兩司之論, 欲重其臺諫之體貌相得矣. 但其只擧承旨沮抑之罪, 而不言諫官所以見抑者, 其由專在於當初之謬誤, 則臣意終有歉然.

且議啓承旨, 旣已遞職, 鄭惟一亦命推考, 示罰若此, 亦足以警後人, 而必欲重治, 則臣恐言路漸狹, 他日之弊, 反有可憂. 臣之迂妄, 不能苟同, 請亟命遞臣職.

330 실록 탈초본에 '大臣'이 '秉言'으로 잘못되어 있다.
331 幺麽의 잘못이다.

〔於是, 兩司皆以: "承旨等輕蔑臺諫, 不有公論, 杜今日進言之路, 開後日無窮之弊, 機關甚重, 故臣等妄料, 請先罷後推, 一以重臺諫之體貌, 一以治喉舌之擅弄, 今見大司諫李後白之啓, 則與臣等所見, 大相矛盾, 不可相容. 請遞臣等之職." 上答曰: "勿辭. 皆退待物論."〕

해설 『선조실록』 권8, 선조 7년(1574년) 7월 26일(무술) '대사간 이후백이 승지가 대간의 논계를 막은 일에 대한 입장 차이로 체직을 청하다'의 기사에 이후백의 계사가 수록되어 있다. 이와 관련하여 율곡 이이(李珥)의 『경연일기』(『석담일기』) 1574년(선조 7, 갑술) 7월의 기사가 참조된다. 그 기사에 따르면, 박신원(朴愼元)은 이조참판 박근원(朴謹元)의 아우였는데, 수안군수(遂安郡守)로 있다가 청송부사(靑松府使)가 되자 그 고을이 빈약한 것을 싫어하여 몰래 간관에게 부탁하여 자신이 병이 중하니 체직하게 해 달라고 했다. 부승지 정지연(鄭芝衍)과 동부승지 신응시(辛應時) 등이 분개하여, "간관은 비록 박신원이 병이 있다 하지만, 신원은 사실 무병합니다."라고 했다. 그러자 양사가 정지연 등을 공격하여, "승지가 어찌 대간의 말을 억누르는가?"라고 했다. 이때 대사간 이후백만은 "아무리 간관의 말이라 하더라도 만일 잘못 그릇친 바가 있으면 어찌 바로잡지 못할 것인가?"라고 다른 의견을 내었다. 양사가 의논이 맞지 않는다고 인혐(引嫌: 책임을 느껴 그 사안에 관여하길 꺼림)하여 물러났다. 홍문관에서 처리하려 할 때 부제학 허엽(許曄) 등이, "대간의 말은 옳건 그르건 간에 꺾는 것이 불가하다." 하여, 마침내 이후백을 체직할 것을 아뢰었다.

김굉필·정여창·조광조·이언적의 저서와 사실 및 행장을 인쇄하여 반포할 것을 청하는 계사〔請印頒金宏弼鄭汝昌趙光祖李彦迪著書並事實行狀啓〕

정원에 전교했다.

"이 네 신하의 입언(立言)과 행기(行己)를 내가 열람하고자 하여 옥당(玉堂)으로 하여금 서계(書啓)하도록 했더니, 수집하여 한 권의 책으로 만들어 올렸다. 지금 인출하여 나누어 주어 사람들로 하여금 내가 숭상하는 것을 알게 하고 아울러 학자로 하여금 흥기하게 하려 하니, 그 의도가 지극한 것이다. 그러나 생각건대, 이들은 선조(先祖) 때의 사람들로 화환(禍患)을 면하지 못했으므로 그 사이에 미안한 말이 많아서 인출하여 나누어 주는 것이 혹 불가할 듯도 한데 어떠한가?"

정원이 아뢰었다.

"김굉필(金宏弼)[332]과 정여창(鄭汝昌)[333]은 혼란한 연산조(燕山朝)에서 죄를 입었는데, 당시 죄를 입은 자들이 모두 어진 선비였지만 두 사람은 특별히 동방(우리나라) 도학(道學)의 종사(宗師)가 되었으니, 이는 다시 말할 것이 없습니다.

조광조(趙光祖)[334]는 독실하게 배우고 몸소 실천하여 도가 밝고 덕이 확립되어 중

332 김굉필(金宏弼, 1454~1504)의 본관은 서흥(瑞興), 자는 대유(大猷), 호는 사옹(蓑翁)·한훤당(寒暄堂), 시호는 문경(文敬)이다.『소학』에 심취해서 '소학동자'로 불렸다. 1498년 무오사화 때 평안도 희천에 유배되어, 조광조를 만나 학문을 전수했다. 1504년 갑자사화로 극형에 처해졌다. 1610년 정여창(鄭汝昌)·조광조·이언적(李彦迪)·이황(李滉) 등과 함께 5현으로 문묘에 종사되었다. 충청남도 아산(牙山)의 인산서원(仁山書院) 등에 제향되었다. 문집에『한훤당집(寒暄堂集)』, 저서에『경현록(景賢錄)』·『가범(家範)』등이 있다.

333 정여창(鄭汝昌, 1450~1504)의 본관은 하동(河東), 자는 백욱(伯勗), 호는 일두(一蠹), 시호는 문헌(文獻)이다. 경상남도 함양(咸陽) 출생이다. 지리산에 들어가 3년간 오경(五經)과 성리학을 연구했다. 1483년 진사시에 합격했고 1490년 별시문과에 병과로 급제했다. 1498년 무오사화로 종성(鍾城)에 유배되었고, 1504년 사망 후 갑자사화에 연루되어 부관참시(剖棺斬屍)되었다.『용학주소(庸學註疏)』·『주객문답설(主客問答說)』·『진수잡저(進修雜著)』등의 저서가 있었지만 무오사화 때 부인이 태워 없애 일부가 정구(鄭逑)의『문헌공실기(文獻公實記)』에 전할 뿐이다. 전라남도 나주(羅州)의 경현서원(景賢書院) 등에 제향 되었다.

334 조광조(趙光祖, 1482~1519)의 본관은 한양(漢陽), 자는 효직(孝直), 호는 정암(靜庵), 시호는 문정

종(中宗)이 바야흐로 높은 벼슬을 주고 당우(唐虞, 요순)의 정치를 도모하려 했으나, 뜻밖에 남곤(南袞)[335]·심정(沈貞)[336]에게 모함당하여 마침내 큰 화를 당했으므로 지금도 어린아이나 심부름하는 하인들까지 모두 그가 애매[337]하다는 것을 알고 있음은 물론 그의 어짊에 대해 탄복하지 않는 사람이 없습니다.

이언적(李彦迪)[338]은 성현의 학문에 뜻을 두고 지경(持敬)에 전념했으며 언제나 옛사람을 추모하여 그 학문의 조예가 심오했으니, 조광조 뒤에는 이 사람 하나뿐입니다. 을사년에 죄를 줄 때 처음에는 죄를 입지 않았는데 권간(權奸)이 자기와 의견이 다르다고 미워해서 모함하여 귀양까지 보냈습니다.[339] 끝내 죄를 면치 못했지만, 사류(士類)들이 그의 높은 풍모에 감복하여 지금도 우러르고 있습니다.

이 네 신하의 심적(心迹)은 조금도 의심할 것이 없기 때문에 성상께서 즉위하신 이래 여러 신하들이 경연(經筵)에 출입할 때마다 매양 성상을 위해 반복하여 진달

(文正)이다. 1510년 진사시에서 장원을 하고, 1515년 증광 문과에 급제했다. 중종에게 발탁되어 관계에 진출했으나 중종의 지지를 잃어 훈구파가 기묘사화를 일으키자 능주(綾州, 전라남도 화순)에 유배되었다가 사사되었다. 문집에 『정암집(靜菴集)』이 있다.

335 남곤(南袞, 1471~1527)의 본관은 의령(宜寧), 호는 지족당(知足堂)이다. 1519년 훈구파 대신으로 심정(沈貞) 등과 함께 기묘사화를 일으켰다. 죽은 뒤 문경(文景)이란 시호가 내렸으나 1558년(명종 13) 관작과 함께 삭탈당했다.

336 심정(沈貞, 1471~1531)의 본관은 풍산(豊山), 호는 소요정(逍遙亭)이다. 남곤과 함께 기묘사화를 일으켰다.

337 애매(曖昧)는 죄가 있는 것처럼 논란되지만 실상은 죄가 없다는 뜻이다. 한국 한문의 독특한 표현이다.

338 이언적(李彦迪, 1491~1553)의 본관은 여주(驪州), 호는 회재(晦齋)·자계옹(紫溪翁), 자는 복고(復古), 시호는 문원(文元)이다. 본명은 적(迪)이었는데 중종의 명으로 언적(彦迪)으로 고쳤다. 1514년 문과에 급제했고, 1530년 귀향한 뒤 경주 자옥산(紫玉山)에 독락당(獨樂堂)을 짓고 학문에 열중했다. 1547년(명종 2) 양재역벽서사건(良才驛壁書事件)에 연루되어 평안도 강계(江界)로 유배되었다. 경주 옥산서원(玉山書院)에 제향되었고, 문묘에 종사되었다. 문집에 『회재집(晦齋集)』이 있다.

339 이언적은 윤원형(尹元衡) 등이 을사사화를 일으키자 추관(推官)에 임명되었다가 스스로 관직에서 물러났다. 1547년 윤원형이 조작한 양재역벽서사건에 연루되어 유배되었다. 뒷날 1611년(광해군 3)에 정인홍(鄭仁弘)은 「회퇴변척소(晦退辨斥疏)」에서, 을사년(1545, 인종 1)과 정미년(1547, 명종 2)에 사화가 일어나 소인이 득세하여 군자를 해칠 때 이언적과 이황이 벼슬을 그만두지 않고 소인들과 함께 행동했다고 비난하게 된다.

했던 것입니다. 만일 의심스러운 것이 있었다면 감히 이렇게 하겠습니까. 흔쾌히 포상(褒賞)을 내려 억울한 죄를 씻어 주시고 또 저서(著書)와 사실·행장을 수집하여 인출(印出)·반사(頒賜)하여 사람마다 성상께서 어진이를 높이고 숭상하는 뜻을 알도록 하시어 선을 흥기하게 하는 것이 또한 세상에 성대한 일인 것입니다. 어찌 한때의 모함을 면하지 못했다 하여 그 사이에 의심을 둘 수가 있겠습니까. 미안한 말이 있을지라도 이는 소인배들의 흉악한 태도와 정상을 들추는 데 불과할 뿐 절대로 선조(先祖)에 누가 되지는 않습니다. 인심(人心)은 지극히 공평하여 시비(是非)를 속이기 어렵습니다. 시골에 사는 유생들이 이들의 저술을 얻어 본다면 한마디의 말과 하나의 글자라도 모두 외고 경복(敬服)하여 마지않을 것입니다. 인출하지 않는다 하더라도 끝내 사람들로 하여금 볼 수 없게 할 수는 없을 것입니다. 성왕께서 인출하여 반사해 주신다면 흥기할 자가 더욱 많을 것입니다. 삼가 성상께서는 쾌히 결단하여 의심치 마소서."

전교했다. "알았다. 인출하려면 서문이 없을 수 없다."

○ 傳于政院曰: "玆四臣立言行己, 予欲覽閱. 令玉堂書啓, 則蒐輯爲書一卷以進矣. 今欲印出頒賜, 使人知予崇尙, 兼使學者興起, 其意至矣. 第念此人皆在先朝, 未免禍患, 其間多有未安之語, 至於印出頒賜或不可, 何如?"

政院啓曰: "金宏弼·鄭汝昌被罪於燕山昏亂之朝, 當時被罪者, 無非賢士, 而兩人者, 獨爲東方道學之宗, 此則更無可言矣. 趙光祖篤學躬行, 道明德立, 中廟方眷位, 以図唐·虞之治, 而不意爲南袞·沈貞所構陷, 竟罹大禍, 至今兒童走卒, 皆知其曖昧, 無不歎服其賢. 李彦迪志學聖賢, 專身持敬, 動慕古人, 造詣深奧, 趙光祖之後一人而已. 乙巳之罪, 初不被罪, 而權奸疾其異己, 誣陷竄黜, 終不免於罪, 而士類服其高風, 景仰至今. 玆四臣, 心迹無毫可疑, 故卽位以來, 諸臣出入經席, 每爲聖明反覆陳達, 如有可疑, 則豈敢如是乎? 快加褒奬, 伸雪幽冤, 又命蒐輯所著書幷事實行狀, 印出頒賜, 使人人知聖明尊尙之意, 而興起於善, 此亦世之盛擧也. 豈可以一時不免構陷, 而置疑於其間哉? 雖有未安之語, 不過發揚小人輩兇態情狀耳, 萬不爲先朝之累矣.

人心至公, 是非難誣, 閭巷儒生得此人等著述, 則片言隻字, 皆誦玩敬服不已. 雖不印出, 終不能使人不之見也. 得聖明印頒, 則其興起者益甚矣. 伏願聖明, 夬決無疑."

傳曰: "知道. 印出, 則序不可無也."

〔庚午五月十六日, 傳于政院曰: "金宏弼·鄭汝昌·趙光祖·李彦迪, 立言行已, 予欲覽閱. 玉堂書啓,[340] 則蒐輯爲書一卷以進矣. 今欲印出頒宣, 使人知予崇尙, 使學者興起. 第念此人皆在先朝, 未免被患, 其間多有未安之語. 至於印出頒布, 或不可何如? 先生時都承旨, 進此啓言之.[341]〕

해설 『선조실록』 권4, 선조 3년(경오, 1570년) 5월 16일(계미)에 '옥당에서 김굉필·정여창·조광조·이언적의 사적을 적은 책을 올리자 토론하다'라는 기사가 있다. 『청련집』 중간본에서는 이 일을 '경오(庚午) 5월 16일'의 일로 명시하고, 선조의 전지(傳旨)를 인용하되 '자사신(玆四臣)'을 '김굉필·정여창·조광조·이언적'으로 밝힌 후, "선생이 당시 도승지로서 이 계사를 올려 말했다.〔先生時都承旨, 進此啓言之.〕"라고 해설했다. 1992년 번역본에서는 원문 자료를 제시할 때 탈오가 있다. 이하, 1992년 번역본의 원문 정리문은 일일이 비교하여 논평하지 않는다.

340 1992년 번역본에 '箴(잠)'으로 되어 있으나, '啓(계)'의 잘못이다.

341 1992년 번역본 『청련집』 만어(이하 같음).

양민과 천민의 혼인 금지를 청하는 계사〔請禁良賤交嫁啓〕

주강(晝講)이 있었다.

도승지가 천인(賤人)인 지아비와 양인(良人)인 지어미가 낳은 자식이 양인이 되는 것은 온편하지 못하다는 뜻을 아뢰니, 상감도 "그렇게 하면 양천(良賤)이 문란해질 것이다."라고 했다.

제공(諸公)이 다 아뢰고 나자 정승(政丞)에게 물러가서 함께 의논할 다음 단자(單子)는 녹사(錄事)를 시켜 바치게 했다. 신(臣) 김귀영(金貴榮), 신 이후백(李後白), 신 유희춘(柳希春), 신 심의겸(沈義謙), 신 박승임(朴承任), 신 이식(李拭)이 의논했는데, 대략 다음과 같았다.

"자식이 아비를 놓아두고 어미를 따를 수는 없는 것이고 또 천인이 까닭없이 양인이 될 수 없는 것인데, 만약 어미가 양인이라 하여 어미를 따라 양인이 되는 것을 허가한다면 인기(人紀)가 문란해질 것입니다. 신들이 삼가 『대명률(大明律)』을 살피건대 양천이 서로 혼인하는 것을 금하는 영이 있습니다.[342] 만약 이를 시행하면 양족(良族)이 천족에 들어가는 길을 막을 수 있어서 양정(良丁)이 점점 늘어나게 되고 따라서 군액(軍額)에도 보탬이 있을 것입니다."

여러 단자(單子)가 들어가니 상감이 알았다고 답했다.

영상(領相) 이하 19원(員)의 의논에 모두 "천인인 지아비와 양인인 지어미가 낳은 자녀는 양인이 될 수 없으니, 『대명률(大明律)』의 양천 혼인 금지의 영(令)을 신명(申

342 『대명률집해(大明律集解)』「호율(戶律)」'혼인(婚姻)' 제121조 '양천위혼인(良賤爲婚姻)'에 관련 내용이 있다. "가장(家長)이 노(奴)로 하여금 양인 여자에게 장가들어 처로 삼게 하면 장 80이다. 여자 집은 1등급을 줄인다. 몰랐으면 처벌하지 않는다. 노가 스스로 양인 여자에게 장가들면 죄가 또한 같다.주-D004 가장이 실정을 알았으면 2등급을 줄인다. 이로 인하여 양인 여자를 가장의 호적에 넣어 비(婢)로 삼으면 장 100이다. 거짓으로 노나 비를 양인이라고 하여, 양인으로 하여금 남편이나 처로 삼게 하면 장 90이다. 각각 이혼시키고 고쳐 바로잡는다."

明)해야 한다."라고 했다.

○ 晝講. 都承旨言賤夫良妻之子爲良未便之意. 上亦言: "如此則良賤紊亂矣." 諸公畢陳, 政丞令退, 而具議單子, 令錄事持呈. 臣金貴榮·臣李後白·臣柳希春·臣沈義謙·臣朴承任·臣李拭議, 略曰: "子不可捨父而從母賤, 不可無故而從良. 若以其母之良, 許令從母而良, 則人紀紊亂. 臣等謹按『大明律』, 有良賤交嫁之禁令. 若行之, 可杜良族入賤之路, 而良丁漸滋, 而於軍額亦有補矣." 諸單子入. 上答曰: "知道."

領相以下十九員議: "皆以爲不可以賤夫良妻之子女爲良, 只宜申明『大明律』良賤婚姻之禁云."

해설 『선조실록』 권7, 선조 6년(1573년) 12월 2일(무신) '주강에 도승지가 노비 종모제를 비판하고 양천혼의 금지를 논의하다'의 기사가 있다. 1992년 번역본 『청련집』에서는 그 내용을 발췌하여 적고, "선생이 여러 공과 상의하여 계(啓)를 이와 같이 올렸다.〔先生與諸公議啓如此.〕"와 같은 식으로 해설을 덧붙였다.

덕을 닦아 재변과 이변으로 인한 하늘의 꾸지람에 답해야 한다는 계사〔因災異請修德以答天譴啓〕

하늘의 꾸지람을 알림이 이와 같으니, 신등은 몸둘 바를 모르겠습니다. 상감께옵서는 어떻게 대처하실는지 알지 못하오니, 청하옵건대 □□□에게 명하시와 …… 없어진 부분과 돌보지 않고 방치한 일들을 밝히시고 비록 허사라 할지라도 ……를 하심으로써 하늘의 꾸지람에 답하시옵소서…….

天之譴告如此, 臣等罔知所措. 自上未知何以處之. 請命 …… 以下缺 …… 以究闕失疏放, 雖虛事 …… 以下缺 …… 寃以答天譴. …… 以下缺

해설 『선조실록』에는 신하들이 재변과 이변의 천견(天譴)에 답할 것을 상주하거나 계청한 내용이 여러 번 나오지만, 『청련집』 중간본에 채록한 이 일문(佚文)의 내용과 관련 있다고 특정할 만한 사안은 발견할 수 없다. 『선조실록』 자체가 임진왜란 이전의 기록이 소략하기 때문이기도 할 것이다.

주의(奏議)

진강에서 주자 감흥시(朱子感興詩)[343]로 소동파의 시와 바꾸시기를 청하는 상주문 〔請以朱子感興詩易蘇東坡詩奏〕

강독이 끝나고서 대간과 승지가 진언한 후에 유희춘(柳希春)이 말했다.

"지난번에 위에서 동파(東坡)의 시(詩)를 들여오라고 명하셨는데 신은 위에서 한 두 곳을 살펴보려 하시는 것인지 두고 보려 하시는 것인지 모르겠습니다마는, 소식(蘇軾)은 잘난 체하고 궤사스러워 심술이 바르지 않기 때문에 문사(文詞)에 나타난 것도 다 평탄하지 않습니다. 이 때문에 예엽(芮曄)이 학교의 정사를 맡았을 때에 주자(朱子)가 글을 보내어 논하기를 '소씨(蘇氏)는 웅심(雄深)하고 번묘(繁妙)한 글로 경위(傾危)하고 변환(變幻)하는 버릇을 선동하므로 그 해독을 입는 사람들이 살에 젖고 뼛속에 스미게 되어도 스스로 깨닫지 못할 정도였습니다. 이제 바로 뿌리를 뽑고 근원을 막아야만 세찬 물결이 동방으로 밀려오는 것을 막을 수 있습니다."[344]라

343 주희(朱熹)의 「재거감흥이십수(齋居感興二十首)」를 말한다. 주희가 진자앙(陳子昂)의 「감우시(感遇詩)」를 본받아 지은 연작시(連作詩)로, 「무이도가(武夷櫂歌)」와 서로 표리를 이룬다. 주희의 문집 『회암집(晦庵集)』 권4에 실려 있다.

344 주희(朱熹), 『회암집(晦庵集)』 권37 「여예국기(與芮國器)」의 내용을 간략히 줄여 언급한 것이다. "소씨(蘇氏)의 학문은 웅심(雄深)하고 번묘(繁妙)한 글로 경위(傾危)하고 변환(變幻)하는 버릇을 선동하므로 그 해독을 입는 사람들이 살에 젖고 뼛속에 스미게 되어도 스스로 깨닫지 못할 정도였습니다. 이제 바로 뿌리를 뽑고 근원을 막아서 학자들의 청취를 하나로 하여야 세찬 물결이 동방으로 밀려 오는 것을 거의 막을 수 있습니다. 만약 바야흐로 장차 징계하여야 하거늘, 갑지가 그

고 했습니다. 윗분으로부터 시에서 흥기시키려고 하신다면, 「주자 감흥시」 20수가 있습니다. 이는 다 오언으로 모두 1천 2백 60자인데 그 가운데에 천지 만물의 이치와 만고 성현의 마음과 고금 만사의 변천이 모두 다 들어 있으며 음운(音韻)이 잘 조화되고 흥취가 유원(悠遠)하여 읊는 동안에 의미가 심장하니, 이 시로 그것에 대체하시면 다행이겠습니다."

윤현(尹晛)이, 소식이 이천(伊川)〔정이(程頤)〕을 시기한 일을 아뢰었다.

유희춘이 아뢰었다.

"소식은 도덕을 말할 경우에는 대본(大本)을 어지럽히고 사실을 논할 경우에는 권모(權謀)를 숭상하며, 통달(通達)은 귀하게 여기면서 명검(名檢)은 천하게 여기고 부화(浮華)를 자랑하면서 본실(本實)을 잊으므로, 전혀 예법과 염치가 무엇인지를 모릅니다. 이 때문에 이천의 규구(規矩)·준승(準繩)을 보면 꺼리고 미워하는 것이 심하여 마치 훈유(薰蕕)·빙탄(氷炭)처럼 상반됩니다. 신은 전에 송(宋)나라 고종(高宗)이 소식과 황정견(黃庭堅)의 시를 즐겨 보는 것에 대해 군자들이 유감스럽게 여겼다는 것을 보았는데, 더구나 전하의 성명(聖明)으로 어찌 이러하실 수 있겠습니까?"

강설(講說)을 끝내고서 물러갔다.[345]

丁卯. 有朝講. (중략) 臺諫·承旨進言, 希春進於其後曰: "頃日, 上命入東坡詩, 臣未知上欲者一二處耶? 欲留覽耶? 蘇軾爲人, 矜豪詭譎, 心術不正, 發於文詞, 亦皆不平. 是故芮曄掌學校之政, 朱子遺書論曰: '蘇氏以雄深繁妙之文, 扇其傾危變幻之習,

장점으로 하는 바를 취하겠다는 뜻을 가지는 것은, 가만히 생각하건대 학자로 하여금 하나는 취하고 하나는 버려야 할 사이에서 택할 바를 모르게 하여 또한 장차 그것과 더불어 화하여 돌아올 수 없게 만들 것이니, 이것은 곧 집사께서 마땅히 우려하셔야 할 바입니다.〔蘇氏之學, 以雄深敏妙之文, 煽其傾危變幻之習. 以故被其毒者, 淪肌浹髓而不自知. 今日正當拔本塞源, 以一學者之聽, 庶乎其可以障狂瀾而東之. 若方且懲之, 而又遽有取其所長之意, 竊恐學者未知所擇一取一捨之間, 又將與之俱化, 而無以自還. 是則執事者之所宜憂也.〕"

345 『선조실록』 권7, 선조 6년(계유, 1573) 12월 21일(정묘).

以故人之被其毒者, 淪肌浹髓, 而不自知. 今正當拔本塞源, 庶乎可以障狂瀾, 而東之.' 自上若欲興於詩, 則有朱子感興詩二十首在. 蓋皆五言, 凡一千二百六十字之中, 天地萬物之理, 聖賢萬古之心, 古今萬事之變, 無不在焉. 音韻鏗鏘, 興致悠遠, 吟詠之間, 意味深長. 以此詩, 易在彼幸甚." 尹晛言蘇軾娼嫉伊川之事. 希春曰: "蘇軾語道德, 則迷大本. 論事實, 則尙權謀貴. 通達而賤名檢, 衒浮華而忘本實. 漠然而不知禮法廉恥之爲何物. 是以見伊川之規矩準繩, 其忌惡之甚, 如薰蕕氷炭之相反也. 臣嘗觀宋高宗好觀蘇·黃詩, 君子不能無憾. 況以殿下聖明, 豈可如此乎?" 說畢而退.

해설 『선조실록』 권7, 선조 6년 계유(1573년) 12월 21일(정묘)의 조강에서 유희춘(柳希春)이 주달한 내용으로 나온다. 이날 영상(領相) 이탁(李鐸), 동지경연(同知經筵) 이후백(李後白)·유희춘(柳希春), 특진관(特進官) 강섬(姜暹)·성세장(成世章), 승지(承旨) 구봉령(具鳳齡)이 입시했다.[346] 이후백과 유희춘의 공동 발언을 정리했을 수도 있다.

346 이후백의 「연보」에 다음과 같이 기록했다. "十二月十一日, 柳希春與修撰尹晛進講. 領相李鐸, 特進官姜暹·成世章, 承旨具鳳齡, 同入侍. 柳希春講'伊尹申誥于王'一段. 講畢, 先生, 時以同知經筵入侍有此奏."

인성왕후의 상복 제도를 논한 상주문〔論仁聖王后服制奏〕

〔이상 결〕

임금이 왕통을 계승했을 때는 비록 형제 사이라 하더라도 역시 삼년복을 입어야 합니다. 지금 전하께서는 선왕의 뒤를 이었으며, 선왕은 실질적으로 인종대왕의 왕통을 이어받았으니, 이는 전하에게는 인성왕비(仁聖王妃)[347]와는 조손(祖孫)의 의(義)가 있는 것이니 당연히 삼년 상복을 입어야 합니다.

〔선조 정축년에 인성왕비가 승하하니, 영의정 권철(權轍)[348]이 의론하여 "전하는 자최복(齊衰服)[349]을 입어야 합니다."라고 했으나, 선생(이후백)이 "삼년복을 입어야 합니라."라고 건의했다. 상감이 이에 따랐다.〕

〔以上, 缺〕王者繼體, 雖兄弟亦服三年. 今殿下爲先王後, 而先王實承仁宗之統. 是殿下於仁聖王妃, 有祖孫之義, 當服三年.

〔宣廟丁丑, 仁聖王妃昇遐, 領議政權轍議曰: "殿下當服齊衰." 先生建議: "當三年服." 上從之.〕

347 인성왕비(仁聖王妃) 박씨(朴氏, 1514~1577)는 인종(仁宗)의 왕비이다. 본관은 나주(羅州)이며 금성부원군(錦城府院君) 박용(朴墉)의 딸로 태생이 없다. 존호(尊號)는 공의대비(恭懿大妃), 능호(陵號)는 능호는 효릉(孝陵)이다.

348 권철(權轍, 1503~1578)의 본관은 안동(安東), 자는 경유(景由), 호는 쌍취헌(雙翠軒), 시호는 강정(康定)이다. 강화부사 권적(權勣)의 아들이며 권율(權慄)의 아버지다. 1528년(중종 23)에 진사가 되고, 1534년 식년문과에 을과로 급제했다. 1565년 등극사(登極使)로 중국 명나라에 다녀왔다.

349 자최복은 상례(喪禮)에서 규정한 오복제(五服制)의 하나이다. 거친 생마포로 아랫단을 접어서 지은 상복을 말한다. 어머니상에는 3년을 입지만, 아버지가 살아 계실 경우의 어머니상에는 1년을 입었다. 조부모상은 1년, 증조부모상에는 다섯 달, 고조부모상에는 석 달을 입었다. 12대 인종, 13대 명종, 14대 선조이므로, 권철은 선조에게 인종의 비를 위해 자최복을 입어야 한다고 주장했다. 인종은 후사가 없어 아우 명종이 뒤를 이었으며, 명종도 후사가 없어 11대 중종의 손자 선조가 뒤를 이었다.

해설 『선조실록』 권11, 선조 10년 정축(1577년) 11월 29일(신사)의 기사를 보면 예조가 대행 왕대비의 상에 자최 기년복이라 아뢰니 이로 인해 논란이 있었다. 다음에 인용하는 실록 기사에는 이후백의 견해가 분명하게 드러나지는 않는다.

예조가 대행왕대비(大行王大妃)의 상(喪)에 전하가 자최(齊衰) 기년복(朞年服)을 입어야 한다고 하니, 옥당과 양사가 논쟁하고 나서서 자최 삼년복(三年服)을 입어야 한다고 하므로 대신들에게 의논하게 하라고 명했다. 영상 권철(權轍)과 좌상 홍섬(洪暹)은, 송나라 고종(高宗)이 철종(哲宗)과 맹후(孟后)에 대해 기년복을 입었으니 지금도 이에 의거하여 숙질(叔姪)이 복(服)을 입는 것이 마땅하다고 했고, 박순(朴淳)은 계체(繼體)가 중하다는 것으로 당연히 삼년복을 입어야 한다고 하면서 명종(明宗)이 인종(仁宗)의 상에 이미 삼년복을 입었으므로 대행대비(大行大妃)와 전하 사이에는 조손(祖孫)의 의리가 있으니 당연히 삼년복을 입어야 한다고 했고, 우상 노수신(盧守愼)도 박순의 의견과 같았는데 말이 분명하지 않았다. 그리하여 2품 이상에게 수의(收議)했는데 의견이 각각 달랐다. 제5일이 되어서야 비로소 삼년상으로 할 것을 청했다.[350]

350 禮曹以大行王大妃之喪, 殿下當服齊衰朞年, 玉堂及兩司爭論, 當服齊衰三年, 命議于大臣. 領相權轍·左相洪暹以爲: "宋高宗服哲宗孟后期年之服, 今亦依此行叔姪之服爲當." 朴淳: "以繼體之重, 當服三年. 明廟於仁宗之喪, 旣服三年. 大行大妃於殿下, 有祖孫之義, 當服三年." 右相盧守愼亦同朴淳之意, 而語不分明. 收議于二品以上, 各有同異. 至第五日, 始定三年喪.

홍문관과 양사(兩司)에서 남곤의 시비에 관해 차론(箚論)하는 일을 그만두도록 왕명을 내려 주시길 청하는 상주문〔請寢令弘文館兩司南袞是非箚論之命奏〕

소차를 올리는 일은 공론이 격화되어 밑에서부터 발해야 하는데 왕의 유지(有旨)를 받아 사건을 말한다는 것은 옛 사람들이 하지 않았던 일로, 그 일이 비록 좋고 그 논의가 비록 공정하다 하더라도 후일의 폐단이 없지 않을까 두렵습니다. 오직 옥당과 양사에서 그의 죄악을 조목별로 예거하게 하는 것은 아무래도 무방할까 합니다.

〔선묘(선조) 무신에 남곤(南袞)의 관작을 추삭했다. 교명에 다음과 같았다. "경연관 이황의 말에 '남곤의 관작을 삭탈하십시오.'라고 하는 말을 들으니, 마땅히 삭탈할지를 대신들로부터 의론을 모아 오라. 또한 홍문관과 양사(대사헌·대사간)는 남곤의 시비를 두고 모두 차기(箚記)를 올려, 논하고 따지는 것이 옳겠다." 선생(이후백)은 당시 도승지로 있으면서 이러한 상주를 했다. 비답에 "계사가 마땅하고 뜻이 지극하다. 다만 그 죄악을 조목조목 나열하는 것이 옳을 것이다."라고 했다.〕

疏箚之上, 公論所激. 自下而發, 受旨言事, 古人所不爲. 其事雖善, 其論雖公, 而恐不無後弊也. 袞奸邪陰慝, 頃日箚論經筵之啓盡之, 而大臣獻議之際, 亦必略陳其情狀矣. 若更詳問, 則只令玉堂兩司, 條列罪惡, 庶無妨也. 第以些少違例之意, 敢此陳達矣.

〔宣廟戊辰, 追削南袞官爵. 敎曰: "聞經筵官李滉言: '南袞官爵削奪.' 宜奪大臣處收議. 且弘文舘兩司, 將南袞是非, 皆上箚論列可也." 先生時以都承旨, 有此奏. 答曰: "啓當意至, 只令條列其罪惡可也."〕

해설 『기묘록(己卯錄)』 속집(續集) 「주간죄목(誅奸罪目)」에 관련 사실이 상세하다.

경인년(1530년) 겨울에 대사헌 김근사(金謹思)와 대사간 권예(權輗) 등이 아뢰었다. "(전략) 지금 심정(沈貞)이 대신의 자리를 도둑질하여 차지한 것은 임사홍(任士洪)과 비교할 바가 아니요, 대간을 일망타진한 것은 현석규(玄錫圭) 한 사람을 처치했던 것에 비교될 바가 아닙니다.[351] 죄가 임사홍보다 큰데 지금 죄를 적용하는 것은 다 오히려 임사홍보다 가벼우니, 청컨대 법률에 비추어 죄를 정하게 하소서." 12월에 심정을 강서(江西)로 귀양 보내고 성세창(成世昌)을 평해(平海)로 정배시켰다. 이때 김안로(金安老)가 성세창이 자기를 배척함을 원망했는데, 조정에 돌아오자 성세창이 심정과 함께 사림을 해쳤다고 얽어 무함하여 쫓아내었다. 심정은 1531년(중종 26, 신묘) 12월에 이항(李沆)과 더불어 동시에 죽임을 당했고, 성세창은 1537년(중종 32, 정유) 김안로가 처형된 뒤에 석방되어 관직을 회복했다. 심정의 직첩(職牒)을 도로 돌려 달라는 일로 중종·명종 때에 자손이 여러 번 상소를 했으나 모두 규탄을 당하고 또 외람되게 소장(訴狀)을 바친 것으로 벌을 받았다. 인종이 즉위한 처음에 이항의 직첩을 도로 주었는데 대간의 논계(論啓)로 인하여 회수했다.

1568년(선조 1, 무진)〔원문에 '만력 무진'이라 했으나 '융경(隆慶) 무진'의 잘못이다 —역자〕 가을 9월 금상(今上, 선조)의 비망기(備忘記)에 전교하기를, "지금 경연관 이황(李滉)의 말을 듣건대, 남곤의 관작을 삭탈하는 것이 의당하다 하니, 대신들은 의론을 취소하고 또 홍문관 양사(兩司)에서는 마땅히 그 죄를 조목조목 들추어내는 것이 옳겠다."라고 했다.

대사헌 김귀영(金貴榮), 대사간 강사상(姜士尙), 부제학 노수신(盧守愼) 등이 차자(箚子)를 올려, 남곤이 간사하고 음흉하여 나라의 명맥을 깎아 손상시킨 죄를 극력 말했다.

351 임사홍은 효령대군(孝寧大君)의 아들 보성군(寶城君) 이합(李峆)의 사위로, 문과에 급제하여 이조판서 등을 역임했다. 성종조에 서얼 출신의 유자광(柳子光)과 결탁하여 도승지 현석규(玄錫圭)를 탄핵했으나 뜻을 이루지 못하고 유배되었다. 1504년(연산군 10)에 갑자사화를 주도하여 훈신 계열을 축출하는 데 앞장을 섰다. 그의 아들 임숭재(任崇載)는 성종의 딸인 휘숙옹주(徽淑翁主)와 결혼하여 풍원위(豊原尉)에 봉해졌다. 임사홍은 중종반정 때 처형되었고, 그 한 해 전에 죽은 임숭재는 부관참시(剖棺斬屍)에 처해졌다.

좌의정 권철(權轍)은 아뢰었다. "엎드려 보옵건대, 이황이 아뢰어 남곤의 관작을 삭탈하자는 일은 그 뜻이 지극히 바릅니다. 기묘년 이래로 사림의 화가 모두 남곤이 악의 괴수가 됨으로 말미암은 것인데 그 몸이 이미 죽고 뼈가 이미 썩었으니, 지금 비록 관직을 빼앗더라도 진실로 족히 그가 사림을 참벌(斬伐)한 분노를 풀 수 없습니다. 이미 조광조에게 관작을 추증하고 남곤이 오히려 관작을 보전한다면 선악을 분별하지 않고 시비를 분명하게 하지 못한 것입니다. 남곤이 심정과 서로 좋아하여 함께 탐하고 간사한 행실이 없는 사람이어서 맑은 사류(士類)들에게 용납되지 못하게 되자, 그 고기를 씹고자 하여 낮과 밤으로 주둥이를 놀려서 홍경주(洪景舟)와 결탁하여 벌레 먹은 잎사귀의 참서(讖書)를 만들어 비밀히 임금께 주달(奏達)하여 임금의 마음을 놀라게 하고, 밤을 타서 신무문(神武門)을 열고 편전(便殿)에 입대(入對)하여 처음에는 조광조의 무리를 잡아들여 대궐 뜰에서 때려죽이려고 했습니다. 그리하여 영상 정광필(鄭光弼)을 불러 영상이 임금의 앞에 이르자 영상은 만번 죽을 것을 무릅쓰고 구제하고 해명하니, 남곤이 부끄러워서 말을 하지 못했습니다. 전날 저녁에 남곤이 흰옷을 입고 초립(草笠)을 쓰고 남 생원이라 사칭하고 정광필에게 가서 명함을 주니, 정광필이 남곤의 사칭인 것을 알고 놀라 일어나 나가 보니 밀지가 있다고 말하므로 정광필이 엄한 말로 거절했습니다. 남곤이 그때에 이조판서로 있었는데, 천한 사람의 옷을 입고 밤을 이용하여 정승의 집에 이르렀으니 그 귀역(鬼蜮: 귀신과 도깨비)의 형상이 심합니다. 남곤이 임금과 윗사람을 속이고 간사한 꾀를 부리어 사림을 해치고 국가 명맥을 손상시킨 것이 옛날 소인이라도 그보다는 더할 자가 없으니 관작을 추탈한다면 얼마나 다행한 일인지 모르겠습니다."

그리고 우의정 홍섬(洪暹)도 아뢰었다. "남곤이 선량한 사람을 시기 질투하고 사림을 일망타진했는데 그 몸은 비록 죽었으나 아직도 관작을 보전하고 있으니, 세월이 50년이 지났어도 민심은 오히려 격노하고 있습니다. 좋아하고 싫어함을 분명히 나타내어 대중의 노여움을 위로하고 보답하소서."

전교했다. "남곤의 일은 다만 옥당의 차자(箚子)뿐 아니라 근일의 경연에서도 또한 여러 번 말하므로 물어보았다. 그래서 지금 조정의 의론을 보았더니, 위로 대신으로부터 아래로 양사·옥당에 이르기까지 일일이 남곤의 죄를 늘어놓으며 주장이 또한 모두 같았다. 이는 곧 괴함이 없이 한결같은 것이라 하겠다. 조정 의논이 이와 같으니 따르지 않을 수 없다. 남곤의 관작을 모두 삭탈하여 사림의 분을 풀게 하고, 이 일을 양사와 옥당에 일러라. 남곤의 관작을 빼앗고자 하는 것은 조광조의 도학을 추앙(追仰)하고 한때의 추향(趨向)을 허여하기 위함이라."

庚寅冬, 大憲金謹思大司諫權輗等啓曰: "(중략) 今貞竊居鈞軸, 非士洪之比. 一網打盡臺諫, 非碩圭一人之比. 罪浮士洪, 而今之擬罪, 更輕於士洪. 請按律定罪." 十二月, 竄貞于江西, 配世昌于平海. 是時金安老怨世昌擠己, 及還朝構陷, 與貞同害士林而逐之. 貞則辛卯十二月, 與李沆一時賜死. 世昌則丁酉金安老伏辜後, 蒙赦復職. 沈貞職牒還給事, 中宗·明宗朝, 子孫累此呈上言, 皆被彈論, 亦以冒濫呈訴被罪. 仁廟嗣服之初, 還給李沆職牒而爲臺諫, 論啓還收.

萬曆戊辰秋九月今上備忘記. 傳曰: "今聞經筵官李滉之言, 南袞官爵削奪宜當云. 大臣處收議. 且弘文館兩司, 亦當條列其罪, 可也." 大司憲金貴榮·大司諫姜士尙·副提學盧守愼等上箚, 極言南袞奸邪陰慝斲喪國脉之罪. 左議政權轍議: "伏見李滉所啓, 追奪南袞官爵之事, 其意至正矣. 自己卯年來, 士林之禍, 皆由南袞爲之首惡也. 其身已死, 其骨已朽. 今雖奪職, 固不足以償其斬刈士林之憤矣. 旣爲追贈光祖, 而南袞尙保官爵, 則善惡無辨, 是非不明. 袞與沈貞相善, 而俱以貪邪無行之人, 不容於淸類, 而欲啖其肉, 日夜鼓吻. 締結洪景舟, 作爲蟲葉讖書, 密達冕旒, 以驚聖衷, 乘夜開神武門, 入對便殿. 初欲拿致光祖等, 闕庭撲殺之. 及召領相鄭光弼, 至上前, 冒萬死救解, 南袞慚不能言. 是日前夕, 袞着白衣草笠, 詐稱南生員, 投刺於光弼, 知袞之爲詐, 驚起出視之, 則稱有密旨. 光弼, 嚴辭拒之. 袞時爲吏判, 以微服乘夜到相家, 其爲鬼蜮之狀甚矣. 袞之欺君罔上, 舞弄奸邪, 戕害士林, 斲喪國脉, 古之小人, 罕出其右. 追奪官爵, 不勝幸甚." 右議政洪暹議: "南袞媢嫉善良, 網打士林. 其身雖死, 尙保官爵, 閱歲五十, 輿情猶激. 明示好惡, 慰答衆怒."

傳曰:"南袞之事, 非但玉堂箚子, 近日經席, 亦屢言之, 故下問. 今見朝議, 上自大臣, 下至兩司玉堂, 一一陳列罪袞, 而議論亦皆僉同, 此可謂不謀而同. 朝議如此, 不可不從. 盡奪南袞之官爵, 以快士林之憤. 此事諭于兩司玉堂. 欲奪南袞官爵者, 以其追光祖之道學, 且與一時之趨向也."

서(序)

국조유선록서(國朝儒先錄序)

융경(隆慶) 경오년〔중국 명나라 목종(穆宗) 융경 4년, 1570년〕은 곧 우리 전하〔선조〕께서 즉위하신 지 3년 되는 해입니다. 이때에 상감께서는 정사를 부지런히 살피시며[352] 바른 정치의 방법을 구하시어, 부지런히 경연(經筵)에 임하시고, 특히 성리의 학에 유념하셨습니다. 하루는 석강(夕講)이 파한 뒤에, 상께서 부제학 유희춘(柳希春)에게 말씀하셨습니다. "이언적(李彦迪)의 문집은 내가 이미 열람했다. 김굉필(金宏弼)·정여창(鄭汝昌)·조광조(趙光祖), 이들은 모두 불세출(不世出)의 현자이니, 역시 어찌 저술한 바가 없겠는가? 그대는 나를 위해 그들이 지은 글들을 모아 편집해서 가지고 오라." 유희춘은 명을 받들어 당황하고 송구해하면서 물러나서 옥당(玉堂, 홍문관)의 여러 유관(儒官)들과 함께 수집하고 정리하고 표시하고 구별하여 그들의 행장(行狀)과 유사(遺事)까지 아울러 정리했는데, 한데 모아 차서를 매기고 범례(凡例)를 정한 것은 『이락연원록(伊洛淵源錄)』[353]을 모방하고, 여러 차례에 걸쳐 상감의 재결을 받들어

352 원문의 '소간(宵旰)'은 '소의간식(宵衣旰食)'에서 나온 말이다. 날이 밝기 전에 일어나서 옷을 입고 해가 진 후에야 저녁 밥상을 받는다는 말이다.

353 송나라의 주희(朱熹)가 지은 책으로, 14권이다. 송나라의 철학자인 주돈이(周敦頤)와 정호(程顥)·정이(程頤) 형제들의 제자 46인의 언행을 수록하여 편찬했다. '이락'은 원래 낙양(洛陽)을 흐르는 이수(伊水)와 낙수(洛水)로 정호와 정이가 살던 지역을 일컫는 말인데, 뒤에는 송대 성리학을 뜻하는 말로 쓰인다.

경정(更定)했습니다.

김굉필의 경우에는 『경현록(景賢錄)』에 수록된 것을 모으되 조금 더하거나 덜어 냈습니다. 이언적의 문자(글)는 아주 많아서 전부 수록할 수가 없었기에, 그 긴요한 것 약간 편을 뽑아서 배열했습니다. 다른 것들은 견문(見聞)에서 취한 것이 많습니다. 책이 이루어지자 상감께 올리고, 그 책의 이름을 『국조유선록(國朝儒先錄)』이라고 할 것을 청하자, 상감께서 이를 윤허하셨습니다. 상감께서는, 글이 지닌 깊은 뜻을 더욱 찾으시고 음미하시고는, 교서관(校書館)에 내려보내 인쇄하여 온 나라 안에 배포하도록 명하셨습니다. 또한 저에게 서문을 짓도록 명하셨습니다.

신이 삼가 가만히 생각하건대, 맹자가 몰(沒)한 이후 유학자의 학문이 전하지 않아서, 사람들 마음은 몽매하고 사악한 설이 이것저것 일어나서 천여 년이 되어, 중국 송나라에 이르러 염락관민(濂洛關閩)[354]의 여러 군자들이 서로 이어서 일어나서 그 관건(關鍵)을 열어젖히고 집대성(集大成)하여, 공자·맹자의 세상에 찬란하게 다시 밝아지도록 했습니다. 그들 자신은 당세(當世)에 쓰이지 못했더라도 백대(百代)의 뒤에 유서(遺書)가 여전히 남아 있어, 그것을 읽고 맛보는 이들은 의리(義理)와 왕패(王覇)의 변별이나 조존(操存)[355]과 극치(克治)[356]의 방도에 있어서, 마치 지도(指導)와 교회(敎誨)를 받드는 것처럼 분명하게 깨달아서 감발되어 흥기하게 되었으니, 그 공적은 성대하다고 할 만합니다.

354 염계(濂溪)의 주돈이(周敦頤), 낙양(洛陽)의 정호(程顥)·정이(程頤) 형제, 관중(關中)의 장재(張載), 민중(閩中)의 주희(朱熹)를 일컫는다. 중국 송나라 때 성리학자들을 가리킨다. 이황(李滉)은 주희의 『이락연원록』을 본떠 『성현도학연원(聖賢道學淵源)』을 엮었다.

355 조존(操存)은 마음을 보존함을 말한다. 『맹자』 「고자 상(告子上)」에 "마음이라는 것은 잡아 두면 있고 놓아 버리면 없어지는 것으로, 나가고 들어오는 것이 일정한 때가 없으며, 어디로 향할지 종잡을 수가 없는 것은 오직 마음을 두고 말한 것이다.〔操則存, 舍則亡, 出入無時, 莫知其鄕, 惟心之謂與.〕"라고 한 공자의 말이 인용되어 있다.

356 극치(克治)는 사욕을 이기고 두려움을 다스리는 것을 가리킨다. 『근사록(近思錄)』 권5 「극치(克治)」에 "노여움 다스리기가 어려우며 두려움 다스리기도 어려우니, 사욕을 이겨야 노여움을 다스릴 수 있고, 이치를 밝혀야 두려움을 다스릴 수 있다.〔治怒爲難, 治懼亦難. 克己, 可以治怒. 明理, 可以治懼.〕"라고 했다.

우리 동방은 기자(箕子)가 봉함을 받음으로부터 비로서 인현(仁賢)의 교화를 입었지만,[357] 세대가 너무나 멀리 떨어져서 문헌으로 징험할 것이 없습니다. 아래로 신라에 미치고 고려에 이르기까지, 명인(名人)과 문사(文士)로서 일컬을 만한 인물이 없는 것은 아니지만, 그러나 그들이 연마한 것은 장구(章句)이고 숭상한 것은 사조(詞藻)였으며, 특히 뛰어난 사람들은 절의(節義)와 훈업(勳業)으로 높이 칠 만한 것에 불과할 따름이습니다. 풍습과 세속에서 스스로 벗어나서 성명(性命)을 연구하고 궁리하며 탁월하게 스스로 터득하여 성현의 취지에 오묘하게 계합해서 세상의 유종(儒宗)이 된 사람은, 정몽주(鄭夢周) 외에는 그런 사람들을 들어 본 적이 없었습니다.

하늘이 우리 왕조를 돌보시어 여러 성군들이 서로 이어 나가 인물을 돈후하게 배양함이 오랜 세월이 흘렀지만, 인재의 출현은 고금에 뚝 끊어졌습니다. 김굉필은 학문이 끊어진 상황에서 분발하여 멀리 정몽주의 서업(緖業)을 이어, 성현을 배울 것에 뜻을 두어, 정성을 쌓고 공력이 오래되어, 말이 충신(忠信)하고 행실이 독경(篤敬)해서,[358] 행동거지 하나하나에서 모두 예법을 준행했습니다.

정여창은 김굉필과 한세상을 같이 살면서, 뜻도 같이하고 도(道)도 합치하여, 서로 강마(講磨)하고 절차(切磋)하여 의리를 천명했습니다.

조광조는 일찌감치 김굉필을 스승으로 삼아 귀의할 곳을 제대로 얻어서, 도를 향모(嚮慕)하는 것이 성실하고 뜻을 연마하는 것이 확실하여, 주경(主敬)에 잠심하여 본원(本源)을 함양하고 몸을 성찰하고 자기의 욕망을 극복해 나가면서 늘 미치지 못하기라도 할 듯이 했습니다.

357 『사기』에 보면 기자(箕子)가 조선에 와서 인현(仁賢)의 교화를 폈다고 했으므로, 인현(仁賢)이라고 하면 기자를 가리킨다. 1576년(선조 9)에 평양감사 김계휘(金繼輝)와 지방 유림들이 평양에 인현서원(仁賢書院)을 세우고 기자(箕子)의 영정을 모셨다. 1608년에 사액(賜額)되었으나 1871년(고종 8) 대원군의 서원철폐령에 의해 훼철되었다.

358 『논어』「위령공(衛靈公)」에 보면, 자장(子張)이 도가 행해짐을 묻자, 공자가 "말이 충신하고 행실이 독경하면 비록 오랑캐의 나라라 하더라도 행해질 수 있지만, 말이 충신하지 못하고 행실이 독경하지 못하면 자신이 사는 주리라 하더라도 행해질 수 있겠는가?〔言忠信, 行篤敬, 雖蠻貊之邦, 行矣; 言不忠信, 行不篤敬, 雖州里, 行乎哉?〕"라고 했다. 자장은 공자의 이 말씀을 띠〔紳〕에 썼다.

이언적은 하늘로부터 받은 바탕이 도에 가까우면서, 학문하는 데 스스로 분발하여 경(敬)을 유지하기를 절실하고 심오하게 해서 크게 정력(定力)이 있으며, 정신으로 터득하고 마음으로 융합하여 소견이 정밀하고 투철했습니다.

이 네 신하는 앞에서 창도하고 뒤에서 계승했으니, 그 공정(工程)이 성글었는지 정밀했는지, 조예(造詣)가 얕았는지 깊었는지는, 저는 후생으로서 어리석고 투박하거늘 어찌 족히 알 수가 있겠습니까? 하지만 그들이 배운 바는 곧 염락관민(濂洛關閩)의 학으로, 위기지학(爲己之學)[359]을 전적으로 일삼아서 체득하고 실천함이 진실되어, 인륜을 실현하는 일용의 평상에 종사하여 성현의 심오한 영역에 이르고자 추구했다는 점에서는 법도가 한결같았습니다.[360]

그렇거늘 참소하는 적의 입 때문에 곤욕을 당하고 접질려서, 모두 기이한 앙화에 걸려 죽는 것을 면하지 못했습니다. 어찌 하늘이 이 백성으로 하여금 지극한 정치의 은택을 입도록 하는 것을 원하지 않겠습니까? 훌륭한 시대를 만나 밝으신 성군을 뵙고 간언을 드리면 들어주시고 계책을 올리면 따라 주시던 그런 사람들도 역시 그 마지막을 보존하지 못할 수가 있단 말입니까? 백성들의 이륜(彝倫)은 실추하지 않고 맑은 의론은 민멸되기 어렵습니다. 지금까지 여항의 사이와 봉액(縫掖)[361] 입은 선비들의 부류는 그들의 풍모를 흠앙하고 그 사람됨을 사모하여, 선을 좋아하고 악을 미워하며, 아들은 효성을 다하고 신하는 충성을 바치며, 우리 도를 숭상하고 이단을 배척할 줄을 모두가 알고 있습니다. 문예는 숭상할 만한 것이 못 된다고 여

359 자신의 내면에 가진 인의도덕(仁義道德)을 닦는 학문으로, 남에게 알려지기 위해 하는 위인지학(爲人之學)과 대칭되는 말이다. 『논어』 「헌문(憲問)」에서 공자는 "옛날의 학자는 자신을 위해 공부하였는데, 지금의 학자는 남을 위해 공부한다.〔古之學者爲己, 今之學者爲人〕"라고 했다.

360 원문의 '규일(揆一)'은 법도가 한가지라는 뜻이다. 『맹자』 「이루 하(離婁下)」에 "땅이 서로 떨어진 것이 천여 리나 되고 시대가 서로 다른 것도 천여 년이나 되지만 뜻을 얻어 중국에 도를 행하면 부절처럼 합치하니, 앞 시대의 성인이나 후대의 성인이나 그 법도는 한가지이다.〔地之相去也, 千有餘里, 世之相後也, 千有餘歲. 得志行乎中國, 若合符節, 先聖後聖, 其揆一也.〕"라고 했다.

361 봉액(縫掖)은 소매가 큰 홑옷 즉 도포의 일종으로, 도포 입은 선비를 가리킨다. 옛날 공자가 젊어서 노(魯)나라에 있을 때 입었다고 한다. 『예기(禮記)』 「유행(儒行)」에 나온다.

기고, 성현은 반드시 배울 만한 분[362]이라고 여기고 있습니다. 이것이 누구의 공입니까?

아아, 시간과 세대가 멀지 않거늘 끼친 영향을 찾을 것이 없어, 아름다운 말과 훌륭한 행실로써 사람에게 전하는 것이 나날이 인멸되어 가니, 어찌 사문(斯文)의 유감이지 않겠습니까?

우리 전하께서 등극하신 이래로, 다른 일에 겨를이 없지 않으시고서, 몇 세대 만에 있을까 말까 한 은전(恩典)을 먼저 거행하셔서, 김굉필과 정여창 두 사람을 포증(褒贈)하시고,[363] 을사사화 때의 억울한 원한을 분명하게 씻어 주게 하셨으므로, 사방의 이목이 진실로 뚜렷이 환하게 일신(一新)했습니다. 또 전하께서는 이 편(編)을 편찬하여 인출해서 염락관민의 문서(시문)와 함께 천지 사이에 나란히 전해지도록 명하셨으니, 이것은 진유(眞儒)를 표장(表章)하고 정도(正道)를 부식(扶植)하는 성대한 뜻이십니다.

오오! 지극하십니다. 다만 한스러운 것은 가려 뽑고 주워 모은 것이 근거가 없어서, 그들의 평소 위대한 말과 행동을 대개 열에 여덟아홉은 잃어버렸는데, 정여창의 경우는 더욱 소략합니다. 그러나 이것에 즉하여 본다면, 역시 그들이 뜻을 두고 힘을 쓴 경지가 피차의 사이에 차이가 있음을 따질 것도 없으며, 잠경(箴警)하고 규

362 주돈이(周敦頤)의 『통서(通書)』 권20 「성학편(聖學篇)」의 "성인은 배워서 될 수 있는 것인가? 그렇다. 요체가 있는가? 있다. 그 요체가 무엇인가? 일(一)이 요체이니, 일이라는 것은 무욕을 말한다. 무욕이 되면 정(靜)할 때에는 허(虛)하고 동(動)할 때에는 직(直)하다. 정할 때에 허하면 명(明)하고 명하면 통(通)하며, 동할 때에 직하면 공(公)하고 공하면 부(溥)한다. 그리하여 명해서 통하고 공해서 부하면 거의 가깝게 될 것이다.[聖可學乎? 曰可. 有要乎? 曰有. 請問焉. 曰: 一爲要. 一者, 無欲也. 無欲則靜虛動直, 靜虛則明, 明則通, 動直則公, 公則溥. 明通公溥, 庶矣乎!]"라는 말에서 가져왔다.

363 1568년(선조 원년)에 태학생 홍인헌(洪仁憲)이 상소를 올려 조광조를 문묘에 종사하기를 청하고 대사간 백인걸(白仁傑)이 김굉필·정여창·조광조·이언적 등 사현(四賢)을 종사하기를 청했다. 이황이 죽은 뒤에는 이황까지 아울러 오현을 종사하자는 의론이 발론되었는데, 1610년(광해군 2)에 삼사(三司)와 경외(京外)의 유생들이 상소를 올리자 대신에게 수의(收議)한 다음 종사(從祀)하게 된다.

간(規諫)한 글과 경연 석상에서 권강(勸講)한 설이 간곡하고 정성스럽고 간곡하여 임금의 덕을 돕고 보충했으며 후학을 흥기시킨 점도 또한 이미 많았음을 충분히 알 수가 있습니다.

전하께서 깊은 궁궐에서 한가히 거처하시는 가운데, 항상 이 책을 안석과 책상에 두시고 날마다 살피시고 보아 주신다면, 이는 네 신하들이 좌우에 둘러 모시고 있으면서 아름다운 말을 번갈아 올리는 것과 같을 것이니, 성심(聖心)을 한결같게 해 드리고 성덕(聖德)을 인도하는 바를 어찌 이루 다 말할 수 있겠습니까? 그리고 학문에 뜻을 둔 선비가 장엄하게 외우고 우러러 공경하여, 우리나라에도 역시 이런 분들이 있다고 하면서 풍모를 상상하여 가깝고 절실하게 느낀다면, 자기도 모르게 옛 습관을 벗어 버리고 그 기반을 세우게 될 것이니, 묵은 책이나 뒤적거리면서 뜻만 높아 시끄럽게 떠들어대는 것[364]보다는 나을 것입니다. 이로 말미암아 이륜(彝倫)이 나날이 밝아지고 세속의 풍상(風尙)이 나날이 변화해서 선인(善人)이 무리 지어 나오고 지극한 다스림이 회복될 수 있을 것이니, 이 책의 유행이 세교(世敎)에 보탬이 있는 것이 어떠하겠습니까? 우리 전하께서 여기에 한결같이 마음을 두고 계시니, 이른바 급선무(急先務)[365]라고 할 것입니다. 네 사람의 글은 저 필찰(筆札)과 문사(文詞)의 공교로움에 뜻을 둔 자와 비교한다면, 아마도 동급으로 말할 수 없을 것입니다.

그런데 저는 이와 관련하여 감회가 있습니다. 바르고 곧은 이는 친하기 어렵고, 참소하고 아첨하는 이에게는 미혹되기 쉽습니다. 시비(是非)가 비록 백 년 이후에 정해진다고 하더라도 호오(好惡)는 일시에 현혹하게 만듭니다. 이것은 고금의 공통

364 원문의 '교교(嘐嘐)'는 뜻이 크고 말이 크다는 의미이다. 『맹자』 「진심 하(盡心下)」에 보면, 맹자가 광자(狂者)에 대해 "그 뜻이 높고 말이 커서 '옛사람이여, 옛사람이여.'라고 말하되, 평소에 그의 행실을 살펴보면 행실이 말을 따라가지 못하는 자들이다.〔其志嘐嘐然, 曰: "古之人, 古之人!" 夷考其行而不掩焉者也.〕"라고 했다. 주희의 주(註)에 "교교는 뜻이 크고 말이 크다는 의미이다.〔嘐嘐, 志大言大也.〕"라고 해설했다.

365 『맹자』 「진심 상(盡心上)」에 "요 임금과 순 임금의 지혜로도 만물을 두루 알지 못한 것은 먼저 해야 할 일을 서둘렀기 때문이다.〔堯舜之知而不徧物, 急先務也.〕"라고 했다.

된 문젯거리입니다. 그러므로 이미 지나간 현인을 포상하는 것이 어렵고, 당세의 현인을 믿는 것은 더욱 어렵습니다. 대개 선비로서 우뚝이 서서 돈독히 행하여[366] 도의(道義)의 학문을 궁구한 자는, 비록 등급에는 차이가 있을지 몰라도, 어떤 시대인들 그런 사람이 없었겠습니까? 다만 임금의 지혜가 밝지 못하고 등용이 성실하지 못한 데다가 질시하는 무리가 함정에 밀어 넣고 원한을 갚음[367]이 깊었을 따름입니다.

송나라 이종(理宗)은 주염계(周濂溪)〔주돈이(周敦頤)〕·장횡거(張橫渠)〔장재(張載)〕·정자(程子)〔정호(鄭顥)와 정이(程頤)〕·주자(朱子)〔주희(朱熹)〕를 숭배하여 현창하고 그들의 책을 존대하고 숭상했지만, 진덕수(眞德秀)[368]와 위요옹(魏了翁)[369]의 경우는 폄직(貶職)되고 방축(放逐)됨을 면하지 못했습니다. 간악한 신하가 정사를 마음대로 하여 운조(運祚)가 쇠퇴하였으니, 이는 실로 논할 것도 없습니다. 또한 만일 성철(聖哲)하신 상감과 같으신 분이 위에 계셨더라면, 정몽주가 이미 문묘에 승사(陞祀)되고, 김굉필과 정여창의 관작이 이미 융성해졌을 것입니다만, 결국에는 간사한 이들이 뜻을 얻어 차마 말할 수 없는 일이 있었으니, 어찌 애통하지 않겠습니까?

366 원문의 '특립독행(特立獨行)'은 뜻과 행실이 고결하여 시류(時流)에 휩싸이지 않는다는 뜻이다. 『예기(禮記)』「유행(儒行)」에서 나온 말인데, 한유(韓愈)가 「백이송(伯夷頌)」에서 백이(伯夷)의 절개를 칭송할 때 이 말을 사용했다.

367 한유(韓愈)의 「유자후묘지명(柳子厚墓誌銘)」에서 "선비는 곤궁할 때에 절의를 알게 된다.〔士窮乃見節義.〕"고 전제한 다음에, 남을 모함하는 사람이 많은 현실을 개탄하여 "친구가 함정에 떨어져도 손을 내밀어 구해 주려고 하지는 않고 오히려 밀쳐 버리는가 하면 돌멩이를 던지기까지 하는 경우가 대부분이다.〔落陷穽, 不一引手救, 反擠之, 又下石焉者, 皆是也.〕"라고 했다.

368 진덕수(眞德秀, 1178~1235)의 자는 경원(景元)·희원(希元), 호는 서산(西山), 시호는 문충(文忠)이다. 주희의 문인 첨체인(詹體仁)에게 수학했다. 경원(慶元) 연간에 한탁주(韓侂冑)에 의해 위학(僞學)으로 몰려 있었던 주자학의 부흥에 공헌했다. 송나라 이종(理宗) 때 권신 사미원(史彌遠)이 정권을 잡고 진덕수와 위요옹(魏了翁)을 배척했다. 이때 간신 양성대(梁成大)가 사미원에게 아첨하고자 하여 어떤 사람에게 보낸 편지에서 "진덕수는 진짜 소인이고, 위요옹은 거짓 군자이다.〔眞德秀乃眞小人, 魏了翁乃僞君子.〕"라고 비방한 일이 있다.

369 위요옹(魏了翁, 1178~1237)의 자는 화보(華父), 호는 학산(鶴山), 시호는 문정(文靖)이다. 영종(寧宗) 경원(慶元) 원년(1199년) 진사시에 급제하고 벼슬이 단명전학사(端明殿學士) 겸 동첨서추밀원사(同僉書樞密院事)에 이르렀다. 주자를 사숙하여 진덕수와 함께 이학(理學)의 발전에 기여했다.

지금 우리 전하께서 네 신하에 대하여 숭상하여 장려하시고 표를 내어 특별히 드러내심이 가히 극진하시다고 하겠습니다만, 후일에 오늘을 보는 것이 또한 오늘날에 옛날을 보는 것과 같을 수 있습니다.[370] 바라건대, 성명(聖明)께서는 항상 이를 생각하시어[371] 처음부터 끝까지 변함없이 더욱 현인을 좋아하시는 실상을 채우셔서 위임하시는 정성[372]을 다하소서. 그렇게 하시면 사도(斯道)의 크나큰 다행이고 종묘사직의 복이 오래될수록 더욱 끝이 없을 것입니다.

이해 겨울 12월 하한(下澣), 통정대부(通政大夫) 승정원 도승지 지제교 겸 경연참찬관 춘추관수찬관 직제학 상서원정(承政院都承旨 知製敎 兼經筵參贊官春秋館修撰官藝文館直提學 尙瑞院正) 신(臣) 이후백(李後白)이 봉교(奉敎)하여 삼가 서문을 적습니다.

隆慶庚午歲, 卽我殿下踐祚之三年也. 于時宵旰求治, 勤御經筵, 尤留意於性理之學. 一日夕講罷, 上語副提學柳希春曰: '李彦迪文集則予旣覽之矣. 金宏弼·鄭汝昌·趙光祖, 玆皆不世出之賢, 亦豈無所著述乎? 爾其爲予裒輯以來.' 希春承命兢惶, 退與玉堂諸儒, 蒐摭標別, 幷收其行狀及遺事, 彙次凡例, 倣『伊洛淵源錄』, 屢稟睿裁而更定焉. 於宏弼則取『景賢錄』所載, 稍有增損. 彦迪文字頗多, 不可盡錄, 則抄列其緊

370 진(晉)나라 왕희지(王羲之)의 「난정기(蘭亭記)」에서 "후세에 지금을 보는 것이 또한 지금 과거를 돌아보는 것과 같을 것이니, 슬프다.〔後之視今, 亦猶今之視昔, 悲夫!〕"라고 한 말을 가져왔다.

371 원문의 '염자재자(念玆在玆)'는 늘 이 점을 생각한다는 뜻이다. 『서경』 「하서(夏書) 대우모(大禹謨)」에 순(舜)이 우(禹)에게 선양(禪讓)하려 할 때 우가 백성들이 고요(皐陶)를 흠모하고 있다고 하면서, "생각이 여기에 있고, 버려도 여기에 있으며, 이름하여 말해도 여기에 있고, 진심에서 나와도 여기에 있으니, 황제께서는 그의 공을 생각하소서.〔念玆在玆, 釋玆在玆, 名言玆在玆, 允出玆在玆, 惟帝念功.〕"라고 했다.

372 『춘추호씨전(春秋胡氏傳)』 소공(昭公) 3년에 보면 호안국(胡安國)이 "대부는 나랏일을 보좌하니, 공정한 마음으로 선발하여 사사로우면 안 되고, 정성스러운 뜻으로 위임하여 의심하면 안 된다."라고 했다. 『주역』 진괘(晉卦)의 『이천역전(伊川易傳)』에 "육오(六五)는 대명(大明)의 군주(君主)이다. 밝게 비추지 못함을 근심하지 않고 밝음을 씀이 지나쳐 살피고 살핌에 이르러 위임(委任)하는 도(道)를 잃을까 염려하므로 얻고 잃는 것을 근심하지 말라고 경계한 것이다."라고 했다.

要者若干篇. 其他多得之於聞見. 書旣成, 投進請名之爲『國朝儒先錄』, 上允之, 深加玩繹, 下校書館印布國中, 且命臣序之.

臣竊惟, 自孟子沒而儒者之學不傳, 人心貿貿, 邪說幷興, 千有餘年. 至于有宋, 濂洛關閩諸君子, 相繼而作, 發其關鍵, 極其歸趣, 而集其大成, 使孔孟之道, 粲然復明於世. 雖其身不見用於當時, 百代之下, 遺書尙存. 讀而味之者, 於義理王霸之辨, 操存克治之方, 瞭然若親承指誨而作興焉, 其功可謂盛矣.

吾東方自箕子受封, 肇被仁賢之化, 世代荒邈, 文獻無徵. 降及新羅, 以迄高麗, 非無名人器士之可稱, 顧其所治者章句, 所尙者詞藻, 而其尤者不過以節義勳業相高而已. 有能自拔於流俗, 硏窮性命, 超然自得, 妙契聖賢之旨, 卓乎爲世儒宗者, 鄭夢周外未聞其人焉.

天眷我朝, 列聖相承, 培養之厚, 歷年之久, 人材之出, 夐絶古昔. 宏弼奮乎絶學, 遠紹夢周之緖, 志學聖賢, 精積力久, 忠信篤敬, 動遵禮法. 汝昌生幷一世, 志同道合, 相與講磨切磋, 以闡義理. 光祖蚤師宏弼, 得其依歸, 其嚮道誠而其厲志確, 潛心主敬, 涵養本源, 省身克己, 常若不及. 彦迪天資近道, 自奮於爲學, 持敬功深, 大有定力, 神會心融, 所見精邃. 玆四臣者, 倡之於前, 而繼之於後. 其工程之疏密, 造詣之淺深, 臣後生愚鹵, 何足以知之? 然其所學, 卽濂洛關閩之學, 專事爲己, 體履眞實, 從事於人倫日用之常, 以求至乎聖賢之閫奧, 則其揆一也. 乃蹇連困躓於讒賊之口, 俱不免奇禍以死, 豈天不欲斯民蒙至治之澤乎? 何其遭遇休明, 言聽計從者, 亦不得保其終耶? 民彝不墜, 淸議難泯, 至今閭巷之間, 縫掖之流, 欽其風而慕其人, 咸知好善而惡惡, 子孝而臣忠, 崇吾道而斥異端. 謂文藝爲不足尙, 謂聖賢爲必可學者, 是誰之功也? 惜乎! 時世不遠, 而遺響莫尋, 徽言懿行之播於人者, 日就煙沒, 寧不爲斯文之憾也?

我殿下臨御以來, 不遑他事, 首擧曠典, 褒贈二人, 昭雪幽冤, 四方之耳目, 固已煥然一新. 又命撰印是編, 與濂洛關閩之書, 幷傳於天地之間. 是表章眞儒, 扶植正道之盛意, 嗚呼至哉!

第恨採摭無據, 其平生言行之大者, 蓋十亡其七八, 而於汝昌爲尤疏略.

然卽此以觀, 亦足以知其致意用力之地, 無彼此之間, 而箴敬規諫之文, 經席勸講之說, 丁寧懇惻, 裨補君德而興起來學, 亦已多矣. 深宮燕閑之中, 常置之几案, 日賜覽觀, 則是猶四臣者環侍左右, 迭進嘉言, 所以一聖心導聖德者, 何可勝言? 而志學之士, 莊誦景仰, 以爲吾邦亦有此等人, 想像親切, 不自覺其脫舊習而立根基, 其亦賢於披閱陳編而嘐嘐者矣. 由是而彝倫日明, 俗尙日變, 善人輩出而至治可復, 是書之行, 其有補於世道, 爲如何哉? 我殿下之眷眷於斯, 誠所謂急先務矣. 視彼役意於筆札文詞之工者, 殆不可以同年語也.

抑臣於此, 有感焉. 正直難親, 讒諛易惑, 是非雖定於百年, 好惡或眩於一時, 此古今之通患也. 是以褒旣往之賢爲難, 而信當世之賢尤難. 蓋士之特立篤行, 躬道義之學者, 雖等級有異, 何代無其人也? 獨人君知之不明, 用之不誠, 而媢嫉之徒排陷讐怨之深耳.

宋理宗能崇顯周程張朱, 尊尙其書, 而眞德秀·魏了翁乃不免貶逐, 姦臣擅政, 運祚衰替, 此固不足論. 且如聖哲在上, 夢周之祀旣升矣. 宏弼·汝昌之爵旣隆矣. 畢竟憸邪得志, 事有不忍言者, 豈不痛哉?

今我殿下之於四臣, 崇奬表異之可謂盡矣. 後之視今, 亦猶今之視昔. 願聖明念玆在玆, 終始罔間, 益充好賢之實, 以盡委任之誠, 則斯道大幸, 而宗社之福, 悠久無疆矣.

是歲冬十有二月下澣, 通政大夫承政院都承旨知製敎兼經筵參贊官春秋館修撰官藝文館直提學尙瑞院正臣李後白奉敎謹序.

해설 이후백은 1570년(선조 3) 12월 하순에 「국조유선록서(國朝儒先錄序)」를 작성했다. 이후백의 「국조유선록서」는 정여창(鄭汝昌)의 『일두선생집(一蠹先生集)』 속집에도 전문이 실려 있다.[373] 이 서문에서 이후백은 유희춘이 편찬을 행한 방법과 서명을 『국조유선록』으로 품정하고 교서관에서 간행하기에 이른 경위를 먼저 밝혔다. 이어서 사

373 鄭汝昌, 『一蠹先生集』 續集 卷3 附錄 「儒先錄序」〔李後白〕. 한국고전번역원 제공 공근식 역(2004)을 일부 참조했다.

현(四賢)이 조선의 도통을 잇고 있으며 그들의 저서가 군주의 덕을 높이는 데 효용이 있다는 점을 강조했다. 이와 관련하여, 앞서 해제에서도 언급했듯이, 송시열은 이후백의 행장을 찬술하면서, 『국조유선록』 서문을 통해 이후백의 학문과 실천에 대해 그 온축(蘊蓄)의 실질을 알 수 있다고 특별히 현창했다.

> 공이 위로 도학(道學)의 연원(淵源)을 밝히고 다음으로 전수(傳授)의 통서(統緖)를 서술함에 있어 노숙하고 우아 간요하여 사람들이 이론을 제기하지 않았으니, 공은 식견이 있는 말을 하는 군자(君子)라고 말할 만하다. 참으로 알아서 실제로 행함의 공효가 있지 않았다면 어찌 이렇게 되겠는가?[374]

『국조유선록』은 1570년 당시 홍문관 부제학이던 유희춘(柳希春)이 왕명에 응해 『이락연원록(伊洛淵源錄)』의 체례를 참조하며 김굉필·정여창·조광조·이언적 등 사현(四賢)의 행적을 모아 편찬한 징문초찰(徵文抄撮)의 서적이다. 5권 4책 목활자본이 규장각에 소장되어 있다.[375] 처음에는 『동국유선록(東國儒先錄)』이라고 했으나 나중에 『국조유선록』으로 책명이 바뀌었다. 대개 이 작업은 1568년부터 시작된 듯하며, 양응정(梁應鼎)도 그 편찬에 참여했다. 선조는 즉위 후 기묘명현(己卯名賢)을 추장(推奬)하고 그들의 도학과 지치정치(至治政治)를 본받기 위해 이 책의 편집을 명했다.

현전하는 목활자본을 보면 권두에 이후백의 서가 있다. 달리 발문은 없다. 권1은 김굉필의 행장·서술·유사·수·제문·부·시, 권2는 정여창의 행장·유사·명설(名說)·소, 권3은 조광조의 행장·상소문·춘부(春賦)·잠·묘갈명·시·경연진술(經筵陳

374 宋時烈, 「靑蓮先生李公行狀」, 『宋子大全』. "公上明道學之淵源, 次敍傳授之統緖. 老成典要, 人無間言, 公可謂知言之君子矣. 不有眞知實踐之功, 焉得而與此哉?"

375 또한 일본 동양문고(東洋文庫)에 낭선군(朗善君) 이우(李俁, 1637~1693)의 구장본 필사본이 있는데, 제3권과 제4권만 있다. 서지사항은 다음과 같다. 필사본 2권 2책(缺帙) : 四周雙邊 半郭 23.9×16.5cm, 有界, 10行18字 註雙行, 上下內向3葉花紋魚尾; 32.2×20.8cm 表題: 儒先錄 印: 碩卿, 朗善君重器章, 濟谷; 在山樓蒐書之一 藏書記: K. Mayema.

述), 권4는 이언적의 행장·잠·십조소편(十條疏篇), 권5는 이언적의 서(書)·진수팔규(進修八規)를 수록했다. 김굉필의 문헌은 주로 『경현록(景賢錄)』에서 뽑고, 이언적의 문헌은 『회재집(晦齋集)』에서 뽑았다. 정여창과 조광조의 경우는 견문을 수집하거나 『경연일기(經筵日記)』를 참조했다.

이후백은 『국조유선록』이 조선 유학의 정맥으로 인정한 김굉필·정여창·조광조·이언적 각각에 대해 장단점을 논했다. 이황(李滉)도 조광조와 이언적의 행장을 작성하면서, 조광조에 대해서는 '천자고처(天資高處)'를 극언하면서도 학력은 말하지 않았고 이언적에 대해서는 '학력심처(學力深處)'를 극언하면서도 '천자고처'는 가볍게 다루었다.[376] 조광조 행장을 작성하면서는 조광조가 도학을 창명한 공적도 실마리조차 찾을 수 없으므로 함부로 적지 못하겠다고 했다.[377] 또한 이황은 조선의 문장의 대가들 가운데 이언적만이 흉중으로부터 유출하여 의리가 밝고 올바른 글을 남겼다고 평가했으나, 그럼에도 불구하고 이언적의 행장에서는 그의 천자(天資)는 가볍게 다루었다. 이후백의 논점은 이황의 논점과 유사한 면이 있다. 대개 선현들의 공적을 평가하는 상론(尙論)의 태도와 관점이 공정했다고 할 수 있다. 그런데 이후백은 『국조유선록』이 김굉필·정여창·조광조·이언적 등 사현을 정몽주 이후 염락관민의 학을 잇는 정통으로 공인한 것이라고 보았다. 또한 그 사현의 업적을 염락관민의 학과 마찬가지로 '의리(義理)와 왕패(王霸)의 구분' 및 '조존(操存)과 극치(克治)의 방도에 있어서 가르침'을 드리운 점에 있으며, 그들이 권강(勸講)을 통해서 군주를 계옥(啓沃)한 점, 그들의 저서가 당대에도 군주의 덕을 보필할 수 있다고 강조했다. 또한 이후백은 사현에 대한 간사한 이들의 비판을 봉쇄하려는 뜻을 분명히 했다. '간사한 이들'이란 명종 때 사림을 비방하던 자들만이 아니라 선조 때 이 사현과 이황의 도통을 부정한 인사들을 가리키는 듯하다.

376 權斗經 編, 『退陶先生言行通錄』 卷5 議論 第4 論人物.

377 李滉, 「答柳仁仲 論趙靜菴行狀 別紙」, 『退溪集』 卷12.

족회서(族會序)

우리 족보는 삼가 이씨(李氏)의 족성(族性)을 보록(譜錄)한 것이다. 시조 한 분의 몸에서 형제가 갈려지고 형제의 자손이 8, 9촌이 되면 3개월의 상복인 시마복(緦麻服)을 입게 된다. 종손과 지손, 귀한 자손과 천한 자손이 서울과 지방에 흩어져 살게 되어 주소와 이름마저도 모르는 사람이 많게 되는데, 하물며 그들의 얼굴 모습이야 어떻게 다 알 수 있겠는가?

아! 같은 현조(玄祖)를 두었더라도 5대 이후에는 상복도 하지 않으니, 정분도 끊어지고 마침내 길에서 만나는 사람처럼 서먹해진다. 오늘의 이 모임으로 따져 보면 모두가 다 촌수 이내의 가까운 집안으로, 마음을 쏟아서 일을 성사한 바이다. 우연히 함께 모임은 충성스럽고 후덕한 문중에서 효제(孝悌)의 마음이 물씬 생겨난 것이다. 무엇으로 그 결과를 알 수 있는가? 족친 가운데에 만약 길사나 흉사나 영화로운 일이나 욕된 일이 있으면, 마음을 함께하고 힘을 도와서 다투어 달려가 축하하고 위로하되 오직 부족할까만 두려워한다.

지금부터 이후는 가난하고 넉넉하고 귀하고 천한 사이에도 길 가는 사람처럼 보고 소홀히 생각하여 잊어버리지 말아야 옳다.

성족(姓族)인 이후백이 삼가 서문을 쓰노라.

惟我族譜, 謹譜李氏之族也. 始祖一人之身, 分爲兄弟, 兄弟之子孫, 至八九寸, 緦麻之服, 則宗支貴賤, 散居京鄕, 居住名字, 多所不知. 況見其面目哉?

嗚呼! 同玄祖五代後, 服盡, 則情文盡, 而遂爲路人也.

肆以今日會, 皆是寸內有服之親, 而賞心樂事, 偶然而同, 則忠厚門中, 孝悌之心, 油然生矣. 何以知其效也? 族中若有吉凶榮辱, 則同心協力, 爭趨慶弔, 惟恐不及.

自今以後, 貧饒貴賤之間, 毋使視於道人而忽忘焉, 可也.

姓族李後白護序

교문(教文)

공훈 삭탈의 교령을 반포하는 글〔削勳頒教文〕[378]

국가가 불행한 운수를 만나, 지난날 여러 간흉들이 악독한 짓을 멋대로 부렸으나,

인심은 속이기 어려운 것이므로, 공정한 의론이 오늘에 펴지게 되었다.

나의 뜻을 안팎에 유시하여, 국시를 해와 별처럼 뚜렷이 밝히노라.

갑진년(1544년, 중종 39)과 을사년(1545년, 인종 1) 두 해에, 요순(堯舜) 같으신 임금이 잇따라 승하하는 애통을 당하자,

간악한 자들이 부정한 뜻을 품어, 앙화를 일으키려는 마음이 물릴 줄을 몰랐다.

윤원형(尹元衡)은 나쁜 성품을 지닌 데다가, 물귀신 같은 음모를 쌓아서,

이미 폐부(肺腑)의 친함을 의지하고, 겸하여 성사(城社)의 세력[379]을 차지해서는,

378 1545년(명종 즉위년) 인종의 외숙인 윤임(尹任) 및 유관(柳灌)·유인숙(柳仁淑) 등 대윤(大尹) 일파를 제거한 공으로 정순봉(鄭順朋)·이기(李芑)·임백령(林百齡)·허자(許磁) 등 29명에게 위사공신(衛社功臣)이라는 훈호(勳號)가 내렸다. 이 교문은 그 위사공신의 훈호가 위훈(僞勳)이라며 이를 삭제하는 한편, 당시 희생된 소윤(小尹) 일파를 신원한다는 내용이다. 선조가 즉위한 이후 을사사화 때 억울하게 희생당한 이들에 대한 신원과 복권이 꾸준하게 제기되었는데, 위훈을 삭제하는 일은 1570년 5월 홍문관에 의해 처음 발의되어 결국 1577년 12월 1일 이 교서가 반포되었다. 이 글은『선조수정실록』10년 12월 1일 기사에 실려 있다.

379 성사(城社)의 세력이란, 세력에 의지하여 간악한 짓을 하는 자를 말한다.『진서(晉書)』「사곤전(謝鯤傳)」에 "여우의 굴을 파헤치려면 성이 무너질까 걱정되고, 쥐의 굴에 불을 지르려면 사당이 탈까 두렵다."라고 했다.

윤임(尹任)[380]에게 사사로운 원한을 지니고, 삼켜 씹어 먹으려는 뜻을 오랫동안 품었으나,

다만 꺼리는 것은 동궁(東宮)이어서, 못되게 굴고 해치는 술책을 시험하지 못하던 차에,

험오스레 대윤(大尹)·소윤(小尹)의 설을 굳혀, 점차 이루어 감이 하루아침 일이 아니어서,

무부(武夫)가 무엇을 알겠느냐 하면서, 마침내 으르렁대며 곁에서 엿보았다.

인묘(인종)가 재위하시던 날에 있어서는, 올라탈 수 있는 틈이 없었다가,

용이 빈천한[국왕이 타계한] 뒤에 이르러서는, 자기 뜻에 따라 멋대로 했다.

명묘(명종)가 개제(介弟, 아우)로서 들어와 왕위를 이으시니, 왕통의 통서가 올바르고,

문정왕후가 모후(母后)로서 임시로 청정하시자, 종묘사직이 이를 의지했다.

혈기 지닌 사람들은 모두 한 하늘을 추대하니, 신하 된 자로서 누가 두 마음을 품을 수 있겠는가?

감히 의심할 여지가 없는 터에 말을 지어내니, 실로 쌓인 분(憤)의 흉화를 풀려고 했다.

원흉이 시랑이처럼 포효하니, 간악한 무리들이 고슴도치처럼 일어났다.

이기(李芑)·임백령(林百齡)은 번갈아 심복이 되고

허자(許磁)·정순붕(鄭順朋)[381]은 서로 우익이 되었다.

380 윤임(尹任, 1487~1545)의 본관은 파평(坡平), 자는 임지(任之), 시호는 충의(忠義)이다. 중종의 장인 파원부원군(坡原府院君) 윤여필(尹汝弼)의 아들이며 장경왕후(章敬王后)의 오빠이다. 인종이 세자로 있을 때 중종의 계비 문정왕후(文定王后)가 경원대군(慶源大君, 명종)을 낳자 김안로(金安老)와 함께 세자를 보호해야 한다고 주장하여 문정왕후와 알력을 빚었으며, 대윤·소윤으로 나뉘어 싸움이 노골화되면서 대윤의 거두가 되었다. 명종 즉위 이후 소윤 윤원형(尹元衡) 일파에 의한 을사사화(乙巳士禍)로 대윤 일파가 모두 숙청되었으며, 윤임도 남해로 귀양 가다가 충주에 이르러 사사(賜死)되었다.

381 정순붕(鄭順朋, 1484~1548)의 본관은 온양(溫陽), 자는 이령(耳齡), 호는 성재(省齋)이다. 1504년 문과에 급제했고, 명종이 즉위하자 윤원형 등과 함께 대윤 제거에 앞장서서 을사사화의 중심인물이 되었다. 온양부원군(溫陽府院君)에 봉해졌으나 1570년에 이르러 관작이 추탈(追奪)되었다. 임

밀지라고 핑계대어 외조(조정)를 위협했으나, 여러 번 대신(臺臣, 대간)에 의해 좌절당하고,

요망한 첩을 보내어 대비의 청총을 뒤흔들어, 몰래 시호(市虎)의 참소[382]를 이루었다.

죄를 덮어씌우려 하나 죄명을 붙이기 어렵자, 처음으로 '부자안(不自安)'[383] 세 글자를 창출하고

곧바로 서로 모여 음모를 꾸며 구실을 만들어, 끝내 '대무도(大無道)'의 중한 법전에 빠뜨렸다.

유관(柳灌)[384]과 유인숙(柳仁淑)은 선왕의 유언을 받은 원로이고, 임금을 보필한 명경(名卿)으로,

모두 정도(正道)를 지켜 흔들리지 않았건만, 자기와 다르다는 이유로 도륙에 나아가게 했다.

이류(李瑠)[385]는 또 무슨 죄가 있었던가? 윤임의 가까운 족속으로

백령(林百齡)·정언각(鄭彦慤)과 함께 '을사삼간(乙巳三奸)'으로 지목되었었다.

382 시호(市虎)는 『회남자(淮南子)』「설산훈(說山訓)」의 "시장에 호랑이가 나왔다고 세 사람이 똑같이 말을 하자 사람들이 모두 믿었다.〔三傳市虎人皆信〕"라는 고사에서 나온 말이다. 근거 없는 일도 여러 사람이 말하면 사실로 믿게 된다는 것을 뜻한다.

383 인종(仁宗)의 외숙인 윤임이 평소에 대비와 사이가 좋지 않았으므로, 인종이 돌아가자 자기의 처지에 불안을 느꼈다는 것을 말하는 것이다.

384 유관(柳灌, 1484~1545)의 본관은 문화(文化), 자는 관지(灌之), 호는 송암(松庵), 시호는 충숙(忠肅)이다. 1507년 증광 문과에 급제했다. 1543년 왕의 특명으로 평안도관찰사에 부임했다. 인종이 즉위하자 다시 불리어 우의정이 되고 이어 좌의정에 전임했으며, 인종이 승하하자 원상(院相)이 되었다. 을사사화 때 윤임(尹任) 일당으로 몰려 과천(果川)에서 사사(賜死)되었다. 문집에 『송암집(松庵集)』이 있다.

385 이류(李瑠, 1502~1545)의 자는 언진(彦珍)이다. 성종의 형 월산대군의 손자로, 성종의 셋째 아들인 계성군(桂城君) 이순(李恂, 1478~1504)의 양자로 들어갔다. 중종의 제1계비인 장경왕후(章敬王后)의 아버지 윤여필(尹汝弼)의 외손으로 대윤 일파의 우두머리인 윤임(尹任)의 조카이기도 하다. 1545년 대윤(大尹)·소윤(小尹) 간에 정권 쟁탈전이 치열하던 중, 소윤의 윤원형(尹元衡) 일파인 경기도관찰사 김명윤(金明胤)이 "인종(仁宗)의 병환이 위중하자 신변의 위험을 느낀 대윤의 윤임이 임금의 아우(명종) 대신 계림군을 추대하려 한다."라고 밀계를 올려 대윤이 숙청되었다.

그가 망명했던 것은 그저 목숨을 부지하기 위한 것이었으니, 어떻게 죽음 보기를 원래의 곳으로 돌아가듯 볼 수가[386] 있었으랴만,

그가 재앙을 입은 것은 스스로 지은 것[387]은 아니어서, 실상 없는 일을 있다고 지목한 데서 연유한다.

앙화의 함정을 얽어 만들어서, 법문(法文)를 주물러 큰 옥사를 이루고 말았다.

이덕응(李德應)[388]을 꾀어 죽음을 면하게 해 주겠다며, 거짓을 자복(自服)하게 했고

여종 모린(毛獜)[389]을 사주하여 황당하게 말을 하게 해서, 그 말이 마침내 증거가 되

1545년 인종이 승하한 후 명종(明宗)이 12세로 즉위하자 모후 문정왕후가 수렴청정을 하게 되었는데, 명종의 외숙 윤원형 등이 명종 대신 계림군 이류(李瑠)나 봉성군 이완(李岏)을 추대하여 왕위에 오르게 하려 했다고 꾸며내어 인종의 외가 세력인 윤임(尹任)·유인숙(柳仁淑) 등을 반역 음모로 몰아 죽였다. 이때 계림군도 대윤의 계획을 알고 있었다는 밀고가 있자 안변(安邊)으로 도망하여 이웅(李雄) 집에 숨어 있다가 황해도 강음(江陰)으로 가던 중에 토산(兎山)에서 체포되어 군기시(軍器寺) 앞에서 능지형을 당한 후 사흘간 효수되었다. 1577년(선조 10) 신원(伸冤)되었다. 이류의 부인은 정철의 막내 누이였다. 인종의 숙의(淑儀)는 정철(鄭澈)의 누이였다.

386 정의를 위해 죽음조차도 두려워하지 않는 것을 비유한다. 『사기』 권79 「채택전(蔡澤傳)」에 "이러므로 군자는 난리에 의로써 죽는 것을 마치 자기 집에 돌아가는 것처럼 여긴다.〔是以君子以義死難, 視死如歸.〕"라고 했다.

387 원문의 '얼(孼)'은 재앙이란 뜻이다. 『서경』 「태갑 중(太甲中)」에 "하늘이 내린 재앙은 그래도 피할 수 있지만, 스스로 만든 재앙은 피할 길이 없다.〔天作孼猶可違, 自作孼不可逭.〕"라는 말이 나온다.

388 이덕응(李德應)은 윤임(尹任)의 사위였다. 1545년(인종 1) 인종의 병사(病死)로 권세를 잡은 윤원형(尹元衡)·이기(李芑) 등은 을사사화를 일으켜 사림을 제거하고, 아울러 종친 중에서 명망이 있던 봉성군을 제거하고자 했다. 봉성군은 희빈(熙嬪) 홍씨(洪氏)의 소생으로 중종의 여섯째 아들 이완(李岏)이다. 임백령(林百齡)은 때마침 하옥된 이덕응을 위협하여 봉성군을 추대하려 했다고 거짓 자백하게 해서 봉성군을 처벌하고자 시도했다. 그러나 인종의 반대로 뜻을 이루지 못했다. 이기는 "인종의 병이 위독할 때 윤임(尹任) 등이 봉성군으로서 왕위를 이으려고 하다가 형세가 불가하여 명종에게 전위했다."라고 참소했다. 1546년 가을에는 김명윤(金明胤)이 밀계로 익명서를 올려 모역을 고변했다. 이에 양사(兩司)에서 처벌을 논의하여 봉성군은 울진(蔚珍)에 유배되었다가 자결의 명을 받고 죽었다. 1570년(선조 3) 이준경(李浚慶)의 계청(啓請)으로 신원(伸冤)되었다. 『선조실록』에 따르면, 1577년(선조 10) 12월 13일 사간원과 사헌부에서 계사를 올려 억울하게 죽은 이덕응의 직첩을 도로 내줄 것을 청했으나, 선조는 윤허하지 않고 다만 의금부에 죄안(罪案)을 삭제할 것을 명했다.

389 모린(毛獜)은 윤임(尹任)의 종이었다. 명종 때 진사 안세우(安世遇)가 윤임의 여종 모린을 잡아다 놓고, 승정원에 나와서 고변(告變)했는데, 그 고변 내용은 대략 "윤임이 이류(李瑠)와 역모할 때에

었다.

터무니없는 말로 현혹시키고, 없는 죄를 단련하여 비단 짜듯 얽어매고는,

혹시라도 깨끗한 의논이 그 사이에 일어날까 두려워하여, 정직한 인사들을 덮쳐 죄다 죽이고 말았다.

봉성군(鳳城君)이 앙화에 걸려든 일의 경우도, 김명윤(金明胤)[390]의 거짓 날조에 의한 것이었다.

떠도는 말이 뿌리가 없다는 것은 성왕(成王)도 미처 알지 못했고,[391]

참소하는 자들이 끝이 없기에[392] 자모(慈母)도 의심을 받았던 것이다.

유성(維城)[393]이 이에 무너지는 일이 있게 되어, 동기간이라 해도 보전하지 못했다.

왔다갔다하면서 언문 편지를 전달하던 여종 모린이 지금 신(臣)의 어미가 사는 집에 숨어 있으니, 이 사람에게 물으면 그 역모의 진상을 알 수 있을 것입니다."라고 했다. 이 고변으로 마침내 윤임의 첩(妾)과 종과 사위인 주서(注書) 이덕응(李德應) 등을 잡아다 심문함으로써 중대한 옥사가 일어났다. 『연려실기술(燃藜室記述)』 권10 명종조고사본말(明宗朝故事本末) 참조.

390 김명윤(金明胤, 1493~1572)의 본관은 광산(光山), 자는 회백(晦伯)이다. 좌참찬 김극핍(金克愊)의 아들로, 어머니는 이철동(李哲同)의 딸이다. 1513년(중종 8) 진사시에 합격, 1519년 현량과(賢良科)에 병과로 급제하여 홍문관의 부정자(副正字)·저작(著作) 등을 지냈다. 기묘사화 후 현량과가 무효로 되어 음직(蔭職)에 있다가, 1524년 별시 문과에 병과로 급제했다. 1525년 형조좌랑에 이어 예조참의·도승지·경기도관찰사 등을 역임했다. 명종 연간에 윤원형과 함께 을사사화를 일으켜, 윤임(尹任)이 봉성군 이완(李岏)을 추대하여 대위(大位)를 엿본다고 무고했다. 을사추성정난공신(乙巳推誠定難功臣)이 되어 광평군(光平君)으로 봉해졌고, 그 뒤 다시 병조판서·이조판서 겸 판의금부사·의정부좌찬성·지경연사·판돈녕부사 등을 지냈다 1567년(선조 즉위년)에 대간의 탄핵을 받았다.

391 『서경』 「금등(金縢)」 19장의 『서집전』 주에 "또 살펴보건대 무왕이 병이 나은 지 4년 만에 붕어했고, 여러 숙이 유언비어를 퍼뜨려 주공이 동쪽에 거한 지 2년 만에 죄인을 잡았고, 성왕이 주공을 맞이하여 돌아왔으니, 모두 6년 동안의 일이다.〔又按武王疾瘳四年而崩, 群叔流言. 周公居東二年, 罪人旣得, 成王迎周公以歸, 凡六年事也.〕"라고 했다

392 원문의 '참인망극(讒人罔極)'은 『시경』 「소아(小雅) 청승(靑蠅)」에 "앵앵거리는 파리가 울타리에 앉았도다. 화락한 군자는 참소하는 말을 믿지 말지어다. 앵앵거리는 파리가 가시나무에 앉았도다. 참소하는 사람이 끝이 없어 온 나라를 교란시키도다.〔營營靑蠅, 止于樊. 豈弟君子, 無信讒言. 營營靑蠅, 止于棘. 讒人罔極, 交亂四國.〕"라고 한 데서 온 말이다.

393 유성(維城)은 종실로서 나라를 지켜 성과 같은 역할을 하는 자라는 뜻이다. 『시경』 「대아(大雅) 판(板)」에 "종자(宗子)는 나라의 성곽이니, 성이 무너지게 하지 말아서, 임금 홀로 벌벌 떨게 하지 말

더욱이 이보다도 통탄스러워, 차마 말하지 못할 것이 있다.

재궁(梓宮)[394]에 바야흐로 임하자마자, 외가의 피와 살점이 낭자했고,

낭서(囊書)[395]를 거짓으로 지어내어, 내정(內庭)에서의 고문이 참혹했다.

내전(內殿)에 대해서만 멋대로 무함한 것이 아니라, 실은 효릉(孝陵, 인종)[396]에 대해서 재앙을 바랐던 것이니,

머리털을 뽑아 센다고 해도 다 세기 어려울 만큼의 죄가 있고, 털끝 하나만큼도 기록할 만한 공적이 없었다.

군부(君父)를 협박하여, 감히 동반(銅盤)[397]의 피를 마시고,

종팽(宗祊)[398]을 더럽혀, 철권(鐵券)[399]에 이름을 새기기까지 했다.

비록 계획과 모의가 극도로 교묘하고 비밀스럽다고 하여도 편당의 무리는 서로 모순되는 법이다.

허자(許磁)[400]는 귀신은 속이기 어려움을 탄식하고, 그대로 황벽한 곳으로 유배되

아라.〔宗子維城, 無俾城壞, 無獨斯畏.〕"라고 했다.

394 재궁(梓宮)은 왕이나 왕후 등의 유해를 안치한 관을 이른다

395 낭서(囊書)는 윤원형이 윤임을 모함하려고 윤임과 인종왕비 사이에 비밀히 내왕한 서찰을 위조하여 주머니에 넣었다가 대궐에서 떨어뜨렸다. 이 서찰이 단서가 되어 을사사화가 일어났다.

396 인종(仁宗)의 능호가 효릉(孝陵)이다. 인종은 중종의 맏아들이다. 이름은 호(岵), 자는 천윤(天胤), 시호는 영정 헌문의무장숙흠효 대왕(榮靖獻文懿武章肅欽孝大王)이다. 효릉은 경기도 고양시 덕양구 원당동에 있다.

397 동반(銅盤)은 구리로 만든 쟁반이다. 여기에 희생(犧牲)인 말의 피를 담아 함께 마시면서 맹세하는 의식을 거행했다. 『사기(史記)』「평원군우경전(平原君虞卿傳)」에 "모수(毛遂)가 초왕(楚王)의 좌우 신하들에게 말하기를, '닭·개·말의 피를 가지고 오라.'라고 한 다음, 동반(銅盤)을 받들고 꿇어앉아 초왕 앞에 올리면서 말하기를, '왕께서는 피를 마시고 합종(合從)을 결정해야 합니다.'"라고 했다.

398 종팽(宗祊)은 종묘(宗廟)의 제사로, 종묘를 가리킨다.

399 금서철권(金書鐵券) 혹은 단서철권(丹書鐵券)이라 한다. 쇳조각에 단사(丹砂)의 붉은 글씨로 공신의 공적을 기록하여 공신에게 내렸다. 단사로 쓴 글씨가 잘 퇴색되었기 때문에 후대에는 은이나 금으로 글씨를 적었다.

400 허자(許磁, 1496~1551)의 본관은 양천(陽川), 자는 남중(南仲), 호는 동애(東厓)로, 허목(許穆, 1595~1682)의 증조부이다. 김안국(金安國)의 문인이다. 1523년 알성 문과에 합격하고, 1525년 사가독서했다. 1531년 부교리가 되고, 여러 직임을 거쳐 이조정랑이 되었으나, 1534년 김안로(金安

었다.

민제인(閔齊仁)[401]은 소인으로서 죄벌을 면하지 못함을 후회하더니, 끝내 훈적을 박탈당했다.

정렴(鄭磏)[402]은 그 부친 정순붕(鄭順朋)과 다투다가 근심으로 인해 질병을 가져왔고, 이원록(李元祿)[403]은 그 숙부 이기(李芑)를 간(諫)하다가 노여움을 사서 이 때문에 유배되었다.

나쁜 짓을 하다가 탄로되는 형국은 가리기 어렵고, 흉악한 심사를 은닉한 칼끝은 미처 감추지 못한다.

老)가 집권한 뒤 외직으로 밀려났다. 1537년 김안로가 실각하자 동부승지를 거쳐 병조참지에 오르고, 1541년 형조참판으로 동지사가 되어 중국 명나라에 다녀왔다. 명종 즉위 후에는 윤원형(尹元衡)·이기(李芑) 등과 함께 윤임(尹任)을 제거하는 데 가담, 위사공신(衛社功臣) 1등으로 양천군(陽川君)에 봉해졌다. 그러나 이기(李芑) 등 강경파와 대립하여 좌천되었으며, 이조판서로서 대윤(大尹) 측 인사를 발탁했다가 유배되어 사망했다. 뒤에 영의정에 추증되었다. 저서로 『동애유고(東崖遺稿)』가 전한다.

401 민제인(閔齊仁, 1493~1549)의 본관은 여흥(驪興), 자는 희중(希仲), 호는 입암(立巖)이다. 을사사화 때 윤임 일파의 처단에 관여한 공로로 추성위사홍제보익공신(推誠衛社弘濟保翼功臣) 2등에 책록되고 여원군(驪原君)에 봉해졌다. 그 뒤 윤원형 일파에 의해 녹훈이 삭제되고 공주로 유배되어 그곳에서 사망했다. 저서로 『입암집(立巖集)』이 있다.

402 정렴(鄭磏, 1506~1549)의 본관은 온양(溫陽), 자는 사결(士潔)이고, 시호는 장혜(章惠)이다. 호는 북창이다. 1537년(중종32) 진사시에 합격하고 포천 현감(抱川縣監)을 지냈다. 1545년(명종 즉위년) 아버지 정순붕(鄭順朋)이 윤원형(尹元衡)·이기(李芑) 등과 함께 을사사화를 일으키자 벼슬을 그만두었다. 정렴의 아우 정현(鄭礥, 1526~?)은 자가 경서(景舒), 호는 만죽헌(萬竹軒)이다. 을사사화 때 아버지 정순붕의 일을 도와 공신(功臣)에 책훈되고 벼슬이 성천 부사(成川府使)에 이르렀는데, 아버지 정순붕을 충동질하여 형인 정렴을 죽이려고 했다. 정렴은 집에 용납되지 못하고 과천 청계산(淸溪山), 양주(楊州) 괘라리(掛蘿里)에 많이 있었다. 항상 종을 시켜 약을 짓게 하여 새벽에 달여 먹고서 비로소 말을 했다. 얼마 안 되어 병으로 죽으니, 나이 40 남짓했다.

403 이원록(李元祿, 1514~1574)을 말한다. 본관은 덕수(德水), 자는 정서(廷瑞), 호는 송담(松潭)이다. 1541년(중종 36) 별시문과(別試文科)에 급제하고 사관(史官)을 거쳐 홍문관과 사헌부의 관직을 역임했다. 병조정랑으로 재직하던 중 을사사화가 일어나자, 숙부 이기(李芑)의 횡포를 말려 이황(李滉) 등 많은 선비를 구해 주었다. 그러나 이기의 사주를 받은 임백령(林百齡)에게 탄핵을 받아 강계(江界)에 안치(安置)되었다가 유배되었다가 1567년(선조 즉위년)에야 풀려나왔다. 1568년 사은사(謝恩使)로 연경(燕京)에 갔으며, 영흥부사(永興府使), 공조참의 등을 역임했다. 『국조인물고(國朝人物考)』 및 『미암일기(眉巖日記)』 권5 참조.

남은 앙화가 미쳐서, 여러 해에 걸쳐 더욱 잔혹해졌다.

귀신과 사람이 함께 분노함이 극도에 달했으니, 나라가 망하지 않은 것이 다행이었다.

하지만 백일이 중천에 떠오르자, 구름과 무지개가 차츰 걷히고,

보배스러운 거울이 공중에 위치하니, 도깨비들이 형상을 숨겨 도망치지 못했다.

이에 선왕이 말년에 활연히 깨달아, 간흉들이 즉위 초에 기만하고 은폐한 사실에 통분했다.

멀리 귀양보낸 신하를 내지로 옮겨주고, 연좌된 처자들을 차츰 풀어 주었다.

우레와 비의 은택[404]이 산 사람과 죽은 사람에게 흡씬하지 못했거늘, 궁검(弓劍)을 남기고 승하하신 아픔[405]이 갑자기 신민의 가슴을 얽어매었다.

나는 보잘것없는 자질로, 외람되게도 어렵고 큰 왕업(王業)[406]을 지키게 되어,

선왕의 뜻을 우러러 체득하고, 자전의 교명을 친히 받들었다.

정묘년(1567년, 명종 22) 대왕대비가 권동(權同)[407]하는 때를 당해서는, 옛 신하들을 수용(收用)했고,

경오년(1570년, 선조 3)에 대궐 뜰에서 간쟁(諫諍)할 때 이르러서는 공론을 대략 채

404 원문의 '뇌우지택(雷雨之澤)'은 왕이 죄 있는 사람을 관대하게 용서하는 것을 뜻한다. 『주역』 해괘(解卦) 상전(象傳)에 "뇌우가 일어남이해(解)이니, 군자가 보고서 과실을 저지른 자를 사면하고 죄 있는 자를 관대하게 처분한다.〔雷雨作, 解. 君子以, 赦過宥罪.〕"라고 했다.

405 원문의 '궁검지통(弓劒之痛)'은 임금이 세상을 떠난 것을 아파함을 말한다. 『사기(史記)』 「오제기(五帝紀)」 주에 "황제(黃帝)가 스스로 죽을 날을 가려 군신(群臣)과 작별하고 죽어서 교산(橋山)에 장사 지냈다는데, 산이 무너지자 관은 텅 비었고 활〔弓〕과 칼〔劒〕만 있었다."라고 한 데서 유래했다.

406 원문의 '간대지업(艱大之業)'은 어렵고 중대한 국사를 말한다. 『서경』 「대고(大誥)」 7장에 "너희 여러 나라의 군주와 서사와 어사들이 반대하지 않는 이가 없어 말하기를 '이 일은 어렵고 중대하며, 백성들이 안정하지 못함이 또한 왕의 궁과 방군의 집에 있다.'라고 하며, 나 소자와 부로가 공경히 섬기는 자들도 정벌할 수 없다고 하며 '왕은 어찌 점을 어기지 않습니까.'라고 했다.〔爾庶邦君, 越庶士御事, 罔不反, 曰艱大, 民不靜, 亦惟在王宮·邦君室, 越予小子考翼不可征, 王害不違卜.〕"라고 나온다.

407 권동(權同)은 공사(公事)를 대비가 임시로 같이 참여하여 결정하는 일을 말한다.

취하여,

이기(李芑)·정순붕(鄭順朋)·임백령(林百齡)·정언각(鄭彦慤) 등의 경우는 그들의 관작을 삭탈하고,

유관(柳灌)·유인숙(柳仁淑) 등의 경우는 그들의 반역 죄명을 씻어 주었으며,

정미년(명종 2, 1547)·기유년(명종 4, 1549)에 죄를 입은 사람들은 그들의 직첩(職牒)을 회복시키고, 적몰(籍沒)했던 것을 돌려주었다.

온 나라 사람이 비록 전부 개혁하려고 했으나,

선왕조의 일인지라 감히 경솔하게 고칠 수 없었다.

그런데 여러 사람들의 분노가 더욱 격해지므로, 아마도 천도가 반드시 회복될 듯 싶다.

하물며 동조(東朝)[408]는 몸소 변고를 겪어, 당일의 실상을 환히 알고 계셨기에,

예기치 않던 병환[409]이 오래 차도가 없으신 중에, 네 사람의 원통함을 씻어 주도록 명했다.

내가 이에 대신들에게 자문하고는, 즉시로 유인숙(柳仁淑)의 직명을 돌려주라고 명했으나,

다만 윤임과 이류는 사체(事體)가 중대하므로, 여전히 의문을 품고 머뭇거리고 있다.

다만 국언(國言, 여론)이 그치지를 않아서, 뭇사람의 노여움이 물이나 불보다 심했다.

왕대비(王大妃)의 옥체가 위태로우나, 마음을 위로해 드리는 것은 약(藥)에 달린 것이 아니다.

408 동조(東朝)는 태후의 거처를 말하는데, 여기서는 중종의 계비이며 명종의 어머니인 문정황후(文定王后, 1501~1565)를 말한다.

409 원문의 '일질(一疾)'은 '무망일질(无妄一疾)'을 말한다. 예기치 않게 발병한 질병이란 뜻인데, 윗사람의 병을 가리키는 경우가 많다. 『주역』 무망괘(无妄卦) 구오(九五)에 "예기치 않던 병이다. 약을 쓰지 말라. 기쁨이 있으리라.〔无妄之疾, 勿藥有喜.〕"라는 말에서 유래했다.

일은 옳은 도리를 구해야 하고,[410] 하늘은 거짓을 용납하지 않는다.[411]

이에 11월 28일 윤임과 이류의 직첩을 되돌려주고 위사공신(衛社功臣)을 혁파하여, 그들의 녹권(錄券)을 거둘 것을,

빨리 왕대비전에 아뢰고, 또 사람들의 뜻에 답하려고 했으나,

하늘이 나를 불쌍히 여기지 않고[412] 크게 해를 내려,[413] 미처 교서를 반포하지 못하다가,

깊이깊이 꺾이고 통곡하여, 여기에 포고하노라.

아, 원통한 이를 펴 주고 죄인을 토벌하여 선왕께서 하시려던 뜻을 끝내드리고,

나라를 열어 왕가의 전통을 이어 나가, 소인의 앙화를 영원히 끊어야 하겠기에,

그러므로 이렇게 교시하니, 마땅히 숙지하리라 생각한다.

王若曰:

國家値不幸之運, 群凶肆毒於曩時 ; 人心有難誣之理, 公議獲伸於今日.

諭予意於中外, 昭國是如日星.

410 『주자연보(朱子年譜)』 권4에 보면 주희는 71세 되던 해인 1200년(경신)의 3월에 병이 깊어지자 제생(諸生)에게 강론하기를 “학문을 하는 요체는 오직 일마다 옳음을 살펴 구하고 그름을 결단코 제거하는 데 있다. 오래도록 쌓아 가면 마음과 이치가 하나가 되어서 저절로 발하는 바에 모두 사사로이 굽어짐이 없게 된다. 성인이 만사에 응하고, 천지가 만물을 생하는 것이 직일 뿐이다.〔爲學之要, 惟在事事審求其是, 決去其非, 積累久之, 心與理一, 自然所發, 皆無私曲. 聖人應萬事, 天地生萬物, 直而已矣.〕”라고 했다.

411 중국 송나라 소식(蘇軾)의 「조주한문공묘비(潮州韓文公廟碑)」에 “사람은 이르지 않는 것이 없되, 오직 하늘은 거짓을 용납지 않는다.〔人無所不至, 惟天不容僞.〕”라고 했다.

412 원문의 ‘부조(不弔)’는 성현이나 군주, 대비 등이 불의에 죽는 것을 말한다. 『춘추좌씨전』 애공(哀公) 16년에 보면 공자가 죽자 노(魯)나라 애공(哀公)은 조사(弔辭)에서, “하늘이 나를 불쌍히 여기지 않는구나. 나라의 원로를 조금 더 세상에 있게 하여 나 한 사람을 도와 임금 자리에 있게 하지 않는구나.〔旻天不弔, 不慭遺一老, 俾屛余一人以在位.〕”라고 탄식했다.

413 원문의 ‘강할(降割)’은 ‘천강할(天降割)’의 줄임말로, 하늘이 크게 해(害)를 내려 부모가 별세함을 이르는 말이다. 『서경』 「주서(周書) 대고(大誥)」에 “하늘이 우리 집안에 해를 내려 조금도 기다려 주시지 않았다.〔天降割于我家, 不少延.〕”라고 했다.

在辰巳之兩年, 慟勳華之繼陟.

姦人不逞, 禍心無厭.

尹元衡以猰貐之性, 稔鬼蜮之謀 ; 旣憑肺腑之親, 兼據城社之勢.

挾私憾於尹任, 久懷呑噬之志.

顧所憚者儲宮, 未試賊害之術.

嫌成大小之說, 漸非朝夕之故.

謂武夫之何知, 乃狺然而旁伺.

當仁廟在位之日, 無間可乘 ; 及龍馭賓天之後, 惟意自恣.

明廟以介弟入承, 統緖攸正 ; 文定以母后權臨, 宗社是賴.

有血氣者共戴一天, 爲臣子者孰懷二心?

敢造言於無疑之地, 實欲逞其積憤之凶.

元凶豺咆, 群姦蝟起.

芑與百齡, 迭爲心腹 ; 磁及順朋, 互相羽翼.

託密旨以脅外朝, 屢被臺臣之折 ; 遣妖妾而憾內聽, 潛成市虎之讒.

欲加罪而難其名, 始倡不自安三字 ; 旋聚謀而爲之辭, 終陷大無道重典.

柳灌·柳仁淑, 顧命元老, 帷幄名卿.

咸守正而不撓, 以異己而就戮.

瑠亦何辜? 任之近屬.

亡命祗偸生, 詎望視死如歸? ; 被孼非自作, 實緣指無爲有.

構成禍穽, 文致大獄.

誘德應而免死, 俾誣其服 ; 敎毛獜而謊言, 遂以爲證.

譸張眩惑, 鍛鍊羅織.

畏淸議之間發, 掩衆正而盡劉.

至於鳳城君之罹禍, 亦由金明胤之誣捏.

流言無根, 成王之所未及知 ; 讒人罔極, 慈母之所以見疑.

致維城之斯壞, 雖同氣而莫保.

尤有痛焉, 不忍言者.

梓宮方臨, 外家之血肉狼藉; 囊書僞撰, 內庭之拷掠慘毒.

非惟肆誣於內殿, 實是幸禍於孝陵.

有擢髮難數之罪, 無一毫可記之功.

脅制君父, 敢歃銅盤之血?; 汚辱宗祊, 至勒鐵卷之名.

雖計謀極其巧密, 而黨類自相矛盾.

許磁嘆鬼神之難誣, 仍致投荒; 齊仁悔小人之不免, 竟被奪勳.

鄭磏爭其父順朋而因憂致疾, 元祿諫其叔李芑而逢怒坐謫.

敗露之形難掩. 凶慝[414]之鋒未戢.

餘禍所及, 累歲愈酷.

神人之交憤極矣, 邦國之不亡幸耳.

然而白日中天, 雲霓漸釋; 寶鑑當空, 魑魅莫遁.

肆先王開悟於末年, 痛姦凶欺蔽於初服.

量移遠謫之臣, 稍釋連坐之孥.

雷雨之澤, 未霈存沒; 弓釰之痛, 遽纏臣民.

予以渺末之資, 叨守艱大之業.

仰體皇考之志, 親承慈后之教.

當丁卯之權同, 收用舊人; 逮庚午之庭諍, 略採公論.

李芑·鄭順朋·林百齡·鄭彦慤等, 奪其官爵; 柳灌·柳仁淑等, 滌其逆名.

丁未·己酉兩年, 被罪之人, 復其職牒, 還其籍沒.

一國之心, 雖欲盡革; 先朝之事, 未敢輕改.

顧輿憤之益激, 抑天道之必復.

矧東朝親經變故, 在當日洞燭情狀.

乃於一疾之彌留, 命雪四人之冤枉.

414 중간본 『청련집』에는 '慝(특)'으로 되어 있으나 잘못이다. 초간본을 따른다.

予於是詢及大臣, 卽命還柳仁淑職名.

惟任瑠, 事體重大, 猶且遲疑.

第以國言未已, 衆怒有甚於水火 ; 玉候惟幾, 慰懷匪在於藥餌.

事求其是, 天不容僞.

玆於十一月二十八日, 命給任瑠職牒, 革罷衛社功臣, 收其錄卷.[415]

亟達懿殿, 且答[416]群情.

不吊[417]降割, 未及頒敎.

罙深摧慟, 越玆布告.

於戱! 伸冤討罪, 旣終先王之意 ; 開國承家, 永絶小人之禍.

故玆敎示, 想宜知悉.

해설 이후백이 제술한 이 교서는 변문(騈文)의 양식이다. 이 교서는 『선조수정실록』 제11권, 선조 10년 12월 1일 자에 실려 있고, 그 아래 다음과 같은 사관의 논평이 실려 있다. "상감이 처음에 반포하는 교서를 대제학 김귀영에게 지어 올리라고 명했는데, 문장 내용이 졸렬하고 소략했다. 상감이 이르기를, '이는 국가의 큰일이니 당연히 말은 분명하고 뜻은 구비되게 하여 중외(中外)에 효유해야 하는데, 어찌 이처럼 간략하게 할 수 있겠는가?' 하고, 이내 다시 이후백에게 지어 올리게 했다."

또한 『국조보감(國朝寶鑑)』 권26 선조조 3, 선조 10년(1577년, 정축) 12월의 조항에 역시 "중외에 하교하여 위훈을 삭탈하는 뜻을 포고하게 했다. 교서는 다음과 같다."의 기사가 있다. 그리고 교서는 '國家値不幸之運'부터 '想宜知悉'까지 대체로 전부

415 중간본 『청련집』에 '劵(권)'으로 되어 있으나 초간본을 따라 '卷'으로 표기한다. 서로 통용하는 글자이다.

416 초간본 『청련집』에 '荅(답)'으로 되어 있으나 중간본을 따른다. 두 글자는 서로 통용한다. 현대 교육용 한자의 글꼴을 취한다.

417 초간본과 중간본 『청련집』에 모두 '吊(조)'로 되어 있다. 사실 '弔(조)'와는 다른 글자이지만 조선에서는 흔히 통용했다.

수록했다. 단 『국조보감』에는 "雖計謀極其巧密. 而黨類自相矛盾. 許磁嘆鬼神之難誣. 仍致投荒. 齊仁悔小人之不免. 竟被奪勳. 鄭礦爭其父順朋而因憂致疾. 元祿諫其叔李芑而逢怒坐謫. 敗露之形難掩. 凶匿之鋒未戢. 餘禍所及. 累歲愈酷."의 부분을 생략했다. 그리고 『국조보감』에는 다음과 같은 부기(附記)를 두었다.

> 상이 처음에 반포하는 교서를 대제학 김귀영(金貴榮)에게 지어 올리라고 명했는데 문장 내용이 졸렬하고 소략했다. 상이 이르기를, "이는 국가의 큰일이니 당연히 분명히 말하고 뜻을 잘 갖추어 중외(中外)에 효유해야 하는데 어찌 이처럼 간략하게 할 수 있겠는가?" 하고, 다시 이후백에게 지어 올리게 했다.〔上始命頒教. 大提學金貴榮製進. 詞意拙略 上曰: 此是國家大事當詞明義備. 以曉中外. 豈可草草如此乎. 乃改命李後白製進.〕

한편, 이 교서는 김귀영(金貴榮, 1520~1594)의 『동원선생문집(東園先生文集)』(1935년 간행 석인본) 권3에 「삭위훈교문(削僞勳教文)」이란 제목으로도 전문이 실려 있다. 김귀영은 1570년 1월에 이조판서가 되고 같은 해 자인왕후책봉주청사(懿仁王后冊封奏請使)로서 연경(燕京)에 가서 고명(誥命)을 받들고 돌아왔다. 『선조수정실록』의 사평과 『국조보감』의 기록을 보면, 현재 실록에 전하는 「삭위훈교문」은 이후백이 제진(製進)한 것이 분명하다.

『연려실기술』 권12 선조조 고사본말 '을사년의 원통함을 풀고 을사년의 위훈(僞勳)을 삭제하다'조는 『유분록(幽憤錄)』을 인용하여 삭훈 교서를 전문 전재했다. 제술자 이름은 밝히지 않았다. 그 밖의 기록은 다음과 같다.

> ○ 기사년(1569년, 선조 2) 9월에 이준경(李浚慶)이 임금을 모시고 있다가 을사년의 일에 말이 미쳐서, "위사(衛社)할 때에 착한 선비가 혹 연좌되어 죽은 자 있어서 그 슬픔이 지금까지 가시지 않았습니다."라고 말했다. 교리 이이(李珥)가 "대신의 말이 어찌 그리 모호해서 불분명합니까? 위사라는 것은 허위의 훈공이

요. 그때에 죄받은 사람들이 모두 착한 선비들이었습니다. 간흉들이 사림을 도륙하고 위훈(僞勳)을 날조하여 녹했으므로 귀신과 사람의 분노가 오랫동안 풀리지 않았습니다. 이제 새 정치의 시작을 당하여 마땅히 그 훈공을 삭탈하여 명분을 바로 세우고 국시(國是)를 정하여야 합니다."라고 했다. 이준경이 "말인즉 그렇지만, 선조(先朝) 때 일을 갑작스레 고칠 수도 없는 것입니다."라고 하니, 이이가 "그렇지 않습니다. 명종께서 어리신 나이로 왕위에 올라 비록 간흉들에게 속임을 당했으나, 이제는 하늘에 계신 선왕의 영령이 그 간사한 것을 통곡하시었으니, 비록 선조 때 일이라 하여도 어찌 고치지 못하겠습니까?"라고 했다. 이보다 먼저 백인걸(白仁傑)이 매양 이준경을 보고 이이가 현인(賢人)이요, 또 재주는 쓸 만하다고 칭찬했는데, 이때에 이이가 두 번이나 이준경의 말을 꺾으니, 이준경이 좋지 않게 여겨 백인걸에게 "자네의 이이가 어찌 그리 경솔하게 말하는가?"라고 했다.

○ 경오년(1570년) 4월에 병조참판 백인걸이 소를 올려 을사년·기유년의 원통함을 신설(伸雪)하여 주기를 청하자, 임금이 그 소를 대신에게 보내서 의론하여 아뢰게 했다. 영상 이준경 등이 아뢰었다. "을사년·기유년의 옥사는 실로 의론할 만한 점이 많기는 하지만, 오늘에 있어서 경솔하게 의론할 수는 없는 듯합니다. 기유년의 옥사가 가장 원통하고 억울하니, 참으로 슬프고 한탄스럽습니다." 〔이이의 『경연일기』(『석담일기』) 참조〕.

○ 백인걸의 상소가 을사년의 일을 끄집어내자 여론이 모두 울분하여, "원통하고 억울한 것이 신설(伸雪)되지 않았기 때문에 이런 한재(旱災)가 생긴다."라고 했다. 이준경이 여론을 누르기 어려운 것을 보고는, 이에 동벽(東壁)과 서벽(西壁)[418]을 거느리고 대궐에 들어가 정미·기유년의 죄인의 원통한 것을 신설하

418 조정 관리가 출근하여 모여 앉을 때 좌석의 동쪽에 앉는 벼슬을 동벽(東壁)이라 하고 좌석의 서쪽에 앉는 벼슬을 서벽(西壁)이라 했다. 의정부의 경우 삼공(三公)이 정면, 좌·우 찬성이 동벽, 좌·우 참찬이 서벽에 앉았다.

여 주고, 이기(李芑)·정언각(鄭彦慤)의 관작을 삭탈할 것을 청하되, 을사년 일은 거론하지 않았다. 그 이튿날 삼사(三司)가 동시에 일어나, 을사년 이하의 원통하고 억울한 것을 신설(伸雪)하여 주기를 청하되, 위훈(僞勳)에 대해서는 말하지 않았다. 〔이이의 『경연일기』(『석담일기』) 참조〕.

○ 이후 홍문관에서 거듭 차자(箚子)를 올렸다.

○ 공의왕대비(恭懿王大妃)가 편찮자 상이 팔도의 죄인을 관대하게 처리하도록 했다. 대비가 상감에게 말하여 유관(柳灌)·유인숙(柳仁淑)·윤임(尹任)·이류(李瑠)〔종실(宗室)인 계림군(桂林君)〕의 직첩(職牒)을 회복시키려 하니 상감이 그 일을 어렵게 여겨 대신들에게 물었다. 그런데 권철(權轍) 등이 감히 사실을 다 말하지 않고 어정쩡하게 회계(回啓)하자, 상이 유관과 유인숙의 직첩만 돌려주게 했다.

○ 11월. 을사년의 허위 공신을 삭제하고 윤임〔찬성〕과 이류〔계림군〕 등의 관작(官爵)을 회복시키도록 명했다.

○ 왕대비가 승하했다. 예관(禮官)이 상복제도에 대해 대신에게 품의하자, 영의정 권철(權轍)이 다른 정승들과 의논하지 않은 채 자신의 의견대로, 송나라 고종(高宗)이 원우황후(元祐皇后) 맹씨(孟氏)에게 입은 복제를 예(例)로 끌어대어 주상의 복을 자최장기(齊衰杖期)로 정했다. 이에 삼사(三司)와 종2품 이상의 관원들이 모두 논쟁하기를, "주상은 명종의 대통(大統)을 계승했고 명종은 인종의 대통을 계승했는데, 대통을 계승한 것이 중하니 당연히 삼년상을 입어야 한다."라고 하자, 상감이 삼년상을 행하기로 정했다.

가사(歌詞)

해설 이후백의 『청련집』 초간본에는 이후백의 시조가 수록되어 있지 않다. 1962년 이후백의 후손 이호경이 여러 문집에 나오는 기사를 모으고 시를 보충하고 부록 문자를 첨부하여 석인본으로 간행한 『청련선생집(靑蓮先生集)』 3권 1책에도 시조는 실려 있지 않다. 그런데 일본 동양문고 소장의 마에마 교사쿠〔前間恭作〕 구장 필사본 『청련집』에는 시조 「소상팔경(瀟湘八景)」 8수와 단일 시조 1수를 찾아볼 수 있다. 즉, 이 필사본 『청련집』에는 '가사(歌詞)' 양식으로 「소상팔경」 8수와 단일시조 1수를 수록해 두었다. 「소상팔경」의 경우 연시조라고 할 수 있다. 「소상팔경」을 수록한 대부분의 가집에서는 그 작가를 미상이라고 했지만, 『청련집』과 『교주가곡집』은 이후백을 그 작가라고 밝혔다.[419] 여기서는 일본 동양문고본을 따라 이후백의 작이라고 전하는 시조들을 집록한다. 단, 동양문고본에서는 한자 한 글자마다 한글 음을 분할해서 병기했으나, 여기서는 시조의 일반 표기법에 따라 어절 단위로 한글 음을 제시한다.

419 김기현, 「李後白과 그의 時調」, 『순천향대학논문집』 제9권 제1호, 순천향대학교, 1986 ; 장정수, 「기행시조의 창작 배경 및 특성 연구」, 『우리말글』 61, 우리말글학회, 2014; 정용수, 「李後白의 瀟湘八景歌 辯證」, 『文化傳統論集』 創刊號, 慶星大學校 附設 韓國學硏究所, 1993.; 김신중, 「瀟湘八景歌의 관습시적 성격」, 『고시가연구』 5, 한국고시가문학회, 1998 ; 김동하, 「李後白의 生長과 詩人的 形成 過程」, 『瑞江大論文集』 17, 서강정보대학, 1998 ; 김동하, 「이후백의 삶과 시」, 『外國文化硏究』 22, 조선대학교 인문학연구소, 1999 ; 여기현, 「瀟湘八景의 受容과 樣相」, 『中國文化硏究』 25, 한국중문학회, 2002 ; 여기현, 「瀟湘八景의 시적 형상화 양상」, 『반교어문연구』 15, 반교어문학회, 2003 ; 김흥규·이형대·이상원·김용찬·권순회·신경숙·박규홍 편저, 『古時調大全』, 고려대학교 민족문화연구원, 2012.

이후백은 15세에 백부〔이국권(李國權)〕를 따라 두치강, 즉 하동 섬진강에서 뱃놀이하며, 백부의 권유에 따라 '소상팔경' 시조를 지었는데, 서울에 전파되어 악부(樂府)에까지 올랐다고 한다. 그렇다면 대개 1535년경에 이 소상팔경 시조를 지었다고 추정된다. 이후백의 행적에 대해서는 『청련집』 중간본 부록의 「연보」와 박세채(朴世采, 1631~1695)가 작성한 이후백 행장, 송시열이 작성한 이후백 행장을 참고로 할 수 있다.[420] 박세채가 작성한 행장은 「소상팔경」이 어떤 상황에서 지어졌는지는 언급하지 않았지만, 이후백이 16세에 지은 후 서울에 전파되었다고 기록했다.[421] 송시열이 작성한 행장은 다만 서울에서 「소상팔경」이 유행하고 많은 이들이 「소상팔경」을 통해 명성이 떨치게 되었다고만 언급했다.[422] 그런데 임억령은 『석천집(石川集)』 수록 편차를 고려할 때 49세 때 「번이후백소상야우지곡(翻李後白瀟湘夜雨之曲)」[423]을 작성한 듯하다. 강진에 머물던 임억령이 그 무렵 이후백이 지은 작품을 접하고 한시로 번역했다고 본다면, 이후백이 이 「소상팔경」 시조를 지은 것은 25세인 1545년경일 가능성도 있다.

소상팔경(瀟湘八景)

제1

蒼梧山창오산 聖帝魂셩졔혼이 구름조차 瀟湘소상에 ᄂᆞ려
夜半야반 흘너드러 竹間雨쥭간우 되온 뜻슨

420 李後白, 「年譜」, 『青蓮集』(동양문고본) 附錄. "先生之伯父參奉公, 泛舟於花開·岳陽〔花開·岳陽, 皆地名〕之間, 先生從焉. 參奉公望見智異山雲嵐掩靄, 斗治江烟波澄碧, 命先生賦瀟湘八景歌詞, 卽席立就, 膾炙一時, 騰諸樂府."

421 朴世采 撰, 「行狀」, 『青蓮集』(동양문고본) 附錄. "嘗作瀟湘八景歌詞, 傳播京中, 或騰諸樂府. 自是聲名益振, 京師文士, 皆遲其至. 時年十六矣.

422 宋時烈 撰, 「行狀」, 『青蓮集』(동양문고본) 附錄. "嘗作瀟湘八景歌詞, 傳播京中, 或騰諸樂府. 自是聲名益振."

423 林億齡, 『石川集』 제2책, 여강출판사, 1989, 126면.

二妃이비의 千年淚痕쳔년누흔을 시셔볼가 ᄒᆞ노라

정리 창오산(蒼梧山) 성제(聖帝) 혼(魂)이 구름 좇아 소상(瀟湘)에 내려
야반(夜半)에 흘러들어 죽간우(竹間雨) 되온 뜻은
이비(二妃)의 천년누흔(千年淚痕)을 씻어 볼까 하노라

제2

平沙평ᄉᆞ에 落雁낙안ᄒᆞ니 江村강촌에 日暮일모로다
漁船어션언 已歸이귀ᄒᆞ고 白鷗ᄇᆡᆨ구 다 즘든 밤에
어ᄃᆡ셔 數聲長笛슈셩장젹이 즘든 날을 ᄶᆡ오ᄂᆞᆫ고.

정리 평사(平沙)에 낙안(落雁)하니 강촌(江村)에 일모(日暮)로다.
어선(漁船)도 이귀(已歸)하고 백구(白鷗) 다 잠든 밤에
어디서 수성장적(數聲長笛)이 잠든 나를 깨우는가[424]

제3

洞庭湖동뎡호 발근 달이 楚懷王초회왕의 넉시 되여
七百里칠백니 平湖水평호슈에 다 빗최여 뵈ᄂᆞᆫ 뜻즌
아마도 屈三閭굴삼녀의 魚腹忠魂어복튱혼을 구버볼가 ᄒᆞ노라

정리 동정호(洞庭湖) 밝은 달이 초회왕(楚懷王)의 넋이 되어
칠백 리(七百里) 평호수(平湖水)에 다 비치어 보이는 뜻은
아마도 굴삼려(屈三閭)의 어복(魚腹) 충혼(忠魂)을 굽어볼까 하노라

424 어떤 텍스트에는 “빈 배에 달 실어 가지고 강정(江亭)으로 오노라.”라고 했다.

제4

瀟湘江소상강 細雨中셰우즁에 누역 삭갓 져 老翁노옹아

뷘 빅 흘니져어 向향ᄒᆞᄂᆞᆫ이 어듸미뇨

李白니빅이 騎鯨飛上天긔경비상쳔ᄒᆞ니 風月풍월 실너 가노라.

정리 소상강(瀟湘江) 세우중(細雨中)에 누역삿갓 저 노옹(老翁)아

빈 배 홀로 저어 향(向)하나니 어디메뇨

이백(李白)이 기경비상천(騎鯨飛上天)하니 풍월(風月) 실러 가노라

제5

峨嵋山月半輪秋아미산월반뉸츄와 赤壁江上無限景뎍벽강상무한경을

蘇東坡소동파 李謫仙니젹션이 못다 놀고 나문 ᄯᅳᆺ즌

後世후셰예 날 갓튼 豪傑호걸이 다시 놀게 ᄒᆞ미로다

정리 아미산(峨嵋山) 월반륜추(月半輪秋)와 적벽강상(赤壁江上) 무한경(無限景)을

소동파(蘇東坡) 이적선(李謫仙)이 못다 놀고 남은 뜻은

후세(後世)에 나같은 호걸(豪傑)이 다시 놀게 함이로다

제6

舜순이 南巡狩남슌슈ᄒᆞ샤 倉梧野창오야 崩붕ᄒᆞ시니

南風詩남풍시 五絃琴오현금을 뉘 손의 젼ᄒᆞ신고

至今지금에 聞此聲문ᄎᆞ셩ᄒᆞ니 傳此手젼ᄎᆞ슈인가 ᄒᆞ노라

정리 순(舜)이 남순수(南巡狩)하사 창오야(蒼梧野)에 붕(崩)하시니

남풍시(南風詩) 오현금(五絃琴)을 누구 손에 전(傳)하신고[425]

지금(至今)에 문차성(聞此聲)하니 전차수(傳此手)인가 하노라[426]

제7

岳陽樓악양누 上上層상상층에 올나 洞庭湖동정호 구버보니

七百里칠백니 平湖水평호슈에 君山군산이 반 나마 즘겨셔라

어듸셔 一葉漁船일엽어션이 任去來님거릐 ᄒᆞᄂᆞᆫ고

정리 악양루(岳陽樓)[427] 상상층(上上層)에 올라 동정호(洞庭湖) 굽어보니

칠백 리(七百里) 평호수(平湖水)에 군산(君山)이 반(半)나마 잠겼어라

어디서 일엽어선(一葉漁船)이 임거래(任去來)하는고

제8

黃鶴樓황학누 적 소릐 듯고 姑蘇臺고소딕 올나가니

寒山寺한산ᄉᆞ 찬 바람에 醉취한 슐이 다 ᄭᆡ거다

아희야 酒家何處쥬가하쳐오 典衣沽酒젼의고쥬 ᄒᆞ오리라.

정리 황학루(黃鶴樓) 적〔笛〕 소리 듣고 고소대(姑蘇臺) 올라가니[428]

한산사(寒山寺) 찬 바람에 취(醉)한 술 다 깨겠다

아이야 주가하처(酒家何處)냐 전의고주(典衣沽酒)하리라

해설 본래 소상(瀟湘)은 중국 동정호 근처의 소수(瀟水)와 상수(湘水)를 의미한다. 팔경의 원조격인 소상팔경은 소수와 상수 근처의 경치를 8개로 읊은 것이다. 평사낙안(平沙落雁)·원포귀범(遠浦歸帆)·산시청람(山市晴嵐)·강천모설(江天暮雪)·동정추월(洞庭秋

425 어떤 텍스트에는 "오현금(五絃琴) 남풍시(南風詩)를 뉘게 전(傳)코 붕(崩)하신고."라고 했다.

426 어떤 텍스트에는 "지금(至今)에 정호용비(鼎湖龍飛)를 못내 슬퍼하노라."라고 했다.

427 악양루는 중국 호남성 악양현(岳陽縣)에 있는 3층 누각으로 동정호(洞庭湖)를 굽어보고 있다. 716년에 당나라 사람 장열(張說)이 이곳으로 좌천되었을 때 지었다고 한다.

428 어떤 텍스트에는 "황학루(黃鶴樓) 저〔笛〕 소리 듣고 고소대(姑蘇臺)에 올라가니."라고 했다.

月)·소상야우(瀟湘夜雨)·연사만종(煙寺晩鍾)·어촌석조(漁村夕照) 등이 그것이다. 중국 북송의 소식(蘇軾)은 송적(宋迪)이 그린 「소상팔경도」를 보고 화제(畵題)에 따라 시를 지었는데, 이로부터 차운(次韻)이 성행하면서 이른바 팔경문학이 탄생했다. 소상팔경은 고려시대에 우리나라에 전해졌다. 고려 명종은 문신들에게 소상팔경시를 짓게 했고, 이인로(李仁老)와 진화(陳澕) 등은 그 시의(詩意)를 본떠 그림을 그렸다고 한다.

이후백의 소상팔경 제1수는 순임금이 남쪽으로 순수(巡狩)하다가 창오(蒼梧)에서 사망했다는 고사를 들고, 이비(二妃)의 피눈물이 어려 반죽(斑竹)이 되었다는 전설을 밀했다. 고내의 이상석 군수라는 순임금의 고사를 불러와서 소상팔경의 향유가 단순한 유람이 아니라 고대의 이상 세계를 반추하는 일이라는 것을 암시한 듯하다. 제2수는 평사낙안(平沙落雁)을 소재로 삼았다. 초장은 하동 섬진강의 모래강변에 기러기가 내려앉고 강마을에 해가 지는 풍경을 묘사했다고 볼 수 있다. 제3수는 동정추월(洞庭秋月)을 소재로 했다. 제4수는 소상야우(瀟湘夜雨)를 소재로 삼았다. 종장에서는 이백이 고래를 타고 하늘로 올랐다는 전설을 인용하여, 선유(船遊)의 정취를 신비스럽게 제시했다. 제5수는 동정추월을 형상화했다. 초장의 '아미산월반륜추'는 이백의 「아미산월가(峨嵋山月歌)」의 기구를 차용했으며, '적벽강상무한경'은 소식의 「적벽부(赤壁賦)」를 참고했다. 제6수는 초장에서 순 임금이 남쪽을 순방하던 중에 창오산에서 사망했다는 상황을 제시하고, 중장에서는 순임금이 오현금으로 「남풍시」를 노래했다는 고사를 환기시켰다. 제7수는 소상팔경 중 원포귀범(遠浦歸帆)에 해당한다. 제8수는 황학루(黃鶴樓)를 소재로 삼았다. 황학루는 중국 호북성(湖北省) 무한시(武漢市)에 있는 누대로 악양루(岳陽樓)·등왕각(滕王閣)과 함께 중국 강남 3대 누대로 일컬어진다. 고소대는 강소성(江蘇省) 소주시(蘇州市)에 있는 누대이다. 중장에서는 한산사(寒山寺)에서 불어오는 찬바람에 술기운이 깨겠다고 했다. 한산사 역시 강소성 소주시에 위치한 사찰이다. 황학루·고소대·한산사 모두 소상팔경과는 상관이 없다.

이후백이 1535년경 「소상팔경」을 지은 후 150여 년 지난 1750년대 초 관찬(官撰)

지도인 『해동지도(海東地圖)』의 하동현(河東縣)에서 이후백이 유람한 화개(花開)와 악양(岳陽)을 확인할 수 있다. 또 산시청람(山市晴嵐)·어촌석조(漁村夕照)·원포귀범(遠浦歸帆)·소상야우(瀟湘夜雨)·연사만종(煙寺晚鍾)·동정추월(洞庭秋月)·평사낙안(平沙落雁)·강천모설(江天暮雪)도 각각 대응하는 곳이 있다고 한다. 즉 경상남도 하동군 악양면 평사리 305-2에 동정호와 악양루, 평사리 산31에 고소성, 평사리 산47에 한산사가 있다고 한다.[429]

429 『신증동국여지승람(新增東國輿地勝覽)』 제30권 경상도(慶尙道) 진주목(晉州牧), 31권 경상도(慶尙道) 하동현(河東縣); 하동군 악양면사무소(http://city.hadong.go.kr/acyang/) 배대웅, 「조선시대 강진 지역 시조 연구」, 조선대학교 대학원 국어국문학과 석사논문, 2015. 8, 11~46면.

시조(時調)

해설 이후백의 작으로 알려진 시조는 「소상팔경(瀟湘八景)」 8수 이외에 최대 5수이다. 일본 동양문고 소장 필사본 『청련집』에는 「소상팔경」 8수 이외에 아래의 제1 시조를 수록했다. 그 이외에 시조 4수가 여러 가집에 산재한다.[430] 「황학루 젓소리 듣고……」 시조도 이후백의 작품이라고 하지만, 『시가 박씨본』·『가조별람』·『가사 권순회본』에서는 조대수(趙大壽, 1655~1721)의 작품이라고 했다.

제1

玉梅옥ᄆᆡ ᄒᆞᆫ 가지를 路傍노방에 ᄇᆞᆯ려거든
ᄂᆡ라셔 거두어 盆분 우희 올엿더니
梅花ᄆᆡ화 已成臘이셩납ᄒᆞ니 主人쥬인 몰나 ᄒᆞ노라

정리 옥매(玉梅) 한 가지를 노방(路傍)의 버렸거든
내라서 거두어 분(盆) 위에 올렸더니
매화이성랍(梅花已成臘)하니 주인 몰라 하노라.

430 김흥규·이형대·이상원·김용찬·권순회·신경숙·박규홍 편저, 『古時調大全』, 고려대학교 민족문화연구원, 2012.

백련 문공은 선생의 추천으로 번 군수가 되었는데, 벼슬한 후로 내왕하지 않았다. 선생이 이 노래를 지어 그 뜻을 나타내니, 문공이 「산수가」로 답했다.〔白蓮文公, 以先生之薦, 三爲郡守. 出仕後, 不來往. 先生作此歌, 以揣其意. 文公荅以山水歌.〕

해설 이후백이 백련(白蓮) 문익주(文益周)를 추천하여 태인현감(泰仁縣監)을 비롯하여 세 곳의 군수를 하게 했는데, 문익주가 벼슬에 나간 후에는 일절 내왕이 없었다. 그래서 이후백이 이 노래를 지어서 염량세태(炎凉世態)를 풍자했다고 한다. 이 시조는 『청련집』과 『교주가곡집』에서 이후백의 시조로 언급돼 있다. 시조에서는 버려진 옥매 가지를 화자가 주워 화분 위에 올렸더니, 화분에 올린 옥매 가지가 몇 년이 지나 다 자라나서는 주인을 몰라본다고 언급했다.[431] 앞서 보았듯이 이후백이 문익주를 위해 쓴 시가 『청련집』에 「백련당 문익주에게 드리다〔贈文白蓮堂益周〕」라는 제목으로 한 수 실려 있다.

제2

獨上岳陽樓ᄒᆞ야 洞庭湖 七百里라
落霞ᄂᆞᆫ 與孤鶩飛ᄒᆞ고 추수ᄂᆞᆫ 共長天一色으로
限업슨 吳楚東南景이 眼前의 니어시니 樂無窮인가

정리 독상악양루(獨上岳陽樓)하여 동정호(洞庭湖) 칠백 리(七百里)라[432]

431 『靑蓮集』 동양문고본, 「歌詞」.

432 악양루가 동정호(洞庭湖)에 접해 있기 때문에 700리 동정호를 그 국내로 삼았다고 했다. 중국 당나라 한유(韓愈)의 「등악양루(登岳陽樓)」 시에 "경내의 호수 700리, 온갖 절경을 머금었네.〔瀦爲七百里, 呑納各殊狀.〕"라는 구절이 나온다.

낙하(落霞)는 여고목비(與孤鶩飛)하고 추수(秋水)는 공장천일색(共長天一色)으로[433]

한(限) 없는 오초동남경(吳楚東南景)[434]이 안전(眼前)의 이었으니 악무경(樂無窮)인가

해설 『교주가곡집(校註歌曲集)』에 이후백의 시조로 나온다. 화자는 혼자 악양루에 올라 동정호의 정경을 바라보고 있다. 소상팔경 제7수의 초장과 비슷한 풍광이다. 중장에서의 낙하(落霞)는 낮게 깔린 저녁노을이다. '추수'는 '秋水'로, 가을의 맑은 강물을 말한다.

제3

清溪上 草堂외에 봄은 어이 느젓는고

梨花白雪香에 柳色黃金嫩이로다

萬壑雲 蜀魄聲中에 春思ㅣ 茫然하여라

정리 청계상(清溪上) 초당(草堂) 외에 봄은 어이 늦었는가

이화백설향(梨花白雪香)에 유색황금눈(柳色黃金嫩)이로다[435]

433 중장은 중국 당나라 왕발(王勃)이 지은 「등왕각서(滕王閣序)」의 "저녁노을은 외로운 따오기와 나란히 날고, 가을 물은 긴 하늘과 같은 색이다.〔落霞與孤鶩齊飛, 秋水共長天一色.〕"라는 구절에서 가져왔다.

434 종장의 '오초동남경'은 중국 당나라 두보(杜甫)가 지은 「등악양루(登岳陽樓)」 시의 제3구에서 취재했다. 두보는 난을 피해 떠도는 생활을 하던 중 호남성(湖南省) 악양(岳陽)에 머물 때 시를 지어 다음과 같이 노래했다. "지난날 동정호에 대해 듣다가, 오늘에야 악양루에 올랐네. 오나라와 촉나라가 동남방에 나뉘고, 하늘과 땅이 밤낮으로 동정호에 떠 있다. 친한 친구는 소식 하나 없고, 늙고 병든 나만 외로운 배에 남아있구나. 관산의 북쪽 중원 땅엔 아직도 전쟁이라, 난간에 기대서니 눈물이 흐르네.〔昔聞洞庭水, 今上岳陽樓. 吳楚東南坼, 乾坤日夜浮. 親朋無一字, 老病有孤舟. 戎馬關山北, 憑軒涕泗流.〕"

435 중국 당나라 이백(李白)의 「궁중행락사(宮中行樂詞)」 8수 중 제2수의 제1-2구에 "버드나무 빛깔은 황금 같이 곱고, 배꽃은 흰 눈처럼 향기롭구나.〔柳色黃金嫩, 梨花白雪香.〕"라고 했다.

만학운(萬壑雲) 촉백성중(蜀魄聲中)에 춘사(春思)가 망연(茫然)하여라

해설 『증보가곡원류(增補歌曲源流)』에 이후백의 시조로 나온다. 초장에서는 맑은 시내 곁에 지어진 초당에 늦게야 봄이 왔다고 말했다. 하지만 중장은 배꽃에서 백설의 향기를 풍기고 버들에서 새싹이 황금색으로 빛나는 4월의 광경을 노래했다. 그리고 종장에서 촉백(蜀魄) 즉 두견새가 우니 봄 생각이 아득하다고 했다.

제4

추샹에 놀ᄂᆞᆫ 기러기 셟거온 소ᄅᆡ마라
ᄀᆞᆺ득에 님 녀희고 하믈며 ᄀᆡᆨ리로다
밤즁만 네 소ᄅᆡ 드를 제면 애ᄭᅳᆺ는 듯ᄒᆞ여라

이본 추상(秋霜)에 놀란 기러기 섬거온 소리 마라
가뜩에 님 여의고 하물며 객리(客裏)로다
어디서 제 슬허 울어 내 스스로 슬흐랴

해설 『대동풍아(大東風雅)』와 고대본 『악부(樂府)』에 이후백의 시조로 나온다. 초장에서 나오는 '추상'은 '秋霜'으로, 가을의 찬 서리를 말한다. 가을이나 초겨울의 차가운 날씨에 기러기가 날면서 내는 서러운 소리는 시인의 상념을 아득하게 만든다. 시인은 지금 님을 여의고 객지에서 고독한 상태에 있기에 그 소리가 못내 슬프다고 한 것이다.

제5

화산에 춘일란하고 록류에 앵란데라

다정호음을 못내 드러하는 차에

셕양에 계류청총은 욕거장시하느니

정리 화산(華山)에 춘일난(春日暖)이요 녹류(綠柳)에 앵난제(鶯亂啼)라

다정호음(多情好音)을 못내 들어 하는 차에

석양(夕陽)에 계류청총(繫柳靑驄)이 욕거장시(欲去長嘶)[436]하느니(하더라)

해설 『화원악보(花源樂譜)』에는 작자명을 밝히지 않았으나, 『정선조선가곡(精選朝鮮歌曲)』·『대동풍아』·『장단독습신편잡가(長短獨習新編雜歌)』는 이후백의 시조라고 밝혔다.[437]

436 신위(申緯, 1769~1845)는 19세기 초 유행하던 시조를 한시로 옮긴 소악부(小樂府) 40수를 남겼는데, 그중 「백마청아(白馬靑娥)」의 초장에 유사한 표현이 있다. 신위의 한시는 "백마는 떠나자고 길게 울음을 우는데, 아리따운 아가씨는 이별이 아쉬워 옷자락을 잡아당긴다. 지는 해는 뉘엿뉘엿 서쪽 고개를 머금었는데, 갈 길은 장정과 단정이 이어져 멀고도 멀어라.〔欲去長嘶郞馬白, 挽衫惜別小娥靑. 夕陽冉冉銜西嶺, 去路長亭復短亭.〕"라고 했다. 이 한시는 "백마(白馬)는 욕거장시(欲去長嘶)하고 청아(靑娥)는 석별견의(惜別牽衣)로다/ 석양은 이경서령(已傾西嶺)이요 거로(去路)는 장정단정(長亭短亭)이로다/ 아마도 설운 이별은 백년 삼만 육천일에 오늘인가 하노라"라는 시조에서 종장은 빼고 번역한 것이다.

437 김흥규·이형대·이상원·김용찬·권순희·신경숙·박규홍 편저, 『고시조대전』, 고려대학교 민족문화연구원, 2012.

행장(行狀)

양평공 오자치 행장(襄平公吳自治行狀)

성스러운 왕조가 천명을 받고 나서, 높은 공훈과 장한 절조를 가진 선비와 나라를 다스리고 세상을 구제하는 인재가 시기에 응해 배출되어 나라를 우익(羽翼, 보좌)하여 위난(危難)의 상태를 전변(轉變)시켜 승평(昇平)의 상황으로 올렸으되, 다만 충과 효를 둘 다 온전히 지녀서 출처(出處)의 도리를 잘 알아서 세상에 드러내야 할지 숨어야 할지가 갈리는 때에 권력과 지위를 영광으로 여기지 않는 사람은 아마도 몇 사람이 되지 않을 것이다. 내가 듣고 본 바에 따라 이를 기억해 보면, 곧 세묘(世廟, 세조) 때의 훈신(勳臣, 공신)이신 나성군(羅城君) 오공(吳公)이 그와 같은 분이었다.

공은 아주 어린 나이 때부터 타고난 자질이 순수하게 아름다우며 재주와 기량이 일찍 성숙했다. 어버이를 섬기는 절도는 오로지 성심과 공경으로 주축을 삼았고, 학문에 나아가는 방도는 가정의 가르침을 깊이 체득하고 복습하여 몸가짐을 바르게 하고 행실을 닦아서, 준엄하기가 마치 노성(老成)한 사람과 같았다.

약관(弱冠)의 나이〔20세〕에 이르자 경(經)·사(史)·자(子)·전(傳)을 융통하여 이해하지 않은 것이 없었다. 또한 지혜와 용기가 월등히 뛰어나고, 활 쏘고 말 타는 일에도 능했으니, 세상에서 '전재(全才, 완전한 인재)'라고 일컬었다.

한번은 금산(錦山)에 사나운 범이 있어 사람과 동물을 물어 죽이는 일이 매우 많았으며, 또 선암사(仙巖寺)에는 요망한 중이 있어 포악하고 방자하여 살생을 저지르고 음행을 해서 온 고을이 시끄러워 거의 안도할 수 없게 되었으니, 문득 오중삼해

(吳中三害)[438]와도 같은 상태였다. 공은 평소부터 백성을 구하고 해독을 제거하는 일을 자기의 임무로 생각했기에, 용기와 완력을 한껏 발휘해서 화살 하나와 방망이 하나로 두 해물을 마침내 제거했더니, 고을의 경내가 이에 힘입어 평안함을 얻었다. 지금까지도 산에는 폐호지동(斃虎之洞, 호랑이를 죽인 계곡)이란 이름이 전해지고, 강에는 승에지진(僧殪之津, 승려가 죽임을 당한 나루)이라는 이름이 있어 노인들이 손가락으로 가리키며 칭찬을 하고 있다.

항상 학문을 쌓고 문(文)을 연마하여, 이름을 떨쳐 문호를 빛내는 일에 뜻을 두었으나, 여러 번 과거시험에 떨어져서 집안 살림이 쓸쓸하게 되었다. 이에 물고기 잡고 나무 하는 일을 몸소 행했으나, 늙은 부모께서 잘 드실 수 있는 음식을 계속하여 올리기도 어렵게 되자,[439] 드디어 녹을 받는 관리가 되어 부모를 봉양하려는 계획을 세웠다. 그래서 무과에 합격하고 연이어 중시(重試)까지 장원했으므로 즉시로 선전관(宣傳官)의 직에 부쳐지고, 주부(主簿)와 경력(經歷)의 직으로부터 지방 고을의 수령에 보(補)해지기를 구했다. 정사에서는 엄격함과 용서함을 겯들였고, 청백하고 절검하여 아침저녁으로 부모를 받드는 이외에는 하나의 물건도 취하는 일이 없었다. 아전들은 편안하게 여기고 백성들은 덕을 깊이 사모하여, 심지어 비석을 세워 이임(離任)을 아쉬워 하는 송덕을 했고, 여러 번 조정으로부터 포상의 은전을 받았다.

임신년〔1452년, 문종 2〕에 외간상(부친상)을 당하자, 가슴을 치고 통곡하기를 멈추지

438 중국 진(晉)나라 양선(楊羨) 사람 주처(周處)가 힘이 세고 난폭하여, 당시 사람들이 남산(南山)의 이마가 흰 호랑이〔白額虎〕, 장교(長橋) 아래의 교룡(蛟龍)과 더불어 오중삼해(吳中三害)라고 불렀다고 한다. 주처는 그 사실을 알고 호랑이를 때려잡고 이무기를 죽였으나, 사람들이 도리어 그를 더욱 두려워했다. 이후 주처는 열심히 학문을 닦고 자신을 다스려 훌륭한 인물이 되었으며, 진(晉)나라에서 벼슬하여 어사중승(御史中丞)이 되었다. 뒤에 제만년(齊萬年)의 반란이 일어났을 때 싸우다가 전사했다. 『진서(晉書)』 권58 「주처전(周處傳)」 참고.

439 원문은 '수수난계(滫瀡難繼)'인데 일반적으로 '瀡滫難繼'라고 쓴다. '수수(瀡滫)'는 쌀뜨물을 음식물에 넣어 음식물을 부드럽고 매끄럽게 만드는 것이다. 『예기(禮記)』 「내칙(內則)」에 "씀바귀나 부추는 햇것과 묵은 것을 섞어 쌀뜨물로 매끄럽게 하거나 혹은 유지를 사용하여 입에 맞도록 한다.〔堇荁枌楡免薧, 滫瀡以滑之, 脂膏以膏之.〕"라고 했다.

않아, 숨이 끊어졌다가 다시 소생했으므로, 그 소식을 들은 사람들은 측은히 슬픈 마음을 일으켰다. 장례를 치루는 데는 한결같이 『주문공가례(朱文公家禮)』[440]를 따랐다. 상기를 마치자 다시 벼슬 길에 나가지 않고, 어머니를 섬기되 마음을 즐겁게 해드리는 일에 더욱 힘썼다.

세묘(세조) 13년 정해〔1467년〕에 반란자 이시애(李施愛)[441]가 흉한 무리들과 결탁하여, 올바른 궤철에서 벗어난 짓을 감히 멋대로 하면서, 높은 산의 근거지를 두고 있어서 앙화가 장차 예측할 수 없는 지경에 이르러, 조정과 재야의 사람들이 우려하고 떨었으나, 흉악한 칼날을 막을 길이 없었다.

공은 본래 세상에 드문 용기와 지략이 있어, 바야흐로 역적을 막고 사직을 보호할 책무를 당하여서 온 세상 사람들이 기대고 존중하는 바가 되었다. 드디어 조정이 특별히 선택하고 징소하여 명하는 것이 근실하고 진지함을 입게 되고, 여러 동지들과 여러 고관들도 또한 간곡하게 권면하여 노정을 재촉했다. 대개 공이 벼슬을 버리고 집에 돌아가 모친을 봉양한지가 10여 년이 되는지라, 비록 당대의 영화에 뜻이 없다고 하더라도, 나라의 운세가 너무도 위급함을 보고는, "우리 집안이 여러 조정의 특별한 은총을 받았고, 종묘사직이 위태롭고 급박하기가 조석에 달렸으니, 이를 가만히 앉아서 볼 수는 없다."라고 말하고, 즉시로 조정의 명에 부응하여 역적 정벌에 따라나섰다. 상감이 별전으로 불러들여서 궁중의 술을 하사하시고 위로하고 유시(諭示)하시고 전송했다.

440 중국 남송(南宋)의 주희(朱熹)가 예법에 관하여 엮은 책으로 『주자가례(朱子家禮)』 혹은 『가례(家禮)』라고도 한다. 문공(文公)은 주자의 시호이다. 고려 말에 주자학과 함께 전래되었다.

441 이시애는 세조 때 경흥진 병마절제사(慶興鎭兵馬節制使)와 회령부사(會寧府使) 등을 역임했는데, 세조가 북방민들의 등용을 억제하자 불만을 품었다. 회령부사를 지내다가 상(喪)을 당하여 관직을 사퇴한 이시애는 1467년(세조 13)에 유향소의 불평·불만과 백성의 지역감정에 편승해서 아우 이시합(李施合), 매부 이명효(李明孝)와 반역을 음모하고 반란을 일으켜서, 절도사(節度使) 강효문(康孝文) 등을 살해하고 단천(端川)·북청(北靑)·홍원(洪原)·함흥(咸興) 등을 점거했다. 조정에서 관군 3만 명을 파견하여 항복을 종용하자 불복하고 북방민들의 중용을 거듭 주장했다. 하지만 민심의 이반과 부하들의 배반으로 체포되어 복주(伏誅)되었다.

공은 마침내 조석문(曺錫文)·어유소(魚有沼)·이종(李倧) 등과 그 마음과 힘을 한가지로 하여 바삐 내달리면서 노고를 아끼지 않고 바쳐서, 몸소 화살과 돌팔매를 무릅쓰며, 죽기로 맹세했다.[442] 목 베고 사로잡은 적이 매우 많아 반적(叛賊)의 세력이 조금 꺾이었다. 이때 높은 언덕에 진지를 구축하기에 알맞은 곳이 있었는데, 형세로는 반드시 적에게 빼앗길 곳이었다. 공은 경쾌한 기병 몇 명과 함께 재빨리 달려가서 먼저 그곳에 가서 왼손에 큰 깃발을 잡고 오른손으로 장니(障泥, 말다래)[443]를 말고서는 나팔 소리를 내니, 적들이 이 소리를 듣고 감히 그곳에 올라오지 못했다. 아군이 이에 힘입어서 먼저 올라가[444] 마침내 큰 승리를 거두었다.[445]

이시애의 아우 이시합(李施合)은 길주(吉州)에 있었는데, 가장 호걸스럽고 오만하여 그 세력이 매우 굳세고 컸으므로,[446] 여러 장수들이 아무도 먼저 그와 대적하려 하지 않았다. 이에 공은 이종 등과 더불어 곧바로 내달려 가서 적의 보루에 돌입해서 이시합을 포박하여 돌아왔다. 미처 진영으로 돌아오기 전에 추격하는 기병이 크게 닥쳐서 전열의 군사는 사로잡혀 적에게 죽임을 당했으나, 공은 홀로 남아 이시

442 이시애는 함길도절도사(咸吉道節度使) 등을 살해하고 남하하여 함흥(咸興)을 점령하고 관찰사 신면(申▩)을 죽이고 체찰사 윤자운(尹子雲)을 사로잡았다. 이에 조정은 종친 구성군(龜城君) 이준(李浚)을 병마도총사(兵馬都摠使)로 임명하여 토벌하게 했다.

443 마장니(馬障泥)로도 표기한 다. 말을 탄 사람의 옷에 흙이 튀지 않도록 가죽 같은 것을 말의 안장 양쪽에 늘어뜨려 놓는 기구를 가리킨다.

444 원문은 '선등(先登)'이다. 보통은 적진에 먼저 돌진하는 것을 말하는데, 여기서는 높은 언덕의 진지 칠 곳에 먼저 올랐다는 뜻으로 보았다.

445 이것은 만령(蔓嶺) 전투를 말하는 듯하다. 만령은 북청의 동쪽 68리 지점에 위치한 고개이다. 함길도 절도사 허종(許琮)이 관군을 거느리고 정벌하자, 계속 쫓기던 반란군이 만령으로 집결하여 결사적으로 대항했는데, 좌대장(左大將) 어유소(魚有沼)가 1만 명의 군사로 공격하여 섬멸했다고 알려져 있다.

446 원문의 '치장(鴟張)'은 '치장(鵄張)'으로도 쓴다. 솔개〔鴟〕가 날개를 펼치고 덤비는 모습을 가리키는 말로 기세가 등등하고 폭위(暴威)를 떨치는 것을 비유한다. 『삼국지(三國志)』「오지(吳志) 손견전(孫堅傳)」에 "동탁이 죄를 두려워하지 않고 치장하여 큰 소리를 치면서 마땅히 불러도 제때에 이르지 않으니 군법을 펴서 참해야 합니다.〔卓不怖罪, 而鴟張大語, 宜以召不時至, 陳軍法斬之.〕"라는 구절이 있다.

애를 목베고 돌아오니, 모든 군사들이 두려워하여 벌벌 떨지 않는 이가 없었다.[447]

두 역적을 이미 도륙하자, 나머지 무리들은 기세가 꺼져 평정되어서, 비록 원한을 품고 있는 무리들이 있다고 하더라도 감히 아무도 따지지[448] 못했다. 종묘의 제사를 다시 올릴 수 있게 되어 지금까지 평안하고 무사하여 나라의 크나큰 기업(基業)이 굳게 다져진 것은 어찌 당시 여러 분들의 힘이 아니겠는가?

아! 공은 당시의 큰 공적이 조석문이나 어유소 등 훈작 받은 여러 사람들에게 뒤지지 않았으나, 다만 정벌군을 따라갈 때의 지위와 품계가 낮은 까닭으로 적개이등공신(敵愾二等功臣)으로 책정되었으며, 비석을 세워 공적을 기록하고 누각을 세워 도형(초상)을 봉안하는 등의 포상도 역시 관례와는 달랐다.

다음 해 4월에 통정대부(通政大夫)로 승진하고, 7월에 품계가 올라 가선대부(嘉善大夫)가 되었으며, 나성군(羅城君)에 봉(封)해지고 병조참판에 배수되어, 앞으로 크게 등용하리라고 기대되었다. 공은 공훈을 받은 귀한 신분이라고 자처하지 않고 겸손히 몸을 닦아 벼슬에서 물러나고자 해서, 여러번 장소(章疏)를 올려 말하기를 "신(臣)이 나라를 위해 노고를 바친 것은 국가의 은혜에 대해 아주 작은 보답이나마 바쳤다고는 말할 수 없지만, 어버이의 나이가 지극히 높아 봉양할 날이 많지 않습니다."라고 했다. 말의 뜻이 매우 지극히 간절하며 고향에 돌아가게 해 달라고 빌었다. 상감께서도 만류하다가 더는 만류하지 못하시고 충분한 여비를 보내서 송별하시고, 함께 조정에서 벼슬하던 여러 분들도 모두 한탄하고 애석해 하면서, 옛 사람

447 일반적으로 이시애의 난이 평정된 것은 1467년 8월에 이시애의 부장들인 이주(李珠)·이운로(李運露) 등이 이시애·이시합 등을 체포하여 조정에 넘김으로써 일단락되었다고 알려져 있다. 또 『동각잡기(東閣雜記)』「본조선원보록(本朝璿源寶錄)」에 "종성(鍾城) 사람 차운혁(車云革)이 적진(賊陣) 속에 들어가 동지(同志)들과 약속하여 이시합(李施合)을 사로잡아 오다가 중도에서 적당(賊黨)에게 빼앗겼다."라는 기사도 있다.

448 원문의 '수하(誰何)'는 따진다는 뜻이다. 이를테면 『이정전서(二程全書)』 권15에 "사람들은 일이 많은 것을 싫어하고 혹인은 그것을 괴로워한다. 세상의 일이 비록 많으나 모두 사람의 일이다. 사람의 일을 사람에게 하게 하지 않는다면 다시 누구에게 무엇을 하라고 책망하겠는가.〔人惡多事, 或人憫之. 世事雖多, 盡是人事. 人事不教人做, 更責誰何?〕"라는 구절이 있다.

이 급류 속에서 용감히 물러서는 뜻[449]과 같은 용단이라고 인용하면서 성대하게 칭송했다. 이 이후에 같이 훈작을 받았던 여러 사람 중에 많은 사람이 끝까지 보전하지 못했으니, 이것은 공이 이미 이러한 결과를 미리 본 것이 아니겠는가?

한번 남쪽으로 돌아온 뒤로는 늘 어머니를 옆에서 모시고 어머니의 뜻에 순종하고 적응함을 자기의 임무로 삼았다. 때로는 누런 모자와 농민의 옷 차림으로 임천(林泉)에서 소요하면서 조금도 초선관(貂蟬冠)을 썼던 고관의 태도가 없었다.

이때부터 두번 다시 서울에는 이르지를 않았다. 그러다가 마침내 모친상을 당해서는 펄펄 뛰며 가슴을 치고 통곡하여 혼절하기를 먼저 번 부친상을 당했을 때와 똑같이 했다. 장례를 치른 뒤에는 묘 옆에 여막을 짓고 몸소 취사도구를 손에 잡고 아침저녁으로 소리내어 곡하여 울어, 늘 숨이 끊어질 듯이 했다. 몸이 몹시 여위어서[450] 뼈만 서 있는 듯이 되어, 마침내 자리에 눕게 되는 형국에 이르렀다. 점점 병이 악화되었으나, 상주로서 슬픔 속에 우는 것을 더욱 간절히 하더니, 마침내 세상을 떠나고 말았다. 그때 향년이 겨우 50세였다. 조정에서 제사를 위해 부조를 하고 고을 관청에서 장례 도구를 마련하여 주었다. 살아서는 영광이요, 죽어서는 애도를 받았다.[451] 3개월이 지난 뒤 아무 날에 원당산(元堂山) 간좌(艮坐)[452]의 언덕에 예

449 중국 북송 진종(眞宗) 때의 명신(名臣)인 전약수(錢若水)가 젊었을 때 관상가에게 상을 보였더니 "소용돌이치는 벼슬길에서 과감하게 물러날 사람이다.〔是急流中勇退人也〕"라고 했는데, 뒤에 40세에 추밀 부사(樞密副使)로 치사(致仕)했던 고사가 있다. 『고금사문유취(古今事文類聚)』 권39 「급류용퇴(急流勇退)」 참조.

450 원문 '시훼(柴毁)'는 상을 당하여 너무 슬퍼하여 몸이 몹시 여위는 것을 말한다. 『주역』 「설괘전(說卦傳)」의 괘상(卦象)에 보면 '시(柴)' 자에 '척(瘠)'의 뜻이 있다고 했다. 또 『산당사고(山堂肆考)』 권154에 "시훼는 섶처럼 수척함을 뜻하고, 골립은 살은 없고 뼈만 남아 있음을 뜻한다.〔柴毁, 言瘦如柴也, 骨立, 言無肉而惟有骨也.〕"라고 했다.

451 원문의 '생사애영(生死哀榮)'은 『논어』 「자장(子張)」의 "살아서도 영광이요, 죽어서도 애도를 받는다.〔其生也榮, 其死也哀.〕"라는 말에서 유래다. 애영종시(哀榮終始)나 생영사애(生榮死哀)와 같다. 생전이나 사후 모두 영예스럽게 되는 것을 말하며, 혹은 학행이나 공적이 있었던 사람 또는 그 선조에게 사후에 벼슬이나 포상을 내리는 것을 가리키기도 한다.

452 곧 간좌곤향(艮坐坤向)으로, 혈의 앞은 곤방(坤方), 뒤는 간방(艮方)이다. 정남과 정서 사이의 한가운데 15도 각도에 해당한다.

법에 따라 매장되었다.

공은 기상이 온화하고 순수했으며 재주와 식견이 밝고 민첩했다. 관리로서 정사할 때나 장수로서 전략을 세우는 일을 두루 연구하여 해박하게 통달했다. 그 탁월하고 영특함은 선배들 가운데서 찾아 보아도 그와 짝할 만한 분이 드물었다. 그런데도 살아 있는 동안 조정에 벼슬한 날이 많지 않아서 평생 쌓은 재능을 다 펼쳐보지 못했으니, 그를 아는 사람은 이를 한스럽게 여겼다.

지금 상감께서 이조판서를 추증(追贈)하시고, 양평(襄平)이라는 시호를 내리시며, 백세(百世) 이후까지 조천(祧遷)하지 않고 제사를 끊지 말게 하시고 묘정(廟庭, 종묘)에서 배향하도록 했으니, 남긴 향기가 쇠퇴지지 않게 되었다.

아! 위대하도다. 공의 정성과 효도의 지극히 순수함과 벼슬을 하거나 그만두거나 하는 출처(出處) 의 적절함은 반드시 후세의 공평한 평가가 있을 것이니, 나같이 견문이 좁고 덕이 부족한 사람이 어찌 공의 사적을 추겨올릴 수가 있겠는가?

공의 휘신(諱辰, 제삿날)[453]만 되면 꿩과 노루 등의 동물이 제 스스로 와서 사로잡힘을 당하여 제향의 제수(祭需)를 마련하는데 도움을 주므로, 사람들이 기이한 일이라고 여겼다. 또 화상을 모신 영정각에 화재[454]의 변고가 있었는데, 세차게 타오르던 불길이 겨우 영정의 바깥 변폭(邊幅)에 닿았을 뿐이고 영정의 초상에 이르자 마침내 불이 저절로 소멸되었다. 또 후사되는 분의 꿈에 느끼는 조짐이 있었는데, 영매하신 자태가 완전히 회복되어 산뜻하고 깨끗해서, 궁중에서 내린 제향의 향기가 의구하게 더욱 꽃다웠다. 이것은 공의 영렬(英烈)이 이르렀던 것으로, 일의 실제가 결코 우연이 아니다.[이런 일은 모두 읍지(邑誌)에도 자세히 실려 있다.]

453 휘신(諱辰)은 기일(忌日)을 말한다. 『능엄경(楞嚴經)』에서 나온 말인데 본래는 재일(齋日)이란 뜻이었다.

454 원문의 '회록(回祿)'은 불의 신인 오회(吳回)와 육종(陸終)의 합칭인 '회륙(回陸)'과 같은 말로, 화재를 비유하는 말로 쓰인다. '륙(陸)'과 '록(祿)'은 음이 서로 비슷하여 '회록'으로 바뀌었다는 설이 있다.

聖朝受命, 嵬勳壯節之士, 經國濟世之才, 膺時輩出, 羽翼邦家, 轉危難, 躋昇平, 而惟其忠孝兼全, 能知出處, 顯晦之際, 不以權位爲榮耀者, 恐無幾人焉. 以餘所聞覩記之, 卽世廟朝勳臣羅城君吳公, 是也.

公自孩提, 天資純美, 才器夙成. 事親之節, 一以誠敬爲主. 進學之方, 服習庭訓, 飭躬修行, 儼若老成. 及其弱冠, 經史子傳, 無不融會. 且智勇絶倫, 能於射御, 世以全才稱焉.

嘗於錦山, 有惡虎, 咆噬人物甚多, 仙巖妖僧, 獰暴恣凶, 殺越行陰, 一州騷然, 幾不安堵, 便同吳中三害. 公素以救民除害爲已任, 奮發勇力, 一箭一椎, 兩害乃去. 闔境賴以得安. 至今山傳斃虎之洞, 江有僧殪之津, 古老指以稱道焉.

常績學攻文, 以立揚門戶爲志, 而屬屈公車, 家事蕭然. 躬執漁樵, 滫瀡難繼. 遂爲祿仕養親計, 而武擧連魁重試, 卽赴宣傳. 由主簿經歷, 求補縣邑, 政用嚴恕, 淸白節儉, 朝夕供奉之外, 一物未嘗取. 吏安民懷, 到底有竪石去思之頌, 累蒙朝家褒賞之典.

壬申遭外艱, 哭擗無節, 絶而復甦. 聞者惻然起哀. 執喪一遵『朱文公家禮』. 服闋, 不赴仕進. 事母夫人, 益致愉惋焉

世廟十三年丁亥, 叛賊施愛, 締結凶徒, 敢逞不軌, 據有嶺徼, 禍將不測, 朝野憂煌, 凶鋒莫遏. 公素以不世之勇略, 方面捍衛之責, 而爲一世所擬重, 遂被朝家特選, 召命勤摯, 同志諸公, 亦相敦勉催程. 蓋公謝仕歸養, 已十餘年, 雖無意當世, 而見國勢岌嶪, 曰: "吾家受累朝殊恩, 宗社危亡, 迫在朝夕, 不可坐視." 卽膺命從征. 上招入別殿, 賜以御醞, 慰諭以送之.

公乃與曹錫文·魚有沼·李徖等, 一乃心力, 奔走效勞, 躬冒矢石, 以死爲誓, 斬獲甚多, 賊勢小挫. 時有高原宜陣之地, 勢必見奪於賊. 公與輕騎翠干, 疾馳先往, 左執大旗, 右捲障泥, 作角聲. 賊聞之, 不敢上. 我軍賴以先登, 遂大捷. 施愛之弟施合, 在吉州, 最爲傑驁, 勢甚鴟張, 諸將莫敢先敵. 公與李徖等, 直馳突入賊壘, 縛施合以歸. 未及還營, 追騎大至, 前軍被執死敵. 公獨斬施愛以歸, 一軍莫不震懾. 二賊旣戮, 餘黨熄平. 雖有逞憾之徒, 莫敢誰何. 致使宗祊再奠, 至今晏然, 洪業鞏固者, 豈不當時諸公之力歟!

公當時茂績, 不亞於曺·魚諸勳之次, 而特以從征官階之卑, 策爲敵愾等二勳, 樹碑記功, 立閣図形, 褒賞亦異例焉. 翌年四月陞通政, 七月進階嘉善, 封羅城君, 拜兵曹參判, 期以大用. 公不以勳貴自居, 謙牧思退, 累上章言: "臣之效勞, 不可謂小報涓埃, 而親年極高, 養日不多." 辭意切至, 乞歸故里. 自上挽之不得, 厚遺以送. 同朝諸公, 咸爲歎惜, 以古人急流勇退之意, 盛有稱引. 是後同勳諸人, 多不保終始, 豈公已有先見於此而然歟?

一自南還, 常侍母夫人側, 以順適爲務. 有時黃冠野服, 逍遙於林泉, 小無蟬赫之態. 自是不復到都下. 及其遭艱, 擗踊號隕, 一如前喪. 旣葬, 廬于墓側, 躬執爨具, 朝石哭泣, 常欲隕絶. 柴毁骨立, 至於委頓床席, 沉痾漸劇, 哀隕益切, 竟至不淑. 享年僅五十. 朝家致祭賻, 官庀葬具, 生死哀榮. 越三月日, 禮葬于元堂山艮坐之原.

公氣像溫粹, 才識明敏, 吏政兵籌, 周涉博通. 其卓犖英達, 求之先輩, 鮮有儔匹, 而前後立朝不多, 平生蓄積, 未盡展布, 識者恨之.

今上朝, 贈吏曹判書, 賜諡襄平, 百世不祧, 配食廟庭, 遺馨不替.

嗚呼偉哉! 誠孝之純至, 出處之得宜, 必有後世之公平. 如余謏寡, 曷足以揄揚哉? 每當諱辰, 雉獐等物, 自來就捕, 以助享需, 人以爲異事. 且影宇有回祿之變, 燃炎之烈, 纔及邊幅, 至於眞像, 火乃自滅, 又有夢感之兆, 英姿完復颯爽, 天香依舊愈芳. 是靈烈所格, 事實不偶.〔備載邑誌云云.〕[455]

해설 이 글은 초간본 『청련집』이나 일본 동양문고 소장의 필사본 『청련선생집』에는 수록되어 있지 않다. 1962년에 후손 이호경(李浩敬)이 편찬하여 간행한 석인본 『청련선생집』과 1992년 번역본에 들어 있다. 오자치(吳自治, 1426~1475)의 본관은 나주(羅州)이며, 출신지도 전라남도 나주이다. 호는 서산(西山)이다. 부친은 진사 오신중(吳愼

455 이 여섯 글자는 1992년 번역본에 실려 있다. 번역의 대본이었을 문중 필사본에 이 여섯 글자가 있었던 듯하다. 1962년 석인본 즉 중간본에는 없다. 후반부에 가계보·자손록이 있었을 듯한데, 그 부분은 전하지 않은 듯하다.

中, ?~1452)으로, 참판에 증직되고 금성군(錦城君)으로 추봉되었다. 세조 때 무과에 급제했다. 1467년(세조 13) 이시애(李施愛)가 난을 일으키자 조석문(曺錫文)과 함께 난을 토벌한 공으로 정충출기포의적개공신(精忠出氣布義敵愾功臣)[456] 2등에 녹훈(錄勳)되고, 이후 의흥위(義興衛) 호군(護軍), 평안도(平安道) 조전장(助戰將) 등에 임명되었으며, 나성군(羅城君)에 봉해졌다. 1476년(성종 7) 9월 부친의 봉양을 이유로 낙향했다. 예종 때 부조지전(不祧之典)을 하사하고 광묘(光廟, 세조)의 묘정(廟庭)에 배식하게 했다. 뒤에 이조판서에 추증되고, 양평(襄平)의 시호를 받았다. 시법에 따르면 일로 말미암아 공로가 있는 것이 양(襄)이고, 일을 맡아 법도가 있는 것이 평(平)이다.

오자치의 묘와 영당은 광주광역시 광산구 용진산(湧珍山) 아래 원당리〔광주광역시 광산구 왕동〕에 있다. 오자치신도비(吳自治神道碑)는 1913년 건립되었다. 신도비문(「兵曹參判贈判書襄平吳公(自治)神道碑銘」)은 송병선(宋秉璿, 1836~1905)이 찬술했는데, 1476년(성종 7) 제작된 공신도상 초상〔吳自治影幀〕은 현재 국립고궁박물관에 소장되어 있다. 또 지평리에는 오자치가 자신의 애마를 기념하려고 자연석을 깨뜨려 만들었다는 '오자치 용마'가 있다.

손자 오겸(吳謙, 1496~1582)은 대과(문과)에 급제하여 남평현감을 시작으로 전주부윤, 경상도관찰사, 사헌부대사헌, 예조·호조·병조·이조판서 등 중앙·지방의 주요 관직을 두루 거쳤다. 1550년(명종 5) 금양군(錦陽君)에 봉해졌고, 선조 때 실록청 도청당상으로 『명종실록』 편찬에 참여했다. 우의정에 이르렀다. 『해동명신록(海東名臣

456 정충출기포의적개공신(精忠出氣布義敵愾功臣)은 1467년(세조 13) 이시애(李施愛)의 난을 평정하는 데 공을 세운 사람에게 내린 공신 명호이다. 1등은 7인으로, 조석문(曺錫文)·어유소(魚有沼)·박중선(朴仲善)·허종(許琮)·김교(金橋)·이숙기(李叔琦)·윤필상(尹弼商)이다. 2등은 22인으로, 김국광(金國光)·허유례(許惟禮)·이운로(李雲路)·이덕량(李德良)·배맹달(裵孟達)·이형손(李亨孫)·이종생(李從生)·이서장(李恕長)·김순명(金順命)·김관(金瓘)·구겸(具謙)·오자치(吳自治)·김백겸(金伯謙)·박식(朴埴)·손소(孫昭)·장말손(張末孫)·어세공(魚世恭)·윤말손(尹末孫)·오순손(吳順孫)·심응(沈膺)·김면(金沔)·맹석흠(孟碩欽)이다. 3등은 12인으로, 이부(李溥)·한계미(韓繼美)·이종(李孮)·오자경(吳自慶)·민발(閔發)·우공(禹貢)·최유림(崔有臨)·선형(宣炯)·정종(鄭種)·정준(鄭俊)·이양생(李陽生)·차운혁(車云革)이다.

錄)』에도 저록되었고, 시호(諡號)는 정간(貞簡)이다.

송내희(宋來熙, 1791~1867)가 1849년(헌종 15)에 작성한 「오씨삼은설(吳氏三隱說)」이 있어 다음과 같이 말했다. "호남에는 예로부터 어진 선비와 소문이 난 사람이 많은데, 이를테면 나주의 광산사(廣山祠)에서는 오씨 세 분 어진이를 모시고 있으니, 즉 한 가문에 속하는 조부와 손자이다. 양평공〔오자치〕과 정간공(貞簡公)〔오겸(吳謙)〕은 국가를 보좌하여 포부가 담백하고 외표가 정결해서, 이미 청련 이 상서(이후백)과 율곡 이 문성공(이이)이 찬술한 행장과 지문(誌文)에 실려 있다. 도암(韜菴) 오희길(吳希吉)이 율곡(이이)과 우계(성혼)을 추존(推尊)하면서 정여립(鄭汝立, 1546~1589)의 심술(心術)을 지척(指斥)하여 특별히 성군의 포장(褒奬)을 입었으므로, 사당의 당 안에 일체가 되고 사직에 제사지내지는 의리를 취해서, 높이 받드는 것이 쇠퇴하지 않아서 지금까지도 사림이 흠송하여 마지 않는다."[457]

위에서 말했듯이 송병선(宋秉璿)이 오자치의 신도비명을 작성했다. 송병선은, 전란으로 문헌이 소실되어 오자치의 입조이력(立朝履歷)과 생졸연기(生卒年紀)를 자세히 알 수 없어서, 청련 이후백이 지은 행장에 의거하여 은괄(檃栝)한다고 밝혔다.[458]

457 송내희(宋來熙), 「오씨삼은설(吳氏三隱說)」(기유, 1849년), 『금곡선생문집(錦谷先生文集)』 권9. "湖南古稱多賢士聞人, 如羅州之廣山祠, 幷妥吳氏三賢, 卽其一門之三世祖若孫也. 襄平·貞簡之羽翼邦家, 抱澹肌貞, 已載於靑蓮李尙書與栗谷李文成公所撰狀誌. 韜菴之以推尊栗牛, 指斥汝立心術, 特蒙聖主之褒美, 一體祠屋, 取義祭社, 而崇奉靡替, 至今士林, 欽誦不已."

458 송병선(宋秉璿), 「병조참판 증 판서 양평 오공 자치 신도비명병서(兵曹參判贈判書襄平吳公自治神道碑銘並序)」, 『연재선생문집(淵齋先生文集)』 권31.

서(書)

류중영(柳仲郢)에게 보낸 서한

어제는 일부러 왔다가 돌아가셔서 감사합니다. 다만 요즘 한가하신 생활이 더욱 맑고 편안하신 것을 생각하니, 우러러 위안이 됩니다.

이 아우는 여름 석 달 동안을 분주하게 돌아다니느라 눈서리가 머리 전체를 덮었습니다. 스스로 세상살이의 맛이 맵고 시다는 것을 느끼게 되었습니다. 어찌하겠습니까?

언제 또 뵙고서 쌓인 이야기를 하게 될는지요? 오직 서글픈 마음뿐입니다.

이만 줄이옵니다

신년(辛年)[459] 하월(夏月) 말, 아우 후백 돈수.

昨往返, 感卽惟日間, 閑履淸迪, 慰仰. 弟三夏奔馳, 霜雪渾頭. 自覺世味之辛酸耳. 奈何? 何月奉敍, 只用悵悒而已. 不宣.

謹狀. 辛夏之末

弟 後白 頓首.

해설 류중영(柳仲郢)의 본관은 풍산(豐山), 자는 언우(彦遇), 호는 입암(立巖)이다. 앞서 보

459 명종 16년 신유(辛酉) 1561년인지, 선조 4년 신미(辛未) 1571년인지 미상이다.

았듯이 류성룡(柳成龍)의 부친이다. 1540년(중종 35) 식년문과에 급제한 뒤, 의주목사(義州牧使), 황해도관찰사, 예조참의 등을 역임했다. 저서에 『입암일고(立巖逸稿)』가 있다. 현행본 『입암일고』에는 이후백과의 교유 사실을 알려 주는 시문이 남아 있지 않다. 하지만 류중영의 어머니는 연안이씨로, 군위군(軍威郡) 어르실의 연안이씨 친정에서 태어났다. 외조부는 교수였던 이형례(李亨禮)이고, 외숙부는 진사 이국량(李國樑)과 교수 이국주(李國柱) 등이었다. 류중영은 이국량의 아들 이정손(李正孫)을 위해 「통덕랑길주교수연안이공묘갈명(通德郎吉州教授延安李公墓碣銘)」을 제술했다. 류중영의 외종형제로는 개성유수를 지내고 예조참판에 이른 이우민(李友閔)과 예조참판과 대제학을 지낸 연릉부원군(延陵府院君) 이호민(李好閔, 1553~1634)이 있다. 당내 사람이었던 이후백은 1569년(선조 2) 중국에 성절사로 갈 때 류중영의 아들 류성룡을 서장관으로 대동했다.

신편 신역 청련집 - 속집(續集)

수창(酬唱)·차운(次韻)·답서(答書)

윤경인 및 이계진에게 부치다〔寄景仁及李季眞〕[1]

계진의 이름은 후백, 호는 청련이다.〔後白, 號靑蓮.〕

김인후(金麟厚)

오늘 세상의 청련자는	今世靑蓮子,
청진하게 취중에 담화하네.	淸眞與醉談.
남쪽 끝 바다를 늘 보아 왔었지	慣看南裔海,
만 리의 물이 하늘을 담그고 있는 광경을.	萬里水天涵.

이계진 후백의 시에 차운하여 승려의 시축에 적다〔次李季眞後白韻 題僧軸〕

양응정(梁應鼎)

전원으로 돌아감이 한창 봄날이 아니라 후회되네	歸田悔不及年華,
한번 높은 대에 오를 때마다 한바탕 서글퍼지누나.	一上高臺一惘然.
승려가 어느 곳 강가 길을 따라갈 것인가?	何處僧從江畔路?
그림자와 석양이 맑은 잔물결[2]에 거꾸로 비치리라.	影和殘照倒淸漣.

해설 양응정의 문집 『송천유집』 권1에 들어 있는 칠언절구이다. 『송천유집』의 편차를 고려할 때 1556년 이전에 지은 것이 분명하다. 1554년에 35세의 이후백은 광주에 가서 기대승(奇大升)을 방문한 일이 있다. 그 무렵에 이후백이 양응정을 만나 시를 주고받았을 가능성이 있다.

은대 이십영(銀臺二十詠)[3]

최립(崔岦)

기미년 봄에 직부전시(直赴殿試)의 명이 내려졌는데, 그때 신은(新恩)을 받았다는 이유로, 주서(注書) 이청련(李青蓮) 공이 시운(詩韻)을 출제한 다음에 급히 지어 올리도록 했다.〔銀臺二十詠. 己未春. 有直赴殿試之命. 于時以新恩. 故注書李青蓮公出題韻. 令急製以呈.〕

해설 기미년은 1559년(명종 14)이다. 당시 이후백은 승정원 주서(注書)로 있으면서 성균관의 친림(親臨) 반제(泮製)에 고시관으로 참여한 듯하다. 최립은 1561년(명종 16) 식년

1 김인후(金麟厚), 『하서선생전집(河西先生全集)』 권5 오언절구(五言絶句). 시의 제목에 나오는 '景仁'은 윤강원(尹剛元, ?~1572)의 자(字)이다. 윤강원의 본관은 남원(南原), 호는 기암(棄庵)이다. 1539년(중종 34) 문과에 급제한 이후 장령·예조정랑에 이르렀다. 1547년(명종 2) 양재역벽서사건(良才驛壁書事件)에 연루되어 부처(付處)되었다가 뒤에 다시 강진(康津)으로 유배되었고, 선조 초에 회양(淮陽)에 이배(移配)되었다가 곧 석방되었다.

2 원문의 '청련(淸漣)'은 이후백의 호 '청련(青蓮)'과 같다. 이후백이 심성이 정결하고 조감(藻鑑)이 맑다는 사실을 은근하게 칭송한 말이다. 또한 그 어휘는 중국 북송의 주돈이(周敦頤)가 「애련설(愛蓮說)」에서 "나는 유독 사랑하나니, 연꽃이 진흙 속에서 나왔지만 진흙에 물들지 않고, 맑은 잔물결에 씻기어도 요염하지 않은 것을.〔予獨愛蓮之出於淤泥而不染, 濯清漣而不夭.〕"이라고 한 말을 간접적으로 연상시킨다.

3 최립(崔岦), 『간이집(簡易集)』 권6 습유(拾遺).

문과에 장원급제하게 된다. 1559년 이후백이 호운한 시는 칠언율시로 「괴석(怪石)」·「고목(枯木)」·「만년향(萬年香)」·「사계화(四季花)」·「노송(老松)」·「오죽(烏竹)」·「홍련(紅蓮)」·「백련(白蓮)」·「해류(海榴)」·「산류(山榴)」·「서향화(瑞香花)」·「동정귤(洞庭橘)」·「창포(菖蒲)」·「부평(浮萍)」·「풍(楓)」·「이(梨)」·「목등경(木燈檠)」·「동관분(銅盥盆)」·「석정(石鼎)」·「지로(地爐)」 등 20종을 노래했다. 시제의 글자를 운자로 삼지는 않았다. 여기서는 제1수 「괴석」과 제17수 「목등경」, 제18수 「동관분」, 제19수 「석정」, 제20수 「지로」만을 소개한다.

괴석(怪石)

바닷속에 잠겨 있는 운근[4]을 누가 뽑아냈나?	雲根誰拔海中潛?
쪼뼛한 모습은 귀신이 잘 드는 칼로 조각한 듯하네.	刻削應經鬼劍銛.
옥쟁반[5] 받친 청자 화분을 세 갈래 오솔길에 두니	藉玉盛盆三徑裏,
누헌과 탑상을 마주하여 봉우리 하나 삐죽 솟아났다.	當軒對榻一峯尖.
이끼 흔적 으슥한 곳에선 연무가 일어나려 하고	苔痕幽處欲煙起,
수맥이 타고 올라올 때는 비에 흠뻑 적셔진 듯하다.	水脈上時成雨沾.
정녕 신선 같은 관원께서 공문서를 죄다 치우시고는	也爲仙官淸案牘,
삽상한 기운이 성긴 발 뚫고 들어오게 하리라.	長敎爽氣透疏簾.

목등경(木燈檠)

서너 자 남짓 나무 잘라 걸어 놓은 등잔대	斸木爲檠數尺强,

4 운근(雲根)은 벼랑이나 바윗돌을 뜻한다. 중국 당나라 두보(杜甫)의 시(「題忠州龍興寺所居院壁」)에 "충주 고을은 삼협의 안에 있는지라, 마을 인가가 운근 아래 모여 있네.〔忠州三峽內 井邑聚雲根〕"라고 했고, 그 주(註)에 "오악(五岳)의 구름이 바위에 부딪쳐 일어나기 때문에, 구름의 뿌리라고 한 것이다."라고 해설했다.

5 중국 북송의 소식(蘇軾)의 시(「僕所藏仇池石希代之寶也王晉卿以小詩借觀」)에 "고려청자 화분에 담아 두고서, 문등현(文登縣) 옥쟁반을 받쳐 놓았네.〔盛以高麗盆, 藉以文登玉〕"라는 구절이 있다.

짧은 것보단 조금 길고 긴 것보단 조금 짧네.[6]	長於短者短於長.
인간 세상 먼지 낀 자리는 비추기에 마땅치 않아	未宜人世照塵席,
지상선(地上仙)의 책상머리에 가까이함이 당연하리.	故與地仙親筆床.
한밤중에 정신없이 교서(教書)를 받아 적노라면	中夜急書綸綍字,
자그마한 등잔 불빛이 해님 별님을 대적할 만하네.	小明常敵日星光.
하늘에서 금련촉[7]을 내려 주신다 하더라도	從天縱賜金蓮燭,
수고 많았던 이 등경을 담 밑에 어이 차마 버리랴?	忍使功多怨棄墻?

동관분(銅盥盆)

네 미덕이 어진이의 마음에 합칭한다 하지 않으랴?	非云汝美稱賢心?
질을 취하여 꾸밈이 없고 도량 역시 깊도다.	質取無文量取深.
능히 깨끗이 씻어 주니 악취 난다고 혐의해선 안 되고	能潔未應嫌有臭,
스스로 새로워지거늘 잠언(箴言)[8]이 굳이 필요할까?	自新何必待爲箴?
조회(朝會)하러 일어날 때 항상 먼저 가까이하니	趁朝起處常先近,
예로부터 전해져 왔으니 오늘뿐만이 아니로다.	從古傳來不但今.
궁궐 전각의 타구(唾具)도 옻칠 이외 장식 없거늘	宸殿唾壺無過漆,
시종신이 결국 금과 은으로 감히 바꾸랴?	侍臣終敢易銀金?

6 중국 당나라 한유(韓愈)의 「단등경가(短燈檠歌)」에 "여덟 자 긴 등잔대는 공연히 길기만 할 뿐이요, 두 자의 짧은 등잔대가 밝고도 편리하다.〔長檠八尺空自長 短檠二尺便且光〕"라는 말과, "하루아침에 부귀를 얻으면 도리어 방자해져서, 긴 등잔대 높이 걸어 미인의 머리를 비추게 하네. 아 세상 일이 그렇지 않은 것이 없나니, 담장 모퉁이에 버려진 짧은 등잔대를 그대여 보지 않았는가.〔一朝富貴還自恣, 長檠高張照珠翠. 吁嗟世事無不然, 牆角君看短檠棄.〕"라는 말이 나온다.

7 황금 연꽃 모양의 촉등(燭燈)으로, 신하에 대한 왕의 특별 예우를 표현할 때 곧잘 쓰이는 말이다. 중국 당나라 영호도(令狐綯)가 궁궐에서 밤늦게까지 황제와 대화를 나누다가 돌아갈 무렵에 촛불이 거의 다 꺼지자, 황제가 자신의 수레와 금련촉을 주어 보냈는데, 관리들이 이것을 보고는 황제의 행차로 여겼다는 고사가 있다. 『신당서』 권166 「영호도전(令狐綯傳)」 참조.

8 『대학(大學)』에 보면 중국 은(殷)나라 탕왕(湯王)의 「반명(盤銘)」에 "나날이 새롭게 하고 또 나날이 새롭게 하라.〔日日新, 又日新.〕"라는 잠언이 새겨져 있었다고 한다.

석정(石鼎)

용두(龍頭)[9]는 쭈글쭈글하고 배는 불룩하다	頭容菌蠢腹膨脝,
산의 뼈[10]를 누가 깎아 이 돌솥을 만들었나?	山骨誰將斲得成?
차도 끓여 먹고 약도 겸해서 달여 먹으니	也爲烹茶兼煮藥,
응당 떫은 쇠 맛이나 구리 비린내를 혐의하리라.[11]	應嫌鐵澁與銅腥.
이끼 무늬 마른 곳은 전서(篆書)를 잘못 쓴 듯하고	蘚文乾處似訛篆,
물소리 끓어 넘칠 때는 생황 소리 요란하다.	泉響沸時如亂笙.
오늘날 연구(聯句) 지을 훌륭한 분들 계시기에[12]	此日聯詩賢輩在,
국의 간 맞추어 결국 정도가 행하도록 하시리라.	調羹終要道施行.

지로(地爐)

움푹 파인 땅에다 멋진 화로를 만들다니	爲爐因地坎然幽,
대장장이 할 일 없어 정히 수치심 느끼리라.	巧冶無功定覺羞.
틀이 번듯해서 솥과 냄비도 올려놓을 수 있고	自有典形安鼎銚,
나뭇단 때어 이마 그을려도 상관없으리.[13]	能當焦爛受薪樧.

9 용두는 솥의 다리 부분이 용의 머리 형상으로 조각되어 있는 것을 말한다. 중국 당나라 한유(韓愈)의 「석정연구(石鼎聯句)」에 "용두는 영지(靈芝)처럼 쭈글쭈글 오므라졌고, 배는 돼지처럼 한껏 부풀어 불룩하네.〔龍頭縮菌蠢, 豕腹漲彭亨.〕"라는 구절이 있다.

10 산의 뼈는 바윗돌을 가리킨다. 한유의 「석정연구」 첫머리에 "솜씨 좋은 장인(匠人)이 산의 뼈를 깎아다가, 속을 파내고서 끓일 물건을 만들었군.〔巧匠斲山骨, 刳中事煎烹.〕"이라고 했다.

11 무쇠나 구리로 만든 솥보다 돌솥이 훨씬 좋다는 말이다. 중국 북송 때 소식(蘇軾)의 시(「次韻周穜惠石銚」) 에 "구리는 비린내 나고 쇠는 떫어 물 끓이기에 안 좋은데, 고색창연한 이 돌솥은 깊고 넉넉해 너무 좋아라.〔銅腥鐵澁不宜泉, 愛此蒼然深且寬.〕"라고 했다.

12 위에 인용한 한유의 「석정연구」가 여러 사람이 지은 구절을 잇대어 이루어진 것처럼, 실력을 갖춘 뛰어난 신하들이 임금을 도와 함께 성대한 정치를 펼쳐 보일 것이라는 말이다. 『서경』 「상서(商書) 열명 하(說命下)」에 보면 무정(武丁)이 재상 부열(傅說)에게 "여러 가지 양념을 넣고 국을 끓일 때면, 그대가 간을 맞출 소금과 매실이 되어 주오.〔若作和羹, 爾惟鹽梅.〕"라고 부탁하는 말이 나온다.

13 중국 한(漢)나라의 순우곤(淳于髡)이 이웃집에 손님으로 갔다가 굴뚝을 고치고 나뭇단을 다른 곳으로 옮기라고 충고했는데도 그 주인이 말을 듣지 않아 마침내 불이 나서 그 사람이 불을 끄느

겨울에 가까이하고 여름에 멀리하는 차이가 있다 해도	冬親夏遠情雖異,
저녁에 덮었다 아침에 불 피워 끝도 없이 이용하네	暮概朝燃用不休.
근시 중에 누가 이 불씨를 활활 일으켜서	近侍何人能撥火,
청구의 누리에 따스한 바람이 두루 감돌게 하랴?	却吹餘煖遍蒼丘?

태학사가 '기(期)' 자 운의 두 수를 화답해서 보냈으므로 곧바로 차운해서 계진과 여수 두 동료[14]에게 보여 주다〔太學士和期韻兩首見示 輒敢仰次 示季眞汝守兩僚〕[15]

기대승(奇大升)

제1

봄빛의 돌아옴이 기약한 것 같으니	春光來復恰如期,
조물주 오묘한 뜻을 엿보기조차 어렵다.	妙意難窺造物爲.
따스한 나무는 안개 속에 붉은 꽃을 토하려 하고	暖樹煙迷紅欲吐,
차가운 들풀은 가랑비 속에 푸른빛이 펴려 하네.	塞蕪雨細綠將披.
처마 끝 다투는 참새들은 우짖는 소리 즐겁고	爭簷鳥雀鳴聲樂,
햇살 아래 경쟁하는 아이들은 희색이 따르네.	競日兒童喜氣隨.
꽃다운 경치 짙어 가서 환락의 단서 흡족하니	芳景漸融歡緖愜,

라 머리카락이 타고 이마가 그을렸다〔焦頭爛額〕는 '곡돌사신(曲突徙薪)'의 고사가 있다. 『한서(漢書)』 권68 「곽광전(霍光傳)」 참고.

14 계진(季眞)은 이후백의 자(字)이고, 여수(汝守)는 이산해(李山海, 1539~1609)의 자(字)이다. 이해 1567년(명종 22, 정묘) 2월에 41세의 기대승은 장령으로서 지제교를 겸하고 5월에 응교가 되었다. 그리고 이산해·이후백과 함께 원접사(遠接使) 박충원(朴忠元)의 종사관이 되어 관서에 가서 중국 명나라 사신 허국(許國)과 위시량(魏時亮)을 영접했고, 그해 8월에는 전위사(餞慰使)로서 의주(義州)에 다녀왔다.

15 기대승(奇大升), 『고봉집(高峯集)』 권1 시.

매화꽃 처음 피어나고 달이 밝아라. 梅花初發月明時.

제2

용만 천 리 길에 돌아갈 날 박두하니 龍灣千里迫歸期,
용사의 겁먹은 간담이 화들짝 놀란다. 怯胆初驚勇士爲.
손가락 아래 은갈고리[16]는 광채가 움직이고 指下銀鉤光乍動,
배 속 황금 갑옷[17]도 휘광을 펼칠 만하네. 腹中金甲耀堪披.
이 적선[18]의 호기가 시로 이루어지려 하고 謫仙豪氣將詩就,
한 이부[19]의 높은 재주는 붓 실은 수레가 따라가네. 吏部高才載筆隨.
예식을 우아하게 거행하여 남을 감복시킬 수 있으니 樽俎雍容得人服,
사화를 따서 모아 나라 빛내는 일이 바로 이때로다. 摛華光國在今時.

해설 1567년(명종 22) 5월에 박충원(朴忠元)이 대종백(大宗伯) 즉 예조판서로 전직되고 빈상(儐相) 즉 원접사(遠接使)가 되어 의주(義州)로 향했다. 이때 이후백은 기대승(奇大

16 원문의 '은구(銀鉤)'는 자획(字劃)이 매끄럽고 꼿꼿함을 형용하는 말로, 서법(書法)에 뛰어남을 뜻한다. 중국 당나라 때 두보(杜甫)의 시(「陳拾遺故宅」)에 "지금 흰 벽이 매끄러운데, 붓을 휘갈기니 은구를 이어 놓은 듯하네.[到今素壁滑, 灑翰銀鉤連.]"라고 했다.

17 원문의 '금갑(金甲)'은 쇠갑옷을 말한다. 뱃속에 금갑이 있다는 것은 병법과 관련한 웅재(雄才)와 모략(謀略)이 있다는 뜻이다. 『오조명신언행록(五朝名臣言行錄)』 권7 「참정범문정공중암(參政范文正公仲淹)에서 『명신전(名臣傳)』의 "하(夏) 사람들이 듣고는 서로 경계하기를, '연주(延州)를 노리지 마라. 지금 소범노자(小范老子)의 뱃속에는 수반의 병갑이 있어 대범노자(大范老子)를 속일 수 있는 것과는 다르다.'라고 했다."라는 말을 인용했다. 한편, 복중인갑(腹中鱗甲)이라고 하면 교사심(巧詐心)을 지닌 것을 말하기도 한다.

18 적선(謫仙)은 인간세상에 귀양 온 신선이란 뜻으로 시인 이백(李白)을 가리킨다. 『당서(唐書)』 권202 「이백전(李白傳)」에 "하지장(賀知章)이 이백의 글을 보고 감탄하며 '그대는 인간 세상에 귀양 온 신선이오.' 하고 현종(玄宗)에게 말하니 현종이 금란전(金鑾殿)에서 이백을 만나 보았다."라고 했다. 여기서는 청련 이후백을 빗대어 한 말이다.

19 이부(吏部)는 이부시랑(吏部侍郞)을 지낸 중국 당나라의 문장가 창려(昌黎) 한유(韓愈)를 가리킨다. 여기서는 이산해를 빗대어 한 말이다.

升)·이산해(李山海)와 함께 그 종사관이 되었다. 박충원의 본관은 밀양(密陽), 자는 중초(仲初), 호는 낙촌(駱村) 또는 정관재(靜觀齋), 시호는 문경(文景)이다. 어머니가 행주기씨(幸州奇氏)로 기찬(奇襸)의 따님이어서, 기대승은 외가의 인물에 해당한다. 1554년(명종 9) 성절사로 중국에 다녀온 뒤 형조참의가 되었고, 1564년(명종 19) 명종이 '대제학 병조판서 박충원(大提學兵曹判書朴忠元)'이란 10자를 친필로 하사했다. 저서에 『낙촌유고(駱村遺稿)』가 있다.

계진(이후백)의 시에 차운하다(次季眞韻)[20]

기대승(奇大升)

분분한 행역 어느 때에 그칠 건가?	紛紛行役幾時休?
마음을 조섭해서 시름하지 말아야지.	且攝心情莫自愁.
평상 가득 서늘한 기운이 대자리처럼 생기고	滿榻微涼生竹簟,
발에 드는 잔월은 은갈고리가 걸린 듯하다.	入簾殘月掛銀鉤.
병 깊으니 부쳐 사는 몸이 가소롭고	病深堪笑身如寄,
꿈도 끊기자 뜬 세상이 도리어 가엾다.	夢斷還憐世亦浮.
제군과 함께 한바탕 취하고자 하지만	欲共諸君拚[21]一醉,
이제는 서리 백발이 점점 머리를 덮누나.	只今霜雪漸蒙頭.

20 기대승, 『고봉집』 권1 수록.

21 『고봉집』에 '拚'의 자형으로 되어 있다. 문맥상 '辦(판)'이 옳을 듯한데, 원고의 초서나 행서를 옮길 때 자형이 바뀐 듯하다.

이계진 후백이 연경으로 떠남을 전송하다, 두 수〔送李季眞後白赴京, 二首〕[22]

박순(朴淳)

제1

옥안[23]에서 새로 명을 받아서	玉案新承命.
은대[24]의 반열 참가를 잠시 그만두고,	銀臺暫輟班.
요동 구름 맞이하며 만리장성을 건너서	遼雲迎度塞.
연경의 해를 이끌어 산해관으로 돌아오리라.	燕日引歸關.
나그네 꿈은 혼을 따라 끊어지고	旅夢隨魂斷.
고향의 서신은 기러기 돌아오길 기다려야 하리라.	鄕書待鴈還.
유릉[25] 서리와 흰눈이 괴롭더라도	幽陵霜雪苦.
푸른 얼굴일랑 여위게 하지를 마오.	休遣損靑顔.

제2

강한(江漢)에서 신선 지팡이 옮겨 가면	江漢移仙仗.
연경의 구름 속에 자미궁이 열리리라.	燕雲啓紫微.
안산(鴈山)[26]은 위궐(魏闕)에 마주하고	鴈山當魏闕.

22 박순(朴淳), 『사암선생문집(思菴先生文集)』 권2 오언율시(五言律詩).

23 옥안(玉案)은 즉 어전(御前)이다. 옥안에 조회한다는 말은 임금을 뵙는다는 뜻이다.

24 은대(銀臺)는 본래 승정원의 전신에 해당하는 중추원을 가리키며, 조선 초 중추원은 군기(軍機)·군정(軍政)·숙위(宿衛) 및 왕명 출납 등을 담당한 관사였다. 하지만 조선 중기 이후 은대는 승정원을 가리켰다.

25 유릉(幽陵)은 이민족의 지역을 말한다. 『사기(史記)』 권15 「오제본기(五帝本紀)」에 "공공(共工)을 유릉(幽陵)으로 유배하여 북적(北狄)을 변화시키고, 환두(驩兜)를 숭산(崇山)으로 내쳐 남만(南蠻)을 변화시키고, 삼묘(三苗)를 삼위(三危)로 옮겨 서융(西戎)을 변화시키고, 곤(鯀)을 우산(羽山)에서 죽여 동이(東夷)를 변화시켰다." 했다.

26 안산(鴈山)은 안탕산(雁宕山)을 말한다. 중국 절강성(浙江省) 온주시(溫州市) 낙청시(樂淸市) 경내

호새(狐塞)[27]는 왕기(王畿) 안에 들어오네. 狐塞入王畿.
창을 누이자 세 변방이 조용하고 戈偃三邊靜.
황제 은혜 드리워 사해가 귀순했다. 恩垂四海歸.
유관(楡關)[28]의 새벽달 흔적이 楡關一痕月.
오랫동안 사신 옷을 비추리라. 長照使臣衣.

해설 1573년(선조 6, 계유) 이후백은 종계변무주청사로서 중국으로 향했다. 이 해 3월에 박순(朴淳)은 좌의정이 되어 있었다.

상국 이계진이 연경으로 임무를 띠고 가는 것을 전송하다〔送李相國季眞赴京〕[29]

하항(河沆)

종묘사직 맡은 외로운 몸과 누가 경중을 따지랴? 社稷孤身孰重輕?
한해[30]로 사신 수레 몰아가서 다시 서쪽으로 가리라. 星軺瀚海更西征.

에 있는 명산이다. '鴈'과 '雁'은 같은 글자이다.

27 호새(狐塞)는 비호새(飛狐塞)를 말한다. 하북성 내원현(淶源縣)의 북쪽과 울현(蔚縣)의 경계에 있는 흑석령(黑石嶺)에 있는 성채의 이름이다.

28 유관(楡關)은 임유관(臨楡關)이라고도 한다. 만리장성이 끝나는 곳에 설치된 요해지로 '천하제일관(天下第一關)'으로 일컬어진다. 산해관(山海關)으로 불리며, 하북성(河北省) 임유현(臨楡縣)에 있다.

29 하항(河沆), 『각재선생문집(覺齋先生文集)』 권상(上) 시(詩) ○ 칠언율시(七言律詩). 하항(河沆, 1538~1590)의 자는 호원(灝源), 호는 각재(覺齋)·내복재(來復齋), 본관은 진주(晉州)이다. 조식(曺植)의 문인으로, 오건(吳健)·최영경(崔永慶) 등과 교유했다. 경상남도 진주시 수곡면 사곡리(士谷里)에 거주했다. 사후에 진주의 대각서원(大覺書院)에 제향되었다. 저서로 『각재집(覺齋集)』이 있다.

30 본래 한해(瀚海)는 북쪽의 사막 혹은 북해(北海)라는 의미가 있다. 몽골의 항원산(杭爱山)에 대한 음역(音譯)이다. 중국 한(漢)나라 때 곽거병(霍去病)이 이곳에 여섯 번 출정하여, 멀리 사막을 건

간신들이 나라 망쳐 청사(青史)에 부끄러우니 奸臣誤國羞青史,
성스러운 족보의 연원에 관해 성명을 더렵혔다. 聖派承源汚姓名.
소무(蘇武)는 십 년 동안 한나라 부절을 손에 쥐었고 蘇子十年持漢節,
신포서(申包胥)는 사흘이나 진나라 조정에서 울었다네. 申生七日哭秦庭.
정충(精忠)[31]이 이제 중국 명나라 천자의 주의를 돌릴 것이니 精忠自是回天聽,
만 리 길에 괴롭고 괴로운 일을 꺼리지 마옵소서. 莫憚勞勞萬里行.

해설 1573년(선조 6) 이후백이 종계변무주청사로 갈 때, 조식의 문인 하항이 전송의 뜻을 시에 담았다. 하항은 1569년(선조 2) 부친상을, 1571년(선조 5) 모친상을 당하고, 1572년(선조 6) 조식이 타계하자 심상(心喪) 3년의 복(服)을 입고 있었다.

청련 이계진 후백이 종계변무 주청의 일로 연경에 가는 것을 전송하다〔送別靑蓮李季眞後白 以宗系奏請使赴京〕[32]

정유일(鄭惟一)

나라의 수치를 씻지 못한 지 未雪邦家恥,
이제까지 이백 년. 由來二百年.

너고 봉선(封禪)을 행하며 이곳에 등림(登臨)했다는 기록이 전한다. 한(翰)에는 조류(鳥類) 내지 날개〔羽毛〕 등의 의미가 있다. 『지봉유설』 권7 문자부(文字部)에 '한(翰)' 자에 대해 설명하면서 "한해는 북해의 이름이다. 소설에서 새들이 이 곳에서 알을 낳아 기르는 까닭에 이름했다. 지금 동북쪽 바닷새와 물새들은 알을 많이 낳는데 호인들이 항상 취해다 먹는다고 한다."라고 했다.

31 정충(精忠)은 티 없이 깨끗한 충성심이란 뜻이다. 중국 송나라 고종(高宗)이 충신 악비(岳飛)에게 '정충악비(精忠岳飛)'라는 네 글자를 친히 써 주어, 악비가 깃발에 단 일이 있다. 이후로, 자기를 돌보지 않는 순수한 충의를 지닌 사람을 칭송할 때에 이 말을 썼다.

32 정유일(鄭惟一), 『문봉집(文峯集)』 권1 시(詩).

구중궁궐의 상감이 매우 분노하여　　九重宸憤切,
만 리 길에 사신 행렬 이어져 왔네.　　萬里使車連.
원반[33] 속에서 간책(簡冊)을 펼치고　　披簡鵷班裏,
대궐 앞에서 윤음을 받들었으니,　　承綸鳳闕前.
붉은 정성으로 일찌감치 나라에 몸 바치고　　丹忱曾許國,
흰머리로 또다시 중국에 조회 가게 되었네.　　白髮再朝天.
다만 사안이 중대함을 깨달을 뿐이니　　但覺機關大,
길이 끝없이 이어진다고 근심하랴?　　寧愁道路綿?
삼하[34]에 봄이 다 지난 뒤　　三河春盡後,
일검[35]이 기러기 돌아가는 곳이로다.　　一劍雁歸邊.
요동 화표주[36]에 어느 해 학이 날아왔나?　　遼柱何年鶴?
연나라 황금대[37]는 어느 곳에서 연기를 피웠는가?　　燕臺幾處煙.
지난날 유람했던 산은 변함이 없는데　　舊遊山不變,
돌아갈 그리움은 달이 괜스레 하늘에 걸려 있네.　　歸思月空懸.
몇 번이나 외로운 충신의 주청을 올렸던가?　　幾竭孤忠奏?
머지않아 황제 은택 흠뻑 내리리라.　　應將帝澤旋.
가을바람 불 때가 오히려 멀지 않거늘　　秋風猶未遠,
어찌 이별의 수심에 칭칭 감기랴?　　肯被別愁纏?

33 원반(鵷班)은 조정의 반열을 뜻하는 말이다. 백로는 질서가 엄격하여 서 있을 때나 날아갈 때나 작은 것이 큰 것을 추월하지 않는 특징이 있으므로, 조정의 반열에 관직의 차서가 엄격한 것을 비유한다.

34 삼하(三河)는 중국의 하내(河內)·하동(河東)·하남(河南)으로, 황하(黃河) 남북 낙양(洛陽) 부근이다.

35 일검(一劍)은 중국 장안(長安)에서 촉(蜀)으로 들어가는 험준한 지역에 있는 사천성(泗川省)의 관문인 검각(劍閣)을 말한다.

36 중국 한(漢)나라 때 요동의 정영위(丁令威)라는 사람이 신선술을 익혀 학이 되어 요동(遼東)으로 돌아와 성문의 화표주(華表柱)에 앉았다는 고사가 『수신후기(搜神後記)』 권1에 있다.

37 원문의 연대(燕臺)는 중국 하북성 역현(易縣)의 동남쪽에 있던 황금대(黃金臺)의 별칭이다. 전국시대 연(燕)나라 소왕(昭王)이 그곳에 누대를 쌓고 누대 위에 천금을 놓아두고서 천하의 선비를 맞아들였다.

해설 1573년(선조 6) 이후백이 종계변무주청사로서 중국 명나라에 갈 때 준 시이다. 이 해 정유일은 우부승지, 대사간을 거쳐 우승지, 좌승지에 이른다.

이계진 후백이 공무로 연경에 가는 것을 전송하다〔送李季眞後白赴京〕[38]

황정욱(黃廷彧)

국왕의 당당한 가계가 전부 분명히 드리워져	堂堂國系儘昭垂，
전주이씨의 근본은 덕을 쌓아 온 기반이었다.	仙李盤根積德基．
하늘의 백일을 사람들이 함께 보거늘	白日在天人共見，
창승이 옥을 더럽히듯[39] 역사에 의문을 전했다.	蒼蠅點玉史傳疑．
두 조정의 노성한 유학자들은 지금 없어졌으나	兩朝儒老今亡矣，
한 시대의 명신은 다행히 여기 있도다.	一代名臣幸有之．
부연하여 상주하여 틀림없이 산정하리니	敷奏定教刪正了，
이 병든 사내는 눈 씻고 그대 돌아오길 기다리겠소.	病夫揩眼待歸期．

해설 1573년(선조 6) 이후백이 종계변무주청사로서 중국 명나라에 갈 때 준 시이다.

38 황정욱(黃廷彧), 『지천집(芝川集)』 권2 칠언율시(七言律詩).

39 중국 당나라 진자앙(陳子昂)의 시(「宴胡楚眞禁所」)에 "파리가 한 점의 티를 만들어, 흰 구슬이 끝내 억울하게 되었네.〔靑蠅一相點, 白璧遂成冤.〕"라고 하고, 이백(李白)의 시(「翰林讀書言懷贈集賢諸學士」)에 "파리는 옥을 더럽히기 쉽거니와, 백설곡 음조와는 같기 어렵고말고.〔靑蠅易相點, 白雪難同調.〕"라고 했다.

이계진 후백이 관북 안찰사로 나가는 것을 전송하다〔送李季眞後白按關北〕[40]

이이(李珥)

하늘의 뜻이 북고(北顧)[41]의 우려가 깊어	天意方深北顧憂,
유신(儒臣)이 부절 잡고 오구(吳鉤)[42]를 허리에 찼구나.	儒臣接節佩吳鉤.
청렴한 명망이 세상에 전하나 관산은 겹겹이고	淸名傳[43]世關山重,
큰 깃발[44] 구름에 이어지고 역로 길 길도다.	大旆連雲驛路脩.
임 사모하는 급장유[45]가 울음을 어이 견디랴?	戀主豈堪長孺泣?
변방을 도모하느라 찬황백[46]처럼 누대를 세우리라.	籌邊應建贊皇樓.

40 이이(李珥), 『율곡선생전서(栗谷先生全書)』 습유(拾遺) 권1 시.

41 북고(北顧)는 이민족 추장 선우(單于)를 말한다. 『진서(晉書)』 권103 「재기(載記) 유요(劉曜)」 사신(史臣)의 평(評)에 "이질(伊秩)은 왕실을 부흥시킬 계책을 내었고, 골도(骨都)는 평정시킬 시기를 논했으며, 선우(單于)는 북쪽을 돌아볼 생각이 없었고, 험윤(玁狁)은 남쪽 교외에서 제사 지낼 생각을 했으니, 크도다, 천지여! 이들을 사랑하지 않는구나.〔伊秩啓興王之略 骨都論剋定之秋 單于無北顧之懷 玁狁有南郊之祭 大哉天地 玆爲不仁矣〕"라고 했다.

42 오구(吳鉤)는 중국 춘추시대 오(吳)나라에서 생산된 명검(名劍)으로, 전하여 예리한 검을 뜻한다. 중국 당나라 왕유(王維)의 「연지행(燕支行)」에 "기린 금대에 오구검을 찼나니, 청려마는 달리고 자류마는 뛰도다.〔麒麟錦帶佩吳鉤, 颯踏青驪躍紫騮.〕"라고 했다.

43 다른 텍스트에는 '傳'이 '滿'으로 되어 있다.

44 중국 당나라 왕유(王維)의 시(「燕支行」)에 "화극과 조과는 태양 아래 싸늘하고, 연기와 대패는 황진 속에 묻혔도다.〔畫戟雕戈白日寒, 連旗大旆黃塵沒.〕"라고 했다.

45 중국 한(漢)나라 급암(汲黯)을 말한다. 장유(長孺)는 그의 자(字)이다. 급암은 황제 앞에서도 강직하게 바른말을 서슴없이 했기 때문에 무제(武帝)가 그를 꺼리면서도 사직지신(社稷之臣)이라고 일컬었다.

46 원문의 '찬황(贊皇)'은 찬황현백(贊皇縣伯)에 봉해졌던 중국 당나라의 명재상 이덕유(李德裕)를 가리킨다. 이덕유가 낙양 남쪽에 평천장(平泉莊)이라는 별장을 지었는데 기화요초(琪花瑤草)와 기암괴석(奇巖怪石)이 늘어져 있어 선경(仙境)과도 같았다고 한다. 『구당서(舊唐書)』 권174 「이덕유전(李德裕傳)」과 『고금사문유취(古今事文類聚)』 속집 권9 「거처부(居處部) 평천장(平泉莊)」 참고. 이덕유가 일찍이 성도현(成都縣) 서쪽에 주변루(籌邊樓)를 세우고, 누각의 사벽에는 만이(蠻夷)들의 험요지(險要地)와 부락(部落)의 중과(衆寡) 등을 그림으로 그려 붙여 두고, 그 위에 올라가 변방의 일에 익숙한 자를 불러서 함께 변방의 일을 상의(商議)했다. 『신당서(新唐書)』 권180

몸 불편하여[47] 전별연[48]에서 송별 못 하오니	採薪未向河橋別,
붉은 단풍 노란 국화의 가을을 저버렸다오.	紅葉黃花負九秋.

해설 1575년(선조 8) 이후백은 형조판서가 되었다가 8월에 함경도관찰사로 나가게 되었다. 이해 3월, 이이는 황해도관찰사의 직에서 체직되고 율곡으로 돌아갔다. 그러나 9월에는 『성학집요(聖學輯要)』를 올렸다.

삼가 청련 선생을 이별하면서〔奉別靑蓮先生〕[49]

백광훈(白光勳)

북궐[50]로 돌아갈 날 다가오고	北闕歸期逼,
강관[51]으로 가는 길 더디구나.	江關去路遲.
어이 참으랴, 구레나룻빛이 바뀌는 데다	那堪雙鬢改,

「이덕유전」 참고.

47 원문의 '채신(採薪)'은 자신의 병을 낮추어 이르는 '채신지우(採薪之憂)'를 말한다. 땔나무를 하기 어려울 정도로 몸이 불편하다는 뜻으로, 자신의 병을 비유한다. 『맹자』「공손추 하(公孫丑下)」에서 나왔다.

48 원문의 '하교(河橋)'는 황하의 다리로, 벗과 이별하는 곳을 뜻한다. 중국 한나라 이릉(李陵)이 흉노 땅에서 소무(蘇武)와 이별하면서 지은 시(「與蘇武」)에 "손을 잡고서 하수의 다리에 오르노니, 그대는 저물녘 어디로 가느냐?〔携手上河梁, 遊子暮何之?〕"라는 구절이 있는 데서 유래했다.

49 백광훈(白光勳), 『옥봉시집(玉峯詩集)』 중(中) 시(詩) ○오언율(五言律).

50 북궐은 대궐을 범칭한다. 중국 한나라 고조(高祖) 때 소하(蕭何)가 관장하여 미앙궁(未央宮)을 건축했는데, 용수산(龍首山)을 의지하여 전전(前殿)을 세우고 동궐(東闕)·북궐(北闕)·무고(武庫)·대창(大倉) 등의 건물을 세웠다. 이후 북궐은 대궐을 가리키는 말로 사용했다.

51 원문의 '강관(江關)'은 강가나 나루터 등을 뜻한다. 중국 북송의 소식(蘇軾)이 지은 시(「過海得子由書」)에 "문 밖에는 삼간 높이 솟은 해, 강관에는 한 잎에 드는 가을.〔門外三竿日, 江關一葉秋.〕"이라고 했다.

고향 산을 이별하는 일을?	復與舊山辭?
뜻이 맞기는 오늘 같은 날 없고	契合無今日,
깊은 충정은 예부터 가졌네.	衷情自昔時.
못난 이 사람은 깊이 바라오니	迂生深望幸,
가는 곳마다 명관[52] 소식 물어보기를.	隨處問皐夔.

청련 선생이 신형[53] 상사의 누헌에 쓰신 시에 삼가 차운하다〔敬次青蓮先生題愼上舍軒. 名衡〕[54]

백광훈(白光勳)

나그네 길 눈 내린 뒤에 그대 방문하니	客路尋君雪後時.
매화 향기와 그림자가 밝은 달과 어우러지네.[55]	梅花香影月明宜.
맑은 술 나누며 이야기 나누는 사이에 추위도 다하니	淸樽話到寒更盡.
훗날 서로 그리워질 때는 이 시를 되새기리라.	他日相思有此詩.

52 원문의 '고기(皐夔)'는 중국 순(舜)임금 때의 고요(皐陶)와 기(▩)의 병칭이다. 고요는 법의 집행을 맡은 사(士)였고, 기는 교육과 음악을 전담한 전악(典樂)이었다. 여기서는 군주를 보좌하는 유능한 관료를 말한다.

53 신형(愼衡)의 본관은 거창인데, 영암에 거주했다. 자는 언균(彥均)이다. 1510년 생인데, 64세 때인 1573년(선조 6) 계유(癸酉) 식년시(式年試)에 생원 3등 28위(58/100)로 합격했다.

54 백광훈, 『옥봉시집(玉峯詩集)』 상(上) 시(詩) ○칠언절구(七言絶句). 한편 『청련집』 상권에 「청풍원 역루에서 신군의 집을 생각하며〔淸風院樓 念愼君居廬〕」 시가 있다. 백광훈의 이 시가 이후백의 그 시에 창수한 것은 아니지만, 같은 시기에 지어진 듯하다. 청풍원은 영암의 역원이다.

55 중국 북송 때 임포(林逋)의 시(「山園小梅」)에 "성긴 그림자는 얕고 맑은 물에 비끼어 있고, 맑은 향기는 황혼녘 달빛 아래 은은하네.〔疏影橫斜水淸淺, 暗香浮動月黃昏.〕"라고 했다.

영벽당이 중건되었기에 청련 노선생의 시에 차운하다, 두 수〔暎碧堂重成 次靑蓮老先生韻 二首〕[56]

이호민(李好閔)

제1

당이 얽어져서 영벽이란 이름을 새로 신술하니 堂構重申暎碧名,
오래전에 이 독서하던 서생을 누가 기억하랴? 世年誰記讀書生?
주렴이 열리자 낯익은 얼굴의 청산이 나오고 簾開舊面靑山出,
강물빛은 새로 시름 품은 백발을 환하게 비추네. 江照新愁白髮明.
봄빛이 지난날과 같아서 위로할 만하다만 可慰春光猶曩昔,
인간사가 여전히 어지러워 홀로 한탄한다. 獨嗟人事尙從橫.
경물을 나누어 남겨 두어[57] 슬픔, 기쁨이 다르니 分留景物悲歡異,
정녕코 무정이 유정보다 낫구나. 好是無情勝有情.

제2

번번이 강호에 오는 것은 명성을 피하고자 함이니 每到江湖要避名,
연못에 임하여서는 되레 물고기를 선망한다. 臨淵猶作羡魚生.
모래밭에 일천 그루 뽕나무는 연녹색으로 곧고 沙邊軟綠千桑矗,
바위 곁에 산꽃은 나무 하나에 환하다. 岩畔幽花一樹明.
서쪽 해문으로 향하여 한만[58]을 따르려 한다만 西去海門從汗漫,

56 이호민(李好閔), 『오봉집(五峯集)』 권5 칠언률(七言律) 수록.
57 중국 당나라 두보(杜甫)의 시(「嶽麓山道林二寺行」)에 "송공이 쫓겨나서 이곳 바람벽에 시를 썼으니, 경치를 나눠 남겨 두어 늙은 나를 기다려 주었네.〔宋公放逐曾題壁, 物色分留待老夫.〕"라고 했다.
58 원문의 '한만(汗漫)'은 광대무변한 공간을 가리킨다. 『회남자(淮南子)』 「도응훈(道應訓)」에 보면 중국 진(秦)나라 노오(盧敖)가 북해(北海)에서 노닐다가 선인(仙人)인 약사(若士)를 만나 함께 노

북쪽에서 감돌아 오는 산세가 가로로 뻗어 있네.[59]	北來山勢倚庚橫.
건곤(乾坤)에는 극(極)이 있어도 상념은 무진하니	乾坤有極思無盡,
누가 세상에 지쳐 당에 올라 조망하는 객의 마음을 알랴?	誰識登臨倦客情?

해설 1612년경 영벽당(暎碧堂)이 중건되자, 이호민(李好閔, 1553~1634)이 이후백의 운자를 따라 두 수를 지었다. 이 차운시를 보면 영벽당이 중건되기 이전에 이후백이 영벽당을 노래하여 2수를 지었던 것을 알 수 있다. 아마도 현판에 걸려 있었을 것이다. 영벽당은 본래 안평대군(安平大君)이 1453년 무렵에 담담정(淡淡亭)과 함께 지었을 것으로 추정된다. 영벽은 '푸른 물을 굽어보고 푸른 산을 바라본다.〔臨碧流, 望碧山.〕'는 뜻에서 지어졌다고 한다. 담담정의 경우처럼, 세조의 등극과 함께 주인이 바뀌었을 것이다. 최유연(崔有淵, 1587~?)[60]의 『현암유고(玄巖遺稿)』 권4에 「영벽당기(映碧堂記)」가 전하는데, "용산 꼭대기에 집이 있으니 '영벽당'이라 한다. 어느 분의 집인지 알 수 없다. 그러나 혹자는 푸른 강물을 굽어보고 푸른 산을 바라보기 때문에 그렇게 이름 지었다고 한다. 전에 나는 서너 명의 객과 술병을 들고 이곳에 올라 조망한 적이 있었는데, 봄볕이 화창하고 바람이 맑고도 다사로운데 강가의 꽃과 벼랑의 풀들에 시정(詩情)이 깊어졌다."라고 했다. 하지만 엄경수(嚴慶遂, 1672~1718)[61]가 1716년 작

널자고 청하자, 약사가 "나는 구해(九垓) 밖에서 한만(汗漫)과 만날 약속이 되어 있으니 오래 머물러 있을 수가 없다."라고 하고는 구름 속으로 들어가 보이지 않게 되었다고 한다.

59 원문의 '의경횡(依庚横)'에서 '경횡'은 가로로 뻗은 형상을 말한다. '경경(庚庚)'이라고 하면 횡(横)으로 뻗은 모양이다. 『사기(史記)』 「효문본기(孝文本紀)」에 '대횡경경(大横庚庚)'이란 표현이 있는데, 사마정(司馬貞)의 『사기색은(史記索隱)』에서 '경경(庚庚)은 횡모(横貌)이다."라고 했다.

60 최유연의 본관은 해주(海州). 자는 성지(聖止)·성지(聖之)·지숙(止叔), 호는 현암(玄巖)·현석(玄石)이다. 1621년(광해군 13) 별시에 장원으로 합격했다.

61 엄경수의 본관은 영월, 자는 성중(成中), 호는 부재(孚齋)이다. 당색은 소북(小北)에 속한다. 1705년 증광문과에 급제하여 다음 해 승문원(承文院)에 들어갔고, 1716년 도당록(都堂錄)에 들어 수찬(修撰)이 되었다. 1716년 조정에서 윤선거(尹宣擧)와 윤증(尹拯)의 문집 내용을 둘러싸고 노론과 소론 사이에 분란이 일어났을 때 윤선거를 공격하는 신구(申球)를 처벌하라는 상소를 올렸다가 파직되었다.

성한 「연강정수기(沿江亭樹記)」에는 다음과 같이 기록되어 있다.

이것도 안평대군의 유적으로 그 터는 담담정 위쪽으로 수십 걸음 떨어진 곳이다. 주민들에게 들으니 옛날 강물이 남쪽 기슭으로 흘러 들어와 정자 아래에 호수가 생겨 물이 멈춰 고였다. 공자(公子)가 그 호수에 연꽃을 심고 정자에 올라 문사를 모이게 하여 배를 띄우고 꽃을 감상했다. 강물이 터져 강안 북쪽을 부순 뒤로는 꽃이 사라져 버렸다. 공자의 풍류가 후세에까지 빛나서 사람들이 지금까지 그리워한다. 따라서 담담정과 영벽당의 이름이 그 터와 더불어 전해져 내려와 사라지지 않는다고 한다. 담담정이 여지록(輿地錄)에 기록되어 있다고 송중윤이 말했다.〔映碧堂. 亦安平舊址, 在淡淡亭之上數十武. 聞諸土人, 舊時江流南岸, 亭下有湖水渟留, 公子種蓮於湖, 登亭會文士, 泛舟賞花. 自江決岸北, 花不復有. 以公子風流, 流映後世, 人至今思之, 故淡淡·映碧之名, 與址相傳說不失云. 淡淡亭, 載『輿地錄』, 仲潤云.〕[62]

사암(思菴) 박순(朴淳, 1523~1589)은 영벽당에서 물빛과 산빛이 합하여 푸른 등불 같다며 영벽당의 풍광을 읊었다. 백호(白湖) 임제(林悌, 1549~1587)도 영벽당을 시로 읊으며 한강에 비친 달을 조망했다. 월사(月沙) 이정귀(李廷龜, 1564~1635)는 밝은 달밤에 박관(朴莞)과 함께 거문고 소리를 들으면서 술잔을 기울이고 시(「醉贈琴士朴莞」)를 지었다. 청음(淸陰) 김상헌(金尙憲, 1570~1652)은 중국 명나라 화가 이징(李澄)·심주(沈周)와 조선 화가 이정(李楨)의 그림을 소장하고 함께 서화 품평을 나누었던 이욱(李稶, 1562~?)과 영벽당을 찾고 시(「映碧堂贈李仲實」)를 읊었다.

청봉(晴峯) 심동구(沈東龜, 1594~1660)는 석주(石洲) 권필(權韠)의 부벽루 운자를 따라 용산 영벽헌에 시(「次石洲浮碧樓韻 題龍山映碧軒」)를 지어, "열두 층 난간은 뭇 산을

62 안대회·이종묵·김형술·안순태·박진욱·김세호·임영길, 『명승 관련 신사료 연강정사기를 통한 18세기 한강 연안 명승의 현황 및 복원방향 연구』, 국립문화재연구소 자연문화재연구실(천연기념물센터), 2015. 12.

굽어보고 천 척 벼랑은 물굽이에 기우뚱하네.〔層欄十二俯羣山, 斷崖千尺傾回灣.〕"라고 노래했다. 1618년 조찬한(趙纘韓, 1572~1631)은 심집(沈集)을 위한 만시(「挽沈价川」)에서 "가련하게도 영벽당 앞의 한강 물은 지금도 찬 물결을 띠고 오가는구나.〔可憐映碧堂前水, 猶帶寒潮去又來.〕"라고 했고, 이경여(李敬輿, 1585~1657)도 심집을 위해 지은 만시에서 "영벽당 앞 한 조각 달이 지붕 위에서 옛 마음을 환하게 비춘다.〔映碧堂前一片月, 屋梁唯照舊心明.〕"라고 했다. 1627년경 정두경(鄭斗卿, 1597~1673)은 배로 영벽당을 지나다가 심지함(沈之涵)〔자(字) 자양(子養), 호 치헌(恥軒)〕에게 보내는 시(「舟過映碧堂 寄沈子養之涵」)를 지어, "조각배엔 아직도 지난날의 시흥이 남아 있어, 아득히 어촌 마을 수양버들 바라보네.〔扁舟尙有舊詩興, 悵望漁村楊柳邊.〕"라고 노래했다. 심지함은 심집의 아들로, 선공감감역(繕工監監役)을 지냈다. 이로 보면 17세기 전반에 심집 부자가 영벽당을 다시 세우고 경영했음을 짐작할 수 있다.

이 청련에게 답한 서한〔答李靑蓮季眞書〕[63]

오건(吳健)

우러러 그리워하는 마음은 세모에 더욱 간절합니다. 멀리 떨구어 주신 소중한 편지를 받고서 기거가 편안함을 알았기에, 위로되고 흡족함이 정말로 깊고, 기쁘게 앙모함 또한 절절합니다.

저는 병이 오래도록 낫지 않고 날로 심해지니, 단지 죽음을 기다릴 따름입니다

63 오건(吳健, 1521~1574)의 문집 『덕계집(德溪集)』에 들어 있다. 문집의 원래 서명은 『덕계선생문집(德溪先生文集)』이다. 그 권6에 「이청련(계진)에게 답한 서한〔答李靑蓮季眞書〕」이 있다. 오건의 본관은 함양(咸陽), 자는 자강(子强), 호는 덕계(德溪)이다. 조식(曺植)에게 수학했다. 정언·교리·이조좌랑 등을 역임했다. 경상남도 산청군 산청읍 지리 덕우촌에 있는 서계서원(西溪書院)에 제향되었다. 저서로 『덕계집』 이외에 『정묘일기(丁卯日記)』 등이 있다.

만, 뜻밖에 상감께서 벼슬을 누차 내렸으니 놀랍고 걱정스러워 어떻게 할지 모르겠습니다. 형세가 어쩔 수 없어 또 가만히 앉아서 소명을 어기는 죄를 지었으니, 이곳의 매우 딱한 사정은 평소 사이가 좋던 사람이 아니면 누가 다시 동정하고 헤아려 주겠습니까?

형께서는 저의 병이 오래된 것을 잘 알면서도 여전히 일어나라고 권하시며, 정분으로 그만둘 수 없다는 말씀으로 깨우칩니다. 제가 비록 보잘것없지만 임금과 신하 사이의 의리는 또한 익히 강론한 바 있습니다. 어찌 사리의 당연함은 과연 형이 간절하고 지극하게 가르쳐 준 것과 같음을 모르겠습니까? 다만 병마가 뼈까지 침범하여 손발을 움직이기 어렵고, 사람 모습이 아니고 귀신과 가깝기 때문에 이 좋지 못한 계책을 내었으니, 차라리 영원히 잠들어 깨어나지 않기를 바랄 뿐입니다.

가슴이 두근거리고 언사가 오그라들어 말을 다 하지 못합니다. 이 시기에 건강에 주의하여 저의 앙망함에 부응하시기를 빕니다.

瞻遡之懷, 歲暮尤切. 伏承令翰遠墮, 仍委令履淸迪, 慰沃良深, 忻慕亦切. 生病勢彌留, 日甚一日, 只待死亡而已. 不意恩命稠疊, 驚惶憂憫, 罔知所處, 勢不獲已. 又犯坐違之罪, 此間狼狽之狀, 非平日相好者, 誰復矜恕? 惟令兄深知弟病積久, 而猶且勸起, 以喩情分之所不可廢者. 生雖無狀, 君臣之義, 亦講之熟矣, 寧不知事理當然. 果如令誨之切至也? 特以病魔侵骨, 手足難措, 不做人樣, 與鬼爲隣, 所以出此下計, 寧寐無吪爾. 心悸辭蹙, 言不能盡.

餘祝爲時保重, 以慰瞻仰.

제문(祭文)·만시(輓詩)

제이총재후백문(祭李冢宰後白文)

구사맹(具思孟)[64]

해설 구사맹(具思孟)의 『팔곡선생집(八谷先生集)』 권3에 이 제문이 실려 있다. 단, 문집 수록의 글에는 "維年月日 綾城具思孟 謹以菲薄之尊 哭于近故靑蓮李尙書之靈曰"의 부분이 생략되어 있다.

오늘 모월 모일에 능성 구사맹은 삼가 변변치 못한 제물을 갖추어 근고(近故: 최근 고인이 된 분) 청련 이 상서의 영전에 곡하며 말씀드립니다.

아! 슬프도다.

64 구사맹(具思孟, 1531~1604)의 본관은 능성(綾城), 자는 경시(景時), 호는 팔곡(八谷)이다. 한성부판윤 구수영(具壽永)의 증손으로, 아버지는 증 영의정 구순(具淳)이며, 어머니는 의신군(義新君) 이징원(李澄源)의 딸이다. 곧, 인조의 어머니인 인헌왕후(仁獻王后)의 아버지이다. 구사맹은 유희춘(柳希春)·이황(李滉)의 문인이다. 1549년(명종 4) 진사가 되고, 1558년 식년문과에 병과로 급제했다. 1590년 좌부승지가 되고 광국원종공신(光國原從功臣)에 책록되었다. 1597년 정유재란이 일어나자 왕자와 후궁을 시종해 성천에 피난했으며, 이어서 좌참찬·이조판서 등을 거쳐 좌찬성이 되었다. 1602년 맏아들 구성(具宬)이 유배되자 곧 사직했다. 왕실과 인척이면서도 청렴결백하고 근신했다. 죽은 뒤 호성(扈聖)·선무(宣武)·정난(靖難) 등의 원종공신에 책록되었다. 1632년 정원군(定遠君)이 원종(元宗)으로 추존되고, 그의 다섯째 딸이 인헌왕후로 추숭되자 능안부원군(綾安府院君)에 추봉되었다. 시호는 문의(文懿)이다. 문집으로 『팔곡선생집(八谷先生集)』이 있다.

하늘이 우리 동쪽 나라에 화액을 주셔서, 철인이 또 세상을 떠나셨다.

국가의 맥은 누구에게 의존할 것이며, 뭇사람의 정리는 어디에 매어 둔단 말인가?

빛나던 높은 산이 정기를 거두었고, 음양이 재앙을 이루었다.

머리를 긁으며 침음하나니, 쏟아지는 눈물을 금할 수 없구나!

공의 아름다운 행적은, 불꽃처럼 환하게 세상에 남아 있고

그 맑은 표치(標致)는 특히 빼어나시고, 순수한 학문은 높은 경지에 홀로 이르시어

마음은 털끝 같은 의(義)와 이(利)의 차이를 분간하고, 눈은 하늘 끝을 뚫어보았다.

창강에 저녁 기운이 일어나다가, 궁궐에 아침 해가 돌아오니

을묘년(1555년) 봄에는, 붕새가 부요풍을 받아 요동하여

처음에는 낮게 배회하더니, 홀연 떨쳐 일어나 치솟아서

은대(승정원)에서 수레를 움직이기 시작했고, 춘추관 직필은 누가 이었던가?

춘방(세자궁)에서 서연(書筵)에 모셨고, 병조에서 폐단을 처결했다.

직분으로 맡은 바를 생각하고,[65] 초탈한 태도[66]를 더욱 힘써서

옥서(玉署, 홍문관)에서는 정사를 논하고 생각하며,[67] 미원(薇垣, 사간원)에서는 건의하고 간언했으며.[68]

선발되어 천관(天官, 이조)로 들어가서는, 사람을 품평하는 조감(藻鑑)에 그늘이

65 원문의 '직사기거(職思其居)'는 『시경』 「당풍(唐風) 실솔(蟋蟀)」의 "지나치게 즐김이 없어야 하고, 직분에 맡은 바를 생각하라.〔無已大康, 職思其居.〕"에서 가져왔다.

66 원문의 '고도(高蹈)'는 세속을 초탈함을 뜻한다. 『역대명현확론(歷代名賢確論)』 권49 「양홍(梁鴻)」에 "고아한 자취가 세속을 격동시킬 수 없으므로 북망산에 올라 노래를 지었으며, 노래를 지어서는 근심을 떨쳐 버릴 수 없었으므로 월나라로 가서 멀리 숨었다.〔高蹈不可以激俗, 故登邙以作歌, 作歌不可以遺患, 故適越以遐遯.〕"라고 했다. 단, 기세가 높은 것을 표현하는 말로도 사용한다. 중국 당나라 한유(韓愈)의 시(「薦士」)에 "국조에는 문장이 성대했는데, 진자앙이 으뜸으로 높이 일어났네.〔國朝盛文章, 子昂始高蹈.〕"라고 했다.

67 원문의 '논사(論思)'는 국가의 정사에 대해 의논하고 생각한다는 뜻이다. 임금이 근신(近臣)들과 함께 경연(經筵)에서 학문을 토론하는 것을 가리킨다.

68 원문의 '헌체(獻替)'는 헌가체부(獻可替否)의 준말로, 임금이 행해야 할 일은 과감히 건의하고, 행하면 안 될 일은 그만두도록 간하는 도리를 말한다.

없었으며,

사가(賜暇)받아 호당(湖堂)에 나아가자, 문화를 맡은 규벽(奎壁)의 별빛이 더했으며
중서성(승정원)과 오부(烏府, 사헌부)에는, 왕래하면서 여유롭고 느긋했다.[69]
중국의 조사(詔使)를 멀리 마중하러 나간 일은 국가 체모에 관계된 일이었으니
공이 원접사 종사관으로 따라갔기에, 일이 어긋나거나 더디되지 않았다.
마음을 공무에 집중하여, 작은 일이든 큰 일이든 반드시 잘 살폈으며
돌연 독좌(獨坐, 대사간)[70]에 오르니, 기강을 떨치는데 따라올 사람이 없었다.
여러 조(曹)의 차관을 두루 역임하다가, 사구(司寇, 형조판서)의 직에 뛰어 올랐고,
여러차례 관각(館閣)의 직함을 지녀, 문예의 자루를 위임받았다가
외직으로 나가 국경 관문의 자물쇠를 맡아, 우리나라 울타리를 단단히 지켰으며
도성으로 들어와 총재(이조판서)가 되어서는, 우리 성군의 예지를 돕더니
얼마 있다가 병으로 사직하고는, 마침내 호조판서로서 국가의 계산을 주관했다.
상감의 은총을 쏟으심이 바야흐로 융성하여, 중진으로 의지함이 작지 않아서
삼태(三台)의 높은 지위(재상)에 오를 날은, 상제가 간택하기 나름이었건만,
어이하여 불숙(不淑, 사망)[71]한단 말인가? 천도의 운행이 뒤틀리고 어그러졌구나.
상감은 진념(軫念)하시고 비통해하셔서, 상장(喪葬)의 은총이 상례를 넘으셨다.
공은 세력과 이욕에 대해서는, 일찍부터 매미가 허물 벗듯 초탈하여

69 원문의 '예예(泄泄)'는 여기서는 느긋하다는 뜻이다. 본래는 '답답(沓沓)'과 같아, 이완(弛緩)의 뜻으로 주로 쓰인다. 『시경』「대아(大雅) 판(板)」에서는 "하늘이 바야흐로 진동하려 하시니 그렇게 느긋해 하지 말지어다.〔天之方蹶, 無然泄泄.〕"라고 했다. 이 제문에서는 '융융예예(融融洩洩)'와 같이 화락하고 기뻐하며 즐거워함을 뜻하는 말로 사용했다.

70 독좌(獨坐)는 사간원 대사간의 직을 말한다. 원래는 어사(御史)의 별칭이다. 중국 후한(後漢)의 선병(宣秉)이 어사 중승(御史中丞)이 되었을 때 광무제(光武帝)가 특별히 분부하여 사례교위(司隸校尉)·상서령(尙書令)과 함께 좌석을 독차지하여 앉게 했으므로, 당시에 삼독좌(三獨坐)라고 칭하게 했던 일이 있다.

71 원문의 '불숙(不淑)'은 죽음을 뜻한다. 『예기』「잡기 상(雜記上)」에 보면, 제후의 죽음에 조문객들이 와서 "과군이 저를 사신으로 보냈으니 어찌 이런 흉한 일이 있습니까?〔寡君使某, 如何不淑?〕"라고 말했다고 한다.

옛책에 깊이 마음을 두어. 도와 마음이 합치했고

뜻을 지켜 흔들리지 않기를, 죽음으로 맹서했기에

어둡고 어두운 요망한 기운[72] 속에서, 굳고 굳세게 홀로 학의 울음을 울었으니

지극한 정성이 이르는 곳에는, 쇠나 바위라도 연약할 따름이었다.

연이어 국상을 만나서, 재계하고 소식함은 예제보다 더 엄격해서

고기 아니면 배부를 수 없는 예순의 나이에,[73] 병이 더욱 심해져 골수에 맺혔다.

고향에는 본래 갖고 있던 밭뿐이고, 서울에는 사저가 없었으니

탐학한 사내도 숙연하게 만들 정도로, 늠름하게 높이 게양되었도다.

나는 보잘것 없는 몸으로, 둥근 구멍에 모난 자루 같은 형세[74]를 같이했으니

여섯 해나 요속(僚屬)의 자리[75]를 잇대었고, 스무 해나 거두어진 볏단을 보지 않았더니[76]

재앙이 생기고 복은 지나가서, 밝은 세상에서 한갓 쓸모 군더더기가 되었으나

72 원문의 '분침(氛祲)'은 요망하고 간사스러운 기운이다. 중국 당나라 두보(杜甫)가 지은 「제장오수(諸將五首)」의 제4수에 "동쪽으로 머리 돌려 구리 주표를 바라보니, 어둡고 요망한 기운이 다 사라지지 않았구나.〔回首扶桑銅柱標, 冥冥氛祲未全銷.〕"라고 했다.

73 원문의 '비육불포(非肉不飽)'는 예순의 나이를 말한다. 『예기』「왕제(王制)」에 "오십 세가 되면 노쇠하기 시작하고, 육십 세가 되면 고기를 먹지 않으면 배가 부르지 않으며, 칠십 세가 되면 비단옷이 아니면 따뜻하지 않다.〔五十始衰, 六十非肉不飽, 七十非帛不煖.〕"라고 했다.

74 원문의 '조예(鑿枘)'는 정도(正道)에 입각하여 행동해서 세상과는 맞지 않는다는 말이다. 중국 전국시대 초나라 송옥(宋玉)의 「구변(九辯)」에 "둥글게 깎인 구멍에 네모진 자루를 끼우려 하다니! 서로 걸맞지 않아 들어가기 어려움을 내가 참으로 알겠도다.〔圜鑿而方枘兮! 吾固知其鉏鋙而難入.〕"라고 했다.

75 동궁을 보도하고 세자시강원의 요속이 된 것을 말한다.

76 원문의 '염제(斂穧)'는 거두어진 볏단이란 말로, 거두어진 볏단을 보지 않았다는 것은 조정의 관료로 있었다는 뜻이다. 『예기』「방기(坊記)」에서 공자가 말하기를 "군자는 이익을 모두 취하지 않아서 백성들에게 남겨준다. 『시경』에 이르기를 '저 곳에 버려진 볏단이 있고 이곳에 거두지 않은 벼가 있으니, 이것은 과부의 이익이다.'라고 했다. 그러므로 군자는 벼슬하면 농사를 짓지 않으며 사냥을 하면 물고기를 잡지 않으며 사시(四時)에 나오는 제철 음식을 먹으며 맛있는 음식을 얻기를 힘쓰지 않으며, 대부는 이유 없이 양 가죽에 앉지 않으며, 사(士)는 이유 없이 개 가죽에 앉지 않는다. 〔君子不盡利, 以遺民. 『詩』云: '彼有遺秉, 此有不斂穧, 伊寡婦之利.' 故君子仕則不稼, 田則不漁, 食時, 不力珍. 大夫不坐羊, 士不坐犬.〕"라고 했다.

아직도 관모에 먼지가 들러붙어 있고, 신선의 연잎 옷을 마련하지 못했거늘,[77]

시들고 마른 것을 살리려고[78] 거듭 허비하셨으니, 속에 품은 은혜를 감히 잊을 수 있겠는가?

최근에는 일을 함께 하게 되어, 자주 소매를 맞대고 모였더니,

남방에 성묘하러 가신다기에 이별의 시름에 갑자기 끄당겨져 괴로웠다.

임무는 무겁고 국가 일을 먼저 걱정하셔서,[79] 달리고 달려[80] 쉴 겨를이 없으신 분이라,

이제나 저제나 수레를 돌려 오셔서 며칠 내로 오셔서 멍에를 푸시리라[81] 기다렸건만,

홀연히 흉보를 받았으니, 한번 헤어짐이 천 년의 이별이 되었구나.

어떡하랴 이 나라가 쇠약하여, 바로 이러한 형세를 만난 것을?

기둥을 잃었으니 필경 집이 기울 것이고,[82] 배가 없으니 어떻게 건넌단 말인가?[83]

77 원문의 '미수지제(未修芰製)'는 세속을 벗어나지 못하고 있다는 뜻이다. 중국 전국시대 초나라 굴원(屈原)의 「이소(離騷)」에 "나아갔으나 이미 들어가지 못하고 허물만 입었기에, 물러나 다시 나의 초복을 손질하리라. 연잎을 마름질해 저고리를 만들고, 부용을 모아서 치마를 만들리라.〔進不入以離尤兮, 退將復修吾初服. 製芰荷以爲衣兮, 集芙蓉以爲裳.〕"라고 했다.

78 원문의 '허고(噓枯)'는 시들고 마른 것을 살려낸다는 말이다. 『후한서(後漢書)』 권70 「정태전(鄭太傳)」에 "공공서(孔公緖)가 허고취생(噓枯吹生)한다."는 말이 있는데, 그 주(註)에 "말라 죽은 것은 숨을 불어서 살려 내고, 살아 있는 것은 숨을 불어서 말라 죽게 한다.〔枯者噓之使生, 生者吹之使枯.〕"라고 했다.

79 원문의 '우선(憂先)'은 국가 일을 먼저 걱정한다는 뜻이다. 중국 북송의 명재상 범중엄(范仲淹)이 지은 「악양루기(岳陽樓記)」에 "천하 사람보다 앞서서 근심하고, 천하 사람이 모두 즐거워한 뒤에 즐거워한다.〔先天下之憂而憂, 後天下之樂而樂.〕"라고 했다.

80 원문의 '재구(載驅)'는 부지런히 달리고 달린다는 말이다. 『시경』 「소아(小雅) 황황자화(皇皇者華)」에 "내가 탄 말은 망아지인데, 여섯 가닥 고삐가 젖은 듯 윤택하도다. 이리저리 채찍질하여 달려서, 두루 찾아서 자문을 하도다.我馬維駒, 六轡旣濡. 載馳載驅, 周爰咨諏.〕"라고 했다.

81 원문의 '탈(稅)'은 곧 '탈가(稅駕)'로, 수레를 풀고 편안하게 휴식한다는 뜻이다. 그런데 이 시에서는 '탈'의 뜻은 취하되, 운자를 맞추기 위해 '세'로 읽었다.

82 『예기』 「단궁 하(檀弓下)」에서 공자가 "태산이 무너지겠구나! 들보가 부러지겠구나! 철인이 죽게 되겠구나.〔泰山其頹乎! 樑木其壞乎! 哲人其萎乎!〕"라는 말에서 흔히 스승이나 철인의 죽음을 가리킨다. 중국 당나라 두보(杜甫)의 「고백행(古柏行)」에 "큰 집이 무너질 때 들보를 쓰렸더니, 산처럼

장례는 남기신 뜻에 따른다고 하니, 천원(川原, 묘역)이 아득히 멀구나!

반장(返葬)하느라[84] 객지의 거처에 계시므로, 음성과 용모가 영원히 닫혔구나.

유한한 삶이야[85] 쉽게 다하지만. 불후(不朽)의 이름은 완전히 묻어 버리기 어려우리라.

공을 통곡하지 않고 누구를 통곡한단 말인가? 부디 이 조촐한 제주를 흠향하소서.

維年月日 綾城具思孟 謹以菲薄之尊 哭于近故青蓮李尙書之靈曰:

嗚呼哀哉!

天禍我東, 哲人又逝. 國脈疇依, 羣情何繫?

光嶽收精, 陰陽作沴. 搔首沈吟, 難禁危涕.

公之懿行, 炳炳在世. 淸標特秀, 粹學獨詣.

心分毫末, 眼透天際. 蒼江夕起, 丹陛朝戾.

維乙之[86]春, 搏扶容裔. 始焉低回, 忽乎奮厲.

發軔銀臺, 直筆誰繼? 春坊侍書, 本兵釐弊.

職思其居, 高蹈彌厲. 玉署論思, 薇垣獻替.

選入天官, 藻鑑無翳. 賜暇湖堂, 奎璧增麗.

中書烏府, 往來泄泄. 遠迎詔使, 國體攸係.

公以副行, 事無違滯. 留心公務, 細大必諦.

무거워 만 마리 소가 끌다 힘에 부쳐 고개 내젓누나.〔大廈如傾要梁棟, 萬牛回首丘山重.〕"라고 읊었는데, 그 첫구의 뜻도 통한다.

83 『서경(書經)』「열명 상(說命上)」에서 중국 은(殷)나라 고종(高宗)이 부열(傅說)에게 명하기를 "내가 만일 큰 냇물을 건너게 된다면 그대를 배와 노로 삼으리라.〔若濟巨川, 用汝作舟楫.〕" 한 말의 뜻을 원용했다.

84 원문의 '귀츤(歸櫬)'은 타향에서 죽어 고향의 선산으로 돌아가는 것을 말한다.

85 원문의 '유애(有涯)'는 유한한 삶을 말한다. 『장자』「양생주(養生主)」에 "우리의 생은 유한한 데 반하여, 우리의 지적 대상(욕망)은 끝이 없다.〔吾生也有涯, 而知也無涯.〕"라는 말이 있다.

86 『청련집』 중간본에는 '乙卯'로 되어 있다.

俄陞獨坐, 振肅靡逮. 歷亞諸曹, 司寇是跐.
累帶館職, 委炳文藝. 出司鎖鑰, 固我藩蔽.
入都冢宰, 相我聖睿. 旋以疾辭, 遂主國計.
眷注方隆, 倚重非細. 登延台極, 簡在上帝.
云胡不淑? 天運跲鼇. 上軫宸悲, 恩數逾例.
公於勢利, 早自蟬蛻. 沈潛黃卷, 道與心契.
守志不撓, 之死以誓. 冥冥氛祲, 燆燆孤唳.
至誠所屆, 金石爲脆. 連遭國憂, 齋素過制.
非肉不飽, 疾祟由締. 鄕只舊田, 京無私第.
可肅貪夫, 凜然高揭.
予以無似, 幸同鑿枘.
六連僚席, 廿見斂穧. 災生福過, 明時一贅.
尙纓塵冠, 未修芰製. 重費噓枯, 敢忘懷惠?
頃因同事, 會多連袂. 省墓南服, 離愁遽曳.
任重憂先, 載驅無憩. 行竢回駕, 不日來稅.
承凶倏忽, 一別千歲. 奈何邦瘁, 適此時勢?
棟失須傾, 舟亡曷濟? 葬從遺意, 川原迢遞.
歸櫬旅邸, 音容永閉. 有涯易盡, 不朽難瘞.
非慟而誰? 庶歆薄祭!

청련 선생을 위한 만시〔靑蓮先生輓〕[87]

백광훈(白光勳)

제1

본시 하늘을 떠받칠 솜씨요	本擬擎天手.
평생 언제나 임금을 받드는 마음이셨고,	平生捧日心.
누대 일으킬 땅이 끝내 없었으니[88]	樓臺竟無地.
한밤중 누가 황금 품고[89] 찾아뵈었던가?	暮夜孰懷金?
선생을 전별한 지[90] 겨우 한 달	祖帳才經月.

87 전라남도 해남군 옥천면(玉泉面) 송산리(松山里)에 소장되어 있었던 1600년대 초 목판본 『옥봉집(玉峯集)』에는 "선생은 함양 관사에서 재직 중 돌아가신 후 파주에 장사지내졌다.〔先生捐館于咸陽, 後葬于坡州.〕"라는 주석이 있다. 옥봉집편찬위원회, 『옥봉집(玉峯集)』 中, 1992, 206면(영인). 그런데 송시열의 행장과 『청련집』 중간본의 「연보」에 따르면, 이후백은 1578년(무인)에 호조판서에 배수되었어 휴가를 청하여 얻어 함양으로 선영을 성묘하러 갔다가 10월 7일에 졸했다고 한다. 『옥봉집』의 이 주석과는 차이가 있다.

88 중국 북송 때 구준(寇準)이 재상으로 30년 동안 지내면서 사저(私邸)를 짓지 않았는데, 처사 위야(魏野)가 구준에게 지어 준 시에 "벼슬은 삼공의 자리 앉았거늘, 누대 하나 지을 땅이 없구나.〔有官居鼎鼐, 無地起樓臺.〕"라고 했다. 『국로담원(國老談苑)』 권2 참조.

89 중국 한(漢)나라 양진(楊震)이 형주(荊州)의 무재(茂才)인 왕밀(王密)을 천거하여 왕밀이 창읍현령(昌邑縣令)이 되었는데, 양진이 동래태수(東萊太守)로 부임하던 도중 창읍에 이르렀을 때 왕밀이 알현하며 황금 10근을 바치자 양진이 "나는 그대를 아는데 그대는 나를 모르는 것은 어째서인가?"라 했다. 왕밀이 "밤이 늦었으니 아무도 모를 겁니다."라고 하자 양진은 "하늘이 알고 귀신이 알고 내가 알고 자네가 아네. 어째서 아무도 모른다고 하는가?〔天知神知我知子知, 何謂無知?〕"라고 했다. 이에 왕밀이 부끄러워하며 물러났다. 『후한서(後漢書)』 「양진전(楊震傳)」과 『소학(小學)』 「선행(善行)」 참조. 또 중국 당나라 경조(京兆) 만년(萬年) 사람 위하경(韋夏卿)이 이부시랑(吏部侍郎)이 되었을 때 친척 위집의(韋執誼)가 한림학사로 있으면서 다른 사람에게서 황금을 받고 과거 합격을 부탁받았다. 위집의는 위하경의 소매에 황금을 넣어 주며 위하경에게 주선을 부탁했는데, 위하경은 소매를 찢어 버리고 몸을 일으켜 떠나갔다. 『고금사문유취(古今事文類聚)』 전집 권25 「사진부(仕進部)」 '회금청촉(懷金請囑)' 참조.

반장의 배를 마침내 마련했습니다만, 歸舟遂有今.
궁궐로 가는 길은 의연하니 依然過宮路.
선생의 옛 수레 소리가 아닌지요? 不是舊車音.

제2

방향 헷갈리고 도보[91]로 가던 날 迷方徒步日.
이 사람[92]이 일생의 은혜를 입었습니다. 猶子一生恩.
송춘(松椿)처럼 건강하시길 매번 앙망했건만 每仰松椿健.
화복(禍福)이 뒤집힐지를 누가 알았겠습니까? 誰知禍福翻?
인생 백 년을 탄식한들 뒤미치지 못하고 百年嗟莫及.
세상만사를 다시 말해 무엇 하겠습니까? 萬事復何言?
홀로 서서 창망한 속에 獨立蒼茫裏.
산속은 춥고 비와 눈 섞여 어둡기까지 합니다. 山寒雨雪昏.

90 원문의 '조장(祖帳)'은 송별연을 베푸는 장막이다. 도신(道神)에게 제(祭)하는 것을 조(祖)라 하고, 공장(供帳)을 장(帳)이라 한다. 여기서는 이후백이 호조판서에 배수되고서 휴가를 청하여 함양으로 갈 때 전별연을 연 일을 말한다.

91 원문의 '도보(徒步)'는 수레를 타지 못하고 걸어서 간다는 말로, 관직에 나아가지 못했거나 하위의 관직으로 있는 것을 말한다. 중국 당나라 두보(杜甫)의 시(「徒步歸行」)에 "조정 관료 중에 청포 입고 가장 빈곤한 나는, 백발의 습유로서 걸어서 돌아가네.〔青袍朝士最困者, 白頭拾遺徒步歸.〕"라고 했다.

92 원문의 '유자(猶子)'는 일반적으로 조카를 말한다. 백부나 숙부를 종부(從父)라 칭하고 조카를 또한 유자(猶子)라 칭했다. 하지만 여기서는 저자와 스승과의 정 또한 공자와 안회 사이처럼 두터웠음을 의미한다. 『논어』「선진(先進)」에 보면, 안회(顏回)가 죽었을 때 다른 문인들이 후히 장사 지내려고 하자, 공자가 "안회는 나를 아버지처럼 여겼는데, 나는 안회를 자식처럼 보지 못한 결과가 되었으니, 이는 내 탓이 아니라 너희들의 잘못이다.〔回也, 視予猶父也, 予不得視猶子也. 非我也, 夫二三子也.〕"라고 말했다.

청련 선생을 위한 만시〔青蓮先生輓〕[93]

양응정(梁應鼎)

천리의 망망함은 말할 수도 없거니와　天理茫無謂,
그것을 전하여도 혹 의심받을 수 있네.　傳之或可疑.
표치(標致)가 높아 일찍이 스스로 분발했으니　標高曾自奮,
도가 곧거늘 어찌 갈림길이 많으랴?[94]　道直豈多岐?
경월(卿月)의 대신[95]이 시골에 윤락하고　卿月淪鄉土,
상서로운 난새[96]가 궁궐 옥 섬도를 하직하다니!　祥鸞謝玉墀.
처량하게 산수 사이에 떠도는 길손은　凄涼山水客.
어느 곳에서 새로운 지인을 만날 수 있으랴?　何處要新知?

93　양응정(梁應鼎)의 『송천유집(松泉遺集)』 권1에 들어 있다.

94　『열자(列子)』「설부(說符)」에 나오는 다기망양(多岐亡羊)이란 고사의 뜻을 거꾸로 차용했다. 양자(楊子)의 이웃 사람이 양을 잃고는, 갈림길이 많아서 양자의 종까지 동원하여 찾으려 했으나, 갈림길 속에 다시 갈림길이 있어 양이 어디로 갔는지 알 수 없기에 돌아오고 말았다. 이에 심도자(心都子)가 말하기를 "대도(大道)는 갈림길이 많아 양을 잃고 학자는 방도(方道)가 많아 생명을 잃는다."라고 했다.

95　경월(卿月)은 재상 등의 대신을 뜻하는 말이다. 『서경』「홍범(洪範)」에 "왕이 살펴야 할 것은 해이고 경사는 달이고 사윤은 날이다.〔王省惟歲, 卿士惟月, 師尹惟日.〕"라고 한 데서 나왔다.

96　원문의 '상난(祥鸞)'은 '상봉(祥鳳)'과 같아, 재덕(才德)이 걸출한 사람을 비유한다. 중국 한(漢)나라 가의(賈誼)의 「조굴원부(弔屈原賦)」에 "봉황이 천 길 높이 낢이여! 덕이 빛남을 보고 내려오는구나. 흉한 덕의 험미함을 봄이여! 멀리 날개를 더 쳐서 떠나가는구나.〔鳳凰翔于千仞兮! 覽德輝而下之. 見細德之險微兮! 遙增擊而去之.〕"라고 했다.

신편 신역 청련집 - 후집(後集)

세계(世系)·연보(年譜)

세계(世系)

세계(世系)	계(系)는 황해도 연안부에서 나왔다.
시조 휘 무(茂)	중국 당나라 현경 연간(656~660) 중랑장(中郎將)으로 소정방(蘇定方)을 따라 백제를 평정하고, 우리나라에 머물러 돌아가지 않고 호적을 황해도 연안으로 받았다.[1] 연안이씨는 모두 그의 후손이다. 그 후로 족보가 6, 7백년 동안 이어지지 않아 시조로부터 휘 지(漬)에 이르기까지 몇 대가 되는지 알 수 없다.
8대조 휘 지(漬)	고려 보승장군, 통례문부사(通禮門副使)이다. 부인은 전의이씨(全義李氏)로, 정당문학(政堂文學) 문의공(文義公) 예재(藝齋)

1 이무는 중국 당나라 고종 때 중랑장을 지내다가 660년[신라 태종무열왕 7년] 나당연합군 대총관 소정방(蘇定方)의 부장이 되어 신라에 들어와 백제를 평정하는 데 공을 세워 연안후에 봉해졌고, 그 후 신라에 귀화하여 살게 되었다고 한다. 후손들은 시조가 하사받은 연안 땅을 본관으로 삼았다. 1821년에 연안이씨 종원 이문우(李文愚)가 황해도 연안부 서편 비봉산 옥녀봉 아래 은일동(隱逸洞)에서 시조묘를 찾고, 혼유석과 상석 밑에서 '연안백이무(延安伯李茂)'라고 쓰여 있는 지석을 발견했다고 한다. 1954년에 판사공파 사우당공계의 종산이 있는 당시 충청남도 대덕군 유성읍 갑동리에 제단 성격의 단소를 봉분을 갖춘 형태로 만들었다. 현재 대전현충원 신선봉 아래, 두리봉과 장사병7묘역 사이에 단소가 있다.

언충(彦沖)[2]의 따님이다.

7대조 휘 계손(係孫)　고려 공조전서(工曹典書),[3] 문창공(文昌公)이다. 부인은 경주이씨로, 문충공(文忠公) 익재(益齋) 제현(齊賢)[4]의 따님이다.

6대조 휘 양(亮)　고려 때 전의감정(典醫監正)을 지냈다. 손자 보정(補丁)이 귀하게 되어, 병조참의(兵曹參議)에 추증되었다. 부인은 전주최씨로, 판서 사의(士儀)의 따님이다. 계배는 영천최씨로, 참의 후용(厚用)의 따님이다.

5대조 휘 백겸(伯謙)　조선에 들어와서 남대(南臺, 사헌부) 장령(掌令)을 지내고, 보주(甫州) 지사(知事)를 역임했다. 아들 보정(補丁)이 귀하게 되어 병조참판(兵曹參判)을 추증받았다. 부인은 온양방씨로, 소윤 희우(希祐)의 따님이다.

고조 휘 말정(末丁)　예빈소윤을 지내고, 아들 숙기(淑琦)가 귀하게 되어 좌찬성(左贊成)[5]을 추증받고 연성군에 봉해졌다. 부인은 곡산한씨로, 평절공 옹(雍)의 따님이다.

2　이언충(李彦沖, 1273~1338)은 고려 충렬왕·충선왕·충숙왕·충혜왕 때 벼슬을 살았다. 문의공(文義公) 운재(芸齋)이다. 국립중앙박물관에 「이언충묘지명(李彦沖墓誌銘)」의 실물이 전한다.

3　전서(典書)는 조선시대 판서(判書)에 해당한다.

4　이제현(李齊賢, 1287~1367)의 초명은 지공(之公), 자는 중사(仲思), 호는 익재(益齋)·역옹(櫟翁)·실재(實齋)이고, 시호는 문충(文忠)이다. 본관은 경주(慶州)로, 검교정승(檢校政丞) 이진(李瑱)의 아들이다. 충선왕(忠宣王)이 원나라에 있으면서 만권당(萬卷堂)을 설립하자 이제현도 징소되어 원나라 학자들과 교유했다. 충목왕과 공민왕 때에 요직을 맡아 정치적으로나 학술문화적으로 많은 업적을 남겼다.

5　좌찬성은 의정부 종1품 벼슬이다.

증조 휘 숙함(淑瑊)	이조참판·부제학을 역임하고, 이조판서 대제학(大提學)이 추증되었다. 시호는 문장(文莊), 호는 양원(楊原)이다.[6] 부인은 강릉김씨로, 집의 기(琦)의 따님이다.
조 휘 원례(元禮)[7]	현감을 지냈다. 선생이 귀하게 되어 이조참판에 추증되었다. 〔박세채(朴世采), 「이후백시장(李後白諡狀)」에 따름.〕
조 휘 세문(世文)[8]	중부 참봉(中部參奉)을 지냈다. 선생이 귀하게 되어 이조판서에 추증되었다. 부인은 정부인 남양홍씨로, 군수 구서(九敍)의 따님이다.
고 휘 국형(國衡)	현감을 지냈다. 선생이 귀하게 되어 영의정에 추증되고, 연천군(延川君)에 봉해졌다. 부인은 정경부인 나주임씨로, 한림(翰林) 종의(宗義)[9]의 따님이다.
世系	系出黃海道延安府

6 이숙함의 자는 차공(次公), 호는 몽암(夢菴)·양원(楊原)이다. 1454년(단종 2) 생원으로서 증광문과에 급제하여 경창부승(慶昌府丞)이 되고, 이듬해 세조가 즉위하자 좌익원종공신(佐翼原從功臣)으로서 감찰이 되었다. 1457년 문과중시에 급제하고 1459년(세조 5)에 세자사경(世子司經)으로서 사가독서(賜暇讀書)했다. 1464년 겸예문(兼藝文)에 뽑혔다. 응교(應敎)로 있던 1466년에 발영시(拔英試)에 2등으로 급제했다. 1484년(성종 15) 홍문관부제학에 임명되었다. 1485년에는 서거정(徐居正) 등과 함께 『동국통감』을 편찬했다. 1490년에 성균관대사성·충청도관찰사를 거쳐 1498년에 이조참의에 이르렀다. 대제학에 증직되었고, 시호는 문장(文莊)이다.

7 국형(國衡)의 생부(生父).

8 국형(國衡)의 양부(養父).

9 임종의의 자는 의지(宜之)로, 거주지는 함양(咸陽)이었다. 『사마방목』에 따르면 전 훈도로서 중종 2년(1507) 정묘(丁卯) 식년시(式年試) 진사 2등 5위(10/100)로 합격했다. 부는 임욱(林郁) 으로 품계는 건공장군(建功將軍), 관직은 훈련원참군(訓鍊院參軍)이었다.

始祖諱茂	唐顯慶中, 以中郞將從蘇定方, 平百濟, 因留不還, 受籍延安. 延安之李, 皆其後也. 其後譜未構六七百年, 始祖至濱, 不知爲幾代也.
八代祖諱濱	麗朝保乘將軍, 通禮門副使. 配全義李氏, 政堂文學文義公藝齋彦沖女.
七代祖諱係孫	麗朝工曹典書, 文昌公. 配慶州李氏, 文忠公益齋齊賢女.
六代祖諱亮	麗朝典醫監正. 以孫補丁貴, 贈兵曹參議. 配全州崔氏, 判書士儀女. 繼配永川崔氏, 參議厚用女.
五代祖諱伯謙	入我朝, 南臺掌令, 知甫州事. 以子補丁貴, 贈兵曹參判. 配溫陽方氏, 少尹希祐女.
高祖諱末丁	禮賓少尹, 以子淑琦貴, 贈左贊成延城君. 配谷山韓氏平節公雍女.
曾祖諱淑瑊	吏曹參判, 副提學. 贈吏曹判書, 大提學, 諡文莊, 號楊原. 配江陵金氏, 執義琦女.
祖諱元禮	縣監, 以先生貴, 贈吏曹參判.
祖諱世文	中部參奉. 以先生貴, 贈吏曹判書. 配貞夫人南陽洪氏, 郡守九叙女.
考諱國衡	縣監. 以先生貴, 贈領議政, 延川君. 配貞敬夫人羅州林氏, 翰林宗義女.

연보(年譜)

경진(1520년) 조선 중종 15년(1520년)〔중국 명나라 무종 정통(正統)15년〕 4월 11일 진시(辰時)에 선생이 함양(咸陽) 개평촌(介坪村)에서 태어났다.〔정확히 태어난 곳은 개평촌과 마주 바라보이는 곳인데, 그곳 사람들은 우암촌(牛巖村)이라고 부르고, 혹은 개평촌으로 통칭하기도 한다.〕

신사(1521년) 선생 2세.

임오(1522년) 선생 3세.

계미(1523년) 선생 4세.

갑신(1524년) 선생 5세. 처음으로 취학했다.

을유(1525년) 선생 6세.

병술(1526년) 선생 7세. 차분하고 말수가 적었으며, 총명함이 뛰어나고 문사(文思)가 더욱 통했다.

정해(1527년) 선생 8세. 이때 산사에서 글을 읽고 있었는데, 본도의 관찰사가 마침 절에 와서 선생의 이름을 듣고 불러서 시로 시험해 보았다. 마침 탑 옆에 새로 심은 작은 소나무를 보고 '탑반송(塔畔松)'이란 제목으로 운자를 부르니, 선생이 즉석에서 대답해서 읊었다. "한 자 청송을 탑 무더기 가장자리에 심었더니 / 탑은 높고 솔은 낮아 가지런하지 못하네. / 곁엣사람아 소나무 낮다고 괴이타 마오. / 훗날 소나무가 더 높고 탑이 도리어 낮으리라." 관찰사가 대단히 기특하게 생각했고, 일시에 이 시가 전파되었다. 선배들은 말하기를, "이 시가 비단 천재의 조숙한 성취일 뿐 아니고, 그 뜻과 취향을 볼 수 있다."라고 평했다.

무자(1528년) 선생 9세. 부친 의정공〔이국형(李國衡)〕과 모친 정경부인 임씨〔임종의(林宗義) 따님〕의 상을 연달아 당했다. 선생이 연이어 외간상과 내간상을 당하여, 슬프게 통곡하고 곡하면서 가슴을 쳤으나, 집상은 예법대로 시행하니, 보는 사람들이 모두 칭찬했다. 백부〔이국권(李國權)〕 댁에서 양육을 받게 되었는데, 한 번도 여러 아이들과 섞여서 웃고 떠들지 않았다. 하루는 종장 댁에 갔는데, 종장이 감주를 주니 이를 물리치시고 마시지 않았다. 그 까닭을 물어보니, 대답하기를, "이것이 비록 감주이기는 하지만, 이름에 술 주(酒) 자가 들어 있으므로 감히 마실 수가 없습니다."라고 했다. 자리에 있던 사람들이 모두 경탄하고 기이하게 여겼다. 비록 몹시 더운 여름이었지만 질대(絰帶, 상복과 굵은 허리띠)를 벗지 않고 사람들의 조문을 받을 때는 엄연한 성인이었다. 거상 중에 지켜야 할 예법은 아주 미세한 절차라도 모두 어른들에게 물어보고 행동했다.

기축(1529년) 선생 10세.

경인(1530년) 선생 11세.

신묘(1531년) 선생 12세. 표인(表寅) 공의 문하에 취학했다. 당시에 표인 공이 학행이 있었으나 은거하여 교수로 있었다. 선생이 백부〔이국권(李國權)〕의 명으로 표 공을 찾아가 학문을 배웠다. 같이 글을 배운 학도가 15인이었는데, 옥계(玉溪) 노진(盧禛), 목사(牧使) 양희(梁喜), 덕계(德溪) 오건(吳健),[10] 한금산(韓錦山) 등이 모두 함께 있었다. 나이 순서대로 앉아 수학했는데, 선생은 가장 연소하여 늘 말석에 앉아 스승의 강의를 들었으나, 여러 사람이 음을 들어 배우는[11] 하나같이 모두 돌아 앉아서 책을 보지도 않고 외웠다. 표인 공이 이 이야기를 듣고 불러서 한번 시험해 보니, 선생이 즉석에서 두루 여러 사람이 배우고 있는 책을 외우는데 한 글자도 착오가 없어, 마치 오랫동안 읽은 사람처럼 익숙했다. 이에 표인 공이 더욱 크게 놀라서 말하기를, "옛날에도 이와 같은 아이가 있었는지 모르겠다." 라고 했다.

임진(1532년) 선생 13세.

계사(1533년) 선생 14세.

갑오(1534년) 선생 15세. 「소상팔경가시(瀟湘八景歌詩)」 8편을 지었다. 선생의 백부 참봉공〔이국권(李國權)〕이 화개와 악양 사이에서 배를 강물 위에 띄우고 유람했는데, 선생이 따라갔다. 참봉공이 주변의 경관을 바라보니 지리산의 구름 같은 푸른 산기운이 노을 속에 덮여 있고 두치강의 안개 같은 물결은 맑고 푸르렀다. 선생에게 시를 지어 보라고 명하니 선생이 즉석에서 「소상팔경가」를 금세 지어 바쳤다. 한때 이 가사가 사람들에게 자자하게 소문이 나서 여러 악부(樂府)에

10 오건(吳健, 1521~1574)의 호는 덕계(德溪)이다 . 조식·김인후·이황 등의 문인. 모친상을 당해 여막을 짓고 시묘하여 효성이 예조에 알려져 1549년에 포상을 받았다. 벼슬이 이조좌랑에 이르고 『명종실록』 편찬에 참여했다.

11 원문의 '소수(所受)'는 선생에게서 독서의 음(音)을 들어 배우는 것을 말한다.

등재되었다.

을미(1535년) 선생 16세. 금릉〔금릉은 강진의 옛이름〕 땅으로 가서 조모 정부인 홍씨를 모셨다. 이때 선생의 조부이신 판서공은 이미 세상을 떠났고, 조모 홍씨가 서울을 떠나 친정에 와서 금릉 땅에서 살고 계셨는데, 선생이 드디어 그곳으로 가셔서 머물면서 조모를 봉양하게 되었다.

병신(1536년) 선생 17세. 선생은 조모 정부인 홍씨를 모시면서 마음을 기쁘게 하여 드리고, 모든 말씀에 순종하며 사랑과 공경이 누루 지극했기에 마을에서 모두 칭찬했다.

정유(1537년) 선생 18세. 혼정신성(昏定晨省)의 여가에는 한결같이 독서를 일삼았다.

무술(1538년) 선생 19세. 당시 이기(李芑)[12]가 강진에서 귀양살이를 하고 있었는데, 선생이 그가 글을 잘한다는 말을 듣고 찾아가 교유하기 며칠이 안 되어 곧 돌아왔다. 사람들이 까닭을 물어보니, "이기의 사람됨을 보니 무릇 털끝만 한 일에도 일절 사실을 감추어 사람들이 아는

12 이기(李芑, 1476~1552)는 을사사화를 일으킨 장본인이다. 본관은 덕수(德水), 자는 문중(文仲), 호는 경재(敬齋)이다. 1501년(연산군 7) 식년문과에 장원급제했으나 장인 김진(金震)이 장리(贓吏)였기 때문에 청요직에 나아가지 못했다. 중종 즉위 후 국왕의 신임을 얻었다. 1533년(중종 28년) 김안로(金安老)에 의해 강진에 유배되었다가, 김안로가 제거되자 풀려나와 예조참판이 되고, 형조와 병조의 판서에 이어 1543년(중종 38) 우의정에 올랐다. 인종이 즉위하고 대윤 일파가 득세하자 병조판서로 강등되었고, 명종이 즉위하여 문정왕후가 수렴청정을 하자 윤원형과 손을 잡고 을사사화를 일으켜 풍성부원군(豊城府院君)에 봉해졌다. 이어 좌의정이 되고 1549년(명종 4) 영의정에 올랐다. 죽은 뒤 문경(文敬)이라는 시호가 내려졌다. 선조 초 관직과 훈록이 모두 삭탈되었으며, 윤원형·정순붕(鄭順朋)·정언각(鄭彦慤)·임백령(林百齡)과 함께 '을사오흉(乙巳五兇)'으로 불렸다.

것을 원하지 않으니, 군자의 행사가 어찌 이래서야 되겠는가?"라고 하시고, 드디어 발길을 끊고 다시 찾아가지 않으셨다.

기해(1539년) 선생 20세.

경자(1540년) 선생 21세. 부인 홍씨에게 장가드셨다. 부인은 군수 홍처성(洪處誠)의 따님이며, 선생의 조모 정부인 홍씨의 질손이다.

신축(1541년) 선생 22세.

임임(1542년) 선생 23세. 이해에 선생이 향시(鄕試)에서 장원을 하시고 서울에 도착하니, 문인학사들이 선생의 이름을 평소에 듣고 있어서 모두 기다렸다. 서울에 이르자 명공과 거경들도 모두 선생을 예로써 공경했다.

계묘(1543년) 선생 24세. 금릉의 박산촌에 집을 지었다. 선생은 박산의 계곡과 봉우리의 아름다움을 사랑하여, 마침내 이엉지붕의 집을 지어 조모 정부인 홍씨를 모셔 와 이곳에 살았다.

갑진(1544년) 선생 25세. ○인종대왕 원년. 선생은 이때부터 더욱 뜻을 절문근사(切問近思)[13]의 학문에 두고 오로지 경서의 뜻과 정자, 주자의 여러 저서만을 공부하니, 원근의 사우들 가운데 선생과 교유하려는 사

13 자기 내면의 밑바닥까지 깊이 파고들어 정밀하게 분석하고 연구하는 것을 말한다. 『근사록(近思錄)』「위학(爲學)」에 보면 중국 북송의 유학자 정호(程顥)는 ."학문이란 다만 채찍질하여 내면으로 접근해서 자기 몸에 붙게 하는 것일 뿐이다. 그러므로 간절히 묻고 가까이 생각하면 인이 그 가운데에 있다.〔學只要鞭辟近裏, 著己而已. 故切問而近思, 則仁在其中矣.〕"라고 했다.

람이 매우 많았다.

을사(1546) 선생 26세 ○명종대왕 원년.

병오(1546) 선생 27세. 아들 선경(善慶)이 태어났다. 이해 선생이 사마시(司馬試)[14]에 합격하셨다.

정미(1547) 선생 28세. 같은 마을에 을사위훈(乙巳僞勳)에 참여한 사람이 있었는데, 선생을 존경하여 한번 만나 보고자 했다. 당시 선생은 산방에서 글을 읽고 있었는데, 그 사람이 사냥놀이를 핑계하여 마을 사람들과 약속을 하고 산방에 왔으나, 선생이 소식을 듣고 곧 거처를 옮겨 피해 버렸다. 선생이 악을 미워함이 이와 같았다.

무신(1548) 선생 29세, 조모 정부인 홍씨의 상을 당했다. 선생은 승중손(承重孫)으로서 3년 상제를 지켜 여막(묘막)살이를 하면서, 아침저녁으로 묘소에 올라갔는데 비바람이 치는 날도 그만두지 않고 한결같았다. ○미암 유희춘과 석천 임억령이 서로 말하기를, "그분의 지극한 효심은 천성에서 우러나온 것이니, 예전의 효자도 이를 넘어서는 사람이 없을 것이다."라고 했다.

기유(1549) 선생 30세.

경술(1550) 선생 31세.

14 사마시는 생원시와 진사시가 있는데, 이후백은 진사시에 합격했다.

신해(1551) 선생 32세. 선생의 학문은 날로 진보하여 옥봉 백광훈(白光勳), 고죽 최경창(崔慶昌), 동은 이의건(李義健), 고담 이순인(李純仁), 남계 김윤(金胤)[15], 사문(斯文, 선비) 임회(林薈, *林誨)[16], 사문(斯文, 선비) 윤기(尹箕)[17] 등 여러 분이 선생을 따라 교유했다. 백광훈과 최경창 두 분은 이를 계기로 사제의 예를 갖추었다. 청계 유몽정(柳夢井)[18], 건재(健齋) 김천일(金千鎰)[19] 등 여러 선비들도 예문에 착오가 있거나 경서의 뜻에 의문되고 잘 모르는 것이 있으면 반드시 왕복하며 어려운 것을 물어보고, 감탄하며 말하기를, "이론과 분별이 정확하니, 지금 세상 사람은 발돋움해도 따라갈 수 없는 사람이다."라고 했다.

임자(1552년) 선생 33세. 장성(長城) 땅으로 하서(河西) 김인후(金麟厚) 공을 방문했다. 그때 하서 선생은 벼슬을 버리고 장성에 내려와 거처했는데, 선생이 그 출처(出處)의 큰 절의를 존중하여 찾아가 절을 하고,

15 김윤(金胤)의 호는 남계(南溪)이다. 백광훈(白光勳)·최경창(崔慶昌) 등과 동문수학했다. 문장과 학문에 뛰어나 팔문장(八文章)의 한 사람으로 인정받았다.

16 임회(林誨)의 자는 헌가(獻可), 본관은 부안(扶安)이다. 1534년(중종 29) 진사시(進士試)에 노수신(盧守愼) 함께 합격했고, 1540년 별시문과에 급제했다.

17 윤기(尹箕, 1535~1606)의 본관은 남원(南原), 자는 백열(伯說), 호는 간보(艮輔)이다. 1568년(선조 원년, 무진) 증광시(增廣試) 진사 2등 24위(29/100)로 합격하고, 42세 때인 1576년(선조 9, 1576) 병자(丙子) 식년시(式年試) 갑과(甲科) 1위(01/34)로 장원을 했다. 뒤에 '尹祁(윤기)'로 개명했다.

18 유몽정(柳夢井, 1529~?)의 본관은 문화(文化), 자는 경서(景瑞)이며, 나주에 거처했다. 부친은 행사헌부감찰(行司憲府監察) 유용공(柳用恭), 형은 유몽벽(柳夢璧)·유몽익(柳夢翼)·유몽두(柳夢斗), 아우는 유몽삼(柳夢參)이다. 39세 되던 1567년(선조 즉위년) 정묘(丁卯) 식년시에 생원 3등 1위(31/100), 진사 2등 23위(28/100)로 합격했다.

19 김천일(金千鎰, 1537~1593)의 본관은 언양(彦陽), 자는 사중(士重), 호는 건재(健齋)·극념당(克念堂), 시호는 문열(文烈)이다. 이항(李恒)의 문인으로, 1573년 학행으로 발탁되어 군기시(軍器寺) 주부(主簿)가 되었고, 이후 용안현감(龍安縣監) 및 강원도와 경상도의 도사(都事)를 역임했다. 1592년 임진왜란 때 나주(羅州)에서 의병을 일으키고, 진주성(晉州城) 전투에서 성이 함락되자 순사(殉死)했다.

더불어 강론하고 돌아왔다.

계축(1553년) 선생 34세.

갑인(1554년) 선생 35세. 고봉(高峯) 기대승(奇大升)을 광주에 가서 방문했다. 선생은 젊었을 때 기대승과 더불어 시를 지으며 교유해서, 교분이 매우 도타웠다. 이때에 이르러 왕래 방문하면서 경서의 뜻을 논하셨다.

을묘(1555년) 선생 36세. 식년문과 을과에 급제했다. 선생은 명경(明經)으로 식년 을과에 급제하여 괴원(槐院)에 선발되어 권지부정자(權知副正字)의 관직을 배수했다.

병진(1556년) 선생 37세. 세자시강원(世子侍講院) 설서(說書) 및 병조좌랑을 배수했다.

정사(1557년) 선생 38세. 사간원 정언(正言)에 배수되었다.

무오(1558년) 선생 39세. 홍문관 부수찬이 되었다가 이조좌랑에 배수되었다. 8월 19일 승문원 박사가 되었다.

기미(1559년) 선생 40세. 홍문관 교리(校理) 및 이조정랑에 승배되었다. 이해에 수의어사(繡衣御史)가 되어 왕명을 받들어 호남을 순찰했는데, 수령(군수)들 중에 탐관오리들은 선생이 강직하다는 소문을 평소 듣고 있어서 관리의 인수(도장과 관복)를 버리고 떠난 사람이 여러 사람이나 있었다.

경신(1560년) 선생 41세. 5월 3일에 세자시강원 설서가 되다. 5월 12일 사간원 정원(정6품)에 임명되다. 8월 4일 세자시강원 사서(정6품)가 되다. 당시는 을사사화 때 참벌(斬伐)의 여운이 남아 있어서 사기가 떨어져 있었으므로 선생은 경연에 들어가 논사(論思)할 때마다 곧 원기를 북돋워 달라고 요청하셨다.

신유(1561년) 선생 42세. 의정부 검상(檢詳, 정5품)에 배수되었다.

임술(1562년) 선생 43세. 11월 20일(경자), 세자시강원 사서(정6품)가 되었다.

계해(1563년) 선생 44세. 2월 29일 병조정랑이 되었다가, 5월 11일 홍문관 부수찬(종6품)에 개수되었으나, 5월 29일에는 이조좌랑(정5품)이 되었다. 12월 12일에는 정원(政院, 승정원)이 뽑은 호당(湖堂) 8인에 들었다.[20] 박순(朴淳)·정윤희(丁胤禧)·유전(柳㙉)·최옹(崔顒)은 먼저 뽑혔고, 기대승(奇大升)·이산해(李山海)·신응시(辛應時)·이후백은 뒤에 추가로 뽑혔다.

갑자(1564년) 선생 45세. 6월 11일, 왕명을 받고 「국조등과화첩 후제시(國朝登科畫帖後題詩)」를 지어 바쳤다. 상감께서는 평소 과거를 중히 여기셔서, 문과·무과·생원진사과의 방방(放榜)·사은(謝恩)·유가(遊街) 등

20 즉 사가독서(賜暇讀書)를 말한다. 젊고 유능한 문신(文臣)에게 휴가를 주어 학문에 힘쓰도록 한 제도이다. 세종 때 집현전(集賢殿) 학사들을 대상으로 처음 실시되었는데 세조 때 집현전의 폐지로 없어졌다가, 성종 때 서거정(徐居正)의 건의를 받아들여 남호독서당(南湖讀書堂)을 개설했다. 1507년(중종 2년)에 연산군 때 폐지된 독서당을 정업원(淨業院)에 설치했다가, 1517년(중종 12)에는 두모포(豆毛浦)에 동호독서당(東湖讀書堂)을 열었다. 휴가 기간은 1개월부터 오랜 기간 주어졌다. 장가(長暇)는 특히 오랜 기간 휴가를 주는 것을 말한다. 대체로 6인 내외가 사가독서에 선발되었다.

의 일을 23첩의 그림으로 만드시고 선생에게 시를 지어서 그림 뒤에 쓰게 하셨다. 10월 13일, 병조정랑(정5품)이 되었다.

을축(1565년) 선생 46세. 1월 11일 홍문관 부교리(종5품)가 되었다가, 1월 20일 다시 병조정랑이 되었다. 10월 19일 의정부 사인이 되었다가, 11월 5일 사헌부 장령(정4품)에 올랐다. 11월 18일에 홍문관 부응교(종4품)가 되었다가, 11월 22일 다시 의정부 사인(정4품)이 되었다.

병인(1566년) 선생 47세. 2월 3일 사헌부 집의(종3품)가 되고, 2월 28일 홍문관 부응교(종4품)가 되었다가, 3월 16일 홍문관 응교(정4품)가 되었다. 7월 14일 다시 의정부 사인이 되었다. 다른 관직으로 교체되었다가 9월 10일 다시 의정부 사인이 되고, 역시 다른 관직으로 교체되었다가 10월 1일 다시 의정부 사인이 되었다. 이후 홍문관 전한(종3품)이 되었다.

정묘(1567년) 선생 48세. 1월 12일 홍문관 전한으로서 원접사 종사관이 되었다. 당시 의정부 좌찬성 홍섬(洪暹)을 천사 관반(天使館伴)으로, 예조판서 박충원(朴忠元)을 원접사로 삼고, 선생과 의정부 사인 기대승(奇大升) 및 이조좌랑 이산해(李山海)를 원접사 종사관으로 충원했다. 이후 승정원 동부승지에 탁배되었던 듯하다. 이해 중국 명나라 목종 황제가 등극하여 조서를 반포했는데, 선생이 원접사 종사관이 되어 가서 조사를 맞이했다.[21] 돌아오자 동부승지에 탁배되었다.

21 이후백은 원접사 참찬(參贊) 박충원(朴忠元)의 종사관이 되어, 조서(詔書) 반포를 위해 파견되어 오는 중국 사신 허국(許國)을 맞아 돌아왔다. 그런데 중국 명나라 사신 일행은 가평관(嘉平館)에 이르러 명종의 승하 소식을 듣고 사인(舍人)을 보내 제본(題本)을 가지고 와서 조정에 진상했다. 그해 음력 7월 3일에 조선 14대 국왕 선조가 즉위했다. 중국 명나라 사신은 목종 황제가 제위에

○이 당시 수령들이 사사로이 재물을 궁중에 헌납하는 폐단이 있었는데, 선생이 사사로운 헌납을 막으라고 청했다. 그 계사는 대략 이러하다. "검약하면 궁중의 필요한 물자는 자연히 번거롭지 않게 됩니다. 만약 임금 된 분이 오로지 나라를 부유하게 할 뜻을 한번 갖기만 하다면, 재물을 거두어들이는 신하는 의례히 먼저 자기가 사사로운 이익을 차리게 되므로, 자기 이익을 생각지 않고 성심으로 나라를 부유하게 하려는 사람이 또한 몇 사람이나 되겠습니까? 나라를 가진 사람은 재물이 부족하다고 걱정할 것이 아니라 민심을 잃을까 걱정해야 합니다. 재물을 가혹하게 거두는 신하를 등용하게 되면 재물을 얻는 것은 얼마 되지 않고 민심을 잃는 것이 매우 많게 될 것입니다. 근래 외간에 전하는 말을 들으면, 수령들 가운데 사사로이 헌납하는 사람이 간혹 있어서 공공연하게 사사로운 헌납을 빙자하여 다른 곳에 재물을 요구하고 있다고 합니다. 선대의 현철하신 왕은 백성을 교화하고 나라를 다스림이 청명하셨거늘 어떻게 하여 이런 말이 있게 되었는지 모르겠습니다. 이러한 일은 일절 엄중하게 막고 근원을 살펴보는 것이 옳을 듯합니다. 수령이 비록 임금을 사랑하는 마음이 있다고 하더라도 거기에는 스스로 명분이 있어야 하고 법으로 금하는 것이 있어야 하는데, 어떻게 사사로운 헌납을 할 수 있겠습니까? 시냇물 따라 꼬불꼬불 길을 가는 것[22]은 모두 자기 몸을 위하는 것이고, 지나치게 임금에게 아첨하는 것은 총애를 굳히고자 하는 것입니다." 상감께서 아주 좋다고 비답했다. 이 계사로 인해서 팔도에 이 뜻을 널리 알리

올랐다는 조서(詔書)를 반포했다. 이후백은 중국 명나라 사신을 잘 맞이한 공로로 승정원 동부승지에 발탁되었다.

22 원문의 '방계곡경(旁蹊曲逕)'은 바른 길을 밟지 않고 굽은 길을 간다는 뜻인데, 남에게 기대어 출세하기를 도모함을 가리킨다.

니 사사로운 헌정의 폐단이 마침내 끊어졌다.

무진(1568년) 선생 49세. ○우리나라 선조대왕 원년, 사간원 대사간(정3품)에 배수되었다. 8월 12일, 영의정과 우의정이 실록청(實錄廳) 인원을 마련할 때 선생이 외방당상(外房堂上)이 되었다. 이때에 박근원(朴謹元)[23]의 아우 박신원(朴愼元)이 청송부사(青松府使)가 되었는데, 청송이 잔읍(殘邑)이라고 싫어해서 부임하지 않으려고 뒤로 몰래 간관들을 사주하여 병을 이유로 체직해 줄 것을 논하도록 하니, 승지 정지연(鄭芝衍)이 계를 올려 대간의 잘못을 논죄했다. 이에 사헌부와 사간원 양사가 정지연을 공박하여 승지로서 대간(臺諫)의 언론을 저지하고 억압한다고 했다. 선생은 홀로 말하기를, "비록 간관의 말이라고 하더라도 어긋나고 잘못된 것이 있다면 어찌 고치지 않겠는가?"라고 하며, 상감에게 아뢰기를, "대간이란 원래 언론의 책임을 지고 있으나, 사람이 대현(大賢)이 아닌 바에야 어찌하여 말마다 잘못된 말이 없겠습니까? 그리고 말을 해서 혹 잘못되었다면 곡절은 나에게 있는데, 그 말이 아직까지 정사에 해가 되지 않는 상태에서 능히 이것을 구제할 수 있는 바가 있다면, 이도 역시 임금을 사랑하는 일이거늘, 무어 성낼 일이 있겠습니까? 하물며 임금의 후설(喉舌) 노릇을 하는 신하(승지)는 직책이 언론을 내치고 받아들이는 데서 무거우니, 보통 관리들과는 비교가 안 되거늘 더 말해 무엇 하겠습니까? 의론을 하지 않고자 한다면 그만입니다. 그러나 어찌 또한 조심하여 신중하고 자세히 살펴서 그 말에

23 박근원(朴謹元)은 밀1575년 동서분당(東西分黨)으로 논쟁이 분분할 때 동인(東人)의 중진이었다. 1585년 이이(李珥)의 직무상 과실을 들어 탄핵하다가 도리어 강계(江界)로 유배되었다. 당시 송응개(宋應漑)·박근원(朴謹元)·허봉(許篈)이 각기 함경도 변방으로 귀양을 갔다. 이를 계미삼찬(癸未三竄)이라고 한다. 1585년 노수신(盧守愼)의 상소로 풀려났다.

오류가 없도록 하지 않는단 말입니까? 이와 같지 못하면, 군주의 잘못에 반대하는[24] 풍조는 끊어지고 군주에 영합하는 우환만 생겨나서 온 세상이 권력에 빌붙고 군주의 마음에 들도록 하려는 지경으로 돌아가게 될 것입니다. 대신이 혹 미진한 곳이 있어도 '대신의 말씀인데 어찌 어길 수가 있겠는가?'라고 말하고, 대간이 혹 오류를 저질러도 '대간의 말을 어떻게 논박할 수 있겠느냐?'라고 하여, 이러한 풍조가 쌓여 나가 끊이 없을 것이니, 얼마 안 가서 자사(子思)가 말했듯이 '아무도 감히 서로 바로잡지 못해서 나랏일이 날로 잘못되어 가게 될 것'[25]이 아니겠습니까?" 이에 양사는 의론이 합치되지 않는다는 이유로 인피(引避)했다. 선생은 드디어 대사간의 자리를 사직하여 교체되었다.[26]

기사(1569년) 선생 50세. 8월 26일, 승정원 도승지에 배수되었다. 선생은 정원

24 원문의 우불(吁咈)은 도유우불(都兪吁咈)의 줄임말이다. 도(都)·유(兪)는 찬성을, 우(吁)·불(咈)은 반대를 의미하는 감탄사이다. 앞에 나왔다.

25 『자치통감(資治通鑑)』 권1 안왕(安王) 25년에 보면, 자사(子思)가 위후(衛侯)에게 "왕의 국사가 장차 날로 잘못될 것입니다.〔君之國事, 將日非矣.〕"라고 하자 위후가 그 까닭을 물었는데, 이에 자사가 "왕이 말을 하면서 스스로 옳다고 하면 경대부가 감히 그 잘못을 바로잡지 못하고, 경대부가 말을 하면서 역시 스스로 옳다고 하면 사서인이 감히 그 잘못을 바로잡지 못하니, 이는 임금이나 신하나 스스로 잘났다고 여기는 것입니다.〔君出言, 自以爲是, 而卿大夫莫敢矯其非. 卿大夫出言, 亦自以爲是, 而士庶人莫敢矯其非, 君臣旣自賢矣.〕"라고 했다.

26 이이의 『경연일기』〔『석담일기』〕에 보면 박신원은 수안군수(遂安郡守)로 있다가 청송부사(青松府使)가 되자 간관에게 부탁하여 자신이 병이 중하니 체직하게 해 달라고 했다. 부승지 정지연(鄭芝衍)과 동부승지 신응시(辛應時) 등이 "간관은 비록 박신원이 병이 있다 하나 신원은 사실 무병합니다."라고 했다. 그러자 양사가 정지연 등을 공격하여, "승지가 어찌 대간의 말을 억누르는가?"라고 했다. 대사간 이후백만은 "아무리 간관의 말이라 하더라도 만일 잘못 그릇친 바가 있으면 어찌 바로잡지 못할 것인가?"라고 했다. 양사가 의론이 맞지 않는다고 인혐(引嫌)하여 물러났다. 홍문관에서 처리하려 할 때 부제학 허엽(許曄) 등이, "대간의 말은 옳건 그르건 간에 꺾는 것이 불가하다." 하여, 마침내 이후백을 체직할 것을 아뢰었다. 본서의 뒤에 이이의 『경연일기』 기록을 발췌해 두었다.

에 있을 때 종일토록 단정히 앉아 있으니 위엄(威嚴)과 강의(剛毅)를 범할 수 없어서 궁중이 숙연해지고 궁인들이 감히 망령된 말을 못했으며, 후궁의 시녀들도 서로 경계하기를 "이 아무개가 정원에 들어왔으니 말소리가 밖으로 새나가지 말게 하라."라고 했다. 상감께서는 이런 까닭으로 선생에게 오랫동안 도승지를 맡기셨다. ○유희춘 공이 동료들과 상의하여 말하기를, "상감이 수라를 드실 때는 입참(入參)하기가 마땅치 않다."라고 하여 간찰을 통해서 선생에게 물어 보았는데, 선생이 입참하지 않을 수 없다고 했다. 유공이 여러 동료들과 마침내 나아가 입참했다. ○그때에 상감께서는 『대학연의(大學衍義)』[27]를 강의하게 하고자 했으나, 선생이 마땅히 『근사록(近思錄)』[28]을 먼저 강의해야 한다고 건 의하니, 상감이 이에 따랐다. ○이때에 남곤(南袞)의 관직을 삭탈했다. 상감이 홍문관과 양사에 특별히 명하여 소차(疏箚)를 올려 남곤의 시비를 논하게 했다. 선생이 교주(繳奏)[29]하여 말하기를, "소차를 울리는 일은 공론이 격화되어 밑에서부터 발해야 하는데 왕의 유지(有旨)를 받아 사건을 말한다는 것은 옛 사람들이 하지 않았던 일로, 그 일이 비록 좋고 그 논의가 비록 공정하다 하더라도 후일의 폐단이 없지 않을까 두렵습니다. 오직 옥당과 양사에서 그의 죄악을 조목별

27 『대학연의(大學衍義)』는 중국 송나라 진덕수(眞德秀)가 『대학』을 부연한 책으로, 원제목은 『진서산독서기을집상대학연의(眞西山讀書記乙集上大學衍義)』이며, 모두 43권이다. 격물(格物)·치지(致知)·성의(誠意)·정심(正心)·수신(修身)·제가(齊家)만 다루고 치국(治國)·평천하(平天下)는 다루지 않았다.

28 『근사록(近思錄)』은 중국 송나라 주희(朱熹)와 여조겸(呂祖謙)이 함께 편찬한 책으로, 모두 14권으로 되어 있는데 주돈이(周敦頤)·정호(程顥)·정이(程頤)·장재(張載)의 학설 가운데 일상의 수양에 필요한 622조를 추려서 14문으로 분류했다.

29 교주(繳奏)는 승지가 임금의 명령이 잘못되었다고 생각하여, 직권으로 임금의 명령서를 봉(封)하여 임금에게 되돌려 올리는 것을 말한다. 본래 중국에서 급사중(給事中)의 관직에 있는 자가 천자의 제칙(制敕)에 잘못이 있다고 판단하여 반박하고 정정하는 행위를 말한다.

로 예거하게 하는 것은 아무래도 무방할까 합니다."라고 했다. 상감이 비답하기를, "계사(啓辭)의 뜻이 지당하다."라고 했다. 10월에 예조참판의 직함을 띠고 성절사(聖節使)로서 중국 명나라에 갔다. 서장관은 류성룡(柳成龍)이었다(『서애선생연보』에 따름).[30]

경오(1570년) 선생 51세. 중국 명나라에서 돌아왔다. 5월 14일의 정사(政事)에서 다시 도승지가 되었다. 손자 태길(泰吉)이 태어났다. ○왕의 하교를 받들어 「국조유선록서(國朝儒先錄序)」를 지어 올렸다. 상감께서 정원에 하교했다. "김굉필·정여창·조광조·이언적의 입언(立言)과 행기(行己)를 내가 읽어 보고자 했더니, 옥당에서 보관하는 서적들에서 수집하고 발췌하여 한 책으로 만들어서 올렸다. 지금 인쇄해서 반포하고자 하나, 이 사람들이 모두 선대 조정에서 화를 면치 못했으며, 그사이에는 미안한 말이 많으니, 이것을 인쇄해서 반포하는 일이 혹 불가하지 않을까?" 선생이 계사를 올려 네 신하의 현명함을 논했으니, 그 대략은 다음과 같다. "김굉필과 정여창은 혼란한 조정[광해군 조정]에서 죄를 입었으나, 실로 동방 도학의 종사가 되었으니, 이분들은 두말할 필요가 없습니다. 조광조는 독지궁행(篤志躬行)하여 도를 밝히고 덕을 세웠으나, 남곤과 심정의 모함으로 마침내 큰 화에 걸렸습니다만, 어느 사람도 그의 현명함을 심복하지 않는 이가 없습니다. 이언적은 성현의 학문을 배워 그 조예가 심오했습니다. 이 네 분의 마음과 자취는 터럭 끝만큼도 의심할 만한 것이 없는데, 어찌 일시 모함에 빠졌다고 하여 그사이에 의심

30 1569년(선조 2)[명나라 융경(隆慶) 3년, 기사] 10월에 이후백은 성절사(聖節使)로서 중국 명나라에 갔다. 당시 서장관은 류성룡(柳成龍)이었다. 『서애선생연보』에서 그 사실을 알 수 있다. 류성룡은 28세로 성절사서장관 겸 사헌부감찰로 연경에 갔는데, 「연보」에 "이때 청련(青蓮) 이후백(李後白)이 정사(正使)였고 선생은 서장관으로 따라갔다."라고 밝혔다.

을 둘 수 있겠습니까? 비록 미안한 말이 있다고 하여도, 그분들의 책 자체는 소인배의 흉악한 정상을 들추어내는 데 불과한 것이며, 절대로 선왕조에 누가 되는 일은 아닙니다. 삼가 바라옵건대 성명(聖明)께서는 쾌히 결단을 내리시고 의심하지 마십시오." 이에 상감이 윤허하셨으며, 유신(儒臣) 유희춘(柳希春) 등에게 명하여 그들의 언행을 가리어 순서대로 엮으라고 하고는 『국조유선록』이라고 명명했다. 이어 선생에게 서문을 지으라고 명하셨다. 선생은 마침내 도학의 연원을 밝히고, 다음으로 도통이 전수된 통서(統緖)를 서술하니, 문장이 노성(老成)[31]하고 전요(典要)[32]했기에 사람들이 이론(異論)을 제기하지 않았다. 이 책은 처음에는 『동국유선록』이라고 이름을 지었는데, 선생이 '동국'이라고 칭하면 그 범위가 신라·고려 때까지 미치게 되지만, 이 네 분은 모두 아조(조선) 사람이니 '동국'을 '국조'로 고치는 것이 좋겠다고 했다. 상감이 이 말씀을 따르셨다. ○이해 선생은 또 율곡 이 문성공(이이)과 더불어 처음으로 을사사화 때의 훈신의 관작을 삭탈하는 일을 논의하시고 마음을 합하고 힘을 다 써서 논쟁하여 마지않았으며, 마침내 윤허하여 따르심을 얻었다. ○선생은 또 천인의 남편과 양민의 아내 사이에 난 아들을 양민에 편입함은 옳지 않다는 뜻을 말하여, "아들이란 아비를 버리고 어미를 따를 수 없으며 천민이 까닭 없이 양민을 따를 수 없으니, 만약 그 어미가 양민이라고 해서 어미를 따라 양민이 되

31 노성(老成)은 원숙하다는 뜻이다. 『서경』「반경 상(盤庚上)」의 "너희들은 노성한 사람을 업신여기지 말고, 외로운 어린이들을 하찮게 여기지 말며, 각각 그 거처를 장구히 하여 힘써 너희들의 힘을 내어서 나 한 사람이 만든 꾀를 따르도록 하라.〔汝無侮老成人, 無弱孤有幼, 各長于厥居, 勉出乃力, 聽予一人之作猷.〕"라고 했다.

32 전요(典要)는 불변의 준칙을 말한다. 『주역』「계사전 하(繫辭傳下)」 8장에 "역(易)은 오르내림에 일정함이 없고, 강양(剛陽)과 유음(柔陰)이 서로 바뀌어 전요로 삼을 수 없고, 오직 변화하여 나아갈 뿐이다.〔上下无常, 剛柔相易, 不可以典要, 唯變所適.〕"라고 했다.

게 한다면 인륜의 기강이 문란해질 것입니다."라고 하셨다. ○당시 의관인 양인수(楊仁壽)에게 6품 정직을 수여하라는 명이 있었는데, 선생이 교주(繳奏)[33]하여 옳지 못한 일이라고 말씀드려 그 일이 마침내 중지되었다

신미(1571년) 선생 52세. 예조참판에 승배되었다. 또 사헌부 대사헌과 홍문관 제학에 이배되었다가, 갑자기 이조참판으로 옮겼다. 교지를 받들어 「유민도시(流民圖詩)」를 제술하여 올렸다. 이해 선생은 문신정시(文臣庭試)에 장원하여서, 가자(加資)되었다. ○이해는 마침 큰 기근이 들어서 유민들이 길을 메웠다. 상감은 이들을 가엾게 생각하시고 백성들이 떠돌아다니며 고통을 겪는 상황을 알고자 화공을 시켜 그 형상을 그림으로 그리게 하여 10첩 병풍을 만들고, 선생에게 명하여 매 첩마다 시를 짓게 했다. ○노수신이 전 대제학으로서 문형(대제학)을 천거하려고 하여, 삼상(三相, 세 정승)과 참찬 원혼(元混), 이조판서 박승준(朴承俊), 호조판서 정종영(鄭宗榮) 등 모두 6명에게 인물의 이름에 동그라미를 치게 했더니, 선생과 김귀영 두 사람에게 6명의 동그라미가 나란히 나타났으니, 아마도 두 분 다 괜찮다는 뜻이었다. 김 공이 대제학이 되고 선생이 제학이 되니, 여론이 이를 아쉬워했다.

임신(1572년)[34] 선생 53세.

33 교주(繳奏)는 국왕의 명에 반박하고 정정을 수행한 것을 말한다. 봉박(封駁)과 같다. 앞에 나왔다.

34 종래의 「연보」에서는 이해에 동지경연사에 이어 예문관 제학을 배수했다고 하고 경연에서 소식(蘇軾) 시를 주희의 「재거감흥시」로 대체할 것을 건의했다고 적었다. 하지만 이후백은 계유(1574년)에 중국에서 돌아온 후 동지경연사로 경연에 들었으므로, 「연보」를 수정한다. 송시열의 행장에 따르면 이후백은 57세 때인 1576년 함경도관찰사 직을 마치고 조정의 내직으로 들어와 이조판서가

계유(1573년) 선생 54세. 종계변무정사로서 북경에 갔다. 이보다 앞서 우리 강헌대왕(康獻大王)이 반적(叛賊)〔윤이(尹彝)·이초(李初)〕의 무고(誣告)를 입었는데, 그들이 중조(中朝)에 무고하여 『황명조훈(皇明祖訓)』과 『대명회전』에 모두 그 무고한 말이 기록되어 있다. 왕의 7대조 공정왕(恭定王, 태종)으로부터 전왕(前王)에 이르기까지 누대에 걸쳐 진주(陳奏)하여 변무(辨誣)했고 매양 진주할 때마다 개정하겠다는 허락을 받았으나 개정한 부분은 여전히 환히 보여 주지 않았다. 왕이 보위를 잇자 개연히 탄식하기를, "국계(國系)가 무함을 입은 지 200여 년이니, 어찌 하루인들 천지 사이에서 편안히 음식을 들고 휴식할 수 있겠는가? 사신을 엄선해 보내어 혈성(血誠)을 다해 주청하여 기필코 변무하고야 말 것이다."라고 했다. 이에 만력 원년(1573년) 계유에 선생을 진주 정사(陳奏正使)로 삼아 종계가 이미 무고임이 가려진 사항을 새로 편수하는 『대명회전』에 넣어 달라고 청하게 했다. 이는 대개 중국 명나라 조정에서 그때 『대명회전』을 편수하고 있었기 때문이었다. 예부상서 육수성(陸樹聲)은 선생이 지성으로 간청하심에 감동하여 즉시 진주문을 갖추어 실록에 기재하기를 빌고, 또 이어 이것을 재편하는 『대명회전』에 넣게 하자고 주상하니, 황제가 마침내 칙서를 내려 말했다. "너의 조상은 오랫동안 아름답지 못한 누명을 입었는데, 우리 열조의 은혜에 힘입어 이미 누명을 깨끗이 씻어 개정했다. 이에 실록을 찬집 편수함에 전후의 상소문들을 갖추어 채록하도록 하여 영구히 이를 드리우고자 한다. 짐은 너희들이 예의를 지키는 나라에 속하고 또 사건

된 후 "홍문관과 예문관의 제학(提學)이 되었다."라고 했다. 하지만 『선조실록』 등을 참고하면, 이후백은 55세 되던 1574년(선조 7, 갑술) 5월부터 7월까지 제학으로 있었으며, 7월 21일 정사(政事)에 대사간이 되었다가 곧 대사헌이 되었다. 이듬해 8월 1일 함경도관찰사에 임명되고, 2년 뒤인 1577년 10월 이조판서가 되었다. 신도비에 따르면 이때 예문관 제학을 다시 겸한 듯하다.

이 인군과 신하의 대의에 관계되는 일인 만큼 특별히 너희들의 소청을 윤허해서 곧 초록을 하여 사관에게 보내도록 명하여 빠짐없이 이를 『숙조실록(肅祖實錄)』[35]에 써 넣게 하고, 뒤에 편집 찬술하는 새 『대명회전』의 발간을 기다려 너희들이 선조의 원통함을 씻어 달라고 호소하는 간곡한 마음을 위로코자 한다." 칙서를 받들고 돌아오자, 상감이 법가를 갖추어 교외로 나와 맞았으며, 특히 선생에게 가의대부를 더하고, 밭 30결과 노비 5명을 하사했다. 만력 16년(1588년)이 되자, 사은사로 명에 갔던 유홍이 북경에서 돌아오면서 완성된 『대명회전』과 천자의 칙서를 받들고 와서 선포했다. 상감은 이를 종묘에 고하고, 나라 안에 대사령(大赦令)을 내리고 정전에 나아가 여러 신하로부터 축하를 받고, 종계변무의 공신을 포상했는데, 그때 선생은 이미 졸한 뒤라 마침내 선생을 수충공성익모수기광국훈신(輸忠貢誠翼謨修紀光國勳臣)으로 추록하고, 좌찬성 대제학을 추증하고 연양부원군(延陽府院君)으로 봉했다. ○동지경연사에 배수되고, 경연에서 진강했다. ○또 예문관 제학으로 배수되었다.〔『선조실록』 권7, 선조 6년 계유 12월 21일(정묘)의 조강에 동지경연사로 참여했다. 유희춘은 진강 때 동파시(東坡詩)를 「주자 감흥시(朱子感興詩)」로 바꾸도록 청했다.[36] 선생은 또 경연에서 『논어』를 불가불 숙독하지 않으면 안 된다고 힘주어 진술했다.〕

갑술(1574년) 선생 55세. 1월부터 3월까지 이조참판으로 있었다. 5월부터 7월

35 『숙조실록(肅祖實錄)』은 중국 명나라 『세종실록(世宗實錄)』을 가리킨다. 중국 명나라 태조 주원장(朱元璋)의 부친 이름이 '주세진(朱世珍)'이었기 때문에 중국 명나라에서는 대대로 '세(世)' 자를 피했다. 앞서 나왔다.

36 『선조실록』 권7, 선조 6년 계유(1573년) 12월 21일(정묘)의 기록에 따르면 유희춘이 건의했다고 되어 있다. 이후백도 함께 건의한 내용이었을 가능성이 있다.

까지 예문관 제학으로 있었다. 7월 21일 정사(政事)에 대사간이 되었다가 곧 대사헌이 되었다. 〔『선조실록』에 의함〕

을해(1575년) 선생 56세. 3월 7일, 인순왕후의 지문(誌文)을 작성했다. 3월 20일, 대사간이 되었다가 5월에 형조판서에 승배(陞拜)되었다.[37] 상감이 좌의정 박순에게 묻기를, "추조(형조)의 장관은 늘 적합한 사람을 얻지 못하여 걱정인데, 경이 그 직책을 감당할 만한 사람을 천거하라."라고 했다. 박순 공이 마침내 맑고 근실하며 공무에 봉사하는 사람이라고 하여 선생을 천거했기 때문에 이러한 임명이 있게 되었다. ○박순 공은 일찍이 경연에서 선생을 천거하면서 말하기를, "그 사람은 6척의 고아(어린 군주)를 맡길 만하고 백 리(제후국)의 명을 기탁할 만한 사람입니다."[38]라고 하니, 상감이 그 말이 옳다고 여겼다. 이해 8월, 특지로 함경도관찰사에 제수되었다. 상감은 함경도의 백성들이 거처를 잃게 된 것은 감사의 직에 제대로 된 사람을 얻지 못했기 때문이라고 여겨, 마침내 관찰사 박대립(朴大立)을 교체하라고 명했다. 그때 선생은 어떤 사유로 관직에서 물러나 집에 있었는데, 상감께서 특명으로 제수했다. 관북의 도는 아주 먼 곳에 있었고 명목도 없는 부세(賦稅)와 법률을 어기는 일들이 낭자하여 한도 끝도 없었다. 선생이 도백(道伯, 관찰사)의 일을 맡아보아 전부 다 다스리고 세금을 감면하고 일을 혁신하여 위엄과 자혜를 병행하니, 일로(一路, 온 도내)가 맑고 깨끗해졌다. 또 문회서원에 선비를 보아 공부를 시키고 과정(課程)을 정하여 독려했다. 주현(州

37 중간본 『청련집』 연보에는 갑술(1574년)의 일로 되어 있으나, 『국조보감』 등을 따라 바로잡는다.

38 『논어』 「태백(泰伯)」에 "6척의 고아〔어린 임금〕를 맡길 만하고, 백 리의 명〔제후국의 명〕을 기탁할 만하며, 큰 절조를 세울 때를 당하여 굽히지 않는다면, 그가 군자다운 사람인가? 군자다운 사람이다.〔可以託六尺之孤, 可以寄百里之命, 臨大節而不可奪也, 君子人與? 君子人也.〕"라고 했다.

縣)의 소민 가운데 능히 『시』·『서』를 외우고 글을 지을 수 있는 사람이 있으면, 그와 주객(主客: 대등한 관계)의 예를 갖기도 했다. 사람들이 모두 다투어 권면되어 문풍이 물씬 일어나, 이름을 명부에 올리고 조정에 올라 벼슬하는 사람이 줄을 이었다. 임진왜란 때에 능히 난을 헤치고 반정한 사람들은 모두 스스로 유생이라고 부르는 사람들이었다. 전한(典翰) 허봉(許篈, 1551~1588)이 어사(御史)가 되어 북도를 염찰(廉察)할 때 계동(溪洞)에 거처하는 소민을 만나도 그 백성이 반드시 묻기를, "이 판서는 잘 계시는지요?"라고 물어보았다. 허봉이 이러한 사실을 여러 책자에다 기록하여 아름다운 일이라고 칭송했다. 선생이 교체가 되어 서울로 돌아오게 되자 관북(함경도) 유생들이 대궐 문에까지 와서 아우성치며 선생을 10년만 더 그곳에 머물게 해 달라고 탄원했으나, 상감이 들어주지 않고 좋은 말로 비답하여 보내 주었다.

병자(1576년) 선생 57세. ○손자 유길(有吉)이 태어났다.

정축(1577년) 선생 58세. 10월에 특지로 이조판서에 배수되었다. 당시 동전(이조)에 자리가 비어 있었는데 적합한 인물을 얻기가 어려웠다. 선생은 북영(함경도 감영)에 있은 지 겨우 1년밖에 안 되었으나, 마침내 특지로서 불러들여 이 자리를 제수했다. 선생이 전지(銓地, 이조의 인사권 행사 자리)에 있게 되자 힘써 공도를 넓혀 청탁을 행하지 않게 했으며, 비록 친구라도 자주 왕래를 하며 문후를 하면 몹시 좋지 않게 생각했다. 어떤 족인이 와서 관직을 구하자 선생이 정색을 하고 한 책자를 내보였는데, 그 족인도 그 장부에 이름이 있었다. 그러자 선생이 탄식을 하며, "자네의 이름을 기록해 놓은 지 오래되었네. 아깝구나! 자네가 말을 하지 않았더라면 내가 물망에 올릴 수가 있었네. 만약 관직을 구해서 관직을 얻는다면 어찌 공도이겠는가?"라고 했다. 주의(注擬; 관직에 인물을 추천함)가 있을 때마다 두루 낭료(하관)들에게 물어보고, 만약 잘못 제수된 일이 있으면 반드시 밤새도록 잠을 자지 못하고, "내가 주상 전하를 속였다!"라고 했다. 김첨(金瞻)[39]이 전랑(銓郎, 이조정랑)이 되고 나서 늘 일을 품신하고 나오면 땀을 닦으며 탄식을 하고, 동료들을 돌아보며, "기이하구나! 이 어른은 범할 수가 없도다. 이 어른은 볼 때마다 자연히 경복하게 된다."라고 했다. 선생이 몰한 뒤에 갑신(1584) 을유(1585) 연간에 동서로 당론이 갈라져 다투게 되어 형세가 지탱하기 어렵게 되자 일시의 명사들이 장령 기대정(奇大鼎)[40]의 집에 모였는데, 이발(李潑)[41]도 거기에 참석했었다. 한 좌객이 말하기를, "시국의 논의가 이와 같으니, 어떻게 진정할 수 있겠는가?"라고 하니, 다른 한 손님이 말하기를, "만약 이 아무개가 있다면 어떠할까?"라고 하니 이발이 말하기를, "그렇다. 대개 사론이 바로잡히지 않는 것은 항상 사람을 천거하는 일을 바르게 하지 못하기 때문이다. 이 어른이 이조판서로 계실 때 내가 이조정랑으로 있었는

39 김첨(金瞻, 1542~1584)의 본관은 구 안동으로, 자는 자첨(子瞻), 호는 하당(荷塘)·남강(南岡)·동강(東岡)이다. 김희수(金希壽)의 증손으로, 할아버지는 김로(金魯)이고, 아버지는 전한 김홍도(金弘度)이며, 어머니는 이희철(李希哲)의 딸이다. 1576년(선조 9) 별시 문과에 병과로 급제하고 1579년 사가독서(賜暇讀書)했다. 류성룡 등과 함께 이이(李珥)가 올린 소에 대해 옳지 않다고 탄핵했으며, 1581년 이조좌랑으로서 박근원(朴謹元)을 이조참판에 등용할 것을 주청했다. 1582년 교리(校理)를 거쳐 고경명(高敬命) 대신 경상도재상경차관(慶尙道灾傷敬差官)으로 나아갔다. 이듬해 종사관이 되어 중국에 다녀온 뒤 이이를 탄핵하다가 지례현감(知禮縣監)으로 좌천되고, 1584년 파직된 뒤 타계했다.

40 기대정(奇大鼎)의 본관은 행주(幸州)이다. 음보(蔭補)로 강릉참봉(康陵參奉)이 되었고, 품계를 뛰어 넘어 사헌부의 지평(持平)과 장령(掌令)을 지냈다.

41 이발(李潑, 1544~1589)의 본관은 광산(光山), 자는 경함(景涵), 호는 동암(東巖)이다. 1573년 문과에 급제하여 대사간에 이르렀다. 동서 분당 때 동인의 영수로서 서인인 정철과 대립하다가 1589년 정여립(鄭汝立) 모반을 계기로 일어난 기축옥사에서 고문을 받고 세상을 떠났다.

데, 주의(注擬)할 때마다 비록 평소 절친한 사람이라도 공론에 맞지 않으면 불응했고, 비록 서로 알지 못하는 사이라도 공론에 합당하면 등용하여, 마치 자신의 처사가 미치지 못할까 봐 두려워하는 듯이 했다. 무릇 사람을 등용할 때 이와 같이 공정하다면 어찌 부정(不靖, 불온)할 리가 있겠는가? 이 어른이 오래 계셨으면 사론이 귀일하게 되었을 것이고 조정도 아마도 화합할 것으로 생각된다."라고 했다. 이발은 선생을 흠모하는 사람이 아닌데도〔이발은 동인인데도—역자〕 그 말이 오히려 이와 같았다. 홍문관과 예문관의 제학(提學)이 되었다.[42] 정축 12월, 왕명을 받고 「을사삭훈반교문(乙巳削勳頒教文)」을 지어 올렸다. 또 인성왕후(仁聖王后)〔인종의 비 박씨〕를 위한 복제(服制)를 의론하여 정했다. 인성왕후의 병이 몹시 악화되자 마침내 위사공신(을사사화를 일으켜 공신호를 받은 사람)의 호를 삭탈하라고 명하고, 마땅히 중외에 교지를 반포하는 글이 있어야 했는데, 대제학 김귀영으로 하여금 글을 지어 올리게 했으나 사(詞)가 졸렬하고 뜻이 밝게 나타나지 않았다. 상감이 근신에게 말하기를, "충(忠)과 사(邪)를 변별하는 일은 국가의 지극히 큰 일인데, 마땅히 그 문장을 바르게 하여 중외에 분명하게 일려야 하거늘 어찌 이같이 대충대충할 수가 있겠는가?"라고 하고는, 즉시로 선생에게 명하여 다시 짓게 했다. 선생이 말하기를, "시비는 밝힐 수 있습니다."라고 하고 마침내 사양하시지 않고 그 자리에서 교서를 초하여 바쳤다. 교서를 선포하던 날 사람들이 모두 감격하고 좋아했다. 우암 송 문정공(송시열)이 선생의 행장을 써서, 그 가운데 "화패(禍敗)의 원류를 소급하고 뭇 간신들의 기만과 은폐를 지척(指斥)하

42 송시열 찬술의 행장에 의거한다. 단, 이후백은 이미 갑술(1574년)의 해에 제학의 직에 있었다. 재고할 필요가 있다.

며 명묘(명종)의 우애의 정을 분명하게 드러내고 봉성대군의 억울함의 진상을 밝혀서, 명백하고도 통쾌하여 읽는 사람으로 하여금 감격해서 눈물을 흘리게 한다. 의론하는 사람들은 '비단 문장이 출중할 뿐 아니라 그 지기가 빛남을 이 글에서 볼 수 있다.'라고 말했다. 이로부터 의론이 크게 정해져서 선묘(선조)의 청명한 교화 정치를 열었으니, 공의 공이 크다고 할 만하다."라고 했다. ○인성왕후가 돌아가시니 영의정 권철(權轍)이 건의하기를, "전하께서는 당연히 자최복(일 년 상복)을 입으셔야 합니다."라고 했다. 선생은 "왕이란 분은 왕통을 잇게 되면 비록 형제간이라 하더라도 역시 삼년복을 입어야 하는데, 지금 전하께서는 선왕(명종)의 뒤를 이으셨고, 선왕은 실로 인종의 왕통을 이었으니, 이는 전하와 인성왕비와의 사이에 조손(祖孫)의 의리가 있는 것이므로, 당연히 삼년복을 입으셔야 합니다."라고 했다. 상감께서 이 말씀을 따랐다. 드디어 삼년의 상례로 정했다. 선생이 이 예제를 의론할 때 경전을 인용하고 의리를 근거로 삼아서 명백하고 정당하여 뭇 사람들이 선생의 의론을 제일로 추대했다. 서애 류성룡 공이 당시 옥당(홍문관)에 있다가 선생의 의론을 외우면서 경복(敬服)하여 말하기를, "이 노인이 공부한 것이 이러한 경지에 이르렀단 말인가?"라고 하고는 한 통을 베껴서 궤안(几案)에 두고, 아울러 선생이 정사를 의론한 내용을 써서 한 책으로 만들어 스스로 즐기며 감상했다.

무인(1578년) 선생 59세. 호조판서에 배수되었다. 휴가를 청하여 얻어 함양으로 선영을 성묘하러 갔다. 10월 7일에 졸했다.[43] 노수신(盧守愼)이 상

43 백광훈(白光勳)의 「청련 선생을 위한 만시〔靑蓮先生挽〕」를 수록한 『옥봉집』의 주에는 "선생은 함양 관사에서 재직 중 돌아가신 후 파주에 장사지내졌다.〔先生捐館于咸陽, 後葬于坡州.〕"라고 되어

주(上奏)하기를, "지부(호조)의 장관은 강직하고 밝으며 법을 지키는 사람을 택하여야 합니다."라고 하여, 마침내 선생을 추천하여 선생이 호조판서가 되니, 당시 사람들이 적임자를 얻었다고 말했다. ○9월에 선생이 휴가를 받아 함양의 선영을 성묘했는데, 선생은 노진(盧禛) 공과 동향의 계합(契合)이 두터워 그의 영구에 곡하고, 돌아와 감기가 들어 하룻밤 만에 졸했다. 부음이 전해지자 상감은 크게 슬퍼하고 은졸(隱卒)[44]의 예전을 더했다. 특별히 명령하여 운구가 경유하는 읍에서 호상하도록 해서, 파주의 광탄(廣灘)에 있는 선영 옆 자좌(子坐) 언덕에 귀장했다. 율곡 이 문성공(이이)은 말했다. "이 아무개는 관리로 있을 때 그 직분을 다했으며, 몸가짐이 깨끗하여 벼슬이 육경(판서)의 지위에 이르렀으나, 살림이 가난하고 소박하기가 마치 유생과 같았다. 사방에서 오는 뇌물을 일절 받지 않았으며, 손님이 오면 술잔과 소반이 냉담했다. 한창 정승으로 들어갈 물망이 있었거늘, 졸하게 되자 사림이 몹시 아까워하며, 정2품 지위에는 사람이 없다고 했다." ○이해에 상감이 2품(판서) 이상의 지위에 있는 사람들로 하여금 각기 묻혀 있는 인재를 천거하도록 하니, 선생이 사계 김장생(金長生)을 추천하여 명에 응했다. 이때 선생은 전조랑(銓曹郎, 이조판서)에 있었으므로 즉시 김 공을 창릉참봉(昌陵參奉)[45]으로 삼았다. 그 천목(薦目, 추천 명목)에 "옛 성인의 가르침을 독실히 믿고 성현의 경전에 침잠했다."라고 했다.[46] ○선생이 졸(卒)하시자, 문인들이 장차 상례를 치르기 위해

있다.

44 은졸(隱卒)은 사후에 관작을 추봉하거나 시호를 내리는 일을 말한다. 여기서는 전자의 뜻이다.

45 중간본 『청련집』의 「연보」에는 '효릉참봉(孝陵參奉)'으로 되어 있으나, 바로잡는다.

46 김장생(金長生), 『사계전서(沙溪全書)』 권43 「부록 연보」 '무인년(1578, 선조 11년) 선생 31세'. "천거되어 창릉참봉(昌陵參奉)에 제수되었다. 그 당시에 조정에서는 학행(學行)이 있는 선비를 가려

남긴 재산을 검토해 보니, 오직 서적과 하사받은 모피 서너 장뿐이었다. 아계 이산해(李山海)는 시를 지어 선생을 애도하여, 그 만시에 "팔좌[47]의 지위가 높아도 오히려 집을 세내어 살았고, 두 왕의 은총 무거워 전원으로 돌아가지 못했도다."라고 했다. 그 후 선묘(선조)가 청백리를 명부에 기록하도록 했는데, 공의 이름이 그 명부에 올랐다.

숙종 병자년(숙종 22, 1696), 태상시에서 청련의 시호를 의론하여 문청(文淸)이라고 했다. 학문에 부지런하여 묻기를 좋아하는 것을 문(文)이라 하고, 불의를 멀리 피하는 것을 청(淸)이라 한다.

庚辰	明武宗皇帝正統十五年, 我中宗大王十五年, 四月十一日 辰時, 先生生于咸陽介坪村〔地在介坪村相望處〕, 土人稱之曰牛岩村, 或通稱介坪村.
辛巳	先生二歲
壬午	先生三歲
癸未	先生四歲
甲申	先生五歲, 始就學.
乙酉	先生六歲
丙戌	先生七歲, 沈默少言, 聽明絶倫, 文思益通.

뽑아 등용했는데, 이조판서 이후백(李後白)이 '성인의 경전을 깊이 연구했고 옛날의 훈계를 독신했다.〔沈潛聖經 篤信古訓〕'는 내용으로 천목(薦目)을 만들어 올리니, 상이 대신들에게 의론하라고 명했다. 그러자 영상 홍섬(洪暹)과 좌상 노수신(盧守愼)이 모두 마땅하다고 했으므로 드디어 이 제수가 있게 된 것이다."

47 팔좌(八座)는 재신급(宰臣級)의 고위 관료 8인을 지칭하는 말로, 조선시대에는 육조(六曹)의 판서(判書)와 좌찬성(左贊成)·우찬성(右贊成)을 가리켰다.

丁亥	先生八歲. 先生時在山寺讀書, 本道伯適至, 聞先生名 招之試以詩. 適見塔畔有新裁小松, 乃以塔畔松爲題, 呼韻. 先生卽對曰: "一尺靑松塔畔裁, 塔高松短不相齊. 傍人莫怪靑松短, 他日松高塔反低." 方伯大奇之, 一時傳播. 先輩以爲此非但天才夙就, 其志趣可見.
戊子	先生九歲, 連遭議政公及貞敬夫人林氏喪. 先生荐遭內外艱, 哀號突擗, 執喪如禮, 見者稱之. 養于伯父家, 未常與群兒, 渾處笑語. 一日, 往宗丈家, 宗丈饋以醴, 却之不飮. 問之, 對曰: "此雖醴, 旣名以酒, 不政飮." 一座莫不歎異. 雖盛夏不脫絰帶. 受人弔慰, 儼然成人. 凡居喪, 微文小節, 皆質問於長者而行之.
己丑	先生十歲
庚寅	先生十一歲
辛卯	先生十二歲, 就學于表公寅之門. 時表公有學行, 隱居敎授. 先生以伯父命, 往學. 一時學徒十五人. 盧玉溪禛, 梁牧使喜, 吳德溪, 韓錦山, 皆與焉. 以次受學, 先生年最少, 常居末席, 聽諸人所受書, 一皆背念. 表公聞之, 招使試之, 先生卽席, 遍誦諸人所受書, 無一緖誤, 而如熟讀者然. 表公大加驚異曰: "未知古有如此兒否?"
壬辰	先生十三歲
癸巳	先生十四歲
甲午	先生十五歲, 作「瀟湘八景歌詩」八篇. 先生之伯父參奉公, 泛舟於花開·岳陽〔花開·岳陽, 皆地名〕之間, 先生從焉. 參奉公望見智異山雲嵐掩藹, 斗治江烟波澄碧, 命先生賦「瀟湘八景歌詞」, 卽席立就. 膾炙一時, 騰諸樂府.
乙未	先生十六歲, 往侍祖母貞夫人洪氏于金陵地〔康津古號〕. 時先生之王考判書公已下世, 祖母洪夫人, 自京隨親庭來, 居于金陵地. 先生遂往省, 因留侍奉養焉.

丙申	先生十七歲, 先生事洪夫人, 怡愉承順, 愛敬備至, 鄕里稱之.
丁酉	先生十八歲, 定省之暇, 一以讀書爲事.
戊戌	先生十九歲, 時李芑謫居康津, 先生聞其有文學, 往從之, 數日卽歸. 人問之, 則曰: "觀芑之爲人, 凡於毫末之事, 一皆秘之, 不欲人知. 君子行事, 豈宜如是也?" 遂絶不復往.
己亥	先生二十歲
庚子	先生二十一歲, 聘夫人洪氏. 夫人郡守處誠之女. 先生祖母貞夫人洪氏之姪孫也.
辛丑	先生二十二歲
壬寅	先生二十三歲, 是歲. 先生魁鄕解, 至京師, 文人學士, 雅聞先生名, 皆遲其至. 名公巨卿, 多禮敬之.
癸卯	先生二十四歲, 築室于金陵博山村. 先生愛博山, 溪岑明麗. 遂誅茅, 奉祖母洪夫人移居焉.
甲辰	先生二十五歲 ○我仁宗大王元年. 先生自是无留意於切問近思之學, 專治經義及程朱諸書, 遠近士友從遊者甚衆.
乙巳	先生二十六歲 ○我明宗大王元年.
丙午	先生二十七歲, 子善慶生. 是歲, 先生中司馬.
丁未	先生二十八歲, 同鄕有參乙巳僞勳者, 重先生, 欲一見之. 先生時在山房讀書, 其人託遊臘, 與鄕人相約而至. 先生聞之, 輒移棲避之. 其疾惡如此.
戊申	先生二十九歲, 丁祖母洪夫人憂. 先生承重守制, 三年廬墓, 朝夕上塚, 風雨不廢, 終始如一. 柳眉巖希春·林石川億齡, 相謂曰: "純孝出於天性, 古之孝子無踰於此."
己酉	先生三十歲
庚戌	先生三十一歲
辛亥	先生三十二歲, 先生學問日進. 白玉峯光勳, 崔孤竹慶昌, 李峒隱義

健, 李孤潭純仁, 金南溪胤, 林斯文薈, 尹斯文箕, 皆從而遊. 白崔兩公, 則因執師弟之禮. 柳淸溪夢井, 金健齋千鎰, 諸名儒, 每有禮文逕庭, 經義疑晦處, 必往復問難. 歎曰: "論辯精確, 非今世人所可跂及."

壬子	先生三十三歲, 訪河西金公麟厚于長城地. 時河西金公, 棄官來居于長城. 先生重其出處大節, 往拜之, 因與講論而歸.
癸丑	先生三十四歲
甲寅	先生三十五歲, 訪高峯奇公大升于光州地. 先生少時與奇公賦詩同遊, 交契甚篤. 至是往訪, 與論經義.
乙卯	先生三十六歲, 登式年乙科. 先生以明經登式年乙科, 選入槐院, 拜權知副正字.
丙辰	先生三十七歲, 拜世子侍講院說書, 及兵曹佐郎.
丁巳	先生三十八歲, 拜司諫院正言.
戊午	先生三十九歲, 拜弘文館副修撰, 及吏曹佐郎.
己未	先生四十歲, 陞拜弘文館校理, 及吏曹正郎. 是年以繡衣奉命, 廉察湖南, 守令貪汚者, 素聞先生之剛直, 解印綬去者數人.
庚申	先生四十一歲, 拜世子侍講院說書, 及司諫院正言. 又拜世子侍講院司書. 時在乙巳斬伐之餘, 士氣沮喪, 先生每入講筵論思之際, 輒請扶植元氣.
辛酉	先生四十二歲, 拜議政府檢詳.
壬戌	先生四十三歲, 拜世子侍講院司書.
癸亥	先生四十四歲, 拜兵曹正郎, 及弘文館副修撰. 旋移拜吏曹佐郎. 賜暇湖堂讀書.
甲子	先生四十五歲, 承命製進「國朝登科畵帖後題詩」. 拜兵曹正郎. 上素重科擧, 以文武生進諸科放傍謝恩遊街等事, 爲圖二十三帖, 命先生賦詩, 書於圖後.

乙丑　先生四十六歲, 拜弘文館副校理, 旋移兵曹正郎. 十月拜議政府舍人及司憲府掌令. 十一月移拜弘文館副應教, 及議政府舍人.

丙寅　先生四十七歲, 拜司憲府執義, 旋移弘文館副應教, 改拜弘文館應教, 及議政府舍人. 陞拜弘文館典翰.

丁卯　先生四十八歲, 擢拜承政院同副承旨. 是歲, 穆宗皇帝登極頒詔, 先生以遠接使從事官, 往迎詔使, 還擢拜同副承旨. ○是時有守令私獻之弊, 先生乃請杜私獻. 其啓略曰: "儉約則用度自不煩矣. 若爲人君者, 一有富國之意, 則斂臣例先自私焉. 不利其己而誠心富國者, 亦幾人哉? 有國者, 不患不足而患失民心. 如用斂臣, 則得財無幾而失民甚多矣. 近來外間傳說, 守令等有私獻之事, 間有公然託私獻, 而求於他處者矣, 先朝聖哲, 化理淸明, 而不知何以有此言也. 如此等事, 一切嚴杜, 而察其根源, 可也. 守令雖有愛君之心, 有名分, 有法禁, 何可私獻乎? 旁谿曲逕, 皆爲身謀. 曲諂於君, 欲固其寵也." 上優批. 因以此啓辭, 頒示八路, 私獻之弊遂絶.

戊辰　先生四十九歲 ○我宣祖大王元年, 拜司諫院大司諫. 時朴謹元之弟愼元, 爲靑松府使, 厭邑殘, 欲不往, 陰嗾諫官, 以病論遞. 承旨鄭芝衍啓, 論臺官之失. 於是兩司攻芝衍, 以承旨沮抑臺諫之言. 先生獨曰: "雖諫官之言, 若有違誤, 則豈可不矯乎?" 因白于上曰: "臺諫固任言責. 然人非大賢, 何得每言無誤言? 而或誤則曲在我矣, 及其未害於政, 而有能捄之者, 是亦愛君, 何怒之有? 況喉舌之臣, 職重出納, 非庶官之比耶? 如不欲議已也. 盍亦愼重詳審, 無誤其言乎? 不若是吁咈之風絶, 迎合之患生, 擧一世而歸於依阿苟容之地矣. 大臣或有未盡, 則曰大臣之言, 何可違也? 臺諫或涉謬誤, 則曰臺諫之言, 何可論也? 積此不已, 幾何其不爲子思所謂: '莫敢相矯而國事日非'者耶?" 於是, 兩司以議不合引避, 先生遂辭遞諫長.

己巳　先生五十歲, 拜承政院都承旨. 先生在政院, 終日端坐, 嚴毅不可犯. 禁中肅然, 掖庭人無敢闌語. 後宮女侍相戒曰: "李某入政院, 毋使語聲出於外." 上以故久任於是職. ○柳公希春, 以同僚議云: "不宜入參水剌上食之時." 簡通于先生問之, 先生以爲不可不參. 柳公與諸僚, 乃進參. ○時上欲講『大學衍義』, 先生建議, 以爲當先講『近思錄』, 上從之. ○是時, 追削南袞官爵. 上特命弘文館兩司, 使箚論南袞是非. 先生繳奏曰: "疏箚之上, 公論所激, 自下而發, 受旨言事, 古人所不爲. 其事雖善, 其論難公. 恐不無後弊也. 只令玉堂兩司, 條列其罪惡, 庶無妨也." 答曰: "啓意至當."

庚午　先生五十一歲, 孫泰吉生. ○奉敎撰進「國朝儒先錄序」. 上下敎于政院曰: "金宏弼·鄭汝昌·趙光祖·李彦迪, 立言行己, 予欲覽閱. 玉堂書藏,[48] 則蒐萃[49]爲書一卷以進矣. 今欲印出頒布, 此人皆在先祖未免被患, 其間多有未安之語. 印出頒宣, 或不可矣." 先生啓論四臣之賢, 其略曰: "金宏弼·鄭汝昌 被罪於昏亂之朝, 而實爲東方道學之宗, 此則更無可言矣. 趙光祖篤志躬行, 道明德立, 爲袞·貞所搆陷, 竟罹大禍, 而人無不服其賢. 李彦迪學聖賢, 造詣深奧. 玆四臣心迹, 無毫末未可疑, 豈可以一時不免搆陷而致疑於其間哉? 雖有未安之語, 不過發揚小人輩凶惡情狀耳, 萬不爲先朝之累矣. 伏願聖明, 夬決無疑." 上許之. 命儒臣柳公希春等, 撰次其言行, 命曰國朝儒先錄, 因命先生製序文. 先生遂上明道學之淵源, 次敍授受之統緖, 老成典要, 人無間言. 是書始名'東國儒先錄', 先生以爲稱東國則泛及於羅麗, 此四人皆我朝人, 莫若以國朝易東國. 上從之. ○是歲, 先生又與栗谷李文成公, 始擧乙巳削勳之議, 協心竭力, 爭論不已, 竟得允從. ○先生又言賤夫良妻之子從良未便之意. 曰:

48　중간본 『청련집』의 「연보」에 '箴'으로 되어 있으나 '藏'의 오자이다.
49　중간본 『청련집』의 「연보」에 '薪'으로 되어 있으나 문맥상 '萃'의 오자이다.

"子不可舍父而從母, 賤不可無故而從良. 若以其母之良 許令從母而良, 則人紀紊亂矣." ○時有醫官楊仁壽, 授六品正職之命. 先生繳奏以爲不可. 事遂寢.

辛未 先生五十二歲, 陞拜禮曹參判. 又移拜司憲府大司憲, 弘文館提學. 旋移吏曹參判, 奉教製進「流民圖詩」. 是歲, 先生文臣庭試居魁, 加資. ○時適大飢, 流民滿路. 上憫之, 欲知民生流離疾苦, 命畵工, 圖其狀, 爲十帖屛, 命先生逐帖賦詩. ○盧公守愼以前大提學, 擬薦文衡. 三相與參贊元混, 吏判朴承俊, 戶判鄭宗榮, 共六員圈之. 先生與金公貴榮, 並見六圈. 蓋兩可之意也. 及金公爲大提學, 先生爲提學, 物論惜之.

壬申 先生五十三歲.

癸酉 先生五十四歲, 以宗系辨誣正使, 如京師. 先是, 我康獻大王, 被叛賊誣告宗系于中朝, 『皇朝祖訓』及『大明會典』, 俱載誣語. 自恭定王以至先王, 累世陳奏, 以辨其誣, 每奏輒蒙許改, 而所改之辭, 尙未昭示. 及上嗣位, 慨然歎曰: "國系受誣二百年, 何可一日偃然視息乎? 宜極擇使介, 血誠奏, 以期昭辨. 乃於萬曆元年癸酉, 以先生爲陳奏正使, 乞將宗系已辨誣事, 增入新修『會典』. 蓋皇祖方修續『大明會典』故也. 禮部尙書陸樹聲, 感先生之至誠懇請, 卽具奏乞載實錄, 因又入'續修『會典』', 皇帝乃降勅諭曰: "爾祖久蒙不韙, 荷我列祖垂鑑, 已爲昭雪改正. 玆者, 纂修蓋欲將前後奏辭, 備行採錄, 以垂永久. 朕念爾繫守禮之邦, 且事關君臣大義, 特允所請. 卽命抄付史官, 備書于『肅祖實錄』, 俟後修新『會典』, 以慰爾雪先祖懇情." 及奉勅東旋, 上備法駕郊迎, 特加先生嘉義, 賜田三十結, 奴婢五口. 及萬曆十六年戊子謝恩使兪泓, 還自京師, 得頒賜『會典』成書, 並奉勅來宣. 上告廟大赦. 御殿受賀, 錄宗系辨誣功時, 先生已卒, 乃追錄先生輸忠貢誠翼謨修紀光國勳, 贈左贊成大提學, 封延陽附院君. ○拜同知經筵事, 進講. ○又拜藝文提學.[50]〔『宣祖實錄』卷七, 宣祖六年癸酉十二月二十一日(丁卯) 朝講, 以同知經筵事陪. 進講時, 柳希春請以「朱子感興詩」易東坡詩. 先生又於經筵, 力陳『論語』不可不熟讀.〕

乙亥[51] 先生五十六歲, 陞拜刑曹判書. 上問左上朴公淳曰: "秋曹長官, 每患不得其人. 卿薦可堪者." 朴公乃以淸謹奉公擧先生, 故有是命. ○朴公嘗於經筵薦先生曰: "李某可以託六尺之孤, 寄百里之命." 上然之. ○八月, 先生五十六歲, 特旨授咸鏡道觀察使. 上以咸鏡道民生失所, 以監司不得其人, 乃命遞觀察使朴大立. 時先生因事免官家居, 上特命授之. 道在遐遠, 無名之賦, 不法之事, 狼藉無藝. 先生旣視事悉理而蠲革之, 威惠並行, 一路澄淸. 又聚士於文會書院, 敎課之. 州縣小民, 有能誦詩書作文辭者, 與之爲主客之禮. 人皆競勸, 文風藹然, 策名登朝者相繼. 壬辰之亂, 能撥亂而反正者, 皆自號爲儒生者也. 許典翰篈, 以御史廉察北路, 遇谿洞小氓, 則必問: "李判書好在否?" 篈以其事, 識諸冊子而美之. 及先生遞歸, 關北儒生叫閽, 願留先生十年, 上不聽, 優批以送.

丙子 先生五十七歲. ○孫有吉生.

丁丑 先生五十八歲, 特旨拜吏曹判書. 時東銓有闕而難其人. 先生在北營纔朞年, 乃以特旨召拜之. 先生旣居銓地, 務恢公道, 請託不行. 雖親舊頻往候之, 甚不韙之. 有族人來見求官, 先生正色, 出示一冊子, 其族人亦在簿中, 先生乃歎曰: "錄子之名久矣. 惜乎! 使子不言, 吾可以擬於望也. 若求而得官, 豈公道乎?" 每有注擬, 遍問郎

50 중간본 『청련집』의 「연보」에 임신(壬申)의 해에 "拜同知經筵事, 又拜藝文提學."이라 했으나, 착오가 있다. 번역문에서 수정하고 각주로 해설했다.

51 중간본 『청련집』 연보에는 '甲戌'로 되어 있으나 『국조보감』 등을 따른다.

僚, 若有誤除, 必終夜不眠曰: "我欺主上矣." 金瞻爲銓郎, 每稟事而出, 則拂汗歎息, 而顧同僚曰: "異哉! 此爺之不可犯也. 每見此爺, 自然敬服." 先生歿後, 甲申乙酉年間, 黨論分爭, 勢不可支, 一時名類, 會於掌令奇大鼎家, 李潑亦參. 坐客曰: "時議如次, 何以鎭定?" 有一客曰: "李某若在則如何?" 李潑曰: "諾. 蓋士論之不正, 常由於薦人之不公. 李爺爲銓長, 吾爲銓郎, 每注擬之際, 雖素親切, 不合公論則不應. 雖不相識, 合公論則用之, 如恐不及. 夫用人如是之公, 則豈有不靖之理乎? 李爺久在則士論歸一, 而朝廷想亦和矣." 李潑非慕先生之人, 而其言猶如此. 拜弘文館藝文館提學.[52] 十二月, 承命撰進「乙巳削勳頒敎文」. 又議定仁聖王后服制. 仁聖王后疾大漸, 乃命削衛社功臣號, 當有頒敎中外之文, 使大提學金貴榮撰進, 詞拙而意不章. 上謂近臣曰: "辨別忠邪, 此國家至大之事. 宜正其辭, 以曉諭中外, 豈可草草若是乎?" 卽命先生改撰. 先生曰: "是非乃可明矣." 乃不辭, 立草敎書以獻. 宣敎之日, 人皆感悅. 尤菴宋文正公, 撰先生之狀, 有曰: "其所以泝禍敗之源流, 斥群奸之欺蔽, 著明廟友愛之情, 發鳳城寃屈之狀, 明白痛快, 至使讀者感激而流涕. 議者謂非獨文章出等, 其志氣之發萃, 可見於此云爾." 自是論議大定, 以啓宣廟清明之化, 公之功, 可謂大矣. ○仁聖王后薨, 領議政權轍議曰: "殿下當服齊衰." 先生以爲: "王者繼體, 雖兄弟亦服三年. 今殿下爲先王後, 而先王實承仁宗之統, 是殿下於仁聖王妃, 有祖孫之義, 當服三年." 上從之. 遂定爲三年之喪. 先生之議是禮也, 引經據義, 明白精當, 群議推爲第一. 西厓柳公成龍, 時在玉堂, 誦先生議, 敬服曰: "此老所學, 其至此耶?" 爲寫一通, 置之几案, 並書先生論議政事一冊, 以自玩賞焉.

52 송시열 찬술의 행장에 따른다.

戊寅	先生五十九歲, 拜戶曹判書. 乞暇省先壟于咸陽地. 十月初七日卒. 盧公守愼奏言: "地部長官, 宜擇剛明守法之人." 遂薦先生, 爲戶曹判書. 時稱得人. ○九月, 先生受暇省親墳于咸陽地. 先生與盧公禛[53]同鄕契厚, 哭奠其柩, 歸而感疾, 一夜而卒. 訃聞, 上震悼, 隱卒之典有加焉. 特命所經邑護喪, 歸葬坡州廣灘先塋之側, 子坐之原. 栗谷李文成公曰: "李某居官, 盡職律, 身淸苦. 位至六卿, 寒素如儒生. 四方賂遺, 一切不受. 客至杯盤冷淡, 人服其潔. 方有入相之望, 及卒, 士林甚惜, 以爲正二品無人云." ○是歲, 上令二品以上, 各擧遺逸, 先生以沙溪金文元公長生膺命. 是時先生在銓曹郞, 除金公爲昌陵[54]參奉, 其薦目曰: "篤信古訓, 沈潛經傳." ○先生卒, 門人將理喪, 檢其遺財, 則惟有書籍, 及賜皮數張而已. 鵝溪李公山海以詩輓之曰: "八座位高猶賃屋, 兩朝恩重未歸田." 其後宣廟命錄淸白吏, 公與焉.

肅宗丙子, 太常議府君諡曰文淸. 勤學好問曰文, 避遠不義曰淸.

(*행력표에 따라 『청련집』 중간본 「연보」의 원문 내용을 일부 조정했다.)

53 중간본 『청련집』의 「연보」에는 '積'으로 되어 있으나 바로잡는다.

54 중간본 『청련집』의 「연보」에는 '孝陵'으로 되어 있으나, 바로잡는다.

행장(行狀)·신도비(神道碑)·실기(實記)

청련 선생 이공 행장(青蓮先生李公行狀)

송시열(宋時烈)

해설 송시열의 문집『송자대전(宋子大全)』권206에「청련 이공 행장(青蓮李公行狀)」이란 제목으로 수록되어 있다.『국조인물고(國朝人物考)』속(續) 8에 박세채(朴世采) 찬「이후 백시장(李後白諡狀)」이 있는데, 마지막 부분의 '乙巳之禍'부터 '以俟立言之君子云'의 내용만 다르다.

본관은 황해도(黃海道) 연안부(延安府)이다.

증조부 숙함(淑瑊)[55]은 관찰사(觀察使)를 지냈다. 부인은 김씨(金氏)이다.[56]

조부 세문(世文)은 참봉(參奉)을 지냈고, 이조참판에 추증이 되었다. 부인은 홍씨(洪氏)이다.

부친 국형(國衡)은 영의정에 추증이 되었다. 부인은 임씨(林氏)이고 정경부인(貞敬夫人)에 추증이 되었다.

55 중간본『청련집』에는 '琡瑊'으로 되어 있다.

56 송시열 찬술 행장에는 '미상(未詳)'이라 했으나, 중간본『청련집』에는 '金氏'로 되어 있다.

공(公)의 휘(諱)는 후백(後白), 자(字)는 계진(季眞), 호(號)는 청련(靑蓮)이다.

연안이씨(延安李氏)는 동방의 큰 씨족이다. 그 족보(族譜)에 다음과 같이 써 있다. "중국 당나라 중랑장(中郎將) 이무(李茂)가 소정방(蘇定方)이 백제를 정벌할 때에 종군하여 우리나라에 왔다가, 이곳에 머물러 신라에서 벼슬을 하게 되어 연안(延安)의 본적(本籍)을 받았다. 대대로 명망 있는 사람이 나왔다."

고려 말에 휘 계손(係孫)은 〔경주이씨〕 문충공(文忠公) 이제현(李齊賢, 1287~1367)의 사위로, 벼슬이 공조전서(工曹典書)에 이르렀다. 공에게는 8대조가 된다. 고조〔4대조〕 말정(末丁)은 예빈시(禮賓寺)의 소윤(小尹)이었고, 연성부원군(延城府院君)과 관찰사(觀察使)를 추증받았다. 관찰사〔이숙함〕는 문장(文章)으로 성묘(성종, 재위 1469~1494)의 명신이었다. 조부와 부친의 두 세대에 증직(贈職)이 있었던 것은 모두 공이 귀하게 되었기 때문이었다.

정덕(正德) 경진(庚辰)〔1520년〕 4월 11일 진시(辰時)〔오전 8시〕에 공이 태어났다. 어려서 차분하고 과묵하여 떠들고 웃고 하는 것이 적었다. 총명함이 무리에서 뛰어났다.

열 살이 채 안 되어 부친과 모친이 모두 돌아가셔서, 친가와 외가 약 7, 8명과 함께 모두 큰아버지 집에서 길러졌는데, 부모의 죽음을 슬퍼하고 부모를 사모하는 마음으로 상기를 지켜서, 한 번도 여러 아이들과 어울리면서 웃고 떠들지를 않았다. 하루는 종장(宗丈, 집안 어른) 댁에 갔었는데, 종장이 예주(醴酒, 단술)를 마시라고 주었으나, 물리치고 마시지 않았다. 그 까닭을 물으니, "이것이 비록 예주이지만, 이미 이름이 '술〔酒〕'이므로, 감히 마실 수 없습니다."라고 했다. 좌중의 사람들 가운데 감탄하지 않은 이가 없었다.

나이가 10세 남짓일 때 〔경상남도 함양〕 옥계(玉溪) 노진(盧禛), 목사(牧使) 양희(梁喜)와 함께 표인(表寅) 공의 문하에서 배웠다. 일시의 학도가 15명으로, 차례대로 서적 본문의 음(音)을 들어 배웠는데, 공은 나이가 가장 어려서 늘 말석에 위치하여 다른 사람들이 수음(受音: 선생이 음을 읽어 주면 따라서 읽어 음을 익힘)하는 것을 듣고는 보지 않고도 모두 다 외웠다. 그 가운데는 『성리대전서(性理大全書)』[57]가 있었다. 표인 공은 공이 그렇다는 사실을 듣고서, 불러서 시험해 보게 했더니, 공이 14인이 수음(受

音)했던 책의 부분들을 두루 암송하기를 마치 익숙하게 오래 읽은 것처럼 했다. 표인 공이 대단히 놀라고 기이하게 여겨서, "옛날에도 이러한 아이가 있었는지 모르겠다!"라고 했다.

언젠가 「소상팔경가사(瀟湘八景歌詞)」를 지어 서울 안에 전파되었고, 혹은 악부(樂府)에 올려지기도 했다. 이로부터 명성이 더욱 떨치게 되었고, 서울의 문사들이 모두 공이 오기를 기다렸으니, 당시 나이가 16세였다.

여러 차례 향해(鄕解)[58]에서 장원을 했다. 서울에 오자 명공(名公)과 거경(巨卿)들이 그 이름을 존중하여, 많은 사람들이 예(禮)로 공경했다.

그러나 공(公)은 이른 나이에 풍수지탄(風樹之歎)[부모를 잃음]에 걸려, 관직에 나아가는 데 마음이 없어서, 임천(林泉, 산수자연)의 사이에 자취를 흩었다. 집 뒤에 푸른 소나무가 있었으므로, 이에 따라 스스로 호를 송소(松巢)라고 했다. 동은(峒隱) 이의건(李義健, 1533~1621), 고죽(孤竹) 최경창(崔慶昌), 옥봉(玉峯) 백광훈(白光勳) 등 여러 사람들이 공을 따라 노닐었다.

공이 어렸을 때 이기(李芑)가 강진(康津)에 유배되어 있었는데,[59] 당시 사람들이 이기에게 학문이 있다고 일컬었으므로 공이 그를 따라 배웠다. 하지만 서너 날 머문 뒤에 즉시로 돌아왔다. 사람들이 이유를 묻자, 말하기를, "내가 서너 날 그가 무엇에 마음을 두고 일을 어떻게 처리하는지 보고 돌아왔습니다."라고 했다. 묻기를, "어떻든가?"라고 하니, 공은 "무릇 터럭 하나 같은 사소하기 짝이 없는 것에서도

57 중국 명나라 성조 영락제(永樂帝)의 명을 받아 호광(胡廣) 등 42명의 학자가 중국 송나라 성리학설을 집대성하여 편집한 책이다. 송대와 원대의 성리학자 120여 명의 학설을 채택했으며, 전체가 70권이다. 70권 중 25권이 송대 학자의 중요한 저술을 수록한 것이고, 45권이 주제별로 여러 학자의 학설을 분류, 편집한 것이다. 주제별로 성리학의 내용을 13가지로 분류했는데, 큰 주제가 되는 제목은 이기(理氣) 2권, 귀신(鬼神) 1권, 성리(性理) 9권, 도통(道統)·성현(聖賢) 1권, 제유(諸儒) 4권, 학(學) 4권, 제자(諸子) 2권, 역대(歷代) 6권, 군도(君道) 1권, 치도(治道) 4권, 시(詩)·문(文) 1권이다.

58 향해(鄕解)는 향시(鄕試)를 말한다. 각 도(道)에서 보이던 생진과(生進科)로, 여기에 합격하면 회시(會試)에 응시할 자격을 주었다.

59 이기(李芑)는 1537년까지 강진에 유배되어 있었다.

한결같이 모두 비밀로 하여 사람들이 알게 하려고 하지 않았습니다. 군자의 마음과 일 처리가 어찌 이러할 수 있겠습니까?"라고 했다. 같은 고을에 을사사화 때 공훈을 세워 공신첩에 오른 사람이 있어, 그 기세가 불꽃이 하늘을 태울 정도였는데, 공의 이름을 중하게 여겨 한번 보고자 원했다. 공이 일찍이 산의 절에 있으면서 글을 읽고 있었는데, 그 사람이 산에 노닐며 사냥을 한다는 것에 가탁하여, 같은 고향 사람들과 약속을 하고는 그 절에 도착했다. 공이 그 소식을 듣고는 거처를 옮겨서 피했다.

조모의 상을 당하자 묘 곁에서 여막살이하기를 삼 년 내내 하면서 아침저녁 무덤으로 가서 성분(省墳)[60]했는데, 비바람이 불어도 폐하지 않아서, 처음부터 끝까지 마치 하루같이 그렇게 했다. 미암(眉巖) 유희춘(柳希春)과 석천(石川) 임억령(林億齡)이 서로 말하기를, "순실한 효성이 천성에서 나왔으니, 비록 옛날의 효자라 하여도 이를 넘어서는 이가 없다."라고 했다. 이러한 효성을 미루어서 방상(方喪)[61]의 경우에도 스스로의 마음과 예를 다하여서, 반드시 3년 동안 소식(素食)[62]을 했다.

청계(淸溪) 유몽정(柳夢井)과 건재(健齋) 김천일(金千鎰) 등 당대의 이름 높은 선비들이 예절에 관한 글에서 하늘과 땅처럼 현격한 차이를 보이거나 경전의 이치에 의심스럽고 모르는 것이 있으면 반드시 서찰과 별지를 보내고 답장을 받으면서 문난(問難, 어려운 부분을 물음)했으며, 번번이 감탄하기를, "논변(論辨)의 정확함이 진정 지금 시대의 사람이 발꿈치를 들어 미칠 수 있는 경지가 아니다."라고 했다.

나이 27세[1546년]에 사마시(司馬試)에 합격하고, 36세[1555년]에 을묘(乙卯) 식년시(式年試)에 급제한 후, 펄펄 날 듯이 청환(淸宦)과 현직(顯職)을 차례로 거쳐서, 기대승(奇大升)과 이름을 나란히 했다. 엄숙한 얼굴로 조정에 서 있을 때는 천 길 벽이

60 성분(省墳)은 무덤에 가서 제사지내고 무덤을 청소하는 것을 말한다.

61 방상(方喪)은 부모의 상(喪)을 지내는 예법으로 임금의 상을 지내는 것을 말한다. 방상의 '방(方)'은 견준다는 뜻으로, 아버지의 상례에 견주어서 임금의 상례를 행하는 것이다. 『예기(禮記)』「단궁 상(檀弓上)」 참조.

62 소식(素食)은 애통해하면서 밥을 먹을 적에 고기반찬을 먹지 않고 채소만 먹는 것을 이른다.

서 있는 것과 같아서 아무도 빼앗을 수 없는 기상(氣象)이 있었다.

그 이력(履歷)은, 처음에 괴원(槐院, 승문원)에 보임(補任)되고, 천거되어 승정원에 들어가 주서(注書)가 되었으며, 시강원(侍講院)의 설서(說書)와 사서(司書), 사간원(司諫院)의 정언(正言)과 사간(司諫), 병조(兵曹)의 정랑(正郎)과 좌랑(佐郎), 이조(吏曹)의 정랑(正郎)과 좌랑(佐郎), 의정부(議政府)의 검상(檢詳)과 사인(舍人), 홍문관(弘文館)의 응교(應敎)와 전한(典翰)을 지냈다. 또한 일찍이 사가독서(賜暇讀書)에 선발되어 호당(湖堂)에 있었다.

정묘(丁卯)〔1567년, 48세〕에는 원접사(遠接使) 종사관(從事官)이 되어, 의주로 가서 중국 명나라 조사(詔使)를 영접했다. 그해에 승정원(承政院) 동부승지(同副承旨)에 탁배(擢拜)되어, 사간원 대사간, 병조(兵曹) 참지(參知)와 참의(參議)를 거쳤다. 오래지 않아 승정원에 다시 들어가서 도승지(都承旨)에 이르렀다.

신미(辛未)〔1571년, 52세〕에는 문신정시(文臣庭試)에서 장원(壯元)을 하여, 가자(加資)되어, 예조참판, 사헌부 대사헌, 홍문관 부제학, 이조참판이 되었다.

신유(辛酉)〔1573년, 54세〕에는 변무사(辨誣使)로서 북경에 갔고, 돌아와서 가의대부(嘉儀大夫)에 오르고, 광국훈(光國勳)에 책록되었다. 후에 연양군(延陽君)에 추봉(追封)되었다.

갑술(甲戌)〔1574년, 55세〕[63]에는 대신(大臣)의 천거로 형조판서에 특별히 배수되었다.

을해(乙亥)〔1575년, 56세〕에는 관북(關北)의 감사(監司, 관찰사)에 결원이 생기고, 당시 본로(本路, 본도)가 흉년을 당한 데다가, 또한 변방에 외적이 침입하는 경보가 있었으므로, 상감이 그 적당한 사람을 구하기 어려워하고 있었는데, 공이 마침 전직을 파하고 산직에 있었으므로 상이 특별히 명하여 관북의 감사를 제수했다. 관북의 도는 아주 먼 곳에 있었고 명목도 없는 부세(賦稅)와 법률을 어기는 일들이 낭자하여 한도 끝도 없었다. 공이 임지에 이르러 가서는 전부 다 경영하여 다스리고 세금을 감면하고 일을 혁신하여, 위엄과 자혜를 병행하니, 일로(一路, 온 도내)가 맑고 깨끗

63 『국조보감』에 따르면 '을해(乙亥)〔1575년, 56세〕'가 옳다.

해졌다. 그 후 전한(典翰) 허봉(許篈)이 어사(御史)가 되어 본도(함경도)를 순무(巡撫)하다가 계동(溪洞)에 거처하는 소민(小民)을 만나게 되면, 그 소민이 반드시 묻기를, "이 판서(判書)께서는 잘 계시는지요?"라고 했다. 허봉이 그 일을 책자에 기록하여 찬미했다.

조정의 내직으로 들어와서 이조판서(吏曹判書)가 되고, 홍문관(弘文館)과 예문관(藝文館)의 제학(提學)이 되었다. 이조판서로서의 전선(銓選, 전형과 선발)이 공평하고 합당하여 사론(士論)이 중하게 여겼다. 공이 문망(文望, 문학과 학문에 뛰어나다는 명성)을 짊어지고, 이제라도 문형(文衡, 대제학의 권한)을 잡을 터에, 그 당시 그 직임에 처해 있던 사람이 오랫동안 그 자리에 있으면서 끝내 공에게 그 문형을 주지 않았으므로, 물의(物議, 중론)가 대단히 불만스러워[歉]했다.

임신(壬申)[1572년] 봄에 기근이 들자, 상감이 화공에게 명하여 「유민도(流民圖)」를 그려 병풍 10첩(帖)으로 만들게 하고, 또 공에게 명하여 첩마다 시(詩)를 지어 올리게 하고는, 그것을 보면서 반성하는 뜻을 우탁했다.

인성왕후(仁聖王后)[인종의 비]가 승하(昇遐)하고 조정에서는 상감이 상복 입는 제도에 대한 견해가 일치되지 않았는데, 공은 상감이 삼년상을 거행하시라고 청했다. 예(禮)에 의거하고 경(經)을 인증하여 명백하고 정당했으므로, 뭇 사람들의 의론이 공의 견해를 제일이라고 추대했다. 상감이 마침내 따랐다. 류성룡(柳成龍)이 그때 옥당(玉堂, 홍문관)에 재직 중이었는데, 공의 글을 외면서 경복(敬服)하여, "이 노인의 학문이 이런 경지에까지 이르렀단 말인가?"라고 하고, 한 통을 베껴 책상 위에 두고, 공의 정사(政事)에 대한 논의를 나란히 써서 한 책으로 만들어 두고는 스스로 깊이 음미했다.

무인(戊寅)[1578년, 59세]에 호조판서(戶曹判書)로서 휴가를 청하여 함양(咸陽)에 성묘(省墓)를 갔다가 10월 7일[양력 11월 15일]에 병으로 졸(卒)했다. 부음(訃音)이 알려지자 상감은 진율(震慄)하고 애도(哀悼)하여, 공신이 죽었을 때 임금이 애도하는 예우 규정보다 더 보태라고 했다. 특명으로, 영구(靈柩)가 지나는 경로에서 호상(護喪)하도록 했다. 파주(坡州) 광탄(廣灘)에 귀장(歸葬, 반장)하니, 선영(先塋)의 곁에, 정북을 등진 자좌(子坐)에 정남 오향(午向)의 언덕이었다. 강진(康津)의 장보(章甫, 선비)들은 사당을 지어 조두(俎豆)를 진설하여 제사 지낸다.

부인 홍씨(洪氏)는 군수 홍처성(洪處誠)의 따님이다. 아들 선경(善慶)은 찰방(察訪)이요, 세 딸은 각각 안창선(安昌善), 기성헌(奇誠獻), 박거현(朴擧賢)〔박봉현(朴峯賢)〕에게 출가했다. 찰방(이선경)의 아들들은 태길(泰吉), 유길(有吉), 복길(復吉), 익길(益吉), 정길(井吉)이다. 첫째와 막내는 모두 현감(縣監)이고, 둘째와 넷째는 모두 현령(縣令)이며, 셋째는 별제(別提)이다. 찰방(이선경)의 네 딸은 각각 유희성(柳希成), 최기(崔堅), 이진선(李振善), 김설(金揲)[64]의 처이다. 증손(曾孫)은 수인(壽仁), 우인(友仁), 극인(克仁), 영인(榮仁), 호인(好仁)이다. 이수인(李壽仁)은 문과에 급제하여 전한(典翰)인데, 청렴과 검퇴의 절조를 지녔다. 이극인(李克仁)은 문과에 급제하고 지평(持平)이다. 현손(玄孫)은 석형(碩亨)이 참봉이고, 아래로 석구(碩耉), 석신(碩臣), 석빈(碩賓), 석창(碩昌), 석관(碩寬)이다. 서출(庶出)들을 아울러 13명이다.

공은 기국(器局)이 준엄하고 단정했으며, 신채(神彩)가 빼어나고 명랑했으며, 견식(見識)은 통투(通透)하고 언론은 명백했으며, 정대(正大)하고 느긋했다. 평소 새벽에 일찍 일어나 세수하고 머리를 빗고는, 손을 공손히 모은 채 단정히 앉아서 경전(經傳)을 연구하면서 깊은 뜻에 침잠했다. 실천에 독실하여 지극히 작은 일까지도 결코 허투루 지나치는 일이 없었다. 사리의 진실한 곳을 보면 확연하게 스스로 지켰고, 세속을 따라 주견 없이 망설이는 태도를 짓지 않았다. 다른 사람이 좋은 말을 하는 것을 듣거나, 다른 사람이 좋은 행동을 하는 것을 보게 되면, 반드시 기세 있게 그것을 따랐으며, 의심하여 딴마음을 품는 법이 없었다.

선묘(宣廟, 선조)가 즉위하여 처음 일을 시작하시자,[65] 문성공(文成公) 이이(李珥) 등

64 『송자대전』에는 '김접(金楪)'으로 되어 있으나 『청련집』과 황경원 찬술 신도비문에 '김설(金揲)'로 되어 있다. 후자를 따른다.

65 원문의 '초복(初服)'은 여기서는 국왕이 즉위하여 처음 일을 하는 것을 말한다. 『서경(書經)』 「소고(召誥)」에 보면 소공(召公)이 성왕(成王)에게 고하기를 "왕께서 처음 일을 시작하시니 아, 마치 막 태어난 자식이 처음 나서부터 선을 하면 절로 철명(哲命)을 끼쳐주는 것과 같습니다. 그러니

여러 분이, 을사(乙巳)〔1545년, 명종 즉위년〕의 사화(士禍)가 기묘(己卯)〔1519년, 중종 14년〕보다 더욱 심했는데, 만약 억울함을 씻어 주지 않으면 사람들 마음이 불평스럽고 불만하여 나라를 제대로 다스릴 수 없다고 여겼다. 그래서 마침내 힘을 합하고 마음을 다했지만, 쟁론(爭論)이 그치지 않았다. 비록 문순공(文純公) 이황(李滉)의 고명함으로도 역시 진위(眞僞)의 변별에 의심이 없을 수 없었다. 그러다가 선묘(선조)가 여러 신하들의 논의를 따라 윤허하기에 이르자, 마땅히 중외에 교서를 반포하는 글이 있어야 했는데, 여러 현인들이 모두 공에게 붓을 미루었다. 공(公)은 그 명을 당하여 사양하지 않고, 앙화와 패망의 원류를 소급하고 삿된 무리들의 간악과 사기를 지척(指斥)하며 명묘(明廟, 명종)의 우애(友愛)의 정을 분명히 하고 봉성군(鳳城君)[66]의 억울한 진상을 발굴한 바가 명백하고 통쾌하여, 읽는 이들로 하여금 감격하여 눈물을 흘리게 만들었다. 논자(論者)들이 말하기를, "비단 문장이 월등할 뿐만 아니라 그 지기(志氣)가 대단히 뛰어나다는 사실을 여기에서 볼 수가 있다."라고 했다. 이로부터 논의(論議)가 크게 정론으로 되었고 선묘(선조)의 청명(淸明)한 정치가 열리게 되었으니, 공의 공로가 크다고 말할 수 있겠다.

선묘(선조)가 일찍이 공에게 명하여 「국조유선록서(國朝儒先錄序)」를 지으라 하자,

지금 하늘이 철을 명할지, 길흉을 명할지, 오랜 국운을 명할지는 지금 처음으로 일을 시작하는 데에 달렸습니다.〔王乃初服, 嗚呼! 若生子罔不在厥初生 自貽哲命. 今天其命哲, 命吉凶, 命歷年, 知今我初服.〕"라고 했다.

66 봉성군 이완(李岏, 1528~1547)의 자는 자첨(子瞻)으로 중종과 희빈홍씨의 차남이며 인종의 이복동생이다. 시호는 의민(懿愍)이다. 1545년(인종 1) 인종의 병사(病死)로 권세를 잡은 윤원형(尹元衡)·이기(李芑) 등은 을사사화를 일으켜 사림을 제거하고, 종친 중에서 명망이 있던 봉성군을 제거하고자 했다. 임백령(林百齡)은 때마침 하옥된 이덕응(李德應)을 위협하여 봉성군을 추대하려 했다고 거짓 자백하게 하여 죄를 주고자 했으나 뜻을 이루지 못했다. 이기는 "인종의 병이 위독할 때 윤임(尹任) 등이 봉성군으로서 왕위를 이으려고 하다가 형세가 불가하여 명종에게 전위했다."라고 참소했다. 1546년 가을에는 김명윤(金明胤)이 밀계로서 익명서를 올려 계림군(桂林君) 이유(李瑠)와 함께 반역을 꾸민다고 고변했다. 이에 양사(兩司)에서 처벌을 논의하여 봉성군은 울진(蔚珍)에 유배되었다가 그 뒤 사사되었다. 『명종실록』 즉위년 9월 11일, 1년 9월 12일, 2년 윤9월 16일 등에 해당 사건의 기사가 있다. 1570년(선조 3) 이준경(李浚慶)의 계청(啓請)으로 신원(伸冤)되었다.

공은 위로는 도학(道學)의 연원(淵源)을 밝히고, 다음으로 도학의 전수의 통서(계통)를 서술했는데, 노성(老成)[67]하고 전요(典要)[68]하여 사람들이 이론(異論)을 제기하지 않았으니, 공은 지언(知言)[69]의 군자(君子)라고 말할 수 있겠다. 진지(眞知)와 실천(實踐)의 공부가 없다면 어찌 여기에 간여할 수 있겠는가?

옛사람이 말하기를, "고기 한 점으로 솥 전체 국의 맛을 안다."[70]라고 했다. 하물며 여기의 서너 건 문자(文字, 글)들은 고기 한 점에 그치는 정도가 아니지 않음에야 더 말해 무엇 하겠는가?

공이 도승지로 재직할 때에 종일토록 단정히 앉아 엄숙(嚴肅)하고 강의(剛毅)하여 범접할 수가 없어서 관청 안이 조용해서 함부로 떠드는 소리가 없었다. 심지어 내간(內間)의 여시(女侍)들까지도 서로 경계하여 말하기를, "오늘 이 아무개께서 관청에 들었다."라고 하면서, 말소리가 밖에까지 들릴까 두려워했다. 이 때문에 임금이 이 도승지의 직책을 오래 맡겼다.

전조(銓曹)의 하나인 이조(吏曹)의 장(長)으로 있을 때에, 족인 중 어떤 사람이 와서 청탁이 있자, 공은 정색을 하고 한 책자를 꺼내어 그에게 보여 주었다. 대개 재주와 행실이 있는 사람의 성명을 기록한 것으로, 그 사람 역시 그 안에 기록되어 있

67 노성(老成)은 원숙하다는 뜻이다. 『서경』「반경 상(盤庚上)」의 "너희들은 노성한 사람을 업신여기지 말고, 외로운 어린이들을 하찮게 여기지 말며, 각각 그 거처를 장구히 하여 힘써 너희들의 힘을 내어서 나 한 사람이 만든 꾀를 따르도록 하라.〔汝無侮老成人, 無弱孤有幼, 各長于厥居, 勉出乃力, 聽予一人之作猷.〕"라고 했다.

68 전요(典要)는 불변의 준칙을 말한다. 『주역』「계사전 하(繫辭傳下)」 8장에 "역(易)은 오르내림에 일정함이 없고, 강양(剛陽)과 유음(柔陰)이 서로 바뀌어, 전요로 삼을 수 없고, 오직 변화하여 나아갈 뿐이다.〔上下无常, 剛柔相易, 不可以典要, 唯變所適.〕"라고 했다.

69 지언(知言)은 『맹자』「공손추 상(公孫丑上)」에서 공손추가 부동심(不動心)의 방법에 대해 묻자, 맹자가 "나는 말을 알고 나의 호연지기를 잘 기른다.〔我知言, 我善養吾浩然之氣.〕"라고 대답한 데서 온 말이다. 주희(朱熹)는 지언에 대해 "마음을 다하고 성을 알아서 천하의 모든 말에 대하여 이치를 궁구하여 그 시비득실의 소이연을 아는 것이다.〔盡心知性, 於凡天下之言, 無不有以究極其理而識其是非得失之所以然也.〕"라고 설명했다.

70 원문의 '일련(一臠)'은 '전정일련(全鼎一臠)'의 준말이다. 『회남자(淮南子)』「설림훈(說林訓)」에 "한 점의 고기를 맛보고서 온 솥의 고기 맛을 안다.〔嘗一臠肉, 而知一鑊之味.〕"라고 했다.

었다. 공이 말했다. "내가 자네 이름을 기록해 두고 장차 의망(擬望, 후보 추천)을 하려고 했었네. 애석하여라! 자네가 만약에 말을 하지 않았더라면 관직을 얻을 수 있었을 터인데!" 그 사람이 크게 부끄러워하며 돌아갔다. 공은 주의(注擬)[71]를 할 때마다 반드시 낭료(郎僚)들에게 두루 물어서 논의가 일치된 연후에야 그 이름을 사용했고, 혹시라도 오류가 있을 것 같으면 밤새도록 잠을 자지 않고, "내가 주상(主上)을 속였다."라고 했다.

공은 일찍이 청백(淸白)하여 청백리록(淸白吏錄)에 기록되었다. 문성공(文成公) 이이(李珥) 선생이 칭송하기를, "이 아무개는 관직에 있으면서 직무를 다했고 몸을 규율로 단속하여 청고(淸苦)했다. 지위가 육경(六卿)에 이르렀는데도 빈한하고 소박하기가 유생(儒生)과도 같았다. 손님이 이르러도 술잔과 밥상이 썰렁하고 담백했으므로 사람들이 그 정결함에 흠복했다."라고 했다. 사암(思菴) 박순(朴淳) 상공(相公)이 일찍이 경연이 자리에서 계품하기를, "이 아무개에게는 6척의 어린 임금을 맡겨도 되고 사방 백 리 제후국의 재상을 시켜도 됩니다."[72]라고 했다.

아아! 공이 그 재능과 그 덕으로 선묘(선조)의 태평성대에 당하여 혹시라도 국가를 경영하는 큰 책임을 맡았더라면, 그 기획한 계책과 실행한 사업에 필시 볼만한 것이 있었을 것이다. 그런 까닭으로 물의(여론)가, 공이 이제라도 재상의 자리에 들어오기를 기대했거늘, 공이 병이 들었으니 애석함을 이루 견딜 수 있겠는가?

을사(1545년, 명종 즉위년)의 사화 때 규암(圭庵) 문충공(文忠公, 송인수)[73]은 나의 증숙

71 주의(注擬)는 관원을 임명할 때 문관(文官)은 이조(吏曹), 무관(武官)은 병조(兵曹)에서 임용 예정자 수의 3배수를 정하여 임금에게 먼저 올리던 것을 말한다. 의망(擬望)이라고도 한다.

72 앞에 나왔듯이 『논어』「태백(泰伯)」에서 증자(曾子)가 "6척의 어린 임금을 맡길 만하고, 100리의 제후국을 다스리는 임무를 기탁할 만하다.〔可以託六尺之孤, 可以寄百里之命.〕"라고 했던 말을 원용했다.

73 송인수(宋麟壽)는 1547년(명종 2)에 양재역벽서사건(良才驛壁書事件)이 일어나 사사(賜死)되었다가 1570년(선조 3)에 신원되었고, 1660년(현종 1) 송준길의 계청으로 이조판서 대제학에 추증되고, 문충(文忠)이라는 시호를 받았다. 그 부친 송세량(宋世良, 1473~1539)은 1498년(연산군4)에 진사가 되었고, 성균관에 들어갔다. 음보(蔭補)로 선릉(宣陵)과 건원릉(健元陵) 참봉을 지냈으나, 뒤에 물러나 전원에 은거했다. 『국조인물고(國朝人物考)』 권33 「송세량묘갈명(宋世良墓碣銘)」 참조.

조(曾叔祖)로, 한 시대의 영수(領袖)였다가 그 앙화를 입기를 가장 가혹하게 하셔서, 억울한 한을 머금고 구천에 있은 지 거의 30여 년이나 가까이 되어, 만력(萬曆) 정축(丁丑)〔1577년〕에 공의 글이 한번 나오자, 귀신도 사람도 원통함과 분노를 일시에 깨끗이 씻어 버렸기에, 나는 늘 마음으로 사모하고 우러르기를 하루같이 변함 없이 그러해 왔다. 지금 이석형(李碩亨)이 행장(行狀)을 천 리 길을 와서 부탁하므로 나는 감히 끝까지 사양할 수가 없었으므로 다만 이와 같이 기록하여 두고 입언(立言)할 군자[74]를 기다리는 바이다.

숭정(崇禎) 기원후(紀元後) 첫 병인(丙寅)〔1686년〕 8월 〔모모〕일,
후학[75] 은진(恩津) 사람 송시열(宋時烈)이 행장을 적는다

青蓮李公行狀

本貫, 黃海道延安府.

曾祖, 觀察使, 淑[76]瑊.[77] 妣, 金[78]氏.

祖, 參奉, 世文, 贈吏曹參判.[79] 妣, 洪氏.

청주 마암촌(馬巖村)의 검암(黔巖)에 묘가 있다. 『명신언행록(名臣言行錄)』에 따르면, 송인수가 을사사화 때 화를 당하던 날에 송세량의 신주(神主)가 감실(龕室)로 내려가 벽(壁)을 두드리는 일이 일어났다고 한다.

74 입언(立言)할 군자는 비문을 작성하는 사람을 말한다. 본래 입언이란 말은 『춘추좌씨전(春秋左氏傳)』 양공(襄公) 24년 조(條)에, "태상은 덕을 세우고, 그다음은 공을 세우고, 그다음은 언론을 세우나니, 아무리 오래되어도 폐해지지 않는 것을 썩지 않는 것이라고 한다.〔大上有立德 其次有立功 其次有立言 雖久不廢 此之謂不朽〕"라고 한 데서 나왔다.

75 중간본 『청련집』에서는 '대광보국숭록대부(大匡輔國崇祿大夫) 영중추부사(領中樞府事) 겸(兼) 영경연사(領經筵事) 후학(後學)'이라고 적었다.

76 초간본 『청련집』에 '琡'으로 되어 있으나 『송자대전』 수록 글에 따라 '淑'으로 바로잡는다.

77 「송자대전」은 '曾祖淑瑊, 觀察使.'로 되어 있다.

78 『송자대전』에는 '未詳'으로 되어 있으나, 중간본 『청련집』 연보(年譜)에 따라 '金'을 채워 넣는다.

79 『송자대전』에는 '世文, 參奉, 贈吏曹參判.'으로 되어 있다.

父, 國衡, 不仕, 贈領議政.[80] 妣, 林氏, 贈貞敬夫人.

公諱後白, 字季眞, 號靑蓮. 延安之李, 爲東方大族. 其譜云: "唐中郞將李茂, 從蘇定方[81]平百濟, 留仕新羅, 受籍于延. 世有聞人."

麗末有諱係孫, 以文忠公李齊賢之壻, 官至工曹典書, 於公八代祖也. 高祖末丁, 禮賓少尹, 贈延城府院君. 觀察使, 以文章爲成廟朝名臣. 祖與考兩世贈職, 皆以公貴也.

正德庚辰四月十一日辰時, 公生焉. 幼沈默少[82]言笑, 聰明絶倫. 未十歲, 父母俱沒. 與內外諸從七八人, 幷鞠于伯父家. 哀慕執喪, 未嘗與群兒渾處笑語. 一日往宗丈家, 宗丈饋以醴酒, 却之不飮. 問之則曰: "此雖醴, 旣名以酒, 不敢飮." 一坐莫不歎嗟.

年甫十歲, 與盧玉溪禛·梁牧使喜, 學于表公寅之門. 一時學徒十五人, 以次受學, 公年最少, 常居末席, 聽諸人所受書, 一皆背念. 其中有『性理大全書』矣. 表公聞其然, 招使試之. 公遍誦十四人書, 如熟讀者然. 表公大加驚異曰: "未知古有如此兒否?"

嘗作「瀟湘八景歌詞」, 傳播京中, 或謄諸樂府. 自是聲名益振. 京師文士, 皆遲其至, 時年十六矣. 屢魁鄕解. 至京師, 名公巨卿重其名, 多禮敬之. 然公旣早嬰風樹, 無心進取, 放跡林泉. 舍後有蒼松, 因自號松巢. 峒隱李公義健·孤竹崔公慶昌·玉峯白公光勳諸人, 從之遊.

公少時, 李芑謫康津, 時人稱芑有學, 公從而學焉, 留數日卽歸. 人問之則曰: "吾數日見其處心行事而歸矣." 問曰: "何也?" 公曰: "凡於毫末, 一皆祕之, 不欲人知之. 君子心事, 豈宜如是也?" 同鄕有參乙巳僞勳者, 勢焰熏天, 猶重公名, 欲一見之. 公嘗在山寺讀書, 其人託於遊獵, 與鄕人相約而至. 公聞之, 移棲以避之.

遭祖母喪, 守墓三年, 朝夕上塚, 不廢風雨, 終始如一日. 柳眉巖希春·林石川億齡

80　『송자대전』에는 '父國衡, 贈領議政.'으로 되어 있다.

81　초간본 『청련집』에 '蘇定邦'으로 되어 있으나, 『송자대전』은 '蘇定方'으로 되어 있다. 『송자대전』을 따른다.

82　초간본 『청련집』에 '小'로 되어 있으나, 『송자대전』은 '少'로 되어 있다. 『송자대전』을 따른다.

相謂曰:“純孝出於天性, 雖古之孝子, 無踰於此.” 推以自盡於方喪, 必素食三年.

淸溪柳夢井·健齋金千鎰, 時之名儒, 每有禮文徑庭經理疑晦處, 必往復問難. 每歎曰:“論辨精確, 眞非今世人所可跂及.”

年二十七, 中司馬. 三十六, 中乙科式年. 歷敭淸顯, 與奇公大升齊名. 正色立朝, 有壁立千仞不可奪之氣像.

其履歷則初補槐院, 薦入承政院爲注書, 侍講院說書·司書, 司諫院正言·司諫, 兵曹正·佐郞, 吏曹正·佐郞, 議政府檢詳·舍人, 弘文館應敎·典翰. 又嘗選居湖堂.

丁卯, 以遠接使從事官, 往迎詔使. 其年擢拜承政院同副承旨, 司諫院大司諫, 兵曹參知·參議. 未久, 還入政院, 至都承旨.

辛未, 以文臣庭試壯元, 加資, 爲禮曹參判, 司憲府大司憲, 弘文館提學, 吏曹參判.

辛酉, 以辨誣使赴京, 還, 陞嘉義, 錄光國勳. 後追封延陽君.

甲戌〔*乙亥〕, 以大臣薦, 特拜刑曹判書. 乙亥〔*甲戌十月〕, 關北缺監司, 時本路歲凶, 且有邊警, 上難其人, 公時在罷散中, 上特命授之. 道在遐遠, 無名之賦, 不法之事, 狼藉無藝, 公至, 悉理而蠲革之, 威惠幷行, 一路澄淸. 後許典翰篈[83], 以御史巡撫本道, 遇溪洞小氓, 則必問:“李判書好在否?” 篈其事志諸冊子而美之. 入爲吏曹判書, 兩館提學. 銓選平允, 士論重之. 公久負文望, 朝夕當秉文衡, 而其時處其任者久居, 而終不歸之公, 物議甚歉焉.

壬申春年飢,[84]上命畫工寫「流民圖」, 作屛十帖. 又命公逐帖賦詩以進, 以寓觀省焉. 仁聖王后昇遐, 朝廷[85]論服制不一, 公請上行三年之喪, 據禮引經, 明白精當, 群議推爲第一, 上竟從之. 柳相成龍, 時在玉堂, 誦公文敬服曰:“此老所學, 其至此耶?” 爲寫一通, 置之几案, 幷書公論議政事, 作[86]一冊, 以自玩賞焉. 戊寅, 以戶曹判書, 乞

83 초간본 『청련집』에 ‘葑’으로 되어 있으나, 『송자대전』은 ‘篈’으로 되어 있다. 아래도 같다. 『송자대전』을 따른다.

84 『송자대전』은 ‘饑’로 되어 있다. 같은 글자이다.

85 초간본 『청련집』에 ‘朝庭’으로 되어 있으나, 『송자대전』은 ‘朝廷’으로 되어 있다. 『송자대전』을 따른다.

86 초간본 『청련집』에 한 글자가 비어 있으나, 『송자대전』에 ‘作’ 자가 있다.

暇, 省墓于咸陽. 十月初七日, 病卒.

訃聞, 上震悼, 隱卒之典, 有加焉. 特命所經護喪, 歸葬于坡州廣灘上先塋之側子坐午向之原. 康津章甫立祠, 俎豆之.

夫人洪氏, 郡守處誠之女. 男善慶, 察訪. 三女, 適安昌善·奇誠獻·朴峯賢,[87] 察訪男, 泰吉·有吉·復吉·益吉·井吉, 伯季皆縣監, 仲叔皆縣令. 第三, 別提, 四女爲柳希成·崔壁·李振先·金檏妻. 曾孫壽仁·友仁·克仁·榮仁·好仁. 壽仁, 文科, 典翰. 有廉退節. 克仁, 文科, 持平. 玄孫, 碩亨, 參奉, 碩耉·碩臣·碩賓·碩昌·碩寬, 幷庶出十三人.

公器局峻整, 神彩秀朗, 見識通透, 言論明白. 蓋優遊而灑落也, 正大而從容也. 平居, 夙興盥櫛, 端拱危坐, 研覃經傳, 沈潛奧義, 踐履篤實. 至微細事, 未嘗放過. 見事理眞實處, 確然自守, 不隨俗依違. 至聞人善言, 見人善行, 必沛然從之, 無所疑貳.

宣廟初服, 李文成諸公[88]以爲"乙巳之禍, 甚於己卯, 若不伸雪, 人心拂鬱, 無以爲國." 遂協力竭心, 爭論不已. 雖以李文純之高明, 亦不能無疑於眞僞之辨矣. 及宣廟允從群議, 當有頒敎中外之文, 諸賢皆推筆於公. 公不辭應命. 其所以泝禍敗之源流, 斥群邪之奸欺, 著明廟友愛之情, 發鳳城冤屈之狀, 明白痛快, 至使讀者感激而流涕, 論者謂: '不獨文章出等, 其志氣之發萃, 可見於此'云爾. 自是論議大定, 以啓宣廟淸明之化, 公之功可謂大矣.

宣廟嘗命公作「國朝儒先錄序」, 公上明道學之淵源, 次敍傳授之統緖, 老成典要, 人無間言, 公可謂知言之君子矣. 不有眞知實踐之功, 焉得而與此哉? 古人云: '一臠可以知全鼎.' 況此數件文字, 不止一臠而已乎?

其爲都承旨也, 終日端坐, 嚴毅不可犯. 廳中寂然, 無敢闌語. 至於內間女侍相戒曰: "今日李某入政院矣. 惟恐語聲之出於外也." 上以故久任於是職. 其長銓曹也, 有

87 초간본 『청련집』과 황경원 찬술의 신도비에는 '朴峯賢'으로 되어 있으나, 『송자대전』과 박세채 찬술 시장(諡狀)에는 '朴擧賢'으로 되어 있다. 광국원종공신(光國原從功臣)의 한 사람인 '학생(學生) 박거현(朴擧賢)'이 옳을 듯하다.

88 『송자대전』은 '諸賢'으로 되어 있다.

族人來有請, 公正色出示一冊子, 蓋錄才行人姓名也. 其人亦在其中矣. 公曰: "吾錄子名, 將以擬望矣. 惜乎! 子若不言, 可以得官矣!" 其人大慙而去. 公每注擬時, 必遍問於郎僚, 論議歸一, 然後用之. 如或有誤則終夜不眠曰: '我欺主上矣.'

公嘗以淸白見錄, 李文成先生稱之曰: "李某居官盡職, 律身淸苦, 位至六卿, 寒素如儒生,[89] 客至杯盤冷淡, 人服其潔." 思庵朴相公, 嘗於筵席啓曰: "李某可以托六尺之孤, 寄百里之命"云. 嗚呼! 以公之才之德, 當宣廟盛際, 倘任經綸之丕責, 則其所猷爲. 必有可觀者. 以故物論皆望其朝夕入相, 而公則病矣, 可勝惜哉!

乙巳之禍, 圭庵宋文忠公, 余曾叔祖也, 以一世領袖, 而受禍最酷, 含冤九原, 殆三十餘年矣. 至於萬曆丁丑, 公文一出, 神人冤憤, 一時淸雪, 余每景仰於心, 如一日也. 今碩亨, 以行狀, 千里來托, 余不敢終辭, 而第錄如右, 以俟立言之君子云.

崇禎紀元後丙寅八月日, 恩津後人宋時烈狀.

89 '儒生'은 『송자대전』에 '儒'로 되어 있다.

청련 이공 청시 행장(青蓮李公請諡行狀)

박세채(朴世采)

해설 『국조인물고(國朝人物考)』 속(續) 8에 박세채(朴世采) 찬 「이후백시장(李後白諡狀)」으로 들어 있지만 박세채의 문집에는 실려 있지 않다. 앞서 본 송시열의 『송자대전(宋子大全)』 권206에 「청련 이공 행장(青蓮李公行狀)」이란 제목으로 수록되어 있는 글과 거의 같다. 송시열이 작성한 행장의 끝부분 '乙巳之禍'부터 '以俟立言之君子云'의 내용만 박세채가 작성한 이 시장에 '世采自少每服公名德' 이하 '庶幾爲太常氏採取之資云'으로 되어 있다. 박세채는 자신의 이 글이 '옛글'에 인하여서 순서만을 매기는 것이라고 밝혔다.

공(公)의 휘(諱)는 후백(後白), 자(字)는 계진(季眞), 호(號)는 청련(青蓮)이다.

연안이씨(延安李氏)는 동방의 큰 씨족이다. 그 족보(族譜)에 다음과 같이 써 있다. "중국 당나라 중랑장(中郎將) 이무(李茂)가 소정방(蘇定方)이 백제를 정벌할 때에 종군하여 우리나라에 왔다가, 이곳에 머물러 신라에 벼슬을 하게 되어 연안(延安)의 본적(本籍)을 받았으며, 대대로 명망있는 사람이 나왔다."

고려 말에 휘 계손(係孫)은 〔경주이씨〕 문충공(文忠公) 이제현(李齊賢)의 사위로, 벼슬이 공조전서(工曹典書)에 이르렀다. 공에게는 8대조가 된다. 고조〔4대조〕 말정(末丁)은 예빈시(禮賓寺)의 소윤(小尹)이었고, 연성부원군(延城府院君)과 관찰사(觀察使)를 추증받았다. 관찰사〔이숙함〕는 문장(文章)으로 성묘(성종)의 명신이었다. 조부와 부친의 두 세대에 증직(贈職)이 있었던 것은 모두 공이 귀하게 되었기 때문이었다.

정덕(正德) 경진(庚辰)〔1520년〕 4월 11일 진시(辰時)〔오전 8시〕에 공이 태어났다. 어려서 차분하고과묵하여 떠들고 웃고 하는 것이 적었다. 총명함이 무리에서 뛰어났다.

열 살이 채 안 되어 부친과 모친이 모두 돌아가셔서, 친가 외가 약 7, 8명과 함께 모두 큰아버지 집에서 길러졌는데, 부모의 죽음을 슬퍼하고 부모를 사모하는 마음으로 상기를 지켜서, 한 번도 여러 아이들과 어울리면서 웃고 떠들지를 않았다. 하루는 종장(宗丈, 집안 어른) 댁에 갔었는데, 종장이 예주(醴酒, 단술)를 마시라고 주었으나, 물리치고 마시지 않았다. 그 까닭을 물으니, "이것이 비록 예주이지만, 이미 이름이 '술〔酒〕'이므로, 감히 마실 수 없습니다."라고 했다. 좌중의 사람들 가운데 감탄하지 않은 이가 없었다. 나이가 갓 10세 남짓일 때 옥계(玉溪) 노진(盧禛), 목사(牧使) 양희(梁喜)와 함께 표인(表寅) 공의 문하에서 배웠다. 일시의 학도가 15명으로, 차례대로 서적 본문의 음(音)을 들어 배웠는데, 공은 나이가 가장 어려서 늘 말석에 위치하여 나른 사람들이 수음(受音)하는 것을 듣고는 모두 다 보지 않고도 외웠다. 그 가운데는 『성리대전서(性理大全書)』[90]가 있었다. 표인 공은 공이 그렇다는 사실을 듣고서, 불러서 시험해 보게 했더니, 공이 14인이 수음(受音)했던 책의 부분들을 두루 암송하기를 마치 익숙하게 오래 읽은 것처럼 했다. 표인 공이 대단히 놀라고 기이하에 여겨서 말하기를, "옛날에도 이러한 아이가 있었던지 모르겠다!"라고 했다.

언젠가 「소상팔경가사(瀟湘八景歌詞)」를 지어 서울 안에 전파되었고, 혹은 악부(樂府)에 올려지기도 했다. 이로부터 명성이 더욱 떨치게 되었고, 서울의 문사들이 모두 공이 이르러 오기를 기다렸으니, 당시 나이가 16세였다. 여러 차례 향해(鄕解, 향시)에서 장원을 했다. 서울에 이르자 명공(名公)과 거경(巨卿)들이 그 이름을 존중하여, 많은 사람들이 예(禮)로 공경했다.

그러나 공(公)은 이른 나이에 풍수지탄(風樹之歎)〔부모를 잃음〕에 걸려, 관직에 나아가는 데 마음이 없어서, 임천(林泉, 산수자연)의 사이에 자취를 흩었다. 집 뒤에 푸른 소나무가 있었으므로, 이에 따라 스스로 호를 송소(松巢)라고 했다. 동은(峒隱) 이의건(李義健), 고죽(孤竹) 최경창(崔慶昌), 옥봉(玉峯) 백광훈(白光勳) 등 여러 사람들과

90 중국 명나라 성조 영락제(永樂帝)의 명을 받아 호광(胡廣) 등 42명의 학자가 중국 송나라 성리학설을 집대성하여 편집한 책이다. 앞에 나왔다.

어울려 다니며 지냈다.

공이 어렸을 때, 이기(李芑)가 강진(康津)에 유배되어 있었는데,[91] 당시 사람들이 이기에게 학문이 있다고 일컬었으므로 공이 그를 따라 배웠다. 하지만 서너 날 머문 뒤에 즉시로 돌아왔다. 사람들이 이유를 묻자, 말하기를, "내가 서너 날 그가 무엇에 마음을 두고 일을 어떻게 처리하는지 보고 돌아왔습니다."라고 했다. 묻기를, "어떻든가?"라고 하니, 공은 "무릇 터럭 하나 같은 사소하기 짝이 없는 것에서도 한결같이 모두 비밀로 하여 사람들이 알게 하려고 하지 않았습니다. 군자의 마음과 일 처리가 어찌 이러할 수 있겠습니까?"라고 했다. 같은 고을에 을사사화 때 공훈을 세워 공신첩에 오른 사람이 있어, 그 기세가 불꽃이 하늘을 태울 정도였는데, 공의 이름을 중하게 여겨 한번 보고자 원했다. 공이 일찍이 산의 절에 있으면서 글을 읽고 있었는데, 그 사람이 산에 노닐며 사냥을 한다는 것에 가탁하여, 같은 고향 사람들과 약속을 하고는 그 절에 도착했다. 공이 그 소식을 듣고는 거처를 옮겨서 피했다.

조모의 상을 당하자 묘 곁에서 여막살이하기를 삼 년 동안 하면서 아침저녁 무덤으로 가서 성분(省墳)하여, 비바람이 불어도 폐하지 않아서, 처음부터 끝까지 마치 하루같이 그렇게 했다. 미암(眉巖) 유희춘(柳希春)과 석천(石川) 임억령(林億齡)이 서로 말하기를, "순실한 효성이 천성에서 나왔으니, 비록 옛날의 효자라 하여도 이를 넘어서는 이가 없다."라고 했다. 이러한 효성을 미루어서 방상(方喪)〔여기서는 명종의 승하를 말한다〕에서도 스스로의 마음과 예를 다하여서, 반드시 3년 동안 소식(素食)을 했다.

청계(淸溪) 유몽정(柳夢井)과 건재(健齋) 김천일(金千鎰) 등 당대의 이름 높은 선비들이 예절에 관한 글에서 하늘과 땅처럼 현격한 차이를 보이거나 경전의 이치에 의심스럽고 모르는 곳이 있으면 반드시 서찰과 별지를 보내고 답장을 받으면서 문난(問難, 어려운 부분을 물음)했으며, 번번이 감탄하기를, "논변(論辨)의 정확함이 진정 지

91 앞서 보았듯이 이기(李芑)는 1537년까지 강진에 유배되어 있었다.

금 시대의 사람이 발꿈치를 들어 미칠 수 있는 경지가 아니다."라고 했다.

나이 27세〔1546년〕에 사마시(司馬試)에 합격하고, 36세〔1555년〕에 을묘(乙卯) 식년시(式年試)에 급제한 후, 펄펄 날 듯이 청환(淸宦)과 현직(顯職)을 차례로 거쳐서, 기대승(奇大升)과 이름을 나란히 했다. 엄숙한 얼굴로 조정에 서서는 천 길 벼랑이 서 있어서 아무도 빼앗을 수 없는 기상(氣象)이 있었다.

그 이력(履歷)은, 처음에 괴원(槐院, 승문원)에 보임(補任)되고, 천거되어 승정원에 들어가 주서(注書)가 되었으며, 시강원(侍講院)의 설서(說書)와 사서(司書), 사간원(司諫院)의 정언(正言)과 사간(司諫), 병조(兵曹)의 정랑(正郞)과 좌랑(佐郞), 이조(吏曹)의 정랑(正郞)과 좌랑(佐郞), 의정부(議政府)의 검상(檢詳)과 사인(舍人), 홍문관(弘文館)의 응교(應敎)와 전한(典翰)을 지냈다. 또한 일찍이 사가독서(賜暇讀書)에 선발되어 호당(湖堂)에 있었다.

정묘(丁卯)〔1567년, 48세〕에는 원접사(遠接使) 종사관(從事官)이 되어, 의주로 가서 중국 명나라 조사(詔使)를 영접했다. 그해에 승정원(承政院) 동부승지(同副承旨)에 탁배(擢拜)되어, 사간원(司諫院) 대사간(大司諫), 병조(兵曹) 참지(參知)와 참의(參議)를 거쳤다. 오래지 않아 승정원에 다시 들어가서 도승지(都承旨)에 이르렀다.

신미(辛未)〔1571년, 52세〕에는 문신정시(文臣庭試)에서 장원(壯元)을 하여, 가자(加資)되어, 예조참판, 사헌부 대사헌(大司憲), 홍문관 부제학(副提學), 이조참판이 되었다.

신유(辛酉)〔1573년, 54세〕에는 변무사(辨誣使)로서 북경에 갔고, 돌아와서 가의대부(嘉儀大夫)에 오르고, 광국훈(光國勳)에 책록되었다. 후에 연양군(延陽君)에 추봉(追封)되었다.

갑술(甲戌)〔*을해(乙亥), 1575년, 56세〕에는 대신(大臣)의 천거로 형조판서에 특별히 배수되었다.

을해(乙亥)〔*같은 해 10월〕에는 관북(關北)의 감사(監司, 관찰사)에 결원이 생기고, 당시 본로(本路, 본도)가 흉년을 당한데다가 또한 변방에 외적이 침입하는 경보가 있었으므로, 상감이 그 적당한 사람을 구하기 어려워하고 있었는데, 공이 마침 전직을 파하고 산직에 있었으므로 상이 특별히 명하여 관북의 감사를 제수했다. 관북의 도는 아주 먼 곳에 있었고 명목도 없는 부세(賦稅)와 법률을 어기는 일들이 낭자하여 한도 끝도 없었다. 공이 이르러가서는 전부 다 경영하여 다스리고 세금을 감면하고 일을 혁신하여, 위엄과 자혜를 병행하니, 일로(一路, 전 구역)이 맑고 깨끗해졌다. 그후 전한(典翰) 허봉(許篈)이 어사(御史)가 되어 본도(함경도)를 순무(巡撫)하다가 계동(溪洞)에 거처하는 소민(小民)을 만나게 되면, 그 소민이 반드시 묻기를 "이 판서(判書)께서는 잘 계시는지요?"라고 했다. 허봉이 그 일을 책자에 기록하여 찬미했다.

조정의 내직으로 들어와서 이조판서(吏曹判書)가 되고, 홍문관(弘文館)과 예문관(藝文館)의 제학(提學)이 되었다. 이조판서로서의 전선(銓選, 전형과 선발)이 공평하고 합당하여 사론(士論)이 중하게 여겼다. 공이 문망(文望, 문학과 학문에 뛰어나다는 명성)을 짊어지고, 이제라도 문형(文衡, 대제학의 권한)을 잡을 터에, 그 당시 그 직임에 처해 있던 사람이 오랫동안 그 자리에 있으면서 끝내 공에게 그 문형을 주지 않았으므로, 물의(物議, 중론)가 대단히 불만스러워〔歉〕했다.

임신(壬申)〔1572년〕 봄에 기근이 들자, 상감이 화공에게 명하여 「유민도(流民圖)」를 그려 병풍 10첩(帖)으로 만들게 하고, 또 공에게 명하여 첩마다 시(詩)를 지어 올리게 하고는, 그것을 보면서 반성하는 뜻을 우탁했다.

인성왕후(仁聖王后)〔인종의 비〕가 승하(昇遐)하고 조정에서는 상감이 상복 입는 제도에 대한 견해가 일치되지 않았는데, 공은 상감이 삼년상을 거행하라고 청했다. 예(禮)에 의거하고 경(經)을 인증하여 명백하고 정당했으므로, 뭇 사람들의 의론이 공의 견해를 제일이라고 추대했다. 상감이 마침내 따랐다. 류성룡(柳成龍)이 그때 옥당(玉堂, 홍문관)에 재직 중이었는데, 공의 글을 외면서 경복(敬服)하여, "이 노인의 학문이 이런 경지에까지 이르렀단 말인가?"라고 하고, 한 통을 베껴 책상 위에 두고, 공의 정사(政事)에 대한 논의를 나란히 써서 한 책으로 만들어 두고는 스스로 깊이 음미했다.

무인(戊寅)〔1578년, 59세〕에 호조판서(戶曹判書)로서 휴가를 청하여 함양(咸陽)에 성묘(省墓)를 갔다가 10월 7일〔양력 11월 15일〕에 병으로 졸(卒)했다. 부음(訃音)이 알려지자 상감은 진율(震慄)하고 애도(哀悼)하여, 공신이 죽었을 때 임금이 애도하는 예우 규정보다 더 보태라고 했다. 특명으로, 영구(靈柩)가 지나는 경로에서 호상(護喪)하도록 했다. 파주(坡州) 광탄(廣灘)에 귀장(歸葬, 반장)하니, 선영(先塋)의 곁에, 정북을 등진 자좌(子坐)에 정남 오향(午向)의 언덕이었다. 강진(康津)의 장보(章甫, 선비)들은 사당을 지어 조두(俎豆)를 진설하여 제사 지낸다.

부인 홍씨(洪氏)는 군수 홍처성(洪處誠)의 따님이다. 아들 선경(善慶)은 찰방(察訪)이요, 세 딸은 각각 안창선(安昌善), 기성헌(奇誠獻), 박거현(朴擧賢)〔박봉현(朴峯賢)〕에게 출가했다. 찰방(이선경)의 아들들은 태길(泰吉), 유길(有吉), 복길(復吉), 익길(益吉), 정길(井吉)이다. 첫째와 막내는 모두 현감(縣監)이고, 둘째와 넷째는 모두 현령(縣令)이며, 셋째는 별제(別提)이다. 찰방(이선경)의 네 딸은 각각 유희성(柳希成), 최기(崔墍), 이진선(李振善), 김접(金楪)의 처이다. 증손(曾孫)은 수인(壽仁), 우인(友仁), 극인(克仁), 영인(榮仁), 호인(好仁)이다. 이수인(李壽仁)은 문과에 급제하여 전한(典翰)인데, 청렴과 겸퇴의 절조를 지녔다. 이극인(李克仁)은 문과에 급제하고 지평(持平)이다. 현손(玄孫)은 석형(碩亨)이 참봉이고, 아래로 석구(碩耉), 석신(碩臣), 석빈(碩賓), 석창(碩昌), 석관(碩寬)이다. 서출(庶出)들을 아울러 13명이다.

공은 기국(器局)이 준엄하고 단정했으며, 신채(神彩)가 빼어나고 명랑했으며, 견식(見識)은 통투(通透)하고 언론은 명백했으며, 정대(正大)하고 느긋했다. 평소 새벽에 일찍 일어나 세수하고 머리를 빗고는, 손을 공손히 모은 채 단정히 앉아서 경전(經傳)을 연구하면서 깊은 뜻에 침잠했다. 실천에 독실하여 지극히 작은 일까지도 결코 허투루 지나치는 일이 없었다. 사리의 진실한 곳을 보면 확연하게 스스로 지켰고, 세속을 따라 주견 없이 망설이는 태도를 짓지 않았다. 다른 사람이 좋은 말을 하는 것을 듣거나, 다른 사람이 좋은 행동을 하는 것을 보게 되면, 반드시 기세 있게 그것을 따랐으며, 의심하여 딴마음을 품는 법이 없었다.

선묘(宣廟, 선조)가 즉위하여 처음 일을 시작하시자,[92] 문성공(文成公) 이이(李珥) 등

92 앞에서 밝혔듯이, 초복(初服)은 여기서는 국왕이 즉위하여 처음 일을 하는 것을 말한다. 『서경(書

여러 분이, 을사(乙巳)〔1545년, 명종 즉위년〕의 사화(士禍)가 기묘(己卯)〔1519년, 중종 14년〕보다 더욱 심했는데, 만약 억울함을 씻어 주지 않으면 사람들 마음이 불평스럽고 불만하여 나라를 제대로 다스릴 수 없다고 여겼다. 그래서 마침내 힘을 합하고 마음을 다했지만, 쟁론(爭論)이 그치지 않았다. 비록 문순공(文純公) 이황(李滉)의 고명함으로도 역시 진위(眞僞)의 변별에 의심이 없을 수 없었다. 그러다가 선묘(선조)가 여러 신하들의 논의를 따라 윤허하기에 이르자, 마땅히 중외에 교서를 반포하는 글이 있어야 했는데, 여러 현인들이 모두 공에게 붓을 미루었다. 공(公)은 그 명을 당하여 사양하지 않고, 앙화와 패망의 원류를 소급하고 삿된 무리들의 간악과 사기를 지척(指斥)하며 명묘(明廟, 명종)의 우애(友愛)의 정을 분명히 하고 봉성군(鳳城君)〔이완(李岏)〕의 억울한 진상을 발굴한 바가 명백하고 통쾌하여, 읽는 이들로 하여금 감격하여 눈물을 흘리게 만들었다. 논자(論者)들이 말하기를, "비단 문장이 월등할 뿐만 아니라 그 지기(志氣)가 대단히 뛰어나다는 사실을 여기에서 볼 수가 있다."라고 했다. 이로부터 논의(論議)가 크게 정론으로 되었고 선묘(선조)의 청명(淸明)한 정치가 열리게 되었으니, 공의 공로가 크다고 말할 수 있겠다.

선묘(선조)가 일찍이 공에게 명하여 「국조유선록서(國朝儒先錄序)」를 지으라 하자, 공은 위로는 도학(道學)의 연원(淵源)을 밝히고, 다음으로 도학의 전수의 통서(계통)를 서술했는데, 노성(老成)하고 전요(典要)하여 사람들이 이론(異論)을 제기하지 않았으니, 공은 지언(知言)의 군자(君子)라고 말할 수 있겠다. 진지(眞知)와 실천(實踐)의 공부가 없다면 어찌 여기에 간여할 수 있겠는가?

옛사람이 말하기를, "고기 한 점으로 솥 전체 국의 맛을 안다."[93]라고 했다. 하물며 여기의 서너 건 문자(文字, 글)들은 고기 한 점에 그치는 정도가 아니지 않음에야 더 말해 무엇 하겠는가?

공이 도승지로 재직할 때에 종일토록 단정히 앉아 엄숙(嚴肅)하고 강의(剛毅)하여

經)』「소고(召誥)」에서 나온 말이다.

93 앞에서 밝혔듯이, 원문의 '일련(一臠)'은 '전정일련(全鼎一臠)'의 준말이다.

범접할 수가 없어서 관청 안이 조용해서 함부로 떠드는 소리가 없었다. 심지어 내간(內間)의 여시(女侍)들까지도 서로 경계하여 말하기를, "오늘 이 아무개께서 관청에 들었다."라고 하면서, 말소리가 밖에까지 들릴까 두려워했다. 이 때문에 임금이 이 도승지의 직책을 오래 맡겼다.

전조(銓曹)의 하나인 이조(吏曹)의 장(長)으로 있을 때에, 족인 중 어떤 사람이 와서 청탁이 있자, 공은 정색을 하고 한 책자를 꺼내어 그에게 보여 주었다. 대개 재주와 행실이 있는 사람의 성명을 기록한 것으로, 그 사람 역시 그 안에 기록되어 있었다. 공이 말했다. "내가 자네 이름을 기록해 두고 장차 의망(擬望, 후보 추천)을 하려고 했었네. 애석하여라! 자네가 만약에 말을 하지 않았더라면 관직을 얻을 수 있었을 터인데!" 그 사람이 크게 부끄러워하며 돌아갔다. 공은 주의(注擬)[94]를 할 때마다 반드시 낭료(郎僚)들에게 두루 물어서 논의가 일치된 연후에야 그 이름을 사용했고, 혹시라도 오류가 있을 것 같으면 밤새도록 잠을 자지 않고, "내가 주상(主上)을 속였다."라고 했다.

공은 일찍이 청백(淸白)하여 청백리록(淸白吏錄)에 기록되었다. 문성공(文成公) 이이(李珥) 선생이 칭송하기를, "이 아무개는 관직에 있으면서 직무를 다했고 몸을 규율로 단속하여 청고(淸苦)했다. 지위가 육경(六卿)에 이르렀는데도 빈한하고 소박하기가 유생(儒生)과도 같았다. 손님이 이르러도 술잔과 밥상이 썰렁하고 담백했으므로 사람들이 그 정결함에 흠복했다."라고 했다. 사암(思菴) 박순(朴淳) 상공(相公)이 일찍이 경연이 자리에서 계품하기를, "이 아무개에게는 6척의 어린 임금을 맡겨도 되고 사방 백 리 제후국의 재상을 시켜도 됩니다."[95]라고 했다.

아아! 공이 그 재능과 그 덕으로 선묘(선조)의 태평성대에 당하여 혹시라도 국가를 경영하는 큰 책임을 맡았더라면, 그 기획한 계책과 실행한 사업에 필시 볼만한

94 주의(注擬)는 의망(擬望)이라고도 한다.

95 앞서 말했듯이 『논어』「태백(泰伯)」에서 온 말로, 임금을 보필하거나 대신하여 국정(國政)을 수행하는 재상의 직임을 맡을 수 있다는 말이다.

것이 있었을 것이다. 그런 까닭으로 물의(여론)가 공이 이제라도 재상의 자리에 들어오기를 기대했거늘, 공이 병이 들었으니 애석함을 이루 견딜 수 있겠는가?

세채(世采) 나는 젊어서부터 번번이 공의 명망과 덕에 흠복하여 명묘(명종)·선묘(선조) 연간의 제일 인물이라고 여겨 와서, 일찍이 공이 논하고 저술한 문자를 보고 싶어 했으나 그러하지를 못해서 마음으로 가만히 답답하게 여겨 왔다.

지금 이석형(李碩亨)이 공의 행적을 적은 글을 가지고 와서 보여 주며, 역명(易名)[96]의 은전(恩典)을 이루려고 하는데, 마침 노쇠하고 혼미한 터라서 감히 발휘할 바가 없기에, 다만 옛글[97]에 인하여서 순서만을 매겨, 부디 태상씨[98]가 채취하는 자료가 되기를 바랄 따름이다.

대광보국숭록대부(大匡輔國崇祿大夫) 의정부(議政府) 좌의정(左議政) 겸(兼)
영경연사(領經筵事) 세자부(世子傅) 박세채(朴世采) 삼가 시장을 적다[99]

숙종 병자(丙子)〔1696년, 숙종 22년〕 6월 7일 태상시(봉상시)에서 시호를 의정했다.

문청(文淸) : 학문에 부지런하고 묻기를 좋아하는 것을 문(文)이라고 한다. 불의를 피하여 멀리하는 것을 청(淸)이라 한다. 낙점(落點).

문장(文莊) : 문(文)은 위와 같다. 실천이 엄정하고 뜻이 조화로운 것을 장(莊)이라 한다.

문정(文靖) : 문(文)은 위와 같다. 너그럽고 즐거워하여 끝을 잘 마친 것을 정(靖)

96 역명(易名)은 이름을 바꾼다는 말로 시호를 내림을 뜻한다. 『예기(禮記)』「단궁 하(檀弓下)」에 보면, 중국 춘추시대 위(衛)나라 대부 공숙문자(公叔文子)가 졸하자 그의 아들이 임금에게 시호를 청하여, "세월이 흘러 장사를 지낼 때가 되었으니 이름을 바꿀 것을 청합니다.〔日月有時, 將葬矣, 請所以易名者.〕"라고 했다.

97 송시열이 작성한 행상을 말한다.

98 태상씨(太常氏)는 조선 시대 봉상시(奉常寺)의 책임자를 말한다. 중국 한(漢)나라 때 태상시(太常寺)가 국가의 제사와 시호를 담당했던 데서 유래했다.

99 『국조인물고』 수록의 글에서는 박세채의 직함 이하가 없다.

이라 한다.

青蓮李公請諡行狀

公諱後白, 字季眞. 延安之李, 爲東方大族, 其譜云: "唐中郞將李茂從蘇定方平百濟, 留在新羅, 受籍于延." 世有聞人, 麗末有諱係孫, 文忠公李齊[100]賢之婿, 官至工曹典書, 於公八代祖也. 高祖諱末丁, 禮賓少尹·贈延城府院君. 曾祖諱淑瑊, 觀察使以文章·德行, 爲成廟朝名臣. 祖諱元禮, 縣監·贈吏曹參判. 考諱國衡, 早卒不仕, 贈領議政, 皆以公貴也.

正德庚辰四月十一日辰時, 公生焉. 幼沈默小言笑, 聰明絶倫. 未十歲, 父母俱沒, 與內外諸從七八人, 幷鞠于伯父家, 哀慕執喪, 未嘗與群兒渾處笑語. 一日, 往宗丈家, 宗丈饋以醴酒, 却之不飮. 問之則曰: "此雖醴, 旣名以酒, 不敢飮." 一座莫不歎嗟.

年甫十歲, 與盧玉溪禛·梁牧使喜, 學于表公寅之門, 一時學徒十五人以次受學, 公年最少. 常居末席, 聽諸人所受書, 一皆背念, 其中有『性理大全書』矣. 表公聞其然, 招使試之, 公遍誦十四人書如熟讀者, 表公大驚異曰: "未知古有如此兒否." 常作「瀟湘八景歌詞」, 傳播京中, 或謄諸樂府. 自是聲名益振, 京師文士皆遲其至, 時年十六矣.

屢魁鄕解, 至京師, 名公·巨卿重其名, 多禮敬之. 然公旣早嬰風樹, 無心進取, 放跡林泉, 舍後有蒼松, 因自號松巢. 峒隱李公義健·孤竹崔公慶昌·玉峯白公光勳諸公從之游. 公少時李芑謫康津, 時人稱芑有學, 公從而學焉, 留數日卽歸. 人問之, 則曰: "吾數日見其處心行事而歸矣." 問曰: "何也?" 公曰: "凡於毫末, 一皆秘之, 不欲人知之, 君子心事豈宜如是也?" 同鄕有參乙巳僞勳者, 勢焰熏天, 猶重公名, 欲一見之. 公嘗在山寺讀書, 其人託於遊獵, 與鄕人相約而至, 公聞之, 移棲以避之.

遭祖母喪, 守墓三年, 朝夕上塚, 不廢風雨, 終始如一日. 柳眉巖希春·林石川億齡相謂曰: "純孝出於天性, 雖古之孝子, 無踰於此." 推以自盡於方喪, 必素食三年. 淸

100 齊 : 『국조인물고』에는 '齋'로 되어 있다. 『익재난고(益齋亂藁)』「이공묘지명(李公墓誌銘)」에 따른다.

溪柳夢井·金健齋千鎰, 一時之名儒, 每有禮文徑[101]庭·經理疑晦處, 必往復問難, 每歎曰: "論辨精確, 眞非今世人所可跂及."

年二十七, 中司馬. 三十六, 中乙卯式年, 歷颺淸顯, 與奇公大升齊名, 正色立朝, 有壁立千仞不可奪之氣像. 其履歷則初補槐院, 薦入承政院爲注書, 侍講院說書·司書·司諫院正言·司諫·兵曹正·佐郞·吏曹正·佐郞·議政府檢詳·舍人·弘文館應教·典翰, 又嘗選居湖堂. 丁卯, 以遠接使從事官往迎詔使. 其年擢拜承政院同副承旨·司諫院大司諫·兵曹參議. 未久, 還入政院, 至都承旨. 辛未, 以文臣庭試壯元, 加資爲禮曹參判·司憲府大司憲·弘文館副提學·吏曹參判. 癸[102]酉, 以辨誣使赴京, 還陞嘉義, 錄光國勳, 後追封延陽君. 甲戌(*乙亥), 以大臣薦, 特拜刑曹判書.

乙亥〔*十月〕, 關北缺監司, 時本路歲凶, 且有邊警, 上難其人, 公時在罷散中, 上特命授之. 道在遐遠, 無名之賦, 不法之事, 狼籍無藝. 公至, 悉經理而蠲革之, 威惠竝行, 一路澄淸. 後許典翰篈以御史巡撫本道, 遇溪洞小氓, 則必問李判書好在否, 篈以其事志諸冊子而美之. 入爲吏曹判書·兩館提學, 銓選平允, 士論重之. 公負文望, 朝夕當秉文衡, 而其時處其任者久居, 而終不歸之公, 物議甚歉[103]焉.

壬申春年飢, 上命畫工寫「流民圖」, 作屛十帖, 又命公逐帖賦詩以進, 以寓觀省焉. 仁聖王后升遐, 朝廷論服制不一, 公請上行三年之喪, 據禮引經, 明白精當, 群議推爲第一, 上竟從之. 柳相成龍時在玉堂, 誦公文敬服曰: "此老所學其至此耶?" 爲寫一通, 置之几案, 幷書公論議政事, 作一冊, 以自玩賞焉.

戊寅, 以戶曹判書乞暇, 省墓于咸陽. 十月初七日病卒. 訃聞, 上震悼, 隱卒之典有加焉, 特命所經護喪, 歸葬于坡州廣灘上先塋之側子坐午向之原. 康津章甫立祠俎豆之, 世以靑蓮先生稱之.

101 徑 : 『국조인물고』에는 '經'으로 되어 있다. 『청련집』「청련성생이공행장(靑蓮先生李公行狀)」 및 『송자대전』「청련이공행장」에 따른다.

102 癸 : 『국조인물고』에는 '辛'으로 되어 있다. 『선조실록』 6년 9월 16일 기사에 따른다.

103 歉 : 『국조인물고』에는 '謙'으로 되어 있다. 『청련집』「청련성생이공행장(靑蓮先生李公行狀)」 및 『송자대전』「청련이공행장」에 따른다.

夫人洪氏, 郡守處誠之女. 男善慶, 察訪. 三女: 適安昌善·奇誠獻·朴學[104]賢. 察訪男泰吉·有吉·復吉·益吉·井吉, 伯季皆縣監, 仲叔皆縣令, 第三別提. 四女: 爲柳希成·崔墼·李振先·金擛妻. 曾孫壽仁·克仁·榮仁·友仁·好仁. 壽仁, 文科, 典翰, 以恬退學行聞于世. 克仁, 文科, 持平. 玄孫碩耉, 宣傳. 碩亨, 參奉. 碩昌, 碩臣, 碩賓. 碩寬, 都事. 幷庶出十四[105]人.

公器局峻整, 神采秀朗, 見識通透, 言論明白, 蓋優游而灑落也, 正大而從容也. 平居夙興盥櫛, 端拱[106]危坐, 研覃經傳, 沈潛奧義, 踐履篤實, 至微細事, 未嘗放過. 見事理眞實處, 確然自守, 不隨俗依違, 至聞人善言, 見人善行, 必沛然從之, 無所疑貳.

宣廟初服, 李文成公諸賢以爲: "乙巳之禍甚於己卯, 若不伸雪, 人心拂鬱, 無以爲國." 遂協力竭心, 爭論不已. 雖以李文純之高明, 亦不能無疑於眞僞之辨矣. 及宣廟允從群議, 當有頒敎中外之文, 諸賢皆推筆於公. 公不辭應命, 其所以溯禍敗之源流, 斥群邪之奸欺, 著明廟友愛之情, 發鳳城寃屈之狀, 明白痛快, 至使讀者感激而流涕. 論者謂: "不獨文章出等, 其志氣之拔[107]萃, 可見於此云爾." 自是論議大定, 以啓宣廟淸明之化, 公之功可謂大矣.

宣廟嘗命公作『國朝儒先錄』序, 公上明道學之淵源, 次敍傳授之統緖, 老成典要, 人無間言, 公可謂知言之君子矣. 不有眞知實踐之功, 焉得而與此哉? 古人云: "一臠可以知全鼎." 況此數件文字, 不止一臠而已乎?

其爲都承旨也, 終日端坐, 嚴毅不可犯, 廳中寂然, 無敢閑語. 至於內間女侍, 相戒曰: "今日李某入政院矣." 惟恐語聲之出於外也, 上以故久任於是職.

其長銓曹也, 有族人來有請, 公正色出示一冊子, 蓋錄才行人姓名也, 其人亦在其

104 擧 : 『청련집』「청련선생이공행장(靑蓮先生李公行狀)」에는 '峯'으로 되어 있다.

105 四 : 『청련집』「청련선생이공행장(靑蓮先生李公行狀)」 및 『송자대전』「청련이공행장」에는 '三'으로 되어 있다.

106 拱 : 『국조인물고』에는 '供'으로 되어 있으나 『청련집』「청련선생이공행장(靑蓮先生李公行狀)」 및 『송자대전』「청련이공행장」에 따른다.

107 拔 : 『국조인물고』에는 '發'로 되어 있다. 『송자대전』「청련이공행장」에 따른다.

中矣. 公曰: "吾錄子名, 將以擬望矣. 惜乎! 子若不言, 可以得官矣!" 其人大慙而歸. 公每注擬時, 必遍問於郎僚, 論議歸一, 然後用之. 如或有誤, 則終夜不眠曰: "我欺主上矣." 公嘗以淸白見錄, 李文成先生稱之曰: "李某居官盡職, 律身淸苦, 位至六卿, 寒素如儒生." 客至, 杯盤冷淡, 人服其潔. 思菴朴相公嘗於筵席啓曰: "李某可以托六尺之孤, 寄百里之命云."

嗚呼! 以公之才之德, 當宣廟盛際, 倘一任經綸之丕責, 則其所猷爲必有可觀者. 以故物論皆望其朝夕入相, 而公則病矣, 可勝惜哉?

世采自少每服公名德, 以爲明·宣間第一人物, 嘗欲得見其論著文字, 而不能得, 心竊悶然.

今碩亨以公行蹟來示, 俾成易名之典, 適坐衰昏, 不敢有所發揮, 只因舊文而敍次之, 庶幾爲太常氏採取之資云.

大匡輔國崇祿大夫 議政府左議政 兼領經筵事 世子傅 朴世采謹狀

肅宗丙子六月初七日, 太常議諡.

文淸: 勤學好問曰文, 避遠不義曰淸. 落點.

文莊: 文上同, 履正志和曰莊.

文靖: 文上同, 寬樂令終曰[108]靖.

108 『청련집』 중간본에 '曰' 자가 없으나, 우연한 탈락으로 보인다.

청련 이공 신도비명(靑蓮李公神道碑銘)

황경원(黃景源)[109]

만력 6년〔1578년, 선조 11년〕 10월 계미(6일)에 자헌대부 이조판서 겸 홍문관제학 증좌찬성(資憲大夫吏曹判書兼弘文館提學贈左贊成) 문청(文淸) 이공(李公)이 함양(咸陽)에서 돌아가셨다.

공의 휘(諱)는 후백(後白)이요, 자는 계진(季眞)이다. 선조 무(茂)는 처음에 중국 당나라를 섬겨 중랑장(中郎將)이 되었는데, 소정방(蘇定方)을 따라 의자왕(義慈王)을 평정하고 머물러서 신라를 섬겨, 해고(海皐)에 살았다. 해고는 지금 연안(延安)이 되었다. 그러므로 자손들이 연안 사람이 되었다〔연안을 본관으로 하게 되었다〕.

증조의 휘는 숙함(淑瑊)으로, 성종(成宗)을 섬겨 어느 도의 관찰사를 했다. 조부의 휘는 세문(世文)으로 관직이 모 능참봉에 이르렀고 이조참판에 추증되었다. 부친의 휘는 국형(國衡)으로 의정부 영의정에 추증되었다. 모친은 임씨(林氏)로 정경부인에 추증되었다. 공은 태어나서 9세에 부모를 잃고 백부〔이국권(李國權)〕의 집에서 자랐는데 어려서부터 명민했다.

일찍이 이기(李芑)를 좇아 사장을 배웠는데 며칠 만에 문득 돌아갔다. 사람들이 물으니 공이 대답하기를, "기(芑)의 마음씨는 미세한 것까지도 일절 모두 숨겨서 사람들이 모르게 하려고 하는데, 군자의 마음이 어찌 이래서 되겠는가?"라고 하고는 마침내 이기와 절연했다. 이기의 무리 중에 위사공신(衛社功臣)[110]이 된 자가 있

109 황경원(黃景源, 1709~1787)의 본관은 장수(長水), 자는 대경(大卿), 호는 강한유로(江漢遺老), 시호는 문경(文景)이다. 1727년(영조 3) 생원시에 합격하고, 1740년 증광 문과에 병과로 급제했다. 대사헌, 대사간, 대사간 겸 양관제학(兩館提學), 홍문관 제학, 이조참판 겸 대제학, 형조판서, 양관 대제학 등을 역임하고 판중추부사로 타계했다. 평생 대명의리론(對明義理論)을 고수했고, 고문에 밝았다. 문집으로 『강한집(江漢集)』이 있다. 이천보(李天輔)·남유용(南有容)·오원(吳瑗)과 함께 영조 대 사가(四家)로 일컬어졌다.

110 조선 명종 원년인 1546년에 을사사화(乙巳士禍)를 일으켜 윤임 등 대윤 일파를 몰아낸 자들에게

었는데 공이 절에서 독서한다는 소식을 듣고 가서 만나려 했으나 공이 곧장 거처를 옮겨 그를 피했다. 동은선생(峒隱先生) 이의건(李義健)[111] 공이 항상 그를 칭송하여 이르기를, "진실로 장한 선비로다." 했다.

공은 27세에 진사가 되었다. 가정(嘉靖) 34년〔1555년, 명종 10년〕에 을과에 합격하여 승문원 부정자(承文院副正字)를 임시로 맡았다가 세자시강원에 뽑혀 들어가 설서(說書)가 되었다. 승정원 주서 겸 춘추관 기사관(承政院注書兼春秋館記事官)으로 바뀌어 임명되었다가 병조좌랑으로 옮겼으며, 사간원에 들어가 정언(正言)이 되었다. 세자시강원 사서(司書)로 개임되었다가 뽑혀서 이조좌랑에 제수되었으며 정랑(正郎)으로 승진하고 병조로 옮겼다. 이윽고 천거를 받아 의정부에 들어가 검상(檢詳)이 되었고 마침내 사인(舍人)으로 옮겼다. 사간원 사간(司諫)을 거쳐서 홍문관에 들어가 응교(應敎)가 되었고, 사가독서(賜暇讀書)를 했다.

공은 젊어서 최경창(崔慶昌) 공, 백광훈(白光勳) 공과 함께[112] 가시(歌詩)를 지어 이름이 당세에 높았다. 사가독서할 때 항상 호당(湖堂, 독서당)에 있으면서 여러 학사들과 문장을 과제로 지었는데, 학사들이 공의 가시를 보고는 모두가 미칠 수 없다고 했다.

융경(隆慶) 원년(1567년)에 장황제(莊皇帝)[113]가 한림원 검토(翰林院檢討) 허국(許

내린 훈명이다. 1등에 정순봉 등 4인, 2등에 홍언필 등 9인, 3등에 송기수 등 4인, 4등에 최연 등 7인 등 총 29인이었다. 처음 칭호는 보익공신(保翼功臣)이었다가 고쳐졌고, 공신 등급도 재조정되었다. 보익공신은 권력을 장악한 소윤 일파가 상대 세력을 제거한 후 시행한 논공행상이었다. 선조 10년인 1577년에 모두 삭훈되었다.

111 이의건(李義健, 1533~1621)의 본관은 전주(全州), 자는 의중(宜中), 호는 동은(峒隱)이다. 세종의 다섯째 아들 광평대군(廣平大君) 이여(李璵)의 5세손으로, 아버지는 배천군수(白川郡守) 이수한(李守漢)이다. 1564년(명종 19) 사마시에 합격했고, 뒤에 학행으로 돈령부 직장이 되었다. 1610년(광해군 2) 이항복(李恒福)의 주청으로 공조좌랑이 되고, 이어 공조정랑에 올랐으나 사퇴했다. 당시의 명유들과 교유하고 후학의 양성에 전력했다. 광주(廣州) 수곡서원(秀谷書院)과 영평(永平)의 옥병서원(玉屛書院)에 제향되었다. 저서로는 『동은유고』가 있다. 그의 글씨는 광평대군 이여의 묘비에 새겨져 있다.

112 황경원의 『강한집』에 '從'으로 되어 있으나, 『청련집』 중간본에 '與'로 되어 있다.

113 융경(隆慶)은 중국 명나라 제12대 황제 목종(穆宗)의 연호로 기간은 1567~1572년이다. 목종의

國)[114]과 급사중(給事中) 위시량(魏時亮)[115]을 보내어 조서를 반포했을 때 공은 홍문관 전한(弘文館典翰)으로서 원접사 종사관에 충원되었다. 선조가 즉위하자 승정원 동부승지에 뽑혔다가 얼마 안 되어 병조참지(兵曹參知)에 임명되었다.

처음에 문순공(文純公) 이 선생〔퇴계 이황〕이 부름을 받고 서울에 이르러 의정부 우찬성에 발탁되자, 소인 김개(金鎧)[116]가 속으로 불만을 품고서 문순공을 매우 심하게 비난했다. 공과 문헌공(文憲公) 기대승(奇大升)이 노하여 그를 꾸짖었다. 김개가 진급하여 대사헌(大司憲)이 되자 계(啓)를 올려 말했다.

"지금의 유림들은 괴상하게 일 벌이기를 좋아하니 신이 속으로 걱정됩니다. 옛날 문정공(文正公) 조광조(趙光祖)가 조정에서 죄를 얻은 것은 모두 괴상한 짓을 하는 무리로 말미암아 그 화를 빚은 것입니다. 원컨대 전하께서 통렬하게 제재를 가하소서."

시호가 계천융도연의관인현문광무순덕홍효장황제(契天隆道淵懿寬仁顯文光武純德弘孝莊皇帝)이므로, 줄여서 장황제라 한다.

114 허국(許國, 1527~1596)은 중국 명나라 휘주부(徽州府) 흡현(歙縣) 사람으로, 자는 유정(維楨), 호는 해악(海嶽), 시호는 문목(文穆)이다. 한림원 검토(翰林院檢討)일 때 사신으로 왔다. 중국 명나라 신종(神宗) 때 우찬선·예부 시랑·이부 시랑 등을 역임하고, 1583년 예부상서 겸 동각대학사(禮部尙書兼東閣太學士)로 기무(機務)에 참여했다. 다음 해 운남성(雲南省)을 평정하는 데 공을 세워 소보(少保)로 승진하고 무영전 대학사(武英殿大學士)에 제수되었다. 사후에 태보(太保)에 추증되었다. 저서에 『허문목집(許文穆集)』이 있다. 황해도 금천의 남천(南川)에 있는 태사비(太史碑)의 유적이 있어, 비석의 뒷면에 허국의 글씨로 '회란석(廻瀾石)'이라는 세 글자가 쓰여져 있었다. 이해응(李海應)의 『계산기정(薊山紀程)』에 "금릉관(金陵館) 남쪽에는 깎아지른 석벽이 개울가에 치솟아 있다. 이것은 박연(朴淵)의 하류이다. 석벽면에는 영수병(映水屛)이라는 글자가 새겨져 있다. 그 앞에는 귀부(龜趺)의 비석이 민간의 밭 가운데 서 있으니, 중국 명나라 조사(詔使) 허국(許國)과 위시량(魏時亮)의 시(詩)가 있는 곳이고, 그 비석 뒷면에는 또 회란석(廻瀾石)이라는 세 글자가 커다랗게 새겨져 있다."라고 했다.

115 위시량(魏時亮, 1529~1591)은 중국 명나라 남창(南昌) 사람으로, 자는 공보(工甫), 호는 경오(敬吾), 시호는 장정(庄靖)이다. 중서사인(中書舍人)·남경대리승(南京大理丞) 등의 벼슬을 지냈다. 성리학을 연구했으며, 저서에 『대유학수(大儒學粹)』가 있다

116 김개(金鎧, 1504~1569)의 본관은 광산(光山), 자는 방보(邦寶), 호는 독송정(獨松亭)이다. 1525년(중종 20) 진사가 되고, 1540년에 식년문과에 을과로 급제하여 여러 청환직(淸宦職)을 지냈다. 1552년(명종 7) 청백리에 녹선되었다.

문청공(文淸公) 정철(鄭澈)이 "이는 김개가 이 모와 기대승을 중상한 것이다." 하고 즉시 대면을 청하여 임금에게 말하기를, "김개가 성총(聖聰)을 형혹(熒惑)하게 하니, 어찌 화를 유림(儒林)에게 전가하지 않을 수 있겠습니까?"라고 했다. 임금이 매우 노하여 이르기를, "정철이 지나치다." 하니 정 공이 대답하기를, "전하의 진노가 비록 엄할지라도 신의 말을 다하지 않을 수 없습니다."라고 했다. 이로써 김개의 형혹의 죄를 말하니 임금이 결국 김개를 축출하고 그 관작(官爵)을 삭탈했다.

얼마 있다가 공이 사간원 대사간에 임명되고 또 병조(兵曹)에 들어가 참의(參議)가 되었다가, 승정원 도승지로 개임되었다.

공은 사람됨이 맑고 신중하여 지키는 바가 있었다. 승정원에 있을 때 종일토록 단정히 앉아 있는데 용모가 엄숙하고 굳세어서 범할 수 없었으니 대궐이 숙연하여 궁중 사람들이 감히 함부로 말을 하지 못했다. 후궁의 나인들이 서로 경계하여 이르기를, "이 아무개가 도승지가 되었으니 말소리가 바깥으로 나가지 않게 하라."라고 했다. 공이 이 때문에 오래 승정원에 있었다. 문충공(文忠公) 박순(朴淳) 선생이 주상에게 고하기를, "증자(曾子)가 '6척의 어린 임금을 부탁할 만하고, 백 리의 정치를 맡길 만하다.'[117]라고 했는데, 이 모가 바로 이런 사람입니다."라고 했다.

융경 5년(1571년)에 문신 정시(文臣庭試)에 장원으로 합격하여 가선대부(嘉善大夫) 예조참판(禮曹參判)에 발탁되었고, 사헌부에 들어가 대사헌이 되었다가 이조참판으로 옮겨 예문관제학(藝文館提學)을 겸했다. 6년에 대기근이 발생하니 왕이 화공에게 명하여 「유민도(流民圖)」를 그리게 하고 공에게 말씀하기를, "백성들이 떠돌아다니는 모습이 너무 불쌍하다. 이를 위해서 내병(內屛)[118]에 그림을 그려 놓았으니 경은 시를 지어서 부덕함을 경계하라."라고 했다. 공이 이에 시 10편을 지어서 올렸다.

만력(萬曆) 원년(1573년, 선조 6)에 주청사(奏請使)가 되어 북경으로 가서 국계(國系)

117 『논어』「태백」 제6장에서 증자가 "6척의 어린 임금을 부탁할 만하고, 백 리의 정치를 맡길 만하며, 큰 절개에 임해서 빼앗을 수 없다면 군자다운 사람인가? 군자다운 사람이다.〔可以託六尺之孤·可以寄百里之命, 臨大節而不可奪也, 君子人與? 君子人也.〕"라고 했다. 앞에 나왔다.

118 내병(內屛)은 문 안에 설치한 가리개를 말한다.

를 바로잡기를 청했다. 이때 천자가 새로 즉위했는데 대학사에게 명하여 『세종황제실록(世宗皇帝實錄)』[119]을 편수하게 했다. 예부상서 육수성(陸樹聲)이 공의 청에 감동하여 즉시 자세히 아뢰고, 그 『실록』에 실을 것과 인하여 또 이어서 편수하는 『대명회전(大明會典)』에도 넣기를 청하니, 조서를 내려 "좋다."라고 했다. 겨울에 사신 일행이 돌아오자, 상께서 그 충성을 아름답게 여겨 특별히 가의대부(嘉義大夫)로 승진시킬 것을 명했다.

이듬해〔*2년 후 1575년〕 상이 대신에게 묻기를, "누가 형조판서를 할 만한가?"라고 물으니, 대신이 대답하기를, "이 아무개가 할 만합니다."라고 하여, 마침내 형조판서를 특별히 제수했다. 어떤 일로 면직되었다.

또 이듬해〔*그해 8월〕 상이 공을 함경도관찰사로 삼고 김계휘(金繼輝)[120] 공을 평안도관찰사로 삼으니, 곧 떠나려고 하는데 문성공 이 선생〔율곡 이이〕이 조정에 말하기를, "이 모와 김계휘 두 사람은 조정을 떠나서는 안 됩니다."라고 했다. 이에 차자(箚子)를 올려 이르기를, "이 모와 김계휘는 전장(典章)에 밝고 시무(時務)에 숙달되었으므로, 마땅히 머물게 하여 조정을 위해 써야 합니다."라고 했으나 상이 따르지 않았다. 2년 후에 불러서 이조판서 겸 홍문관제학을 제수했다.

공이 전관(銓官)으로 있을 때 사사로운 청탁을 받지 않았다. 비록 옛 친구가 여러 번 가서 그를 만나더라도 번번이 기뻐하지 않았다. 어떤 족인(族人)이 공을 찾아가서 만나 보고 벼슬을 구하자 공이 정색을 하며 베갯머리의 효렴부(孝廉簿)를 꺼내 보여 주었는데, 그 족인 이름도 장부 속에 있었다. 공이 탄식하며 이르기를, "자네 이름을 기록해 놓은 지 오래되었으니, 자네가 말을 하지 않았더라면 내가 벼슬에

119 중국 명나라 제11대 황제 세종(世宗)의 실록이다. 중국 명나라 세종의 재위 기간은 1521~1567년이다.

120 김계휘(金繼輝, 1526~1582)의 본관은 광산(光山), 자는 중회(重晦), 호는 황강(黃崗)이다. 1549년 식년문과에 을과로 급제했고, 1566년 문과중시에 을과로 급제했다. 1575년 동서 분당(分黨) 때 심의겸(沈義謙)과 함께 서인(西人)으로 지목되었지만, 당쟁 완화를 위해 노력했다. 1581년 종계변무(宗系辨誣)를 위한 주청사(奏請使)로 중국 북경에 다녀왔다. 나주(羅州)의 월정서원(月井書院)에 배향되었다.

추천할 수 있었을 텐데!"라고 하니, 그 족인이 매우 부끄러워하며 갔다. 매번 주의(注擬)를 할 때마다 낭료(郎僚)들에게 두루 물었는데 만약 잘못된 것이 있으면 반드시 밤새도록 두려워하여 잠을 이루지 못하며, "내가 주상(主上)을 속였다."라고 말했다.

처음에 윤원형(尹元衡)과 이기(李芑)·정순붕(鄭順朋) 등이 복심(腹心)이 되어 충의공(忠毅公) 윤임(尹任)과 충숙공(忠肅公) 유관(柳灌)을 죽이고, 또 큰 옥사를 일으켜 봉성군(鳳城君) 이완(李岏)과 계림군(桂林君) 이류(李瑠)를 죽였으니, 영정(榮靖, 인종)[121]을 아직 장례도 치르기 전에 외가가 모두 주륙을 당했다. 원형 등이 또 인성왕비(仁聖王妃) 박씨[122]가 몰래 이완을 왕으로 세우기를 꾀했다고 무고했고, 윤임과 유관이 죽자 위사공신(衛社功臣)에 책록되었다. 선조가 보위를 이어받자 영의정 이준경(李浚慶) 등이 백관을 거느리고 위사공신의 호칭을 삭제하기를 청했으나 상이 허락하지 않았다.

인성왕비의 병환이 위독해지자 이에 위사공신의 호칭을 삭제할 것을 명하고 대제학 김귀영(金貴榮)으로 하여금 교서를 지어서 올리게 했는데, 귀영이 지은 글이 졸렬하여 뜻이 드러나지 않으므로 상이 근신들을 돌아보며 이르기를, "충(忠)과 사(邪)를 변별하는 것은 국가의 지대한 일이니, 마땅히 그 언사를 바르게 하여 중외의 사신(士臣)들에게 효유(曉諭)해야 할 것인데 어찌 이같이 엉성해서야 되겠는가?"라고 하고, 곧 공에게 교서를 고쳐 짓도록 명했다. 공이 분발하여, "시비(是非)가 비로소 밝혀질 것이다."라고 하면서 이에 사양하지 않고 즉시 교서를 지어 바쳤다. 교서를 선포하는 날 백관들 중에는 감격하여 이따금 주르르 눈물을 흘리는 사람도 있었다. 이에 국론이 마침내 크게 정해져서 선조의 평명(平明)한 정치를 열게 되었으니, 공의 공로가 컸던 것이다.

121 영정(榮靖)은 조선 제12대 왕 인종(仁宗)의 시호이다. 중종(中宗)의 장자로서 재위 9개월 만에 사망했다. 재위 기간은 1544~1545년이다.

122 인성왕비(仁聖王妃) 박씨는 인종(仁宗)의 왕비이다. 본관은 나주(羅州)이며, 금성부원군(錦城府院君) 박용(朴墉)의 딸로 태생이 없다. 앞에 나왔다.

얼마 후에 인성왕비가 돌아가시자 영의정 권철(權轍)이 의논드리기를, "전하께서는 마땅히 자최복(齊衰服)을 입어야 합니다."라고 했다.

공은 이렇게 말했다.

"왕자(王者)는 국체(國體)를 계승하는 자이니 비록 형제라고 하더라도 삼년복을 입어야 합니다. 지금 전하께서는 선왕의 후사가 되시며, 선왕께서는 실로 영정왕(榮靖王, 인종)의 계통을 이으셨습니다. 이러하니 전하께서는 인성왕비에 대하여 조손(祖孫)의 관계가 있으므로 마땅히 삼년복을 입으셔야 합니다."

상이 결국 공의 말을 따라 마침내 삼년상을 지내기로 결정했다.

이듬해 6월에 공이 병으로 이조판서를 고사했는데 호조판서로 개수되었다. 10월에 말미를 청하여 함양(咸陽)으로 가서는 돌아오지 못하고 세상을 떠나셨다. 향년 59세이다. 상이 부고를 듣고 매우 슬퍼하며 조제(吊祭)를 내렸다. 그해 12월 경진일에 파주(坡州) 광탄(廣灘)의 언덕에 장사 지냈다.

공은 기상이 청수하여 바라보면 신심(神心)이 전일해 보였고 지조가 견고하여 옮길 수 없을 것 같았지만, 남의 아름다운 말을 들으면 당장에 따라 하여 조금도 의심하지 않았다. 사람들과의 사귐은 오래될수록 더욱 돈독해졌다. 몸 다스림이 청렴결백하여 담담한 나물죽을 마치 빈한한 선비처럼 즐겨 먹었고, 사방에서 물품을 보내 주었으나 받은 적이 없었다. 관찰사를 할 때에는 명분 없는 조세를 모두 면제했다. 공이 돌아오고 나서 어사(御史) 허봉(許篈)이 북방을 순무(巡撫)하던 중에 변경에서 수비병이나 백성을 만나면, 그들은 이 공이 무탈하신지를 반드시 물었다. 허봉이 이로써 공이 그들을 사랑한 은덕이 북방에 남아 있음을 알았다.

그러나 공이 평소에 청양군(靑陽君) 심의겸(沈義謙)[123] 공과 친했는데 소인들 중에

123 심의겸(沈義謙, 1535~1587)의 본관은 청송(青松), 자는 방숙(方叔), 호는 손암(巽菴)·간암(艮菴)·황재(黃齋)이다. 1555년 진사가 되고 1562년 별시 문과에 을과로 급제했다. 이량(李樑)이 사림(士林)들을 숙청하려고 하자 척신으로서 왕의 밀지를 받아 탄핵, 유배시키도록 했다. 1572년 김종직(金宗直) 계통의 김효원(金孝元)이 이조정랑으로 천거되자 이를 반대하고, 김효원을 지지하는 동인(東人)과 갈라섰다. 나주(羅州) 월정서원(月井書院)에 제향되었다.

좋아하지 않는 자들이 매우 많았다. 김효원(金孝元)[124]이 항상 이르기를, "이 아무개는 6경(六卿)에 알맞은 재목이다. 만약 정승이 된다면 내가 마땅히 탄핵할 것이다." 라고 했다. 이 문성공(李文成公, 이이)이 이르기를, "이 모가 포용력은 없지만 지금 이른바 6경 중에서 이 모보다 어진 자를 내가 보지 못했으니, 비록 정승이 된다고 해도 저 효원이 어찌 탄핵할 것인가?" 했다.

처음에 선조께서 홍문관 부제학 유희춘(柳希春) 공에게 명하여 선현(先賢) 문경공(文敬公) 김굉필(金宏弼), 문헌공(文獻公) 정여창(鄭汝昌), 문정공(文正公) 조광조(趙光祖), 문원공(文元公) 이언적(李彦迪)의 언행을 논차(論次)하여 『유선록(儒先錄)』 4편을 만들도록 하고 공에게 서문(「국조유선록서(國朝儒先錄序)」)을 쓰게 했는데, 위로는 정학(正學)의 근원을 밝히고 아래로는 전도(傳道)의 계통을 서술하여 후세에 드리웠다.

공의 뛰어난 기억력은 늙어서도 쇠퇴하지 않았다. 지은 글로는 『청련집(靑蓮集)』이 있어 가문에서 보관하고 있다.

돌아가신 지 12년 되는 해(1590년)에 중국 명나라 현황제(顯皇帝)[125]가 조서를 내리고 『대명회전』을 반포했다. 공은 국계를 바로잡기를 청한 공으로, 특명으로 연양군(延陽君)에 추봉하고, '수충공성 익모수기광국공신(輸忠貢誠翼謨修紀光國功臣)'의 호를 내리며, 시호를 문청(文淸)이라 했다. 후에 정부에서 공의 청렴결백함이 보고하자, 이조에 명하여 그 자손을 녹용(錄用)하게 했다.

배필인 정부인(貞夫人) 모부(某府)[126] 홍씨(洪氏)는 아무 군의 군수 홍처성(洪處誠)의 딸로 1남 3녀를 낳았다. 아들 선경(善慶)은 어느 도의 찰방(察訪)이었다. 장녀는 안창선(安昌善)에게 시집갔고 차녀는 기성헌(奇誠獻), 삼녀는 박봉현(朴峯賢)[127]에게

124 김효원(金孝元, 1532~1590)의 본관은 선산(善山), 자는 인백(仁伯), 호는 성암(省庵)이다. 1564년 진사시, 이듬해의 알성문과에 급제했다. 명종 말, 선조 초 소장관인(少壯官人)의 대표적인 인물이었다. 삼척(三陟)의 경행서원(景行書院)에 배향되었다. 문집에 『성암집(省庵集)』이 있다.

125 중국 명나라 제13대 신종의 시호가 범천합도철숙돈간광문장무안인지효현황제(範天合道哲肅敦簡光文章武安仁止孝顯皇帝)이다.

126 중간본 『청련집』 연보에 따르면, 남양(南陽)이다.

127 다른 곳에는 박거현(朴擧賢)으로 나온다.

시집갔다. 찰방은 5남 4녀를 낳았다. 아들 태길(泰吉)은 현감(縣監), 유길(有吉)은 현령(縣令), 복길(復吉)은 별제(別提), 익길(益吉)은 현령, 정길(井吉)은 현감을 지냈다. 장녀는 유희성(柳希成)에게 시집갔고, 차녀는 최기(崔墍)에게, 삼녀는 이진선(李振善)에게, 그다음은 김설(金揲)에게 시집갔다.

공은 선조조(宣祖朝)의 가장 번성했던 시기에 왕조에 나아가 박 문충공(朴文忠公, 박순), 이 문성공(李文成公, 이이) 두 어진 이와 더불어 서로 덕으로써 양보하고 의리로써 이끌었으며, 청렴한 명성으로 고위직의 반열에 올랐다. 그러나 이른바 붕당의 설이 날로 더욱 치열해져서 공이 비록 이미 죽었으나 소인들이 화를 만들기를 그치지 않아 두 어진 이가 모두 중상(中傷)을 입었으니, 슬프도다.

명(銘)은 다음과 같다.

이(李)의 성씨가 중국으로부터 와서
처음으로 연안에 이사한 뒤로,
관찰사[128]는 강직하여
그 매서운 명성이 대단히 빛났도다.
공이 문장을 닦아
마침내 왕정(조정)에서 비상하게 되니,
충아[129]가 붉은 끈에 매달려
패옥 소리가 쟁쟁 울려났다.
공은 유학을 흥융하여
우리 문순공(퇴계 이황)을 보위하시고,
대도에 의거하여

128 이후백의 증조 이숙함(李淑瑊)을 가리킨다. 성종(成宗) 때 관찰사를 지냈다.
129 충아(衝牙)는 끈에 매달아 가운데로 늘어뜨린 옥으로, 모양새가 삼각 어금니 모양 같았다.

간사한 자들을 물리치셨다.
공은 훌륭한 명망이 있으시어
원로 신하들이 교대로 천거하자,
이에 사사(士師, 형조판서)를 제수하시어
구극(九棘)[130]에 처하셨다.
이에 부월을 주시니
북방에서 왕정을 선포하셨고,
혁혁하게 천관(이조판서)이 되셔서
어찌 소임을 잘 전담하셨는지!
공에게 훌륭한 덕이 있으시어
문청공(정철)[131]이 벗을 삼았도다.
문충공(박순)은 앞에서 끌고
문성공(이이)은 뒤에서 밀어,
진실로 철인들이 사람들은
끌어 주고 밀어 주었건만,
아, 저 간사한 자들은
참소하는 말이 더 불어나던 참에,
임금께서 옳고 그름을 밝히시어
이에 위사 공신의 호를 삭제하고,
공이 교서를 지어
아래에 선포하셨다.

130 구극(九棘)은 중국 주나라 때 대사구(大司寇)가 옥사를 처리하는 곳을 말한다. 『예기』「대사구(大司寇)」에 "극목(棘木) 밑에서 옥사를 듣고 처리한다.〔大司寇, 聽之棘木之下.〕"라고 했다. 조선시대 형조판서가 대사구에 해당하므로 이 말을 끌어다 쓴 것이다.

131 황경원의 『강한집』에 '문청'으로 되어 있으나, 중간본 『청련집』에는 '君子'로 되어 있다.

덕음이 측달[132]하니
무지한 백성[133]들도 눈물 흘렸고,
시비가 정해지니
왕도가 바로 섰도다.
현철의 분은 기리고
간사한 자는 비판하여,
돌에다 시를 새기나니
백세토록 옮기지 말지어다.

가선대부 이조참판 겸 수 홍문관대제학 예문관대제학 지성균관사
동지경연관사 세손우부빈객 황경원은 찬한다

資憲大夫·吏曹判書·兼弘文館提學·贈輸忠貢誠翼謨修紀光國功臣·崇政大夫·議政府左贊成·延陽君·文淸李公神道碑銘【幷序】

萬曆六年十月癸未, 資憲大夫·吏曹判書·兼弘文館提學·贈左贊成·文淸李公卒于咸陽. 公諱後白, 字季眞. 其先曰茂, 初事唐, 爲中郞將, 從蘇定方平義慈, 留事金氏. 家海皐, 海皐於今爲延安. 故子孫遂爲延安人.

曾祖諱淑瑊, 事成廟, 爲某道觀察使. 祖諱世文, 官至某陵參奉, 贈吏曹參判. 父諱國衡, 贈議政府領議政. 母曰林氏, 贈貞敬夫人. 公生九歲, 喪父母, 鞠於伯父諱某家, 少明敏.

132 측달(惻怛)은 진정으로 슬퍼하는 것을 말한다. 『예기』「문상(問喪)」에 "가엾고 애달픈 마음과 아프고 절통한 생각에서 신이 상하고 간이 마르며 폐가 탄다. 물과 장을 입으로 넘기지 못하고 3일 동안 밥을 짓지 못한다. 그러므로 이웃에서 미음과 죽을 쑤어 이를 마시고 먹게 하는 것이다.〔惻怛之心, 痛疾之意, 傷腎乾肝焦肺. 水漿不入口, 三日不擧火. 故隣里爲之糜粥, 以飮食之.〕"라고 했다.

133 원문의 '추요(蒭蕘)'는 나무꾼으로, 보잘것없는 사람을 상징한다. 『시경』「대아(大雅) 판(板)」의 "선현(先賢)들이 말씀하되 나무꾼에게도 물으라 하시니라.〔先民有言. 詢于芻蕘.〕"라는 구절에서 나온 것이다.

嘗從李芑學辭章, 數日輒歸. 人問之, 公對曰:"芑之中心, 雖毫髮一皆秘之, 不欲人知. 君子之心, 豈如是邪?" 遂與芑絶. 芑之徒, 有爲衛社功臣者, 聞公讀書浮圖寺, 欲往見之, 公輒移棲以避之. 峒隱先生李公義健常稱之曰:"誠莊士也."

年二十七, 成進士. 嘉靖三十四年, 擧乙科, 權知承文院副正字. 選入世子侍講院, 爲說書. 改承政院注書, 兼春秋館記事官. 遷兵曹佐郞, 入司諫院, 爲正言. 改世子侍講院司書, 選授吏曹佐郞, 陞拜正郞, 移兵曹. 已而薦入議政府, 爲檢詳, 遂遷舍人. 由司諫院司諫, 入弘文館, 爲應敎, 賜暇讀書.

公少從[134]崔公慶昌·白公光勳, 爲歌詩, 名重當世. 及賜暇常在湖堂. 與諸學士課文章. 諸學士見公歌詩, 皆以爲不可及也.

隆慶元年, 莊皇帝遣翰林院檢討許國·給事中魏時亮頒詔書, 公以弘文館典翰, 充遠接使從事官. 宣廟卽位, 擢承政院同副承旨. 未幾, 拜參知兵曹.

初, 文純公李先生召至王京, 擢議政府右贊成, 小人金鎧內不平, 譏文純公甚切. 公與奇文憲公大升怒詆之. 及鎧進爲大司憲, 乃啓言:"今之儒林矯激喜事, 臣竊憂之. 昔文正公趙光祖得罪朝廷者, 皆由於矯激之徒, 釀成其禍也. 願殿下痛加裁抑." 鄭文淸公澈曰:"此金鎧中傷李某·奇大升也." 卽求對爲上言曰:"金鎧熒惑聖聰, 安得不嫁禍儒林邪?"上大怒曰:"鄭澈過矣." 鄭公對曰:"雷霆雖嚴, 臣言不可以不盡." 因言鎧熒惑之罪. 上竟黜鎧, 削其官爵. 已而公拜司諫院大司諫, 又入兵曹爲參議, 改承政院都承旨.

公爲人淸愼有守. 在政院, 終日端坐, 容貌嚴毅, 不可犯, 禁中肅然, 掖庭人無敢闌語. 後宮女侍輒相戒曰:"李某爲都承旨, 毋使語聲出於外." 公以是久居政院. 文忠公朴先生淳告于上曰:"曾子所謂:'可以托六尺之孤, 可以寄百里之命', 李某是也."

五年, 擧文臣庭試第一, 擢嘉善大夫禮曹參判, 入司憲府爲大司憲, 遷吏曹參判, 兼藝文館提學. 六年大饑, 命畵工爲「流民圖」, 諭公曰:"赤子流離之狀, 予甚愍之. 爲此圖列於內屛, 卿賦詩以警不德." 公於是爲詩十篇, 投進之.

134 황경원의 『강한집』에 '從'으로 되어 있으나, 중간본 『청련집』에 '與'로 되어 있다.

萬曆元年，充奏請使如京師，請正國系．是時天子新卽位，勅大學士修『世宗皇帝實錄』．禮部尙書陸樹聲感公之請，卽具奏，乞載實錄，因又入續修『會典』．詔曰："可．"冬，使還，上嘉其忠，命特陞嘉義大夫．

明年(*居二年)，上問大臣："誰可爲刑曹判書者？"大臣對曰："李某可．"遂特授刑曹判書．以事免．又明年(*同十月)，上以公爲咸鏡觀察使，金公繼輝爲平安觀察使，將行，文成公李先生言於朝曰："李某·金繼輝兩人，不可去朝．"乃上箚曰："李某·金繼輝，明於典章，達於時務，宜留之，爲朝廷用．"上不從．居二年，召拜吏曹判書，兼弘文館提學．

公在銓，不受私請．雖故舊數往見之，輒不悅．有族人往見求官，公正色，出示枕上孝廉簿，其族人亦在簿中．公歎曰："錄子之名久矣，使子不言，吾可以擬於官也．"其族人大慙而去．每注擬，遍問郎僚，若有誤者，必終夜屛營不寐，曰："我欺主上矣．"

初，尹元衡與李芑·鄭順朋等爲腹心，殺尹忠毅公任·柳忠肅公灌，又起大獄，殺鳳城君岏·桂林君瑠，榮靖未葬，而外家盡被誅戮．元衡等又誣仁聖王妃朴氏陰主岏謀，任·灌旣死，策功臣號曰'衛社'．

宣廟嗣位，領議政李浚慶等率百官，請削衛社功臣號，上不許．及仁聖王妃疾大漸，乃命削衛社功臣號，使大提學金貴榮撰敎以進．貴榮詞拙而意不章，上顧近臣，曰："辨別忠邪，此國家至大之事，宜正其辭，以曉諭中外士臣，豈可草草若是乎？"卽命公改撰敎書．公奮曰："是非始可明矣．"乃不辭，立草敎書以獻之．宣敎之日，百官感激，往往有泫然而泣者．於是國論遂大定，以啓宣廟平明之治，公功爲大．

已而仁聖王妃薨，領議政權轍議曰："殿下當服齊衰．"公以爲："王者繼體·雖兄弟·亦服三年．今殿下爲先王後，而先王實承榮靖之統．是殿下於仁聖王妃，有祖孫之義·當服三年．"上竟從之．遂定爲三年之喪．

明年六月，公以疾固辭吏曹，改戶曹．十月，請告如咸陽，未反而卒，享年五十九．訃聞，震悼，賜吊祭．以其年十有二月庚辰，葬于坡州廣灘之原．

公氣朗，望之凝然．其守堅若不可移．聞人嘉言，不終朝而沛然從之，不少疑也．與人交，老而益篤．治身廉潔，菜羹淡然如寒士，四方饋遺，無所受．爲觀察時，悉蠲其無名之賦. 及旣歸, 御史許錞巡撫北方, 遇塞上戍卒小民, 必問李公無恙否, 錞以是知公遺愛之在北方也.

然公素善靑陽君沈公義謙, 小人不悅者甚衆. 金孝元常曰 : "李某, 六卿之才也. 若作相, 我當劾之." 李文成公曰 : "李某不能容物, 而今之所謂六卿, 賢於李某者, 吾未見也, 雖使爲相, 彼孝元安能劾哉?"

初·宣廟命弘文館副提學柳公希春論次先賢金文敬公宏弼·鄭文獻公汝昌·趙文正公光祖·李文元公彦廸言行, 爲『儒先錄』凡四篇, 使公序之. 上以明正學之源, 下以述傳道之統, 垂于後世.

公彊記至老不衰. 所爲詩有『靑蓮集』一卷, 藏於家. 公旣卒之十二年, 顯皇帝詔頒『會典』. 公以請正國系功, 特命追封延陽君, 賜'輸忠貢誠翼謨修紀光國功臣'之號, 謚曰文淸. 後政府以公淸白聞·命吏曹錄其子孫.

配貞夫人某府洪氏, 某郡郡守處誠之女也. 生子一人·女三人. 子曰善慶, 某道察訪. 女, 長適安昌善, 次適奇誠獻, 次適朴峰賢.[135] 察訪生子五人·女四人. 子曰泰吉, 縣監. 曰有吉, 縣令. 曰復吉, 別提. 曰益吉, 縣令. 曰井吉, 縣監. 女, 長適柳希成, 次適崔塈, 次適李振先, 次適金楪.

公當宣廟極盛時, 進於王朝, 與朴文忠公·李文成公二賢人, 相讓以德, 相引以義, 以淸名列於高位. 然所謂朋黨之說日益熾, 公雖已卒, 而小人媒孽不已, 二賢人皆被中傷, 悲夫!

銘曰 :

李自中國, 始徙于延. 觀察侃侃, 烈聞甚燀.

公治文章, 遂翔王庭. 衝牙朱組, 有鏘璜聲.

公隆儒學, 衛我文純. 依歸大道, 以觝憸人.

公有令望, 元臣交擧. 乃授士師, 九棘以處.

乃畀鈇鉞, 朔方于宣. 赫赫天官, 何任之專?

135 다른 문헌에는 '박거현(朴擧賢)'으로 되어 있다.

公有懿德, 文淸攸友. 文忠維前, 文成維後.

允也哲人, 引之挽之. 噫彼憸人, 讒言其滋!

王明邪正, 爰削衛社. 公作敎書, 布聞于下.

德音惻怛, 芻蕘亦泣. 是非旣定, 王道乃立.

哲人則譽, 憸人則訾. 刻詩于石, 百世不隧.

嘉善大夫 吏曹參判 兼守弘文館大提學 藝文館大提學 知成均館事 同知經筵事 世孫右副賓客 黃景源 撰

해설 이 글은 황경원의『강한집』권13에「자헌대부 이조판서 겸 홍문관제학 증 수충공성익모수기광국공신 숭정대부 의정부좌찬성 연양군 문청 이공의 신도비명, 병서〔資憲大夫吏曹判書兼弘文館提學贈輸忠貢誠翼謨修紀光國功臣崇政大夫議政府左贊成延陽君文淸李公神道碑銘 幷序〕」라는 제목으로 수록되어 있다.[136] 이후백의 묘소는 경기도 파주시 광탄면(廣灘面) 발랑리(發郎里) 산 49번지에 있고 신도비는 1985년(을축) 4월 묘소로 향하는 묘도에 세워졌다. 발랑리 182번지(부흥로 451)에는 연안이씨 문청공 청련 이후백의 불천지위(不遷之位) 사당인 청련사(靑蓮祠)가 있다. 신도비 비문의 글씨와 전액(篆額)은 후손 이현수(李鉉洙)가 썼다. 배위(配位) 남양홍씨(南陽洪氏)의 묘는 청련사(靑蓮祠) 위에 따로 조성했다. 1985년 4월, 봉분 앞 우측에 장방형 대석위에 오석의 비신을 세우고 이수(螭首)를 갖춘 비좌이수형(碑座螭首形)의 묘비를 세웠는데, 묘비 전면에는 '자헌대부이조판서증연양부원군시문청이공지묘(資憲大夫吏曹判書贈延陽府院君諡文淸李公之墓)'라고 음각(陰刻)했다. 배위 남양홍씨의 묘소는 원형 봉분에 호석(護石)을 둘렀다. 역시 1985년 4월 장방형 대석 위에 오석의 비신을 세우고 비좌이수형(碑座螭首形)의 묘비를 세웠으며, 묘비 전면에는 '정경부인남양홍씨지묘(貞敬夫人南陽洪氏之墓)'라고 음각했다.

136 『강한집』의 교감표점원문과 번역본이 이화여자대학교 한국문화연구원 박재금·이은영·홍학희에 의해 이루어져, 2015년 고전번역원에서 간행되고, 그 내용이 한국고전종합DB로 공개되어 있다.

청련 선생 유사(青蓮先生遺事)

공의 나이 열 살이 됐을 때 함양에서 스승을 따라 학문을 배웠다. 한때 같이 배운 학도로, 옥계 노진, 덕계 오건, 한금산 등 여러 분이 있어, 돌아가며 한 구절씩 연구(聯句)를 지었는데,

"진(晉)나라 때 의관(衣冠)은 이부(吏部)에 다 있으니〔옥계〕

풍류 천 년이 우리 것이로구나〔덕계〕

밤새 도둑술 마셔도 묶어 가는 사람 없으니〔금산〕"

라고 했다. 공은 당시에 나이가 가장 어렸으므로, 금산의 뒤를 이어 부르기를,

"크게 취해 돌아올 때는 산 달이 나지막하리라."

라고 했다. 평(評)을 하는 사람들이 말하기를, "제4구는 소탈하고 드넓은 가운데 또한 청아한 기미가 있으니, 문장의 수단을 드러냈다."라고 했다.

나이 열 살 이전에 연이어 부친 의정공〔이국형(李國衡)〕과 모친 정경부인 임씨〔나주임씨, 임종의(林宗義)의 따님〕의 초상을 당하여, 슬퍼하고 흠모하여 장례를 치르는데, 모든 상례와 제사의 미세한 구절과 작은 의절까지도 반드시 어른들께 여쭈어 보고 행동하여, 반드시 모든 절차가 고래의 예절에 합치되게끔 노력했다. 백부 참봉공〔이국권(李國權)〕이 크게 기특히 여기어, "이 아이는 반드시 학문하는 선비가 될 것이다."라고 하고, 또 "우리 집 문호를 크게 할 사람은 반드시 이 아이일 것이다."라고 했다.

나이 겨우 10여 세가 되었을 때 백부 참봉공의 명으로 표인(表寅)의 문하에 들어가 학문을 했는데, 표인 공은 본디 학행이 있는 사람이기에, 사람을 가르치는 데 차례와 법도가 있었다. 공은 이로 말미암아 덕과 기량이 더욱 향상되고 문사(文思)가 날로 진보했다. 의의(疑義)[137]를 질문할 때마다 표인 공이 힐난할 수가 없었다.

137 의의(疑義)는 사서(四書)의 의문처와 오경(五經)의 의리이다. 과거시험에 사서의(四書疑)와 오경

공의 왕고(조부)인 판서공〔이세문(李世文)〕이 일찍 세상을 떠나니, 조모 홍부인〔남양 홍씨, 홍구서(洪九叙)의 따님〕이 그의 친정을 따라 금릉 땅〔금릉은 강진의 옛 이름이다〕에 와서 머물고 있었는데, 공이 영남에서 그곳까지 찾아가 조모를 보살피다가, 그대로 계속 그곳에 머물러 조모를 모셨다. 그때 공의 나이 겨우 성동(成童, 15세)[138] 때였다.

공은 박산(博山)의 계곡과 봉우리의 맑은 경승을 사랑하여, 그곳에 마침내 집터를 잡아 서너 칸의 집을 짓고 독서하며 강학하니, 당시의 이름난 유자(儒者)들이 따라 교유하는 사람이 매우 많았다.〔박산은 금릉 땅에 있다.〕

백광훈(白光勳) 공은 이청련 선생이 금릉의 박산촌에서 강학하고 있다는 말을 듣고 찾아가 글을 배웠는데, 이 공이 늘 절세의 보배라고 칭찬했다. 또 같은 시기에 고죽(孤竹) 최경창(崔慶昌), 사문(선비) 윤기(尹箕), 남계(南溪) 김윤(金胤), 동은(桐隱) 이의건(李義健), 사문(선비) 임회(林薈, *林誨) 등이 함께 이 공에게 글을 배워, 절실한 감화와 훈도의 도움을 받았다.【옥봉연보(玉峯年譜)】

청련 이 공이 기고봉(奇高峯)〔기대승(奇大升)〕과 더불어 함께 광주(光州) 아헌(衙軒)에 놀러 갔더니, 본 고을의 목사 오겸(吳謙)이 두 분의 문장에 관한 소문을 듣고, 특별히 문주연(文酒宴, 선비들 모임)을 마련하여 잠시 더불어 한때를 즐겼는데, 이 공은 순식간에 붓을 휘둘러 물 흐르듯 장편·단편, 율시, 고시 등 수십 편을 썼다. 또『강목(綱目)』을 강했는데, 비록 아주 미미한 장(章)과 작은 구절에 이르기까지도 묻는 대로 외우지 못하는 것이 없었다. 기고봉도 또한 이와 같았다. 오겸 공이 자리를 고치고 절을 하고 말하기를, "오늘의 모임은 참으로 사림(詞林, 글 하는 사람들의 세계)의

의(五經義)의 과목이 있다.

138 성동(成童)은 15세 이상의 소년을 이른다.『예기(禮記)』「내칙(內則)」에 "성동이 되면 상(象)으로 춤을 추며 활쏘기와 말 모는 것을 배운다.〔成童, 舞象, 學射御.〕"라고 했는데, 정현(鄭玄)의 주(注)에 "성동은 15세 이상이다."라고 했다. 상(象)은 악장(樂章)의 이름이다.

멋진 일이어서, 비록 동정호의 균천광악(勻天廣樂)[139]을 펼쳐 놓는다 하더라도 이것보다 나을 수 없습니다."라고 했다.【몽계필담(夢溪筆談)】

사암(思菴) 박순(朴淳)이 일찍이 시 한 구를 지었는데, "영(暎)산홍이 넘어가는 태양 속에 비추[暎]이도다."라고 하고 그 대(對)를 얻지 못했다. 이 공이 마침 그곳에 와서 말이 떨어지자마자 대구를 짓기를, "생(生)지황이 가는 비 속에 생겨[生]나도다."라고 했다. 무릇 영산홍(暎山紅)은 꽃 이름이요, 생지황(生地黃)은 약 이름이다.【청강쇄어(淸江瑣語)】[140]

명묘(명종) 16년(1561년)에 대제학 홍섬(洪暹)[141]에게 명하여 독서당 인원을 선정하게 하니, 박순(朴淳)·정윤희(丁胤禧)·유전(柳琠)·최옹(崔顒)·기대승(奇大升)·이후백(李後白)·신응시(辛應時) 등 모두 여덟 사람을 선정했다.【국조보감(國朝寶鑑)】

소재(蘇齋) 노수신(盧守愼)이 일찍이 사람들에게 말하기를, "이 아무개는 문장과 재주가 분명히 김귀영(金貴榮)의 위에 있는데도 자리는 끝내 김귀영에게 돌아갔으니, 이것도 역시 운수 소관이다."라고 했다. 일송(一松) 심희수(沈喜壽)[142]가 친히 그

139 균천광악(鈞天廣樂)을 가리킨다. 균천은 상제(上帝)가 사는 곳이고 광악은 광대(廣大)한 음악으로 천상의 음악을 뜻한다. 『사기』「조세가(趙世家)」에, 조간자(趙簡子)가 병이 나서 이틀 반이 지나서 깨어나더니 "내가 상제의 처소에 가서 심히 즐거웠다. 온갖 신(神)과 더불어 균천(鈞天)에서 노니는데, 광악(廣樂)의 구주(九奏)와 만무(萬舞)가 삼대(三代)의 악과 같지 아니하여 그 소리가 인심을 감동하게 했다."라고 했다.

140 중간본『청련집』에는 '청강쇄록(淸江瑣錄)'이라 했는데, 본래 서명은 '청강쇄어(淸江瑣語)'이다.

141 홍섬(洪暹, 1504~1585)의 본관은 남양(南陽), 자는 퇴지(退之), 호는 인재(忍齋)이다. 영의정 홍언필(洪彦弼)의 아들이고 조광조(趙光祖)의 문인이다. 1535년 이조좌랑으로서 김안로(金安老)의 전횡을 탄핵하다가 흥양현(興陽縣)에 유배되었다. 1560년(명종 15년) 이량(李樑)의 횡포를 탄핵하다가 삭직당했다. 명종이 승하하자 원상(院相)으로서 정무를 처결하고 이어 선조 초 우의정에 올랐으나 남곤(南袞)의 죄상을 탄핵하다 또다시 파직되었다. 1571년(선조 4) 좌의정이 되어 궤장(几杖)을 하사받았다.

142 심희수(沈喜壽, 1548~1622)의 본관은 청송(靑松), 자는 백구(伯懼), 호는 일송(一松)·수뢰루인(水

말을 들었다고 한다. 【일송집(一松集)】

공은 일찍이 원접사(遠接使) 종사관(從事官)으로서 조사(詔使) 허국(許國)과 위시량(魏時亮)에게 나아가 의주(儀注)를 강정(講定)했는데, 옛 관례에 비추어 자못 덜거나 더한 곳이 많았으며, 옛 예법을 참작하여 정당(正當)함에로 귀결하도록 힘쓰니, 두 사신이 모두 훌륭하다고 일일이 칭찬했다. 퇴계 이 문순공이 이 소식을 듣고 정유일(鄭惟一)에게 보낸 서찰에서 말하기를, "전한(典翰) 이 아무개는 조사(詔使)가 정한 제반 의주(儀注)에 대처했다는데, 그것을 찾을 수 있으면 찾아 나에게 보여 주지 않겠나? 이 군은 일찍이 그것을 베껴 가도 좋다고 허락했다는데, 듣자니 그동안에 병환을 만나 다 기억할 수 없다고 하니, 공이 스스로 그 뜻을 물어서 이를 모아 취하여 오는 것이 좋겠네."라고 했다. 【퇴계집(退溪集)】

퇴계 이 문순공이 정유일(鄭惟一)의 서찰에 답한 글에 말하기를, "박자진(朴子進)〔박점(朴漸)〕[143]은 그 이름이 실제보다 지나치고, 또 스스로의 처신에 어두웠으므로, 엎어지고 자빠지는 것이 이상할 것이 없다. 이러한 생각은 이 한 사람에게 그치는 것이 아니다. 그러나 마땅히 조용하게 기다려 보아야 하니 아직도 무슨 일을 할 수

雷累人), 시호는 문정(文貞)이다. 노수신(盧守愼)의 문인으로, 1572년(선조 5) 문과에 급제하여 벼슬이 좌의정에 올랐다. 저서로 『일송집』이 있다. 상주 봉암사(鳳巖祠)에 세향되었다.

143 박점(朴漸, 1532~?)의 본관은 고령(高靈), 자는 자진(子進)·경진(景進), 호는 복암(復庵)이다. 1569년(선조 2) 별시문과에 급제했다. 이조좌랑, 좌부승지 등을 거쳐 1573년 명천현감(明川縣監)이 되고 1584년 황해도관찰사를 지냈다. 양사(兩司)가 다시 심의겸(沈義謙)을 거론해서 사류(士類)를 한꺼번에 함정에 빠트릴 기회로 삼았는데, 그 가운데 심의겸이 붕당(朋黨)을 만들어 사림(士林)들에게 화를 끼친다는 등의 말이 있었다. 선조는 심의겸과 결탁한 사람이 누구냐고 묻자, 양사가 정철과 영상 박순, 그리고 율곡과 우계를 먼저 거론했고, 그 외에 명류(名流) 8, 9명을 들었는데, 그 가운데 박점이 들어 있었다. 생원 이귀(李貴)가 상소를 올려 양사의 기망을 논척하자, 이발(李潑)이 인피(引避)하면서 정철과 박순을 헐뜯었다. 선조는 심의겸의 관작을 삭탈하고, 조정에 그의 죄상을 쓴 방(榜)을 내걸도록 명하면서, 정철과 율곡·우계의 이름을 나란히 적어 당인(黨人)이라고 했다. 1591년 당쟁에 휘말려 서인이 몰락할 때 박점은 관직을 삭탈당했다.

있다는 말인가? 이계진(이후백)의 생각도 이와 같으니 또한 좋은 일이다."라고 했다. 【퇴계집(退溪集)】[144]

미암(眉庵) 유희춘(柳希春)이 늘 말하기를 "이 아무개는 문장과 도덕이 한 세상의 종주(宗主)이고 모범이다."라고 했다.

이 공이 함경도관찰사에 배수되자, 율곡 이 문성공 선생은 이 아무개는 시무에 숙달하고 옛 제도를 밝게 익혔으므로 조정을 떠나서는 안 된다고 생각하여, 마침내 동료들과 상의하여 상소문을 올렸지만 상감이 따르지 않았다. 당시에 심의겸(沈義謙)과 김효원(金孝元)이 점점 분당을 했는데, 이공은 여러 사람들의 여망이 입었으나, 청양군 심의겸과 사이가 좋아 사람들이 심의겸의 당이라고 지목했다. 이 공이 함경도로 나가자 김효원은 비방을 받는 것이 더욱 깊어졌다.

경연(經筵)에서 주사(奏事)하여 말하기를, "이 아무개의 문장과 학력은 이미 지극한 경지에 도달했습니다."라고 했다. 【조야기문(朝野記聞)】

기사년〔1569년, 선조 2년〕에 중국 명나라에 동짓날 방물(方物)을 바치는 표(表)를 시었을 때, 그 가운데 "다투어 아세(亞歲, 작은설, 동지)[145]의 의식을 펼친다."라는 문구가 있었는데, 이 공이 그 글의 잘못을 지적하고 '쟁(爭)' 자를 '방(方)' 자로 고쳤다.〔"바야흐로 아세의 의식을 펼친다."라는 뜻이 된다.—역자〕

144 『퇴계선생문집(退溪先生文集)』 권27 「답정자중(答鄭子中)」의 한 서찰에서 퇴계가 박자신의 명실이 부합하지 않아 낭패를 본 사실을 언급하고 이후백이 '마땅히 조용히 기다려야 한다.'라고 말한 뜻이 좋다고 평가했다.

145 동지는 작은설〔亞歲〕이라 하여, 아침에 재실에서 재계하고 사당에 팥죽을 올려 제사 지냈다. 관리들은 대궐에 나아가 임금께 하례(賀禮)를 올리고 문안했으며, 동지를 축하하는 동지하전(冬至賀箋)을 바쳤다.

이 공이 동지성균관사로 있을 때 유희춘 및 정지연(鄭芝衍)과 더불어 명륜당에 앉아서 여러 성균관 유생과 읍례를 하고 잠제(箴題)를 냈는데, 제목은 '귀와 눈을 힘들이지 않는다〔不役耳目〕'[146]라고 했다. 그것은 이 공이 출제한 것이다.

노수신(盧守愼)이 우의정으로 있을 때 아뢰기를, "지부(호조)의 장관은 마땅히 잘 선택해서 차출해야 합니다."라고 하고, 이 공과 심수경(沈守慶)과 윤현(尹鉉)을 아울러 천거했다. 이 공이 드디어 호조판서에 제수되었는데, 당시 사람들이 적임자를 얻었다고 칭찬했다. 이 공이 이 직책을 맡게 되자, 세금과 재무가 공평했는데, 이 공이 죽고 윤현이 탁지(度支, 호조)의 장관이 되자, 자못 새물을 보으고 재산을 거두어들이는 것을 일삼았으므로, 조정과 재야가 모두 이공을 생각하게 되었다.

사암 박순 공이 일찍이 경연에서 아뢰기를, "이 아무개는 6척의 고아〔어린 군주〕를 부탁할 만하고, 사방 백리의 제후국의 정치를 맡길 만한 사람입니다."라고 말했고, 또 아뢰기를 "이 아무개는 참으로 큰 쓰임에 부합하는 인재입니다."라고 했다. 상감이 그 말을 옳다고 여겼다.

북도(함경도)는 풍속이 사납고 거칠어 오로지 활 쏘고 말 타는 일만 숭상하고 문학을 익히지 않았는데, 선조 초 이 청련이 방백(관찰사)이 되어 함흥에 문회서원(文會書院)을 짓고 글을 가르치니, 이때부터 책명(策名)[147]되어 조정에 벼슬을 하는 사람이 줄을 잇게 되었다. 임진왜란 때 북쪽 사람들에게 힘입은 바가 많으니, 이 공의 경우는 가히 참된 방백이었다고 말할 수 있다. 【부계기문(涪溪記聞)】

146 『서경』「주서(周書) 여오(旅獒)」에 "귀와 눈에 부림을 받지 않고 온갖 법도를 오직 바르게 하십시오.〔不役耳目, 百度惟貞.〕"라고 나온다.

147 책명(策名)은 간책(簡策)에다 신하들의 이름을 기입한다는 말이다. 『춘추좌씨전(春秋左氏傳)』 희공(僖公) 2년 조에 '책명위질(策名委質)'이란 말이 있는데, 주(注)에 "옛사람들은 벼슬할 때에 죽간(竹簡)에 자기 이름을 써서 임금에게 바침으로써 신하의 절의를 다할 것을 밝혔다."라고 했다.

이 아무개를 이조판서로 임명했다. 이 아무개는 함경도에 있을 때 백성들을 품에 안고 선정을 폈는데, 이에 이르러 전조(銓曹, 이조)의 장관에 배수되었다. 【경연일기(經筵日記)】

갑술년〔1574년, 선조 7〕 3월에 참판 이후백이 대제학을 대리하여 독서당의 삭과(朔課)를 과차(科次, 석차를 매김)하게 되었다〔빠진 어구가 있음〕. 상감께 아뢰어 부제학 유희춘과 함께 평가하게 해달라고 청하자 상감이 이를 따랐다. 드디어 상번청(上番廳)에 모여서 유희춘과 함께 채점을 했는데, 허봉(許篈)의 「도봉서원 상량문(道峯書院上樑文)」 및 고시(古詩) 등이 모두 상지하(上之下) 등으로 급제했다.

김개(金鎧)는 사람됨이 강퍅하고 자신에 차서 세속과 달리하는 사람을 보면 반드시 깊이 질투했다. 이미 퇴계 이 문순공을 배척하고 나서 또 큰소리치기를, "지금의 선비들이 부질없이 무슨 일을 하려고 하니, 불가불 이를 억제하지 않으면 안 된다."라고 했다. 대개 기대승·심의겸·이후백 등을 지칭한 말이었다. 그 후에 선비들이 합사(合辭)해서 김개를 공격했다. 【경연일기(經筵日記)】

이원경(李元慶)이란 자는 이준경(李浚慶)의 재종제(8촌 동생) 되는 사람인데, 벼슬을 잃고 마음 속에 불평이 쌓여 몹시 조정에 무슨 사건이 일어나기를 바라고 있었다. 상감의 외삼촌 정창서(鄭昌瑞)[148]도 또한 권세를 휘어잡고자 해서, 서로 가만히 짜고 박순·이후백·오건 등 10여 인을 몰아내려고 했다. 이원경이 하루는 백인걸(白

148 정창서(鄭昌瑞, 1519~?)는 조선 선조대왕과 하원군(河源君)·하릉군(河陵君)의 외삼촌이다. 본관은 하동(河東)이다. 할머니는 죽산안씨로 안온천(安溫泉)의 딸인데, 안온천은 세종의 딸 정의공주와 연창위 안맹담(安孟聃)의 아들이다. 정창서는 월산대군의 증손녀와 결혼했으며, 그의 누이는 중종의 아들 덕흥군(德興君)과 결혼했다. 즉, 덕흥대원군의 정비 하동부대부인과 형제간이다. 1567년(명종 22) 당시 곡산군수(谷山郡守)로 재직했다. 1577년(선조 10) 4월 20일 유일한 외삼촌인데 3품이라 하여 선조의 특명으로 특별 가자되었다. 1580년 내승(內乘)이 되고 최종 관직은 돈령부도정(敦寧府都正)에 이르렀다.

仁傑)[149]에게 말하기를, "상감께서 박순과 이후백을 몹시 싫어하시므로 제거하기가 쉽다."라고 했다.

정묘년〔1567년, 명종 22〕 4월에 도감낭청(都監郎廳)[150]이 아뢰기를, "관반사(館伴使) 및 이조판서, 예조판서, 대제학이 함께, 제술관의 후보로 윤두수(尹斗壽)[151]·이후백·임억령(林億齡)·기대승(奇大升)·권벽(權擘)·노수신(盧守愼)·유희춘(柳希春)·이이(李珥)·양응정(梁應鼎) 등을 물망에 올렸습니다."라고 했다.

유희춘이 경연에서 강론을 마치고 어탑 앞으로 나아가 아뢰기를, "신이 모듬지기 『어록자의(語錄字義)』를 찬술하려고 하는데, 이후백 및 동료들과 더불어 거듭 확인을 할 것입니다."라고 했다.

유희춘이 검상(檢詳)으로서 빨리 출세한 것은 예전에 관례가 없던 일이며, 예전에 사인(舍人) 기명언(奇明彦) 선생〔기대승(奇大升)〕과 민숙도(閔叔度)〔민기문(閔起文)〕[152]가

149 백인걸(白仁傑, 1497~1579)의 본관은 수원(水原), 자는 사위(士偉), 호는 휴암(休庵)이다. 조광조의 문인이다. 1519년(중종 14) 기묘사화가 일어나자 금강산에 들어갔다가 1531년(중종 26) 생원시에 합격하고 1537년(중종 32) 문과에 급제했다. 지중추부사에 이르렀다. 선조 때 기로소(耆老所)에 들어갔으며 청백리에 뽑혔다. 파주의 파산서원(坡山書院)과 남평(南平)의 봉산서원(蓬山書院) 등에 제향되었다. 인조 때 충숙(忠肅)의 시호를 받았으나, 뒤에 문경(文敬)으로 고쳐졌다.

150 중국 명나라 칙사가 오면 접대하기 위해 도감을 임시로 설치한 것이다. 『명종실록』에 보면 명종 22년 정묘(1567년) 6월 24일(정미)에 부제학 진식(陳寔) 등이 조사(詔使)가 왔을 때 여악(女樂)을 설행하는 여부 등에 대해 상차(上箚)한 기사가 있는데, 당시 명나라 사신 허국(許國)과 위시량(魏時亮)은 국경에 와 있었다. 이들은 모화관에 와서 명종의 서거 소식을 접하게 된다.

151 윤두수(尹斗壽, 1533~1601)의 본관은 해평(海平), 자는 자앙(子仰), 호는 오음(梧陰), 시호는 문정(文靖)이다. 1589년 평안감사를 지내고 중국 명나라에 사신으로 가서 종계(宗系)를 변무(辨誣)한 공으로 광국 공신(光國功臣) 2등이 되어 해원군(海原君)에 봉해졌으며, 이후 해원부원군(海原府院君)에 봉해졌다. 정유재란 때는 영의정 류성룡(柳成龍)과 함께 난국을 수습하여, 후에 호성공신(扈聖功臣) 2등에 봉해졌다. 저서에 『오음유고(梧陰遺稿)』와 『기자지(箕子誌)』 등이 있다.

152 민기문(閔起文, 1511~1574)의 본관은 여흥(驪興), 자는 숙도(叔道), 호는 역암(櫟菴)이다. 1540년(중종 35) 식년문과에 을과에 급제하여 훈련원도사에 이르렀으나 을사사화 때 임천(林川)에 부처

모두 너무 갑자기 승진했던 까닭에, 그 실상을 자세히 기록했다. 사인 윤근수(尹根壽)는 손수 추천서를 써서 이 승지 후백에 천거했으니, 이는 대개 이 공이 도승지로서 이방(吏房)이 되었기 때문이다. 이 공이 답서에서, 〔…결문…〕 "한창 장년의 나이에 업무가 힘들던 참에 홀로 현명하게 신진 인물을 얻었습니다. 〔…결문…〕 어떤 사람이 우리 사이를 갈라 놓겠습니까? 되돌아보건대, 선생이 예전에 위험과 의심을 당했을 때 〔…결문…〕 부화한 의론에 뒤흔들리니, 오늘날 이런 일을 고려해야 하겠습니까?"라고 했다.

선조가 한번은 어느 사람의 상소를 보고 크게 노하여 국문을 해서 그 말의 뿌리를 추궁하려 하여 말하기를, "만약 참언을 한 사람을 찾을 수 있으면 그 참언을 한 사람을 죄줄 수 있으나, 그런 사람을 찾을 수 없다면 상소문을 지은 사람에게 죄를 지워야 한다."라고 했다. 이에 좌우의 신하와 사헌부의 장관, 사간원의 장관 및 도승지 이후백이 극력 간언하여 그렇게 해서는 안 된다고 하여, 마침내 그 일이 잠잠하게 되었다.

기고봉〔기대승〕이 말했다. "정계함〔정철〕은 부친상을 내간상이라 말하고 모친상을 외간상이라고 하기에 내가 그의 설에 반대하여 공격했더니, 이계진〔이후백〕도 또한 정철의 말이 옳다고 했으나, 나는 도무지 그렇지 않다고 했다. 그 후 우연히 『포은집』(정몽주 문집) 연보를 보니, 그 가운데 바로 부친상을 내간이라 하고 모친상을 외간이라고 했다. 이런 일이 있은 다음에 두 사람의 말이 계고(稽考)한 바가 있는 말임을 알게 되었다."

충무공 이순신(李舜臣)이 함경도 동구비(童仇非)[153] 진(鎭)의 권관(權管)이 되었을

되었다. 선조가 즉위하자 홍문관 전한을 시작으로 여러 관직을 거쳤다.

153 이순신은 무예를 익힌 지 10년 되던 1576년에 무과(武科)에 급제하고 12월에 함경도 동구비보(童仇非堡)의 권관(權管, 종9품)으로 부임했다. 당시 32세였다.

때 청련 이후백이 함경감사(함경도관찰사)가 되어 여러 군진을 순행하면서 변방의 장수들을 대상으로 시사(試射)를 했는데, 변방 장수들 가운데 벌로 매를 맞지 않은 사람이 적었다. 그러다가 이 보(堡)〔동구비진〕에 도착했는데, 일찍부터 충무공의 명성을 듣고 있어서 매우 따뜻하고 은근하게 상대했다. 충무공이 조용히 말하기를, "사또의 형장(刑杖)이 자못 엄하시더군요."라고 하니, 청련 이 공이 웃으면서, "그대 말이 좋소만, 나도 어찌 옳고 그름을 구별하지 않고 매질을 했겠소?"라고 했다. 【충무전서(忠武全書)】

택당(澤堂) 이식(李植)[154]이 이광(李洸)[155]의 행장[156]을 찬술했는데, 그 가운데 "함흥 감영에는 예전에 가는 베와 표범 가죽을 세금으로 납부케 하여 그것을 사용에 써 자못 사치스러웠는데, 이후백과 정언신이 도의 정치를 안찰(按察)하면서 그 납부량을 반으로 줄였고, 이광이 정치를 하기에 이르러서는 이를 모두 덜어 없앴다."라고 했다. 【택당집(澤堂集)】

선조 무인년(1578년) 즈음에 2품 이상의 관직에 있는 사람들로 하여금 각각 벼슬을 하지 않고 초야에 묻혀 있는 어진 사람들을 천거하도록 했다. 청련 이 공이 사계 김

154 이식(李植, 1584~1647)의 본관은 덕수(德水), 자는 여고(汝固), 호는 택당(澤堂), 시호는 문정(文靖)이다. 인조반정 후에 발탁되어 대사간·대사성·대제학·대사헌 및 형조·이조·예조의 판서 등 요직을 역임했다. 척화론을 주장했다고 하여 1642년(인조 20) 중국의 심양(瀋陽)으로 잡혀갔으며, 돌아올 때에 다시 의주(義州)에서 청나라 관리에게 붙잡혔으나 탈출하여 돌아왔다. 문장에 뛰어나 월사(月沙) 이정귀(李廷龜), 계곡(谿谷) 장유(張維), 상촌(象村) 신흠(申欽)과 함께 한문 4대가로 불린다. 문집에 『택당집』이 있다.

155 이광(李洸, 1541~1607)의 본관은 덕수(德水), 자는 사무(士武), 호는 우계산인(雨溪散人)이다. 1574년 별시문과에 급제하고 함경도관찰사 등을 지냈다. 임진왜란 때 권율(權慄)과 함께 웅치(熊峙)에서 왜적을 크게 무찔렀고, 전주로 돌진한 왜적을 이정란(李廷鸞)과 함께 격퇴했다. 그러나 용인 패전의 책임자로 탄핵을 받아 파직되고, 백의종군하다가 의금부에 감금된 후 벽동군(碧潼郡)으로 유배되었다. 저서에 『우계집(雨溪集)』이 있다.

156 이식(李植), 「전라도순찰사이공행장(全羅道都巡察使李公行狀)」, 『택당선생집(澤堂先生集)』 별집 권8.

문원공(金文元公)〔김장생(金長生)〕을 천거했는데, 그 추천 요목에 "옛 성현의 가르침을 독실히 믿고 경전 속에 깊이 젖어 들어 있다."라고 했다. 이때 이 공은 전조(이조)에 판서로 있을 때였으므로, 즉시 김 공을 창릉참봉에 제수했다. 【사계연보(沙溪年譜)】

국가의 사정이 을사사화 때 선비들을 마구 죽인 이래로 간신들이 조정에 가득하고 어진 선비는 숨을 죽이고 있어, 이욕은 하늘에 치솟고 의리는 어둠 속에 막혀 버려 국가의 운세가 위태한 것이 겨우 깃대의 깃술이 흔들리는 듯[157]이 했다. 이때 공〔박응남(朴應男)[158]〕은 사암(思菴)〔박순〕, 존재(存齋)〔기대승〕, 청련〔이후백〕, 황강(黃崗)〔김계휘〕 등 여러 사람과 마음을 하나로 하고 힘을 합하여 임금의 마음을 바로잡고 선비들의 기운을 북돋워서, 그 사이에 정국을 유지하여 나라가 가까스로 패망에 이르지 않을 수 있었다. 그런데 명묘(명종) 말년에 와서 상감의 뜻이 마침내 진상을 깨달아 비로소 간흉들을 제거하고 풍속을 바꾸어 드디어 공정한 언론이 조정에 행해지게 했다. 이로써 선묘(선조)의 처음에 이르러 선비의 미풍이 발흥하고 좋은 교화가 크게 행하게 되었다. 【박도헌응남행장(朴都憲應男行狀)】[159]

청련 이 공의 증왕고(증조부)이신 문장공〔이숙함〕이 일찍이 함경감사가 되었을 때 당시 북방의 풍속은 어리석고 굼떠서 문학이 거의 없었는데, 문장공이 손수 '사체

157 『문선(文選)』에 수록된 유곤(劉琨)이 지은 「권진표(勸進表)」에 "국가의 위태로움이 깃술을 매단 것과 같다.〔國家之危, 有若綴旒.〕"라고 했다.

158 박응남(朴應男, 1527~1572)의 본관은 반남(潘南), 자(字)는 유중(柔仲), 호는 남일(南逸)·퇴암(退庵), 시호는 문정(文貞)이다. 박소(朴紹)의 아들이며, 선조의 비 의인왕후(懿仁王后) 박씨의 숙부이다. 이중호(李仲虎)의 문인이다. 1553년 별시문과에 급제했다. 1567년(선조 즉위) 10월 말에 사헌부 대사헌이 되어 당시 국정을 전단하던 이량(李樑)의 죄를 탄핵하다가 귀양갔으나, 왕이 특별히 용서하여 풀려났다. 『경연일기』〔『석담일기』〕 1572년(선조 5) 기사에 "여러 번 대사헌이 되어 기탄없이 논박하니 원망하는 사람이 많았다. 다만 선(善)을 좋아했기 때문에 선한 무리가 존경하여 따랐다."라고 했다.

159 박세채(朴世采), 「가선대부사헌부대사헌퇴암박공행장(嘉善大夫司憲府大司憲退菴朴公行狀)」, 『박문순공문정집(朴文純公文正集)』 권81.

소학(四體小學)'[160]을 써서 간행하게 해서 여러 고을에 배포하여 어리석은 선비들을 가르쳤다. 이로 말미암아 북방의 풍속이 제법 향학(向學)의 방도를 알게 되었다. 드디어 비석을 세워 덕을 칭송하고 사당을 세워 제사를 지내게 되어, 문회서원(文會書院)[161]이라고 사액(賜額)했다. 청련공이 이어서 북백(함경감사)이 되었을 때 그 남긴 자취를 이어 더욱 문학을 권장하여 문풍이 크게 떨치게 되니, 북쪽 사람들이 예전에 문옹(文翁)이 촉(蜀) 땅을 덕으로 교화한 일[162]에 비유하여 문회서원에 추가로 배향해서 지금까지 제사를 받들고 있다고 한다.

사인(舍人) 민덕봉(閔德鳳)[163]은 호남 사람인데, 객지에서 벼슬하다가 서울에서 죽으니, 청련 이 공이 극히 슬퍼하고 안타까워하며 힘을 다해 부조를 했다. 또 유희춘에게 서찰을 보내서 본관(여기서는 성균관을 말함 – 역자)에서부터 특별히 돌보아 구제해 줄 것을 부탁했는데, 대개 유 공은 당시 동지성균관사였다. 이 공과 유 공이 준 서찰이 여전히 민사인의 후손 집에 보관되어 있다고 한다.

청련 이 공이 송찬(宋贊)[164]과 함께 조수언(趙秀彦)의 집에 가서 벽에 병풍이 있는 것을 보았는데, 황기로(黃耆老)[165]의 초서가 쓰여 있었다. 이 공이 조 공에게 말하기

160 '사체소학(四體小學)'은 사자소학(四字小學)의 부류인지, 『소학』을 해서·행서·초서·전서로 쓴 것인지 알 수 없다.

161 『청련집』 중간본에 '文峯書院'이라고 했으나 '文會書院'의 잘못이다.

162 '문옹화촉(文翁化蜀)'의 고사에서 나왔다. 『한서(漢書)』 권89 「문옹전(文翁傳)」에 보면 중국 한나라 때 문옹(文翁)이 촉(蜀)의 군수가 되어 학교를 널리 세웠다. 한나라가 지방까지 널리 학교 교육을 실시하게 된 것은 문옹에 힘입었다고 한다.

163 민덕봉(閔德鳳, 1519~1573)의 본관은 여흥(驪興), 자는 응소(應韶)이다. 습독(習讀) 민우필(閔友弼)의 아들이고, 어머니는 초계정씨(草溪鄭氏)이다. 1546년(명종 1) 사마시에 합격하여 진사가 되고, 1560년(명종 15) 별시문과에서 장원급제했다. 그해 집의(執義)가 되고, 여러 관직을 거쳐 사인(舍人)이 되었다. 1573년 명나라 사신을 영접하러 나갔다가 객사(客舍)에서 죽었다.

164 송찬(宋贊, 1510~1601)의 본관은 진천(鎭川), 자는 치숙(治叔), 호는 서교(西郊)이다. 1540년(중종 35) 식년문과에 급제한 이후, 선조 때까지 여러 내외 요직을 지냈다. 청백리에 녹선되었다.

165 황기로(黃耆老, 1525~1575)의 본관은 덕산(德山), 자는 태수(鮐叟), 호는 고산(孤山), 별호는 매학

를, "내게 새 병풍이 있으니 원컨대 이것과 바꾸고 싶습니다."라고 하니 조수언이 "무슨 까닭인가?"라고 묻자, 말씀하시기를, "나는 평생 이 글씨를 미워하니 원컨대 바꾸어서 불사르려 한다."라고 했다.[166]

겸암(謙庵) 류운룡(柳雲龍)[167]이 남의중(南義仲)[168]에게 보낸 서찰에서 이렇게 말했다. "판서 이청련 공이 뜻밖에 세상을 떠나시니 깊은 슬픔에 가슴이 무너지는 듯하다. 그분은 나라를 위한 한결같은 마음으로 평탄한 곳이나 험난한 곳이나 뜻을 바꾸지 않았으며, 개인적으로 사사로운 일에서 한 점의 더럽고 욕되는 일을 안 했으니, 이러한 사람을 어디에서 얻어 올 수 있겠는가?"

청련 이 공이 일찍이 수의어사(繡衣御史)가 되어 상감이 내리신 부월(斧鉞)을 갖고 호남을 염찰(廉察, 왕명에 따라 몰래 자세히 조사함)했다.[169] 이 공은 원래 강직하고 밝게

정(梅鶴亭)이다. 초서에 뛰어나 초성(草聖)으로 불렸다. 말년에 낙동강 서쪽 보천산(寶泉山) 위에 정자를 짓고 필묵과 독서를 즐겼다.

166 『야승(野乘)』 9책에서 나온 일화이다. 실제 기록을 보면 송찬이 황기로의 집에서 가서 황기로가 서법에 공을 들여 온 실상을 알게 되었던 이야기를 하니, 이후백이 부끄러워했다고 한다. 전체 내용은 다음과 같다. "李後白與宋贊偕往趙彦秀第. 後白見坐隅有屛, 卽黃耆老草書也. 謂彦秀曰: '吾家有新屛, 請換此.' 彦秀曰: '何也?' 曰: '吾平生疾此書. 願代以吾屛, 焚之.' 宋贊曰: '不可. 吾嘗往黃生家, 見座上抽絹素, 彩牋堆案. 黃生推二張草書, 示贊. 又出空牋二張, 令贊依樣書之. 贊亦粗解運筆, 故象如黃生書. 生稱賞之曰: 求吾書者, 日累百紙, 不勝疲, 當用此代之. 凡眼烏能辨之? 仍抽架上古法帖, 招出己書二張中字法比之, 皆古人書法無一字自創者. 又指贊書曰: 某字某畫皆死. 凡書非積功難云. 黃生之筆, 未易題品也.' 後白有慚色."

167 류운룡(柳雲龍, 1539~1601)의 본관은 풍산(豊山), 자는 응현(應見), 호는 겸암이다. 류성룡(柳成龍)의 형이다. 1572년(선조 5) 음사(蔭仕)로 벼슬을 시작하여 인동현감(仁同縣監)과 한성부판관 등을 역임했다. 1592년(선조 25) 가을에 풍기가군수(豊基假郡守)가 되었다가 군수(郡守)가 되었다. 저서로 『겸암집(謙庵集)』이 있다. 경상북도 안동(安東) 하회(河回)의 화천서원(花川書院)에 배향되었으며, 1834년 문경(文敬)의 시호를 받았다.

168 남치리(南致利, 1543~1580)의 본관은 영양(英陽), 자(字)는 의중(義仲), 호는 비지(賁趾)이다. 이황(李滉)의 문인이다. 1578년(선조 11) 정구(鄭逑)와 함께 유일(遺逸)로 천거되었다. 저서로 『비지집(賁趾集)』이 있다.

169 『청련집』 중간본의 「연보」에 따르면 이후백은 40세이던 1559년에 호남 어사가 되었다.

살핀다고 알려진 분이기에 수령이 소식을 듣고 관인의 수술을 풀어 놓고 떠난 사람이 서너 사람이었다.

이 공이 세상을 떠나자 나라에서 제문을 내려, "바라보면 태양이 뜨거운 것과 같고, 가까이 다가가 보면 봄날이 따스한 것과 같다."라고 했다. 한때 이 글이 전하여 구송되면서, 공의 실제 사실을 말한 것이라고 했다.

公年未十歲, 在咸陽, 從師遊學, 一時學徒, 有盧玉溪·吳德溪·韓錦山諸人聯句, "晉代衣冠畢吏部〔玉溪〕, 風流十載屬吾儕〔德溪〕. 夜來偸飮無人縛〔錦山〕." 公時年最少, 續之曰: "大醉還山月欲低." 議者謂: "第四句, 踈曠之中, 又有淸雅[170]氣味, 露出文章手段."

十歲前, 連遭考領相公[171], 妣貞敬夫人林氏喪, 哀慕執喪. 凡喪祭微文小節, 皆質問於長者, 行之, 必欲盡合古禮. 伯父參奉公, 大奇之曰: "此兒必爲學問之土也." 又曰: "大我大門戶者, 必此兒也."

年甫十餘歲, 以伯父參奉公命, 往學于表公寅之門, 表公素有學行之人也. 敎人有次序法度, 公由是德器益就, 文思日進. 每質問疑義, 表公不能難.

公之王考判書公, 蚤世, 祖母洪夫人, 隨其親庭, 來留於金陵地〔金陵, 康津古號〕. 公自嶺南往省, 因留侍之. 時公年纔成童矣.

公愛博山溪岑淸勝, 遂卜居, 刱腹數椽, 讀書講學. 一時名儒, 從遊者甚衆〔博山, 金陵境〕.

白公光勳, 聞靑蓮李公講學於金陵之博山村, 就以學焉. 李公每以絶世奇寶稱之. 一時有崔孤竹慶昌, 尹斯文箕, 金南溪胤, 李峒隱義健, 林斯文蕾, 同學于李公. 有偲切薰陶之益. 【玉峯年譜】

170 『청련집』 중간본에 '邪'로 되어 있으나, 문맥상 오기이다.
171 종래의 번역본에 '議政公'이라 했다.

青蓮李公, 與奇高峯共遊於光州衙軒. 本州牧吳公謙, 聞兩公文章, 特設文酒宴, 聊與一娛也. 李公頃刻之間, 揮灑長篇短篇律詩古詩數十篇. 又講『綱目』, 雖微章少句, 無不應口而誦. 奇公亦如之. 於是, 吳公避席而拜曰: "今日之會, 眞詞林之勝事. 雖陳洞庭之勻天廣樂, 不能多於此."【夢溪筆談】

思菴朴公, 嘗得一句曰: "暎山紅暎斜陽裏", 未得其對. 李公適至, 應聲而對曰: "生地黃生細雨中." 蓋暎山紅, 花名. 生地, 黃葉名也.【清江瑣錄】

明廟十六年, 命大堤學洪暹, 選讀書堂人員. 朴淳 · 丁胤禧 · 柳琠 · 崔顒 · 奇大升 · 李山海 · 李後白 · 辛應時等凡八人.【國朝寶鑑】

盧蘇齋守愼, 嘗語人曰: "李某文章才調, 分明是金貴榮之上, 而文衡終歸於金, 是亦數也." 沈一松喜壽, 親聽之云.【一松集】

公嘗以遠接使從事官, 就詔使許國 · 魏時亮, 講定儀注於舊例中, 頗有損益, 參酌古禮, 務歸正當. 兩使皆稱善. 退溪李文純公聞之, 與鄭惟一書曰: "李典翰某, 處詔使所定諸儀註, 可索取來示否? 李君曾許以謄示, 似聞其中値病患, 未必記得. 公自以意問取爲佳云."【退溪集】

退溪李文純公答鄭惟一書, 有曰: "朴子進, 名過其實, 而昧於自處, 躓跲無怪. 其意不止於此一人, 然當靜而俟之, 尙何爲哉? 李季眞之意, 如此亦好."【退溪集】〔季眞, 先生字.〕

眉巖柳公希春[172]常曰: "李某道德文章, 宗範一世."

172 『청련집』 중간본에는 '希春' 두 자가 없다.

李公拜北伯, 栗谷李文成公以爲: "李某練達時務, 明習典故, 不可去朝." 乃議于同僚, 上劄請留. 上不從. 時沈金有分黨之漸, 李公負衆望, 與青陽君善, 人目之以沈黨也. 李公旣出, 金孝元受謗益深.

經筵奏事云: "李某之文章學力, 已到極處."【朝野記聞】

己巳冬至, 方物製表中有'爭展亞歲之儀'之句, 李公論其誤, 改爭爲方.

李公同成均時, 與柳公希春·鄭公芝衍坐明倫堂, 與諸生揖, 出箴題'不役耳目', 李公所命也.

盧公守愼, 以右相奏言: "地部長官, 宜擇差." 並薦李公與沈守慶·尹鉉, 李公遂除戶曹判書. 時稱得人. 李公居是職, 財賦平. 及李公卒, 尹鉉爲度支長, 頗事聚斂, 朝野皆思李公.

思菴朴淳, 嘗於經筵啓曰: "李某可以托六尺之孤, 寄百里之命." 又啓曰: "李某眞合大用之人也," 上然之.

北道風俗獷悍, 專尙弓馬, 不習文學. 宣廟初李青蓮爲方伯, 作文會書院於咸興, 以文敎之, 自是策名登朝者相繼. 壬辰之亂, 多賴此輩之力. 若李公可謂眞方伯矣.【涪溪記聞】

以李某爲吏曹判書. 李某在咸鏡道, 民懷善政. 至是拜銓長.【經筵日記】

甲戌三月, 李參判後白, 代大提學, 科次讀書當朔〔缺〕. 啓請副提學柳希春同考, 上從之. 遂會于上番廳, 與柳希春同考. 許篈「道峯書院上樑文」及古詩, 皆以上之下等第.

金鎧, 爲人剛愎自信, 見人異於流[173]俗, 則必深疾之. 旣斥退溪李文純公, 又大言曰: "當今士類, 妄欲有爲, 不可不仰制也." 蓋指奇大升·沈義謙·李後白等也. 其後士類合辭攻鎧.【經筵日記】

173 『청련집』 중간본에는 '深'으로 되어 있다. '流'의 오자인 듯하다.

李元慶者, 俊慶再從弟也. 失職怏怏甚, 欲朝廷生事. 上舅鄭昌瑞, 亦欲攬權勢, 相與潛謀, 欲攻朴淳·李後白·吳健等十餘人. 元慶一語白仁傑曰: "上甚厭朴淳·李後白, 去之易也."

丁卯四月, 都監郎廳啓, 館伴及吏禮曹·大提學, 同擬製述官, 尹斗壽·李後白·吳億齡·奇大升·權擘·盧守愼·柳希春·李珥·梁應鼎等.

柳公希春, 講畢, 進榻前啓曰: "臣須撰『語錄字義』, 與李後白及同僚, 反覆商確矣."

柳公希春, 以檢詳, 速出非故事, 而舍人先生奇明彥·閔叔道, 皆以爲太遽. 故具錄尹舍人根壽手書之薦, 通于李承旨後白. 蓋李公以都承旨爲吏房故也. 李公答書〔缺〕. 盛壯之年, 劇務獨賢, 得新進〔缺〕. 人誰間然? 顧先生昔際危疑難〔缺〕. 浮議所撓, 今日乃慮此耶?

宣廟嘗震怒某人之疏, 欲鞫問其言根曰: "若得讒人則可罪讒人, 不得則罪作疏之人." 於是, 左右相·憲長·諫長及都承旨李後白, 極諫不可, 事遂寢.

奇高峯曰: "鄭季函〔澈〕以內艱爲父憂, 外艱爲母憂. 余反攻其說. 李季眞〔後白〕, 亦以季函之言爲然. 余殊不以爲然. 厥後, 偶見『圃隱集』年譜, 其中正以父憂爲內艱, 母憂爲外艱, 然後又知兩公之言 有所稽也."

忠武李公舜臣爲咸鏡道童仇非權管時, 李靑蓮後白爲監司, 巡行列鎭, 試射邊將, 邊將免杖少. 至本堡, 素聞忠武公名, 甚款接. 忠武公因從容言曰: "使道刑杖頗嚴." 靑蓮李公笑曰: "君言好矣. 我亦豈無是非而爲哉?"【忠武全書】

澤堂李公植撰李洸行狀, 有曰: "咸興營府, 舊納細布貂皮, 私用頗移. 李公後白·鄭公彦信, 按道, 遞減其半. 及李公洸爲政, 盡蠲之."【澤堂集】

宣廟戊寅年間, 令二品以上, 名擧遺逸. 靑蓮李公, 以沙溪金文元公長生膺命. 其薦目曰: "篤信古訓. 沈潛經傳." 是時李公在銓曹, 卽除金公爲昌陵參奉.【沙溪年譜】

國家自乙巳斬伐以來, 群奸滿朝, 賢士屛息, 利慾滔天, 義理晦塞. 國勢之危, 董若綴旒. 公與思菴·存齋·青蓮·黃岡諸人, 同心協力, 有以正君心培士氣, 維持其間, 庶不至敗, 而明廟末年, 上意乃悟, 始除姦兇, 轉移風俗. 遂使公論, 行於朝廷. 以至宣廟之初, 儒風勃興, 善化大行.【朴都憲應南行狀】

青蓮李公. 曾王考文莊公, 嘗爲咸鏡監司, 時北俗蚩蠢, 專無文學. 文莊公遂手書四體『小學』, 刊布列邑, 以教蒙士. 由是北俗, 頗知向學之方. 遂立石頌德, 建祠俎豆, 賜額文會書院,[174] 及青蓮公繼爲北伯, 因其迹益勸文學, 文風大振. 北人比之文翁之化蜀, 追享於文會書院, 至今祀之.

閔舍人德鳳, 湖南人. 旅宦, 沒于京. 青蓮李公, 極悼惜之, 盡力助賻. 且貽書於柳公希春, 勉其自本館, 別加顧恤. 蓋柳公方爲同成均也. 李公與柳公書, 尙藏在閔舍人後孫家云.

青蓮李公, 與宋贊, 皆往趙秀彦第, 見壁間有屛風, 卽黃耆老草書也. 李公謂趙公曰: "吾有新屛風, 願換此." 秀彦曰: "何也?" 曰: "吾平生嫉此書, 願換而焚之."

柳謙菴雲龍, 與南義仲書曰: "李判書青蓮公, 不意損館, 深爲摧痛. 爲國一念, 夷險不移, 而於私己事, 無一點浼辱. 如此之人, 何處得來?"

青蓮李公, 嘗以繡衣, 持斧廉察湖南. 李公素以剛直明直察聞, 守令聞之, 解印綬去者數人.

李公卒, 賜祭文曰: "望之日烈, 卽也春溫." 一時傳誦, 謂公實事.[175]

174 『청련집』 중간본에 '文峯書院'이라고 했으나 '文會書院'의 잘못이다. 아래도 같다.

175 『청련집』 중간본에서는 수의(繡衣) 고사 앞에 사제문의 사항이 놓여 있으나, 1998년 번역본에 따라 마지막에 배열한다.

변무사적(辨誣事蹟)

선묘(선조) 21년(1588년) 무자〔만력 16년〕[176]에 사은사(謝恩使)로 갔던 유홍(兪泓)이 연경(燕京)에서 돌아왔는데 종계(宗系)를 개정(改正)하고 악명(惡名)을 소설(昭雪)했으며 『대명회전(大明會典)』 1책을 중국의 예부(禮部)가 제준(題准, 상주하여 황제의 비준을 받음)하여 보내 주고 황제가 칙서를 내려 포유(褒諭)했다. 이보다 앞서 국조(國祖) 강헌대왕(康獻大王)이 반적(叛賊) 윤이(尹彛)·이초(李初)의 무고(誣告)를 입었는데, 그들이 중조(中朝)에 무고하여 강헌대왕을 시역신(弑逆臣)이요 이인임(李仁任)의 아들이라 했다. 『황명조훈(皇明祖訓)』과 『대명회전』에 모두 그 무고한 말이 기록되어 있다. 왕의 7대조 공정왕(恭定王, 태종)으로부터 전왕(前王)에 이르기까지 누대에 걸쳐 진주(陳奏)하여 변무(辨誣)했고 매양 진주할 때마다 개정하겠다는 허락을 받았으나 개정한 부분은 여전히 환히 보여 주지 않았다.

왕(선조)이 보위를 잇자 개연히 탄식하기를, "국계(國系)가 무함을 입은 지 200여 년이니, 어찌 하루인들 천지 사이에서 편안히 음식을 들고 휴식할 수 있겠는가? 사신을 엄선해 보내어 혈성(血誠)을 다해 주청하여 기필코 변무하고야 말 것이다."라고 했다. 이에 만력 원년 계유년(1573년)에 배신(陪臣)[177] 이후백(李後白) 등을 보내고, 만력 3년 을해년(1575년)에 배신 홍성신(洪聖臣) 등을 보내고, 만력 6년 무인년(1578년)에 배신 김계휘(金繼輝) 등을 보내고, 만녁 12년 갑신년(1584)에 배신 황정욱(黃廷彧) 등을 보내 계속하여 주문(奏文)을 가지고 가서 진달하여 청(請)하게 했다.

176 『청련집』 중간본에는 '宣廟二十六年癸未'로 잘못 기록되어 있었고, 1998년 번역본에서는 '宣廟十六年戊子'로 역시 잘못 기재했다. 본래 '萬曆十六年'으로 '宣廟二十一年'에 해당한다.

177 배신(陪臣)은 천자(天子)를 대하여 제후(諸侯)의 대부(大夫)를 부르는 칭호로, 여기서는 조선의 신하를 말한다. 본래 『예기(禮記)』「곡례 하(曲禮下)」에 보면 "열국(列國)의 대부가 천자의 나라에 들어가면 빈자(擯者, 예식을 돕는 사람)가 '모사(某士)'라 칭하고, 자칭하기를 '배신모(陪臣某)'라 한다. 빈자가 다른 나라의 제후에게 칭할 적에는 '자(子)'라 하고, 국내에서 자칭할 적에는 '과군지로(寡君之老)'라 하고, 사신이 자칭할 적에는 '모(某)'라 한다.〔列國之大夫, 入天子之國曰某士, 自稱曰陪臣某. 於外曰子, 於其國曰寡君之老, 使者自稱曰某.〕"라고 나온다.

그리고 주문을 봉(封)할 때마다 왕이 반드시 사신에게 분부하기를 "준청(準請, 주청한 일에 대하여 윤허를 얻음)을 받지 못하면 돌아오지 말라."고 했으니, 그 절박하고 간절한 말은 천지를 감동시킬 만했다.

그런데 이때에 이르러서야 비로소 무함을 소설(昭雪)한 사실을 통쾌하게 확인할 수 있었다. 이에 왕은 군신(羣臣)에게 하교하기를, "경들의 힘을 입어 오늘에야 이런 일이 있게 되었으니, 황은(皇恩)이 망극하다. 옛날의 임금은 조업(祖業)을 중흥하고 구물(舊物)을 회복하는 것을 가장 큰일로 쳤지만, 이는 외물(外物)에 불과하다. 어찌 오늘 수백 년에 걸친 지극한 통한(痛恨)을 씻은 것만 하겠는가? 이제 이륜(彝倫)을 바로잡아 동한(東韓)이 재생했으니, 내가 조선(祖先)께 할 말이 있게 되었다."라고 했다. 드디어 종묘사직에 고제(告祭)를 친행(親行)하여 마치고 하교하기를, "오늘 친히 보전(寶典)을 받들어 삼가 태묘(太廟)에 고했으니, 지원(志願)을 이루어 마쳤다. 대사(大赦)하여 신민(臣民)과 이 경사를 함께 축하해야겠다. 게다가 새로 경명(景命)을 받아 이미 종묘사직에 고했는데 부자(夫子, 공자)는 이륜의 주인이다. 내 친제(親祭)하여 이륜이 다시 바로잡혔다는 뜻을 고해야겠다." 하고 문묘에 제사했다. 그리고 유홍 등 일행 및 승문원제조(承文院提調) 등을 위해 태평관(太平館)에서 연회를 열어 위로해 줄 것을 명했다. 【소경대왕행장】

宣廟二十一年戊子,[178] 謝恩使兪泓回自京師, 宗系改正, 竝惡名昭雪. 『會典』一冊禮部題准給送, 皇帝降勅褒諭. 先是, 國祖康獻王被本國叛賊尹彝·李初誣告于中朝, 以康獻王稱爲弑逆臣李仁任之後. 『皇明祖訓』及『大明會典』俱錄其誣語. 自王七代祖恭定王以至前王, 累世陳奏以辨其誣, 每奏輒蒙許改, 而所改之辭尙未昭示.

及王嗣服慨然發嘆曰: "國系受誣二百餘年, 何可偃然食息於覆載之間乎? 宜極擇

178 『청련집』 중간본에서는 '宣廟二十六年癸未'로, 1998년 번역본에서는 '宣廟十六年戊子'로 되어 있다. 본래 '萬曆十六年'으로 '宣廟二十一年'에 해당한다. 「소경대장행장(昭敬大王行狀)」 원문에는 '戊子'라고만 되어 있다.

使价血誠奏籲, 以期昭辨." 乃於萬曆元年, 遣陪臣李後白等, 三年乙亥, 遣陪臣洪聖民等, 六年戊寅, 遣陪臣金繼輝等, 十二年甲申, 遣陪臣黃廷彧等, 節續齎奏陳請. 每當封奏, 王必戒使臣曰: "不得準請, 則毋還也." 其危辭懇語, 可以感動天地.

至是始得快覩昭雪. 王敎群臣曰: "賴諸卿之力, 今日得有此事, 皇恩罔極. 古之人君, 莫大於中興祖業,匡復舊物, 然此不過外物耳. 豈如今日得雪數百年至痛, 使彝倫攸敍東韓再造? 予可以有辭于祖先矣." 遂親行告祭于宗廟社稷. 敎曰: "今日親奉寶典, 祗告太廟, 志願畢矣. 可大赦與臣民同其慶. 且新受景命已告廟社, 夫子乃彝倫之主, 予當親祭以告彝倫復敍之意." 遂祭文廟. 且命兪泓等一行及承文院提調等賜宴于太平館以勞之.【昭敬大王行狀】

해설 『청련집』 중간본은 위 글의 출전을 「목릉지문(穆陵誌文)」이라고 밝혔으나, 실은 「소경대왕행장(昭敬大王行狀)」에서 발췌한 것이다. 목릉은 조선 제14대 선조(宣祖)와 그의 원비(元妃) 의인왕후(懿仁王后) 계비(繼妃) 인목왕후(人穆王后) 등 세 분을 모신 능(陵)으로 동구릉(東九陵)〔경기도 구리시(九里市) 인창동(仁昌洞)〕 내에 있다. 선조의 시호는 소경(昭敬)이다. 「소경대왕행장」은 『광해군일기〔중초본〕』 1권, 광해 즉위년(1608) 2월 21일(戊寅) 기사에 실려 있다. 호조판서 이정귀(李廷龜)가 제진(製進)한 것으로 이정귀의 『월사선생집(月沙先生集)』 권50에도 실려 있다. 『열성지장통기(列聖誌狀通紀)』 권15 선조소경정륜입극성덕홍렬지성대의격천희운현문의무성예달효대왕(宣祖昭敬正倫立極盛德洪烈至誠大義格天熙運顯文毅武聖睿達孝大王)에 실린 이산해(李山海)의 「목릉지문(穆陵誌文)」(戊申)에는 종계변무 관련 사실로, "萬曆十六年戊子, 謝恩使兪泓回自京師, 宗系惡名, 竝皆消雪."의 관련 사실만 싣고 "於是群臣會議上尊號曰正倫立極盛德洪烈."이라고 밝혔다. 정경세(鄭經世) 찬 「천릉지문(遷陵誌文)」(仁祖八年庚午)에는 종계변무 사실을 기록하지 않았다.

계유년(1573년)에 주청사(奏請使) 이후백〔이 기록은 『국조보감』의 기록에서 '윤근수'를 삭제했다—역자〕 등을 파견하여 이미 무함으로 밝힌 종계(宗系)〔'와 시역(弑逆)'을 삭제했다—

역자〕 등의 일을 속수(續修)하는 『대명회전』에 추가해 넣어 줄 것을 청했다. 대개 중국이 이때 『대명회전』을 속수(續修)하고 있었기 때문이었다.

예부상서(禮部尙書) 육수성(陸樹聲) 등이 복제(覆題, 주청문에 의견서를 첨부함)하여 말했다. "조선이 한 말에 의하건대, 종계(宗系)는 각자 본원(本源)이 따로 있어〔'이인임(李仁任)과는 다르다고 하고, 또 그들의 태조는 추대를 받아 왕이 된 것이므로 왕씨를 시해한 일과는 무관하다고 했습니다.'의 부분을 삭제－역자〕 우리 황조(皇祖)의 『대훈(大訓)』에 실린 것은 본래 한때 잘못 전해진 말에 의한 것입니다. 저 후손들이 변명하는 말은 참으로 효성스러운 일념에서 나온 것이니, 그들이 대대로 예의를 지키며 독실한 충성을 바친 것을 생각해 주어야 하겠습니다. 그들이 요청한 대로 성지(聖旨)를 받들어 그 나라에서 전후에 올린 주청 내용을 황조의 실록에 자세히 편찬해 넣고, 새 『회전』은 성지를 기다려 속수(續修)할 때 추가해 넣었으면 합니다."

이에 칙유(勅諭)를 내렸는데, 그 대략에 이러하다. "그대의 태조 모(某)는 오래도록 불미스러운 이름을 받아 오다가 우리 열성조가 살펴 주신 덕분에 이미 누명을 씻고 개정했다. 그런데 이번 실록을 수찬하는 기회에 전후의 주청 내용을 자세히 기록해 넣어 영원히 이를 드리우고자 한다. 짐은 그대의 나라가 예의를 지키는 나라에 속하고 또 일이 군신의 대의에 관계되는 것임을 생각하여 특별히 너희들이 요청한 대로 윤허한다. 그리하여 즉시 이 사실을 뽑아 사관(史館)에 주어 『숙조실록(肅祖實錄)』[179]에 자세히 써 넣게 하고, 나중에 새 『회전』을 편수할 때를 대비하도록 명하여. 너희가 선조의 누명을 씻고자 하는 간곡한 마음을 위로하고자 한다."【국조보감(國朝寶鑑)】[180]

癸酉遣奏請使李後白等, 乞將宗系已辨誣等事, 增入新修『會典』. 蓋皇朝方修續『大

179 『숙조실록(肅祖實錄)』은 중국 명나라 『세종실록(世宗實錄)』을 가리킨다. 중국 명나라 태조 주원장(朱元璋)의 부친 이름이 '주세진(朱世珍)'이었기 때문에 중국 명나라에서는 대대로 '세(世)' 자를 피했다. 앞서 나왔다.

180 『국조보감(國朝寶鑑)』 권25 선조조(宣祖朝) 2, '계유(癸酉) 6년' 기록에서 발췌했다.

明會典』故也. 禮部尙書陸樹聲等, 覆題曰: "據稱, 宗系各有本源, 而其爲誣辭, 在我皇祖之『大訓』, 固得於一時之傳聞. 在伊裔孫之辨詞, 實出於一念之誠孝, 宜念其世秉禮義, 克篤忠勤, 依其所請, 奉聖旨該國前後奏辭, 備細纂入於『皇祖實錄』內. 『新會典』則候旨續修增入." 仍降勑諭略曰: "爾祖某, 久蒙不韙, 荷我列祖垂鑑, 已爲昭雪改正. 玆者纂修實錄, 欲將前後奏辭, 備行採錄, 以垂永久. 朕念爾系守禮之邦, 且事關君臣大義, 特允所請, 卽命抄付史館, 備書於『肅祖實錄』, 俟後修『新會典』, 以慰爾籲雪先祖懇情."【國朝寶鑑】[181]

선조 무자년(1588년, 선조 21) 2월, 사은사 유홍(兪泓)이 중국의 경사(京師)에서 돌아오면서, 『대명회전』을 반사(頒賜)받아서, 종계의 악명을 말끔하게 씻을 수 있었다. 이보다 앞서 국초에 본국의 반적(叛賊) 윤이(尹彛)·이초(李初)가 중국에 고하면서, 우리 태조대왕을 역신 이인임의 아들이라고 하여, 『황명조훈(皇明祖訓)』 및 『대명회전』에 모두 그 무함의 말이 기록되었다. 태종조 이래로 여러 대에 걸쳐서 진주(陳奏)하여 그 무함을 변석(辨釋)했는데, 진주할 때마다 번번이 확실히 고치겠다고 허락하면서도 개정한 서적에서 분명하게 제시하여 받지를 못했다. 선조가 즉위한 이후 개연히 탄식을 발하여, "국가라 무함을 받은지 2백 년에 어찌 하루라도 편히 먹고 쉴 수가[182] 있었는가?"라고 말했다. 마침내 만력 원년 계유(1573년)에 명나라가 바야흐로 『대명회전』을 속수(續修)하므로, 이후백 등을 파견하여 이미 종계 무함에 대해 변설한 사실을 『회전』에 증입해 달라고 청했다. 【『춘관지(春官志)』 권1 부:개종계(改宗系)】

181 『청련집』 중간본에서는 출전을 밝히지 않았으나, 『국조보감』에서 취해 오되, 몇 구절을 수정했다. 첫째. '遣奏請使李後白尹根壽等'에서 '尹根壽'를 지웠다. 둘째. '乞將宗系弑逆已辨誣等事, 增入續修會典.'에서 '弑逆'을 지웠다. 셋째, '據稱, 宗系各有本源, 旣與李仁任不同, 又謂國祖由於推戴, 亦與弑王氏無預. 在我皇祖之『大訓』, 固得於一時之傳聞.'에서 '旣與李仁任不同, 又謂國祖由於推戴, 亦與弑王氏無預.'를 삭제했다.

182 원문의 '식식(食息)'은 보통은 잠깐 사이를 뜻한다. 하지만 여기서는 편히 먹고 쉬고 한다는 뜻으로 쓰였다.

宣祖戊子二月，謝恩使兪泓，還自京師，得頒賜『大明會典』，昭雪宗系惡名. 先是國初本國叛賊尹彛·李初，告于中朝，以我太祖大王，爲逆臣李仁任之後，『皇明祖訓』及『會典』，俱錄其誣語. 自太宗朝以來，累世陳奏，以辨其誣，每奏輒許準改，而所改書，未蒙昭示. 宣朝嗣服，慨然發歎曰: "國家受誣二百餘年，何可一日食息?" 乃於萬曆元年癸酉，皇朝方修續『大明會典』，遣李後白等，乞將已辨宗誣事，增入會典. 【『春官志』卷1 付:改宗系】

만력 16년 무자년(1588년, 선조 21) 2월에 사은사 유홍(兪泓)이 중국의 경사(京師)에서 돌아왔는데, 성책된 『대명회전』을 하사받았고 겸해서 칙서를 받아 와서 선포했다. 상감이 교외로 나가 칙사를 맞이하고, 종묘에 고하고 대사령을 내렸으며, 어전에서 하례를 받았다.[183]

무자년 3월에 3월. 군신들이 '종계(宗系)를 고쳐 선대의 공렬을 더욱 빛냈다.'는 이유로 존호를 올릴 것을 청했으나 허락하지 않았다.[184]

기축년(1589년, 선조 22)에 광국공신(光國功臣)을 뽑아서 기록하기를 명했다. 삼사(三司)에서 상감의 존호를 청했으나, 상감이 불허했다.[185]

경인년(1590년, 선조 23) 2월에 조정 대신들이 연이어 상감의 존호를 청했으나, 상감이 오랫동안 불허하다가 마지 못해 따랐다. 존호를 올려 '정륜입극성덕홍렬(正倫立極盛德弘烈)'이라 했다.

경인년 8월에 전후로 종계변무를 주청하고 예부에 공문을 올린 사람들을 기록했다.

萬曆十有六年戊子二月，謝恩使兪泓還自京師，得頒賜『會典』成書幷捧勑來宣. 上

183 『국조보감(國朝寶鑑)』 권29 선조조(宣祖朝) 6, '무자(戊子) 21년' 기록에서 발췌했다.

184 『국조보감』 권29 선조조(宣祖朝) 6, '무자(戊子) 21년' 기록에서 발췌했다.

185 『국조보감』 권30 선조조(宣祖朝) 7, '기축(己丑) 22년' 기록에서 발췌했다. 『청련집』 중간본에서는 "광국공신(光國功臣)을 뽑아서 기록하기를 명했다."에서 '명했다'를 '청했다'로 오기했다.

延勑于郊外, 告廟大赦, 御殿受賀.【國朝寶鑑】

戊子三月, 羣臣以改宗系光前烈, 請上尊號, 上不許.【國朝寶鑑】

己丑, 命[186]錄光國勳臣. 三司請上尊號, 上不許.【國朝寶鑑】

庚寅二月, 廷臣連請上尊號, 上不許, 久乃勉從. 上尊號曰:正倫立極盛德弘烈.【國朝寶鑑】

庚寅八月, 錄前後奏請呈文人.

186 『청련집』 중간본에는 '命'이 '請'으로 오기되어 있다. 『국조보감』을 따른다.

광국공신록(光國功臣錄)

해설 광국공신(光國功臣)은 종계변무(宗系辨誣)의 일을 해결한 공로를 표창하기 위해 1590년(선조 23) 윤근수(尹根壽) 등 19인에게 내린 공신 훈호(勳號)이다. 종계변무는 중국 명나라의 『태조실록(太祖實錄)』과 『대명회전(大明會典)』에 태조 이성계가 고려의 권신 이인임(李仁任)의 아들로 기록되어 있는 것을 변정하는 일을 말한다. 공신으로는 전후 중국 명나라에 사신으로 가서 허락을 받아냈거나 의논을 드리고 주문(奏文)을 지은 공이 뛰어난 사람들을 선정했다. 『선조수정실록』 권24, 선조 23년 8월 1일(경오)에 광국공신(光國功臣)과 평난공신(平難功臣)에게 녹권(錄券)을 반사(頒賜)하고 대사령(大赦令)을 내린 기사가 있다. 그 가운데 광국공신 명단을 토대로 자·관력·봉호·시호·호 및 종계변무와 관련된 업적 등의 정보를 추가했다.

1등 수충공성익모수기광국공신(輸忠貢誠翼謨修紀光國功臣) 3인

윤근수(尹根壽) : 자 자고(子固), 예조판서 해평부원군((海平府院君), 시호 문정공(文貞公), 호 월정(月汀). 갑술년 주청사.

황정욱(黃廷彧) : 자 경문(景文), 병조판서, 문형(대제학), 장계부원군(長溪府院君), 호 지천(芝川). 갑신년 주청사.

유 홍(兪 泓) : 자 지숙(止叔), 좌의정, 기성부원군(杞城府院君), 시호 충목공(忠穆公), 호 송당(松塘). 무자년에 『회전(會典)』 성서(成書, 성책본)를 가지고 옴.

2등 수충공성익모광국공신(輸忠貢誠翼謨光國功臣) 7인

홍성민(洪聖民) : 자 시가(時可), 판중추부사, 대제학, 익성부원군(益城府院君), 시호 문정공(文貞公), 호 졸옹(拙翁). 을해년 주청사.

이후백(李後白) : 자 계진(季眞), 이조판서, 연양부원군(延陽府院君), 시호 문청공(文淸公), 호 청련(靑蓮). 계유년 주청사.

윤두수(尹斗壽) : 자 자앙(子仰), 영의정, 해원부원군(海原府院君), 시호 문정공(文靖公), 호 오음(梧陰). 정문(呈文)을 가지고 북경에 감.

한응인(韓應寅) : 자 춘경(春卿), 좌의정, 청평부원군(淸平府院君), 시호 충정공(忠靖公), 호 백졸(百拙). 지천 황정욱의 서장관.

윤 섬(尹 暹) : 자 여진(如進), 교리, 용양부원군(龍陽府院君), 시호 문열공(文烈公), 호 과재(果齋). 송당 유홍의 서장관.

윤 형(尹 泂) : 자 이원(而遠),[187] 판의금부사, 무성부원군(茂城府院君), 시호 충정공(忠靖公), 호 퇴천(退川). 오음 윤두수의 서장관.

홍순언(洪純彦) : 역관, 통사(通事), 당성군(唐城君)〔당릉군(唐陵君)〕.

3등 수충공성광국공신(輸忠貢誠光國功臣) 9인[188]

기대승(奇大升) : 자 명언(明彦), 부제학(대사간), 덕원군(德原郡), 시호 문헌공(文憲公), 호는 고봉(高峯). 주문(奏文)을 찬함.

김 주(金 澍) : 자 응림(應霖), 예조참판, 화산군(花山君), 호 우암(寓菴). 시호 문단공(文端公). 계해년 주청사.

이양원(李陽元) : 자 백춘(伯春), 영의정, 한산부원군(漢山府院君), 시호 문헌공(文憲公), 호 노저(鷺渚). 우암 김주의 서장관.

황 림(黃 琳) : 이조판서, 의성군(義城君). 정문(呈文)을 가지고 명나라 북경에 감.

윤탁연(尹卓然) : 자 상중(尙中), 호조판서, 칠계군(漆溪君), 호 칠계(漆溪). 청련 이후백의 서장관.

정 철(鄭 澈) : 자 계함(季涵), 좌의정, 인성부원군(寅城府院君), 시호 문청공(文淸公), 호 송강(松江). 대신으로서 책록.

187 『청련집』 중간본에는 '미백(美伯)'으로 되어 있다. 이하, 관력·봉호·시호·호 등의 기록에 잘못이 있다.

188 『청련집』 중간본은 기대승의 이름을 정철의 아래에 두었다.

이산해(李山海) : 자 여수(汝受), 영의정, 아성부원군(鵝城府院君), 시호 문충공(文忠公), 호 아계(鵝溪). 대신으로서 책록.

류성룡(柳成龍) : 자 이현(而見), 영의정, 대제학, 풍원부원군(豊原府院君), 시호 문충공(文忠公), 호 서애(西厓). 대신으로서 책록.

최 황(崔 滉) : 【이상을 지냈으며 해성군이다.】 자 언명(彦明), 찬성(贊成), 해성군(海城君), 호 월담(月潭). 주청사 파견을 요청.

光國功臣

一等 尹根壽 : 子固 禮判 文衡 海平府院君 文貞公 月汀. 甲戌奏請.
黃廷彧 : 景文 兵判 文衡 長溪府院君 芝川. 甲戌奏請.
兪 泓 : 止叔 左相 杞城府院君 忠穆公 松堂. 戊子以『會典』成書來.

二等 洪聖民 : 時可 判樞 文衡 益成府元君 文貞公 拙翁. 乙亥奏請.
李後白 : 季眞 吏判 延陽府院君 文淸公 靑蓮. 癸酉奏請.
尹斗壽 : 子仰 領相 海原府院君 文靖公 梧陰. 呈文赴京.
韓應寅 : 春卿 左相 淸平府院君 忠靖公 百拙. 芝川書狀.
尹 暹 : 如進 校理 龍陽府院君 文烈公 果齋. 松堂書狀.
尹 泂 : 而遠 判禁 茂城府院君 忠靖公 退川. 梧陰書狀,
洪純彦 : 譯官 通事 唐城君

三等 奇大升 : 明彦 副學 德原君 文憲公 高峯. 撰奏文.
金 澍 : 應霖 禮參 花山君 文端公 寓菴. 癸亥奏請.
李陽元 : 伯春 領相 漢山府院君 文憲公 鷺渚. 寓菴書狀.
黃 琳 : 吏判. 呈文赴京.
尹卓然 : 尙仲 戶判 漆溪. 靑蓮書狀.
鄭 澈 : 季涵 左相 寅城府院君 文淸公 松江. 以大臣錄.

李山海：汝受 領相 鵝城府院君 文忠公 鵝溪. 以大臣錄.

柳成龍：而見 領相 文衡 豊原府院君 文忠公 西崖. 以大臣錄.

崔　晛：彦明 贊成 海城君 月潭. 請遣奏請使.

건원추향사적(建院追享事蹟)

건원사적(建院事蹟)

해설 『청련집』 중간본에서는 「도동서원춘추상향축문」 다음에 '건원사적'을 두었으나, 사원의 전체 분포와 창건 경위를 일람하기 편하도록 이곳으로 옮긴다.

호남의 유생들이 선생을 강진(康津)의 서봉서원(瑞峯書院)에 배향했다.

만력 기축년(1589년)〔선조 22〕에 손식(孫軾)[189] 공이 전라도관찰사가 되어,[190] 도

189 손식(孫軾)의 생졸년은 미상이다. 본관은 평해(平海), 자는 경여(敬輿)이다. 부친 봉렬대부(奉列大夫) 의서습독관(医書習讀官) 손숙겸(孫叔謙)과 모친 지윤제(池允濟)의 딸 사이에서 태어났다. 부인은 두 명을 두었는데, 첫째 부인은 심경원(沈慶源)의 딸이고, 둘째 부인은 황주목사(黃州牧使) 이승종(李承宗)의 딸이다. 1543년(중종 38) 식년시에 진사 2등 19위로 합격했고, 1552년(명종 7) 식년시 문과에 병과 2위로 급제했다. 1554년(명종 9) 사간원 정언, 1555년(명종 10) 병조좌랑, 1557년(명종 12) 전적(典籍), 1568년(선조 1) 해주목사(海州牧使)에 임명되었다. 이후 사예(司藝)·전라도관찰사·호조참판 등을 역임했다.

190 실록에 따르면 손식이 전라도관찰사가 된 것은 선조 13년인 1580년의 일이다. 『선조수정실록』 권14, 선조 13년(1580년)〔중국 명나라 만력 8년〕 윤4월 1일(기해)에 손식을 전라도관찰사로 삼았다는 기록이 있다. 선조가 하교하기를, "손식은 여러 차례 근시를 거쳤는데 일을 처리하는 데 있어 명민하여 수고한 공효가 뚜렷하니 특별히 한 자급을 올려 주라."라고 했다. 사신은 평하기를, "손식은 본디 학식이 없고 또 심질(心疾)이 있어서 걸핏하면 그르치는 일이 많았는데 명민하다는 하교를 내리자 사람들이 괴이하게 여겼다. 사헌부가 탁월한 재주를 가진 자가 아니라고 논핵하여 개정하기를 청했으나 윤허하지 않았다."라고 했다. 이이의 『경연일기』〔『석담일기』〕에도 관련 기사가 있다.

내의 선비들이 주선하여 공이 살던 강진현 북쪽 박산촌 뒤에 서원을 짓다가 완공을 보지 못하고 임진왜란을 만났다. 이로 인해 미완성인 채 방치되었다가, 경술(1610년)에 도내의 여러 현사들이 통문을 발하여 옛터에 건립했다. 무릇 이 일을 같이한 사람들은 곧 한 시대의 이름난 무리들로서 선비들의 세계에 뚜렷이 이름이 나타난 사람들이다. 건축을 시작했다가 형세가 불편함으로 인해서 다시 고을 북쪽의 월암촌 아래에 터를 잡아 옮겨서 건축하고 서봉서원이라 이름 지었다. 선생의 위판(位版)을 봉안했다.

○선생은 일찍이 강진 땅에 더부사신 일이 있다. 만력 기축년(1589년)에 호남의 장보(章甫, 유생)들이 영건하다가 미처 완공하지 못하고, 임진년의 난을 만나 중지했다. 경술년(1610년)에 다시 건립했다.

함경도의 유생들이 선생을 함흥(咸興)의 문회서원(文會書院)에 제향했다.

선생이 일찍이 함경감사(함경도관찰사)가 되어 북도에 사랑을 남긴 바 있기에, 교체되어 서울로 돌아오실 즈음에 여러 유생들이 상소해서 유임해 주기를 청했으나 상감께서 좋은 말로 비답(批答)하시고 허락하지 않으셨다. 그 후에 북도 사람들이 선생의 덕을 사모하여 문봉서원에 배향하고, 인해 상감의 비답(批答)을 서원의 벽에 게시했다.

영남의 유생들이 선생을 지례(知禮)의 도동서원(道東書院)에 배향했다.

영남은 선생이 태어나고 자라신 고향이라 하여 서원을 세우자는 논의가 오랫동안 있었는데, 정종(정조(무오년(1789년, 정조 13)에 영남의 장보(유생)들이 선생과 선생의 증왕고(증조부)이신 문장공〔이숙함〕을 지례의 도동서원에 추가로 배향했다.

호남의 유생들이 선생을 영암(靈巖)의 구암서원(龜巖書院)에 제향했다

선생이 일찍이 영암 땅에 살았으므로 순조 신유년(1801년)에 호남 유생들이 선생을 구암서원에 배향했다.

湖南儒生享先生于康津瑞峯書院

萬曆己丑, 孫公軾按節湖南, 倡道內之士, 就公僑寓之康津縣北博山村後, 營立書院, 而未及完役, 値壬辰之亂, 因以未成. 及庚戌, 道內諸賢, 發通刱立于舊址. 蓋此同事之人, 卽一代名流, 表著於士林者也. 旣始役, 因形勢之不便, 更擇地于縣北月巖村下營建, 號瑞峯書院. 奉安先生位版.[191]

○先生嘗僑寓於康津地. 萬曆己丑, 湖南章甫營建, 未及訖功, 値壬辰之亂而止. 庚戌復建.

關北儒生享先生于咸興文會書院

先生嘗爲咸鏡監司, 有遺愛于北道. 及遞歸, 諸生上疏願留, 上優批不許. 其後北人慕先生之德, 追享于文峯書院, 因以上批揭于院壁.

嶺南儒生享先生于知禮道洞書院

嶺南以先生生長之鄕, 久有建院之議. 正宗戊午, 嶺南章甫, 以先生及先生之曾王考文莊公, 享于道洞書院.

湖南儒生享先生于靈巖龜巖書院

先生嘗寓居於靈岩地. 純宗辛酉, 湖南章甫, 享先生于龜岩書院.

191 『청련집』 중간본에서는 이 기록이 「건원사적」에도 들어 있고, 「서봉서원영건통문(瑞峯書院營建通文)」 위에도 별도로 들어 있다. 「건원사적」에 배속시킨다.

서봉서원 영건 통문(瑞峯書院營建通文)

강항(姜沆)[192]

해설 이 통문은 1610년(광해군 2)에 수은(睡隱) 강항(姜沆)이 작성한 통문으로, 『수은집(睡隱集)』 권3에 「이청련서원신창통문(李靑蓮書院新刱通文)」이라는 제목으로 수록되어 있다.

내가 듣자니 문정공(文靖公) 이항(李沆)[193]은 맑아서 욕심이 없었고, 문정공(文正公) 왕증(王曾)[194]은 엄연하여 망동하지 않았다고 하는데, 두 분의 장점을 아우르신 분이 우리 청련 이 선생이다.

선생은 젊었을 때부터 스스로 분발하여 모르는 것을 간절히 묻고 현실에 가까운 것을 생각하는 학문[195]을 하시고, 만년에 백성을 이롭게 하고 만물을 윤택하게 하

192 강항(姜沆, 1567~1618)의 본관은 진주(晉州), 자는 태초(太初), 호는 수은(睡隱)이다. 전라남도 영광(靈光) 출신으로 강희맹(姜希孟)의 5세손이다. 1597년 정유재란 때 일본에 포로가 되어 갔다가 1600년 풀려났다. 영광 용계사(龍溪祠)에 배향되었다. 저서에 『수은집(睡隱集)』과 『간양록(看羊錄)』 등이 있다.

193 원문의 '이문정공(李文靖公)'은 중국 북송 진종(眞宗) 때의 명신(名臣) 이항(李沆, 947~1004)을 가리킨다. 자는 태초(太初), 시호는 문정, 명주(洺州) 비향인(肥鄕人)이다. 정승의 지위에 이르러서도 매우 검소했기에 새로 지은 집의 뜰이 몹시 좁아 겨우 말을 돌릴 수 있을 정도였다고 한다. 『송사(宋史)』 「이항열전(李沆列伝)」 참조.

194 원문의 '왕문정공(王文正公)'은 중국 송나라 명재상 왕증(王曾)으로, 기국공(沂國公)에 봉해진 인물이다. 왕증이 과거에 합격했을 때 유자의(劉子儀)가 "세 시험에서 장원했으니, 입고 먹는 데 끝이 없겠다."라고 하자, 왕증이 정색하면서 "나는 평소의 뜻이 따뜻하고 배부른 데 있지 않다."라고 했다. 『송명신언행록(宋名臣言行錄)』 전집 권5 「왕증기국문정공(王曾沂國文正公)」 참조.

195 원문의 '절문근사지학(切問近思之學)'은 내면의 밑바닥까지 깊이 파고들어 정밀하게 분석하고 연구하는 것을 말한다. 『근사록(近思錄)』 「위학(爲學)」에 보면 중국 북송 때 정호(程顥)가 "학문이란 다만 채찍질하여 내면으로 접근해서 자기 몸에 붙게 하는 것일 뿐이다. 그러므로 간절히 묻고 가까이 생각하면 인이 그 가운데에 있다.〔學只要鞭辟近裏, 著己而已. 故切問而近思, 則仁在其中矣.〕"라고 말했다.

는 뜻을 수립하시어, 밝은 임금이 통치하는 시대를 만나 처음과 끝이 한결같은 지조로 인군을 인도하기를 마땅한 도로 하여,[196] 간곡히 노력하여 마지않았으며, 어진 사람을 좋아하고 선을 즐겨 조용하고 아름다운 모습이 있었다.

크고 높은 누각을 일으켜 세울 땅이 없는데,[197] 누가 저문 밤에 돈을 품에 안고 있으리오?[198] 그 청백을 귀신에게 물어볼 만하다는 사실이 처사의 시문[199]에 나타나 있다. 문장은 땅에 던지면 쇠를 던지듯 한 소리가 나고,[200] 황금을 땅에 버리게 하고, 풍채는 옥으로 누각을 쌓은 듯했다. 명성과 모습이 세상의 이목을 움직이게 하고, 학사들의 문장 구절에 전파되었다.

을사위훈(乙巳僞勳)을 삭탈하는 글을 초안하니 황전의 간사한 귀신들이 몸을 떨었고, 『국조유선록(國朝儒先錄)』에 서문을 쓰니 선현들의 숨어 있던 덕이 세상에 밝혀졌다.

어른다운 풍채와 높은 절조, 실마리의 말씀과 남은 논의는 족히 백세 이후의 사람을 흥기하게 할 만하거늘, 하물며 한 시대의 경우야 말해 무엇 하겠고, 하물며 한 도내의 경우야 말해 무엇 하겠으며, 한 고을의 경우에야 더 말해 무엇 하겠는가?

이러한데도 사당을 설립하지 않고 풍성(風聲)을 수립하지 않는다면, 높은 산처럼 우러러보고 큰 길을 가듯이 하는[201] 의리에 대해 어떻게 되겠는가? 원근의 사대부

196 『자치통감(資治通鑑)』 권218 「당기(唐紀)」에, 중국 당나라 때 이필(李泌)이 당나라 숙종에게 간하는 내용 아래에 호삼성(胡三省)이 "이필이 임금을 바른 도로 이끌었다.〔李泌能引君當道.〕"라고 했다.

197 중국 북송 때 구준(寇準)이 재상으로 있는 30년 동안 사저(私邸)를 짓지 않았다. 처사 위야(魏野)가 구준에게 지어 준 시에 "벼슬은 삼공의 자리 앉았건만, 누대 하나 지을 땅이 없구나.〔有官居鼎鼐, 無地起樓臺.〕"라고 했다. 앞에 나왔다.

198 『소학(小學)』 「선행(善行)」에 나오는 양진(楊震)의 사지(四知) 고사와 『고금사문유취(古今事文類聚)』 전집 권25 「사진부(仕進部)」에 나오는 위집의(韋執誼)의 회금청촉(懷金請囑)에 대한 위하경(韋夏卿)의 거부 고사를 말한다. 앞에 나왔다.

199 백광훈(白光勳)이 이후백을 위해 지은 만시(輓詩)를 말한다.

200 중국 진(晉)나라의 손작(孫綽)이 「유천태산부(遊天台山賦)」를 지은 뒤에 친구 범영기(范榮期)에게 "이 글을 땅에 던져 보게나, 금석 소리가 날 것일세.〔卿試擲地, 當作金石聲.〕"라고 했다. 『진서(晉書)』 권56 「손작열전(孫綽列傳)」 참고.

201 『시경』 「소아(小雅) 거할(車舝)」에 "높은 산을 우러러보며 큰길을 가도다.〔高山仰止, 景行行止.〕"라

들은 우리 호남을 손가락질하여 도의가 퇴락했다고 할 것인데, 누가 이에 대해 변명을 할 수 있겠는가?

가만히 생각하니 강진(康津)은 곧 선생이 부쳐 사시던 땅이고, 월출산은 선생이 학문을 닦으시던[202] 곳이다. 이에 고을 북쪽 산 남쪽에 서원을 창립하고자 하니, 선비와 무인들이 사전에 도모함이 없는데도 말을 같이하고, 젊은 선비들이 힘을 다할 것을 모두 깊이 생각하게 되었다.

다만 생각하건대, 선생은 한 나라의 이름난 경상(卿相)이요, 우리 유학의 시초(蓍草)이자 거북같은 준거[203]이시므로, 강진 한 고을이 사사로이 독차지할 수는 없다. 그렇다면 서원의 설립은 바로 온 도민의 공공(公共)의 책임이지, 한 고을이 응당 홀로 책임질 바가 아니다.

이에 감히 여러 고을의 여러 군자들에게 이 취지를 전파하고 통고하오니, 바라건대, 다소에 따라서 혹은 쌀이든 혹은 베든 내어서, 함께 이 성대한 일을 이루어, 우리 유학을 치장해 주신다면, 몹시 다행함을 이기지 못하겠습니다.

蓋嘗聞李文靖澹然無欲, 王文正儼然不動. 兼之者, 吾青蓮李先生其人也.

先生早自奮發, 爲切問近思之學. 晩而樹立, 有利民澤物之志. 遭遇明時, 始終一節. 引君當道, 懇懇不已. 好賢樂善, 休休有容.

樓臺起無地, 暮夜孰懷金? 淸白之可質鬼神, 形於處士之歌詠. 文章金擲地, 風采玉

고 한 데서 나온 말이다. 은 산과 큰길처럼 인품이 훌륭한 사람을 칭송했다.

202 원문의 '장수(藏修)'는 언제나 학문에 마음을 두고 열심히 공부한다는 뜻이다. 『예기』「학기(學記)」에 "군자는 학문할 때 장(藏)하고 수(修)하고 유(游)하고 식(息)한다."라고 했다. 공영달(孔穎達)의 소(疏)에 "장이란 마음에 항시 학업을 생각함이요, 수란 수습(修習)을 폐하지 않음이요, 유란 한가하게 노닐 때에도 마음이 학문에 있음이요, 식이란 일하다 쉴 때에도 마음이 학문에 있음을 이른다."라고 했다.

203 『주역』「계사전 상(繫辭傳上)」에 "심오한 것을 더듬고 은미한 것을 구하며 깊은 곳을 더듬고 먼 것을 오게 하여 천하의 길흉을 정하고 천하의 힘써야 할 일을 이루는 것은 시초와 거북보다 더 큰 것이 없다.〔探賾索隱, 鉤深致遠, 以定天下之吉凶, 成天下之亹亹者, 莫大乎蓍龜.〕"라고 했다.

成樓. 聲容之聳動耳目, 播於學士之章句. 草削勳之文, 而九地之姦鬼慄.

序儒先之錄, 而先賢之潛德發. 長風峻節, 緖言餘論, 足以百世下興起, 而況於一世乎? 況於一道乎? 況於一邑乎?

如是而廟貌不立, 風聲未樹, 其於高山仰景行行之義, 何如哉? 遠近士大夫, 指吾南爲頹靡, 其孰能說之?

竊念康津縣, 乃先生僑寓地, 而月出山, 是先生藏修所也. 玆用於縣北山南, 刱立書院. 文武不謀同辭, 士子咸懷盡力.

第念先生, 一國之名卿, 而斯文之蓍龜, 非康津一縣之所得以私, 則書院之設, 乃一道公共之責, 非一邑之所應獨任也. 肆敢播告于列邑諸君子.

伏願隨多少或米布, 共成盛事, 以侈斯文, 不勝幸甚.

해설 『연려실기술』 별집 제4권 「사전전고(祀田典故) 서원」에 보면, 전라도 강진(康津) 서봉서원(瑞峯書院)이 경인년(선조 23년, 1590년)에 창건되고 또 사액을 받았다고 했다. 서봉서원은 강진읍 서산리 월남 마을에 있었다. 1610년(경술, 광해군 2)에 김존경(金存敬)·임서(林壻)·윤광계(尹光啓)·조팽년(趙彭年)·강항(姜沆)·윤길(尹趌)·홍천경(洪千璟)·이희웅(李喜熊)·최전(崔堧)·유경현(柳敬賢), 김안방(金安邦) 등이 사당을 다시 세웠다. 1694년(숙종 20) 10월 10일에 등록되었으나, 전라도 진사 김증(金甑)등이 사액 상소를 했지만 관철되지 않았다. 1712년에 백광훈(白光勳)·최경창(崔慶昌)을 추배했다. 1725년(숙종 38)에 전라도 유생 김면(金冕) 등이 또 사액 상소를 했으나, 관철되지 않았다. 『여지도서(輿地圖書)』 하(下) 「전라도 강진 단묘(壇廟)」에 "서봉서원은 현의 서쪽 10리에 있다. 이후백·백광훈·최경창을 배향한다."라고 했다. 그 후 1868년(고종 5) 대원군의 서원 훼철령에 따라 훼철되었다. 1924년 호남 사림들의 발의로 전라남도 강진군 작천면 박산리 1103로 옮겨 복설하고 박산서원(博山書院)으로 개칭했다. 그리고 이후백의 동향 출신으로 함께 교유했던 임회(林誨)[204]와 김순(金淳)[205]을 추배했다. 1964년, 1972년, 1981년에 각각 유림들과 후손들의 노력으로 중수(重修)했다.

또 다른 통문〔通文〕

조행립(曺行立)[206]

어진 사람이 세상에 나온다는 것이 어찌 우연히 그러하겠는가? 살아서는 이 세상을 부식(扶植)하고 죽어서는 우리의 준칙이 되니, 어진 사람이 세상에 관여함이 크다. 그런 까닭에 사람들은 어진 사람에 대해, 비록 세상에 없더라도 존경하여[207] 그 마음이 쇠하지 않아, 반드시 서원을 세우고 사당을 세워서 그분들로 하여금 봄·가을의 제사를 흠향하게 하여, 영구히 많은 선비들의 우러르는 바가 되도록 하는 것이 유림의 성대한 거사로서 후학들을 흥기시키는 방도로, 어찌 그분들을 존모하고 제사 지내 모시는 일보다 더한 일이 있겠는가?

삼가 가만히 생각하면 우리나라의 이름난 신하이신 청련 이 선생은 기품이 돈후하셨고 총명이 빼어나시어, 젊어서 스스로 분발하여 간절히 묻고 현실에 가까운 것을 생각하는 학문을 공부하시고 실천이 독실하셨으며, 본성을 잡아 보존하고 덕을

204 임회(林誨, 1508~?)의 자는 헌가(獻可), 호는 죽곡(竹谷), 본관은 부안(扶安)이다. 1540년(중종 35) 별시(別試) 병과에 급제했다. 일곱 고을의 목사를 거쳐 고을마다 거사비(去思碑)가 세워졌고 옥배(玉盃)와 화개(華蓋)를 임금으로부터 하사받았다.

205 김순(金淳, 1509~1578)의 본관은 광산(光山)이다. 을사사화를 피해 고향으로 내려와 경학에 힘썼다. 손자 근(瑾)과 찬(瓚)은 김천일(金千鎰) 장군 막하에서 진주성을 사수하다가 전사했다.

206 조행립(曺行立, 1580~1663)의 본관은 창녕(昌寧), 자는 백원(百源), 호는 태호(兌湖)이다. 사계 김장생의 문인이다. 13세에 임진왜란을 당해 홀어머니를 모시고 영암으로 피난했다. 정유재란 때 큰형이 왜적에게 죽자 동생을 업고 도망치다가 왜적에게 붙잡혔는데, 형제가 서로 죽겠다고 하자 왜적도 해치지 못했다. 인조반정 이후 등용되어 금천현감(衿川縣監), 온양군수(溫陽郡守), 첨지중추부사 등을 역임했다. 영암(靈巖) 월출산(月出山) 아래 구림리(鳩林里)에 살았다. 『태호집(兌湖集)』이 전한다. 『송자대전(宋子大全)』 권175 「첨추조공묘갈명(僉樞曺公墓碣銘)」 참조.

207 『대학장구(大學章句)』 전(傳) 3장에 "『시경』 「주송(周頌) 열문(烈文)」에 '아, 선왕을 잊지 못한다.' 라고 했다. 군자는 선왕의 어짊을 어질게 여기고 선왕의 친근함을 친하게 여기며, 소인은 즐겁게 해 주심을 즐거워하고 이롭게 해 주심을 이롭게 여기니, 이 때문에 세상에 없어도 잊지 못하는 것이다.〔詩云: 於戲前王不忘, 君子賢其賢而親其親, 小人樂其樂而利其利, 此以沒世不忘也.〕"라고 했다.

함양하는 공부를 쌓으셨다. 만년이 되어서는 수립하여 백성을 이롭게 하고 세상에 혜택을 주는 뜻을 지니셔서, 마음이 순수하고 아름답고 성품이 강건하고 정직하시어, 하기 어려운 일을 책임지고 착한 말을 아뢰는 도리를 다하셨다. 관띠를 드리우시고 홀을 바로잡으셔서, 조정에서는 엄숙하시고 화목하셨고, 풍속을 보시고 교화를 살피시어, 무지한 백성이 크게 변화했다.

수사학(洙泗學)에서부터 도통으로 이어지는 학문,[208] 얼음 같고 옥같이 곧고 굳센 지조, 어진 사람을 좋아하고 선을 즐기는 덕, 자기 몸을 돌아보지 않고 성심을 다하는 절개는 국가가 시초와 거북처럼 의지하고, 조야가 태산북두(泰山北斗)처럼 우러러본 사실들은 하나하나 나 시적하여 일컬 수 없을 정도이나. 그래서 시험 삼아 몇 가지 일만 골라서 말하자면, 을사사화의 거짓 공신들의 관작을 삭탈하는 글을 가초하시자 구천(황천)에 있는 간악한 귀신들이 두려워 떨었고, 『유선록(儒先錄)』의 서문을 작성하자 선현들의 숨겨져 있던 덕이 밝혀졌다. 국왕에게 의론을 바치시는 것이 간절하고 확실하여, 왕후의 상에 왕이 취할 제도가 확정되었고, 중국 명나라에 주달하여 청하시는 것이 정성되고 간곡하여, 종계가 예전에 입었던 무고가 변정되었다.

그리고 선생의 언행과 사업 가운데 고찰할 만하고 계고할 만한 것으로서 여러 공들의 기사 속에 실려 있는 것이 어찌 끝이 있겠는가? 개략만을 간략하게 들어 보면, 서애 류 상국(류성룡)은 옥당(홍문관)에 있을 때 공의 글을 외우고 경탄해서, 일찌기 한 통을 베껴서 책상 위에 두고, 공이 정사를 의론한 것을 아울러 적어서 한 책으로 만들어서 스스로 긍식(矜式, 모범)으로 삼았다. 사암 박 상국(박순)은 경연의 자리에 입시하여서는 말하기를, "이 아무개는 6척 고아(15세 정도의 어린 왕)를 부탁할 수 있고, 사방 백 리 제후국의 정치를 명할 수 있습니다."라고 했다. 유미암(유희춘)의 계사에도 "이 아무개의 문장과 학문은 이미 최고의 경지에 이르렀습니다."라고

208 수사(洙泗)는 수수(洙水)와 사수(泗水)로, 중국 춘추시대 공자가 노(魯)나라의 이곳에서 학문을 강론했다. 연원(淵源)은 사도(斯道)의 연원으로, 요(堯)·순(舜)으로부터 공자·맹자·정자·주자로 이어지는 도통(道統)을 이른다.

했다. 임석천(임억령)의 말에는 "이 아무개의 순수한 효성은 천성에서 우러나왔습니다."라고 했다. 이아계(이산해)의 시〔만시〕에는 "팔좌[209]의 지위가 높아도 오히려 집을 세내어 살았고, 두 왕의 은총이 무거워 전원으로 돌아가지 못했도다."라고 했다. 율곡 이 선생(이이)은 일찍이 말하기를, "이 아무개가 전장(銓長, 이조판서)이 되어서 공평한 도리를 숭상하고 힘쓰자 청탁이 행해지지 않았으며, 주의(注擬, 인재 추천)가 공정하고 분명했다."라고 했고, 또 말하기를, "이 아무개는 관리로 있을 때 그 직분을 다하고, 몸을 다스림이 너무도 맑았으며, 벼슬이 육경(판서)에 이르렀으나 청빈하기가 마치 유생과 같았다."라고 했다.

아! 선생의 덕업의 성대하심과 선생의 조예(造詣)의 심오하심은, 이러한 한두 마디의 말로도 그 대략을 상상할 수가 있고, 높은 풍모와 준엄한 절조, 실마리의 말씀과 남은 언론은 백대의 긍식(모범)이 될 수 있으니, 후학들이 존대하여 숭상하고 경앙하고 흠모하여 첨앙하여 준칙으로 삼을 분이 선생이 아니고 그 누구이겠는가?

지난날 만력 기축년(1589년)에 손식(孫軾) 공이 호남을 안찰할 때[210] 우문(右文, 문을 숭상함)의 뜻에서 온 도내의 선비들에 앞장서서 창도하여, 재료를 넉넉하게 공급하여 강진현에 선생의 사당을 창건하려 했으니, 이 고을은 곧 선생께서 부쳐 사시던 땅이며 침잠하여 공부하시던 곳이다. 온 도내의 많은 선비들이 풍모를 듣고서 흠모하여, 거의 건축의 공이 끝나가던 참에 임진왜란의 변고를 만나 성취할 수가 없었으니, 우리 유자들이 마음이 허전하여 한스럽게 여기는 것이 본디 당연하다고 하겠다.

지난 경술년〔1610년, 광해군 2년〕에 선배인 부윤 김존경(金存敬),[211] 감사 임서(林

209 팔좌(八座)는 재신급(宰臣級)의 고위 관료 8인을 지칭하는 말로, 조선시대에는 육조(六曹)의 판서(判書)와 좌찬성(左贊成)·우찬성(右贊成)을 가리켰다. 앞에 나왔다.

210 실록에 따르면 손식이 전라도관찰사가 된 것은 선조 13년인 1580년의 일이다. 즉, 『선조수정실록』 권14, 선조 13년(1580년) 윤4월 1일(기해)에 손식을 전라도관찰사로 삼았다는 기록이 있다.

211 김존경(金存敬, 1569~1631)의 본관은 광산(光山), 자는 수오(守吾), 호는 죽계(竹溪)이다. 1599년(선조32) 문과에 급제했다. 1617년(광해군 9) 성절사(聖節使)로 중국 명나라에 갔으며, 이후 강원감사·지중추부사·경주부윤을 역임했으나, 인조반정 이후 대북파가 몰락하면서 관직에서 밀려났다. 김존경을 부윤이라고 한 것은 경주부윤의 직함을 언급한 것이다.

壻),[212] 정랑 윤광계(尹光啓),[213] 정랑 조팽년(趙彭年),[214] 좌랑 강항(姜沆), 장령 윤길(尹趌),[215] 첨지 홍천경(洪千璟),[216] 결성군수(結城郡守) 이희웅(李喜熊)[217], 진사 최전(崔塡),[218] 진사 유경현(柳敬賢),[219] 생원 김안방(金安邦)[220] 등 여러 대부들이 미리 사전에 꾀하지도 않고도 말을 같이해서 여러 고을에 통고하여, 함께 뜻을 품어 온 힘을 다하여 사당을 다시 창건하여 당우(堂宇)와 담장이 반듯반듯하여 볼만하게 되었다. 하지만 혼탁한 조정〔광해군 시대〕의 침체한 때를 만나, 9인(仞)의 산을 이루

212 임서(林壻)의 본관은 나주(羅州)이다. 임붕(林鵬)의 손자로, 인조 때 황해도관찰사로서 이괄의 난을 평정했다. 그 아들이 병마절도사 임진(林晉)이고 손자가 백호 임제(林悌)이다.

213 윤광계(尹光啓, 1559~1619)의 본관은 해남, 자는 경열(景說), 호는 귤옥(橘屋)이다. 조헌(趙憲)의 문인으로 1585년(선조 18) 생원이 되고 1589년 증광문과에 병과로 급제했다. 1603년 호조정랑으로서 지제교 겸 춘추관기주관이 되었다. 1606년 평안도도사가 되고 다음 해 공조좌랑이 되었다. 광해군 때는 말단의 관직을 전전하다가 고향 해남에 은퇴했다.

214 조팽년(趙彭年, 1549~1612)의 본관은 한양(漢陽), 자는 경로(景老), 호는 계음(溪陰)이다. 전라남도 강진 출신으로 1573년(선조 6) 생원시에 합격하고 1576년 식년문과에 급제했다. 1592년 임진왜란 때에 선조를 의주 일대에서 호종했다. 1599년 여산군수(礪山郡守)에 임명되었다가 사헌부의 탄핵을 받고 파직되었다. 문집으로 『계음집』이 있다. 이의경(李毅敬)과 최시필(崔時弼)이 그의 행장을 지었고, 1789~1792년경 홍양호(洪良浩)가 그의 묘표를 지었다.

215 윤길(尹趌, 1567~1615)의 본관은 파평(坡平), 자는 여직(汝直)이다. 1615년(광해군7) 장령(掌令)의 신분으로 능창군(綾昌君) 추대 사건에 연루되어 장살(杖殺)되었다.

216 홍천경(洪千璟, 1553~1632)의 본관은 풍산(豊山), 자는 군옥(羣玉), 호는 반환당(盤桓堂)이다. 1592년(선조25) 임진왜란 때 김천일(金千鎰)을 따라 군량의 수송을 담당했고, 1597년 정유재란 때에는 도원수 권율(權慄) 휘하에서 의병 모집의 격문을 작성했다. 1609년(광해군1) 증광문과(增廣文科)에 장원했다. 월정서원(月井書院)에 제향되었다. 홍양호(洪良浩)가 「반환당홍공묘갈명(盤桓堂洪公墓碣銘)」을 작성했다.

217 이희웅(李喜熊, 1562~1648)의 본관은 전의(全義), 자는 정서(廷瑞), 호는 기천(杞泉)이다. 1612년(광해군 4) 임자(壬子) 증광시에서 생원 3등 12위(42/100)로 합격하고, 1624년(인조 2) 갑자(甲子) 식년시에 을과(乙科) 6위(09/34)로 급제했다. 결성현감(結城縣監)을 지냈다.

218 최전(崔塡, 1563~?)의 본관은 화순(和順)으로, 나주에 거처했다. 자는 백후(伯厚)이다. 43세 되던 1605년(선조 38) 을사(乙巳) 증광시에서 진사 2등 21위(26/100)로 합격했다.

219 유경현(柳敬賢, 1560~1651)의 본관은 고흥(高興)인데, 나주에 거처했다. 『사마방목(司馬榜目)』에 따르면 1606년(선조 39) 병오 식년시에 생원 2등 3위로 합격했다.

220 김안방(金安邦, 1553~?)의 본관은 김해(金海), 자는 응시(應時), 호는 강서(岡西)로, 조헌(趙憲)의 문인이다. 임진왜란이 일어나자 최마(衰麻)를 벗지 않고 맏아들 김선지(金銑之)에게 명하여 국난을 타개하게 했다. 벼슬이 집현전교리에 이르렀다. 해남(海南)의 노송사(老松祠)에 제향되었다.

려던 공이 결국 한 삼태기 분량의 흙이 모자라 어그러지듯 했으니,[221] 어찌 사문(유교)의 재앙이자 우리 사림의 불행이 아니겠는가? 하늘의 태양이 다시 밝게 빛나게 된 후에〔인조반정을 말함〕 즉시 퇴폐된 것을 일으키고 무너진 곳을 수리해서 오랜 소원을 이루어야 함에도 불구하고 일을 미루고 등한하게 기다리고 있을 뿐이어서 여전히 성취하지 못한 것은 어찌 우리들이 부끄러워해야 할 일이 아니겠는가? 그리고 원근의 사대부들이 우리 호남을 지칭하여 무너지고 미약한 곳이라고 하더라도, 그 누가 무슨 말로 해명할 수 있겠는가?

이에 우리 세 고을 선비들은 이러한 상황에 대해 개연히 탄식하여 함께 모의하고 공동으로 논의해서 이미 공장(工匠, 목수)의 일을 시험하여, 겨우 대들보와 서까래를 걸쳤을 뿐이다. 그렇지만 재력이 이미 고갈되어 공사를 완성할 기약이 없어, 여러 유생들이 서로 쳐다보고 혀를 차며 탄식함이 어찌 끝이 있겠는가? 또 어찌 여러 고을에 전파하고 통고해서 여러 군자들이 몸을 솟구쳐 움직이시길 바라지 않을 수 있겠는가?

가만히 생각하면, 선생은 우리나라의 명현이요, 사문의 큰 종장(宗匠)이신데, 선생을 위해 사당을 세우는 일이 어찌 단지 선비들만이 홀로 감당해서 사사로이 전담할 일이겠는가? 여러 고을의 군수 각하분들은 각각 한 고을에 임하여 다스리고 계시니, 실제로 남쪽 땅 풍속 교화의 책임을 지고 있으니, 어진 사람을 숭상하는 일에 몸을 솟구쳐 움직이는 거사에 있어서, 선비들이 풍모를 쫓는 것에 반드시 뒤질 필요가 없습니다. 하물며 선생의 풍재(風裁)[222]와 특립(特立)[223]의 절조는 전신 사대부(큰 선비와 벼슬아치)들의 사표이며 영수이시니, 군수 여러분도 역시 꼭 흠앙하여 모법으로 삼고 계실 것입니다. 만약 선생의 사당을 짓는다는 일을 듣게 되시면, 봉록을

221 『서경』「여오(旅獒)」에 "작은 행실을 신중히 하지 않으면 끝내 큰 덕에 누를 끼치니, 9인(仞)의 산을 만드는 데 한 삼태기 흙이 모자라서 공이 무너진다.〔不矜細行, 終累大德, 爲山九仞, 功虧一簣.〕"라고 했다.

222 풍재(風裁)는 강직하여 불의와 야합하지 않는 풍도이다. 사헌부 관리의 강직하고 엄숙한 모습을 가리킨다.

223 특립(特立)은 특립독행(特立獨行)의 준말이다. 『예기』「유행(儒行)」에서 온 말로, 뜻과 행실이 고결하여 시류(時流)에 휩쓸리지 않는다는 뜻이다.

덜어서 비용을 보태 주기를 어찌 아껴서, 자금이 남을지 모자랄지 걱정하는 염려를 구해 주시지 않겠습니까?

엎드려 바라건대, 여러 고을 군수님들은 선생을 존경하고 사모하는 뜻을 돌아보시어 공사의 자금을 넉넉하게 보조하여 주셔서, 이 구구한 소망에 부응해 주신다면, 다행함을 이기지 못할 것입니다.

賢者之出, 豈偶然哉? 生能扶植乎此世, 沒亦準則乎吾人, 則賢者之有關於世大矣. 是以人之於賢者, 雖沒世而敬之不衰, 必爲建院立祠, 俾享俎豆之腏食, 永爲多士之瞻依, 則儒林盛大之擧, 後學興起之方, 豈有加於尊慕而祀事之哉?

竊惟國朝名臣靑蓮李先生, 氣稟敦厚, 聽明絶倫, 早自奮發爲切問近思之學, 賤履篤實, 積操存涵養之工. 晩而樹立, 有利民澤物之志, 純懿剛直, 盡責難陳善之道, 垂紳正笏, 朝著肅穆. 觀風察化, 氓俗丕變.

洙泗淵源之學, 氷玉耿介之操, 好賢樂善之德, 匪躬盡瘁之節, 國家之倚以蓍龜, 朝野之仰以山斗者, 不可以一一指稱, 而試取數事言之, 則草削勳之文, 而九地之姦鬼慄, 序儒先之錄, 而先賢之潛德發, 獻議切確, 而王后之喪制定焉. 奏請誠懇, 而宗系之舊誣辨焉.

以至於言行事業之可考可稽, 而載之於諸公記事者何限? 略擧其槩, 則西厓柳相國之在玉堂也, 誦公文敬歎, 而嘗寫一通置之几案, 並書公論議政事, 作爲一冊, 以自矜式. 思菴朴相國之入對經席也, 曰: "李某可以托六尺之寄, 百里之命." 柳眉巖之啓曰: "李某文章學力, 已到極處." 林石川之言曰: "李某純孝, 出於天性." 李鷄溪之詩曰: "八座位高猶賃屋, 兩朝恩重未歸田." 栗谷李先生嘗曰: "李某爲銓長, 務崇公道, 請託不行, 注擬公明." 又曰: "李某居官盡職, 律身淸苦, 位至六卿, 寒素如儒生."

噫! 先生德業之盛, 先生造詣之深, 則以諸一二言而槩可想矣. 高風峻節, 緖言餘論, 足以矜式乎百代, 則後學之尊尙景慕, 爲瞻仰準則者, 非先生而誰與?

往在萬曆已丑, 孫公軾接節湖南之日, 以右文之意, 倡一道之士, 優給材料, 欲刱先生祠宇於康津縣. 是縣乃先生僑寓之地, 而藏修之所也. 一道多士, 聞風而慕, 庶幾訖功, 而値壬辰之變, 不得成就, 爲吾儒落莫之恨者雅矣.

粤在庚戌, 先輩金府尹存敬, 林監司堦, 尹正郎光啓, 趙正郎彭年, 姜佐郎沆, 尹掌令趌, 洪僉知千璟, 李結城喜熊, 進士崔坱, 進士柳敬賢, 生員金安邦, 諸大夫不謀同辭, 通告列邑, 咸懷盡力, 更創廟貌, 堂宇墻垣, 井井可觀, 而値昏朝否塞之際, 九仞之工, 竟爲一簣之虧, 則豈非斯文之厄會, 而士林之不幸也哉? 天日復明之後, 卽當興廢修闕, 以遂素願, 而遷延等待, 尙爾未就者, 豈不爲吾儕之所恥? 而遠近士大夫指吾南爲頽靡, 其孰能以何說解之?

惟我三邑之士, 慨然於斯, 叶謀共議, 已試工匠之役, 纔有欂桷之架. 而財力已竭, 完畢無期, 諸生之相視嗟咄, 曷有其已? 而烏可無播告列邑, 以冀諸君子之聳動也哉?

竊念先生國朝之名賢, 而斯文之大宗匠也. 爲先生立祠宇, 豈但多士之所獨而私專者也? 諸宰閣下, 臨莅一邑, 實南土風化之任, 則其於尙賢聳動之擧, 不必後於士子之趍風. 況先生風裁特立之操, 爲搢紳間師表領袖, 則諸宰亦必欽仰範式. 若聞建祠之事, 則何惜捐俸之費, 而不救嬴屈之慮乎?

伏願諸宰惠顧尊慕之義, 優助工匠之資, 以副區區之望, 不勝幸甚.

서봉서원 상량문(瑞峯書院上樑文)

곽성귀(郭聖龜)[224]

비록 백 대 이후에라도 여전히 유풍이 남아 있는 것을 알 수 있는 분은 선생이 아니고 누구이겠는가? 이것이 사당을 지어 제사를 올리는 이유이니, 진실로 온 나라 사람이 다 함께 흠모하므로, 그래서 이 고을에서 먼저 제창하게 된 것이다

선생은 건곤천지의 정기를 타고나서, 고금의 위인이시로다.

학력이 연원에 능히 이르러 갔다는 것은, 정말로 후생들이 감히 의론할 바가 아니요

순수한 효성이 하물며 천성에서 나왔다는 것은, 이미 선배들이 빈번한 칭송에서 볼 수 있다.

넓고 크며 간솔하고 확고한 자태를 스스로 지켜서, 정대하고 광명한 지조를 저버리지 않았으며

청백은 자기 집안의 남은 물건[225]이어도, 앞 시대에 들어 보지 못한 것이고

문장은 한 시대에서 추종받았지만, 단지 덕행과 비교하면 남은 일에 불과했다.

아아, 천 길 절벽처럼 우뚝했기에, 이 때문에 명종·선조 두 조정에서 은총이 무거웠다.

224 곽성귀(郭聖龜, 1606~1668)의 본관은 해미(海美), 자는 문징(文徵), 호는 현주(玄洲)·저헌(樗軒)이다. 부친은 곽치요(郭致堯)이다. 1631년(인조 9) 생원으로서 별시 문과에 병과로 급제했다. 저서에 『현주세고(玄洲世稿)』가 있다. 아들 곽제화(郭齊華, 1625~1675)는 1650년(효종 1) 사마시와 문과에 합격한 후 집의(執義)·사간(司諫) 등 양사(兩司)의 직책을 역임했다. 곽종석(郭鍾錫, 1846~1919)이 곽성귀 묘갈명을 지었다.

225 원문의 '장물(長物)'은 여분의 물건을 말한다. 중국 동진(東晉)의 왕공(王恭)이 아버지 왕온(王溫)을 따라 회계(會稽)에 갔다가 돌아오자, 왕침(王忱)이 그가 깔고 앉은 6자 너비의 대자리를 보고 여분을 달라고 했다. 왕공은 그 대자리를 보내 주고는 짚으로 엮은 깔개를 사용했다. 뒤에 왕침이 놀라자, 왕공이 "나는 평소 남는 물건이 없다네.〔吾平生無長物.〕"라고 했다고 한다. 『진서(晉書)』「왕공전(王恭傳)」 참조.

을사위훈을 삭탈하는 글을 초안하니, 땅속의 귀신이 움추려 떨었고

선유의 업적을 들추어 내어, 『국조유선록』 책머리의 서문에 언사가 분명했다.

신포서(申包胥)[226]가 진나라 조정에서 통곡했듯이, 우리나라가 받은 무함도 밝게 씻고

범맹박(范孟博)[227]이 말고삐를 잡듯이 했더니, 북로(함경도)가 맑고 깨끗해졌다.

인물의 전형에서, 간사한 자와 정직한 사람이 진퇴에서 스스로 밝혀지고

국가의 귀감으로서, 등용하고 버림이 진실로 국운의 경중에 관계가 있었다.

사당에 모신다 해도, 누가 안 된다고 말하겠는가?

조정에 있다고 하면, 그 오른쪽으로 더 나아갈 이가 없었다.

사암(思菴) 박순(朴淳) 공이 감탄을 발한 것이, 어찌 우연이겠는가?

율곡(栗谷) 이이(李珥) 선생의 바른 논평이, 진실로 이유가 있었도다.

덕이 있고 공이 있으며, 말씀이 있고 열절(烈節)이 있으니, 잊어버리게 하랴?

금과 같고 주석과 같으며, 벽옥과 같고 규옥과 같아서,[228] 죽어서도 불후하도다.

비단 당대에서 우러러 바라볼 뿐만 아니라, 과연 후대에도 모범이거늘

하물며 문학을 존숭하는 시대를 만나, 어찌 혼령을 편안히 할 제전을 빠뜨리겠는가?

이는 많은 선비들의 공공의 책임이지, 한 고을이 사사로이 할 바가 아니로다.

그런데 선생이 일으키신 풍화는, 우리 고을에서 시작되었으니

226 신포서(申包胥)는 중국 춘추시대 초(楚)나라 사람으로, 대부가 되어 신(申)에 봉해졌으므로 신포서라 한다. 초나라가 오(吳)나라의 침입으로 수도 영(郢)이 함락되자, 초신포서가 진(秦)나라에 가서 원병(援兵)을 요청했으나 거절당했다. 이에 신포서가 궁정 담장에 기대어 7일 밤낮을 우니, 진(秦)나라 애공哀公)이 감동하여 원병을 내주었다. 『춘추좌씨전(春秋左氏傳)』 정공(定公) 4년 참조.

227 범맹박(范孟博)은 중국 후한의 범방(范滂)으로, 맹박은 그의 자(字)이다. 후한의 환제(桓帝) 때 기주(冀州)에 기근이 들어 도적이 들끓자 범방을 청조사(淸詔使)로 삼아 안찰하게 했다. 범방이 수레에 오르며 천하를 맑게 하겠다는 포부를 품었는데, 그가 이르는 곳마다 죄 있는 수령들이 스스로 인끈을 풀고 순순히 물러났다고 한다. 『후한서(後漢書)』 「당고열전(黨錮列傳) 범방(范滂)」 참조.

228 『시경』 「위풍(衛風) 기욱(淇奧)」에 "문채나는 군자여, 금(金)과 같고 석(錫)과 같으며, 규(圭)와 같고 벽(璧)과 같도다.〔有匪君子, 如金如錫, 如圭如璧.〕"라고 했다.

유박(帷薄)을 단속하시고[229] 거처에서 학업을 계속하신 것[230]이 여기에서였으므로, 여기 사람들이 모습을 상상하여 흔열하여 흠모하는 것이 깊으며

그 아들과 그 손자으로 이어져, 풍류가 아직도 그대로이고

아무 언덕과 아무 시내는, 물색이 예전과 같이 그대로이다.

이에 한 이랑 너비의 궁(사당)을 계획하니, 바로 접때부터였으되

중도에 폐함을 면하지 못했던 것이, 지금까지 그러했다.

다만 재물과 인력이 밑받침되지 못했기 때문이었지, 어찌 선생을 존경하는 마음이 모자랐기 때문이라고 말하겠가?

때가 이르기를 기다려서, 먼 데 사람과 가까운 곳 사람이 목소리를 함께해서

도가 장차 행해지려 하니, 공과 사가 힘을 화협하여

새로 짓기를 원한다는 말을 듣고, 한 고을의 가운데에 터를 닦아서

며칠도 안 되어서 이루어지니, 갈고 매고 거두는 농사철[231]을 피하라는 규구(規矩)를 주었다.

다행히 방백(감사)이 마음을 다하여, 영령께서 이에 의탁하신 데다가

하물며 지주(수령)가 염려를 극진히 해서, 낙성하여[232] 얼추 완비됨에랴![233]

229 원문의 '박수(薄修)'는 '유박불수(帷薄不修)'의 반대말이다. '유박불수'는 규방(閨房)이 엄숙하지 못한 것을 말한다. 『한서(漢書)』「가의전(賈誼傳)」에 "옛날에는 대신이 음란하여 남녀의 구별이 엄하지 못해서 좌죄(坐罪)되면, 그 죄명을 직선적으로 일컫지 않고 '유박불수'라 했다."라고 했다.

230 원문의 '식유(息遊)'는 거처에서의 학업을 말한다. 앞서 말했듯이, 『예기』「학기(學記)」에 "군자는 학문에 있어서 장(藏)하고, 수(修)하고, 식(息)하고, 유(遊)한다."라고 했는데, 공영달(孔穎達)의 소(疏)에 "식이란 일을 하다가 피곤하여 쉴 때에도 마음이 학습에 있음을 말한 것이요, 유란 일 없이 한가하게 노닐 때에도 마음이 학문에 있음을 말한 것이다."라고 했다.

231 원문의 '삼농(三農)'은 봄에 논밭을 갈고 여름에 김을 매어 가을에 거두는 세 가지의 농사를 말하므로 보통 농사라는 말로 사용한다. 평지의 농사, 산지(山地)의 농사, 소택지(沼澤地)의 농사를 일컫기도 한다.

232 원문의 '윤환(輪奐)'은 규모가 크고 아름답다는 뜻으로, 건물의 낙성을 축하할 때 쓰는 표현이다. 중국 진(晉)나라 헌문자(憲文子)가 저택을 신축하여 준공하자 대부들이 가서 축하했는데, 이때 장로(張老)가 말하기를 "아름다워라, 웅장한 집이여! 아름다워라, 화려한 집이여![美哉輪焉, 美哉奐焉.]"라고 한 말에서 유래했다. 『예기(禮記)』「단궁 하(檀弓下)」 참조. 한편 '휴확(髹臒)'의 휴(髹)는

자세가 남해로 터졌으니, 원래 금릉(강진)의 승경이라 일컬어 왔었고
산맥이 북녘 기슭에서 이어졌으니, 스스로 사동(沙洞)의 기이한 경승을 이루었다.
기둥과 처마를 우러러보며 길이 생각하나니, 누대 지을 땅이 없다고 말하지 마라.
향화를 받들어 중단됨이 없게 한다면, 또한 향당에 광휘가 있으리로다.
백록서원[234]의 남은 규례를 따라서, 이에 청련 선생의 옛 호를 걸었노라.
천왕봉이여, 일만 인(仞)으로 높으니, 선생의 절개가 그 극도로 높은 모습에 짝하리라.
구호수(九湖水)여, 일천 장(丈)으로 푸르니, 선생의 풍모가 그 넘실거림과 짝을 이루리라.
감히 한 말씀을 펴서, 삼가 육위송을 찬(贊)하노라.

아랑위 포량동. 강가의 외로운 성에 새벽 해가 붉도다. 현가(絃歌)가 길이 적막하다고 말하지 마라. 지금의 치화(治化)에 문옹(文翁)〔문청공 이후백〕이 있도다.
아랑위 포량서. 들 주막 창망한데 지는 해 나지막하다. 초가집 성근 울타리에 연기 가늘어, 외려 옛 시 제목[235]을 생각나게 하네.
아랑위 포량남. 구호(九湖)에 바람 자니 물이 남풀 같아라. 파도를 타넘고 창명으로 가련다만, 어느 곳에서 오산(삼신산)이 높이 솟아 셋을 이루고 있는가?
아랑위 포량북. 월출산 아스라해서 북두성을 지탱하네. 면목이 참으로 오로봉[236]

검붉은빛 혹은 옻칠을, 확(雘)은 붉은빛 혹은 적황색 찰흙이니, 휴확은 집을 단장한다는 뜻이다.

233 원문의 '구완(苟完)'은 공자가 중국 춘추시대 위(衛)나라 공자형(公子荊)을 두고 "그는 집에 거처하기를 잘했다. 살림살이를 처음 가졌을 때는 '그런대로 모여졌다.' 했고, 조금 더 가졌을 때는 '그런대로 갖추어졌다.' 했고, 많이 가졌을 때는 '그런대로 아름답다.'고 했다.〔善居室! 始有曰苟合矣, 小有曰苟完矣, 富有曰苟美矣.〕"라고 한 데서 온 말이다. 『논어(論語)』「자로(子路)」 참조.

234 중국 남송의 주희(朱熹)가 1179년에 송나라 초부터의 백록동서원(白鹿洞書院)을 여산(廬山) 오로봉(五老峯) 아래에 복구했다. 이때 학규(學規)를 제정했다.

235 중국 당나라 유우석(劉禹錫)의 시(「逢雪宿芙蓉山主人」)에 "날 저물어 푸른 산은 멀고, 날씨가 추워 초가집은 가난하도다.〔日暮蒼山遠, 天寒白屋寒.〕"라고 했다.

236 오로봉(五老峯)은 중국 강서성(江西省) 성자현(星子縣) 북쪽 여산(廬山)이 끝나는 곳에 있는 봉우

과 같아, 적선(謫仙, 이백)이 당일 행적을 남겨 두었구나.

아랑위 포량상. 황황한 규벽(奎璧)이 하늘의 상을 드리웠네. 외진 나라가 이로부터 광휘를 빌리려 하니, 한 시대의 문명을 누구에게 양보하랴?

아랑위 포량하. 혼혼(混混)한 원천[237]에서 물이 흘러 그치지 않네. 구곡(九曲의 여파가 무이(武夷)[238]에 접했으니, 맑고 깨끗한 걸 어찌 가녀린 먼지라도 받아 더럽히랴?

삼가 바라건대, 상량한 이후로는 제제다사가 귀의하여 사문이 완비되기 바라노라.

어두웠던 것은 밝아지고, 끊어졌던 것은 이어져서, 종사(宗師)로 삼지 않는 이가 없어나오.

바라보면 매섭고, 가까이 가면 따스하여, 긍식(矜式) 삼는 바가 있어서

이 고장을 추로(鄒魯)로 크게 변화시키며,[239] 영원히 계산(溪山)에 진주하기 바랍니다.

雖百世可知尙有遺風之存者, 微先生誰與? 所以爲廟而饗之, 實一國取共欽, 故是邦之先倡,

先生乾坤正氣, 今古偉人.

리이다. 산들이 하늘에 치솟아 있는 것이 노인 다섯이 어깨를 나란히 하고 있는 모양을 하고 있다고 한다. 앞서 말했듯이 주희가 백록서원을 복구한 곳이다. 당나라 이백(李白,)의 시(「望廬山五老峯」)에 "여산 동남쪽의 오로봉은, 하늘 위로 뾰족하게 황금 연꽃 깎아 세운 듯. 구강의 빼어난 풍광 거둬들이니, 내 이곳 운송 속에 깃들어 살리라.〔廬山東南五老峯, 靑天削出金芙蓉. 九江秀色可攬結, 吾將此地巢雲松.〕"라고 했다.

237 『맹자』「이루 하(離婁下)」에 "근원이 있는 샘물이 끊임없이 솟아나 밤낮을 그치지 아니하여 구덩이를 채운 뒤에 전진하여 사해에 이른다.〔原泉混混, 不舍晝夜, 盈科而後進, 放乎四海.〕"라고 했다.

238 원문의 '무이(武夷)'는 무이산(武夷山)으로, 중국 복건성(福建省) 숭안현(崇安縣) 서남쪽에 있는 산이다. 주희가 이곳에서 학문을 닦고, 「무이구곡가(武夷九曲歌)」와 「무이정사잡영(武夷精舍雜詠)」을 지었다.

239 추로(鄒魯)는 중국 노(魯)나라를 가리키는데, 옛 도가 남아 있는 땅을 말한다. 『논어』「옹야(雍也)」에 "제나라가 한 번 변하면 노나라에 이르고, 노나라가 한 번 변하면 선왕의 도에 이를 것이다.〔齊一變, 至於魯 ; 魯一變, 至於道.〕"라는 구절이 있다.

學力能造於淵源, 固非後生敢議; 純孝況出於天性, 旣見先輩亟[240]稱.

自持磊落簡確之姿, 不負正大光明之志.

淸白是自家長物, 未之前聞；文章爲一代所宗, 特其餘事.

惟其壁立千仞, 是以恩重兩朝.

草削勳之文, 地中之鬼慴慄；彰先儒之蹟, 卷首之辭分明.

申包胥之哭庭, 東誣昭雪; 范孟博之攬轡, 北路澄淸.

人物銓衡, 邪正自別於進退；邦家龜鑑, 用捨實關於重輕.

置廟堂, 誰曰不然?；在朝廷, 無出其右.

思菴相公之發歎, 豈偶然哉?；栗谷先生之正論, 良有以也.

有德有功, 有言有烈. 俾也可忘?；如金如錫, 如璧如圭, 沒而不朽.

不但當世之瞻仰, 果是後代之模楷.

矧當右文之辰, 寧欠妥神之典?

是多士公共之責, 非一邦所私.

顧先生振作之風, 自弊邑伊始.

蓋薄修息遊之於此, 而像想欣慕者之深.

之子之孫, 風流尙爾；某丘某水, 物色依然.

爰謀一畝之宮, 粤自曩者；不免半塗而廢, 以至于今.

祗緣財力之不敷, 豈云尊尙之未至?

時至有待, 遠近齊聲.

道之將行, 公私協力.

願新者聽, 開基於一邑之中；不日而成, 授規於三農之際.

幸方伯之悉心, 英靈攸托；況地主之殫慮, 輪奐苟完!

地坼南溟, 素稱金陵之勝；山連北麓, 自作沙洞之奇.

瞻棟宇而長懷, 莫曰樓臺無地；奉香火而罔缺, 抑亦鄕黨有光!

240 『청련집』의 기존 번역본에 '亟'으로 되어 있으나 '亟'의 오자이다.

用遵白鹿之遺規, 爰揭靑蓮之舊號.

天王峯兮萬仞高, 先生之節配其峻極；九湖水兮千丈綠, 先生之風並其汪洋.

敢伸一言, 恭贊六偉.

兒郎偉抛梁東, 江上孤城曉旭紅. 莫道絃歌長寂寞, 至今治化有文翁.

兒郎偉抛梁西, 野店蒼茫落日低. 白屋踈籬烟細細, 令人却憶舊時題.

兒郎偉抛梁南, 九湖風靜水如藍. 凌波欲渡滄溟去, 何處鰲山峭作三?

兒郎偉抛梁北, 月出巉巉撑斗極. 面目眞如五老峯, 謫仙當日留行蹟.

兒郎偉抛梁上, 煌煌奎璧垂天象. 偏邦從此借輝光, 一代文明誰與讓?

兒郎偉抛梁下, 混混源泉流不舍. 九曲餘波接武夷, 潔淸肯受纖塵浼?

伏願上梁之後, 多士歸之, 斯文備矣.

晦者以明, 絶者以續, 罔不宗師.

望之則烈, 卽之則溫, 有所矜式.

一變鄒魯, 長鎭溪山.

강진 서봉서원 봉안축문(康津瑞峯書院奉安祝文)

이경여(李敬輿)[241]

해설 이 글은 이경여(李敬輿)의 『백강선생집(白江先生集)』 권14에 「청련 서원 신건후 제문(靑蓮書院新建後祭文)」이라는 제목으로 들어 있다. 이후백의 신주를 봉안한 서원이 아직 서봉서원이라는 이름으로 등록되기 이전의 제문이다.

사람에게는 떳떳한 본성이 있으니, 참으로 아름다운 덕으로

백 대 뒤에도 서로 감응하나니, 선현이 남긴 받자취를.

같은 시대에 태어나지 못했음이 한스럽다만, 구원(황천)에 계신 분을 어제 뵌 듯하네.

하물며 저분이 몸을 빼어나 태어난 것이, 다행히 이 남방 끝이로다.

높은 산처럼 우러러보아,[242] 세월이 오래될수록 더욱 독실하다.

멀리 생각하면 선생은, 하늘이 영특함을 수여하여

도학의 관문을 열기를 자기 스스로 하여, 몸을 사학(유학)에 맡겨서는

건안(建安)[243]의 공부 과정을 거치시고. 곡강(曲江)[244]의 표치 격조를 갖추셨으니,

241 이경여(李敬輿, 1585~1657)의 본관은 전주(全州), 자는 직부(直夫), 호는 백강(白江)·봉암(鳳巖), 시호는 문정(文貞)이다. 1609년(광해군 1) 문과에 급제한 뒤 검열이 되었으나 낙향했다. 1623년 인조반정 직후 수찬에 기용되었고, 이듬해 이괄(李适)의 난 때 왕을 호종했다. 대사성·형조판서 등을 역임한 뒤, 1642년 배청친명파로서 중국 심양(瀋陽)에 억류되었다. 그 뒤 대사헌·우의정·영중추부사·영의정을 지냈다. 저서에 『백강집(白江集)』이 있다.

242 『시경』 「소아(小雅) 거할(車舝)」에 "높은 산을 우러러보며 큰길을 가도다.〔高山仰止, 景行行止.〕"라고 한 데서 나온 말로, 높은 산과 큰길처럼 인품이 훌륭한 사람을 말한다.

243 건안(建安)은 중국 복건성(福建省)의 지명으로, 주희(朱熹)가 강학하던 곳이다.

244 곡강(曲江)은 중국 광동성(廣東省)에 속한 현의 이름으로, 중국 당나라 명재상 장구령(張九齡)이 출생한 곳인데, 당시 사람들은 장구령을 곡강공(曲江公)이라고 불렀다. 『구당서(舊唐書)』 권99 「장구령전(張九齡傳)」 참조.

갠 하늘의 밝은 달과 빛나는 바람[245]과도 같고, 산처럼 아름답고 아름답고 옥처럼 서서,

행실은 가정에서 닦으시고, 명성은 나라에 튀어올라서는

순임금의 의상을 기워서, 오색실을 찬란하게 시설했다.[246]

여사(餘事)에 불과한 문장은, 한나라 사마천과 중국 당나라 이백과 나란했다.

손으로 하늘의 저울을 잡으니, 관방이 화목하게 되었고,

문에서는 선물 보따리를 물리니, 흉중에 얼음과 황벽[247]이 저장되어 있었다.

삭방(북방)의 군무에 임하여, 자물쇠 역할[248]을 장하게 수행했으며

경월(卿月)[249] 지위에 올라 광휘가 더했으나, 옥 솥귀[250] 자리는 비었도다.

임금님의 돌보심이 융숭하셨거늘, 하늘은 왜 그분의 명 빼앗기를 빨리했는가?

연충(임금님 마음)[251]이 너무도 아파서, 은혜가 무덤 구덩이에 미쳤네.

진신 사대부[252]는 눈물을 씻고, 천민[253]들까지도 거리에서 통곡했으니

245 이 표현은 중국 송나라 황정견(黃庭堅)이 『산곡집(山谷集)』에서 주돈이(周敦頤)를 두고 "속이 시원스러워 비가 갠 뒤의 화창한 바람 밝은 달과 같다.〔胸中灑落, 如光風霽月.〕"라고 한 데서 가져온 것으로, 인품이 매우 훌륭하고 속이 시원스레 트인 것을 말한다.

246 중국 당나라 두목(杜牧)의 시(「郡齋獨酌」)에 "평생에 오색실을 가지고, 순임금 의상 기워 보는 것이 소원이로다.〔平生五色線, 願補舜衣裳.〕"라고 한 데서 온 말이다.

247 원문의 '빙벽(氷蘗)'은 맑은 얼음물을 마시고 쓰디쓴 황벽(黃蘗) 껍질을 씹는다는 말이다. 중국 당나라 백거이(白居易)의 시(「三年爲刺史」)에 "삼 년 동안 자사로 있으면서, 맑은 얼음물을 마시고 쓰디쓴 황벽을 씹었노라.〔三年爲刺史, 飮氷復食蘗.〕"라고 한 데서 유래한 말이다.

248 원문의 '쇄약(鎖鑰)'은 번방을 방어하는 직책을 말한다. 『춘추좌씨전』 희공(僖公) 32년 기사에, 기자(杞子)가 정(鄭)으로부터 진(秦)에 사신 와서 고하기를, "정인(鄭人)이 나로 하여금 북문(北門)의 관(管)을 맡으라 했다."라고 했고, 그 주에 "관(管)은 약(鑰)이다."라고 했다.

249 경월(卿月)은 재신(宰臣)의 고위 관료를 뜻한다. 조선시대에는 판서를 지칭했다. 『서경』 「홍범(洪範)」의 "임금은 해를 살펴야 하고, 경은 달을 살펴야 하며, 낮은 관리들은 날을 살펴야 합니다.〔王省惟歲, 卿士惟月, 師尹惟日.〕"라는 구절에서 온 말이다.

250 원문의 '옥현(玉鉉)'은 옥으로 만든 솥귀로, 존귀한 지위를 가리킨다. 『주역』 정괘(鼎卦) 상구(上九)에 "솥이 옥으로 만든 현(鉉)이니, 대길(大吉)하여 이롭지 않음이 없다."라고 했다.

251 원문의 '연충(淵衷)'은 연못처럼 깊은 마음이라는 말로, 임금의 마음을 일컫는다.

252 원문의 '천신(薦紳)'은 진신(縉紳)과 같다. 높은 벼슬아치의 옷으로, 곧 높은 벼슬아치를 가리킨다.

253 원문의 '여대(輿臺)'는 고대 중국에서 백성을 10개의 등급으로 나누었을 때 하위 두 개의 등급을

붉은 새(봉황)[254]의 별은 가라앉고, 규벽(奎璧)의 별은 어두워졌으며
사문이 우리 동방에서 상실되고, 선비는 궁식(모범)을 잃고 말았다.
그해에 현인의 죽음으로 나라가 병들어,[255] 이날 한(恨)을 끼쳤도다.
선현의 어진 덕을 본받자면[256] 이분을 버리고, 누가 사당에서 흠향되랴?
향촌의 준재[257]들이 깃발을 세우자, 사람들은 서둘지 말라 할 것을 두려워했다만
해가 용사(龍蛇)〔임진〕를 만나. 남만(南蠻)의 칼날이 가득해서
일이 잘못된 곳으로 돌아가서, 장보(章甫)들이 영원히 애석해했다.
일월이 얼마나 흘렀던가? 묘역의 나무가 아름드리가 되니
이것이 나라의 부끄러움이라, 잠시라도 놓아두기를 어찌 용납하랴?
이에 다시 경영을 시작하니, 백성들은 크게 지으려 생각하여
월출산의 남쪽, 무이계(武夷溪)의 한 굽이
선생의 발자취 남긴 곳이자, 서죽점도 거북점도 합당하기에
큰 건물을 새로 지으니, 이리와 호랑이는 자취를 멀리하네.
물은 깊고 산은 높으며, 강과 뭍을 감싸고 얽힌 곳에

가리켰다. 천민층을 말한다.

254 원문의 '주조(朱鳥)'는 주작(朱雀)이다. 남쪽을 상징하는 상서로운 새, 혹은 봉황을 가리킨다. 또한 별자리 28수(宿) 중 남방 7수(南方七宿)인 정(井)·귀(鬼)·유(柳)·성(星)·장(張)·익(翼)·진(軫)을 지칭하기도 한다.

255 원문의 '진췌(殄瘁)'는 훌륭한 인재가 죽은 것을 말한다. 『시경』「대아(大雅) 첨앙(瞻卬)」에 "현인이 죽으니 나라가 병들었네.〔人之云亡, 邦國殄瘁.〕"라고 했다.

256 원문의 '상현(象賢)'은 선현의 어진 덕을 본받는 것을 말한다. 선현을 닮은 어진 후손이 있으면 제사를 모시게 명한다는 뜻도 지닌다. 『서경』「주서(周書) 미자지명(微子之命)」에 "은나라 왕의 원자야, 옛날을 상고하여 덕이 있는 선왕을 높이고 그 어진 덕을 닮은 후손에게 제사를 받들게 하여 선왕을 계승해서 예악과 문물을 닦아 왕가에 손님이 되게 하노니, 나라와 함께 아름다워 영원토록 무궁하게 하라.〔殷王元子, 惟稽古, 崇德象賢, 統承先王, 修其禮物, 作賓于王家, 與國咸休, 永世無窮.〕"라고 했다.

257 원문은 '모(髦)'이다. 『시경』「소아(小雅) 보전(甫田)」에 "김매기도 하고 북돋우기도 하니, 서직이 무성하도다. 크게 여기고 머무는 곳에, 우리 모사(髦士)들을 나오게 하여 위로하도다.〔或耘或耔, 黍稷薿薿. 攸介攸止, 烝我髦士.〕"라는 구절이 있는데, 그 주에 "모(髦)는 준(俊)이다."라고 했다.

영령이 편안하게 주재할 곳이 있게 되니, 전형(典刑)이 바로 여기에 있도다.
현가(絃歌)하고 유예(遊藝)하기에는, 오른쪽 마루와 왼쪽 글방이라.
우리 유림 후진들아, 두터운 책임을 거의 보상하게 되었으니,
이제부터 경전히 받들어, 영원토록 어기지 말아라.
혹시라도 광간(狂簡)[258]의 젊은이들로 하여금, 승묵(繩墨)을 준수하게 할 수 있다면
군자의 은택이, 어찌 손잡아 이끌고 부축여 주는 일과 다르겠는가?
달도 길하고 시기도 좋은 날, 양은 생겨나고 음은 박탈되기에〔동지 이후를 말함〕
이에 제물과 단술을 깨끗이 갖추어, 공손히 조촐한 제수를 올리오니
지금과 예전이 시대는 비록 다르지만, 맑고 밝은 신령께서는 간격이 없으리라.
신령이시여! 이 정성을 흠향하시고, 위에서 내려와 자리에 오시기를 빕니다.

人有秉彝, 好是懿德. 百世相感, 先正遺躅.
恨不同時, 九原如昨. 矧伊挺生, 幸此南服!
高山仰止, 愈久彌篤. 緬惟先生, 天授英特.
啓鍵自己, 委身斯學. 建安工程, 曲江標格.
霽月光風, 山休玉立. 行修家庭, 聲騰邦國.
補綴舜裳, 彰施五色. 餘事文章, 漢遷唐白.
手秉天衡, 官方載穆. 門屛苞苴, 胸貯氷蘗.
臨戎朔徼, 克壯鎖鑰. 卿月增輝, 玉鉉虛席.
睿眷方隆, 天奪胡速? 痛軫淵衷, 恩逮窀穸.
薦紳雪涕, 輿臺巷哭. 星沈朱鳥, 彩晦奎璧.

258 원문의 '광간(狂簡)'은 높은 뜻을 지녀 원대한 목표를 지향하지만 일을 처리하는 것은 소활함을 말한다. 『논어』「공야장(公冶長)」에 보면, 공자가 진(陳)나라에 있으면서 "돌아가야겠다, 돌아가야겠다. 우리 고을의 소자들이 뜻은 크나 일에는 소략하여, 찬란하게 위의와 학문을 이루었지만 그것을 마름질할 줄을 알지 못하는구나.〔歸與歸與! 吾黨之小子狂簡, 斐然成章, 不知所以裁之.〕"라고 했다.

文喪吾東, 士失矜式. 殄瘁當年, 遺恨此日.
象賢捨是, 誰爲廟食? 鄕髦建幟, 人恐勿亟.
歲値龍蛇, 鑾鋒充斥. 事歸參差, 章甫永惜.
日月幾何, 壟有拱木. 斯邦之恥, 豈容暫釋?
載營經始, 民思丕作. 月峯之陽, 武夷一曲.
杖屨攸經, 龜筮亦協. 棟宇肇新, 豺虎遠迹.
水深山高, 包絡川陸. 妥靈有所, 典刑在卽.
絃歌遊藝, 左堂右塾. 吾黨少子, 庶償厚責.
從此虔奉, 永世無斁. 倘俾狂簡, 獲遵繩墨.
君子之澤, 奚異提掖? 月吉時良, 陽生陰剝.
茲潔牲醴, 式薦菲薄. 今古雖殊, 精爽靡隔.
神享克誠, 冀或降格!

강진현 청련 이공 사우봉안 고제문(康津縣靑蓮李公祠宇奉安告祭文)

신익전(申翊全)[259]

해설 강진현(康津縣)에 이후백의 위패를 봉안한 이후, 고유제에서 낭독하는 제문으로 작성한 것이다. 신익전(申翊全)의 『동강유집(東江遺集)』 권12에 「강진현 청련 이공(후백) 사우봉안 고제문(康津縣靑蓮李公(後白)祠宇奉安告祭文)」이라는 제목으로 그대로 실려 있다. 신익전은 상촌(象村) 신흠(申欽)의 아들이자 낙전당(樂全堂) 신익성(申翊聖)의 동생이다.

아아, 우리 공은 유림의 관면(영수)이시고, 왕조를 훌륭히 보필하셨으니

향기롭기는 지초와 혜초와 같으시고, 정절은 즉 경옥(瓊玉)과 요옥(瑤玉)과 같으셨다.

이른 나이에 바른 궤도로 나아가시고, 문장은 여사로 익히셨으니

조화롭기는[260] 맑은 바람과 같으셔서, 찬란하게도 의표에 광채가 났습니다.

이조의 전형을 잡아서 공정함이 드러났고, 종계의 무고가 공에 힘입어 씻어졌습니다.[261]

259 신익전(申翊全, 1605~1660)으로, 본관은 평산(平山), 자는 여만(汝萬), 호는 화천(花川)·동강(東江)이다. 상촌(象村) 신흠(申欽)의 아들이며, 김상헌(金尙憲)의 문인이다. 형 신익성(申翊聖)이 선조(宣祖)의 딸인 정숙옹주(貞淑翁主)와 혼인하여 동양위(東陽尉)에 봉해졌으며, 신익전은 자의대비(慈懿大妃)의 언니와 결혼했다. 또한 신익전의 딸은 인조의 후궁 조씨(趙氏) 소생인 숭선군(崇善君)과 혼인하게 된다. 신익전은 1636년(인조 14) 문과에 급제하여 교리를 거쳐, 광주목사(光州牧使), 도승지, 병조·형조·호조·예조의 참판, 한성부 좌윤 등을 역임했다. 『인조실록』 편찬에 참여했다. 문집으로 『동강유집(東江遺集)』이 전한다.

260 원문의 '목여(穆如)'는 맑은 바람이 만물을 양성하듯이 사람들의 마음과 성정을 조화시킨다는 뜻이다. 『시경』 「대아(大雅) 증민(烝民)」에 "길보가 노래를 지으니, 조화롭기가 맑은 바람과 같다.〔吉甫作誦, 穆如淸風.〕"라는 구절이 있다.

261 이후백은 1573년(선조6)에 종계변무주청사(宗系辯誣奏請使)로 중국 명나라에 다녀왔는데,

해치관[262]의 형조 관원으로 충성을 쏟으시고, 상례의 제도가 공을 기다려 정해졌습니다.[263]

진실로 석상의 보배[264]이셨지만, 지위가 덕에 걸맞지 않으셨습니다.

만년엔 『유선록』을 지어,[265] 사욕에 본심이 가리워진[266] 자들을 경고하셨습니다.

고매한 풍모는 비록 멀어졌으나, 끼친 은택이 여전히 남은 데다가

하물며 우리 장보(유생)들은, 앙모의 마음이 더 돈독해짐에야 어떠하겠습니까?

사우를 세워 영령을 모시고서, 향화를 봄가을로 불살라서

마치 여기에 계신 듯이 정성을 바치오니, 이승과 저승에 간극이 없을 것입니다.

아, 흠향하소서!

惟公冠冕儒林, 羽儀王朝. 芬惟芝蕙, 貞卽瓊瑤.

夙齡正軌, 餘事文章. 穆如其淸, 燦然其光.

提衡公著, 戴豸忠罄. 宗誣賴伸, 喪制待定.

1590년에 그 공으로 광국공신(光國功臣)에 녹훈되고 연양군(延陽君)에 추봉되었다.

262 원문의 '대치(戴豸)'는 해치관(獬豸冠)을 쓴 것으로, 법을 맡은 관직을 가리킨다. 해치(獬豸)는 신양(神羊)인데 능히 곡직(曲直)을 분별하므로 초왕(楚王)이 항상 그것을 잡아다가 관을 만들었다 한다. 『후한서(後漢書)』「여복지(輿服志)」 참조.

263 인성왕후(仁聖王后)에 대한 복제(服制) 문제가 일어나자 이후백은 선조의 삼년상을 주장했다. 결국 그 주장대로 시행되었다.

264 원문의 '석진(席珍)'은 뛰어난 학덕을 소유한 유자라는 뜻이다. 『예기(禮記)』「유행(儒行)」에 "유자는 석상의 진귀한 보배처럼 자신의 덕을 갈고 닦으면서 임금이 불러 주기를 기다린다.〔儒有席上之珍以待聘〕"라고 한데서 유래한다.

265 이후백은 선조(宣祖)의 명으로 『국조유선록(國朝儒先錄)』의 서문을 지었다. 『국조유선록』은 1570년(선조3) 선조의 명을 받아 당시 부제학이었던 유희춘(柳希春)이 편찬한 것으로 김굉필(金宏弼)·정여창(鄭汝昌)·조광조(趙光祖)·이언적(李彦迪)의 행적과 글을 모아 엮은 책이다. 앞에 나왔다.

266 원문의 모색(茅塞)은 마음이 물욕에 가려짐을 비유한 말이다. 맹자가 고자(高子)에게 이르기를, "산중의 오솔길이 잠깐 사람이 이용하면 길이 되고, 한참 동안만 이용하지 않으면 띠풀이 나서 막아 버리나니, 지금 띠풀이 그대의 마음을 막아 버렸도다.〔山徑之蹊間, 介然用之而成路, 爲間不用則茅塞之矣, 今茅塞子之心矣.〕"라고 한 데서 온 말이다. 『맹자』「진심 하(盡心下)」 참조.

允矣席珍, 位匪稱德. 晩錄『儒先』, 警彼茅塞.
高風雖邈, 遺澤猶存. 矧吾章甫, 景行彌敦?
建祠妥靈, 香火春秋. 忱誠如在, 罔間明幽.
於戲尙饗!

함흥 문회서원 청련 추향제문(咸興文會書院青蓮追享祭文)

이건명(李健命)[267]

해설 이건명(李健命)의 『한포재집(寒圃齋集)』 권10에 이 글이 있다. 문회서원은 함경남도 함흥시 동북쪽에 있었던 서원이다. 1469년(예종1) 관찰사 이계손(李繼孫)이 함흥 향교(咸興鄕校)에 장도회(長都會)를 설치하여 학전(學田)과 노비를 두고 선비를 양성했다. 1563년(명종18) 관찰사 유강(兪絳)이 향교로부터 원사를 분리하여 문회당(文會堂)을 설립했으며, 영각(影閣)을 지어 공자의 화상을 봉안했다. 1575년(선조8) 함경도관찰사 이후백이 서원으로 승격시키고 이듬해 편액을 하사받았다.

목묘(선조)[268]께서 다스리실 때, 유학의 교화가 널리 펼쳐졌는데
이때 문청공(이후백)께서, 간택되어 함경도 변방을 맡으시고는[269]
성덕의 뜻을 선포하려고 생각하시고, 제일 먼저 학교를 여셔서
한편으로 가르치고 한편으로 육성하시매, 조리도 있고 두서도 있었으며
널리 경전의 서적을 모으시고, 곡식 공궤로 후하게 뒷받침하셨으니[270]

267 이건명(李健命, 1663~1722)의 본관은 전주(全州), 자는 중강(仲剛), 호는 한포재(寒圃齋), 시호는 충민(忠愍)이다. 노론 4대신의 한 사람으로, 김창집(金昌集)·이이명(李頤命)·조태채(趙泰采) 등과 함께 연잉군(延礽君)이 세제로 책봉되도록 힘썼다. 이 때문에 신임사화 때 탄핵을 받아 전라도 흥양(興陽) 나로도(羅老島)에 위리안치되고 참수형에 처해졌다. 연잉군, 즉 영조가 즉위하고 노론이 정권을 잡게 되면서 신원되었다. 저서로 『한포재집(寒圃齋集)』이 있다.

268 목묘(穆廟)는 선조(宣祖)의 묘호(廟號)이다.

269 이후백은 숙종 8년 8월 1일에 함경도관찰사가 되었다. 『숙종실록』, 숙종 8년 8월 1일 참조.

270 앞서 보았듯이 남구만(南九萬)의 『약천집(藥泉集)』 권27에 수록된 「북관각청절목서(北關各廳節目序)」에 보면 "함흥부에 문회서원이 있으니, 관찰사 유강이 창건했다. 그 후 관찰사 이후백이 임금에게 계청(啓請)하여 경서를 반사(頒賜)하고, 또 각 고을에 학전(學田)을 마련하여 각 고을에서 세금을 수송하게 했으며, 또 매월 어물과 찬을 운반하여 날마다 30인분을 공급하게 했다. 그리하여 남도 13개 고을의 유생들이 모두 이곳에 와서 학업을 익히게 했다."라고 했다.

얕은 데서 깊은 곳으로 들어가게 하시되, 반드시 솔선수범하셨도다.

어리석은 이도 어진 이도 모두 좋아했고, 먼 데서도 가까운 데서도 풍동[271]하여

비루한 풍속이 한바탕 변화하여, 궁마의 지역에 현송[272]이 이루어져서

북방인들이 대궐에 호소하여, 어진 목민관의 유임을 지성으로 청하자[273]

성상의 포상이 반짝거려 빛났고, 또한 은혜로운 유지를 내보이셨다.

그 공덕이 백성들에게 스며들어서, 백 년 세월이 어제와도 같도다.

이 함홍부를 들러 보니, 유궁(서원)[274]이 고요하여라.

경헌공[275]을 처음 향사했다가, 문익공[276]을 뒤따라 배향했는데

271 '풍동(風動)'은 백성들이 문교(文敎)에 감동하여 순화(馴化)되는 것을 말한다. 『서경』「대우모(大禹謨)」에, 순(舜)임금이 고요(皐陶)를 칭찬하여, "나로 하여금 원하는 대로 정치를 할 수 있게 하여, 사방이 풍동하게 한 것은 바로 너의 공로 덕분이다.〔俾予從欲以治, 四方風動, 惟乃之休.〕"라고 했다.

272 원문의 '현송(絃誦)'은 현가(絃歌)와 같은 말이다. 즉 금슬(琴瑟)을 연주하며 노래하는 것으로, 예악의 교화를 뜻한다. 『논어』「양화(陽貨)」에 보면, 공자의 제자 자유(子游)가 무성(武城) 고을의 읍재(邑宰)로 있으면서 현가로 백성을 교화했다.

273 원문의 '차구(借寇)'는 구순(寇恂)을 빌린다는 뜻으로, 선정을 베푼 수령을 다시 그 고을에 임명해 달라고 청하는 일을 말한다. 중국 후한 광무제 때 구순이 하내(河內)·영천(潁川)·여남(汝南)의 태수(太守)를 맡았다가 조정에 들어와서 집금오(執金吾)에 임명되었다. 광무제를 따라 영천에 가서 도적의 항복을 받을 적에 고을 사람들이 길을 막고 "구순을 1년 동안 빌려 달라.〔借寇君一年.〕"라고 간청하자, 그곳에 머물면서 백성들을 위로하게 했다. 『후한서(後漢書)』 권16 「구순전(寇恂傳)」 참조.

274 유궁(儒宮)은 서원(書院) 또는 향교(鄕校)를 가리킨다.

275 경헌공(敬憲公)은 이계손(李繼孫, 1423~1484)을 가리키는데, 그의 시호가 경헌이다. 이계손의 호도 청련(靑蓮)이다. 『국조인물고(國朝人物考)』 권14에 임사홍(任士弘)이 지은 「이계손비명(李繼孫碑銘)」이 들어 있는데, 그 글에 "소성에 봉신하여 학교를 일으켜 난신(亂臣) 노비로 호적에서 누락된 자를 쇄환(刷還)하여 소속시키고, 명민한 자제로 자격이 있는 자를 선발하여 모아서 가르치면서 친히 수업을 했다. 경적(經籍)을 군현(郡縣)에 반포해 주고, 문신을 가려 교관(校官)으로 삼고 사시도회과시법(四時都會課試法)을 설치하니, 한 도가 크게 교화되었다. 이에 매 식년(式年)마다 영안도(永安道)는 생원과 진사가 된 자가 많았고, 과거에 급제하여 현달한 벼슬을 한 자까지 있게 되었다."라고 했다.

276 한준겸(韓浚謙, 1557~1627)을 가리키는데, 그의 시호가 문익(文翼)이다. 1628년(인조 6) 문회서원에 배향되었다.이정귀(李廷龜)가 작성한 「서평부원군증시문익공한공신도비명(西平府院君贈諡文翼韓公神道碑銘)」에 "무신년(戊申年, 1608년, 선조 41)에 어머니의 상(喪)을 당하고 삼년상을 마친 뒤 한성판윤과 대사헌을 거쳐 함경도관찰사로 나갔는데, 부임한 처음에 풍속의 순화에 스스로 책임을 지고 나이 많은 사람을 예우하고 품행이 남다른 사람을 표창하고, 선비〔士子〕들을 유액(誘掖)하여 정

고을에도 어진 이가 있어,[277] 동서로 신위를 배열했구나.
공께서 일찍이 이곳에서 도를 즐기셨으니, 남은 자취를 찾을 수 있기에
선비들의 의론이 비로소 창도하여, 일이 마치 오늘을 기다린 듯 되었다.
미덕이 나란하고 아름다움이 필적하여,[278] 간간이 앞뒤로 봉안했사오니
영령이 어둡지 않으시다면, 부디 이 잔을 받으소서!

穆廟御世, 儒化旁達. 時維文淸, 簡畀北臬.
思宣德意, 首闢庠序. 其敎其育, 有條有緖.
廣聚經籍, 厚以廩餼. 由淺入深, 必以身帥.
賢愚咸得, 遠近風動. 椎鄙一變, 弓馬絃誦.
北人叫閽, 誠深借寇. 聖褒炳然, 且示恩諭.
功德入人, 百歲如昨. 睠玆咸府, 儒宮有侐.
敬憲始享, 文翼追躋. 亦有鄕賢, 竝列東西.
公曾樂斯, 遺躅可尋. 士論始倡, 事若待今.
儷美匹休, 間間先後. 英靈不昧, 庶歆玆卣!

식(程式)을 설치하여 학문을 권장하는 한편, 『가례(家禮)』와 『소학(小學)』을 간행하여 관혼상제의 제도를 공부시키고 책을 여항(閭巷)에 널리 반포하여 백성들에게 외우도록 하여, 국경 근처의 외지고 거친 한 지역에 문교(文敎)가 큰 변화를 이루었다."라고 했다. 이정귀가 지은 이 한준겸 신도비명은 이정귀의 『월사집(月沙集)』 권43과 무명씨 찬 『국조인물고』 권58에 실려 있다.

277 이익(李瀷)의 『성호전집(星湖全集)』 권51 「경성에 부임하는 통판 이내경을 전송하는 서문〔送李通判來慶赴任鏡城序〕」에 "예전에 문공덕교(文公德敎)라는 이가 있었으니, 함흥 사람이었다. 북방 사람들이 존경하여 '동호선생(東湖先生)'이라고 일컫고 문회서원(文會書院)에 배향했으니 바로 걸출한 선비였다."라고 했다.

278 원문의 '필휴(匹休)'는 아름다움이 필적한다는 말이다. 『서경』 「낙고(洛誥)」에 "공이 감히 하늘의 아름다움을 공경하지 않을 수 없어서 와서 집터를 살펴보니 주나라에 짝할 아름다움을 지었습니다.〔公不敢不敬天之休 來相宅 其作周匹休〕"라고 했다.

지례 도동서원 추향제문(知禮道洞書院追享祭文)

이의조(李宜朝)[279]

한 시대의 영웅호걸이셨고, 명종·선조 두 조정의 원로로서

학문은 깊이 경서와 예문에 통달하시고, 덕행은 마땅히 세인들이 본받을 만하셨다.

효도하는 정성을 옮겨 임금을 섬기셨으니, 도란 원래 그 맥이 하나로 통하는 것이로다.

위의를 갖추시고 조정에 서시면, 천 길 절벽이 우뚝 선 듯하셨으며

벌하고 상 주는 글[280]을 지어 세상에 반포하셔서, 지하 원혼의 한을 깨끗이 씻어주셨고

국가 초상의 장례 제도를 논의하시자, 사람들이 그 바른 의론에 승복했다.

『유선록』에 서문을 쓰시고, 광국공신록에 이름이 오르셨으니

유교의 도통을 서술하시고, 국가의 바른 왕계를 밝히셨기 때문이었다.

북번(함경도)을 안찰하셔서는 교화를 끼치셨고, 이조에 계실 때는 공평한 도로 사람을 뽑으시니

이름이 청백리 목록에 오르시고, 재주와 도량은 종묘사직을 맡으실 만하셨다.

관직에 계시면서 맡으신 직분을 다하시자, 어린 왕을 부탁하고 한 지방의 책임을 맡길 만하다고 하여

율곡 이이 공과 사암 박순 공이, 추대하고 존중하기를 매우 성대하게 하셨다.

279 이의조(李宜朝, 1727~1805)의 자는 맹종(孟宗), 호는 경호(鏡湖), 본관은 연안(延安)이며, 경상북도 김천 출신이다. 이재(李縡)와 송능상(宋能相)의 문인으로, 벼슬하지 않고 학문에 전념했다. 1779년(정조 3) 학행으로 천거되어 공릉참봉에 임명되었으나 사양했다. 『주문공가례』를 보충하고 해설한 9권 10책의 『가례증해(家禮增解)』를 저술했다. 이 저술의 공로를 인정받아 종2품직인 첨중추(僉中樞) 오위장(五衛將)에 임명되고, 사후 19년 만인 1824년(순조 24)에 『가례증해』가 전국에 반포되었다. 송환기(宋煥箕, 1728~1807)가 「경호이공행장(鏡湖李公行狀)」을 찬술했다.

280 을사위훈(乙巳僞勳)을 삭제하는 교서를 말한다.

몸 다스림이 맑으시고, 검소하심은 유생과 같으셨으며
덕을 기르심이 정대하셔서, 성실과 신용으로 세상에 믿음을 주셨도다.
옛 서원에 편액이 하사되게 하시어, 이름을 후대에 드리우시고
지팡이와 신발로 이 고장에 노니셔서, 끼치신 향기가 남아 있기에
선비들이 논의하여 배향을 하니, 곧 도동(道洞)의 사당이로다.
먼저는 충간공(이승원)을 제사하고, 정양공(이숙기)과 문희공(이호민)을 배사했으며
선생의 황고(조부)를 추가로 철향하면서,[281] 선생(이후백)을 함께 배향하니
다섯 어진 분이 나란히 줄지어, 많은 선비들이 종주로 섬기누나.
날을 택하여 재계하고, 성대한 제례를 마련하여
맑은 술을 올리오니, 부디 너울너울 임하소서!

一代英豪, 兩朝元老. 學邃經禮, 德宜師表.
移孝事君, 道本一貫. 正色立朝, 壁立千仞.
削勳領敎, 昭雪幽究. 邦禮獻議, 人服正論.
儒先錄序, 光國勳名. 道統攸敍, 國系斯明.
北藩遺化, 東銓公道. 名錄淸白, 材優廊廟.
居官盡職, 托孤寄命. 栗老思翁, 推重若盛.
律身淸苦, 寒素如儒. 養德正大, 誠信外孚.
額宣古院, 名垂後代. 杖屨玆鄕, 遺芬所在.
士議躋享, 道洞之祠. 先祀忠簡, 靖襄文僖.
皇考追腏, 先生與同. 五賢並列, 多士攸宗.
筮日齋沐, 縟儀是將. 薦以泂酌, 庶格洋洋!

281 철향(腏享)은 충의나 도덕이 모범이 되는 사람에 대하여 위패를 묘(廟)·전(殿)·서원(書院)·사(祠)에 모시고 관리(官吏)나 사림(士林)들이 춘추(春秋)에 은전(恩典)으로 제사를 올리는 것을 말한다.

해설 도동서원(道洞書院)은 1771년(영조 47) 불천위 충간공(忠簡公) 이숭원(李崇元, 1428~1491)을 제향하기 위해 연안이씨 문중에서 건립한 서원이다. 서원이 있는 곳은 옛 지례(知禮) 지역인데, 현재는 경상남도 김천시 구성면 상좌원리로 지명이 바뀌었다. 이숭원은 조선 전기 문신으로 이조판서·형조판서·병조판서를 지냈고, 1471년(성종 2) 좌리공신(佐理功臣)으로서 연원군(延原君)에 봉해지고, 중종 때 청백리에 녹선되었다. 이 서원에는 정양공(靖襄公) 이숙기(李淑琦), 문희공(文僖公) 이호민(李好閔)을 먼저 배향했다. 이후 1789년(정조 13, 무오) 영남 선비들이 이후백과 이후백의 증조부 문장공〔이숙함〕을 추가로 배향했다.

지례 도동서원 춘추상향축문(知禮道洞書院春秋常享祝文)

순수하신 덕을 갖추시어 충효를 겸전하셨고,
학문은 경서(經書)와 예문(禮文)에 깊은 조예가 있으셨으며,
밝은 시대에 깨끗한 이름을 남겨
퇴폐한 풍속을 격동시켜 면려하셨도다.

德純忠孝, 學邃經禮.
昭代淸名, 頹俗激勵.

서봉서원 청액소(瑞峯書院請額疏)

소두(疏頭) 진사(進士) 김증(金翻)[282]

제소(製疏) 지평(持平) 김진서(金鎭瑞)[283]

삼가 생각건대 우리 선조대왕께서 재위하실 적에 인재가 울연히 일어나고 문치(文治)가 크게 밝았으니, 그때 고(故) 이조판서 이후백 같은 이가 있어서 덕행(德行)·경술(經術)·문장(文章)·언의(言議)가 진실로 진신사대부의 모범이 되고 사림의 표준이었습니다. 지금은 이후백의 시대로부터 이미 백 수십 년이 지났지만 어린아이도 여전히 청련(靑蓮)이라는 호를 외우는 자가 있으니, 초야의 어리석고 미천한 신들도 어찌 후백에 대해서 경모(景慕)하는 마음이 없겠습니까?

이미 경모하는 마음이 있으니 유림에서 존숭하여 보답하는 예를 갖추었으며, 이미 존숭하여 보답하는 예를 갖추었으니 어찌 조정에 현양(顯揚)하는 은전(恩典)을 청하지 않을 수 있겠습니까? 더구나 지금은 성명(聖明)께서 위에 계시면서 현자를 포상하고 유덕자를 높이는 것을 제일의 임무로 삼고 계시니, 이에 신들은 이후백이 현명함을 즐거이 말하여 전하께서 굽어살펴 주시기를 바라는 것입니다.

만약 신들이 어떻게 알게 되었는가라고 말씀하신다면, 한번 증명해 보이겠습니다.

신들이 삼가 선정신(先正臣) 송시열(宋時烈)이 지은 이후백의 행장을 살펴보니, 이러한 말들이 있습니다.

"기량과 재국(才局)이 뛰어나고 반듯하며 정신과 풍채가 빼어나고 밝으며 식견이 투철하고 언론이 분명하며 여유롭고 소탈하며 정대(正大)하고 차분하다. 경전

282 김증(金翻, 1647~?)의 본관은 광산(光山), 자는 운경(雲卿)이다. 1681년(숙종 7) 진사시에 2등 1위로 합격했다. 김창협(金昌協)과 교유했다.

283 김진서(金鎭瑞, 1663~1712)의 본관은 광산(光山), 자는 신보(信甫)로, 광성부원군(光城府院君) 김만기(金萬基)의 셋째 아들이다. 두 형은 김진귀(金鎭龜)과 김진규(金鎭圭)이다. 음직으로 출사하여 상의원 첨정(尙衣院僉正)과 문의현령(文義縣令) 등을 지냈다.

(經傳)을 깊이 연구하고 심오한 의미를 깊이 음미하여 독실하게 실천하고 확고하게 지켰다."

"선묘(宣廟, 선조)께서 처음 즉위하셨을 때 문성공 이이(李珥) 등 여러 현신들은 을사년의 재앙을 만약 신설(伸雪)하지 않는다면 사람들의 마음이 답답하여 나라를 다스릴 수 없게 된다고 여겨서 마침내 힘을 합하고 마음을 다하여 끊임없이 쟁론했다. 그러다가 선묘께서 여러 사람의 의론을 윤허하여 따르고서 마땅히 중외에 반교(頒敎)하는 글이 있어야 했을 때 여러 현신들이 이후백에게 미루었다. 이후백은 사양하지 않고 명을 따랐는데, 화패(禍敗)의 원류를 거슬러 올라가 사특한 자들이 기만하고 은폐한 정황을 논척한 것이 명백하고 통쾌해서, 읽는 사람들로 하여금 감격하여 눈물을 흘리기까지 하게 했다. 논자들은 '문장만 뛰어난 것이 아니라 그 지기(志氣)도 발군이라는 사실을 여기에서 볼 수 있다.'고 했다. 이로부터 의론이 크게 정해져서 선묘 대의 청명한 다스림을 열었으니, 이후백의 공이 크다고 할 수 있다."

"사암(思菴) 박상공〔박순〕은 언젠가 경연의 자리에서 아뢰기를, 이 아무개는 '6척의 고아〔15세 가량의 어린 군주〕를 부탁할 만하고 백 리 제후의 땅을 다스리는 일을 기탁할 만합니다.'라고 했다."

이른바 문성(文成)은 선정신 이이의 시호입니다. 사암은 고 상신 박순의 호입니다. 무릇 송시열의 도덕과 학문이라면 그 지혜가 남의 사람됨을 알기에 충분하고 그 말이 징험하기에 충분한데, 그가 이후백을 칭도하기를 바로 이와 같이 했으니, 이후백으로 말하면 어찌 진신사대부의 모범이요 사림의 표준이 아니겠습니까?

아아, 이것은 정말로 이후백의 대략입니다. 그리고 하나의 사실과 하나의 행실을 가리켜서 말한다면 이러합니다.

"이후백은 조모의 상을 당하여 산소를 지키기를 삼 년 동안 하면서 아침저녁으로 산소에 올라갔으며, 이를 미루어 방상(方喪, 국상)에 스스로 정성을 다하여 반드시 삼 년 동안 소식(素食)을 했으니, 그의 효성이 독실했음을 볼 수 있다."

"유몽정(柳夢井)과 김천일(金千鎰)은 모두 한 시대의 이름난 유학자인데, 예문(禮

文)에 의심스러운 점과 어두운 점이 있을 때마다 반드시 이후백에게 가서 어려운 문제를 논의했으며, 그 논변의 정확함에 감탄했다. 인성왕후(仁聖王后, 인종의 비)가 승하하셨을 때 조정에서 복제(服制)를 논한 것이 일치하지 않았는데, 이후백은 상에게 삼년상을 행하라고 청했다. 예(禮)에 근거하고 경(經)을 인용한 것이 명백하고 정치하며 합당하여, 여러 사람이 제일이라고 추대했다. 이로 보면 그가 예문(禮文)에 정통했음을 알 수 있다."

"그가 도승지로 있을 때에는 종일토록 단정하게 앉아 있어 청(廳) 안이 조용했으며, 내관과 시녀들이 서로 경계하여, '오늘 이 아무개가 정원에 들어왔으니 목소리가 밖으로 새어 나갈까 걱정이다.'라고 말했다."

"전조(이조)의 장(이조판서)으로 있을 때, 어떤 사람이 와서 벼슬을 청하니, 이후백이 정색을 하고는 책자 하나를 내어 보이는데, 대개 재주와 행실이 있는 사람들의 성명을 기록한 것으로, 그 사람도 그 속에 들어 있었으나, 마침내 말하길, '그대 이름을 기록했던 것은 장차 의망하려고 했던 것인데, 안타깝다! 그대가 청을 말하지 않았더라면 관직을 얻을 수 있었을 것이다!'라고 했다."

"일찍이 청백리에 올랐으며, 지위가 육경(六卿)에 이르렀으나 가난하고 소박하기가 유생과 같았으니, 또한 처신이 엄숙하고 굳세며 행실이 청고(淸苦)했음을 알 수 있다."

이 몇 가지는 역시 모두 송시열이 지은 글에서 나왔습니다.

그리고 고(故) 부제학 유희춘(柳希春)이 기록했듯이 "이후백의 도덕과 문장은 한 시대의 으뜸가는 모범이다."라는 등의 말과 같은 것은 모두 열거하기 어렵습니다.

송시열의 도덕과 학문이라면 그 지혜는 이후백의 사람됨을 알기에 충분하고 그 말은 후세 사람에게 믿음을 얻기에 충분한데, 그가 말한 바가 곧 이와 같습니다. 이후백과 같은 사람이 어찌 이른바 진신사대부의 모범이며 사림의 사표이어서 백 년이 지난 뒤에 사람들의 칭송을 받는 것이 아니겠습니까? 그런즉 이후백의 어짊은 온 세상이 함께 경모하는 바이며 한 지방에서만 홀로 존숭하는 바가 아닙니다. 그런데 우리 호남은 바로 이후백이 살던 땅입니다. 이 지역의 선조들은 몸소 그의 가르침을 받았고 후학들은 멀리 그의 풍성(風聲)을 흠앙하고 있으므로, 깊이 알고 간절하게 사랑하며 지극히 존숭하고 극진하게 공경함이 자연히 다른 사람보다 갑절이나 됩니다. 그리하여 마침내 강진(康津)의 고향에 사우(祠宇)를 창건하고 제기(祭器)를 진설하여 정성스럽게 제사를 지낸 지 이미 수십 년이 되었으니, 존숭하여 보답하는 도리에는 유감이 없다고 할 수 있습니다. 그러나 편액을 청하는 한 가지 일은 처음에는 차일피일하다가 거행하지 못했고, 중간에는 적절한 시기가 아니어서 영각을 폐기하여 분제(粉題)[284]를 거행하지 못하고 선현을 우러러보고 배우는 일이 매몰되었습니다.

신등이 만약에 성명(聖明)한 세상에 우러러 청하지 않는다면, 이것은 이후백을 경모하는 도리에 찐덥지 못할 뿐만 아니라. 실로 전하께서 어진 이를 포상하고 덕 있는 이를 숭상하시는 교화에 벗어나는 바가 있게 됩니다. 이에 감히 천 리 멀리 와서 글월을 봉함하여 올리며 하늘 같은 궁궐 문에 우러러 하소하는 바입니다.

삼가 바라건대 전하께서는, 저희들이 이후백을 경모하는 정성을 살피시고 조가(조정)에서 선현을 현양하는 전례를 미루어서 유사에게 특별히 명하셔서 아름다운 편액을 얼른 하사하셔서 사당의 의식이 갖추어지도록 해 주신다면, 이후백에게 빛이 나게 할 뿐 아니라 실로 상감의 성덕에 빛이 나게 될 것이니, 신들의 다행일 뿐 아니라 바로 사문의 다행일 것입니다. 신등은 이 큰 바람을 이루 다 아뢸 수 없을 정도입니다.

신등은 황송해하면서 간구하는 마음을 너무나 견딜 수 없어, 삼가 죽음을 무릅쓰고 아뢥니다.

伏以恭惟恭惟我宣祖大王在宥, 人材鬱興, 文治昭朗, 時則有若故判書李後白德行·經術·文章·言議, 允爲搢紳之模範, 士林之標的, 至今去後白之世, 雖已閱百累十載,

284 신주에 하얀색으로 고인의 관함과 이름 등을 적는 것을 말한다. 하얀색으로 글씨를 쓰는 것을 분자(粉字)라고 한다.

而兒童猶有誦青蓮之號者, 以臣等之草野愚賤, 其於後白, 亦豈無景慕之誠哉?

既有景慕之誠, 則備儒林崇報之禮, 既備儒林崇報之禮, 則安得不丏朝廷顯揚之典乎? 況今聖明在上, 以褒賢尙德爲第一務, 此臣等樂道後白之賢, 以冀殿下之垂察者也.

若曰: 臣等何從而得之? 則請有以證之.

臣等謹按先正臣宋時烈所撰後白行狀, 有曰: "器局峻整, 神彩秀朗, 見識通透, 言論明白, 蓋優游而灑落也, 正大而從容也. 研覃經傳, 沈潛奧義, 踐履篤實, 確然自守." 宣廟初服, 李文成諸賢以爲, 乙巳之禍, 若不伸雪, 人心拂鬱, 無以爲國, 遂協力竭心, 爭論不已. 及宣廟允從羣議, 當有頒敎中外之文, 諸賢皆推於後白. 後白不辭而應命, 其所以泝禍敗之源流, 斥群邪之欺蔽, 明白痛快, 至使讀者, 感激流涕, 論者謂: "不獨文章之出等, 其志氣之拔萃, 可見於此." 自是論議大定, 以啓宣廟淸明之治, 後白之功, 可謂大矣.

思菴朴相公, 嘗於筵席啓曰: "李某可以托六尺之孤, 寄百里之命."云. 其所謂文成, 卽先正臣李珥諡也. 思菴則故相臣朴淳號也. 夫以時烈之道德學問, 其知足以知之, 其言足以徵之. 其稱道後白, 乃如此. 若後白, 豈非搢紳之模範, 士林之標的哉?

噫! 此固後白之大略. 而若指一事一行而言之, 則遭祖母喪, 守墓三年, 朝夕上冢, 推以自盡於方喪, 必素食三年, 可見其篤於孝也.

柳夢井·金千鎰, 俱以一時名儒, 每有禮文疑晦, 必就後白而問難, 每歎其論辨精確. 至仁聖王后昇遐, 朝廷論服制不一, 後白請上行三年喪. 據禮引經, 明白精當, 群議推爲第一, 可知其精於禮文也.

其爲都承旨也, 終日端坐, 廳中寂然, 內官侍女相戒曰: "今日李某入政院, 惟恐語聲之出於外也."

其長銓曹也, 有人來有請. 後白正色, 出示一冊子, 蓋錄才行人姓名, 而其人亦在其中. 乃曰: "錄子名, 將以擬望. 惜乎! 子若不言, 可以得官矣!"

嘗以淸白見錄, 位至六卿, 寒素如儒, 又可知其持身之嚴毅也, 守法之公平也, 制行之淸苦也.

惟此數款, 亦皆出於時烈所撰, 而至若故副提學臣柳希春所錄: "後白道德·文章, 宗範一世"等語, 有不可殫擧也. 夫以時烈之道德·學問, 其智足以知後白, 其言足以信於後人, 而其所稱道, 乃至如此. 若後白, 豈非所謂搢紳之楷範, 士林之標的, 而其百載之下, 爲人所稱誦也? 然則後白之賢, 乃擧世之所同慕, 非一方之所獨尊. 而惟我康津, 卽後白所居之地也. 先故則躬被其誨迪, 後學則遡仰其風聲, 其所以知之深愛之切, 尊之至敬之盡, 自倍於他人. 遂就故里, 創立祠宇, 俎豆虔誠, 今已累十春秋, 其於崇報之道, 可謂無憾, 而惟是請額一事, 始則因循而未擧, 間以非時而廢閣. 粉題未擧, 觀瞻埋沒.

臣等若不仰請於聖明之世, 則不有惟歉於景慕後白之道, 實有外於殿下褒賢尙德之化. 玆敢千里封章, 仰於天閽.

伏願, 殿下察臣等景慕後白之誠, 推朝家顯揚先賢之典, 特命有司, 亟賜華額, 以備祠儀, 則非有光於後白, 實有光於聖德, 非臣等之幸, 卽斯文之幸. 臣等不勝大願.

臣等無任惶懼祈懇之至, 謹昧死以聞.

해설 이 글은 1694년(갑술, 숙종 20)에 김진서(金鎭瑞)가 제술하고 김증(金翻)이 소두(疏頭)로서 올린 것으로, 서봉서원의 편액을 청하는 내용이다. 이후 1725년(영조 1) 4월 16일(계미)에 김면(金冕) 등이 또 이후백의 서원에 편액을 내려 주기를 청하는 상소를 했다. 『승정원일기』 591책(탈초본 32책), 영조 원년(1725년) 4월 16일(계미)에 기사와 상소문이 실려 있다. 김면(金冕) 등 상소문의 내용은 김증 소두의 상소문과 내용이 거의 같다. 다만 서두(a)와 결미(b)에 다음 내용이 첨가되어 있고, 영조의 비답은 "상소를 보고 잘 알았다. 상소의 내용은 해당 조로 하여금 내게 물어 처리하도록 하겠다."라는 내용이었다고 부기했다.

(a) 삼가 아룁니다. 하늘이 우리나라를 돌보지 않아 5년 사이에 거듭 큰 재앙을 내렸습니다. 삼가 생각건대, 지극히 효성스럽고 우애로우신 우리 전하께서 거듭 화란을 당하셨으니 지난번의 슬픔과 새로운 비통함을 어떻게 견디고 계십니까? 신들이 삼

가 듣건대, 전하께서 새로 즉위하신 이후에 일심으로 선치(善治)를 도모하여 모든 일을 잘 다스렸는데, 특히 유교를 숭상하고 도학을 중시하며 많은 선비를 일으키는 것을 급선무로 삼아 이미 어두워진 의리가 이로 말미암아 밝아지게 되었고 사라져 가는 사문(斯文)이 이로 말미암아 다시 진흥되었다고 했습니다. 신들은 아랫자리에서 귀를 기울이며 뛸 듯이 기쁜 마음을 견딜 수 없습니다. 이어 삼가 생각건대, 교화의 근원이 비록 조정의 풍속이 아름다운 데 달려 있지만 실제로는 옛날의 현자에 의지하고 있습니다. 그래서 옛날의 현자를 표창하여 지금 사람들의 모범으로 삼는 것은 교화에 얼마간 도움이 되며, 이것이 서원을 설립하는 이유입니다.

(b) 지난 갑술년(1694년, 숙종 20)에 본도 유생 김증(金翻) 등이 한 편의 상소를 올려 은전(恩典)을 청했더니, 성상께서 '해당 조(曹)로 하여금 내게 물어 처리하도록 하겠다.'라고 비답을 내리셨습니다. 그런데 해당 조의 복계(覆啓)에서는 또한 말하기를, '이후백의 경술(經術)·문장(文章)·행의(行誼)·언론(言論)은 진실로 한 시대의 명현들이 받들어 복종한 바입니다.'라고 하면서, 또 '사액(賜額)의 은전을 내리는 일은 도덕과 학문이 후세에 두드러진 자가 아니면 가벼이 허락한 적이 없습니다.'라고 하고, 또 '시골 유생들의 사액 요청을 번번이 들어 줄 필요는 없다는 수교(受敎)가 있었습니다.'라고 하며, 끝내 버려두고 시행하지 않았으니, 이에 신은 개탄스럽고 답답한 마음을 견딜 수 없습니다. 이후백의 본말을 통틀어 논해 보면, '소탈하고 정대하며 깊이 음미하고 직접 실천한다.'라는 것과 '효성이 독실하고 예학에 정통하며 처신을 엄격하게 하고 행실을 맑게 한다.'라는 선정신 송시열의 찬술이 위에서 진달한 바와 같습니다. 도덕과 학문이라는 것은 진실로 이것들을 버려두고 다른 데서 구할 수 없습니다. 그리고 명현들이 받들어 복종했다고 이미 말했다면 어찌하여 후세에 표창하기에 부족합니까? 복계한 내용에서는 이미 드러내어 칭찬해 놓고, 또 이러쿵저러쿵하며 은전(恩典)을 내리는 일을 멈추라는 뜻을 보였으니, 실로 이해할 수 없는 바가 있습니다. 신들이 우러러 청하는 것이 감히 이후백을 사사로이 위하려는 것이 아니니, 성조(聖朝)에서 이를 들어주어야 하는 것이 또한 어찌 신들을 위하는 데에 있

겠습니까? 진실로 현자를 앙모하는 정성은 상도(常道)를 지키는 마음을 가진 자라면 모두 마찬가지이며, 유덕자를 숭상하는 은전은 왕정(王政)이 우선적으로 해야 할 바이므로, 청하지 않을 수 없는 바가 있으며 윤허하지 않을 수 없는 바가 있습니다. 그러니 단지 말이 시골 유생으로부터 나왔다는 것 때문에 따를 필요가 없다고 대뜸 단정하는 것이 어찌 수교의 본뜻이겠으며, 이 수교를 또 어찌 신들이 청한 일에 끌어다 적용할 수 있겠습니까? 이후백과 같은 현자가 표창하는 반열에 끼이지 못한다면 신들은 그것이 이후백에게는 손상되는 바가 없으나 성조에는 흠이 되지 않을까 걱정됩니다. 신들이 이어 들으니, 당시의 예관(禮官)도 이후백을 표창하기에 부족하다고 말하지는 않았다고 합니다. 새로운 교화를 펼치는 초기를 맞이하여 조정에서 현재 사문(斯文)에 더욱 유의하자, 지난날의 현자를 위하여 사우를 건립하려는 원근의 유사(儒士)들이 소문을 듣고 일제히 일어나서 서로 잇달아 사액을 청하여 그 수가 매우 많으므로, 그 가운데 혹 진실로 들어줄 필요가 없는 자도 있어서 예관이 취사선택을 하려 하지 않고 모두 거부하고 있습니다. 그런데 이후백처럼 탁월하고 출중한 자는 우선적으로 현양해야 하거늘 뒤섞여 방치됨을 면치 못했으니, 한때의 사세(事勢)가 그렇게 만든 것이라고 핑계를 대더라도 사림의 공공의 의론을 끝내 억누를 수 없음은 어찌하겠습니까? 이에 신들은 감히 천 리 길을 발이 부르트도록 달려와 대궐 앞에서 호소합니다. 삼가 바라건대, 전하께서는 이후백의 도덕의 실상을 깊이 생각하시고 선정신의 정론(定論)을 참고하시어 신들이 경모하는 정성을 굽어살피시고 사전(祀典)이 결여되었음을 진념하시어 유사에게 분명하게 하교하여 속히 아름다운 편액을 하사하신다면, 이후백에게 빛이 날 뿐 아니라 실로 상감의 성덕에 빛이 날 것이며 신들의 다행일 뿐 아니라 바로 사문의 다행일 것입니다. 신들은 황송해하면서 간구하는 마음을 너무나 견딜 수 없어 삼가 죽음을 무릅쓰고 아룁니다.

(a) 伏以皇天, 不弔我邦家, 五載之內, 荐降大割, 伏惟我殿下純孝至愛, 重罹險釁, 舊哀新慟, 何以堪處? 臣等伏聞殿下嗣服以來, 一心圖理, 萬目修擧, 尤以崇儒重道, 作興多士, 爲急先務, 旣晦之義理, 由是而可明, 將喪之斯文, 由是而復振, 臣等側聽下風, 不勝聳抃之至. 仍伏念教化之源, 雖係於朝廷風俗之美, 實賴於昔賢, 是以表章昔賢, 以爲今人之矜式, 蓋治化之一助, 而書院之所以設也.

ⓑ 頃在甲戌, 本道儒生金翽等, 乃呈一疏, 以請恩典, 聖批令該曹稟處, 而該曹覆啓, 蓋亦曰後白經術·文章·行誼·言論, 固是一時名賢之所推服, 而乃又以爲宣賜恩額, 若非道德·學問著於後世者, 則未嘗輕易聽許, 且謂鄕儒請額, 不必每每聽從, 曾有受教云, 而終至倚閣不行, 臣於此, 竊不勝慨恨悶鬱焉. 試以後白之本末, 總而論之, 灑落正大, 沈潛踐履, 與夫篤於孝精於禮, 嚴以持身, 淸以制行, 先正撰述, 有如上所陳者, 所謂道德·學問, 誠不可舍此而他求, 而旣謂之名賢之所推服, 則獨不足爲表著後世者耶? 覆啓之辭, 旣加褒揚, 又示評停, 實有所未可曉者矣. 夫臣等之所仰請, 非敢私於後白, 而聖朝之所宜聽許, 亦豈在於爲臣等地哉? 良以慕賢之誠, 秉彝同得, 尙德之典, 王政攸先, 有不得不請, 而有不可不許者, 則只以言出於鄕生之故, 遽斷之以不必從者, 夫豈受教之本意, 而此又何可引用於臣等所請之事乎? 如後白之賢, 而不得與表章之列, 臣等竊恐其無所損於後白, 而乃有歉於聖朝也. 臣等繼得聞其時禮官之意, 亦非以後白爲不足表章, 蓋當更化之初, 朝廷方加意斯文, 遠近儒士之爲前賢建祠者, 聞風齊起, 相續請額, 其數猥多, 其中或眞有不必聽施者, 而禮官不欲取捨, 一倂防塞. 顧以後白之卓然拔萃, 宜先顯揚, 而未免爲混同掩置之歸, 雖諉於一時事勢之致然, 而其如士林公共之議, 終不可抑遏何哉? 臣等玆敢千里繭足, 申籲於天閽. 伏願殿下, 深惟後白道德之實, 考諸先正之定論, 俯察臣等景慕之誠, 軫其祀典之欠缺, 明敎有司, 亟賜華額, 則非有光於後白, 實有光於聖德, 非臣等之幸, 卽斯文之幸. 臣等無任惶懼懇禱之至, 謹昧死以聞.

구암서원 개기축문(龜巖書院開基祝文)

도학의 연원이요, 문장의 정종이라

이백·두보처럼 훨훨 날았고, 기(夔)·용(龍)[285]과 백중세였으니

대현〔율곡을 지칭〕의 칭찬을 받았고, 화곤(華袞, 군주)의 영광을 입었으며,

난정(蘭亭)[286]에서 계를 닦고, 풍속을 아름답게 바꾸었다.

아름답고 성대하여라, 그 공덕을 형언할 길 없도다.

道學淵源, 文章正宗. 翺翔李杜, 伯仲夔龍.

大賢之褒, 華袞之榮. 蘭亭修契, 俗美花成.

猗歟盛哉, 功德難名.

해설 이후백이 일찍이 영암(靈巖) 땅에 살았으므로 호남 유생들이 이후백을 배향할 서원을 영암에 세우고자 했다. 『청련집』 중간본에서는 1801년(순조 1) 구암서원에 이후백을 배향했다고 적었다. 그런데 현재 전라남도 영암군 영암읍 장암리 1구에 남평 문씨 문중 사우인 구암사(龜巖祠)가 있는데, 이 사우는 본래 1668년에 향사우(鄕祠宇)로 건립되었다고 하며, 이후백과 함께 문익주(文益周, 1535~?) 및 서명백(徐命伯, 1678~?)을 배향하여 한동안 삼현사(三賢祠)로도 일컬어졌다고 한다. 하지만 완문(完文) 등을 보면 19세기 중반에 이후백과 문익주를 합사한 듯하다. 1687년 남평문씨 문중은 구암사의 강당인 양정재(養正齋)를 건립하고, 1778년(정조 2) 구암사를 남평

285 중국 순(舜)임금의 악관(樂官)이었던 기(夔)와 간관(諫官)이었던 용(龍)의 병칭으로, 임금을 측근에서 보좌하는 신하를 뜻한다. 『서경(書經)』「순전(舜典)」 참고.

286 난정(蘭亭)은 중국 절강성 소흥시(紹興市) 난저산(蘭渚山)에 있는 누정이다. 3월의 첫 번째 사일(巳日)에 냇가에서 몸을 씻으며 수계(修禊)를 하면 그해의 액운을 면할 수 있었다고 한다. 동진의 왕희지(王羲之)가 목제(穆帝) 영화(永和) 9년 계축년(353년) 3월에 회계(會稽) 산음현(山陰縣)의 난정에서 사안(謝安) 등 40여 인의 명사(名士)들과 함께 모여 수계를 했다. 왕희지가 「난정집서(蘭亭集序)」를 지었다.

문씨 문중 재실로 삼았으며, 1868년 구암사는 서원 훼철령으로 철폐되었다. 1928년부터 1936년까지 구암사를 다시 세우면서 남평문씨의 명조(名祖)인 문극겸(文克謙, 1122~1189)을 주벽(主壁)으로 하여 문맹화(文孟和, 1433~?)와 곽추(郭樞, 1338~?)를 추가 배향했다. 1945년 이후백의 후손들은 이후백의 위패를 전라남도 해남군 삼산면에 있는 청련사로 옮겼다.

지금의 구암사는 강당인 양정재와 3문으로 구분되어 있다. 양정재는 1961년에 중건한 건물로 정면 4칸 측면 2칸의 팔작지붕이다. 그 밖에 고직사(庫直舍)와 외삼문이 있다. 2013년 현재 문극겸(文克謙)·문익주(文益周)·서명백(徐命伯)·문맹화(文孟和)·곽추(郭樞) 등 5인을 배향하고 있다. 구암사에는 1802년에 작성된 『영암구암서원사적(靈巖龜岩書院事蹟)』 1책과 1803년, 1808년, 1845년, 연대 미상의 『구암서원청금안(龜岩書院靑衿案)』 4책, 완문과 절목, 관문 등의 고문서가 보존되어 있다.[287]

287 전라남도 영암군, 디지털영암문화대전, '구암사', https://yeongam.grandculture.net/yeongam/toc/GC04400732.

예성축문(禮成祝文)

공경히 생각하오매, 선생은 밝은 시대의 이름난 신하이며 학술과 문장은 나라의 보배이셨다. 명성은 태산 북두와 같이 높았고 기개는 〔이하 결〕.

恭惟先生昭代名臣, 經術文章, 邦國之珍, 聲名山斗, 氣……

신편 신역 청련집 - 부록(附錄)

신사(信史) 기록

조선왕조실록과 『국조보감(國朝寶鑑)』

해설 여기서는 이후백의 관력을 알 수 있도록, 『국조보감』과 『명종실록』·『선조실록』의 기록을 편년화하여 제시하기로 한다. 번역문은 한국고전번역원과 국사편찬위원회가 제공하는 DB를 활용하되, 필요한 곳은 수정하기도 하고, 최소한의 각주를 추가했다.

『국조보감』 권23, 명종 18년(1563년, 계해)

12월. 상이 명정전에 나아가 백관의 하례(賀禮)를 받고 교지를 반포하여 대사면령을 내렸는데, 종계(宗系)의 무고를 바로잡은 때문이었다. 이에 앞서 태종·중종 및 상이 즉위한 후에 여러 차례 사신을 보내어 『조훈(祖訓)』과 『회전(會典)』 가운데 종계에 대해 잘못 기록된 말을 고쳐주겠다는 황제의 허락을 받았으나, 옛것을 답습하여 실제로 고쳐지지 않고 있었다. 이해 5월에 다시 주청사 김주(金澍) 등을 보내어 더욱 강력히 청하자, 황제가 칙서를 내려 하유했다. "아, 너희 조선 국왕은 대대로 독실히 명을 따라 짐의 동쪽 울타리가 되어 왔고, 여러 차례 조계(祖系)에 관한 일로 바로잡아 주기를 청했으니, 대개 오명을 입은 것을 수치스러워하여 빨리 누명을 씻으려 하는 뜻이 말에 드러났었다. 짐이 특별히 그대의 주청을 윤허하고 사관(史館)에 지시하여 『회전』의 옛글을 따라 그대 조계의 진파(眞派)를 적어서 하자를 씻고 신뢰할 만한 기록을 전하여, 밝기가 해와 별과 같이 되었다. 조정과 그대 나라가 모두 이—환조(桓祖)의 어휘〔御諱, 자춘(子春)〕—에게서 나왔지 이인임(李仁任)에게서 나오지 않았음을 알게 되었다."라고 운운했다. 예부상서 이춘방(李春芳)이 또 『회전』의 개정본을 사신 편에 부쳐 보냈는데, 김주(金澍)는 길에서 갑자기 죽고 서장관 이양원(李陽元)이 칙서를 받들고 돌아왔다. 상이 여러 세대에 걸쳐 씻지 못했던 무함을 하루아침에 분명하게 밝혔다 하여 마침내 종묘에 고하고 사면령을 반포했다.

○ 대제학 홍섬(洪暹)에게 명하여 독서당의 인원을 선발하게 했는데, 박순(朴淳)·정유희(丁胤禧)·유전(柳琠)·최옹(崔顒)·기대승(奇大升)·이산해(李山海)·신응시(辛應時)·이후백 등 모두 여덟 사람이었다.

冬十二月, 上御明政殿, 受百官賀, 頒教大赦, 以辨正宗系之誣也. 先是太宗中宗及上卽位之後, 屢遣使請改『祖訓』·『會典』中誤錄宗系之語, 皆得旨許改, 然因循遷就, 實未嘗改. 是年五月, 復遣奏請使金澍等請益力. 皇帝勑諭曰: "咨爾朝鮮國王, 世篤恭順, 作朕東藩, 屢以祖系, 陳乞釐正. 盖恥蒙詬詆, 而急於昭雪, 情見于辭. 朕特允爾所奏, 宣付史館, 因『會典』之舊文, 載爾祖之眞派, 滌瑕傳信, 炳如日星. 朝廷與爾國, 皆知出於李〔桓祖御諱〕而不出於李仁任"云云. 禮部尙書李春芳, 又以『會典』改本, 付使臣以歸. 澍道卒, 書狀官李陽元奉勑還. 上以屢世未雪之誣, 一朝昭晰, 遂告廟頒赦. ○命大提學洪暹, 選讀書堂人員, 朴淳·丁胤禧·柳琠·崔顒·奇大升·李山海·辛應時·李後白凡八人.

『국조보감』 권23, 명종 19년(1564년, 갑자)

○2월. 사관을 관학(館學: 성균관)에 보내어 유생의 도기(到記)[1]를 취하게 한 다음, 정원에 명하여 20점 이상인 자를 뽑아 아뢰게 했다. 이튿날 반궁(성균관)에 모아 놓고

승지가 어제(御題)를 가지고 가서 시관(試官)과 함께 가서 시취(試取)하고, 시관과 성균관 관원에게 선온하고 유생들에게 황감(黃柑)을 나누어 주었다. 합격한 자는 차등 있게 시상했다. ○상이 평소 과거를 중요하게 여겨서, 국조(國朝)의 생원·진사와 문무(文武) 제과(諸科) 및 방방(放榜)·사은(謝恩)·알성(謁聖)·유가(遊街) 등의 일을 23폭에 그림으로 그리고, 홍섬(洪暹)·윤춘년(尹春年)·정유길(鄭惟吉)·민기(閔箕)·박충원(朴忠元)·심수경(沈守慶)·김계휘(金繼輝)·심의겸(沈義謙)·이산해(李山海)·이후백·기대승(奇大升)·신응시(辛應時) 등을 명초(命招)하여 각각 칠언율시 2수씩을 지어 그림의 뒤에 직접 쓰게 했다.

春二月, 遣史官于館學, 取儒生到記, 命政院抄啓二十點以上. 明日會于泮宮, 承旨賫御題, 與試官偕往試取, 宣醞于試官與館官, 頒柑于儒生. 其入格者. 賞賜有差. ○上素重科擧, 以國朝生進文武諸科及放榜·謝恩·謁聖·遊街等事, 爲圖二十三幅, 命招洪暹·尹春年·鄭惟吉·閔箕·朴忠元·沈守慶·金繼輝·沈義謙·李山海·李後白·奇大升·辛應時等, 使各賦七言律二首, 自書圖後.

『명종실록(明宗實錄)』 권31, 명종 20년(1565년, 을축) 1월 11일(기유)

이탁(李鐸)을 사헌부 대사헌으로, 박순(朴淳)을 사간원 대사간으로, 유전(柳坱)을 사헌부 집의로, 이인(李訒)을 사간원 사간으로, 신담(申湛)·이거(李蘧)를 사헌부 장령으로, 하진보(河晉寶)·한효우(韓孝友)를 지평으로, 황정욱(黃廷彧)을 사간원 헌납으로, 최정(崔頲)·황윤길(黃允吉)을 정언으로, 윤의중(尹毅中)을 성균관 대사성으로, 최옹(崔顒)을 홍문관 부응교로, 이중호(李仲虎)를 교리로, 이후백을 부교리로, 이산해(李山海)를 부수찬으로, 이택(李澤)을 경상도관찰사로 삼았다.

1 '도기'는 식당에 비치한 출석부인데, 아침과 저녁 두 끼 식사에 참석하면 1도(度)를 받았다.

以李鐸爲司憲府大司憲, 朴淳爲司諫院大司諫, 柳塽爲司憲府執義, 李訒爲司諫院司諫, 申湛·李蘧爲司憲府掌令, 河晉寶·韓孝友爲持平, 黃廷彧爲司諫院獻納, 崔頲·黃允吉爲正言, 尹毅中爲成均館大司成, 崔顒爲弘文館副應教, 李仲虎爲校理, 李後白爲副校理, 李山海爲副修撰, 李澤爲慶尙道觀察使.

『명종실록』 권31, 명종 20년(1565년, 을축) 1월 20일(무오)

홍담(洪曇)을 자헌대부(資憲大夫) 한성부판윤(漢城府判尹)으로【특명이다】, 민기(閔箕)를 이조참판으로, 이문형(李文馨)을 병조참판으로【특명이다】, 박계현(朴啓賢)을 승정원 도승지로, 유순선(柳順善)을 좌승지로, 유혼(柳渾)을 우승지로, 성순(成詢)을 좌부승지로, 이광진(李光軫)을 우부승지로, 홍인경(洪仁慶)을 동부승지로, 이식(李拭)을 홍문관 직제학으로, 민시중(閔時中)을 부교리로, 양응정(梁應鼎)을 수찬으로, 안종도(安宗道)【기량이 얕고 좁으며 사려가 원대하지 않았으며, 시세를 좇아 구차하게 꾸미고 벼슬을 잃을까 근심하는 태도가 많았다.】를 이조정랑으로, 이후백을 병조정랑으로 삼았다.

以洪曇爲資憲大夫漢城府判尹【特命也.】, 閔箕爲吏曹參判, 李文馨爲兵曹參判【特命也.】, 朴啓賢爲承政院都承旨, 柳順善爲左承旨, 柳渾爲右承旨, 成詢爲左副承旨, 李光軫爲右副承旨, 洪仁慶爲同副承旨, 李拭爲弘文館直提學, 閔時中爲副校理, 梁應鼎爲修撰, 安宗道【器量淺狹, 計慮不遠, 趨時苟容, 多存患失之態.】爲吏曹正郎, 李後白爲兵曹正郎.

『명종실록』 권31, 명종 20년(1565년, 을축) 11월 5일(무술)

성세장(成世章)을 형조참판으로, 이택(李澤)을 평안도관찰사로, 이후백·박률(朴栗)을 사헌부 장령으로 삼았다.

以成世章爲刑曹參判, 李澤爲平安道觀察使, 李後白·朴栗爲司憲府掌令.

『명종실록』 권31, 명종 20년(1565년, 을축) 11월 18일(신해)

대사간 박순(朴淳)【우윤(右尹) 박우(朴祐)의 아들이다. 천품이 청수하고 재기가 초매했다. 뭇 서적을 두루 열람하고 함양하기를 심후하게 하여 사장(詞章)으로 발휘해서 아름답고 전아해서 중국 당나라 사인(詞人)의 기풍이 있었다. 행실을 제어하길 단아하고 방정하게 하며 행동함에 예법을 준수했으며, 평소 생활에서 나태한 모습을 지닌 적이 없었다. 부친의 상중에는 3년 동안 죽을 먹었고 제사에 반드시 정성을 다해 향당에서 그 효성을 칭송했다. 일에 맞닥뜨려서는 강직하고 과단하며 의론은 자상하고 분명했다. 신유년(1561년) 무렵에 첨정 임색(林灤)이 그의 아비 임백령(林百齡)을 위해 시호(諡號)를 조정에 청했는데, 당시 박순이 홍문관 응교로서 시호를 의론했다.[2] 임색이 그 시호가 불미하다고 혐의하여 윤원형에게 호소해서 박순을 거의 불측(不測, 죽음)의 상황에 놓아두었다가, 결국 파직시켜 쫓아냈으므로 사림이 애석하게 여겼다. 박순이 조정으로 돌아오자, 평소의 소신은 더욱 확고해서 권간을 피하지 않고 윤원형의 죄악을 탄핵해서 언사와 안색이 강개했으므로, 당시에 강정(剛正)한 직사(直士)라 일컬었다.】, 장령 박률(朴栗)과 이후백【사람됨이 장중하고 근신하며 예로써 스스로를 지켜 행동거지에 준칙이 있었고, 마음에 담백함을

2 시호를 처음에는 공소(恭昭)라 했다가 후에 충헌(忠憲)으로 고쳤다.

보존하여 결코 출세를 구한 적이 없었다. 이량(李樑)이 그의 이름을 중히 여겨 끌어당겨 같은 당류로 삼고자 했지만, 퇴탁(退託, 겸양하여 물러남)해서 만나 보지 않았으며, 이 때문에 미움을 사서 심지어 배척하려고까지 했다. 뜻을 면려하여 서적을 보았고 공부한 바가 매우 정밀했으며 시문이 호건(豪健)해서 사람들이 많이 칭송했다.】 그리고 지평 하진보(河晉寶)가 아뢰었다. "배제(陪祭)[3]에 불참한 인원을 본부에서 지금 한창 명단을 뽑고 있어서, 장차. 그들을 추치(推治)하려고 하는데, 집의 김계휘(金繼輝)가 배제에 불참했다는 이유로 인혐(引嫌)하여 출사(出仕)하지 않습니다. 신들이 망령되게 헤아려, 출사하도록 계청했습니다만, 다른 사람의 경우는 추치하고 동료의 경우에는 용서하고 비호했으므로 법관의 체통을 잃음이 심합니다. 본직에 있는 것이 불가하니 신들의 직을 체직하도록 명하소서." 비답했다. "미처 자세히 살피지 못한 것이니, 사직하지 마라."

大司諫朴淳【右尹祐之子也. 天資淸秀, 才氣超邁, 博覽群書, 涵養深厚. 發爲詞章, 麗美典雅, 有唐詞人之氣. 制行端方, 動遵禮法, 平居未嘗有惰容. 執親之喪, 啜粥三年, 祭祀必誠, 鄕黨稱其孝. 遇事剛果, 議論詳明. 辛酉年間, 僉正林漢爲其父百齡請謚于朝, 時以弘文應教議謚. 嫌其不美, 訴于尹元衡, 幾置不測, 竟至罷黜, 士林惜之. 及還朝, 素守尤確, 不避權奸. 彈論元衡罪惡, 辭色慷慨. 時稱剛正直士.】, 掌令朴栗·李後白【爲人莊重謹愼, 以禮自持, 動止有則, 心存淡泊, 未嘗干進. 李樑重其名, 欲引爲黨類, 退託不見, 以此見忤, 至欲排擯. 勵志觀書, 所學甚精, 詩文豪健, 人多稱誦.】, 持平河晋寶啓曰: "陪祭不參人員, 本府時方抄出, 將爲推治, 而執義金繼輝以不參陪祭, 引嫌不仕. 臣等妄料, 啓請出仕, 在他人則推治, 在同僚則容護, 其失法官之體甚矣. 不可在職, 請命遞臣等之職." 答曰: "未及詳察, 勿辭."

3 '배제'는 임금이 제례를 행할 때 신하가 따라가서 제사에 참석하는 것을 말한다. 중종의 세 번째 왕비 문정왕후(文定王后) 윤씨가 음력 4월 6일에 세상을 떠나 음력 7월 12일(병오)에 발인했으며, 음력 10월 22일 탄신일을 맞아 문덕전(文德殿)에서 제례 행사가 있었다.

『명종실록』 권31, 명종 20년(1565년, 을축) 11월 22일(을묘)

이사증(李思曾)을 평안도 병마수군절도사로 삼고【이해 가을 서해평(西海坪)〔자성강구(慈城江口) 부근의 호인(胡人) 부락〕을 체찰하고 탐색할 때 호인(胡人)이 험지를 거점으로 요격해서 사졸이 마침내 사망했다. 조정은 장차 서쪽으로 정벌할 뜻을 두었으므로, 특별히 이사증을 보내 준비하고 보호하게 했다. 이사증이 비록 노숙한 장수이지만, 나이가 70이 넘었다. 염파(廉頗)나 마원(馬援)의 용맹을 지닌 것도 아닌데, 장수를 택함이 반드시 이 사람이라야 한다니, 조정에 무재(武才)가 없음을 알 만하다.】, 이후백을 의정부 사인(舍人)으로 삼았다.

以李思曾爲平安道兵馬水軍節度使【是年秋, 西海坪體探時, 胡人據險邀擊, 士卒乃死. 朝廷將有西征之意, 故特遣思曾以備護焉. 思曾雖宿將, 年過七十矣. 非有廉頗·馬援之勇, 而擇將必於是人, 朝廷之無武才, 可知矣.】, 李後白爲議政府舍人.

『명종실록』 권32, 명종 21년(1566년, 병인) 2월 3일(을축)

박대립(朴大立)【동기간과의 우애가 조금도 쇠퇴하지 않았고 또한 공무에 근면했다. 다만 사람들이 그의 불학(不學)을 단점으로 여겼다.】을 황해도관찰사로, 이양원(李陽元)을 병조참의로, 심의겸(沈義謙)을 홍문관 직제학으로, 이후백【일찍부터 시에 능하다는 명성이 있었고 몸가짐이 단아(端雅)했다.】을 사헌부 집의로, 김첨경(金添慶)을 사간원 사간으로, 고경허(高景虛)를 의정부 사인(舍人)으로 김계휘(金繼輝)를 홍문관 응교로, 이우직(李友直)【기질이 침울 혼탁하고 별달리 재식(才識)이 없었다.】을 사간원 정언으로 삼았다.

以朴大立【友愛同氣, 未嘗少替. 且勤於公務. 但人以不學短之.】爲黃海道觀察使,李陽元爲兵曹參議, 沈義謙爲弘文館直提學, 李後白【早有能詩名, 持身端雅.】爲司憲府執義, 金添慶爲司諫院司諫, 高景虛爲議政府舍人, 金繼輝爲弘文館應教, 李友直【氣質沈濁, 別無才識.】爲司諫院正言,

『명종실록』 권32, 명종 21년(1566년, 병인) 2월 4일(병인)

헌부가 아뢰었다. "태학은 선성(先聖, 공자)을 향사(享祀)하고 현사(賢士)가 관계하는 바이며, 예의를 서로 앞세우는 곳입니다. 그 노비는 소종소로부터 본관이 스스로 구획하여 사역해서 해조(사헌부)가 간여하지 않았습니다. 결코 사부(斜付)【고역을 회피하여 타사(他司)에 이속되는 것을 사부라 한다.】하거나 종량(從良)하는 길이 없습니다. 하물며 그곳 노비는 본시 전조(고려)의 명유 문성공(文成公) 안유(安裕)가 성균관에 헌납한 것입니다. 지금까지 3백여 년 사이에 일찍이 관의 노비로서 그 직역을 회피하려 꾀한 자가 있다고는 들어 보지 못했습니다. 근래에 인심이 간사하고 외람되어 본분을 지키지 않고 문득 참망(僭妄)한 계책을 내어 이르러 가지 않는 바가 없으니, 극히 통분할 일입니다. 청릉령(淸陵令) 이염(李爓)이 관비 종합(從合)과 상간(相奸)했는데, 솔축(率畜)하기 이전에 낳은 딸을 선원(璿源)에 기록하기까지 했으니, 이미 외람되거늘, 그런데도 또 오히려 부족하여 무엄하게 상언을 올려 맞지 않는 사례를 망령되게 인용하는가 하면, 그 첩 종합을 포공(布貢)으로써 사섬시에 이속시켜 그 솔축하려던 계획을 이루었으니 그 마음 씀이 극히 간사합니다. 바라건대, 『선원록(璿源錄)』을 개정하고 이염은 먼저 파직하고 뒤에 추고하며, 종합은 포공을 시키지 말고 본사(本司)에 되돌려 소속시키소서. 그때 본관의 당상【대사성 허엽(許曄)】 및 색관원(色官員)은 마땅히, 솔축하기 이전에 낳은 딸을 법에 의하여 종량을 허락하지 말았어야 했는데, 인정에 끌려 정도를 굽혀 사정을 따랐으니, 바라건대 추고하여 치죄하소서. 상언을 회계할 때 장례원 관원들【판결사(判決事) 이집(李楫)과 사의(司儀) 안종도(安宗道)】이, 본관의 노비는 사부(斜付)하거나 종량할 수 없음을 모르지 않으면서도 사리에 의거하여 방계(防啓, 계품을 막음)하지 않았으니, 아울러 추고해서 중죄로 다스려 후일의 폐단을 막으소서."

비답했다. "아뢴 대로 하라."

憲府啓曰: "大學乃先聖所享, 賢士所關, 而禮義相先之地也. 其奴婢, 自祖宗朝, 本館自爲區役, 而該曹不與焉. 了無斜付【竄避苦役, 移屬他司者, 謂之斜付】從良之路也. 況其奴婢, 本係前朝名儒文成公安裕所納於成均館者也. 至今三百有餘年, 未聞館奴婢謀逭其役者也. 近來人心奸濫, 不守本分, 輒生僭妄之計, 無所不至, 極爲痛憤. 淸陵令爛·館婢從合相奸, 其未率畜之前, 所産之女, 至錄於璿源, 已爲汎濫, 而猶爲不足, 又冒呈上言, 妄引不中之例, 其妾從合以布貢, 移屬於司贍寺, 以售其率畜之謀. 其爲用心, 姦譎極矣. 請『璿源錄』改正, 爛先罷後推, 從合勿爲布貢, 還屬本司. 其時館堂上【大司成許曄】及色官員, 所當以未率畜前所生, 依法勿許從良, 而牽情曲從. 請推考治罪. 上言回啓時, 掌隷院官員等【判決事李楫·司議閔宗道】非不知館奴婢, 不可爲斜付從良, 而不能據理防啓. 請竝推考重治, 以防後弊." 答曰: "如啓."

『명종실록』 권32, 명종 21년(1566년, 병인) 2월 10일(임신)

헌부가 아뢰었다. "신들이 경상도 봉화(奉化)의 정병(正兵) 우성현(禹成賢)과 안동의 정병 이열(李悅) 등 34인의 연명장(連名狀)을 보니 강원도 삼척부(三陟府)에 거주하는 내수사(內需司) 노(奴) 맛산〔末叱山〕 등이 결당하고 작폐(作弊)한 것이 전날의 청홍도(淸洪道) 태안군(泰安郡) 반노(叛奴)와 다름이 없으므로, 경상·강원 양도 감사에게 이문(移文)하여 추열(推閱)하게 했는데 양도의 추안(推案)이 막 본부에 도착했으므로, 지금 강원도 감사의 이문을 보니 '내수사에서 신본궁(新本宮)의 노(奴) 명석(命石)의 고소(告訴)로 인하여 성상께 주달하여 수감된 노 맛산 등을 속히 방면하라는 판하(判下)를 형조에 알려서 본도에 행이(行移)하게 했다.'라고 했습니다. 신들이 삼가 명석의 소장 내용을 보니 모두 꾸며 대어 기망(欺罔)하고 딴 일을 뒤섞어 은연히 고소장을 올렸으니 극히 통분스럽습니다. 하물며 맛산 등은 직접 중죄를 범했으므로, 의당 형신(刑訊)을 하여 실정을 알아내서 국법을 분명하게 보여야 하는데도 내수사가 내지(內旨)를 얻어 냄으로써 갑자기 방면을 명하셨습니다. 이는 죄 있는 사람을 유사(有司)가 붙잡았으나 근시(近侍)가 방면해 준 셈이니 장차 어떻게 백성에게 법을 보이려 하십니까? 남아(南牙)·북시(北寺)[4]의 구분이 이미 오늘에 형성되었으니 어찌 한심하지 않습니까? 청컨대 맛산 등을 방면하지 말고 끝까지 추고하여 그 죄를 정하시고, 명석(命石)이 거짓으로 고소한 죄를 유사(攸司)로 하여금 추고해서 엄중히 다스리도록 하소서."

비답했다. "맛산 등의 원정(元情)을 다시 추고하여 계문할 일로, 감사의 곳에 하서(下書)하는 것이 옳겠다. 급히 형추해서는 안 된다. 명석은 미욱한 사람으로 빈한한 노가 수감된 것을 민망히 여겨 고소장을 올린 것이다. 추치할 필요가 없다. 윤허하지 않는다."

憲府啓曰: "臣等見慶尙道奉化正兵禹成賢·安東正兵李悅等三十四人連名之狀, 則江原道三陟府居內需司奴末叱山等, 結黨成弊, 與前日淸洪道泰安郡叛奴無異, 故移文于慶尙·江原兩道監司推閱, 則兩道推案, 初到本府, 而今見江原監司移文, 則'內需司因新本宮奴命石之告, 上達天聽, 囚禁奴末叱山等, 急速放送事, 判下報刑曹, 行移本道'云. 臣等伏見命石狀辭, 皆爲誣飾欺罔, 雜以他事, 隱然呈訴, 極爲痛憤. 況末叱山等, 身犯重罪, 所當刑訊得情, 明示邦憲, 而因內需司取旨, 遽命放送. 是有罪之人, 有司執之, 而近習放之, 將何以示法於民哉? 南(牙)〔寺〕北寺之分, 已成於今日, 豈不寒心? 請末叱山等勿放畢推, 以定其罪. 命石瞞告之罪, 令攸司推考重治." 答

4 '남아(南牙)'는 '남아(南衙)'로 재상부(宰相府)를 가리키고, '북시(北寺)'는 환관을 가리킨다. 남아는 궁궐 남쪽에 있는 관아로 재상들이 정무(政務)를 보던 곳이고, 북시는 내정(內庭)의 북쪽에 있어 주로 호위 무관이나 환관들이 기거하던 곳이다.

曰: "末叱山等元情, 更推啓聞事, 監司處下書, 可也. 不可遽卽刑推也. 命石則以迷劣人, 悶貧寒之奴被囚, 呈訴矣. 不必推治也. 不允."

『명종실록』 권32, 명종 21년(1566년, 병인) 2월 12일(갑술)

대사헌 박계현(朴啓賢), 집의 이후백, 지평 정엄(鄭淹)·최홍한(崔弘僩)이 아뢰었다. "삼가 엊그제 내리신 성비(聖批)를 보니, 맛산〔末叱山〕의 추안(推案)을 일단 들여오라는 일로 전교하셨습니다. 무릇 언관으로서 일을 아뢰는 즈음에 모든 소문을 충분히 따져서 그 적실을 확인한 뒤에야 논집하므로 대부분 윤허를 받아 위아래 사이에 정의(情義)가 부응하게 됩니다. 더욱이 이 추관의 보고한 내용은 그 범법한 상황이 환히 드러나 의심이 없는데, 신들이 어찌 감히 어리석은 백성의 소장만을 믿고 실질이 아닌 일을 가지고 천청(天聽)을 번거롭게 하겠습니까? 위에서 추안을 열람하려 하시는 것은 사체에만 미안할 뿐이 아닙니다. 신들이 모두 무상(無狀)해서 이목의 직책에 있으면서 상께 신임을 받지 못하고 있으니, 어떻게 백사(百司)를 규찰하며 법을 쓰는 데 편벽됨이 없겠습니까? 본직에 있기가 미안하니 바라건대 신들의 직을 갈으소서."

비답했다. "내가 불민하니 어찌 사체를 알겠는가? 다만 그 원정(元情)을 속히 알고자 하여 추안을 들이라고 명한 것이다. 이 어찌 대간을 불신하는 데까지 이르겠는가? 사직하지 마라. 추안은 들여오지 말고 처음의 전교에 따라 하서(下書)하여, 다시 추고하여 계문하게 한 뒤에 처리해도 늦지 않겠다."

大司憲朴啓賢·執義李後白·持平鄭淹·崔弘僩啓曰: "伏覩昨日聖批, 則末叱山推案, 姑入事傳敎矣. 大抵, 言官於啓事之際, 凡有所聞, 十分詳覈, 知其的實然後論執, 故多蒙允許, 上下之間, 情義相孚. 況此推官所報, 則其所犯事狀, 昭著無疑. 臣等豈敢徒信愚民之訴, 將不實之事, 煩瀆於天聽乎? 自上欲覽推案, 非但於事體未安, 臣等俱以無狀，待罪耳目之地，不得取信於上，其何以糾察百司，而用法無(頗)〔頹〕乎？在職未安，請遞臣等之職.” 答曰：“予以不敏，豈識事體乎？但欲速知元情，命入推案矣. 此豈至於不信臺諫乎？宜勿辭. 推案則勿入，而依初教下書，更推啓聞後處之未晩也.”

『명종실록』 권32, 명종 21년(1566년, 병인) 2월 12일(갑술)

간원이 아뢰었다. “내수사가 근자에 남상(濫觴)의 폐단이 극심합니다. 밖으로는 무뢰(無賴)한 노(奴)가 작당하여 무리를 이루어 양민을 학대하고 재산을 겁탈하는데, 주인을 배반한 노와 역사(役事)를 도피한 백성이 모두 이에 투탁하고 있습니다. 무지한 백성이 감히 어찌하지 못할 뿐 아니라, 지방관까지도 감히 버티지 못합니다. 거세어 거리낌없는 것이 난민(亂民)과 동일하여, 안으로는 하찮은 벼슬아치가 내지를 받았다 일컬으며 분수에 넘치는 호령을 하여 심지어 사람을 형벌하고 사람을 죽이기를 마치 형관(刑官)이 하듯이 하고 방백(方伯)·수령(守令)에게 이문(移文)하기를 마치 품격 높은 아문(衙門)과 다름없이 합니다. 이는 모두 조종조에서는 듣지 못한 일입니다. 저 명령을 받들어 봉행(奉行)하기를 행여 남보다 뒤질까 염려하는 자는 말할 것도 없습니다. 깊이 애석한 일은 성군이 위에 계시는데도 비정(秕政)의 심함이 쇠란한 시기와 같은 점입니다. 모르겠습니다, 내수사가 국가에 수용(需用)하는 것이 얼마나 되기에 이 밝은 시대에 큰 누(累)를 끼치고 있는지요? 제갈량(諸葛亮)이 이르기를, ‘궁중(宮中)과 부중(府中)이 다 일체이니, 척벌(陟罰)과 장부(臧否)에 차이가 없어야 한다. 만약 간악한 짓을 하여 법을 범하는 자가 있으면 의당 유사에게 맡겨서 평명(平明)한 다스림을 밝혀야 한다.’[5]라고 했습니다. 궁중의 일에도 오히려 차이가 없고자 했거늘, 하물며 이 조그마한 내수사의 일을 어찌 환관·궁노

5 제갈량의 「출사표(出師表)」에 나오는 말이다.

의 하는 짓에 맡겨서 왕정에 음험한 무지개를 드리우게 해야 하겠습니까? 무릇 백성들이 소송장을 올리는 곳은 별도로 본읍·본도가 있고 또 법사가 있어 신리(伸理)할 수 있으며, 내수사의 노는 유독 백성이 아니거늘 어찌 이런 자들을 위하여 사건 처리하는 한 유사(有司)를 따로 설치할 수 있겠습니까? 바라건대 지금부터 내수사는 해당 소관 이외의 모든 정소(呈訴)·청리(聽理)와 추치(推治) 등 일을 일절 하지 못하게 하여, 한편으로는 북시(北寺: 환관)가 정사에 간여하는 조짐을 막고 한편으로는 왕자(王者)의 무사(無私: 사심 없음)한 정사를 보이소서. 또한 맛산 등이 작폐한 사건은 많은 양민들의 고발에서 발론되었고 본도 추관(推官)의 보고에 상세하여, 그 죄가 뚜렷하여 의문이 없으므로, 바라건대 속히 쾌히 공론에 따르소서. 횡행하여 작폐해서 백성에게 해를 끼치는 자는 이들뿐만이 아니므로 적발하여 치죄해서 큰 폐단을 제거할 것을 아울러 각도 감사에게 하유(下諭)하소서."

비답했다. "내수사는 예전부터 설립되어 있었고, 정소를 받아 청리하고 추치하는 따위의 일 또한 오늘 시작된 것이 아니다. 지금 만약 일절 못 하게 한다면 아마도 훗날의 폐단이 없지 않을 것이다. 다만 일에 따라 상찰(詳察)을 더할 뿐이지, 금지까지 할 것은 없다. 내노(內奴)의 작폐가 비록 없지는 않으나, 완악한 백성들이 사혐(私嫌)을 품고 정소한 것이 아닌지 어찌 알겠는가? 횡행하여 작폐해서 백성에게 해를 끼치는 자는 드러나는 대로 살펴서 다스릴 것이지, 왕언(王言)을 자주 각 도에 하달할 필요가 없다. 맛산 등의 일은 아뢴 대로 하라."

내수사의 일에 대하여 오랫동안 계청하자 비로소 윤허했다.

諫院啓曰: "內需司, 近者濫觴弊極. 外則無賴之奴, 結黨成群, 賊虐良民, 劫奪財産. 叛主之奴·逃役之民, 皆於是乎投托. 非但無知小民莫敢誰何, 至於守土之臣, 亦莫敢(技)〔枝〕梧. 悍然無忌, 同於亂民, 內則瑣微之官, 稱承內旨, 陵駕號令. 甚至刑人殺人, 有若刑官之爲. 文移方伯守令, 有若高品衙門. 此皆祖宗朝未聞之事. 彼承風奉行, 如恐不及者, 固不足道也. 所可深惜者, 聖君在上, 而稗政之甚, 同於衰亂之時. 未知, 此司之所需於國家者幾何, 而致此明時之大累乎? 諸葛亮曰: '宮中府中, 俱爲一體, 陟罰臧否, 不宜異同. 若有作奸犯科, 宜付有司, 以昭平明之治.' 宮中之事, 尙不欲異同, 況此幺麼一司之事, 豈可獨從其宦官宮奴之所爲, 使蝃蝀於王政乎? 凡民呈訴之地, 自有本邑本道, 亦有法司, 可以伸理. 內需之奴, 是獨非民, 而乃爲此輩別設聽理之一司乎? 請自今以後, 內需司, 其該掌之外, 凡呈訴聽理推治等事, 一切勿爲, 一以杜北寺預政之漸, 一以示王者無私之政. 且末叱山等作弊之事, 發於許多良民之訴, 詳於本道推官之報, 其罪犯昭著無疑, 請速快從公論. 其橫行作弊, 貽害百姓者, 非止此人, 摘發治罪, 以除巨弊事, 竝下諭于各道監司." 答曰: "內需司, 自古設立, 而呈訴聽理推治等事, 亦非自今日始也. 今若使一切勿爲, 則恐不無後弊. 但當隨事更加詳察而已, 不必至於禁止也. 內奴之作弊, 雖或不無, 亦安知頑愚之民, 懷嫌呈訴乎? 橫行作弊·貽害百姓者, 隨現察治, 而不須頻下王言於各道也. 末叱山等事, 如啓." 內需司事, 久啓, 依允.

『명종실록』 권32, 명종 21년(1566년, 병인) 2월 20일(임오)

헌부가 아뢰었다. "인군은 한 나라를 집으로 삼아서, 그 정사(政事)가 하나에서 나와야 하지, 갈려서 둘로 되어서는 안 됩니다. 조종조 이래 내수사의 설치는 다만 대내(大內)에서 사용되는 미포(米布)·잡물(雜物)과 노비를 관장하여 왔으나, 역시 옛 제왕의 온 천하에 공공성을 보이던 의의는 아니었습니다. 하물며 그 소관 이외에 정소(呈訴)를 받아서 청리(聽理)하며 추치(推治)하고 형신(刑訊)하는 일 등은 유사(有司)의 직책으로 삼는 바이거늘 내수사가 아울러 행하는 것이어서, 그 설립된 본의를 헤아려 본다면 잘못이 아주 심하여 하나의 나라에 두 가지 법을 두는 격이거늘 백성들이 어디를 따라야 하겠습니까? 그 설치된 인원이 법전에 분명하여, 그 공무를 충분히 거행할 수 있거늘, 다시 초당(貂璫)을 띤 근행(近幸)으로써 제조를 삼아 법 이외의 임무를 맡겼으니, 이 무리는 비위를 맞추고 뜻을 받드는 것이 본성으로 되었을 뿐, 민원(民怨)에 관계되는 일에는 다만 사심으로 논단하니 어찌 공의의 소재를 다시 알겠습니까? 그 말류의 폐단이 내수사에 소관된 사람이 걸핏하면 내지(內旨)로써 종사하기에 이르러서 백성들이 손발을 둘 곳이 없습니다. 정사의 하자가 이보다 더 심한 것이 없습니다. 성상이 위에 계시어 의당 혁신해야 하시거늘 혁신하지 않으시므로 간원과 시종의 논란이 격발하여 이어서 일어나는 것입니다. 바라건대, 속히 쾌히 공론을 따르시어 공과 사, 의(義)와 이(利)의 변별을 분명하게 하소서. 고(故) 진산부수(珍山副守) 윤(倫)의 아내 박씨(朴氏) 등 20가가 본부에 소장을 올려 말하기를, '그 조상 운성부원군(雲城府院君) 박종우(朴從愚)의 노비를 수정(守貞)이 내수사에 낸 고소에 의해 전부다 탈취당하여 억울함과 민망함이 한량없습니다.'라고 했습니다. 신들이 형조와 장례원의 전후 문안(文案)을 가져와 상고해 보니 그 노비는 박종우의 아내 정혜옹주(貞惠翁主)【곧 태종공정대왕(太宗恭定大王)의 딸이다.】의 사패(賜牌)와는 관계되지 않는다고 했는데, 해사가 상고할 수 있는 문안을 상고하지 않고 일체 수정(守貞)의 무함 상소만을 옳다고 여겼습니다. 만약 신리(伸理)하지 않으면 백성들의 억울함이 극에 이를 것입니다. 어찌 국가의 수치가 아니겠습니까? 바라건대, 해조로 하여금 자세히 분간하되 이미 녹안(錄案)된 것은 다시 분간하게 하여 성상의 평명하신 다스림을 밝히소서. 이조·병조 낭료(郎僚)의 천망은 비록 법전에 기재된 바는 아니지만 그 유래가 이미 오래되었으니, 어찌 사림을 청선(淸選)하는 지경에서 반드시 그 적격자를 얻고자 하는 것이 아니겠습니까? 이 때문에 의망(擬望)하는 즈음에 이조는 반드시 병조의 추천을 기다려 의망하고 병조 또한 동료들과 함께 의론하여, 그런 뒤에 추천하는 것입니다. 근자에 병조의 낭관에 결원이 있자, 이조가 본조의 추천을 기다리지 않고 스스로 3망을 주의했고, 병조는 한 동료가 병으로 출사하지 않았는데 감히 처음 들어온 인원을 추천했으므로, 단지 구례를 모두 훼손했을 뿐만이 아니라 사대부 사이의 미풍(美風) 또한 아주 쓸 듯이 없어졌습니다. 신들은 정조(政曹)의 체도가 중하지 못하게 됨이 오늘부터 시작될까 두렵습니다. 이조·병조의 낭청을 아울러 추고해서 치죄하소서."

비답했다. "내수사의 일은 나의 뜻을 죄다 간원과 옥당에 알렸다. 박종우의 노비는 해조가 이미 자세히 살펴서 이미 정안(正案)에 기록했다. 지금 윤(倫)의 아내 박씨 등의 정소만으로는 경솔히 다시 분간할 수가 없다. 윤허하지 않는다. 이조·병조의 낭청은 아울러 추고하라."

내노(內奴)의 문제는 오래도록 계청했으나 윤허하지 않았다.

【사신은 논한다. 이때 윤원형이 이미 피죄되어 조정의 상하가 다 치세를 원하는 마음을 가졌으나, 사방의 귀로 자신의 귀를 통하게 하여 선언(善言)을 받아들이는 곳에 간혹 사람 뜻에 차지 않는 문제가 있었고, 한두 대신이 다시 탐람함으로 자리를 차지해 버티고 있었으므로, 비록 뜻있는 선비가 강개(慷慨)하게 나서려다가도 시사(時事)를 주시(注視)하고는 또한 구차히 따라가기만을 힘썼다.】

憲府啓曰: "人君以一國爲家, 其爲政, 宜出於一不可岐而二之也. 自祖宗朝, 內需司之設, 只掌內用米布及雜物奴婢, 而亦非古昔帝王爲天下示公之義, 而況所掌之外, 如呈訴聽理推治刑訊等事, 則有司之所職, 而內需司竝行焉, 揆諸設立之意, 其失尤甚. 一國二法, 民誰適從乎? 所設之員, 昭在法典, 足以擧其任也, 而又以貂璫近幸, 作爲提調, 以付法外之事, 此輩以逢迎承順成性, 其於干涉民怨之事, 直以私心論斷, 豈復知公議之所在哉? 其流之弊, 至於本司管下人, 動以內旨從事, 民無所措手足. 政之疵纇, 莫此爲甚. 聖明在上, 當革而不革, 諫院侍從之論, 所以激發而繼起也. 請速快從公論, 以明公私義利之辨. 故珍山副守倫妻朴氏等二十家, 呈狀于本府以爲: '其祖上雲城府院君朴從愚奴婢, 因守貞陳告于內需司, 盡數被奪, 冤悶無際.' 云. 臣等取考刑曹掌隸院前後文案, 則其奴婢, 不干於朴從愚妻貞惠翁主【卽太宗恭定大王之女也.】之賜牌也. 而該司不考可考之文, 一以守貞誣訴爲正. 若不伸理, 則民之負冤極矣. 豈不爲國家羞乎? 請令該曹詳細分揀, 其已錄案者改分揀, 以昭聖上平明之理. 吏兵曹郎僚薦望, 雖非法典所載, 而其來已久, 豈非以士林淸選之地, 必欲得其人哉? 是故擬望之際, 吏曹必待兵曹之薦而擬之, 兵曹亦必待同僚之齊議, 然後薦之. 頃者兵曹郎官有闕, 吏曹不待本曹之薦, 而自擬三望, 兵曹有一同僚, 因病不仕, 而敢薦初入之員, 非但盡毁其舊例, 士大夫間美風, 亦爲掃地. 臣等竊恐, 政曹之不重, 自今日始. 吏兵曹郎廳, 請竝推考治罪." 答曰: "內需之事, 予意盡諭于諫院玉堂矣. 朴從愚奴婢, 該曹詳察, 已錄正案. 今不可以倫妻朴氏等呈訴, 輕易改分揀也. 不允. 吏兵曹郎廳, 竝推考." 內奴事, 久啓不允.

【史臣曰: "時尹元衡旣已被罪. 朝廷上下, 咸有願治之心, 而四聰納善之地, 間有未滿人意之事. 一二大臣, 復以貪婪據位, 雖有志之士, 慷慨欲爲, 而熟視時事, 亦務苟隨矣."】

『명종실록』 권32, 명종 21년(1566년, 병인) 2월 28일(경인)

이중호(李仲虎)를 사헌부 집의로, 이후백을 홍문관 부응교로, 백인걸(白仁傑)【강정(剛正)한 사람이다. 젊었을 때 김안로(金安老)의 뜻에 거슬렀다. 을사사화가 일어나자 나라를 위해 몸을 잊고 의리의 실행에 용감하여, 위로는 밀지의 그릇됨을 논하고 아래로는 윤원형(尹元衡)의 죄를 탄핵했다. 그 기상이 의연(毅然)하여 범할 수 없음을 대개 엿볼 수 있다. 적폐된 지 20여 년 동안에 영위를 일삼지 않고 곤궁에 처하여서도 태연했으므로 사람들이 그 청고(淸苦)를 숭모했다.】을 사도시(司䆃寺) 첨정으로, 송하(宋賀)를 홍문관 부교리로 삼았다.

以李仲虎爲司憲府執義, 李後白爲弘文館副應教, 白仁傑【剛正人也. 其少也, 曾爲金安老所忤. 及乙巳禍起, 爲國忘身, 勇於爲義, 上論密旨之非, 下劾尹元衡之罪. 其氣象之毅然, 不可犯, 蓋可見矣. 謫廢二十餘年, 不事營爲, 處窮晏如, 人皆慕其淸苦.】爲司䆃寺僉正, 宋賀爲弘文館副校理.

『명종실록』 권32, 명종 21년(1566년, 병인) 3월 16일(정미)

송기수(宋麒壽)를 예조판서로, 김개(金鎧)를 형조판서로 삼았다. 【사신은 논한다.

김개는 처음에는 청렴하고 근신하다고 일컬어졌으나 늘그막에 가산을 영위하여, 앞뒤가 크게 어긋났다. 바야흐로 윤원형(尹元衡)과 심통원(沈通源)이 재상으로 있을 때 김개가 소를 올려 상에게 병을 조리하는 방법을 권하면서 '침흥(寢興)을 시각(時刻)에 맞추고 기거(起居)를 편리에 따르며 마음에 걸리는 일은 일절 물리쳐 떨쳐 버리고 백사의 집무는 삼공에게 맡기십시오.'라고 했으니, 그 혼암(昏暗)함이 어찌 여기에 이를 수 있단 말인가? 한평생의 가식이 말로에 낭패하여 드러나고 말았으니 진실로 애석하다!】

이황(李滉)을 겸 홍문관 예문관 대제학으로 삼았다.【사신은 논한다. 이황은 학문이 정심하고 실천이 독실하며 문장과 절행이 일세의 표준이다. 염정(恬靜)에 편안히여 영진(榮進)을 좋아하지 않았다. 중묘(중종)조부터 누차 사직했다가 누차 일어났다. 집이 예안에 있어, 몸은 비록 물러나 떠나갔으나 조정은 항상 그 자리를 비워 두어 그를 초치하고자 하는 뜻을 보인 지가 10여 년이었다. 지난 해에 간곡히 빌어 바야흐로 벼슬에서 풀려나고 본현의 도산에 터를 잡아 그 안에 정사를 지은 뒤 속인을 물리쳐 사절하고 날마다 성리를 연구하는 것을 일삼으므로, 조야가 상상하고 바라보며 그가 포부를 더욱 펴 나가기를 바랐다. 상이 특별히 이전의 동지(同知)라는 관직을 신명하여 거듭 불렀으나 상경의 길에 올랐다가 병이 일어나 누차 되돌아가기를 간청하므로 상이 어의를 보내 문병하고 동조(공조)의 장(판서)을 탁배했다. 홍섬도 일시의 물망이 그에게 귀속된 것을 알고 문형의 자리를 간곡히 사양했다.】

유전(柳㙉)【남을 이기고 해치려는 마음이 없고 총명이 남보다 뛰어났다.】을 사간원 사간으로, 이후백을 홍문관 응교로, 민시중(閔時中)을 부응교로, 정철(鄭澈)【염담(恬淡)하여 영위하는 일이 없고 추향하는 바에 향방이 있었다.】을 사간원 헌납으로, 이인(李訒)·이제민을 홍문관 교리로, 김억령을 부교리로, 임수신(任壽臣)【사람 됨이 단아하고 집상(執喪)에 예가 있었다.】을 예조좌랑으로, 이경명(李景明)【사람 됨이 강명(剛明)하게 꿋꿋이 세워져 있는 기개가 없다. 처음에 기대항(奇大恒)의 취허(吹噓)를 입어 청현의 길에 통할 수 있었다.】과 황정식(黃廷式)[6]을 사간원 정언으로, 이해수(李海壽)【이탁(李鐸)의 아들로, 아정(雅靜)하고 말이 적었다.】를 홍문관 부수찬으로, 안용(安容)을 예문관 대교(待敎)로, 박인수(朴麟壽)【천성이 본시 교만하고 망령되며, 탐음(貪淫)하고 방자했다. 일찍이 해주목사로 있을 때에 관적(官糴)을 윤원형의 전장(田庄)에 바치기까지 했으니 다른 일은 미루어 알 수 있다. 송림(松林)을 모두 다 벌채하고 온 창고를 기울여 곡식을 훔쳐 내니, 고을 사람들 사이에 '의창이 바다에 뜨고 수양산이 남쪽으로 기울어졌다.〔義倉浮海, 首陽南傾.〕'라는 말이 있었다. 역임하는 주진(州鎭)마다 관창(官娼)은 비록 지친(至親)이 사랑했던 자라도 반드시 모두 통음(通淫)했다. 어리석고 천한 전복(典僕)들도 개돼지로 여겨 침을 뱉지 않는 자가 없었다.】를 장단 도호부사로, 박영준(朴永俊)【위인이 교활하고 약아빠져서 시기와 사태를 잘 보아 일을 회피하고 몸을 사렸다. 일찍이 청렴 근신하다는 명예를 훔쳤으나 사실은 탐사(貪奢)·기음(嗜淫)하여 취할 만한 행실이 없었으니, 일생의 행사가 거짓일 뿐이다.】을 지중추부사로, 강섬(姜暹)을 동지중추부사로 삼았다.

以宋麒壽爲禮曹判書, 金鎧爲刑曹判書.【史臣曰: "鎧, 初以廉謹稱, 暮年營爲, 大戾前後. 方元衡·通源爲相, 鎧上疏, 勸上以調病之方曰: '寢興以時, 起居隨便, 關心之事, 一切屛去, 百司之務, 付諸三公.' 何其昏暗之至此耶? 平生假飾, 末路敗露, 良可惜哉!"】

李滉兼弘文館藝文館大提學.【史臣曰: "滉學問精深, 踐履篤實, 文章節行, 表準一世. 安於恬靜, 不喜榮進. 自中廟朝, 屢辭屢起. 家在禮安, 身雖退去, 朝廷尙虛其位, 以示願致之意者十餘年. 前歲懇乞方解, 卜地於本縣之陶山, 築精舍其中, 屛謝俗人, 日以硏窮性理爲事, 朝野想望, 庶幾展布. 上特申同知舊官以召, 登途病作, 屢請還歸. 上遣醫問疾, 擢長冬曹. 洪暹亦知時望所屬, 懇辭文柄."】

柳堣【無剋害之心, 聰明過人.】爲司諫院司諫, 李後白爲弘文館應敎, 閔時中爲副應敎, 鄭澈【恬淡無營,[7] 所趨有向方.】爲司諫院獻納, 李訒·李齊閔爲弘文館校理, 金

6 황정욱(黃廷彧)의 형이다. 탈초본에서 '黃廷或'으로 교감한 것은 잘못이다.

7 탈초본에는 '官'으로 되어 있으나, 실록 원문의 자형은 '營'의 잘못인 듯하다.

億齡爲副校理, 任壽臣【爲人端雅, 執喪有禮.】爲禮曹佐郎, 李景明【爲人無剛明植立之氣. 初被奇大恒吹噓, 得通淸顯.】黃廷式爲司諫院正言, 李海壽【鐸之子, 雅靜少言.】爲弘文館副修撰, 安容爲藝文館待敎, 朴麟壽【性本驕妄, 貪淫自恣. 曾爲海州牧使, 至捧官糴於元衡田庄, 他可推知. 盡伐松林, 傾倉偸竊, 邑人有'義倉浮海首陽南傾'之語. 所歷州鎭官娼, 雖至親所戀, 必盡通淫. 愚賤典僕, 莫不以犬豕唾之.】爲長湍都護府使, 朴永俊【爲人巧黠, 善觀時態, 避事謀身. 曾盜廉謹之名, 而其實貪奢嗜淫, 無行可取, 一生行事詐而已矣.】爲知中樞府事, 姜暹爲同知中樞府事.

『명종실록』 권34, 명종 22년(1567년, 정묘) 1월 10일(병인)

사은사(謝恩使) 공조참판 윤옥(尹玉)이 북경으로 가던 도중에 황제의 붕어【지난 12월 14일에 있었다.】를 듣고 그 유조(遺詔)와 예부(禮部) 상례 사목(喪禮事目)을 치계(馳啓)했다. 정원에 전교했다. "지난 신사년〔1521년, 중종 16〕【무종 황제가 죽던 해】 거애(擧哀) 이하의 모든 일을 속히 상고해서 아뢰라." ○영의정 이준경 등이 명을 받들고 빈청에 나오니 상이 윤옥의 서장 및 대행황제(大行皇帝)의 유조와 예부 상례 사목을 빈청에 내리고 일렀다. "오늘 마땅히 바로 거애하여야 하지만 지난 신사년〔1521년, 중종 16〕에는 정현왕후(貞顯王后)[8]가 시어(時御)[9]하시기 때문에 중묘(中廟, 중종)가 비록 거애하시기는 했으나 친히 곡하시지 않았는데, 이번에도 왕대비[10]가 시어해 계시니, 어찌해야 하겠는가?" 이준경 등이 의계(議啓)했다. "오늘의 거애는

8 정현왕후(貞顯王后, 1462~1530)는 성종의 계비이자 중종의 모후(母后)로, 성은 파평윤씨로 우의정 영원부원군(鈴原府院君) 윤호(尹壕)의 딸이다. 1473년(성종 4) 숙의(淑儀)에 봉해지고, 1479년 연산군의 생모인 왕비 윤씨가 폐출되자 1480년 11월에 왕비로 책봉되었다. 존호(尊號)는 자순화혜(慈順和惠)이고, 휘호(徽號)는 소의흠숙(昭懿欽淑)이다.

9 아직 생존해 계시는 것을 말한다.

10 인종(仁宗)의 비 인성왕후(仁聖王后) 박씨(朴氏, 1514~1577)를 말한다.

의당 신사년의 예에 의거해야 합니다. 다만 『일기』를 상고해 보면, 그날 이경(二更)에 상이 사정문(思政門)으로 나와 근정전(勤政殿) 뜨락 서쪽에 이르러 도보로 악차(幄次)에 들어가 행례(行禮)를 했습니다. 지금은 날씨가 한랭하고 상감의 체후(體候)가 좋지 않으시니, 멀리 나가서는 안 되십니다. 다만 사정전 뜨락에서 신사년의 예에 따라 행례하시는 것이 어떻겠습니까?" 비답했다. "그리하라." ○신시(申時)에 상이 대행황제를 위하여 백관을 거느리고 거애했다.

○의정부 우의정 권철(權轍)을 하등극사(賀登極使)로, 지중추부사 정유길(鄭惟吉)을 부사로, 한성부 판윤 정종영(鄭宗榮)을 진향사(進香使)로, 형조참판 송찬(宋贊)을 진위사(陳慰使)로 충용(充用)했다.

謝恩使工曹參判尹玉於赴京中路, 聞皇帝崩【在去十二月十四日】馳啓遺詔及禮部喪禮事目. 傳于政院曰: "辛巳年【武宗皇帝崩年】擧哀以下諸事, 速考以啓." ○領議政李浚慶等, 承命詣賓廳. 上以尹玉書狀及大行皇帝遺詔·禮部喪禮事目, 下賓廳曰: "今日當卽擧哀, 而辛巳年, 則貞顯王后時御, 故中廟雖擧哀, 不親哭. 今亦王大妃時御, 何以爲之?" 浚慶等議啓曰: "今日擧哀, 當依辛巳年例爲之. 但考日記, 則其日二更, 上出自思政門, 至勤政殿庭西, 步入幄次行禮. 今則日氣寒冷, 上候未寧, 不宜遠出. 只於思政殿庭, 依辛巳年例行之, 何如?" 答曰: "如啓." ○申時, 上爲大行皇帝, 率百官擧哀. ○以議政府右議政權轍充賀登極使, 知中樞府事鄭惟吉充副使, 漢城府判尹鄭宗榮充進香使, 刑曹參判宋贊充陳慰使.

『명종실록』 권34, 명종 22년(1567년, 정묘) **1월 12일**(무진)

전교했다. "중국 사신이 나오면 백성이 반드시 고단하고 피폐하게 될 것이다. 금년의 단오(端午)·탄일(誕日)·동지(冬至) 등에 올릴 물선(物膳)·방물(方物)을 아울러 모두 정지하고 면제하도록 하라."

○의정부 좌찬성 홍섬(洪暹)을 천사관반(天使館伴)으로, 예조판서 박충원(朴忠元)을 원접사로, 홍문관 전한 이후백과 의정부 사인 기대승(奇大升) 및 이조좌랑 이산해(李山海)【이색(李穡)의 후예로, 여섯 살에 능히 대자(大字)를 짓고 성동(成童)이 되기 전에 여러 차례 향시(鄕試)에 으뜸을 했다. 당시 사람들이 천선(天仙)처럼 바라보았으니, 참으로 기사(奇士)이다.】를 원접사 종사관으로 충용했다.

傳曰: "天使出來, 民必困弊. 今年端午誕日冬至等物膳, 方物竝皆停免." ○以議政府左贊成洪暹充天使館伴, 禮曹判書朴忠元充遠接使, 弘文館典翰李後白·議政府舍人奇大升·吏曹佐郞李山海【李穡之後, 六歲能作大字. 未及成童, 累冠鄕額, 時人望之如天仙, 眞奇士也.】充遠接使從事官.

『선조실록(宣祖實錄)』 권2, 선조 1년(1568년, 무진) 8월 12일(기축)

이날 영상(영의정)과 우상(우의정)이 춘추관(春秋館)에 좌기(坐起)하여 실록청(實錄廳)의 인원을 마련했는데, 홍섬(洪暹)을 총재관(摠裁官)으로, 오겸(吳謙)·이황(李滉)·이탁(李鐸)을 도청당상(都廳堂上)으로, 박충원(朴忠元)·박순(朴淳)·김귀영(金貴榮)·윤현(尹鉉)·박응남(朴應男)·윤의중(尹毅中)을 참찬관(參贊官)으로, 이후백을 외방당상(外房堂上)으로, 김난상(金鸞祥)·민기문(閔起文)·윤근수(尹根壽)·유희춘(柳希春)을 도청낭청(都廳郎廳)으로, 이담(李湛)·이충작(李忠綽)·신응시(辛應時)·황정욱(黃廷彧)·이산해(李山海)·구봉령(具鳳齡)·정철(鄭澈)·이해수(李海壽)·신담(申湛)·정언신(鄭彦信)·정사위(鄭士偉)·류성룡(柳成龍) 등 12명을 각방낭청(各房郎廳)으로 삼았다.

是日, 領·右相坐春秋館, 磨鍊實錄, 以洪暹爲摠裁官, 吳謙·李滉·李鐸爲都廳堂上, 朴忠元·朴淳·金貴榮·尹鉉·朴應男·尹毅中爲參贊官, 李後白爲外房堂上, 金鸞祥·閔起文·尹根壽·柳希春爲都廳郎廳, 李湛·李忠綽·辛應時·黃廷彧·李山海·具

獻齡 · 鄭澈 · 李每壽 · 申湛 · 鄭彦信 · 鄭士偉 · 柳成龍十二人爲各房郎廳.

『선조실록』 권3, 선조 2년(1569년, 기사) 8월 26일(정묘)

이후백을 도승지에, 유희춘(柳希春)을 우부승지에, 윤주(尹澍)를 동부승지로 삼았다.

以李後白爲都承旨, 柳希春爲右副承旨, 尹澍爲同副承旨.

『선조실록』 권4, 선조 3년(1570년, 경오) 5월 14일(신사)

간원이 논계했다. "승지 등이 12일 사직단(社稷壇)에서 상감께서 몸소 기우제를 지내실 때 요석(褥席)과 소여(小輿)를 시각에 맞추어 배설하지 못했습니다." 상이 도승지만 체직하라고 명했다. 상이 승지가 논계를 당했다는 이유로 명일(明日)의 조강(朝講)을 정지하고 석강(夕講)만 하게 했다.
○이날 정사(政事)가 있었다. 이후백을 도승지로, 박승임(朴承任)을 우승지로, 김난상(金鸞祥)을 대사간으로, 교리(校理) 최홍한(崔弘僩)을 의주목사(義州牧使)로 삼았다.

諫院論啓, 承旨等於十二日社壇親祭時, 褥席小輿, 不能趁時排設. 上命只遞都承旨. 上以承旨被論之故, 停明日朝講, 只爲夕講. ○是日有政. 以李後白爲都承旨, 朴承任爲右承旨, 金鸞祥爲大司諫, 校理崔弘僩爲義州牧使.

『선조실록』 권5, 선조 4년(1571년, 신미) 3월 20일(신사)

상이 정시(庭試)에서 장원한 이후백에게 가선(嘉善)의 품계를 상으로 가자(加資)하도록 명했다.

上命庭試魁李後白賞加嘉善.

『선조실록』 권5, 선조 4년(1571년, 신미) 10월 14일(계묘)

대사헌 박응남(朴應男)이 병으로 체직되었다. 당일 정사하여 이조에서 김귀영(金貴榮)·노수신(盧守愼)·이후백 세 명을 의망했으나 망(望)이 들어가기 전에 상이 이조 정청(政廳)에 전교했다. "전라 감사 유희춘(柳希春)을 시키는 것이 좋겠다."

大司憲朴應男病遞. 當日爲政, 吏曹以金貴榮·盧守愼·李後白擬大司憲望, 未入, 上傳于吏曹政廳曰: "全羅監司柳希春, 爲之可也."

『선조실록』 권6, 선조 5년(1572년, 임신) 10월 1일(갑인)

유희춘(柳希春)이 아뢰었다. "이 시대 사장(詞章)의 인사로는 노수신(盧守愼)·김귀영(金貴榮)·윤현(尹鉉)·이후백·기대승(奇大升)·박승임(朴承任)이 가장 두드러집니다만, 이후백이 조금 지삽(遲澁)하다고들 합니다."

柳希春曰: "當代詞章之士, 盧守愼·金貴榮·尹鉉·李後白·奇大升·朴承任最著, 而後白差遲澁云,"

『선조실록』 권6, 선조 5년(1572년, 임신) 11월 9일(신묘)

특지(特旨)로 이후백을 대사헌으로 삼았다.
特旨, 以李後白爲大司憲.

『선조실록』 권7, 선조 6년(1573년, 계유) 1월 4일(을유)

이후백을 호조참판으로, 박대립(朴大立)을 형조참판으로, 이양원(李陽元)을 대사헌으로, 박승임(朴承任)을 도승지로, 김첨경(金添慶)을 판결사(判決事)로, 신희남(愼喜男)을 집의(執義)로, 유희림(柳希霖)을 장령(掌令)으로, 김규(金戣)를 교리(校理)로, 정지연(鄭芝衍)을 지평(持平)으로, 조정기(趙廷機)를 수찬(修撰)으로, 이경명(李景明)을 부수찬(副修撰)으로 삼았다.

以李後白爲戶曹參判, 朴大立爲刑曹參判, 李陽元爲大司憲, 朴承任爲都承旨, 金添慶爲判決事, 愼喜男爲執義, 柳希霖爲掌令, 金戣爲校理, 鄭芝衍爲持平, 趙廷機爲修撰, 李景明爲副修撰.

『선조실록』 권7, 선조 6년(1573년, 계유) 6월 23일(신미)

삼공(三公)이 참찬(參贊)과 육경(六卿)을 거느리고 대제학 차출 건으로 예궐(詣闕)했다. ○전 대제학 노수신(盧守愼)이 이후백·김귀영(金貴榮)·노진(盧禛)을 대제학의 의망인(擬望人)으로 삼았다. 삼공과 참찬 원혼(元混), 이조판서 박영준(朴永俊), 호조판서 정종영(鄭宗榮) 등 모두 6원(員)이 권점(權點)했는데, 이후백·김귀영은 모두 6권(圈)이고 노진은 4권이었다.

三公率參贊及六卿, 以大提學差出詣闕. ○前大提學盧守愼, 以李後白·金貴榮·盧禛爲大提學之擬. 三公及參贊元混·吏判朴永俊·戶判鄭宗榮凡六員圈之. 李後白·金貴榮竝六圈, 盧禛四圈.

『선조실록』 권7, 선조 6년(1573년, 계유) 6월 24일(임신)

정사(政事)가 있었다. 김귀영을 대제학으로, 이후백을 제학(提學)으로 삼았다.

有政. 以金貴榮爲大提學, 李後白爲提學.

『선조실록』 권7, 선조 6년(1573년, 계유) 7월 2일(경진)

정사(政事)가 있었다. 이조참판의 망(望)에 이후백·박근원(朴謹元)·윤의중(尹毅中)이 들었는데, 이후백이 낙점받았다. 이비(吏批, 이조 전형관)가 아뢰었다. "병조판서가 궐석이므로 차출해야 하는데, 정2품의 반열은 원수(元數)가 많지 않은 데다가 더러 쇠약하고 병든 사람도 있어서 의망(擬望)할 사람이 모자라니, 어찌해야 하겠습니까?" 상이 비답했다. "그렇다면 종2품으로 삼망(三望)을 갖추어 써서 아뢰도록 하라." 강사상(姜士尙)·이후백·노진(盧禛)이 망에 들었는데, 강사상이 되었다.

有政. 吏曹參判望; 李後白·朴謹元·尹毅中入, 而李後白受點. 吏批啓: "兵判有闕, 當差出, 而正二品之列, 元數不多, 而或衰病之人, 擬望乏少, 何以爲之?" 上答曰: "然則以從二品備三望, 書啓可也. 姜士尙·李後白·盧禛入望, 而姜士尙爲之.

『선조실록』 권7, 선조 6년(1573년, 계유) 7월 17일(을미)

정사가 있었다. 원혼(元混)을 좌참찬(左參贊)으로, 성세장(成世章)을 우참찬(右參贊)으로, 이후백을 동지성균관사(同知成均館事)로, 윤의중(尹毅中)을 병조참판(兵曹參判)으로, 유희춘(柳希春)을 겸동지경연(兼同知經筵)으로, 노진(盧禛)을 동지춘추(同知春秋)로, 유도(柳濤)를 동부승지(同副承旨)로, 김규(金戣)를 집의(執義)로, 이해수(李海壽)를 사간(司諫)으로, 유희림(柳希霖)을 장령(掌令)으로, 신점(申點)을 홍문교리(弘文校理)로 삼았다.

有政. 以元混爲左參贊, 成世章爲右參贊, 李後白爲同知成均館事, 尹毅中爲兵曹參判, 柳希春爲兼同知經筵, 盧禛爲同知春秋, 柳濤爲同副承旨, 金戣爲執義, 李海壽爲司諫, 柳希霖爲掌令, 申點爲弘文校理.

『선조실록』 권7, 선조 6년(1573년, 계유) 9월 16일(계사)

전교했다. "주청사(奏請使) 이후백에게는 가자(加資)하고 전지 30결(結) 및 외거노비(外居奴婢) 5구(口)를 아울러 내리라. 부사(副使) 윤근수(尹根壽)에게는 가자하고 전지 20결 및 노비 3구를 아울러 내리라. 윤탁연(尹卓然)에게는 가자하고 전지 15결을 내리라." 이에 이후백은 가의대부(嘉義大夫)가 되고 윤근수는 가선대부(嘉善大夫)가 되었다.

傳: "奏請使李後白加資, 田三十結, 外居奴婢幷五口. 副使尹根壽加資, 田二十結, 奴婢幷三口. 尹卓然加資, 田十五結." 於是後白爲嘉義, 根壽爲嘉善.

『국조보감』 권25, 선조 6년(1573년, 계유) 11월

주청사(奏請使) 이후백과 윤근수(尹根壽) 등을 보내 이미 무함으로 밝힌 종계(宗系)와 시역(弑逆) 등의 일을 속수(續修)하는 『회전(會典)』에 추가해 넣어 줄 것을 청했는데, 중국이 이때 『대명회전』을 속수하는 중이기 때문이었다. 예부상서(禮部尙書) 육수성(陸樹聲) 등이 복제(覆題)[11]하기를, "조선이 한 말에 의하건대, 종계(宗系)는 각자 본원(本源)이 따로 있어 이미 이인임(李仁任)과는 다르다고 하고, 또 '우리 나라의 태조는 추대를 받아 왕이 된 것이므로 왕씨를 시해한 일과는 무관하다.'고 했습니다. 우리 황조(皇祖)의 『대훈(大訓)』에 실린 것은 진실로 한때 잘못 전해진 말에서 정보를 얻은 것입니다. 저쪽에서 후손들이 변명하는 말은 참으로 효성스러운 일념에서 나온 것입니다. 그들이 대대로 예의를 지키며 우리에게 아주 독실하게 충성을 바치고 근실해 온 것을 생각하여, 그들이 요청한 바에 의거하여, 성지(聖旨)를 받들었으니, '해당 나라에서 올린 전후의 주청 내용을 황조의 『실록』에 자세히 편찬해 넣고, 새 『회전』은 칙지를 기다려 속수할 때 추가해 넣어라.'라고 했습니다."라고 했다. 이에 칙유(勅諭)를 내렸는데, 그 대략은 이러했다. "그대의 태조 모(某)는 오래도록 옳지 못한 죄명[12]을 들써 왔는데 우리 열성조가 살펴 주신 덕분에 이미 누명을 씻고 개정했다. 이에 『실록』을 수찬하는 기회에 전후의 주청 내용을 갖추어 채록해 넣어 영원히 드리우게 했다. 짐은 그대가 예의를 지키는 나라인 데다가 또 일이 군신의 대의에 관계된 것임을 생각하여 특별히 요청한 대로 윤허하고, 즉시 이 사실을 초록해서 사관(史館)에 주어 『숙조실록(肅祖實錄)』[13]에

11 복제(覆題)는 제복(題覆)과 같다. 중국 명나라 육부(六部)의 상서(尙書)가 황제의 질문에 답하여 올리는 공문서이다. 조선의 사신이 청하는 사안을 정문으로 써서 예부(禮部)에 올리면, 예부에서 정문을 검토한 뒤 요약 정리하여 황제에게 올려 윤허를 받았다.

12 원문의 '불위(不韙)'는 옳지 못한 죄라는 뜻이다. 『춘추좌씨전(春秋左氏傳)』 '은공(隱公) 11년'에 나온다.

13 『숙조실록(肅祖實錄)』은 중국 명나라 『세종실록(世宗實錄)』을 가리킨다. 명나라 태조 주원장(朱元璋)의 부친 이름이 '주세진(朱世珍)'이었기 때문에 명나라에서는 '세(世)' 자를 피했다. 묘호가 세

자세히 써 넣었다가 나중에 새 『회전』을 편수할 때를 기다려 너희가 선대의 억울함을 씻겨 달라고 부르짖는 그 간곡한 뜻을 위로해 주겠노라."

十一月, 遣奏請使李後白·尹根壽等, 乞將宗系弑逆已辨誣等事, 增入續修會典. 盖皇朝方修續『大明會典』故也. 禮部尙書陸樹聲等覆題曰: "據稱宗系各有本源, 旣與李仁任不同, 又謂: '國祖由于推戴, 亦與弑王氏無預.' 在我皇祖之大訓, 固得于一時之傳聞. 在伊裔孫之辨詞, 實出於一念之誠孝. 念其世秉禮義, 克篤忠勤, 依其所請, 奉聖旨: '該國前後奏辭, 備細纂入於皇祖『實錄』內, 新『會典』則候旨續修增入.'" 仍降勑諭略曰: "爾祖某, 久蒙不韙, 荷我列祖垂鑑, 已爲昭雪改正. 玆者纂修『實錄』, 欲將前後奏辭, 備行採錄, 以垂永久. 朕念爾系守禮之邦, 且事關君臣大義, 特允所請, 卽命抄付史館, 備書于『肅祖實錄』. 俟後修新『會典』, 以慰爾籲雪先祖懇情."

『선조실록』 권7, 선조 6년(1573년, 계유) 12월 21일(정묘)

조강이 있었다. 영상(領相) 이탁(李鐸), 동지경연(同知經筵) 이후백·유희춘(柳希春), 특진관(特進官) 강섬(姜暹)·성세장(成世章), 승지(承旨) 구봉령(具鳳齡)이 입시했다. 유희춘이 '이윤(伊尹)이 임금에게 거듭 고하기를'이라는 한 문단을 강독하고 아뢰었다. (중략)

강독이 끝나고서 대간·승지가 진언하고, 유희춘이 그 뒤에 아뢰었다. "최근에 상감께서 동파(東坡)의 시(詩)를 들여오라고 명하셨는데, 신은 상감께서 한두 곳을 살펴보려 하시는 것인지, 머물러 두고 보려 하시는 것인지 모르겠습니다. 소식은 사람 됨이 긍호(矜豪)하고 궤휼(詭譎)하며 심술이 바르지 않아서 문사(文詞)에 나

종(世宗)인 가정제(嘉靖帝)의 경우 묘호 대신 시호를 사용하여 숙황제(肅皇帝)·숙조(肅朝)·숙묘(肅廟) 등으로 지칭했다. 앞에 나왔다.

타낸 것도 역시 모두 불평스럽습니다. 이 때문에 예엽(芮曄)이 학교의 정사를 맡았을 때에 주자(朱子)가 글을 보내어 논하기를 '소씨(蘇氏)는 웅심(雄深)하고 번묘(繁妙)한 글로 경위(傾危)하고 변환(變幻)하는 버릇을 선동하므로 그 때문에 그 해독을 입는 사람들이 살에 젖고 뼛속에 스미게 되어도 스스로 깨닫지 못한다.'[14]라고 했으니, 이제 바로 뿌리를 뽑고 근원을 막아야만 세찬 물결이 동방으로 밀려오는 것을 막을 수 있습니다. 상감께서 만약에 시에서 흥기시키고자 하신다면, 「주자 감흥시」 20수가 있습니다. 대개 모두 오언(五言)으로, 전부 1천 2백 60자 가운데 천지 만물의 이치와 성현의 만고의 마음과 고금 만사의 변천이 모두 다 들어 있습니다. 음운(音韻)이 또랑또랑하고 흥취가 유원(悠遠)하여 음영하는 사이에 의미가 심장합니다. 이 시로 그것에 대체하시면 다행하겠습니다."

윤현(尹晛)이, 소식이 이천(伊川, 정이)을 시기한 일을 아뢰었다.

유희춘이 아뢰었다. "소식은 도덕을 말해서는 대본(大本)을 어지럽히고 사실을 논해서는 권모(權謀)를 숭상하며, 통달(通達)을 귀하게 여기면서 명검(名檢)은 천하게 여기고 부화(浮華)를 어지럽게 과시하면서 본실(本實)을 잊으므로, 막연하여 예법과 염치가 무엇인지를 모릅니다. 이 때문에 이천(정이)의 규구(規矩)·준승(準繩)을 보면 꺼리고 미워하는 것이 심하기가 마치 훈유(薰蕕)와 빙탄(氷炭)의 사이처럼 상반됩니다. 신은 전에 중국 송나라 고종이 소식·황정견(黃庭堅)의 시를 즐겨 보는 것에 대해 군자들이 유감스럽게 여기지 않을 수 없었음을 보았는데, 하물며 전하의 성명(聖明)으로 어찌 이러하실 수 있겠습니까?"

有朝講. 領相李鐸·同知經筵李後白·柳希春·特進官姜暹·成世章·承旨具鳳齡入侍. 希春講伊尹申告于王一段.(중략) 講畢. 臺諫·承旨進言, 希春進於其後曰: "頃日, 上命入東坡詩, 臣未知上欲者一二處耶? 欲留覽耶? 蘇軾爲人, 矜豪詭譎, 心術不正, 發於文詞, 亦皆不平. 是故芮曄掌學校之政, 朱子遺書論曰: '蘇氏以雄深繁妙之文,

14 주희(朱熹), 「여예국기(與芮國器)」, 『회암집(晦庵集)』 권37.

扇其傾危變幻之習, 以故人之被其毒者, 淪肌浹髓, 而不自知.' 今正當拔本塞源, 庶乎可以障狂瀾, 而東之. 自上若欲興於詩, 則有「朱子感興詩」二十首在. 蓋皆五言, 凡一千二百六十字之中, 天地萬物之理. 聖賢萬古之心·古今萬事之變, 無不在焉. 音韻鏗鏘, 興致悠遠, 吟詠之間, 意味深長. 以此詩, 易在彼幸甚." 尹晛言蘇軾媢嫉伊川之事. 希春曰: "蘇軾語道德則迷大本. 論事實則尙權謀, 貴通達而賤名檢, 衒浮華而忘本實, 漠然而不知禮法廉恥之爲何物. 是以見伊川之規矩準繩, 其忌惡之甚, 如薰蕕氷炭之相反也. 臣嘗觀宋高宗好觀蘇·黃詩, 君子不能無憾. 況以殿下聖明, 豈可如此乎?"

『선조실록』 권8, 선조 7년(1574년, 갑술) 1월 28일(갑진)

상이 아침에 문소전(文昭殿)에서 시선(視膳)했다. ○어제 이조와 병조의 병사(兵使)의 천망에 김수생(金水生)과 고참(高參)이 올랐는데, 이판(吏判) 김귀영(金貴榮)과 참판 이후백이 성균관 윤차(輪次)의 날에 모여 유희춘이 극력 추천하는 말을 듣고서 그대로 따른 것이다.

上朝視膳于文昭殿. ○昨日, 吏·兵曹兵使薦金水生·高參, 吏判金貴榮·參判李後白, 會成均館輪次日, 聞柳希春力薦而從之也.

『선조실록』 권8, 선조 7년(1574년, 갑술) 3월 3일(무인)

이비(吏批)[15]가 아뢰었다. "이번 정사(政事) 때에 이조판서를 차출해야 하는데, 참

15 이조(吏曹)의 판서, 참판, 참의로 이루어진 인사위원회이다. 여기에 이방승지(吏房承旨)가 참관했다.

판 이후백은 과시(課試)에 나가서 참예해야 하니 소신(小臣) 혼자 정사를 하게 됩니다. 정2품의 사람이 부족하니 삼공(三公)과 의논하여 의망(擬望)하는 것이 어떻겠습니까?" 상이 아뢴 대로 하라고 했다.

吏批啓曰: "今政吏曹判書差出, 而參判李後白, 以課試進參, 而小臣獨爲政事. 正二品之人不足, 三公處議論擬望, 何如?" 上命如啓.

『선조실록』 권8, 선조 7년(1574년, 갑술) 5월 2일(을해)

전좌(殿坐)하자 제신(諸臣)들이 입시하니 술과 과일을 내렸다. 정시(庭試)에 유생(儒生)으로서 들어온 사람이 1천 5백 수십 인이었다. 사시(巳時)[16]가 되자 또 특별히 선온(宣醞)했다. 출제할 때에 영상(領相) 홍섬(洪暹)과 우상(右相) 노수신(盧守愼)이 유희춘(柳希春)을 불러 함께 의논하자, 유희춘이 '제학(提學)도 자리에 있다.'고 하니, 정승이 즉시 이후백도 아울러 불렀다.

네 관원이 부제(賦題)를 '부자장(夫子墻)'·'상관이선相觀而善)'·'우국원년풍(憂國願年豊)'·'지련수언(止輦受言)'으로 의망을 하니, 상이 첫번째 글제에 낙점(落點)했으니, 곧 영상 홍섬이 낸 것이다. '지련수언'은 유희춘이 낸 것인데, 노수신이 또한 좋다고 칭찬했다.

오시(午時) 정각까지 한정하고, 시권(試券) 수배 도(度)를 거두어 아홉 군데로 나누어 초고(初考)를 했는데, 두 사람씩 일고(一考)가 되었다. 이 시장(試場)에서 19인이 등(等)에 들었는데, 이각(李覺)이 수석했다.[17] 문신(文臣) 2품 이하에게는 아울러 활

16 사시(巳時)는 오전 9시부터 11시까지인데, 여기서는 오전 9시를 말한다.

17 『문과방목』에 보면 선조 7년(1574년) 갑술 별시에 병과 7위(10/15)로 급제했다. 9월 13일에 설행되었으며, 문과의 시제(試題)는 「고려청물통여진표(高麗請勿通女眞表)」였다. 이 해의 별시는 이왕가의 태조 종계를 고친 것을 축하하기 위해〔改宗系稱慶〕 실시한 것이다. 9월 27일 방방(放榜)했다.

쏘기를 시험해서, 최경회(崔慶會)가 25분(分)으로 으뜸을 했다.

미시(未時)[18]에 상이 환궁하여 입시한 제신(諸臣)에게 음식을 주도록 명했다. 얼마 있다가 도로 나왔다. 신시(申時: 오후 3~5시)가 되자 바람이 매우 쌀쌀하므로, 승지가 '오래 앉아 계시는 것이 미안합니다.'라고 아뢰니, 상이 마침내 환궁했다. 유시(酉時: 오후 5~7시)가 되어 등급 매기기를 끝내고 시권과 함께 입계(入啓)하니, 상이 개봉(開封)했다가 내려보냈다. 사관이 다시 단자(單子)를 써서 들이었다.

殿坐. 諸臣入侍, 賜酒果. 庭試儒生入者, 一千五百數十人. 至巳時, 又別宣醞. 出題時, 領相洪暹·右相盧守愼, 招抑希春同議. 希春言提學在坐, 政丞卽幷招李後白. 四員擬賦題:'夫子墻相觀而善', '憂國', '願年豐', '止輦受言', 而上落點于第一題, 卽洪相所擬也. 止輦受言, 希春所發, 盧守愼亦稱其善. 限午正, 收卷數百度, 分九處初考, 每二人爲一考也. 是場, 十九人入等, 而李覺居首. 文臣二品以下竝試射, 而崔慶會以二十五分爲魁. 未時, 上還宮, 命饋入侍諸臣. 尋還出. 至申時, 風甚冷緊, 承旨啓: '久坐未安.' 上乃還宮. 至酉時, 畢等第, 幷試卷入, 上開封, 而出降. 試官復書單子以入.

『선조실록』 권8, 선조 7년(1574년, 갑술) 7월 11일(계미)

간원이, 청송부사(靑松府使) 박신원(朴愼元)[19]이 중병(重病)이 있어 체직하기를 청했다. 승지 이증(李增)·신응시(辛應時)·정지연(鄭芝衍)이, "박신원은 실로 병이 없으니, 만일 이를 입계(入啓)한다면 이것은 기망(欺罔)하는 것입니다."라고 아뢰었다.

장원급제는 정상(鄭詳)이다.

18 미시(未時)는 오후 1시부터 3시 사이이다. 여기서는 오후 1시를 말한다.

19 박신원은 이조판서 박근원(朴謹元)의 아우이다. 본관은 밀양이다. 7월 22일 기사 등에서는 '朴信元'으로 표기했다. 이이(李珥)의 『석담일기(石潭日記)』에는 '朴愼元'으로 표기했다.

이에 간원이 피혐하여 물러가 물론(物論)을 기다렸다. 헌부가 아뢰었다. "간원은 잘못이 없으니 바라건대 출사(出仕)하도록 하시고, 그날 의계(議啓)한 승지들을 파직하소서." 상이 답했다. "승지들이 각기 소견을 진달한 것인데 어찌 파직까지 논하겠는가? 윤허하지 않는다."

諫院以靑松府使朴愼元有重病, 請遞. 承旨李增·辛應時·鄭芝衍啓曰: "愼元實無病, 若以此入啓, 是爲欺罔." 於是諫院避嫌, 退待物論. 憲府啓: "諫院無失, 請令出仕, 其日議啓承旨, 請罷." 上答曰: "承旨等, 各陳所見, 何至論罷? 不允."

『선조실록』 권8, 선조 7년(1574년, 갑술) 7월 22일(갑오)

장령 한수(韓脩)가 아뢰었다. "지난번에 간원이 박신원(朴信元)[20]을 논계할 때에 정원이 중간에서 저억(沮抑)하고 아울러 자기들의 뜻을 아뢰어 시비(是非)를 현혹시켜서 이목(耳目)의 직책이 하루아침에 땅에 떨어지게 했으니, 이는 전고(前古)에 없던 일일 뿐만 아니라 관계가 중대함을 이루 말할 수 없는 것이므로, 듣는 사람들이 놀라워하고 식견 있는 사람들이 한심하게 여겼습니다. 그날 의계한 승지들을 파직만 한 것도 또한 가볍다 하겠습니다. 헌부가 단지 승지들만 논박하고 간원을 출사하게 하도록 청한 것은 그 의도가 비록 따로 있다고 하겠습니다마는, 경연에서 재차 승지들의 논박을 받게 되었으니 간원인 사람으로서는 마땅히 즉시 사피(辭避)하여 명기(名器)를 중하게 했어야 될 것인데도 태연히 부끄러운 줄 모르고 또한 물러갈 줄도 몰라서 스스로 대간의 직책이 가벼워지게 했으니, 그 잘못이 이에 이르러서는 아주 큽니다. 헌부도 태만하여 규정(糾正)할 줄을 모른 채 잊어버리는 구역에

20 앞서 7월 11일 기사에서는 '朴愼元'으로 표기했다. 앞서 밝혔듯이 이이(李珥)의 『석담일기(石潭日記)』에는 '朴愼元'으로 표기했다.

두었으니 풍헌(風憲)의 체통이 과연 이와 같단 말입니까? 양사가 정유일(鄭惟一)을 논계하여 이미 '공론(公論)을 멸시하고 기탄이 없다.'고 지목했다면 비록 계차하여 파직하도록 아뢰더라도 무슨 불가함이 있겠습니까만, 단지 체차만 아뢰다가 곧바로 정계(停啓)하니, 아무래도 그들의 뜻이 있는 데를 알지 못하겠습니다. 바라건대, 사간 이하와 헌부 전원을 체차하여 대간의 직을 중하게 하소서."

상이 비답했다. "대간은 소소한 혐의를 잡아낼 수 없다. 일시에 경솔하게 체직하는 것은 일에는 도움이 없고 단지 시끄럽게 만드는 폐단만 있다. 또한 소견이 만일 동료들과 같지 않다면 단지 와서 그 뜻만을 아뢰고 물러가 공론을 기다리는 것이 옳다. 곧바로 자기의 소견을 가지고서 자신의 동료들을 배척했으니 또한 뒤의 폐단이 있게 될까 두렵다. 논계한 바를 윤허하지 않는다." 한수가 재차 아뢰고 물러가 물론을 기다렸다.

○옥당이 차자를 올렸다. "삼가 살피건대, 간원이 당초에 정원의 저억을 받았으니 명기를 욕되게 함이 심합니다. 마땅히 재삼 사피하여 기어코 체직되어서 새 간관들로 하여금 정원의 저억한 죄를 다스리도록 청하게 했어야 했는데, 한 차례 사직했다가 곧 도로 나와 뻔뻔한 얼굴로 논계하기를 마치 서로 변명하듯이 했으므로 물의가 비난했습니다. 또 경연 자리에서 정유일(鄭惟一)로부터 사사로운 정을 끼었다고 드러내놓고 지적을 받았으면서도 오히려 물러가 피혐할 줄을 몰랐으니 잘못이 더욱 큽니다. 헌부는 오직 간원을 규탄하여 바로잡지 못했을 뿐만 아니라, 정유일이 반드시 간관들이 사정을 끼었는지의 여부를 자세히 알지 못할 것인데도 간원이 사정을 끼었다고 맞바로 배척했으니 간관을 경멸함이 또한 심하거늘, 체직을 청하는 논계마저 오히려 정지했습니다. 대간은 기강(紀綱)이 달려 있는 곳인데 헌부·간원이 모두 체모를 잃었으므로 직에 있을 수 없습니다. 장령 한수는 기강을 진작시키려고 그렇게 진달한 것이지, 별로 잘못한 바가 없으므로, 출사를 명하소서."

○홍문관이 차자를 올려 사간 이하와 대사헌 이하를 모두 체직하기를 청하니, 상이 그대로 따랐다. 밤 초경 4점이 지난 때[21]였다.

掌令韓脩啓曰:"頃者諫院論啓朴信元之時, 政院從中沮抑, 竝啓己意, 眩亂是非, 耳目之職, 一朝墜地, 非徒前古所無之事, 機關有不可勝言, 聞者驚駭, 有識寒心. 其日議啓承旨罷職, 亦云輕矣. 憲府只論承旨, 請出諫院, 其意雖曰有在, 至於經席, 再被承旨之駁, 則爲諫院者, 卽當辭避, 以重名器可也, 而恬不知愧, 且不知退, 自輕臺諫之職, 其所失, 至此尤大矣. 憲府慢不知糾正, 置諸相忘之域, 風憲之體, 果如是乎? 兩司論啓鄭惟一, 旣目之以蔑公論·無忌憚, 則雖啓之以罷, 有何不可, 而只啓遞差, 旋卽停啓, 亦未知其意之所在也. 請司諫以下憲府全數遞差, 以重臺諫之職." 上答曰:"臺諫不可摭其小嫌, 一時輕遞, 無益於事, 而徒有紛擾之弊. 且所見若與同僚不同, 則只但來啓其意, 退竢公論可也. 直將己見, 自斥同僚, 亦恐有後弊. 所論不允." 韓脩再啓, 退待物論. ○玉堂箚子曰:"伏以, 諫院初爲政院所抑, 則其辱名器甚矣. 所當再三辭避, 期於必遞, 使新諫官請治政院沮抑之罪, 而一辭便出, 强顔論啓, 有若互辨, 物議非之. 又於經席, 顯被鄭惟一之指以挾私, 猶不知退避, 其失尤大. 憲府非惟不能糾正諫院, 而鄭惟一未必詳知諫官挾私與否, 而直斥諫院爲挾私, 其輕蔑諫官亦甚矣, 而請遞之啓, 猶且停之. 臺諫紀綱所在, 而憲府諫院, 皆失體貌, 不可在職. 掌令韓脩欲振紀綱, 有此陳達, 別無所失, 請命出仕." ○弘文館上箚, 請司諫以下·大司憲以下竝遞. 上從之. 夜初更四點下矣.

『선조실록』 권8, 선조 7년(1574년, 갑술) 7월 23일(을미)

아침에 대간을 모두 체직한 것 때문에 곧바로 정사를 하도록 명했다. 이양원(李陽元)이 동지중추부사(同知中樞府事)로부터 대사헌이 되고, 송응개(宋應漑)가 집의가 되고, 신점(申點)이 사간이 되고, 이현배(李玄培)가 경성판관(鏡城判官)으로부터 장령

21 원문은 '초경사점하(初更四點下)'이니 오후 8시 12분에서 8시 36분까지 24분간이 초경사점인데, 거의 초경오점에 가까운 시각이었으리라 추정된다.

이 되고, 홍인건(洪仁健)·민순(閔純)이 지평이 되고, 정사위(鄭士偉)가 헌납이 되고, 정이주(鄭以周)·한백후(韓伯厚)가 정언이 되었다.

朝以臺諫皆遞, 直命政事. 李陽元自同知中樞, 爲大司憲, 宋應漑爲執義, 申點爲司諫, 李玄培, 自鏡城判官, 爲掌令, 洪仁健·閔純爲持平, 鄭士偉爲獻納, 鄭以周·韓伯厚爲正言.

『선조실록』 권8, 선조 7년(1574년, 갑술) 7월 26일(무술)

대사간 이후백이 피혐(避嫌)하여 아뢰었다. "(중략) 청송은 한적하고 궁벽하여 사람마다 부임하기 좋아하는 곳입니다. 박신원을 체직하라고 청한 것은 잘못된 견해에 불과하거늘, 정원이 반드시 논변하려 한 것도 역시 반드시 깊이 다스릴 필요가 없습니다. 양사가 논한 것은 대간의 체모를 중히 여겨 모두가 좋게 되도록 하려고 해서 서로 득을 보았습니다. 다만 단지 승지들의 저억(沮抑)한 죄만 말하고, 간관들이 저억받게 된 까닭은 그 연유가 오로지 당초의 오류에 있다는 것은 말하지 않았으니, 신의 생각에는 끝내 찐덥지 않은 점이 있습니다. 또 의계(議啓)한 승지들이 이미 체직되었고, 정유일도 역시 추고하도록 명하셔서, 벌을 보여 주시기를 이와 같이 하셨으니, 역시 뒷사람들을 경계할 만합니다만, 반드시 무겁게 다스리려고 한다면, 신의 생각에는 언로(言路)가 점점 좁아져 앞날의 폐단이 도리어 우려스러운 점이 있을까 두렵습니다. 신이 우활(迂闊)하고 망령되기는 합니다마는 구차하게 동조할 수는 없습니다. 급히 신을 체직하라 명하소서."

이에 양사가 모두 "승지들이 대간을 경멸하고 공론을 두지 않아, 오늘의 진언(進言)하는 길을 막고 뒷날의 무궁한 폐단을 열어 놓아 관계하는 바가 아주 중합니다. 그러므로 신등은 망령되이 헤아리건대, 먼저 파직한 다음에 추고하여, 한편으로는 대간의 체모를 중히 하고, 한편으로는 후설(喉舌)인 신하들의 멋대로 하는 것을 다스리기를 청했던 것인데, 지금 대사간 이후백이 아뢴 것을 보니 신들의 소견과는 크게 서로 모순(矛盾)이 되어 서로가 용납될 수 없으므로, 신들의 직을 갈아 주소서."

상이 답했다. "사직하지 마라. 모두들 물러가 물론(物論)을 기다리라."

大司諫李後白避嫌啓曰: "(중략) 靑松閑僻, 人所樂赴, 其請遞信元, 不過爲謬見, 而政院之必欲論辨, 亦不必深治也. 兩司之論, 欲重其臺諫之體貌相得矣. 但其只擧承旨沮抑之罪, 而不言諫官所以見抑者, 其由專在於當初之謬誤, 則臣意終有歉然. 且議啓承旨, 旣已遞職, 鄭惟一亦命推考, 示罰若此, 亦足以警後人, 而必欲重治, 則臣恐言路漸狹, 他日之弊, 反有可憂. 臣之迂妄, 不能苟同, 請亟命遞臣職. 於是, 兩司皆以承旨等輕蔑臺諫, 不有公論, 杜今日進言之路, 開後日無窮之弊, 機關甚重, 故臣等妄料, 請先罷後推, 一以重臺諫之體貌, 一以治喉舌之擅弄. 今見大司諫李後白之啓, 則與臣等所見, 大相矛盾, 不可相容. 請遞臣等之職." 上答曰: "勿辭. 皆退待物論."

『선조실록』 권8, 선조 7년(1574년, 갑술) 7월 27일(기해)

옥당이 차자를 올려, 대사간 이후백 및 양사를 아울러 체직하라고 청하니, 상이 답했다. "이후백은 체차(遞差)하라. 양사는 별로 잘못한 것이 없으므로 진실로 체직시킬 수 없다."

○홍천민(洪天民)을 대사간으로, 이담(李湛)을 병조 참의로, 유경선(柳敬先)을 북병사(北兵使)로, 이전(李戩)을 회령부사(會寧府使)로 삼았다.

玉堂上箚, 請大司諫李後白及兩司竝遞. 上答曰: "李後白遞差, 兩司別無所失, 固不可遞." ○以洪天民爲大司諫, 李湛爲兵曹參議, 柳敬先爲北兵使, 李戩爲會寧府使.

『선조실록』 권8, 선조 7년(1574년, 갑술) 7월 28일(경자)

옥당이 차자를 올려, 양사 중에 밖에 있으면서 정사(呈辭)한 사람과 미처 서경(署經)[22]을 받지 못한 사람을 제외하고는 아울러 체직하기를 청했다. 상이 답했다. "대간도 꼭 박신원의 병을 논계한 것을 옳다고 여긴 것은 아니다. 그러나 잠시 그대로 두어서, 논할 것이 못된다 여겼던 것이거늘, 오히려 무슨 잘못이 있겠는가? 옥당이 진실로 양사가 간관들의 잘못을 언급하지 않은 것을 잘못이라고 여겼다면, 어찌하여 전 대간을 처치할 때에 아울러서 아뢰어 탄핵하지 않고, 이제야 이후백의 서여(緖餘)를 주어 모아 시끄럽게 체직하기를 논하는 것인가? 처사를 어찌하여 이처럼 합당하지 못하게 하는 것인가?"

玉堂箚子, 請兩司在外呈辭未署經者外, 竝遞. 上答曰: "臺諫非必以論啓信元之病爲是也. 蓋姑舍是, 而不足論也. 尙何失之有焉? 玉堂苟以兩司不及諫官之非爲非也, 則何不於處置前臺諫之時, 竝啓彈劾, 而乃今追摭李後白之緖餘, 紛紛論遞耶? 處事何如是乖當耶?"

『선조실록』 권8, 선조 7년(1574년, 갑술) 7월 29일(신축)

옥당이 차자를 올렸는데, 대략 다음과 같다. "박신원의 병이 깊지 않음은 사람들이 모두 아는 바로서 진실로 속이기 어렵습니다. 간관들이 무엇을 가지고 그의 병이 무거운지를 알았단 말입니까? 만일 알지 못하면서 망령되이 아뢰었다면 정

22 서경(署經)은 새로 법을 만들거나 수령(守令)·경연관(經筵官)·사관(史官)·대간(臺諫)과 기타 현직(顯職)의 4품 이하 당하관을 임명할 때 양사(兩司)에게 그 가부를 묻는 것을 말한다. 『경국대전(經國大典)』「이전(吏典) 고신(告身)」 및 「예전(禮典) 의첩(依牒)」 참조.

쟁(鼎鐺)에 귀가 없었다[23]고 말할 만합니다. 만일 알면서도 사정(私情)을 따른 것이라면 그 죄가 또한 크지 않겠습니까? 정원은 단지 아뢰는 일이 사실이 아닌 것만 분하게 여긴 나머지 사체의 중대함은 생각하지 않고 쬐끄마한 일을 가지고서 일을 말하는 신하들을 저지했으니, 대간을 가볍게 여긴 것과 뒤의 폐단을 열어 놓은 죄가 진실로 크기는 합니다. 하지만 간관들이 일을 말함이 실답지 못하여 명기(名器)를 욕되게 했으므로, 간관을 규정(糾正)한 다음에야 피차의 잘못한 바가 각각 해당되는 바가 있게 되고 물정도 통쾌하게 될 것입니다. 지금은 그렇지 않습니다. 단지 정원의 죄만 논하고 간관들의 잘못은 언급하지 않았으며, 규정한 말에도 한갓 물러가 피혐하지 않은 것만을 말한 것이 마치 당초에 잘못한 바가 없는 것같이 합니다. 시비가 분명하지 못하여 언사(言事)의 모호함이 심합니다. 결단코 직에 있을 수 없기에, 청컨대 양사의 관원들 가운데 이에 참여했던 관원들을 모두 체차하도록 명하소서."

○ 대사간 홍천민(洪天民)이 숙배하고 사면한 다음에 양사를 모두 체직하기를 계청하니, 상이 그대로 따랐다. 승지 이산해(李山海)가 또한 병으로 사직소를 올려 체직되었다.

○ 윤의중(尹毅中)을 대사헌으로, 정탁(鄭琢)을 승지로, 한호(韓灝)를 집의로, 조보(趙溥)를 사간으로, 박응복(朴應福)을 장령으로, 이제신(李濟臣)을 지평으로, 최황(崔滉)을 정언으로, 이기(李墍)를 우승지로 삼았다.

玉堂箚略曰: "朴信元之病不深, 人所共知, 固難誣也. 諫官, 以何者, 而知其病之爲重乎? 若其不知而妄啓, 可謂鼎鐺之無耳. 如或知之而徇私, 則其罪不亦大乎? 政院徒憤啓事之不實, 不念事體之爲重, 輒將幺麼之事, 以沮言事之臣, 其輕臺諫·啓後弊

23 정쟁(鼎鐺)에서 정은 발이 셋 귀가 둘 달린 솥이고, 쟁은 발이 셋 귀가 둘 달린 냄비로 모두 솥의 유이다. 정쟁에 귀가 없다는 말은, '이런 솥에는 귀가 있는 법인데 간관으로서 귀도 없었는가보다.'라고 비꼰 것이다.

之罪, 固大矣. 然諫官之言事不實, 玷辱名器, 糾諫官然後, 彼此所失, 各有所當, 而物情快矣. 今乃不然. 只論政院之罪, 而不及諫官之非, 其糾正之辭, 徒以不爲退避爲言者, 有若初無所失者. 是非不明, 言事糊塗甚矣. 斷不可在職, 請兩司之參此者, 竝命遞差." ○大司諫洪天民肅拜辭免後, 啓請兩司盡遞. 上從之. 承旨李山海, 亦呈病見遞. ○尹毅中爲大司憲, 鄭琢爲承旨, 韓灝爲執義, 趙溥爲司諫, 朴應福爲掌令, 李濟臣爲持平, 崔滉爲正言, 李墍爲右承旨.

『선조실록』 권8, 선조 7년(1574년, 갑술) 8월 3일(갑진)

양사가 아뢰었다. "승지 이증(李增)·신응시(辛應時)·정지연(鄭芝衍)은, 전일에 대간이 박신원의 일을 논계할 때에 비록 질병이 아닌 것을 망령되이 거론했다 하더라도 이는 역시 간쟁하는 신하의 말이거늘 정원이 마침내 감히 저알하고자 했고, 심지어 자신의 뜻을 아울러 아뢰기까지 하여 전에 없던 큰 변괴를 처음 만들어 내어 뒷날의 한없는 폐단을 야기해 놓았으니, 청컨대 먼저 파직한 다음 추고하도록 명하소서." 상이 그대로 따랐다.

○전교했다. "승지 이증·신응시·정지연은 사간원이 아뢰는 말을 저알하고 자신의 뜻을 아울러 아뢰었으니, 그 말이 비록 옳았다 하더라도 그런 습속은 조장할 수 없으므로, 모두 파직시키라."

○김첨경(金添慶)을 좌부승지로, 윤현(尹晛)을 정언으로, 김효원(金孝元)을 이조정랑으로, 허세린(許世麟)을 부총관으로 삼았다.

兩司啓: "承旨李增·辛應時·鄭芝衍, 前日臺諫論啓朴信元之事, 雖曰妄擧非病, 是亦諍臣之言, 而政院乃敢沮遏, 至於幷啓己意, 俑無前之大變, 惹後來無窮之弊, 請命先罷後推." 上從之. ○傳: "承旨李增·辛應時·鄭芝衍, 沮遏諫院所啓, 竝啓己意, 其言雖是, 其習不可長, 竝罷職." ○以金添慶爲左副承旨, 尹晛爲正言, 金孝元爲吏曹正郎, 許世麟爲副摠管.

『선조실록』 권8, 선조 7년(1574년, 갑술) **8월 4일**(을사)

정언 최황(崔滉)이 피혐하며 아뢰었다. "간관들이 당초 박신원의 일을 논계했을 때는 풍문의 잘못이 있었으리라 우려되지만, 정원의 논박을 받음에 이르러서는 반드시 공론을 널리 들어 보고 사실을 모두 알게 되었을 것입니다. 이미 아뢴 말이 사실이 아닌 것임을 깨달았다면 부끄럽게 여기고 두려워하며 사직하고 물러가기에도 겨를이 없었어야 하거늘, 여러 날을 두고 잘못을 미루어 꾸며 나가 위로는 군부(君父)를 속이고 아래로는 자신들의 양심을 속였습니다. 하물며 박신원은 탐오(貪汚)하고 방종하여 기탄하는 것이 없음은 사람들이 함께 아는 바로서 공론이 여러 차례 일어났으나 그때마다 정지되었음에야 더 말해 무엇 하겠습니까? 이것은 탄핵하지 않고서 미미한 병만을 이유로 들어 그의 벼슬을 체직하게 하려 했으니, 그들이 논박을 했던 까닭은 곧 박신원을 기뻐하게 하기 위한 것이었습니다. 그렇다면 간관은 남을 기쁘게 만드는 기구가 되고 탄핵하는 글은 임금을 속이는 물건입니다. 언론하는 사람을 죄주지 않는 것은 만고의 공통된 도리이지만, 이번에 죄를 다스리려는 것은 단지 바른말 하지 않은 죄를 다스리려는 것이지 언론하는 사람을 죄주려는 것이 아닙니다. 일이 쬐끄마한 것에 관계되어서 돌아볼 만하지 않은 듯하지만 기관(機關)의 중요함은 이보다 큰 것이 없습니다. 그렇기 때문에 듣거나 보는 사람들의 경우에 통분하지 않는 자가 없습니다. 이것을 두고 다스리지 않는다면 사정(私情)을 따르고 윗분을 속이는 풍습이 날로 커 가고 달로 자라게 되어, 그 조짐이 점점 커져 마침내는 지록(指鹿)의 변고가 아침저녁 사이에 일어나도 바로잡을 수 없을 것입니다. 지금의 양사는 단지 정원의 승지들만 파직하고, 지난날 간관들의 죄는 탄핵하려 하지 않으니, 우매한 신의 소견과는 다릅니다. 신의 직을 갈아 주소서."

지평 민순(閔純)이 피혐하며 아뢰었다. "박신원은 탐오하고 방종하여 기탄함이 없으므로 여러 차례 공론이 일어났던 것은 사람들이 함께 아는 일이고, 그의 병이 심하지 않은 것도 또한 사람들이 함께 들은 일입니다. 전에 이미 간관들이 박신원을 논계했다고 합니다만, 어찌하여 대중이 함께 알고 있는 탐오하고 방종한 죄는 거론하지 않고 유독 대중이 함께 알고 있는 심하지 않은 병만을 들어 말을 하여, 바로 박신원이 청송(靑松)을 잔약하고 궁벽하다고 하여 규피(規避)[24]하는 일에 바로 맞혀 주었으니, 비록 자신들은 사정(私情)이 없었다고 여겨도 누군들 사정이 낀 것으로 여기지 않겠습니까? 이래서 정원이 자신도 모르게 분격(憤激)했던 것입니다. 정원의 공론이 이미 나온 뒤에도 간관들이 오히려 항론(抗論)하고 쟁변(爭辯)하면서 인혐(引嫌)할 줄을 몰랐으니, 사정을 끼고 기망하는 실상이 드러났습니다. 이목이 있는 사람이라면 분개하지 않는 자가 없거늘, 어찌 간관을 이미 체직했다고 하여 죄주지 않을 수 있겠습니까? 신들의 소견이 같지 않으므로, 신의 직을 갈아주소서."

비답했다. "사직하지 마라. 모두들 물러가 물론을 기다려라."

正言崔浞避嫌啓曰: "諫官等, 當初論啓信元之時, 則慮有風聞之誤. 及被政院之論, 則必廣聞公議, 盡知其實矣. 旣覺其啓辭之非實, 則慙懼退謝之不暇, 而累日遂非, 上以欺君父·下以欺其心. 況乎信元之貪縱無忌, 人所共知, 則公論累發而累止? 舍此不劾, 而擧微恙, 遞其官, 其所以駁之, 乃所〔以〕悅之也. 然則諫官爲悅人之器, 彈章爲誣上之物. 不罪言者, 萬古之通道, 而今之欲治者, 只治其不直言之罪, 非所以罪言者也. 事涉幺麿, 似不足恤, 而機關之重, 無大於此. 故凡在聞見, 莫不痛憤. 此而不治, 則徇私罔上之風, 日長月滋, 其漸終至於指鹿之變, 起於朝夕, 而莫能救矣. 今之兩司, 只罷政院之職, 不欲遂劾前日諫官之罪, 有異於愚臣之見, 請遞臣職." 持平閔純避嫌啓曰: "朴信元之貪縱無忌, 屢出公論, 人之所共知, 其病之不深, 亦人之所共

24 규피(規避)의 '규(規)'는 무언가 구하는 바가 있어 행하는 것이고, '피(避)'는 무언가 피하는 바가 있어 숨기는 것이다.

知聞. 前已諫官論啓信元之時, 何以不擧衆所共知貪縱之罪, 而獨擧衆所共知不深之病以言, 而正當信元規避青松之殘僻, 則雖自以爲無私, 而人孰不以挾私耶? 此政院所以憤激, 而不知者也. 政院公論之已出後, 諫官猶抗論爭辨, 而不知引嫌, 其挾私欺罔之實著矣. 凡有耳目, 莫不共憤, 安可以諫官已遞, 而不罪乎? 臣等之所見不同, 請遞臣職." 答曰: "勿辭, 竝退從物論."

『선조실록』 권8, 선조 7년(1574년, 갑술) 8월 5일(병오)

옥당이 또 차자를 올렸다. 대략은 다음과 같다. "정언 최황, 지평 민순은 체차하고, 집의 이하와 대사간 이하는 모두 당(堂, 청사)에 나오도록 명하소서."
비답했다. "아뢴 대로 하라."

玉堂又箚: "大槪正言崔滉·持平閔純遞差, 執義以下·大司諫以下, 竝命出堂." 答曰: "依啓."

『선조실록』 권8, 선조 7년(1574년, 갑술) 8월 16일(정사)

대사헌 이후백이 한 차례 정사(呈辭)[25]하니 상이 즉시 체직하도록 명하고, 이어 정사(政事)할 것을 명하여 이양원을 대사헌으로 삼았다.

大司憲李後白初度呈辭, 上命卽遞. 仍命政事. 以李陽元爲大司憲.

25 정사(呈辭)는 사직소를 올리는 것을 말한다.

『선조실록』 권9, 선조 8년(1575년, 을해) 3월 20일(기미)

정사가 있었다. 이후백을 대사간으로, 김효원(金孝元)을 장령으로, 곽영(郭嶸)을 전라우수사로, 유희춘(柳希春)을 동지중추(同知中樞)로, 홍진(洪進)을 정언으로, 구사맹(具思孟)을 충청감사로 삼았다.

有政. 以李後白爲大司諫, 金孝元爲掌令, 郭嶸爲全羅右水使, 柳希春爲同知中樞, 洪進爲正言, 具思孟爲忠淸監司.

『국조보감』 권26, 선조 8년(1575년, 을해) 5월

5월 11일(무신), 상이 몸소 졸곡제(卒哭祭)[26]를 지냈다. 제사를 지낸 뒤에 백립·백대·백화(白靴)를 착용하고 환궁하니 군신들의 복색도 모두 동일하여 잘못된 법을 말끔히 씻어 버렸다. 그 뒤 상사가 있을 적에 사람들이 감히 다시 의론하지 못하고 그대로 따라 하여 규식으로 삼았다. — 무신년(1608년) 선조의 승하와 임신년(1632년) 인목대비(仁穆大妃) 김씨의 국상에 유신들이 이이(李珥)의 의론을 소급해서 거론하여 고례(古禮)를 모두 회복시켰으니, 민순(閔純)이 이 의론을 터놓은 것이다.—

○이후백을 형조판서에 특별히 제수했다. 이보다 앞서 상이 박순(朴淳)에게 하문했다. "형조의 장관에 알맞은 사람을 얻지 못해 번번이 걱정했다. 경은 직급의 고하를 막론하고 그 직을 감당할 만한 사람을 천거하라. 낭관(郎官)의 지위에 있더라도 발탁하여 임용할 수 있다." 박순이 대답했다. "상의 하교가 이와 같으니 못내 감격스럽습니다. 물러가서 동료들과 상의하여 이름을 아뢰겠습니다." 마침내 후백을

26 이 해 1월 2일(임인) 의성왕태비(懿聖王太妃)가 승하하여 인순왕후(仁順王后)의 시호를 올리고, 3월에 발인해서 28일(병신) 명종의 능인 강릉(康陵)에 부장(祔葬)했다.

천거하면서 아뢰었다. "후백이 청백(淸白)한 지조로 공사(公事)에 봉사하고 있으니 이 임무에 적합합니다." 그러므로 특지(特旨)로 승진시켜 제수했다.

夏五月戊申, 上親行卒哭祭. 祭後服白笠·白帶·白靴, 還宮. 羣臣之服皆同, 一洗謬規. 其後有喪, 人不敢更議, 遵以爲式.—戊申·壬申之喪, 儒臣追擧珥議, 盡復古禮, 則閔純此論啓之也.—○特拜李後白刑曹判書. 先是, 上問朴淳曰: "刑曹長官, 每患不得其人. 請卿勿論職次高下, 薦其可堪者. 雖在郞僚, 亦可擢用." 淳對曰: "上敎如此, 不勝感激. 請退與同僚相議奏名." 乃薦後白曰: "後白淸白奉公, 可合此任." 故特旨陞授.

『국조보감』 권26, 선조 10년(1577년, 정축)[27]

○11월, 공의왕대비(恭懿王大妃)[28]가 승하했다. 예관(禮官)이 상복제도에 대해 대신에게 품의하자, 영의정 권철(權轍)이 다른 정승들과 의론하지 않은 채 자신의 의견대로, 송(宋)나라 고종(高宗)이 원우황후(元祐皇后) 맹씨(孟氏)[29]의 상에 입은 복제

27 이해 5월 15일(임인), 홍문관 부제학 유희춘(柳希春)이 사망했다. 유희춘이 물러간 뒤에 선조는 다시 그에게 부제학을 제수하자 사양했으나 허락하지 않았다. 특별히 자헌(資憲)의 품계(品階)로 올리고, 또 교지를 내리기를 "경이 오랫동안 경연에서 수고한 것을 생각하여 특별히 자헌으로 올렸으니 경은 올라와서 사례하지 않을 수 없을 것이다. 더구나 지금 봄옷도 마련되었을 것이고 날씨마저 온화하여 여행하기에 매우 온편할 것이니, 속히 올라와서 나의 뜻에 부응하라."라고 했다. 유희춘이 교지를 받고 감격하여 사은하고 물러가려 했는데, 도착하자 병이 나서 끝내 타계하고 말았다. 선조는 그에게 좌찬성을 증직하도록 했다.

28 인종의 비 인성왕후(仁聖王后) 박씨(朴氏)를 말한다. 본관은 나주(羅州)로, 금성부원군(錦城府院君) 박용(朴墉)의 딸이다.

29 중국 송나라 철종(哲宗)의 첫 번째 황후이다. 폐위되어 있어서 정강(靖康)의 변(變) 때 포로로 잡혀가지 않았다. 휘종이 즉위한 초기에 복위되었다. 수렴청정을 하면서, 휘종의 아홉째 아들 강왕(康王)을 고종(高宗)으로 세웠다.

를 예(例)로 끌어대어 주상의 복을 자최장기(齊衰杖期)로 정했다. 이에 삼사(三司)와 종2품 이상의 관원들이 모두 쟁론하기를, "주상은 명묘(명종)의 대통(大統)을 계승했고 명묘(명종)는 인묘(인종)의 대통을 계승하여, 대통을 계승한 것이 중하므로 당연히 삼년상을 입어야 한다."라고 했다. 상이 삼년상을 행하기로 정했다.

○12월, 안팎에 하교하여 을사공훈의 위훈(僞勳)을 삭제하는 뜻을 포고했다. 교서는 다음과 같다. (중략) 상이 처음에 반포하는 교서를 대제학 김귀영(金貴榮)에게 지어 올리라고 명했는데, 사의(詞意)가 졸렬하고 소략했다. 상이 이르기를, "이는 국가의 큰일이니 당연히 사(詞)를 분명히 하고 의(義)를 잘 갖추어서 중외에 효유해야 하거늘, 어찌 이처럼 초초(草草)할 수 있겠는가?"라고 했다. 마침내 명을 바꾸어 이후백에게 지어 올리게 했다.

十一月, 恭懿王大妃薨. 禮官稟服制于大臣, 領議政權轍, 不議于他相, 自以其意引宋高宗服元祐皇后孟氏之例, 定主上服齊衰杖期. 於是三司及從二品以上, 皆爭論以爲: "主上承明廟之統, 明廟承仁廟之統, 承統爲重, 當服三年之喪." 上乃定行三年.

○十二月, 下敎中外, 布告削僞勳之意. 敎書曰: (중략) 上始命頒敎 大提學金貴榮製進, 詞意拙略. 上曰: "此是國家大事, 當詞明義備, 以曉中外, 豈可草草如此乎?" 乃改命李後白製進.

『경연일기(經筵日記)』— 이이(李珥)

해설 이이의 『율곡전서(栗谷全書)』 권28~30 수록의 『경연일기(經筵日記)』 가운데 이후백 관련 기사를 초록했다. 『경연일기』는 『석담일기(石潭日記)』라고도 한다. 『경연일기』 즉 『석담일기』는 이이가 내외직을 지내면서 겪거나 들은 조정의 대소사, 국왕의 행례, 백관의 진퇴, 경연의 문답 등을 일기체로 기록했다. 권28은 명종 20년(1565)부터 선조 4년(1571)까지의 기록이다. 권29는 선조 5년(1572)부터 선조 9년(1576)까지의 기록이다. 권30은 선조 10년(1577)부터 선조 14년(1581)까지의 기록이다. 번역문은 한국고전번역원 DB를 기초로 하되, 필요하다고 생각되는 부분만 표현을 바꾸었다.

『경연일기』(『석담일기』) 상권, 조선 선조 7년(1574년, 갑술) 7월

우부승지 정지연(鄭芝衍)과 동부승지 신응시(辛應時)가 언사(言辭) 때문에 파면되었다.

이때 청송부사(青松府使) 박신원(朴愼元)은 이조참판 박근원(朴謹元)의 아우이다. 박씨 집안이 성하여 자못 세력이 있었다. 박신원은 전에 수안군수(遂安郡守)로 있었는데 그 세력을 빙자해서 한없이 탐욕을 부려 낭자한 소문이 서울에까지 들려왔다. 청송부사에 배수되자 그 고을이 쇠잔한 것을 싫어하여 가지 않으려 했으나 죄를 입을까 염려하여 몰래 간관에게 부탁했다. 마침내 간관이 아뢰기를, "박신원은 병이 중하여 고을로 부임할 수 없으니 체직하여 주실 것을 청합니다." 정지연 등은 전에 박신원이 무병한 것을 보았으므로 간관이 그에게 먹혔음을 분명히 알고는 의분을 견디지 못해 마침내 아뢰었다. "간관은 박신원이 비록 병이 있다고 아뢰었습니다만, 신원은 사실 무병합니다." 그러자 양사가 들썩하며 정지연 등을 공격해서, "승지가 어찌 대간의 말을 저억하는가?"라고 말했다. 다만 대사간 이후백만은 "아무리 간관의 말이라 하더라도 만일 잘못 그릇친 바가 있으면 어찌 바로잡지 못할 것인가?"라고 했나. 양사가 의론이 맞지 않는다고 인혐(引嫌)하여 물러났다. 홍문관에서 처리하려 할 때 부제학 허엽(許曄) 등은 "대간의 말은 옳건 그르건 간에 저억하는 것이 불가하다."라고 했다. 마침내 이후백을 체직할 것을 아뢰었다.

조금 있다가 새로 제수된 지평(持平) 민순(閔純)과 정언 최황(崔滉)이 아뢰었다. "박신원의 탐욕과 방종은 뭇 사람들이 함께 아는 바이며, 그가 무병한 것도 모르는 사람이 없습니다. 지금 그 탐욕과 방종을 논박하지 않고 병이 있다고 가탁하여 말하는 것은 위로 임금을 속이고 남의 비위만을 맞추는 것이니, 간관을 파직시켜야 할 것입니다.” 그들도 역시 동료 간의 의론이 일치되지 않는다고 해서 인혐하여 물러났다. 홍문관에서 민순과 최황을 체직할 것을 아뢰었다.

상이 비답했다. “간관이 적절한 인물이 아니어서 분분하게 된 것이다. 지금 민순과 최황의 계사를 보니 그 뜻이 바르고 그 말이 곧으니 세상에 사람이 없는 것이 아니구나. 옥당의 의론은 어찌하여 이렇게 온당함에서 어그러졌는가?” 허엽 등이 이전의 설을 끝까지 고집하여 민순과 최황을 체직하고, 양사(兩司)가 끝내는 지연(芝衍)과 응시(應時)를 파면시키기를 청했다. 정철(鄭澈)이 이 사건을 듣고 탄식하여 말했다. “삼사(三司)는 국가의 공론(公論)을 잡는 것인데, 삼사가 모두 사기의 짓을 행하고 있으니 다시 무슨 말을 하겠는가?”

삼가 살피건대, 대간(臺諫)이라는 것은 임금의 이목이다. 임금이 대간을 중하게 여기는 것은 대간의 말이 반드시 공론이기 때문이다. 만약 대간이 사심(私心)을 따르고 사정(私情)에 맡겨서 윗사람을 속이고 남을 즐겁게 한다면 그 죄는 크다. 정원(政院)은 후설(喉舌)의 신하들이니, 대간의 잘못을 지적하여 배척한들 어찌 의리에 해가 될 것인가? 대저 공론이 있는 곳이라면 비록 나뭇꾼이나 김매는 자와 같이 천한 사람이라도 소홀히 하지 못할 것이다. 사의(私意)에서 나온 것이라면 비록 만승(萬乘)의 제왕(帝王)과 같이 존귀한 분이라도 역시 바로잡지 않을 수 없다. 지금은 말이 간관에게서 나왔다면 시비를 따지지 않고 모두 감히 질책하지 못하고, 그러면서 임금의 과실을 바로잡으려 하니 어찌 그러길 바랄 수 있겠는가. 애석하다! 삼사(三司)의 관리들이 모두 식견이 없어 스스로 임금을 속인 죄에 빠졌구나. 국가의 공론을 주장하는 사람들이 하는 말이 이렇게 전도되었으니, 시사(時事)가 어찌 바루어질 도리가 있겠는가?

右副承旨鄭芝衍·同副承旨辛應時以言事罷. 時靑松府使朴愼元, 是吏曹參判朴謹元之弟也. 朴家族盛, 頗有勢力. 愼元曾爲遂安郡守, 藉其勢, 貪饕無厭, 狼藉之聲徹於都下. 及拜靑松, 厭其邑殘, 欲不往而又恐被罪, 陰囑諫官, 啓曰: “愼元病重, 不可赴邑, 請遞.” 芝衍等曾見愼元無疾, 明知諫官被嗾, 不勝其憤, 乃啓曰: “諫官雖啓以有病, 而愼元則實無病矣." 於是兩司譁然攻芝衍等曰: "承旨豈可沮抑臺諫之言乎?" 獨大司諫李後白曰: "雖是諫官之言, 若有失誤, 則豈可不矯乎?" 兩司以議不同, 引嫌而退. 弘文館將處置, 而副提學許曄等, 以爲: "臺諫之言, 是非閒不可沮抑", 遂啓遞後白職.

俄而新授持平閔純·正言崔滉啓曰: "朴愼元之貪縱, 衆所共知, 無病亦人無不知. 今者不論其貪縱, 而託稱有病, 是誣上悅人也, 諫官可罷." 亦以僚議不一, 引嫌而退. 弘文館啓請遞純·滉職.

上答曰: "諫官非人, 以致紛紜. 今觀閔純·崔滉啓辭, 則其意正, 其辭直, 世未嘗無人. 玉堂議論, 何如是其乖當耶?" 許曄等竟執前說, 遞純·滉職. 兩司竟請罷芝衍·應時職. 鄭澈聞之嘆曰: "三司執國家公論, 而三司盡行欺詐, 尙何言哉?"

謹按: 臺諫者, 人君之耳目也. 人君所以重臺諫者, 以所言必公論故也. 若臺諫徇私任情, 誣上悅人則其罪大矣. 政院, 喉舌之臣, 雖斥其非, 何害於義哉? 大抵公論所在, 則雖負薪夏畦之賤, 亦不可忽也. 私意所發, 則雖萬乘帝王之尊, 亦不可不矯也. 今者言出於諫官之口, 則不論是非, 皆莫敢誰何, 而乃欲矯正君父之失, 則勢豈有可望者乎? 惜乎! 三司之官皆無識見, 自陷於欺君之罪, 主國家公論者, 所言顚錯乃如此, 則時事寧有可正之理乎?

『경연일기』(『석담일기』) 선조 8년(1575년, 을해)

이후백을 특지로 형조판서에 배수(拜授)했다. 이후백이 청렴하고 근실하게 봉공(奉公)한다고 대신이 천거했으므로, 그래서 이 제수(除授)가 있었다.

이에 앞서 상이 박순(朴淳)에게 물었다. "형조의 장관(長官)은 매번 적당한 사람을 얻지 못하여 근심을 하니 경(卿)은 직차(職次)의 고하를 막론하고 일을 감당할 만한 사람을 천거하라. 낭관에 있는 사람도 역시 발탁하여 쓸 수 있다." 박순이 대답했다. "주상의 교시가 이러하시니 감격함을 견디지 못하겠습니다. 신이 나가서 동료와 의론하여 천거하겠습니다." 나와서 마침내 이후백을 천거했기 때문에 특지로 그 관직을 배수했다. 어떤 사람이 이이에게 말했다. "좌상은 가위 재주가 없다고 하겠다." 이이가 "어째서입니까?"라고 물으니, 이렇게 말했다. "대신이란 평일에 권형(權衡)을 정해 두어 어떤 사람이 쓸 만하다는 것을 알고 있어야 옳은데, 어찌 상이 물어도 대답을 못 한단 말인가?" 이이가 말했다. "자네 말이 옳다. 그러나 인물을 전형하고 천거하는 데 각각 그 재주에 적합하게 하는 것은 옛 대신들이 하던 일이다. 지금 대신은 이것을 제대로 해낼 수가 없다." 그 사람이 말했다. "지금 대신은 어디에 쓸꼬?" 이이가 말했다. "일 없이 팔장끼고 앉아 정승의 일은 제대로 할 수 없지만, 그래도 기와나 깨고 담에 함부로 그어 놓는 것[30]보다는 나을 것이다." 그 사람이 말했다. "그렇다면 기와나 깨지 않고 담에 함부로 그어 놓지 않는 것이 지금 정승의 일인가?" 이이가 말했다. "그렇다." 그 사람이 말했다. "가령 재주와 덕이 있는 사람이 지금 정승 자리에 있더라도 역시 여기에 그칠 따름일까?" 이이가 말했다. "자네는 공장(工匠)으로서 묘재(妙才)가 있는 자를 보았는가? 만일 한 구석에 웅크리고 앉아 하는 일 없이 좋은 음식만 누린다면 마음이 필시 불안하여 필시 자기의 능력을 팔려고 할 것이다. 그렇지 않으면 차라리 다른 곳으로 갈 것이다. 일찍이 재덕(才德)이 있는 사람이 벼슬 자리에 있으면서 녹만 먹는 것으로〔素食〕 편안히 여기는 이를 보았는가? 가령 재덕이 있는 이가 지금 정승 자리에 있다면 반드시 그의 말은 쓰여지지 않고 계획은 맞지 않아 오래지 않아 떠나고 말 것이니, 국가에 무슨 이익이 있는가? 사암(思菴)〔박순〕·소재(蘇齋)〔노수신〕 같은 이는 재상 자리에 있으면서 일을 해 나감이 있을 수 없어서 이익 되는 바는 없지마는 또한 손해되는 것도 없었으니, 기와나 깨고 담장에 함부로 금을 그어 놓는 것보다는 나으며, 또 거취(去就)를 도(道)로써 하는 사람보다도 나은 것이다. 대개 말하기를 거취를 도로써

30 『맹자』「등문공 하(滕文公下)」에 "여기 사람이 있는데, 기와를 깨고 담장에 함부로 금을 그어 놓고도, 그 뜻이 장차 밥을 구하려 하는 것이라면, 자네는 그에게 밥을 먹이겠는가?〔有人於此, 毁瓦畫墁, 其志將以求食也, 則子食之乎?〕"라고 했다.

하는 사람은 반드시 조정에 있지 않을 것이라고 한다." 묻던 사람이 크게 웃었다.

李後白以特旨拜刑曹判書. 後白淸謹奉公, 大臣薦之, 故有是除. 先是上問朴淳曰: "刑曹長官每患不得其人, 請卿勿論職次高下, 薦其可堪者. 雖在郎僚, 亦可擢用." 淳對曰: "上敎如此, 不勝感激. 臣請出與同僚議薦." 旣出, 乃薦後白, 故以特旨拜官. 或謂李珥曰: "左相眞可謂無才." 珥曰: "何故?" 或曰: "大臣平日當定權衡, 知某人可用可也. 豈可被上問而不能答乎?" 珥曰: "子言是也. 但銓薦人物, 各適其才, 是古之大臣所爲也. 今之大臣不能辨此." 或曰: "今之大臣將焉用?" 珥曰: "拱手無爲, 雖不能做相業, 猶勝於毁瓦·畫墁者." 或曰: "然則不毁瓦·不畫墁, 是今之相業乎?" 珥曰: "然." 或曰: "使有才德者居今之相位, 亦止此而已乎?" 珥曰: "子見工匠之有妙才者乎? 若使縮坐一隅, 無所作爲, 而享美食, 則心必不安, 必欲售其能. 不然則寧去而之他矣. 曾見有才德者居位, 而安於素食者乎? 設使有才德者處今之相位, 則必以言不用·計不合, 不久而去矣, 於國家何益哉? 如思菴·穌齋居位不能有爲, 雖無所益, 亦無虧損, 勝於毁畫者, 而亦勝於去就必以道者也. 蓋去就以道者, 必不在朝故也." 問者大笑.

『경연일기』(『석담일기』) 선조 8년(1575년, 을해) 8월 22일(정해)[31]

상이 비로소 친정(親政)을 했다.[32] 함경도 백성들이 제 거처를 잃은 것은 감사가 적임자가 아닌 까닭이라고 듣고 관찰사 박대립(朴大立)을 체직시키었다. 이때에 이후백이 무슨 일로 파직당하여 집에 있었는데 특명으로 이후백을 함경도관찰사에 임명했다.

31 『선조실록』에는 선조 8년(1575년, 을해) 8월의 기사가 없다. 『선조수정실록』의 경우 선조 8년의 8월 기사는 1일(병인)에 한하는데, 이이의 『경연일기』에 나오는 이 기사가 채록되어 있지 않다.

32 이해 5월에 인순왕후(仁順王后)를 강릉(康陵)에 부장(附葬)하면서 선조가 비로소 백포(白布) 의관으로 시사(視事)를 했고, 이때에 와서 친정을 한 것이다.

上始親政, 聞咸鏡道民生失所, 以監司不得其人, 乃命遞觀察使朴大立. 時李後白因事免官家居, 特拜後白爲咸鏡道觀察使.

『경연일기』(『석담일기』) 선조 8년(1575년, 을해) 9월

유희춘(柳希春)이 벼슬을 버리고 남으로 돌아갔다. 이이가 어떤 사람에게 말했다. "유공(柳公)은 비록 재주는 없으나 글을 읽은 사람이다. 이계진(李季眞)〔이후백〕· 김중회(金重晦)〔김계휘〕는 시무에 통달하고 전고(典故)에 익숙하니 조정을 떠나서는 안 된다." 마침내 동료들과 의론하여 차자를 올려 세 사람을 머물게 하기를 청했으나 상이 들어주지 않았다. 이 때에 심(沈)〔심의겸(沈義謙)〕과 김(金)〔김효원(金孝元)〕이 이미 분당한 형적이 있었는데 김계휘 · 이후백은 둘 다 인망이 있어 심당(沈黨)으로 지목을 받는 사람이었다. 두 사람이 이미 떠나니 김효원이 비방을 더욱 깊이 받았다.

柳希春棄官南歸. 李珥謂人曰: "柳公雖無才, 讀書之人也. 李季眞 · 金重晦練達時務, 明習典故, 不可去朝也." 乃議于同僚, 上箚請留三人, 上不從. 于時沈 · 金既有分黨之迹, 而金繼輝 · 李後白皆人望而人目爲沈黨者也. 二人既出, 金孝元受謗益深.

『경연일기』(『석담일기』) 선조 9년(1576년, 병자) 2월

허엽(許曄)이 이이를 보고 말했다. "근일의 일은 진실로 한심합니다." 이이가 말했다. "무슨 말이오?" 허엽이 말했다. "백 년 이래 외척이 항상 국권을 잡아 세상 사람들이 귀에 익고 눈에 젖어서 당연한 것으로 여기다가 하루아침에 연소한 선비【김효원】가 외척【심의겸】을 배척하므로, 세상 사람들이 놀라고 괴상하게 여기는 것이오." 이이가 말했다. "공의 말이 바른 듯하지만 실은 잘못입니다. 오늘날 인백

(仁伯)【김효원의 자(字)】을 그르다 하는 것이 어찌 방숙(方叔)【심의겸의 자(字)】을 편들어 그러는 것이겠소? 공의 말이 그르오." 허엽이 말했다. "화숙(和叔)【박순의 자(字)】·계진(季眞)【이후백의 자(字)】·중회(重晦)【김계휘(金繼輝)의 자(字)】가 비로 시망(時望)이 있다고는 하지만, 식자(識者)가 논한다면 반드시 방숙의 문객이라고 할 것이오." 이이가 말했다. "공의 말이 크게 그르오. 이 세 사람은 다 사림(士林)이 앙망하는 바인데 어찌 방숙에게 의지하여 발신(發身)한 사람이겠소?" 허엽의 의사에는 대개 심의겸이 외척의 권간(權姦)인데 박순 무리들이 다 외척에게 붙어서 높은 지위에 이르렀다가 김효원이 외척을 배척하므로 시론(時論)이 재제(裁制)한다고 여긴 것이다. 이이가 한수(韓脩)·남언경(南彦經)에게 말했다. "허태휘(許太輝)【허엽의 자(字)】의 소견이 심히 그릇되었소. 후일에 시사를 그르칠 사람은 반드시 이 사람일 것이오." 이이가 노수신(盧守愼)을 보고 말했다. "시론이 분분한데 상공(相公)이 어찌 진정시키지 않습니까?" 노수신이 말했다. "나 같은 사람이 어찌 능히 진정시키겠소?" 이이가 말했다. "공이 이것을 맡지 않는다면 다시 누구에게 책임을 지우겠소?" 노수신이 말했다. "공 같은 이는 물러가서는 안 되오." 이이가 말했다. "오늘날 김효원을 그르다 하는 사람들이 급급히 그의 잘못을 드러내려다가 도리어 남의 의심을 불러 일으켰소. 당초에 김효원을 제재할 적에는 중도를 얻어 사람들이 다 공론이라고 했는데, 공격을 너무 심하게 함에 이르러서는 사류들이 도리어 의심하기를 사감(私憾)을 가지고 그것을 풀기 위해 김효원의 잘못을 드러내려 한다 하여, 오히려 그를 옳게 여기는 의론이 나오게 만들었으니, 그르다고 하기에 더욱 주력하면 반드시 옳다고 하기를 강조하는 자가 있을 것입니다." 노수신이 말했다. "그 말이 참으로 옳소. 여러분들에게 분명히 말해 두는 것이 좋겠소."

許曄見珥曰: "近日之事, 良可寒心." 珥曰: "何謂也?" 曄曰: "百年以來, 外戚常執國柄, 時人耳恬目習, 以爲當然. 一朝有年少之士【指孝元】, 排抑外戚【指義謙】, 故時人驚怪耳." 珥曰: "公言似正而實誤. 今日之非仁伯者, 豈爲方叔【義謙字】地哉? 公言誤矣." 曄曰: "和叔【朴淳字】·季眞【李後白字】·重晦【金繼輝字】雖有時望, 識者論之,則必以爲方叔門客矣." 珥曰: "公言大誤. 斯三人皆士林之望, 豈是依方叔而發身者乎?" 曄之意, 蓋以義謙爲外戚權姦, 而朴淳輩皆依外戚致大位, 孝元排抑外戚, 故時論裁制云矣. 珥謂韓脩·南彦經曰: "許太輝【曄字】所見甚謬. 他日誤時事者, 必此人也." 珥見盧守愼曰: "時論紛亂, 相公何不鎭靜?" 守愼曰: "如我者, 何能鎭靜" 珥曰: "公不任此, 則更責何人?" 守愼曰: "如公不可退去." 珥曰: "今日之非金孝元者, 欲汲汲顯其非, 反起人疑. 當初裁抑自是得中, 人皆以爲公論, 及乎攻之太甚, 則士類反疑挾私釋憾. 欲彰其非, 而反招是之之論, 非之尤力, 則必有是之益重者矣." 守愼曰: "此言正是. 須向諸公明言之可也."

『경연일기』(『석담일기』) 선조 11년(1578년, 무인) 6월 28일(무신)

이조판서 이후백이 병으로 사직해서, 면직되었다.

이후백이 전장(銓長)이 된 뒤로 공론을 숭상하고 청탁을 받지 않아 정사가 볼만했다. 비록 친구라 할지라도 만약 자주 찾아가 문후하면 깊이 마땅하게 생각하지 않았다. 하루는 어떤 족인(族人)이 찾아가 보면서 말 끝에 관직을 구하는 의사를 보이니, 이후백이 얼굴 빛을 고치며 작은 책자를 내보이는데, 사람들의 성명을 많이 기록하여 장차 벼슬을 제수할 사람들이었다. 그 족인의 이름도 그 기록 안에 들어 있었다. 이후백이 말했다. "내가 자네 이름을 기록하여 장차 천거하려 했더니, 지금 자네가 관직을 구하는 말을 하니, 만약 구하여 된다면 공도(公道)가 아니다. 애석하다. 자네가 만일 그 말을 하지 않았더라면 벼슬을 할 뻔했는데!" 그 사람이 크게 부끄러워하면서 물러났다.

이후백은 매양 하나의 벼슬이라도 제수하려면 꼭 그 사람의 벼슬 살 수 있는가 없는가를 두루 물었다. 만일 합당하지 못한 사람을 잘못 제수하게 했다면 그대로 한밤 내내 잠을 자지 않고 "내가 국사를 그르쳤다!"라고 했다. 시론(時論)이 "이후백 같은 공정한 마음은 근세에는 비할 사람이 없다."라고 했다. 이때에 이르러 병으로 체직되어, 정대년(鄭大年)이 그를 대신했다.

吏曹判書李後白辭疾免. 後白爲銓長, 務崇公論, 不受請託, 政事可觀. 雖親舊, 若頻往候之, 則深以爲不韙. 一日有族人往見, 語次示求官之意. 後白變色, 示以一小冊子, 多記人姓名, 將以除官者也. 其族人姓名亦在錄中. 後白曰: "吾錄子名, 將以擬望. 今子有求官之語, 若求者得之, 則非公道也. 惜乎! 子若不言, 可以得官矣!" 其人大慙而退. 後白每除一官, 必遍問其人可仕與否. 若誤除不合之人, 則輒終夜不眠曰: "我誤國事!" 時論以: "後白之公心, 近世無比." 至是以疾遞, 鄭大年代之.

『경연일기』(『석담일기』) 선조 11년(1578년, 무인) 10월

이조판서 정대년(鄭大年)이 사망했다. 정대년은 집에서는 청렴 검소했고, 또 재기(才氣)가 있어 사무가 번다한 고을을 잘 다스렸다. 이조(吏曹)에 있게 되니 정사(政事)는 혼란한 지경에 이르지 않았다. 다만 선한 이를 좋아하는 도량이 없고, 의론이 성글고 속되었기 때문에 식자들이 취하지 않았다.

○자헌대부 호조판서 이후백이 사망했다. 이후백의 자는 계진(季眞)이다. 벼슬에서는 직무를 다했고, 몸 단속을 청간(淸簡)하게 했다. 지위가 육경(六卿)에까지 이르렀으나 빈한하고 소박하기가 유생(儒生)과 같았다. 뇌물로 주는 것을 일절 받지 않았으며, 손이 오면 배반(杯盤)이 냉담(冷淡)하니 사람들이 그 결백함을 탄복했다. 다만 국량이 좁아서 묘당(廟堂, 조정)에 적합한 그릇은 아니었다. 김효원(金孝元)이 늘 말했다. "계진은 다만 육경(六卿)의 인재이다. 만일 정승으로 삼기에 이르게 되면 내가 마땅히 논박하고 탄핵하겠다." 사람들은, 이후백이 심의겸(沈義謙)과 알기 때문에 김효원이 심의겸에게 품은 것이 있어서 이 말을 했다고 한다. 이이가 혼자 말한다. "계진은 과연 정승이 될 그릇은 못 된다. 김효원이 견식이 없다고 할 수 없다. 다만 계진보다 나은 사람이 없으면 어찌 그가 정승되는 것을 탄핵하겠는

가?" 이때에 동서로 나뉜 사류(士類)가 바야흐로 서로 각축하면서 대립했는데, 이후백은 비록 서인이라 지목되었으나 입으로 무엇은 옳고 무엇은 그르다는 말을 하지 않았기 때문에 연소한 사류도 역시 꺼리지 않았으므로, 바야흐로 정승이 될 물망이 있었다.

이후백은 노진(盧禛)과 깊이 사귀었는데, 노진이 죽으니 애통해하기를 너무도 심하게 했다. 이때 이르러 휴가를 받아 성묘하러 갔다가 노진과 동향이기 때문에 노진의 영구(靈柩) 앞에 곡전(哭奠)을 하고 집에 돌아와 감기를 앓아서 하룻밤 만에 죽으니, 사림(士林)이 대단히 애석하게 여겼다. 이때에 노진과 이후백이 서로 이어 죽으니, 물론(物論)이 정2품에 사람이 없다고 했다.

吏曹判書鄭大年卒. 大年居家淸儉, 且有才氣, 善治劇邑, 及居銓曹, 政事亦不至淆亂. 只是無好善之量, 而議論粗俗, 故識者不取焉. ○資憲大夫戶曹判書李後白卒. 後白字季眞. 居官盡職, 律身淸苦, 位至六卿, 寒素如儒生. 賂遺一切不受, 客至, 杯盤冷淡, 人服其潔. 只是局量狹隘, 非廟堂之器. 金孝元常曰: "季眞只是六卿之才. 若至作相, 我當論劾." 人以後白與沈義謙相知, 故孝元嗛義謙而發此言云. 李珥獨曰: "季眞果非相器. 孝元不爲無見. 但無人勝於季眞, 則安能劾其爲相乎?" 時東西士類方角立, 後白雖被目以西人, 而口不發適莫之言, 故年少士類, 亦不忌之. 方有入相之望, 後白與盧禛爲深交, 禛之卒, 哀慟殊甚. 至是受假省親墳, 與禛同鄕, 故哭奠禛柩, 還家感疾, 一夜而卒. 士林甚惜之. 是時盧禛·後白相繼而卒, 物議以爲正二品無人云.

『율곡연보(栗谷年譜)』

해설 이이(李珥), 『율곡선생전서(栗谷先生全書)』 권34 부록(附錄) 「율곡연보(栗谷年譜)」 하(下)의 기록이다. 이이는 41세 되던 1576년(병자, 선조 9년) 2월에 율곡으로 돌아갔다. 송시열 찬술의 율곡 연보에는 '3월'로 되어 있다.

선조 9년(1576년, 병자) 2월

율곡(栗谷)으로 돌아왔다.

선생(율곡 이이)이 은퇴할 것을 결의했다. 박사암(朴思菴, 박순)이 경연 자리에서 늘 선생을 크게 등용할 만한 분이라고 일컫고, 또 은퇴를 허락하지 말라고도 간청했다. 상이 말했다. "이 사람이 지나치게 과격하고 또 나를 섬기고자 않는데, 내 어찌 억지로 만류하겠는가? 예로부터 은퇴를 허락하여 그 뜻을 이루게 한 일이 많았다. 또 가의(賈誼)는 글을 읽어 말만 잘할 뿐이었지, 실로 쓸 만한 인재가 아니었다. 한(漢)나라 문제(文帝)가 그를 써 주지 않은 것은 참으로 보는 바가 있었던 것이다."

어떤 이가 선생에게 말했다. "상께서 공이 은퇴하고자 하는 것을 지나치게 과격하다고 하면서 공을 만류하려 들지 않는데, 공이 좀 머물러 있을 수 없겠는가?" 선생이 답했다. "상께서 만류하려 들지 않으니, 비록 머물고자 한들 머무를 수 있겠는가? 정말로 은퇴하려고 하는데, 은퇴를 허락한 말을 듣고도 물러가지 않으면 이는 거취(去就)로 시정의 흥정하는 일을 삼는 것이다."

○이때 심의겸·김효원이 이미 외직으로 전출되자 조론(朝論)이 더욱 어그러져 가고 있었다. 선생께서 힘껏 조제(調劑)를 주장하여 보합(保合)을 이루게 하려 했는데, 전배들은 모두 김효원을 소인이라 하여 반드시 심하게 배척하면서 선생의 말을 따르지 않으려 하고, 후배들은 선생이 김효원을 등용하지 않은 것을 한스럽게 여겨, 피차 모두가 선생을 그르다고 했다.

어떤 이가 선생에게 말했다. "천하에는 두 가지 다 옳고 두 가지 다 그른 것이 없습니다. 공이 근일의 일에 대하여 시비를 가리지 않고 되도록 둘 다 온전히 하려 하기 때문에, 사람들의 마음이 만족하지 않는 것입니다." 선생이 이에 응답하여 말했다. "천하에는 진실로 둘 다 옳고 둘 다 그른 것이 있습니다. 백이(伯夷)·숙제(叔齊)가 서로 나라를 사양한 것과, 무왕(武王)·이제(夷齊)가 그 뜻이 각각 다른 것은 둘 다 옳은 것이요, 춘추전국시대에 의전(義戰)이 없었음은 둘 다 그른 것입니다. 요즈음 심의겸·김효원의 일은 국가에 관계된 것도 아니거늘, 서로 삐걱거려서 심지어 조정에서도 조용하지 않으니 이는 둘 다 그른 것입니다. 이것이 비록 둘 다 그를지라도 모두가 사류(士類)이니, 마땅히 화해하여 서로 융합하는 것이 옳은 일입니다. 반드시 이것을 옳게 여기고 저것을 그르게 여기려 한다면, 막 쏟아져 나오는 헐뜯는 말과 서로 삐끄덕거리는 형세가 어느 때에야 끝날 수 있겠습니까?"

대사간(大司諫) 홍성민(洪聖民)이 이성중(李誠中)을 탄핵하려 하자 선생은 힘껏 저지했으나 끝내 그는 듣지 않았다. 하루는 선생이 한수(韓脩)·남언경(南彦經)과 함께 시국의 일을 논하여 말했다. "애초에 인백(仁伯)〔김효원〕을 견제한 것은 실로 공론이었으나, 지금에 와서는 의론이 과격하여 아직까지 안정되지 못하여, 사류로서 공심을 가지고 중립을 지키는 자가 도리어 의심을 낳게 되었습니다. 이와 같이 하여 마지않는다면 반드시 인심을 잃어 도리어 인백을 두둔하는 것이 공론으로 될 것입니다." 이에 남언경이 말했다. "이처럼 어지러운 때에 공이 물러나서는 안 됩니다." 선생이 답했다. "상하에 신임을 받지 못했는데 어떻게 하겠습니까?" 남언경이 또 말했다. "어찌 조그마한 도움이라도 없겠습니까?" 선생이 답했다. "조그마한 이익 때문에 나의 평생을 그르치는 것과 어떠하겠습니까?"

김우옹(金宇顒)이 힘써 만류하니 선생이 말했다. "만약 몇 달 안에 화패(禍敗)가 생긴다면 내 억지로라도 머물며 구제하겠지만, 지금은 별로 현저히 나타난 화단이 없습니다. 그러나 조론(朝論)이 서로 이긋나고 화기가 날로 사라지는가 하면, 게다가 속론(俗論)이 행세하고 청의(淸議)가 점점 침미해 가니, 수년 후에야 그 실증을 비로소 보게 될 것입니다. 지금 내가 위로 설득시키고 아래로 시끄럽게 말해 보아도 모두 믿어 주지 않는데, 어떻게 앉아서 수년 후에 있을 화를 기다리며 쓸쓸하게 억지로 머물러 있을 수 있겠습니까?"

허엽(許曄)이 말했다. "화숙(和叔)【박순(朴淳)의 자(字)】·계진(季眞)〔이후백〕·중회(重晦)〔김계휘〕가 비록 당시에 명망은 있지만, 식자(識者)들이 그들을 논평한다면 반드시 방숙(方叔)【심의겸의 자(字)】의 문객(門客)이라고 할 것입니다." 선생이 말했다. "공의 말이 크게 잘못입니다. 이 세 사람은 모두 사림의 중망(重望)입니다. 어찌 방숙을 의지하여 발신할 사람들이겠습니까?"

다른 날 사람들에게 말했다. "허태휘(許太輝)〔허엽〕의 소견이 몹시 비뚤어졌다. 다른 날 일을 그릇칠 사람은 반드시 이 사람이다."

先生[33]決意退歸. 朴思菴[34]每於經席稱先生可大用, 又請勿許其退. 上曰: "此人矯激且不欲事予, 予何爲强留? 自古許退而俾遂其志者, 多矣. 且賈誼讀書能言而已, 實非可用之才. 漢文之不用, 眞有所見也." 或謂先生曰: "上以公之欲退爲矯激, 不欲留之, 公不可遲留乎?" 曰: "自上不欲留, 雖欲遲留, 得乎? 固將退也, 聞許退而不退, 是以去就爲市道也."

○時沈·金旣出, 朝論益乖. 先生力主調劑, 欲爲保合,[35] 而前輩[36]皆以金爲小人, 必欲深斥之,[37] 不從[38]先生之言, 後輩恨先生不用金, 彼此皆以先生爲非. 或謂先生曰: "天下無兩是兩非. 公於近日事, 不分是非, 務欲兩全, 人心不滿矣." 先生應之曰: "天下固有兩是兩非矣. 伯夷·叔齊之相讓及武王·夷·齊之不同, 是兩是也; 春秋·戰國之無義戰, 是兩非也. 近日沈·金之事, 非關國家, 而乃相傾軋, 至於朝廷不靖[39], 眞是兩非也. 雖是兩非, 而俱是士類, 但當和解消融可也. 必欲是此而非彼, 則方生之說·相軋之勢, 何時可了乎?" 大司諫洪公聖民欲劾李誠中, 先生力止之, 竟不聽. 一日先生與韓脩·南彦經論時事曰: "當初裁抑仁伯【金孝元字】實是公論, 而今議論過激, 尙未安定, 士類之公心中立者, 反生疑心. 若此不已, 必失人心, 反使右仁伯者, 爲公論矣." 南曰: "如此紛紜之時, 公不可退也." 曰: "不見信於上下, 奈何?" 南曰: "豈無

33 박세채 찬 연보에는 '先生'의 앞에 "先是先生謂人曰: 上屢聞今世之弊, 略不講求, 假使論議, 精詳何補於時事? 將無可爲之望矣. 遂……"가 더 있다.

34 思菴: 박세채 찬 연보에는 '相淳'으로 되어 있다.

35 欲爲保合: 박세채 찬 연보에는 없다.

36 前輩: 송시열 찬 연보에는 '諸公'으로 되어 있다.

37 之: 송시열 찬 연보에는 뒤에 "鄭松江澈將歸湖南, 以詩示先生曰: '君意似山終不動, 我行如水幾時回?' 大抵前輩咎先生之不攻金漸"가 더 있다.

38 從: 송시열 찬 연보에는 '用'으로 되어 있다.

39 靖: 송시열 찬 연보, 박세채 찬 연보에는 '靜'으로 되어 있다.

一分之益?" 曰: "爲一分之益而誤我平生, 何如[40]?" 金宇顒勉留之, 先生曰: "若數月之內, 當生禍敗, 則吾可强留相救矣, 今則別無形顯之禍. 而朝論相乖, 和氣日消, 加之以俗論得行, 淸議漸微, 數年之後, 始見其證矣. 今吾上說下聒, 皆不相信, 安能坐待數年後患, 而踽踽强留乎?" 許曄曰: "和叔【朴淳字】· 季眞 · 重晦, 雖有時望, 識者論之, 則必以爲方叔【沈義謙字[41]】門客." 先生曰: "公言大誤. 斯三人皆士林之望, 豈是依方叔而發身者乎?" 他日語人曰: "許太輝【曄字[42]】所見甚謬. 異日誤事者, 必此人也."

『미암일기(眉巖日記)』— 유희춘(柳希春)

해설 여기서는 유희춘(柳希春)의 『미암일기』 가운데 이후백 관련 자료를 추출하여 정리해 둔다. 『미암일기』는 『미암선생집(眉巖先生集)』의 권 5~18까지에 있으며, 1567년(선조 즉위년)에 유희춘이 유배지 은진(恩津)에서 사면령을 받은 때로부터 시작하여 1577년(선조 10년, 정축) 5월 15일(임인)에 임종하기[43] 이틀 전까지 기록이다. 본래 『미암선생집』 권5~14까지는 『미암일기』를 산절한 것이고, 권15~18까지는 기정진(奇正鎭)이 일기 속의 경연 기사 총 90조를 뽑아 정리한 것이다.

40 何如: 송시열 찬 연보에는 뒤에 "又語人曰: '仁伯之過, 在先矣. 不自量力, 欲爲國事, 而又不避嫌排抑, 先輩年長者, 莫不含怒, 而畏其勢, 莫敢下手. 吾見其所爲, 不無後弊, 故倡爲裁抑之論. 當初先輩, 借我爲重, 惟言是從. 及下手裁抑之後, 乃不用某言, 有如得魚忘筌矣. 可笑. 大抵此事裁抑則是矣, 深攻則非矣. 以無形顯之罪也.'"가 더 있다.

41 沈義謙字: 송시열 찬 연보에는 '義謙'으로 되어 있다.

42 字: 송시열 찬 연보에는 없다.

43 『선조실록』에 졸기(卒記)가 있다. 유희춘이 물러간 뒤에 선조는 다시 그에게 부제학을 제수하자 사양했으나 허락하지 않았다. 특별히 자헌(資憲)의 품계(品階)로 올리고, 또 교지를 내려 올라와서 사례하도록 명했다. 유희춘이 교지를 받고 감격하여 사은하고 물러가려 했는데, 서울에 도착하자 병이 나서 끝내 타계하고 말았다. 선조는 그에게 좌찬성을 증직하도록 했다.

『미암일기』 1568년(선조 원년, 戊辰) 3월 22일

포시(晡時 오후 4시)에 우승지 후백(後白) 계진(季眞, 이후백의 자), 참지 허엽(許曄) 태휘(太輝, 허엽의 자)가 잇달아 찾아왔다. 태휘는 내일 건천동(乾川洞) 집에서 만나 이야기하자고 약속했다.

晡時. 右承旨後白季眞 · 參知許曄太輝相繼來訪. 太輝期以明日會話于乾川洞第.

『미암일기』 1568년(선조 원년, 戊辰) 4월 11일

어제 영접도감(迎接都監)의 낭청(郞廳)에서 아뢴 바를 보니, 관반(館伴)과 이조(吏曹) · 예조(禮曹)와 대제학(大提學)이 동의하여 함께 제술관(製述官)을 초계(抄啓)했는데, 임열(任說) · 이순형(李純亨) · 오상(吳祥) · 윤현(尹鉉) · 김귀영(金貴榮) · 강사상(姜士尙) · 윤의중(尹毅中) · 박응남(朴應男) · 이홍남(李洪男) · 홍천민(洪天民) · 강사필(姜士弼) · 윤두수(尹斗壽) · 유전(柳㙉) · 최옹(崔顒) · 이후백(李後白) · 구사맹(具思孟) · 김첨경(金添慶) · 김억령(金億齡) · 기대승(奇大升) · 권벽(權擘) · 이담(李湛) · 임회(林誨) · 윤주(尹澍) · 민기문(閔起文) · 윤근수(尹根壽) · 노수신(盧守愼) · 유희춘(柳希春) · 이제민(李齊閔) · 양사준(楊士俊) · 신호(申頀) · 김명원(金命元) · 이산해(李山海) · 최정(崔頲) · 황정욱(黃廷彧) · 황윤길(黃允吉) · 성자제(成字濟) · 이증(李增) · 이이(李珥) · 구봉령(具鳳齡) · 정탁(鄭琢) · 홍성민(洪聖民) · 이제신(李濟臣) · 이응(李凝) · 윤탁연(尹卓然) · 김충갑(金忠甲) · 유대수(兪大脩) · 민충원(閔忠元) · 권붕(權鵬) · 이정암(李廷馣) · 윤존성(尹存性) · 박민헌(朴民獻) · 정윤희(丁允禧) · 양응정(梁應鼎) · 이민각(李民覺) · 노인(盧禋) · 남언경(南彦經), 진사(進士) 최경창(崔慶昌) · 이순인(李純仁), 강서관(講書官) 송응개(宋應漑) · 윤희길(尹希吉) · 유희림(柳希霖) · 홍익세(洪翼世) 등이었다.

見昨日迎接都監郎廳啓, 館伴及吏曹·禮曹·大提學同議, 製述官抄啓. 任說·李純亨·吳祥·尹鉉·金貴榮·姜士尙·尹毅中·朴應男·李洪男·洪天民·姜士弼·尹斗壽·柳堣·崔顒·李後白·具思孟·金添慶·金億齡·奇大升·權擘·李湛·林誨·尹澍·閔起文·尹根壽·盧守愼·柳希春·李齊閔·楊士俊·申護·金命元·李山海·崔頲·黃廷彧·黃允吉·成子濟·李增·李珥·具鳳齡·鄭琢·洪聖民·李濟臣·李凝·尹卓然·金忠甲·兪大脩·閔忠元·權鵬·李廷馣·尹存性·朴民獻·丁允禧·梁應鼎·李民覺·盧禛·南彦經, 進士崔慶昌·李純仁, 講書官宋應漑·尹希吉·柳希霖·李廷馣·洪翼世.

『미암일기』 1568년(선조 원년, 戊辰) 8월 19일

실록청사목(實錄廳事目)[44]에 총재관(總裁官)은 우의정 홍섬(洪暹), 도청 당상(都廳堂上)은 오겸(吳謙)·이황(李滉)·이탁(李鐸), 낭청(郎廳)은 김난상(金鸞祥)·민기문(閔起文)·윤근수(尹根壽)·유희춘(柳希春)이었다.

○검상(檢詳)의 직으로 빨리 나가는 것은 예전부터 관례가 아니지만, 사인 선생(舍人先生) 기명언(奇明彦, 기대승)·민숙도(閔叔道, 민기문)가 모두 급하다고 여겨서 윤사인(尹舍人, 윤근수)이 손수 써서 추천한 연유를 갖추어 기록해서 승지 이후백에게 통보했다. 대개 이후백이 도승지로서 이방(吏房)이었기 때문이다. 이후백이 답서에서 이렇게 말했다. "선생은 한창의 나이가 아닌데 혼자서 많은 공무를 처리하시니[45] 새 관료를 구하는 것이 비록 빠르다고 해도 어떤 사람이 트집을 잡겠습니까?

44 여기서는 『명종실록』 편수를 위한 실록청 사목을 말한다.

45 원문의 '독현(獨賢)'은 공무에 시달리는 하위 관료의 탄식과 원망이 섞인 말이다. 『시경』 「소아(小雅) 북산(北山)」에 "왕사를 튼튼히 해야 하기에, 우리 부모를 근심하게 하노라. 온 하늘 아래 어딘들, 왕의 땅 아닌 곳이 없으며, 땅을 빙 두른 바다 안 사람이, 왕의 신하 아님이 없거늘, 대부가 공평하지 못한지라, 홀로 어질다고 해서 나만 부리는구나.〔王事靡盬, 憂我父母. 溥天之下, 莫非王土. 率土之濱, 莫非王臣. 大夫不均, 我從事獨賢.〕"라고 했다.

그렇지만 선생께서는 옛날 어려운 일에 처했을 때에도 떠도는 의론에 흔들리지 않더니, 이제 이러한 일을 염려하시게 되었습니까? 하하! 다만 옥당(홍문관)으로 빨리 돌아오기만을 바랄 뿐입니다."

實錄廳事目, 總裁官, 右議政洪暹. 都廳堂上, 吳謙·李滉·李鐸. 郎廳. 金鸞祥·閔起文·尹根壽·柳希春. ○以檢詳速出非故事, 而舍人先生奇明彦·閔叔道, 皆以爲太遽. 故具錄尹舍人手書以薦之由, 通于李承旨後白. 蓋李以都承旨爲吏房故也. 李公答書曰: "先生非盛壯之年, 劇務獨賢, 得新僚雖速, 人誰間然? 顧先生昔際危難, 尙不爲浮議所搖, 今日乃慮此耶? 呵呵! 只冀遄返玉堂耳."

『미암일기』 1568년(선조 원년, 戊辰) 10월 25일

옥당에서 의견을 조정하는 회의를 열었다. 나는 『근사록(近思錄)』을 당연히 『대학연의(大學衍義)』보다 먼저 강의해야 한다고 했다. 민군(閔君, 민기문)도 그렇다고 했다. 영의정 이공(李公, 이준경)에게 아뢰었더니 영의정도 참으로 그렇다고 하며, 곧바로 나에게 서신으로 알려 왔다. 대개 이 의견을 낸 사람은 이퇴계(이황)·사재(四宰, 우참찬) 박화숙(朴和叔, 박순)·기명언(奇明彦, 기대승)·이계진(李季眞, 이후백) 등인데, 영의정의 처음 생각도 『근사록』을 먼저 해야 한다고 여겼기 때문이었다.

一會玉堂. 余以『近思錄』, 當先於『大學衍義』. 閔君亦以爲然. 白于領相李公, 公甚以爲然, 卽通簡于余. 蓋發此論者, 李退溪·朴四宰和叔·奇明彦·李季眞等也. 而領相初意, 亦以『近思錄』當先故也.

『미암일기』 1569년(선조 2년, 己巳) 11월 7일

동지의 표(表)·전(箋)이 전보다 배나 좋게 되었으니, 이는 대제학 박순(朴淳)이 정밀하고 독실하게 다듬었기 때문이다. 그 중 방물표(方物表)의 '해가 남쪽으로 가니 다음 해의 예의를 다투어 편다〔爭展〕'라는 구절에서 '쟁(爭)' 자를 '방(方)' 자로 고쳤다. 이는 첨지 이후백이 그 잘못을 논하고, 내가 한 글자를 수정한 것이다.

冬至表箋, 佳倍於前. 大提學朴公之精敏誠篤故也. 其中方物表有云: '日行南陸, 爭展亞歲之儀,' 改爭爲方. 此李僉知後白討論其失, 而余修飾一字者也.

『미암일기』 1569년(선조 2년, 己巳) 11월 8일

오늘은 동지사가 배표(拜表)하는 날인데, 승문원 제조는 먼저 사대(査對)를 행해야 하므로 모화관(慕華館)으로 갔다. 제조 박순(朴淳)·김귀영(金貴榮)·박응남(朴應南)·윤의중(尹毅中)·이후백·김계(金啓)가 모두 왔고, 좌의정과 우의정이 오자, 유희춘 등 통정대부가 일시에 뵙기를 청했다. 곧 문서를 사대(査對)하니, 여러 제조들이 한꺼번에 일어나 살펴보았다. 한참 지나서야 끝을 내었다. 2품 이하의 제조들은 표를 묶고 싸는 것을 간심(看審)했다. 그것이 끝나자 물러나 김형언(金亨彦, 김계)과 함께 사신 유종선(柳從善)·박승임(朴承任)과 서장관 이제신(李濟臣)을 초청하여 전별했다. 마침내 나왔다.

以今日冬至使拜表, 而承文院提調先詣査對, 故詣慕華館. 提調朴淳·金貴榮·朴應男·尹毅中·李後白·金啓皆至, 及左右相至, 希春等通政大夫, 一時請謁. 尋以文書査對, 諸提調羣起看之. 移時乃畢. 諸二品以下提調, 看結裹. 畢, 退與金亨彦, 同邀餞使臣柳從善·朴承任·書狀官李濟臣. 遂出.

『미암일기』 1569년(선조 2년, 己巳) 11월 26일

정사(政事)에서 이후백이 도승지가 되고, 나 유희춘은 좌부승지가 되고, 윤주(尹澍)는 동부승지가 되었다. 이때에 박호원(朴好元)은 좌승지, 허엽(許曄)은 우승지, 송하(宋賀)는 우부승지였다.

政事, 李後白爲都承旨, 希春爲左副承旨, 尹澍爲同副. 是時, 朴好元爲左承旨, 許曄爲右承旨, 宋賀爲右副.

『미암일기』 1569년(선조 2년, 己巳) 12월 16일

병조참지 박대립(朴大立)과 대사성 기대승(奇大升)이 잇달아 찾아왔다. 어제부터 이계진(李季眞, 이후백)과 이 두 사람은 모두 내가 떠나는 것을 만류하려고 했다.

兵曹參知朴公大立 · 大司成奇大升, 相繼過訪. 自昨李季眞及此二公, 皆有挽留我行之意.

『미암일기』 1570년(선조 3년, 庚午) 5월 24일

도승지 이후백이 "『동국유선록(東國儒先錄)』[46]의 동국은 국조(國朝)만 못하다."라

46 나중에 『국조유선록(國朝儒先錄)』으로 책명이 바뀌었다. 유희춘이 1570년(선조 3)에 편찬한 것이다. 『미암일기』에 보면 1570년 10월 3일, "상감이 『유선록(儒先錄)』을 도로 옥당에 내려보냈다." 라고 했다.

고 한 말을 들었는데, 이 말이 사리에 합당하여 나는 따랐다. 또 함경감사가 사람을 보내와 문천군수(文川郡守) 조용(趙容)에게 서찰을 보내 문정공(文正公, 조광조의 시호)의 명(銘)이나 잠(箴)과 같은 글을 찾아 보내게 해 달라고 했다는 말을 들었다.

聞都承旨李公後白以爲『東國儒先錄』, 東國不若國朝. 此說有理, 余從之. 又聞咸鏡監司送人上來, 修書于文川郡守趙容, 令搜送文正公銘箴之類.

『미암일기』 1570년(선조 3년, 庚午) 8월 11일

이언수(李鶠壽)[47]가 나의 『헌근록(獻芹錄)』[48] 초본을 썼다.

○이조정랑 신응시(辛應時), 홍문관 수찬 정엄(鄭淹)〔자(字) 문중(文中)〕, 도승지 이후백(李後白)이 잇달아 찾아왔다가 저물어서야 갔다. ○밤에 누워서 "『헌근록』은 쉽게 만들지 못하겠으니 차라리 『육서부록(六書附錄)』을 속히 완성하는 편이 낫겠다."라고 생각했다.[49]

李鶠壽寫我獻芹錄草. ○吏曹正郎辛應時·弘文修撰鄭淹文中·都承旨李後白, 相繼來訪, 至昏乃去. ○夜臥, 思得: "『獻芹錄』未易成就, 莫若速了『六書附錄』."

47 호남학연구소의 정본화작업에 따르며, 대본에는 '이곤수(李鵾壽)'로 되어 있으나 『미암일기』 초본에 의거하여 '곤수(鵾壽)'를 '언수(鶠壽)'로 바로잡는다고 했다.

48 경오(1570년) 10월 29일, 유희춘이 사마광(司馬光)의 「계고록표(稽古錄表)」, 제갈량(諸葛亮)의 「출사표(出師表)」와 「초령익주목발교(初領益州牧發教)」, 육지(陸贄)의 주의(奏議), 주자(朱子)의 봉사(封事)와 차(箚)를 가지고 한 권의 책을 만들어 『헌근록(獻芹錄)』이란 이름을 붙여 올릴까 했는데, 동료들도 그렇게 하는 것이 좋겠다고 했다. 유희춘은 옥당(홍문관)에서 책을 빌려 『헌근록』에 뽑아 넣을 자료를 찾기로 했다.

49 『미암일기』에 의하면, 유희춘은 다음 날 12일부터 『육서부록』을 편수하기 시작했다. 또한 주희가 『근사록(近思錄)』을 논설한 글을 상절(詳節)하여 끝마쳤다.

『미암일기』 1570년(선조 3년, 庚午) 9월 17일

대궐로 나아가 『국조유선록(國朝儒先錄)』 2책을 올렸다. 주상께서 답교(答敎)하시기를, "살펴본 뒤에 다시 내려 주겠다." 하므로 나는 집으로 왔다. 대사헌 김귀영(金貴榮)과 대사간 박근원(朴謹元)이 뒤이어 찾아와 담화를 나누었다. 김현경(金顯卿, 김귀영)이 나의 『속몽구(續蒙求)』를 보고 매우 감탄하며 좋아했다. 두 사람은 다시 23일에 술을 가지고 와서 전별하겠다고 약속했다. 첨지(僉知) 이집(李楫)이 와서 22일에 자기 집의 전별 모임에 참석해 줄 것을 요청하고, 허태휘(許太輝, 허엽)·민숙도(閔叔道, 민기문)도 동참할 것이라고 말했다.

詣闕, 進『國朝儒先錄』二冊. 上答敎曰: "覽後還下." 余到家. 大憲金貴榮·大諫朴謹元隨來談話. 金顯卿見吾『續蒙求』, 深歎愛之. 二公更約以二十三日持壺來餞. 李僉知楫來請二十二日赴其家餞會, 許太輝·閔叔道同參云.

『미암일기』 1570년(선조 3년, 庚午) 9월 22일

가토(加土)할 일로 상소하기 위하여 대궐로 갔다.[50] 좌승지 송하(宋賀), 좌부승지 유홍(兪泓), 우부승지 이충작(李忠綽)[51] 등이 말했다. "경기 감사의 장계로 인하여 지

50 9월 17일에 호조에서 올해는 흉년이므로 사대부들에게 혼인·성묘·가토(加土)로 휴가를 주지 말 것을 청하여 선조가 이를 따랐다. 하지만 유희춘은 특별히 상소하여 가토(加土)할 것을 청하려 한 것이다.

51 이충작(李忠綽, 1521~1577)의 본관은 전주(全州), 자는 군정(君貞), 호는 졸암(拙庵)·낙빈(洛濱)이다. 직산(稷山)〔지금의 충청남도 천안〕 출신이다. 세종의 제4남 임영대군(臨瀛大君) 이구(李璆)의 후손이며, 이주(李澍)의 증손으로, 아버지는 당은부수(唐恩副守) 이휘(李徽)이며, 어머니는 오황(吳滉)의 딸이다. 1559년(명종 14) 정시문과에 급제했다. 1562년 저작 재임 시 효행으로 형조좌랑으로 특진되었다. 사헌부장령 때 중 보우(普雨)의 죄상을 논핵했다가 제주도에 유배되었다. 을사사

난번에 형조판서가 여주향사(驪州香使)[52]로 가서 원주(原州)에 가토하겠다고 청했지만 승정원에서 막고 입계하지 않았습니다. 이제 비록 정리(情理)가 절박하여 다른 사람과 다르지만 감히 경솔하게 입계할 수가 없습니다."

도승지 이후백 계진(季眞)은 이때 치질을 앓고 누워 있었다. 내가 들어가 보고 사정을 자세히 말하자, 계진이 말했다. "정리가 절박하여 다른 사람의 상소와 다르니 입계하지 않을 수 없소. 내가 5, 6일 정도 조리하고 들어가면 마땅히 다시 논의해서 들여보내겠소."

나는 기쁨을 금할 수 없었다. 계진은 또 나와 상의하여 그 아들의 이름을 선경(善慶)으로 고쳤다.

以加土上疏詣闕. 左承旨宋賀 · 左副兪泓 · 右副李忠綽等, 以爲: "因京畿監司狀啓, 頃日刑曹判書自驪州香使, 請加土于原州, 院中遮防不入啓. 今雖情理切迫, 異於他人, 而未敢輕入啓也." 都承旨李後白季眞, 方患痔而臥. 余入見, 具陳情實. 季眞以爲: "情理切迫, 異於他人之疏, 不可不入啓. 竢吾調理五六日, 當更議而入." 余不勝大喜. 季眞又與余議改其男名曰善慶.

『미암일기』 1570년(선조 3년, 庚午) 9월 23일

승지 이충작(李忠綽)이 통지했다. "내일은 서벽(西壁)[53] 영공에게 대기(大忌)가 있

화 때 소윤파인 이기(李芑) · 정순붕(鄭順朋) · 임백령(林百齡) 등의 보익공신(保翼功臣) 호를 삭탈하는 전지(傳旨)를 올렸다. 모친상을 당해 3년 동안 죽을 먹으며 피눈물을 흘리다가 실명했다. 탈상한 뒤 승지에 제수되고, 충청도관찰사에 이르렀다.

52 여주에 있는 세종과 왕비 소헌왕후 심씨(沈氏)의 능에 대한 제향(祭享) 때에 향을 맡아보던 벼슬아치이다.

53 조선시대 각 관서의 관원이 출근하여 모여 앉을 때 지위에 따라 북쪽, 동쪽, 서쪽, 남쪽의 순서로 앉았다. 의정부에서는 삼정승이 북쪽에 좌정하고, 좌 · 우찬성이 동쪽, 좌 · 우참찬이 서쪽에 앉았다.

는 날이므로 영공이 소장을 올려도 반드시 윤허를 얻지 못할 것이며, 며칠 안으로 소장을 올리면 무척 다행이겠습니다. 영공이 도령공(都令公, 도승지)이 나오기를 기다리시리라 염려하여 감히 알려드립니다." 내가 곧장 도령공 계진(季眞, 이후백)에게 통지했더니, 답장이 왔다. "내가 영공에게 사사로운 정을 둔 것이 아니라 다만 경연의 중신으로서 상소의 내용이 민망하고 절박하니 도리로 보아 거절할 수 없었습니다. 출근하면 동료들과 상의하여 조처할 것이니 영공은 조금만 늦추고 서두르지 마시기 바랍니다. 5, 6일을 벗어나지 않아 정해질 것입니다." 매우 감사하고 다행스러웠다.

李承旨忠綽通云: "明日則西壁令公有大忌, 令公呈疏, 必不蒙準. 日內呈辭幸甚. 慮令公待都令公之出, 故敢白." 余卽通于都令公, 季眞復書云: "僕非爲私於令公. 但以經幄重臣, 疏陳悶迫, 理不當拒之. 欲待出仕, 與同僚議處. 所望令公少緩勿速, 必不出五六日定矣."云云. 深可感幸.

『미암일기』 1570년(선조 3년, 庚午) 10월 28일

저녁에 도승지 이후백이 방문했다. 잠깐 『헌근록(獻芹錄)』을 보고 돌아갔다.

夕. 都承旨李後白過訪. 暫見『獻芹錄』而去.

『미암일기』 1570년(선조 3년, 庚午) 11월 3일

이정(李精)이 와서 가토(加土)를 청하는 상소를 썼다.

○이후백이 정양덕(鄭陽德)이 봉하여 올린 「성종이 어필로 참봉을 사임하는 상소

에 답한 글〔成宗御筆答辭參奉疏〕」[54]을 보내왔다. 이것은 정여창(鄭汝昌)에 관한 사적이다. 희춘은 보고나서 돌려보냈다.

李精來寫乞加土上疏. ○李後白送鄭陽德所封上「成宗御筆答辭參奉疏」, 乃汝昌公事也. 希覽後還送.

『미암일기』 1570년(선조 3년, 庚午) 11월 7일

아침밥을 먹은 뒤에 전하께 하직을 아뢰는 숙배(肅拜)를 하기 위해 대궐로 가서 보루문(報漏門)의 의막(依幕, 임시 막사)으로 들어갔다.[55] 의정부에서 설치한 것이었다. 옥당의 응교 이중호(李仲虎), 교리 이해수(李海壽), 수찬 류성룡(柳成龍)이 술을 가지고 와서 전별했다. 조금 있다가 숙배하고 다시 의막으로 들어갔다. 예를 마치고 곧 승정원의 도승지 방으로 들어가서 이계진(李季眞, 이후백)·송하(宋賀)·오성(吳誠)·유홍(兪泓)을 만나 함께 전별의 술을 마셨으며, 또 승지 이충작(李忠綽), 승지 안자유(安自裕)를 두루 만나고 나왔다. 남소위장(南所衛將)들의 초대를 받고 가서 송찬(宋贊)·오성(吳誠)·육침(陸詹)·윤번(尹璠)·김오(金鋘)와 전별했으며, 또 참지(參知) 윤두수(尹斗壽)를 홍례문(弘禮門) 곁에서 보았다. 또 도총관(都摠管)의 초대를 받아 도총부로 가자 호조판서 홍담(洪曇)과 형조판서 정종영(鄭宗榮)이 전별해 주었다. 또 성문을 나와 멀리 향교동(鄕校洞)의 동지(同知) 심봉원(沈逢源) 집에 이르렀는데,

54 정여창(鄭汝昌)의 『일두유집(一蠹遺集)』 권1에 「사참봉소(辭參奉疏)」가 있다.

55 유희춘은 1570년 이 해의 5월에 부제학으로서 차자를 올려 을사, 정미년에 화를 입은 이들을 선처해 줄 것을 청했다. 그리고 그 무렵 안동(安東)에서 『속몽구(續蒙求)』를 인출했다. 8월에는 『육서부주(六書附註)』를 엮었다. 9월에 신병으로 담양(潭陽) 집에 돌아가서 『국조유선록(國朝儒先錄)』 2책을 올렸다. 그런데 10월에 부제학과 우승지에 잇달아 제수되었다. 10월 20일에 사직단자를 올려, 급유(給由)의 명을 받고, 23일에 다시 사직단자를 올려 가급유(加給由)의 명을 받았다. 11월에는 『헌근록(獻芹錄)』을 편차하여 올렸다.

심공이 특별히 전별주를 차려 주어 마시고 나왔다.

朝食後, 以下直肅拜詣闕, 寓報漏門依幕, 議政府所設也. 玉堂應教李仲虎·校理李海壽·修撰柳成龍. 持酒來餞. 俄行肅拜, 復入依幕. 禮畢, 遂入政院都承旨房, 見李季眞·宋賀·吳誠·兪泓, 共餞而飮. 又歷見李承旨忠綽·安承旨自裕而出. 被南所衛將等之招, 進而見宋賀·吳誠·睦詹·尹璠·金鋘之餞. 又見尹僉知斗壽于弘禮門之傍. 又被都摠管之招, 詣都摠府, 戶判洪曇·刑判鄭宗榮餞之. 又出城門, 遠至鄉校洞沈同知逢源宅, 沈公特設餞酒, 余飮而出.

『미암일기』 1571년(선조 4년, 辛未) 3월 20일

유시(酉時)에 역자(驛子, 역의 구실아치)가 유지(有旨)를 담은 서장(書狀)을 가지고 왔는데 17일에 발송한 것이었다.[56] 그 내용은 이러했다. "경의 장계를 살펴보니, 황공스러워하고 민망스러워하며 본직을 체직시켜 감당할 만한 인물에게 제수하기를 바라는 뜻을 알겠다. 그러나 본도는 지금 별다른 사변(事變)이 없으므로 방백(方伯)을 경솔하게 바꿀 수가 없다. 옛날 진(晉)나라의 두예(杜預)는 말을 탈 수 없는 몸에다 활을 쏘면 종이도 뚫지 못할 힘으로도 손가락을 놀리듯이 오(吳) 땅 전부를 평정했다.[57] 이것으로 본다면 절도사(節度使)의 직임은 적을 잘 헤아려 계책을 어떻게 쓰느냐에 달린 것이지, 기질의 강약에 달린 것이 아니다. 중국 송나라의 한기(韓琦)와 범중엄(范仲淹)도 변방으로 나가 서적(西賊)의 간담을 서늘하게 했는데[58] 이들 또한

56 1571년 2월에 유희춘은 전라도관찰사에 제수되어 3월에 직산(稷山)에 이르러 사직소를 올렸다. 이 『미암일기』의 기록에 나오듯이 윤허받지 못했다. 10월에 대사헌이 되었다.

57 두예는 진(晉)나라 무제 때 사람으로 『춘추좌씨경전집해(春秋左氏經傳集解)』를 남겼다. 그런데 진남대장군(鎭南大將軍)으로 오(吳) 땅을 평정했다.

58 한기와 범중엄은 북송 때 명신이다. 두 사람이 함께 서하(西夏) 정벌에 참여하여 위세를 날렸다.

서생이 아니었던가? 용병(用兵)도 유자(儒者)의 직분에 속하는 일이다. 해구(海寇)는 하나의 좀도둑에 지나지 않아 사람의 터럭 하나도 움직일 만한 것이 못 된다. 그대가 전에 경연에서 고금을 논할 때는 남들보다 생각이 훨씬 뛰어났었는데 어찌 지금 해구의 소식을 듣고는 미리 두려워함이 이토록 심하단 말인가? 나는 여러 진영(鎭營)에서 이로 인해 사기가 위축되지 않을까 걱정되니 경은 부디 이런 일이 없도록 신중히 하라. 감사가 절도사의 임무를 겸하기는 하지만 적과 대적하고 방어하는 일에는 맡은 사람이 따로 있으니 경은 안심하고 사양하지 마라. 그리고 나라는 백성에게 의지하고 백성은 먹을 것에 의지하는 것인데 먹을 것을 넉넉하게 하는 것은 농사에 달려 있다. 요사이에 비가 두루 흡족하게 내린 듯하니 각 고을에 두루 알려 권농(勸農)에 매진하여 묵히는 곳이 없도록 하라. 마침 지금 서장(書狀)을 내려보내므로 겸하여 이 뜻을 알리니 경은 몸소 실행하라." ○도승지 이후백이 서찰을 보내 이렇게 말했다. "지금 내린 유지(有旨)는 모두가 어필(御筆)이어서 한 글자도 더하거나 뺀 것이 없소."라고 했다. 엎드려 읽고 감탄했다.

酉時, 驛子持有旨書狀來, 十七日所出也. "省卿惶悶, 冀遞本職, 更授可堪. 本道時無事變, 方伯未可輕遞. 昔晉杜預身不跨馬, 射不穿札, 平定全吳, 如指諸掌. 由此以觀, 節度之爲任也, 惟在料敵奇謀之如何耳, 固不係於氣質之强弱也. 宋之韓·范, 出鎭邊鄙, 西賊膽破, 是亦豈非書生乎? 夫用兵, 亦不出於儒者分內事也. 彼海寇, 一鼠竊耳, 不足以動人一毛. 卿前在經帷, 論說古今, 出人意表, 何乃聞此一奇, 先自憂懼, 至此甚歟? 予恐列鎭因此有畏縮之患. 卿宜愼勿如此. 監司雖兼節度, 折衝禦侮, 自有其人. 卿其安心勿辭. 且國依於民, 民依於食. 足食之道, 惟在耕農. 近日雨水, 似爲周足. 卿其遍諭州郡, 十分勸課, 俾無陳荒. 適今下書, 故兼諭此意. 卿其體哉!" ○都承旨李後白書簡云: "今下有旨, 皆是御筆, 一字無所增減." 伏讀感歎.

『미암일기』 1571년(선조 4년, 辛未) 10월 14일

조보(朝報)가 내려왔다. 이달 9일에 대사헌 박응남(朴應男)이 신병으로 세 번이나 사임장을 제출해 주상께서 체차를 명하고, 그날 저녁에 인사 행정을 하게 되었는데 이조(吏曹)에서 김귀영(金貴榮)·노수신(盧守愼)·이후백을 대사헌의 물망에 올리려고 했다. 아직 입계(入啓)하기 전에 주상께서 이조의 정청(政廳)에 전교하기를 "전라감사 유희춘을 대사헌으로 삼는 것이 좋겠다." 하셨다고 한다. 삼가 생각건대, 신이 볼품없는 사람으로 외람되이 주상의 은총을 입어 이렇게 발탁되니 황공하기 그지없다. 곧 유지(有旨)가 오기를 기다려 부름에 응하여 대궐로 나아갈 작정을 하고, 해남과 담양으로 편지를 보냈다.

朝報下來, 今月初九日, 大司憲朴應男身病三度呈辭, 上命遞差. 當日夕政, 吏曹以金貴榮·盧守愼·李後白擬大憲望, 未入, 上傳于吏曹政廳曰: "全羅監司柳希春, 大司憲爲之可也." 伏念臣以無似, 濫蒙天眷, 拔擢至此, 惶感罔涯. 卽爲待有旨來, 趨召詣闕之計, 通簡于海南·潭陽.

『미암일기』 1572년(선조 5년, 壬申) 10월 1일

당대에 사장(詞章)을 잘하는 선비로 노수신(盧守愼)·김귀영(金貴榮)·윤현(尹鉉)·이후백·기대승(奇大升)·박승임(朴承任)이 가장 두드러졌는데, 계진(季眞, 이후백)이 조금 더디고 깔끄럽다고 한다.

當代詞章之士, 盧守愼·金貴榮·尹鉉·李後白·奇大升·朴承任最著, 而季眞差遲澁云.

『미암일기』 1572년(선조 5년, 壬申) 12월 13일

나는 예조에 들렀다가 대사헌 이후백이 제조(提調)를 포폄하기 위하여 대문 안의 의막에 있다는 말을 듣고, 찾아가서 함께 춘추관의 포폄을 논의했다. 곧 창동(倉洞)의 영부사 이탁(李鐸)의 집을 찾아가 봉상시의 포폄을 논의하면서 판관(判官) 신호(申濩)가 병으로 참석하지 못했으니 등급을 중(中)에 두는 것이 좋겠다는 뜻을 말했다.

또 이렇게 말했다. "희춘이 족질(足疾)이 있어 뜰에 서 있을 수 없으니 형편상 사퇴하는 수밖에 없겠습니다."

이 공이 깜짝 놀라며 말했다. "영공은 어찌 그런 말을 하오? 영공 같은 이가 어찌 물러갈 수 있단 말이오? 영공이 만약 물러난다면 뜻있는 선비들이 누가 조정에 나오려고 하겠소? 부디 은둔할 생각일랑 아예 하지 마시오."

곧 집으로 돌아왔다.

余過禮曹, 聞大憲李後白, 以提調褒貶, 依幕于大門內, 就與之議春秋館褒貶. 遂詣倉洞領府事李鐸宅, 議奉常寺褒貶. 以判官申濩病不來參, 當置中之意. 又陳: "希春足疾衰年. 不堪庭立, 勢將至於辭退." 李公瞿然曰: "令公何爲出此言? 如令公者, 豈宜引退? 令公若退. 有志之士, 誰肯立朝? 更須愼勿遁思. 遂歸舍.

『미암일기』 1573년(선조 6년, 癸酉) 10월 27일

종묘에 봉심하기 위해 태묘(太廟)로 가니 제조(提調)인 이조참판 이후백이 먼저 도착하여 기다리고 있다. 희춘이 이후백, 이조정랑 허사흠(許思欽), 좌랑 이발(李潑)과 함께 태묘 전문(殿門)의 동쪽에서 사배례(四拜禮)를 행한 뒤에 전각으로 들어가 처마 아래에 앉아, 삼가 7실(七室)에 성종의 옥책보록(玉冊寶盝)과 두 왕후의 옥책보록을 살펴보고, 또 10실에 명종의 책보(冊寶)를 살펴보았다. 이 공은 또 8실과 9실을 살펴보았다. 다시 사람을 시켜 5실에 종이를 바르도록 했다. 또 두 관원이 도합 5실을 살펴보았다. 옥책의 글과 보록의 붉은 통은 평생 보지 못하던 것인데 이제야 보게 되었다. 이도 또한 한 가지 행운이다. 날이 저물어 일을 마치고 집으로 돌아왔다. 저물게 된 것은 옥책의 황동(黃銅)이 끊어진 곳을 다시 만들었기 때문이다.

以宗廟奉審, 詣太廟. 提調李參判後白, 已至而先待矣. 希春與李公及曹正郎許士欽·佐郎李潑, 於廟殿門之東, 行四拜禮, 然後入殿, 坐簷下, 謹閱七室成宗玉冊寶盝·兩王后玉冊寶盝, 又閱第十室明宗冊寶. 李公亦閱八九室, 又令人塗紙于五室. 又兩員奉審五室也. 玉冊之文, 寶盝朱筒, 平生所未見, 今乃得見, 是亦一幸. 日暮, 事畢歸舍. 所以暮者, 以玉冊黃銅折處改造故也.

『미암일기』 1573년(선조 6년, 癸酉) 11월 12일

이른 아침에 도총부(都摠府)로 들어가 제관(祭官)에 임명된 판서 정종영(鄭宗榮)을 대신했다. 참판 윤현(尹鉉)이 상번(上番)이 되어 상방(上房, 관아의 수장이 거처하던 방)에서 모였다. 희춘은 포폄의 일회(一會) 때문에 김계(金啓)를 시켜 한낮에 근무케 하고, 식후에 춘추관(春秋館)의 포폄에 좌기(坐起)하기 위해 그곳으로 가니, 이조참판 이후백과 대사헌 노진(盧禛)이 먼저 와 있었다. 세 사람이 잇내어 앉아 담화를 나누는데, 대제학 김귀영(金貴榮)이 오시에야 도착했다. 함께 춘추관의 포폄을 논의한 뒤에 또 김귀영·이후백과 더불어 홍문관의 포폄을 논의하고 점심을 먹은 뒤에 파했다.

나는 춘추관의 포폄을 마감하기 위하여 삼공의 집을 두루 들렀다. 먼저 좌의정 박순(朴淳) 댁을 찾아가고 다음으로 영의정 댁을 찾아가 모두 잠시 얼굴을 뵙고 인준을 받고서 물러나왔다. 마지막으로 우의정 노수신(盧守愼) 댁에 도착했는데 그 생질 이생(李生)을 시켜 말했다. "내가 본래 기침 증세가 있었는데 이제는 호흡이 거칠고 숨이 가쁜 증세로 바뀌니, 아마고 죽어 다시는 뵙지 못할 것 같소." 그 말이 서글펐다. 나는 영의정 댁에서 옥당의 포폄까지 겸하여 여쭈었다. 삼공에게 인준을 무사히 마치고 저물녘 예조로 가니 판서 정유길(鄭惟吉)과 참판 이희검(李希儉)이 앉아서 내가 오기를 기다리고 있었다. 함께 전최(殿最)를 매겼는데, 옥당·춘추관·봉상시·교서관 4곳의 관원이 모두 한 명도 전(殿)을 받은 사람이 없었다. 해가 떨어지기 전에 도총부로 들어갔다. 저녁에 참판 윤자용(尹子用)〔윤현(尹鉉)〕이 찾아와 담화를 나누고 갔다.

早朝, 入都摠府, 代鄭判書宗榮差祭也. 尹參判鉉爲上番, 會于上房. 希春以褒貶一會, 令金啓晝仕. 食後, 以春秋館褒貶坐起, 詣其館, 吏參李後白·大憲盧禛先至. 三員連坐治話, 大提學金貴榮, 午時乃至. 共議春秋館褒貶後, 又與金·李二公, 議弘文館褒貶. 點心後罷, 余以春秋館褒貶磨勘, 遍歷三公. 先詣左相朴公宅, 次詣領相宅, 皆暫承顔, 蒙準而退. 最後至右相盧公宅, 令其甥李生出語曰: "余素有嗽證, 今轉爲上氣證. 恐死而不復拜見也." 其言悵然. 余於領相宅, 兼稟玉堂褒貶. 三公旣準無事. 向暮, 詣禮曹, 判書鄭惟吉·參判李希儉坐待余至, 共書殿最. 凡玉堂·春秋館·奉常寺·校書館四處官員, 皆無一遭殿者. 日未落而入都摠府. 夕, 尹參判子用來訪, 談話而去.

『미암일기』 1574년(선조 7년, 甲戌) 1월 24일

계진(季眞, 이후백)과 이야기를 나누었다. 내가 지은 김형언(金亨彦)〔김계(金啓)〕을 위한 장편의 만사(挽詞)를 보여 주었다. 계진이 칭찬하고 나서 한 구절의 병폐를 지적했으니, '차가운 산에 눈물이 반짝이네〔冷山淚爲熒〕' 였다. 내가 즉시 "또 북해의 귀양살이 슬프니, 눈물이 두 눈에 반짝이네.〔又悲北海棘, 淚皆從雙熒.〕"로 고쳤다.

與季眞談話, 示我所作爲金亨彦挽詞長篇. 季眞嘆美, 因指一句之病, 乃'冷山淚爲熒’也. 余卽改以“又悲北海棘, 淚皆從雙熒.”

『미암일기』 1574년(선조 7년, 甲戌) 1월 25일

이른 아침 참판 박대립(朴大立)이 들어오자 나는 상방(上房)으로 가서 이계진과 셋이 앉아 아침을 먹었다. 이계진이 낮 근무[晝仕]를 계청하고 함께 성균관으로 갔으니 하순의 윤차(輪次)를 하기 위함이다. 먼저 반수(泮水, 성균관)의 바깥 동쪽의 의막으로 가서 대제학 김귀영(金貴榮)이 오기를 기다려 함께 새해 알성(謁聖)의 일을 의논했다. 늙은 서리가 옛 관례를 말해 주니 대성전(大聖殿) 뜰에 들어가 사배례를 행하고 드디어 명륜당으로 가서 의자에 걸터앉아 「영설부(暎雪賦)」를 출제하고 미시와 신시 사이에 시권(試卷)을 거두었다. 참판 이계진이 궁문에 들어가려 먼저 돌아가고 김공과 나는 함께 과차(科次)하니 생원으로 3상(三上)이 두 명, 3중(三中)이 세 명, 3하(三下)가 14명이었다. 이날 대제학이 제학 이 공과 부제학인 나를 이끌고 『홍문록(弘文錄)』 월과(月課)와 별초(別抄)한 문신(文臣)들의 작품을 고과(考課)했는데, 윤담휴(尹覃休)가 상상(上上)으로 으뜸이었다.

早朝, 朴參判大立入來. 余往上房, 與李季眞鼎坐朝飯. 李啓請晝[59]仕, 同詣成均館, 爲終旬輪次也. 先到泮水外東邊依幕, 待大提學金貴榮至, 共議新歲謁聖事. 舊吏言舊例. 遂入大聖殿庭, 行四拜禮. 遂詣明倫堂, 據坐交倚, 出「映雪賦」, 未申間收卷. 李參判入宮門先歸, 金公與余共科次. 生員三上者二人, 三中者三人, 三下者十四人. 是日, 大提學率提學李公·副提學希春, 考『弘文錄』月課及別抄文臣之作, 尹覃休以上之上爲魁.

59 『미암집』 수록본에 ‘啓請盡仕’로 되어 있으나, 『미암일기』 초본에 ‘盡’이 ‘晝’로 되어 있다.

『미암일기』 1574년(선조 7년, 甲戌) 2월 15일

이계진(李季眞)〔이후백〕· 이경질(李景質)〔이희검(李希儉)〕과 함께 밥을 먹었다. 사시(巳時) 초[60]에 책을 교정하는 일로 옥당에 갔다. 교리 송응개(宋應漑), 수찬 성락(成洛)·윤현(尹晛)과 함께 『서경』「반경 중(盤庚中)」 3, 4쪽을 교정했다.

與李季眞·李景質同[61]飯. 巳初, 以校冊詣玉堂, 與宋校理應漑·成修撰洛·尹修撰晛, 同校「盤庚中」三四張.

『미암일기』 1574년(선조 7년, 甲戌) 2월 27일

이른 아침에 하순의 윤차(輪次)를 위해 성균관에 가서 대사성 허엽(許曄)과 서쪽 협실(夾室)에 앉았다. 진시(辰時)에 일동지(一同知) 겸 윤차관(兼輪次官) 이후백이 도총부에서 도착하여 함께 명륜당에 모였다. 「입허여유인잠(入虛如有人箴)」[62]을 출제하여 미시(未時)에 시권(試券)을 거두었다. 문득 명패(命牌)가 왔는데 바로 오늘의 인사 행정으로 이조참판 이 공을 불러 이 공은 대궐로 가고, 나와 허태휘(許太輝, 허엽)는 여러 유생들이 제술한 것을 과차(科次)했다. 날이 저물 때 고과(考課)를 마치고 나서 허 공은 며느리의 병 때문에 먼저 집으로 돌아가고 나는 남아서 입격(入格)한 여러 유생 13명을 대접하고 나서 집으로 돌아갔다.

60 사시(巳時) 초반은 오전 9시가 조금 넘은 시간이다. 사시는 오전 9시부터 11시까지를 말한다.

61 『미암집』 수록본에 '司'으로 되어 있으나, 『미암일기』 초본에 '同'으로 되어 있다.

62 '입허여유인(入虛如有人)'은 『예기(禮記)』「소의(少儀)」의 "'빈 그릇을 잡되 가득 차 있는 그릇을 잡듯이 하며, 빈 방에 들어가되 사람이 있는 방에 들어가듯이 해야 한다.〔執虛如執盈, 入虛如有人.〕"에서 취해 왔다.

早朝, 以終旬輪次, 詣成均館. 與大司成許曄, 同坐西夾室. 辰時, 一同知兼輪次官李後白, 自都摠府來到, 共會于明倫堂, 出「入虛如有人箴」. 至未時收卷, 忽命牌來, 乃今日政事, 招吏參李公也. 李公赴闕. 余與許太輝, 科次諸生所製. 至日暮畢考後, 許公以子婦之病先歸舍. 余留餉入格諸生十三人, 乃歸舍.

『미암일기』 1574년(선조 7년, 甲戌) 3월 20일

삼경 끝부터 잠을 자지 못하고 일어났다. 오늘 태릉(泰陵, 문정왕후 윤씨 능)과 강릉(康陵, 명종과 명종비 인순왕후 심씨 능)에 참배하는데 마땅히 도총부로서 시위(侍衛)해야 하기 때문이다. 4경에 입식(笠飾, 관모)을 하고 남단(藍段, 남색 비단)의 첩리(帖裏, 철릭, 군복)를 입고 도총부로 들어갔다. 호조판서 윤현(尹鉉)이 궁을 지키기 위해 이미 와서 중당에 모여 앉았다. 입번한 지사 강섬(姜暹)과 참판 이후백과 내가 파루 후에 이엄(二嚴)[63]의 북소리를 듣고 근정전 뜰로 나아갔다.

인시(寅時) 정각에 주상께서 작은 수레를 타시고 근정문 밖에 이르셔서 다시 연(輦)을 타셨는데, 원유관(遠遊冠)과 곤룡포 차림이셨다. 도총부 관원이 많았기 때문에 나를 포함한 세 사람이 어가를 호종하여 동대문에 이르자 하늘이 비로소 밝아왔다. 묘시(卯時)[64]에 삼기리(三岐里)에 도착해서 주상께서 잠시 휴식하시며 주정(晝停)을 하셨다. 옥당이 대궐 안팎에서 공판(公辦, 준비)하여 나에게도 음식을 주었다. 진시에 태릉에 도착하여 주상께서 정자각(丁字閣)에서 재향하시고 여러 장수들은 홍살문 밖에 서 있었다. 주상께서 몸소 능에 올라 봉심(奉審)하시려고 했다. 영의정 홍섬(洪暹)과 우의정 노수신(盧守愼)이 햇볕이 옥체를 상하게 할까 두려워하여 그만

63 임금 행차 때 계엄(戒嚴)의 뜻으로 큰북을 치는 것을 엄고(嚴鼓)라고 하는데, 초엄(初嚴)·이엄(二嚴)·삼엄(三嚴) 등 모두 세 차례가 있었다.

64 묘시(卯時)는 오전 5시~7시를 말한다. 관리들은 묘시(卯時)에 출근하고, 유시(酉時) 즉 오후 5시~7시에 퇴근하는 묘사유파(卯仕酉罷)의 규정이 있었다. 묘유(卯酉)의 법이라고도 했다.

두시기를 청하니, 주상께서 앞으로도 일이 있다고 하시며 따르셨다.

사시(巳時, 오전 9시~11시 사이)에 강릉에 도착했다. 주상께서 백관을 이끄시고 정자각에서 제향을 하시고 또 몸소 능에 올라 봉심하셨다. 나는 또 홍문관의 점심을 먹었다. 주상께서 발길을 돌려 태릉 앞에 이르셨다. 상하가 모두 걸었다. 홍담(洪曇)이 찬례(贊禮)로 미리 선발되어 돌아가서 도총관 임무를 행했다. 미시 끝에 삼기리에 도착하셔서 여러 신하들에게 술을 하사하셨다. 신시(申時, 오후 3시~5시경)에 행차가 환궁하니 날은 이미 유시(酉時, 오후 5시~7시)가 되었다. 이날 분주하게 걷는 수고로움이 이루 말할 수가 없었다. 다만 정언례(鄭彦禮)의 좋은 말을 빌려서 잘 다닐 수 있었다.

自三更末, 不寐而起. 以今日泰·康陵拜陵, 當以都摠府侍衛故也. 四更, 以笠飾著藍段帖裏, 入都摠府. 戶書尹鉉以守宮已來, 會坐于中堂. 入番姜知事暹·李參判後白與希春, 罷漏後聞二嚴, 進于勤政殿庭. 寅正, 上乘小輿, 至勤政門外, 更乘輦, 乃遠遊冠袞龍袍也. 都摠府官員多故, 希春等三人扈駕, 至東大門而天始明. 卯時, 到三岐里, 上小憩, 爲晝停. 玉堂公辦於闕內外, 故惠餉我. 辰時, 到泰陵, 上祭於丁字閣, 諸將只立于紅門外. 上躬上陵奉審, 領相洪暹·右相盧守愼. 以日熱恐勞傷玉體, 請勿爲之. 上以前頭有事從之. 巳時, 到康陵, 上率百官, 祭于丁字閣, 又親上陵奉審. 余又食弘文館點心. 上返旆, 回至泰陵前. 上下皆步. 洪曇以贊禮預差還, 行都摠管任. 未末, 到三岐里. 賜酒於諸臣. 申時, 行還宮, 日已酉矣. 是日, 奔走行步之勞, 不可形言. 但借鄭彦禮良馬, 得好行.

『미암일기』 1574년(선조 7년, 甲戌) **5월 2일**(을해)[65]

파루 후에 시관으로서 대궐에 갔다. 영추문(迎秋門)을 경유하여 경회루 남문 앞에 있는 의막에 가서 밥을 먹었다. 묘시(卯時) 초 2각에 전하께서 자리하시고 신하들이 입시하자 술과 과일을 하사하셨다. 정시(庭試)에 유생으로서 들어온 이가 1,500명하고도 수십 명이었다. 사시(巳時)가 되자 또 따로 선온(宣醞)을 하셨다. 출제할 때에 영의정 홍 공(홍섬)과 우의정 노 공(노수신)이 나를 불러서 함께 의논했다. 내가 제학도 연좌(連坐)하자고 하니 정승은 곧 이후백을 불렀다. 4명이 「부자장(夫子墻)」[66]·「상관이선(相觀而善)」[67]·「우국원년풍(憂國願年豊)」[68]·「지련수언(止輦受言)」[69]을 부제(賦題)로 내었는데 주상께서 첫 번째를 낙점하셨다. 홍 재상이 낸 것이었다. 「지련수언」은 내가 출제한 것인데 노 공도 또한 좋다고 했다. 정오를 한정하여 시권 수백장을 거두어 아홉 곳으로 나누어 일차로 고과했다. 두 사람마다 한 번 고과했다. 이 시험에서 19명이 등수에 들었고 이각(李覺)[70]이 수석이었다. 2품 이하의 문신은 모

65 『선조실록』 권8, 선조 7년 갑술(1574) 5월 2일(을해)의 기사는 『미암일기』의 이 기사에 근거했다.

66 『논어』「자장(子張)」에 보면, 노(魯)나라 대부 숙손무숙(叔孫武叔)이 자공(子貢)이 공자보다 뛰어나다고 하니 이 말을 들은 자공이 말하길, "집의 담에 비유하자면 나의 담장은 어깨 높이여서 집안의 아름다움을 볼 수 있지만 선생님의 담장은 몇 길 높이인지라 정문으로 들어가지 않으면 종묘의 아름다움과 백관(百官)의 성대함을 볼 수 없습니다.〔譬之宮牆, 賜之墻也, 及肩, 窺見室家之好. 夫子之墻, 數仞, 不得其門而入, 不見宗廟之美, 百官之富, 得其門者或寡矣.〕"라고 했다.

67 『예기』「학기(學記)」에 "서로 보고 선하게 함을 '마(摩)'라 이른다.〔相觀而善之謂摩.〕"라고 했다.

68 중국 당나라 두보(杜甫)의 시(「吾宗」)에 "집에 있을 때는 늘 일찍 일어나, 나라 근심하는 지라 풍년 들기를 기원하네.〔在家常早起, 憂國願年豐.〕"라고 했다. 이후 남송의 주희(朱熹)는 재액을 막기 위해 복숭아나무 조각에 "임금 사랑하는지라 태평의 도를 희망하고, 나라 근심하는지라 풍년 들기 원하노라.〔愛君希道泰 憂國願年豐〕"라고 써서 거처에 걸어 놓았다.

69 중국 한(漢)나라 문제(文帝)의 고사이다. 원앙(袁盎)이 귀향하는 도중에 승상 신도가(申屠嘉)를 만나 수레에서 내려 배알했지만 승상은 수레 위에서 형식적으로 답례했다. 원앙은 승상의 관저로 가서 직접 뵙기를 청하여, "폐하께서는 대(代) 땅에서 오신 이래로 매번 조회 때마다 낭관(郎官)이 상주서를 올리면 폐하께서는 가마를 멈추게 하시고 그 말을 청취하지 않으신 적이 없었으며, 말이 채용할 수 없으면 치워두고 채용할 만하면 채택하시고 좋다고 칭찬하지 않으신 적이 없습니다. 어째서입니까? 천하의 현명한 사대부를 불러들이기 위함입니다. 폐하께서는 날마다 아직 듣지 못하신 사정을 들으시고 그동안 몰랐던 사실을 명확하게 아시게 되어 날이 갈수록 성스럽고 지혜로워지고 있습니다. 그대는 스스로 천하 사람들의 입을 다물게 하여 날로 더욱 우매해지고 있습니다.〔且陛下從代來, 每朝, 郎官上書疏, 未嘗不止輦受其言, 言不可用置之, 言可受採之, 未嘗不稱善, 何也? 則欲以致天下賢士大夫. 上日聞所不聞, 明所不知, 日益聖智. 君今自閉鉗天下之口而日益愚.〕"라고 충고했다. 『사기(史記)』 권101 「원앙조조열전(袁盎鼂錯列傳)」 참고.

70 이각은 선조 즉위년(1567년) 정묘(丁卯) 식년시(式年試)에 진사 3등 64위(94/100)로 합격했다. 이

두 활쏘기를 시험했는데 최경회(崔慶會)가 25분으로 수석이었다.

미시(未時)에 주상께서 환궁하시며 입시한 여러 신하들에게 먹을 것을 주라고 명하셨다. 곧 다시 나오셨다. 신시(申時)가 되자 바람이 매우 빠르고 차가웠다. 승지가 오랫동안 앉아 계시면 편안치 못하다고 아뢰니 주상께서 그제야 환궁하셨다. 유시가 되자 등급을 다 매기고 아울러 시권을 가지고 들어가 아뢰었다. 주상께서 열어 보시므로 나와서 내려왔다. 시관이 다시 단자를 써서 들어가자 드디어 물러났다. 〔『왕조실록』[71]에 있다.〕

罷漏後, 以試官詣闕. 入自迎秋門, 至慶會南門前依幕食飯. 卯初二刻, 殿坐. 臣等入侍, 賜酒果. 庭試儒生入者, 一千五百數十人. 至巳時, 又別宣醞. 出題時, 領相洪公·右相盧公招希春同議. 余言: "提學連坐." 政承卽竝招李後白. 四員擬賦題「夫子墻」·「相觀而善」·「憂國願年豐」·「止輦受言」, 而上落點于第一題, 卽洪相所擬也. 「止輦受言」, 希春所發, 盧公亦稱其善. 限午正收卷, 數百道, 分九處初考, 每二人爲一考也. 是場十九人入等, 而李覺居[72]首. 文臣二品以下竝試射, 而崔慶會以二十五分爲魁. 未時, 上還宮, 命饋入侍諸臣, 尋還出. 至申時, 風甚冷緊. 承旨啓: "久坐未安." 上乃還宮. 至酉時, 畢等第, 竝試卷入啓. 上開封而出降, 試官復書單子以入, 遂退.

후 선조 7년(1574년) 갑술(甲戌) 별시(別試)에 병과 7위(10/15)로 급제했다. 이해의 별시는 9월 13일에 설행되고 9월 27일에 방방했다. 표(表) 「고려청물통여진(高麗請勿通女眞)」으로 시험했는데, 장원급제는 정상(鄭詳)이었다.

71 『선조실록』 권8, 선조 7년 5월 2일(乙亥)의 기사와 같다. 단, 당시 정시(庭試)의 설행 사실은 『문과방목』에는 나오지 않는다. 『선조실록』 권8, 선조 7년 5월 3일(丙子)에 '정시 유생 중에 성적에 따라 과거 시험에 특혜를 주다'라는 기사가 있다. 즉, 선조는 다음 비망기(備忘記)를 내렸다. "정시 유생(庭試儒生)에 이하(二下)인 이각(李覺)은 회시(會試)에 직부(直赴)하게 하고, 삼상(三上)인 이계록(李繼祿)과 삼중(三中)인 이옥남(李玉男) 등 3인 및 삼하(三下)인 강득서(姜得瑞) 등 9인과 점삼하(點三下)인 권용중(權用中)·정사억(鄭思億)·박광전(朴光前)은 각각 관시(館試)나 향시(鄕試)나 한성시(漢城試)를 보게 될 때 급분(給分)하라."

72 『미암집』에 '居'가 '胥'로 잘못 되어 있다.

『미암일기』 1574년(선조 7년, 甲戌) 5월 18일

저녁에 참판 이계진(이후백)이 또 올라와서 함께 밥을 먹고 같이 점필재(佔畢齋)〔김종직(金宗直)〕와 탁영자(濯纓子)〔김일손(金馹孫)〕의 「두류록(頭流錄)」을 보니, 스승(김종직)의 문장은 근엄 정밀하고 제자(김일손)의 문장은 기특 웅장하고 분방하여 감탄했다. 그러나 기문의 체제는 점필재가 제대로 된 것이 많다.

夕, 李參判季眞又上來對飯. 共觀佔畢齋·濯纓子「頭流二錄」, 歎其師之文, 謹嚴精密, 弟子之文, 奇壯奔放. 然記之體, 佔畢得之多也.

『미암일기』 1574년(선조 7년, 甲戌) 6월 13일

오시에 점심을 먹고 나섰다. 춘추관의 포폄을 의정(議定)하는 일로 창동의 좌의정 이탁(李鐸)의 집으로 나아가자 이해수(李海壽)가 대신 맞이했다. 이 공이 어제 나를 볼 때부터 공경히 읍하기를 거의 절을 하듯 했으니 장유의 예를 바야흐로 깨쳤기 때문이다. 문을 나서 춘추관과 홍문관의 포폄 때문에 호현방(好賢坊)의 참판 이후백의 집으로 갔다. 이 공이 중문으로 나와서 맞이했다. 잠시 이야기를 나누고 나왔다.

영의정을 심방하러 명례방(明禮坊)으로 가려고 하다가 영의정 홍 공(홍섬)이 대부인께 문안드리러 을의동(乙依洞)으로 갔단 이야기를 듣고 멀리까지 찾아갔다. 홍 공이 그때까지 도착하지 않아서 나는 우선 그 곁의 형조판서 정종영(鄭宗榮)의 집으로 나아가자 인길(仁吉, 정종영) 공이 반갑게 맞아 주었다. 서로 물에 밥을 말아 들었다. 영의정이 대택(大宅)에 이른 것을 듣고 가서 알현하자 홍 공이 계단을 내려와 맞이했다. 한 가지 일을 언급했더니 홍 공이 말했다. "공론을 어찌 누를 수 있겠습니까?" 나는 한림 김수(金晬)와 함께 사일단자(仕日單子)를 드리고 물러났다.

우의정 노 공(노수신)이 대궐에 가지 않고 집으로 물러갔다는 것을 듣고 다시 건천동(乾川洞)으로 가서 포폄을 의논했다. 노 공이 말했다. “내가 망령되게 오래 폐기된 사람을 소통시키자는 일을 함부로 발하여 삼사(三司)가 같은 날에 함께 들고 일어났습니다. 내가 실로 크게 틀렸습니다. 병고(病告)를 내고 자리를 피해야 하겠습니다.”

午時, 點心而出. 以春秋館褒貶議定事, 詣倉洞左議政李鐸宅, 見李海壽代接. 李公自昨日見我, 敬揖幾若拜然, 以方通論長幼之禮故也. 出門, 以春秋館·弘文館褒貶, 詣好賢坊李參判後白宅. 李公出中門而迎, 暫話而出, 尋領相. 欲詣明禮坊, 聞領相洪公以省大夫人, 詣於乙依洞, 遠尋而至. 洪公時尙未到, 余姑詣其傍刑書鄭宗榮宅, 仁吉公懽迎, 相對水澆飯. 聞領相到大宅, 遂往謁. 洪公降階迎入, 語及一會事. 洪公曰: “公論安可抑也?” 余與翰林金晬, 呈仕日單子而退. 聞右相盧公不詣闕而退于第, 復至乾川洞議褒貶. 盧公曰: “余爲妄發疏通久廢之人, 至於三司一日竝擧. 吾實大錯. 將呈病而避”云.

『미암일기』 1574년(선조 7년, 甲戌) 윤12월 4일

나중부(羅中孚)〔나사침(羅士忱, 1525~1596)〕가 어제 말했다. “대사성 정지연(鄭芝衍) 등이 희춘의 뛰어난 기억력과 밝은 분별력을 탄복하여 참판 이후백과 함께 칭찬이 그치지 않았습니다.” 대개 전일 명륜당에서 만났을 때 정지연과 이후백이 경서의 의심나고 어려운 곳을 질문했는데 내가 대답을 잘했다. 내가 일어나 나가자 이 공이 정공과 의논하여 “유공(柳公)이 한어(漢語, 중국어는)는 모릅니다. 한어에서 ‘염(念)’을 외운다는 뜻으로 쓰는데 이것을 물어봅시다.”라고 했다. 내가 돌아와서 앉자 이 공이 나에게 물었다. “『소학』에 ‘자제에게 경학(經學)을 염서(念書)할 것을 가르치라’라고 한 말이 있는데 염(念) 자는 무슨 뜻입니까?” 내가 대답했다. “염(念)은 곧 외우는 것입니다. 이천(伊川)이 올린 봉사(封事)에서 ‘명경시(明經試)에서 염송(念

誦)만을 오로지 하니 더욱 일이 되지 않습니다.'라고 한 것이 이것입니다." 두 분이 크게 탄복을 했다. 정(鄭)은 바로 지연(芝衍)〔자 연지(衍之)〕이다. 이웃에 살지 못하여 도움을 받지 못한 것이 한스럽다고 했다.

羅仲孚昨言"鄭大成等, 嘆伏希春强記明辨, 與李參判後白, 嘖嘖不已." 蓋頃日會於明倫堂也, 鄭·李問難經書疑晦處, 余應答如響. 余起出, 李公與鄭公議, 以爲: "柳公不解漢語. 漢語以念爲誦, 可以此問之." 及余還坐, 李公問我云: "『小學』云: '敎子弟以經學念書', 念字何謂?" 余答之曰: '念, 卽誦也. 伊川上封事云: '明經專於念誦, 尤不濟事, 是也.' 二公大服. 鄭卽芝衍衍之也. 自恨居不隣, 不得資益云.

『미암일기』 1574년(선조 7년, 甲戌) 윤12월 14일

이른 아침에 춘추관으로 갔다. 포폄(褒貶)을 완의(完議)하기 위해서다. 동관(同官)들이 오지 않아 우선 예문관(藝文館) 상직방(上直房)으로 들어갔다. 얼마 후에 어떤 사람이 대사헌 이 동지[73]가 들어왔다고 잘못 전해서 곧 춘추관으로 갔다. 바람과 날이 몹시 추워 나는 옥당에서 술을 가져다가 마셨다. 사시 초가 되니 이후백과 대제학 김귀영(金貴榮)이 예조와 이조로부터 잇달아 왔다. 함께 겸춘추(兼春秋) 4명의 예수(禮數)를 받고 드디어 시정기(時政記)를 보았다. 마침 이계진(李季眞, 이후백)이 본곳에 나의 사실을 기록한 대목이 나오는데, 대략 이렇게 말했다. "사람됨이 자상하고 진솔하며 총명하고 기억력이 좋다. 귀양살이 20년간 한가한 중에 노력하여 제자백가를 읽지 않은 것이 없었고 『속몽구(續蒙求)』와 『육서부록(六書附錄)』 등의 책을 만들었다. 그러나 학문은 넓지만 요약하지 못했고, 경(敬)을 지녀 안팎을 아울러

73 이준민(李浚民, 1524~1590)인 듯하다. 동지는 동지경연사를 말하는 듯하다. 단, 이준민이 실제로 대사헌이 되는 것은 1576년(선조 9)의 일이다.

닦는 공부는 여전히 소략한 바가 있다. 또 성격이 우활하고 성글어 번거로움을 결단하는 재주가 모자라니, 관각(館閣)의 우두머리에 있기는 넉넉하나 조재(調宰, 재상의 역할)하는 솜씨를 맡기기에는 부족하다."

早朝, 詣春秋館, 爲褒貶完議也. 同官未至, 姑入藝文館上直房. 未幾, 有人誤傳李大憲同知入來. 余遂詣春秋館. 風日甚寒, 余取酒於玉堂而飮之. 至巳初, 李後白·大提學金貴榮, 自禮曹吏曹相繼而至. 共受兼春秋四員禮數, 遂覽『時政記』. 適李公季眞所覽, 有書希春事實之筆. 其略曰: "爲人慈詳眞率, 聰明强記. 在謫中二十年, 閒中用精力, 諸子百氏, 無所不讀. 作『續蒙求』·『六書附錄』等書. 然其學能博而不能約. 於持敬內外交修之道, 猶有所疏略. 又性迂疏, 短於剸煩之才. 故處館閣之長則有餘, 附以調宰之手則不足."云云.

『고봉집(高峯集)』— 기대승(奇大升)

내간(內艱)·외간(外艱)[74]

하루는 이계진(李季眞, 이후백)과 정계함(鄭季涵, 정철)이 저를 방문하여 말하던 차에 우연히 내간·외간에 대하여 언급하게 되었는데, 계함은 내간을 부친상이라 하고 외간을 모친상이라 했습니다. 제가 그의 반설(反說)을 공격하자, 이계진도 정계함의 말이 옳다고 했습니다. 제가 "어째서 아버지를 내(內)라 하고 어머니를 외(外)라 하는가?"라고 물었더니, "어머니는 외가(外家)이기 때문에 '외'라고 이르는 것입니다."라고 답했는데, 그 말이 옳지 못했습니다. 제가 웃으면서, "후일에 상고하여 바로잡겠다."라고 했습니다.

74 『고봉집』 권3, 서(書) 「선생(퇴계 선생)의 문목에 답함〔答先生問目〕」에 나온다.

두 군(君)이 나간 뒤에 제가 즉시 여러 책을 찾아 상고해 보니, 「주자행장(朱子行狀)」에 모친상을 '내간을 당했다.'라고 기록해 두었습니다. 저는 이에 두 군의 견해가 잘못임을 분명히 알게 되었습니다. 그 후 우연히 『포은집(圃隱集)』을 보니 첫째 권에 연보(年譜)가 실려 있는데, 그 가운데에 부친상을 내간이라 하고 모친상을 외간이라 했습니다. 저는 이것을 본 뒤에야 두 군의 말이 전습해 온 바가 있고 세속에서 유전하는 오류가 또한 이미 오래되었음을 알게 되었습니다. 속학(俗學)에 전해 오는 오류가 이와 같아서 말하는 자들이 매우 많으니, 진실로 한탄할 만한 일입니다.

一日, 李季眞·鄭季涵訪余, 語次偶及內艱·外艱. 季涵以"內艱爲父憂, 外艱爲母憂." 余攻其反說, 季眞亦以季涵之言爲然. 余曰: "何以父爲內母爲外耶?" 答曰: "母是外家, 故謂之外也." 其說不經. 余笑曰: "當俟考訂." 兩君旣出, 卽搜諸書考之, 則「朱子行狀」以母憂爲丁內艱. 余於是知兩君之見爲謬也. 厥後偶見『圃隱集』, 卷首有「年譜」, 其中正以父憂爲內艱, 母憂爲外艱, 然後又知兩君之言有所傳習, 而世俗流傳之誤, 亦已久矣. 俗學口耳之傳, 如此說者甚多, 誠可歎也.

『논사록(論思錄)』 상권, 정묘년(1567, 선조 즉위년) 12월 9일

상이 비현각(丕顯閣)에서 소대(召對)했다.

(중략)

또 아뢰었다. "김명윤(金明胤)[75]의 죄상을 양사(兩司)가 연일 복합(伏閤)하여 아뢰

75 김명윤(金明胤, 1488~1572)의 본관은 광산(光山), 자는 회백(晦伯)이다. 윤원형(尹元衡)과 함께 을사사화를 일으킨 주역으로, 윤임(尹任)이 봉성군(鳳城君) 이완(李岏)을 추대하여 대위(大位)를 엿본다고 무고하여 을사추성정난공신(乙巳推誠定難功臣)이 되어 광평군(光平君)으로 봉해졌다. 뒤에 병조판서, 이조판서 겸 판의금부사, 판돈령부사 등의 요직을 지냈으나 선조 즉위 후에 대간의

었고 본관(本館)에서도 누차 차자를 올려 말씀드렸는데도 아직껏 윤허를 받지 못했으므로 여러 사람들이 오랫동안 안타까워하고 답답해합니다. 김명윤의 사악하고 불측하며 흉악한 정상은 삼사의 계사(啓辭)에서 극진하게 아뢰어 상께서 반드시 이미 환히 아시고 계실 터인데, 늙은 신하의 지난날 죄과라 하며 이처럼 머뭇거리고 어려워하고 계십니다. 그러나 그의 평소 소행은 형편없이 변덕스러우니 그가 지금까지 몸을 보존하고 있는 것은 국가의 불행입니다. 이러한 공론이 이미 나왔으니, 상께서는 불가불 여론을 굽어 살펴 따르셔야 할 것입니다. 봉성군(鳳城君)〔이완(李岏)〕은 밀계(密啓)에 의하여 죄를 받았습니다. 저 밀계가 나오자 조정에서는 부득이 그의 죄를 논계했는데, 선왕이신 명종께서는 수개월 동안 강력히 거절하시다가 조정에서 굳이 청하므로 어쩔 수 없이 죄를 주었으니, 이것이 어찌 선왕의 본래 심정이었겠습니까? 을사년 초에 죄를 정하고 공신을 녹훈할 때 김명윤은 공신에 녹훈되고 싶어 윤임(尹任)을 고발했습니다. 그리고 봉성군은 이에 연루된 일이 없는데도 마침내 함께 처치(處置)하도록 청했으니, 처치하라고 한 것은 그를 죽이자는 것이었습니다. 착한 왕자가 있는 것은 국가의 복인데, 고변(告變)하여 공신에 참여할 욕심으로 감히 이렇게 무고하여 처치했으니 심합니다. 윤원형(尹元衡)이 국정을 담당하던 때에 누가 입을 열 수 있었겠습니까? 선왕께서는 이미 그것을 아셨기 때문에 봉성군이 죽은 뒤에 왕자의 예로써 장례하셨으니, 지극하셨다고 할 만합니다. 지금 그의 죄를 미루어 거론하고 싶은 것이 아니라 간사하고 변덕스러운 사람을 내쳐서 조정에 남겨 두지 않게끔 하고자 하는 것입니다. (중략) 사람들이 모두들 통분(痛憤)해하고 있으니, 청컨대 공론을 시원히 따르시어 먼 변방으로 유배시키신다면 인심이 안정되고 공론이 정해질 것입니다."

上召對于丕顯閤. (중략) 又啓曰: "金明胤罪狀, 兩司連日伏閤, 本館累次陳箚, 至今未得蒙允, 群情憫鬱. 傾邪反側兇險之狀, 三司啓辭已盡之矣, 自上必已洞照, 而以老

탄핵을 받았다.

人前日之罪過留難. 然其平生所爲, 反覆無狀, 至今保全, 國家之不幸也. 公論已發, 自上不可不俯循人情也. 鳳城以密啓被罪, 大抵密啓發後, 朝廷不得已而論啓. 先王年拒數三月, 朝廷堅請, 不得已而罪之, 豈先王本情乎? 乙巳初年, 定罪錄功, 明胤欲爲錄功, 來啓尹任, 而鳳城無辭連之事, 乃請竝爲處置. 處置者, 殺之也. 王子有善人, 國家之福, 而以告變得功爲心, 敢此告以處置, 甚矣. 尹元衡當國之時, 誰能出口? 先王亦已知, 之死後葬以王子之禮, 可謂至矣. 至今非欲推論其罪, 欲黜奸詐反覆之人, 使之不留於朝廷之上也. (중략) 人情莫不痛憤, 請快從公論, 而竄黜遠方, 則人心安而公論定矣."

『논사록』 하권, 기사년(1569, 선조 2) 6월 9일.

하권 6월 9일 오시(午時), 상이 문정전(文政殿)에 납시었다

좌승지 기대승(奇大升), 우승지 심의겸(沈義謙), 좌부승지 김취문(金就文), 우부승지 이담(李湛), 동부승지 송하(宋賀), 주서 윤승길(尹承吉),[76] 한림 정이주(鄭以周)[77]·이산보(李山甫)[78]가 입대(入對)했다.[79]

76 윤승길(尹承吉, 1540~1616)의 본관은 해평(海平), 자는 자일(子一), 호는 남악(南岳), 시호는 숙간(肅簡)이다. 임진왜란 때 구성부사(龜城府使)로 있으면서 군량미 조달과 군병 모집에 공을 세우고, 이듬해 충청도관찰사로 있을 때 굶주린 백성을 구휼하고 장정을 뽑아 기효신법(紀效新法)으로 훈련을 시켰다. 의정부좌찬찬에 이르고, 해선군(海善君)에 봉해졌으며 영의정에 추증되었다.

77 정이주(鄭以周, 1530~1583)의 본관은 광주(光州), 자는 방무(邦武) 또는 유성(由盛), 호는 성재(惺齋)이다. 『명종실록』의 편찬에 참여했으며, 성절사(聖節使)의 서장관으로 중국 명나라에 다녀왔다. 저서에 『성재집』이 있다.

78 이산보(李山甫, 1539~1594)의 본관은 한산(韓山), 자는 중거(仲擧), 호는 명곡(鳴谷), 시호는 충간(忠簡)이다. 작은아버지 이지함(李之菡)을 사사했다. 1585년 부제학 김우옹(金宇顒)이 이이(李珥)와 정철(鄭澈)이 행한 일을 논박하는 것을 반박하자, 선조는 그를 대사헌으로 특진시켰다. 뒤에 이이·박순(朴淳)·정철의 공적을 논하다가 경상도와 황해도의 관찰사로 전직되었다. 임진왜란이 일어나자 선조를 호종했고, 중국 명나라 장군 이여송(李如松)을 설득하여 명군을 조선으로 들어오게 했다. 1604년 호종 공신(扈從功臣) 2등에 책록되고 영의정에 추증되었으며, 한흥부원군(韓興府院君)

(중략)

선생이 아뢰었다. "대신과 젊은 사람들을 이간하는 말이 어디서 나왔는지 알 수 없으나, 이것은 틀림없이 유언비어입니다. 만일 이러한 말을 듣는 자가 마음을 공평히 갖는다면 마땅히 '어찌 이런 말이 있단 말인가.'라고 하면서 진정시켜야 합니다. 김개가 아뢴 것은 미미할 때 막으려 하는 것이라고 하나, 그의 의도는 다른 데 있습니다. 이것도 전해 들은 것인데, 김개가 5, 6인을 모함하려 한다고 합니다."

상이 말씀했다. "5, 6명이란 누구누구인가?"

심의겸(沈義謙)이 아뢰었다. "이탁(李鐸)[80]·박순(朴淳)·기대승(奇大升)·윤두수(尹斗壽)·윤근수(尹根壽)·정철(鄭澈)이라 합니다. 이 말은 무함하는 것 같지만, 그가 말한 것이 이와 같습니다."

상이 말했다. "좌승지는 이런 말을 어디에서 들었는가?"

선생이 대답했다. "지금 심의겸이 아뢴 데서 그 이름을 지적했습니다만, 어떤 이는 이후백이라고 하고 어떤 이는 윤두수(尹斗壽)라고 합니다. 유전(流傳)하는 말을 자세히 알 수 없습니다만, 김개(金鎧)의 아들이 어떤 사람에게 '아버지가 저들의 기별을 듣고 늘 우려하면서 진정시키려 한다.'라고 했으나 그 이름이 누구누구란 것은 말하지 않았습니다. 이 말이 누설되어 사람들이 모두 알게 된 것입니다. 못 들은 체하고 내버려 두는 것이 옳습니다만 근거 없는 말이 떠돈다는 사실은 상께서 아셔야 하므로 감히 아룁니다."

午時, 上御文政殿. 左承旨奇·右承旨沈義謙·左副承旨金就文·右副承旨李湛·同

에 추봉되었다. 보령의 화암서원(花巖書院), 서천의 건암서원(建巖書院)에 제향되었다.

79 이날 심의겸·김취문·송하 등이 각각 앞으로 나아가 김개가 시비를 변란시켜서 사림에 화를 전가하려는 상황을 강력히 아뢰었다.

80 이탁(李鐸, 1509~1576)의 본관은 전의(全義), 자는 선명(善鳴), 호는 약봉(藥峰), 시호는 정숙(定肅)이다. 1548년 권신 이기(李芑)를 탄핵했으며, 『중종실록』과 『명종실록』 편찬에 참여했다. 1572년 영의정에 올라 병으로 사직하고 행판중추부사로 타계했다.

副承旨宋賀·注書尹承吉·翰林鄭以周·李山甫入對.(중략) 先生曰:"大臣與年少人有間之言, 不知出於何處, 此必流言也.若聽者公平其心, 則當曰'豈有如此言乎', 使之鎭定可也. 而鎧之所啓, 欲爲防微云, 其意有在. 此亦傳聞, 而金鎧將陷五六人矣." 上曰:"五六者誰耶?" 義謙曰:"李鐸·朴淳·奇大升·尹斗壽·尹根壽·鄭澈云. 此言似誣, 然其所言, 則若是矣." 上曰:"左承旨聞諸何處耶?" 先生對曰:"今者, 沈義謙所啓, 則指其名矣. 然或云:李後白, 或云: 尹斗壽, 流傳之言, 不能詳知. 但金鎧之子言於人曰: "父聞彼奇, 每常憂慮, 欲爲鎭定"云, 而其名則不言某某. 此言漏洩, 人皆知之, 似若不聞而置之可也. 但虛言之出, 自上當知, 故敢啓."

『사계전서(沙溪全書)』—김장생(金長生)

신경진(辛慶晉)과 이귀(李貴)에게 답한 서찰[81]

선조 무진년(1568년, 선조 1)에 우리 집안의 어른인 김개(金鎧)가 대사헌이 되었다가 얼마 안 되어 체직되었습니다. 그 후 정릉동(貞陵洞)에 사는 문관 이유근(李惟謹)과 진사 신화국(申華國)[82]이 대사헌의 아들 김세휘(金世輝)를 찾아가자, 그가 말하기를, "우리 아버지가 대사헌으로 있을 때, 영의정의 말에 따라 박순(朴淳)·박응남(朴應男)·기대승(奇大升)·선군자(先君子)〔김계휘(金繼輝)〕·이후백·정유일(鄭惟一)·구봉령(具鳳齡), 이모(李某)〔율곡(栗谷)〕·정철(鄭澈)·유두수(尹斗壽)·윤근수(尹根壽)·구사맹(具思孟)·박근원(朴謹元)·홍성민(洪聖民)·이해수(李海壽)·신응시(辛應時)·오건(吳健)

81 김장생(金長生, 1548~1631)의 『사계전서(沙溪全書)』 권2에 「신용석(경진)과 이옥녀(귀)에게 준다〔與辛用錫(慶晉)·李玉汝(貴)〕」라는 제목으로 실려 있는 2통 가운데 제2통이다. "두 분이 당초 분당의 곡절을 알고 싶어 했으므로 선생이 이렇게 답했다.〔兩公欲知當初分黨曲折, 故先生以此答之.〕"라는 주석이 있다.

82 구사맹(具思孟)의 부인인 정경부인(貞敬夫人) 평산신씨(平山申氏)가 신화국(申華國)의 딸이다.

등 17인을 논죄하려고 했으나, 뜻하지 않게 체직되는 바람에 뜻대로 되지 못했다." 라고 했습니다.

그 당시 영의정은 바로 이준경(李浚慶)입니다. 신화국이 그의 형 신홍국(申弘國)에게 말했고, 신홍국은 그의 벗 강빈(姜濱)에게 말했고, 강빈은 백인걸(白仁傑)에게 말하여, 그 말이 점점 밖으로 새어나가 선비들이 의심하고 두려움을 느꼈습니다.

기사년(1569년, 선조 2)에 대사헌 김개가 특진관(特進官)으로 입시(入侍)하여 성상께 나아가 아뢰기를, "지금의 젊은이들이 당(黨)을 만들어 대신의 말을 듣지 않고 마음대로 용사(用事)하여 벌써 기묘사화(己卯士禍)의 습관을 이루었습니다."라고 했습니다. 이 때문에 인심이 더욱 흉흉하여 사림의 화가 장차 곧 일어날 것이라 생각한 나머지, 모두 대사헌 김개를 가리켜 소인이라 했습니다.

그해 4월에 내가 대사헌 김개를 찾아갔을 때, 그 자리에 교리 김규(金戣)가 있다가 대사헌에게 "지금 기묘사화를 당한 사람들을 모두 선비라 칭하는데, 공은 어찌하여 그들을 헐뜯는 것입니까? 얼마 전 경연에서 하신 말에 대해 사람들이 대부분 잘못된 것이라 합니다."라고 말하니, 대사헌이 큰 소리로 꾸짖기를, "기묘사화를 당한 사람들이 모두 옳은 인물들입니까? 신잠(申潛)과 같은 이는 좋지 못한 사람입니다. 나이 어린 사람들이 나더러 잘못했다고 하기에, 내 이 때문에 노여움을 품게 된 것입니다."라고 했습니다.

그 후 5월에 김개가 특진관으로서 또 입시를 자청하여 전날에 했던 말을 다시 아뢰자, 대간(臺諫) 안자유(安自裕)와 정철 및 승지 심의겸(沈義謙) 등이 강력히 김개를 배척하여 "기묘사화를 일으킨 남곤(南袞)·심정(沈貞)의 일을 이어받아 선비들을 모함하려 든다."라고 하면서 말씨가 아주 준엄하고 격렬했습니다. 이에 대사헌 김개는 분을 이기지 못하고 눈물을 흘리면서 곧바로 밖으로 나갔습니다. 그날로 삼사(三司)에서 논계(論啓)하여 도성문 밖으로 내치기를 청했고, 그 이튿날 승지 기대승 또한 청대(請對)하여 이를 말했는데, 그 후에 이준경이 "승지가 청대하는 것은 옛법이 아니니, 체통을 무너뜨린 것이라 생각됩니다. 만일 긴급하고 간절한 일이 있다면 본래 양사(兩司)가 있습니다."라고 했습니다. 그러자 율곡이 나아가 아뢰기를

"승지 또한 경연관인데, 무슨 안 될 것이 있겠습니까? 다만 무엇을 말했는가를 보아야 할 것입니다."라고 했습니다.

바야흐로 양사가 논계하던 날, 대사헌은 곧장 용산정사(龍山亭舍)로 나갔습니다. 내가 대사헌을 찾아가 위로했더니, 그의 사위 양천정(陽川正)〔이성(李誠)〕이 그 자리에 있다가, "얼마 전 세휘가 사람들에게 망발(妄發)을 하여 사람들이 모두 놀라고 의심하던 터에 또다시 어제 경연에서 말씀드린 까닭에 일이 이 지경에 이른 것입니다."라고 하고, 이어서 김세휘가 이유근과 신화국에게 말했던 일을 말하자, 대사헌은 두 차례나 그의 허벅지를 치면서, "나는 세휘가 허튼소리를 한지 전혀 몰랐습니다. 내가 만일 알았더라면 어찌 어제 말씀드렸겠습니까?"라고 말했습니다.

명종이 삼년상이 끝나자, 선비들이 의논하기를, "명종은 이미 인종(仁宗)의 양자로 뒤를 이으셨습니다. 예(禮)에 양자란 부자의 관계가 된다 하니, 인종을 연은전(延恩殿)에 모시는 것은 극히 온당치 못하니, 이제 문소전(文昭殿)에 승부(陞祔)하지 않을 수 없습니다."라고 하니, 이준경이 "명종에게 있어서 인종은 부자 사이와는 다르니, 문소전에 승부할 수 없습니다."라고 했습니다. 이에 삼사(三司)가 이준경이 또다시 이기(李芑)의 말을 따른다고 논핵(論劾)하자, 이준경이 아주 불평하는 마음을 가졌습니다.

신미년(1571년, 선조 4)에 이준경이 그의 재종제 이원경(李元慶)을 사주하여 백인걸과 홍담(洪曇) 등 여러 재상들을 통해 다시 박순 등 17인을 죄주려 했는데, 그 말이 다시 퍼져 선비들이 백인걸을 크게 의심하자, 백인걸이 곧바로 파주(坡州)로 내려가 버렸습니다. 이 때문에 그 계책이 마침내 와해되었습니다. 그런데 이준경이 임종 때 또다시 붕당(朋黨)이라는 말로 성상을 현혹시키자, 율곡이 상소를 올려 그를 논핵했습니다. 이준경이 여러 재상과 내통할 때, 이원경이 이예(李睿)〔선조(宣祖)의 사친(私親)인 대원군(大院君)의 동서〕와 하릉군(河陵君)〔선조의 형〕을 찾아가 17인의 이름을 적어 주면서 그들에게 올리도록 했는데, 이예가 곧바로 그 글을 심의겸과 이황(李璜)에게 보여 주었고, 또 하릉군은 그의 처남 신보(申葆)에게 말했으며, 신보는 나에게 말해 주었습니다. 그 당시 우의정 이탁(李鐸)이 박수(朴受)로 하여금 백인걸을 찾아가 옳지 못함을 강력히 말하도록 하여, "선생은 어째서 신무문(神武門)의 일[83]을 만들려고 하십니까?"라고 하자, 백인걸이 발끈 화를 내며, "그대는 어찌하여 나를 남곤과 심정이 했던 짓에다가 비유하는가?"라고 했습니다. 좌의정 권철(權轍) 또한 백인걸에게 그만두기를 권하니, 백인걸이 "내 어찌 박순 등을 죄주려는 마음이 있겠습니까? 단지 박순 등의 단점을 말한 까닭에 이원경에게 농락당한 것입니다."라고 하고서, 곧바로 파주로 내려갔는데, 지나는 길에 사암(思菴, 박순)을 보고서 자신의 본심이 그렇지 않았음을 밝혔습니다.

宣廟戊辰年, 余門丈金鎧爲大憲, 未久見遞. 後貞陵洞人文官李惟謹·進士申華國, 往見大憲之子世輝則爲言: "吾父爲大憲時, 以領相之言, 欲論朴淳·朴應南·奇大升·金某〔卽先君子〕·李後白·鄭惟一·具鳳齡·李珥·鄭澈·尹斗壽·根壽·具思孟·朴謹元·洪聖民·李海壽·辛應時·吳健等十七人矣, 不意見遞, 故未果."云. 其時領相, 卽李浚慶也. 華國言于其兄弘國, 弘國言于其友姜濱, 濱言于白仁傑, 其言漸泄, 士類疑懼.

己巳, 金大憲以特進官入侍, 進言曰: "當今年少輩結黨, 不聽大臣之言, 專擅用事, 已成己卯之習, 以此人心益洶洶, 以爲士林之禍, 朝夕將發." 皆指金大憲爲小人. 其年四月, 余往謁金大憲, 座中有校理金戣, 謂大憲曰: "今方稱己卯之人爲士類, 令公何以毁之? 頃日筵中之言, 人多非之矣." 大憲厲聲曰: "己卯之人皆是乎? 如申潛者, 不吉之人也. 年少輩以我爲非, 吾以此含怒." 其後五月, 又以特進官, 自請入侍, 又申前言. 臺諫安自裕·鄭澈及承旨沈義謙等, 力斥鎧, 以爲紹述袞·貞之事, 誣陷士林, 言甚峻激. 金大憲不勝憤恚, 涕泣徑出. 其日, 三司論啓, 請門外黜送. 翌日承旨奇大升, 亦請對. 言之後, 李浚慶言: "承旨請對, 非舊規, 恐虧體統. 如有急切之事, 自有

83 신무문(神武門)은 경복궁(景福宮)의 북문(北門)을 가리킨다. 중종 14년(1519년) 11월 15일 밤에 남곤(南袞) 등이 평소에는 닫아 두는 신무문을 열고 들어와 임금의 밀지(密旨)를 받아 조광조(趙光祖) 등을 잡아 가두었다가 모두 죽이거나 귀양 보내는 사화(士禍)를 일으켰다.

兩司." 栗谷進曰: "承旨亦經筵官, 有何不可? 只觀所言之事如何耳."

方兩司論啓之日, 大憲卽出龍山亭舍, 余往慰大憲. 其女壻陽川正在座, 言曰: "頃者金世輝妄發於人, 人皆驚疑之際, 又有昨日筵中之啓, 故事至於此." 仍言世輝說與李惟謹·申華國之事, 大憲再搏其髀曰: "我全不知世輝之妄發矣. 我若知之, 豈有昨者之啓乎?"

及明廟喪畢, 士類之論, 以爲: "明廟旣後仁廟, 禮, 爲人後者爲之子, 而乃以仁廟享於延恩殿, 極爲未安, 今不可不陞祔文昭殿." 浚慶以爲: "仁廟之於明廟, 異於父子, 不可陞祔." 三司論以浚慶復踵李芑之言, 浚慶甚不能平.

辛未, 浚慶使其再從弟元慶, 通于白仁傑·洪曇諸宰, 復欲罪朴淳等十七人, 其言復傳播, 士類甚疑白仁傑. 仁傑遽歸坡州, 以此其計遂解. 浚慶臨死, 又以朋黨之說, 疑惑上聽, 栗谷疏論之. 當浚慶通于諸宰時, 李元慶往見李睿〔卽宣廟私親大院君友壻〕·河陵君〔卽宣廟之兄〕, 書十七人姓名, 使之上達. 李睿卽以其書, 示沈義謙及李璜. 又河陵君言于其婦弟申葆, 葆言于余矣. 其時右相李鐸, 使朴受見白公, 極言其不可曰: "先生何以爲神武門之事乎?" 白公艴然怒曰: "汝何以比我於衮·貞所爲乎?" 左相權轍亦勸止白公, 白公曰: "我豈有罪淳等之心? 只言淳等之短處, 故爲李元慶所賣."云. 卽往坡州, 歷見思菴, 明其本心之不然矣.

외우(外憂)와 내우(內憂)의 구분[84]

문 아버지의 상을 외우라고 칭하고 어머니의 상을 내우라고 칭합니다. 세상 사람들 가운데에는 혹 서로 바꿔서 칭하는 경우가 있습니다. 어떤 것이 옳습니까? -송준길-

답 기고봉(奇高峯)의 설이 아마도 제대로 된 것인 듯하다.

84 『사계전서』 권41 「의례문해(疑禮問解)」 '상례(喪禮) 거상잡의(居喪雜儀)'에 들어 있다.

○기고봉이 말했다.[85] "정계함(鄭季涵, 정철)이 '내간(內艱)이 아버지의 상이고 외간(外艱)이 어머니의 상이다.'라고 하기에, 내가 그 설을 반박하여 공격했는데, 이계진(李季眞, 이후백) 역시 계함의 말이 옳다고 했다. 이에 내가 '어째서 아버지가 내(內)가 되고 어머니가 외(外)가 되는가?'라고 물으니, 그가 '어머니는 외가(外家)이므로 외라고 하는 것이다.'라고 답했다. 그 설이 올바르지 않기에 「주자행장(朱子行狀)」을 상고해 보니, 어머니의 상을 내간(內艱)을 만났다고 한 곳이 있어서 내가 두 사람의 견해가 잘못된 것임을 알았다. 그 뒤에 우연히 『포은집(圃隱集)』의 연보(年譜)를 보니, 그 가운데 아버지의 상을 내간이라고 하고 어머니의 상을 외간이라고 한 것이 있는 것을 보았다. 그다음에야 또 두 사람의 말이 전해 들은 바가 있으며, 세속에서 잘못 전해진 지도 역시 이미 오래되었다는 것을 알았다."

問 父喪稱外憂, 母喪稱內憂. 世人或有互稱之者, 未知何者爲得? — 宋浚吉

答 高峯說, 恐得之.

奇高峯曰: "鄭季涵〔澈〕以'內艱爲父憂, 外艱爲母憂.' 余攻其反說. 李季眞〔後白〕亦以季涵之言爲然. 余曰: '何以父爲內母爲外耶?' 答曰: '母是外家, 故謂之外也.' 其說不經. 考「朱子行狀」, 以母憂爲丁內艱. 余於是知兩君之見爲謬也. 厥後偶見『圃隱集』「年譜」, 其中正以父憂爲內艱, 母憂爲外艱, 然後又知兩君之言有所傳習, 而世俗流傳之誤, 亦已久矣."

85 위에서 본 『고봉집』 권3 서(書) 「선생(퇴계선생)의 문목에 답함」에 나오는 내용을 축약한 것이다.

『춘관통고(春官通考)』[86]

『춘관통고』 권38 「길례(吉禮) 원사(院祠) 함경도(咸鏡道)」

문회서원(文會書院)은 함경도 함흥부에 있다. 성종조에 관찰사 이계손(李繼孫)이 창건했다〔연조(年條)는 미상이다〕. 선조 병자년〔선조 9, 1576년〕에 사액(賜額)했다.

주향(主享)은 공자 화상(畫像)이다.

배향(配享)은 다음과 같다.

경헌공(敬憲公)〔이계손(李繼孫), 자(字) 인지(引之)〕. 세종 계묘년 출생, 성종 계사년 타계. 일찍이 본 함경도를 안찰했다. 선조 정미년에 배향되었다.

숙민공(肅敏公)〔유강(兪絳), 자(字) 강지(絳之)〕. 중종 경오년 출생, 선조 경오년 타계. 일찍이 본 함경도를 안찰했다. 숙종 임오년에 배향되었다.

문청공(文淸公)〔이후백(李後白), 자 계진(季眞), 호 청련(靑蓮)〕. 중종 경진년 출생, 선조 무인년 타계. 일찍이 본 함경도를 안찰했다. 숙종 임오년에 배향되었다.

문익공(文翼公)〔한준겸(韓浚謙), 자 익지(益之), 호 유천(柳川)〕. 명종 정사년 출생, 인조 정묘년 타계. 일찍이 본 함경도를 안찰했다. 인조 무진년에 배향되었는데, 시대가 내려와 신위가 아래에 있다.

문충공(文忠公)〔남구만(南九萬), 자 운로(雲路), 호 약천(藥泉)〕. 인조 기사년 출생, 숙종 신묘년 타계. 일찍이 본 함경도를 안찰했다. 숙종 임진년에 추가로 배향되었다.

정익공(貞翼公)〔이광하(李光夏), 자 계이(啓以)〕. 일찍이 본 함경도를 안찰했다. 인조 계미년 출생, 숙종 신사년 타계. 숙종 임오년에 추가로 배향되었다.

좌랑(佐郞) 문덕교(文德敎)〔자 가화(可化), 호 동조(東潮)〕. 명종 신해년 출생, 숙종 신해

86 『춘관통고』는 1788년(정조 12)경에 유의양(柳義養)이 정조의 명을 받아 『춘관지(春官志)』·『국조오례통편(國朝五禮通編)』 등을 바탕으로 예조(禮曹)가 관장하는 업무들을 길례(吉禮)·가례(嘉禮)·빈례(賓禮)·군례(軍禮)·흉례(凶禮)로 나누어 총 96권으로 편찬했다.

년 타계. 향현(鄕賢)으로서 현종 정미년에 배향되었다.

文會書院, 在咸鏡道咸興府. 成宗朝, 觀察使李繼孫創建〔年條未詳〕. 宣祖丙子, 賜額. 主享: 孔子畫像.

配享: 敬憲公〔李繼孫字引之〕. 世宗癸卯生, 成宗癸巳卒. 曾按本道. 宣祖丁未, 入享. 肅敏公〔兪絳字絳之〕. 中宗庚午生, 宣祖庚午卒. 曾按本道. 肅宗壬午, 入享. 文淸公〔李後白, 字季眞, 號靑蓮〕. 中宗庚辰生, 宣祖戊寅卒. 曾按本道, 肅宗壬午, 入享. 文翼公〔韓浚謙, 字益之, 號柳川〕. 明宗丁巳生, 仁祖丁卯卒. 曾按本道. 仁祖戊辰, 入享, 而以時代位居下.

文忠公〔南九萬, 字雲路, 號藥泉〕. 仁祖己巳生, 肅宗辛卯卒. 曾按本道. 肅宗壬辰, 追享. 貞翼公〔李光夏, 字啓以〕. 曾按本道. 仁祖癸未生, 肅宗辛巳卒. 肅宗壬午, 追享. 佐郎文德教〔字可化, 號東潮〕. 明宗辛亥生, 肅宗辛亥卒. 以鄕賢, 顯宗丁未, 配享.

『춘관통고』 권47 「가례(嘉禮) 황화내왕년기(皇華來往年紀)」

선조 원년 무진, 중국 황제〔목종(穆宗)〕가 행인(行人) 구희직(歐希稷) 등을 보내어 〔승하한 명종을 위한〕 제사와 시호 및 부의를 하사했다.

선조 5년 임신, 중국 명나라 목종황제가 붕어하고, 신종황제(神宗皇帝) 휘(諱) 익균(翊鈞)이 즉위하고는, 한세능(韓世能) 등을 보내서 등극조(登極詔)를 반포했다.

선조 6년 계유, 변무사(辨誣使) 이후백·윤근수(尹根壽) 등을 파견했는데, 명나라 신종황제가 『숙조실록(肅祖實錄)』에 갖추어 쓰라고 명했다.

宣祖元年戊辰, 帝遣行人歐希稷等, 賜祭諡及賻. ○五年壬申, 穆宗皇帝崩, 神宗皇帝諱翊鈞卽位, 遣韓世能等, 頒登極詔. ○六年癸酉, 遣辨誣使李後白·尹根壽等, 帝命備書于『肅祖實錄』.

『춘관통고』 권69 「가례(嘉禮) 과제(科制) 상」

명종 19년 갑자 2월, 상이 평소 과거를 중요하게 여겨서, 국조(國朝)의 생원·진사와 문무(文武) 제과(諸科)의 방방(放榜)·사은(謝恩)·알성(謁聖)·유가(遊街) 등 일을 23폭에 그림으로 그리고, 홍섬(洪暹)·윤춘년(尹春年)·정유길(鄭惟吉)·민기(閔箕)·박충원(朴忠元)·심수경(沈守慶)·김계휘(金繼輝)·심의겸(沈義謙)·이산해(李山海)·이후백·기대승(奇大升)·신응시(辛應時) 등을 명초(命招)하여 각각 칠언율시 2수씩을 지어 그림의 뒤에 직접 쓰게 했다.

〔明宗〕十九年甲子二月, 上素重科擧, 以國朝生進·文武諸科及放榜·謝恩·謁聖·遊街等事, 爲圖二十三幅, 命招洪暹·尹春年·鄭惟吉·閔箕·朴忠元·沈守慶·金繼輝·沈義謙·李山海·李後白·奇大升·辛應時等, 使各賦七言律二首, 自書圖後.

『승정원일기(承政院日記)』

『승정원일기』 362책(탈초본 19책) 숙종 20년(1694년) 10월 17일(신해)

전라도 진사 김린(金鱗) 등이 상소했다.

대개, 고(故) 판서 이후백은 덕행(德行)·경술(經術)·문장(文章)·언의(言議)가 역시 진신사대부(搢紳士大夫)의 모범(模範)이고 사림(士林)의 표적(標的)이어서 사당을 세워 조두(俎豆)의 제수를 올려 지금 이미 수십 년 춘추를 지냈으나, 사액(祠額)을 청하는 한 가지 일은 지난 상황을 답습하여 거행되지 않아서 오랫동안 많은 선비들이 개탄하고 있기에, 이에 감히 봉장(封章)을 올려서 하늘의 높은 궁궐에 우러러 호소하여 윤허를 입어서 속히 아름다운 사액을 하사해 주시어, 사림의 바람에 부응해 주시기를 청하는 것이었다.

입계(入啓)하자 비답하시기를 "상소문을 살펴 자세히 알아보았다. 상소에서 말한 것은 해당 관아에서 상주(上奏)하여 처리하라."라고 하셨다.

全羅道進士金鱗等上疏. 大概, 故判書李後白, 德行·經術·文章·言議, 亦爲搢紳之模範, 士林之標的, 立祠俎豆, 今已累十春秋, 而請額一事, 因循未擧, 久爲多士之慨然. 玆敢封章, 仰籲天閽, 冀蒙允許, 亟賜華額, 以副士林之望事, 入啓. 答曰: "省疏具悉, 疏辭, 令該曹稟處."

『승정원일기』575책 (탈초본 31책) 영조 즉위년(1724년) 10월 2일(임신)

정언 조명교(曺命敎)가 상소했다.[87]

(중략) 일곱 번째는 인재를 거두는 것입니다.

(중략) 권세 있는 사람에게 뇌물을 주고 청탁하는 일로 말하자면 참으로 고질적인 폐단 중의 하나이므로, 얼마 전에 중신이 올린 상소의 내용은 참으로 옳습니다. 그러나 신은 그가 하나만 알고 둘은 모른다고 생각합니다. 이는 비단 권세 있는 사람에게 뇌물을 주는 사람의 잘못이 아닙니다. 이렇게 하지 않으면 지름길로 벼슬에 나아갈 수 없으니 이 역시 부득이한 데서 비롯된 일입니다. 고(故) 명신(名臣) 이후백이 이조판서로 있을 때 어떤 친척이 벼슬을 구하자 책자를 꺼내 보여 주며, "나는 그대의 이름을 기록해 두고 의망하려 했다. 애석하구나! 그대가 만약 말하지 않

87 정언 조명교(曺命敎)가 성효(聖孝)를 돈독히 하고, 성학(聖學)에 힘쓰며, 기질(氣質)을 바로잡고, 신하들을 예우(禮遇)하며, 치체(治體)를 살피고, 무너진 기강(紀綱)을 진작시키고, 인재(人材)를 거두며, 민심(民心)을 얻고, 용비(冗費)를 줄이는 것과 관련하여 아홉 가지 조항을 진달하는 상소를 했다. 조명교(1687~1753)의 본관은 창녕(昌寧), 자는 이보(彝甫), 호는 담운(澹雲)이다. 지평·승지·대사성·이조참의·호조참판·이조참판·예문관제학 등을 역임했다. 글씨에 뛰어나 많은 비문을 남겼다.

았다면 벼슬을 얻었을 텐데! 벼슬을 구하여 얻는다면 공명정대한 도가 아니다."라고 말했습니다.

○正言曺命敎疏曰: "(중략) 其七曰:收人才. (중략) 至於關節饋遺, 實爲痼弊之一端, 曰昨重臣之疏, 其言誠然, 而臣則猶以爲未知其二. 此不獨關節饋遺者之過爾. 不如是, 則無以媒干進之徑, 其亦出於不獲已也. 故名臣李後白之秉東銓也, 族人有求官者, 乃出示冊子曰: '吾錄子名, 將以擬望. 惜乎子若不言, 可以得官, 求而得之, 非公道也.'"

상론(尙論) 문헌 기록

『청강시화(清江詩話)』[88] —이제신(李濟臣)

김 하서(金河西, 김인후)가 일찍이 "영산홍이 사양 속에 비치네〔映山紅映斜陽裏〕"라는 구를 얻고 오래도록 대구를 찾지 못하다가, 하루는 좌랑 이후백이 찾아왔기에 말했더니, 그가 지황(地黃)이 뜰에 난 것을 보고 "생지황이 가는 빗속에 났구나〔生地黃生細雨中〕"라고 지었다. 하서는 그럴싸하게 여겼다.

金西河嘗得句: "映山紅映斜陽裏", 久未覓對. 一日見李佐郎後白至, 語及之, 李見地黃生階. 乃曰: "生地黃生細雨中." 河西然之.

좌랑 이후백과 집의 박순(朴淳)은 모두 어려서부터 시로서 이름이 있었다. 박순의 「절에서 자다〔宿僧舍〕」 시는 이러하다. "선가에서 취해 묵고는 깬 뒤에 얼마나 되었나 의심하니, 흰 구름 깔리고 골짜기에 달이 지는 때로다. 훌연히 혼자서 성근 숲 밖으로 나서자, 돌길 지팡이 소리를 자던 새가 알아듣네.〔醉宿禪家覺後疑, 白雲平壑月沈時. 翛然獨出踈林外, 石逕笻音宿鳥知.〕"

이후백도 절을 두고 지은 시가 있다.

88 일반적으로 이 서책의 이름을 『청강선생후청쇄어(清江先生鯸鯖瑣語)』라고 한다.

작은 집이 높이 매달려 자미성 가까운데	小屋高懸近紫微
달 아래 승려 그림자가 강을 건너네.	月邊僧影渡江飛
서호 처사가 찾아와서 묵으니	西湖處士來相宿
동악의 흰 구름이 초의를 적시네.	東岳白雲沾草衣

모두 절창이라고 일컬었다.

李佐郎後白·朴執義淳，皆自幼時有詩名．朴「宿僧舍」詩曰：“醉宿禪家覺後疑，白雲平壑月沈時．翛然獨出疎林外，石逕笻音宿鳥知．” 李亦有詩曰：“小屋高懸近紫微，月邊僧影渡江飛．西湖處士來相宿，東岳白雲沾草衣．” 俱以絶唱稱．

『오산설림(五山說林)』[89] —차천로(車天輅)

이후백이 영북(嶺北, 함경도)으로 안절(按節)하여 가서[90] 그 전부터 내려오던 폐단을 모두 없애 버렸다. 따라서 군현의 부세 수입을 거의 삭제해 버렸기 때문에 웅부(雄富)한 고을이 드디어 잔폐하고 말았다. 그 뒤 수령들이 혹 허위로 조작하여 다른 세를 명목으로 내세워 징수했으므로 백성들이 비로소 이것을 괴롭게 여겼다. 임제(林悌)가 시로써 이것을 풍자하고 슬피 여겨 말했다.

혜초[91]는 서릿바람에 꺾이고 옥은 티끌에 버려졌어도	蕙折霜風玉委塵

89 일반적으로 이 책의 서명을 『오산설림초고(五山說林草藁)』라고 한다.

90 원문의 ‘按節’은 본디 ‘깃발을 들다’라는 말이다. 왕명을 받들어 지방으로 부절(符節)을 들고 간다는 말로, 관찰사가 되어 가는 것을 가리킨다.

91 약초 영릉향(零陵香)의 다른 이름이라고 한다.

한때는 맑은 덕이 벼슬아치[92]들을 고무시켰네. 一時淸德動簪紳
가련하구나! 맥도(貊道)[93]는 결국 이어 나가기 어려워라 可矜貊道終難繼
상국이 백성을 고쳐 줌이 바로 백성을 병들게 했도다. 相國醫民是病民

李公後白按節嶺北, 盡祛宿弊, 郡縣賦入, 蠲除殆盡, 雄富之邑, 遂爲凋殘. 其後守宰, 或鑿空他稅徵之, 民始苦之. 林悌以詩諷而傷之曰: "蕙折霜風玉委塵, 一時淸德動簪紳. 可矜貊道終難繼, 相國醫民是病民."

『지봉유설(芝峯類說)』[94] — 이수광(李睟光)

판서 이후백이 어렸을 때 방백의 행차 길을 범하자, 방백이 시를 지어 보게 했다. 공이 즉시로 한 절구를 지어 바쳤다.

먼 들판 아침 햇살 동서로 어지럽고 遠郊斜日眩西東,
얼굴 때리며 모래 먼지가 북풍에 휘날리네. 撲眼塵沙困北風.
잘못하여 아정[95]을 건드렸어도 원한 없을 줄 아오 誤觸牙旌知不恨,

92 '紳'은 공복용(公服用)으로 쓰는 큰 띠로, 벼슬아치를 대유(代喩)한다.

93 맥도는 수세(收稅)가 적정치 못하고 지나치게 적은 것을 말한다. 『맹자』「고자 하(告子下)」 10장에 보면 백규(白圭)가 "나는 20분의 1을 세(稅)로 거두려 하는데 어떻습니까?〔吾欲二十而取一, 何如?〕"라고 하자, 맹자가 "자네의 도는 맥(貊)의 도이다. (중략) 맥국에는 오곡이 생산되지 않고 성곽·궁실·종묘·제사 등의 예(禮)가 없다. (중략) 그러므로 20분의 1만 거두어도 넉넉하다.〔子之道, 貉道也. (중략) 夫貉, 五穀不生, 惟黍生之. 無城郭·宮室·宗廟·祭祀之禮. (중략) 故二十取一而足也.〕"라 했다. 또 말미에 "요·순의 도보다 세금을 경감하고자 하는 자는 큰 맥국에 작은 맥국이요.〔欲輕之於堯舜之道者, 大貉小貉也.〕"라고 했다.

94 이수광(李睟光), 『지봉유설(芝峯類說)』 권13 「문장부(文章部) 6 동시(東詩)」.

95 아정(牙旌)은 아문기(牙門旗)라고도 한다. 대장군의 의장(儀仗)으로 쓰이는 상아(象牙)로 장식한 큰 깃발이다.

가낭선(賈浪仙)〔가도(賈島)〕도 이런 일로 한문공(한유)을 알았으니. 浪仙從此識韓公.

방백은 크게 놀라고 경탄하여, 예로써 대우하고 보내 주었다.
혹자는 말하기를, "이것은 옛사람이 지은 것인데 공이 차용했다."라고 했다.

李判書後白少時, 犯路於方伯. 方伯令製詩, 公卽呈一絶曰: "遠郊斜日眩西東, 撲眼塵沙困北風. 誤觸牙旌知不恨, 浪仙從此識韓公." 方伯大加驚歎, 禮而遣之. 或言: "此乃古人所作而公借用."云.

이후백의 「규성(閨情)」 시에 이러하다.

첩의 몸 오로지 문 앞 버들을 닮아서 妾身只似門前柳
눈썹 비록 새로우나 속은 이미 썩었다오. 眉樣雖新已朽[96]心

김극검(金克儉)[97]의 시에는 이러하다.

촛불이 마치 나와 같아서 銀釭還似妾
눈물이 다하자 문득 마음을 태운다.[98] 淚盡却燒心

훌륭한 듯하다.

96 원문의 '杇(후)'자는 『청련집』 권1 「규원사시사(閨怨四時詞)」에 '朽'로 되어 있다. '朽' 자라야 뜻이 통한다.

97 김극검(金克儉, 1439~1499)의 자는 사렴(士廉), 호는 괴애(乖崖), 본관은 김해(金海)이다. 1459년(세조 5) 식년문과에 정과로 급제해서 한림이 되었다. 『세조실록(世祖實錄)』, 『예종실록(睿宗實錄)』, 『성종실록(成宗實錄)』의 편찬에 참여했다.

98 중국 당나라 이상은(李商隱)의 시 「무제(無題)」에 "누에는 죽기까지 실을 뽑아내고, 초는 재가 되고서야 눈물이 마르네.〔春蠶到死絲方盡, 蠟炬成灰淚始乾.〕"라고 했던 시상을 뒤집어 썼다.

李後白閨情詩曰:"妾身只似門前柳. 眉樣雖新已朽心." 金克儉詩曰:"銀缸還似妾. 淚盡却燒心." 似佳.

해설 '규원'은 여성 자신이 스스로 시를 지은 것이든 남성이 여성의 말투를 모방해서 시를 지은 것이든 여성의 정서와 심리를 절실하게 드러내는 것을 목표로 했다. 김극검의 시와 이후백의 비유의 수사법이나 감정 표현이 비교된다. 이후백의 시는 완곡하고, 김극검의 시는 비교적 직설적이다.

이후백의 「규정(閨情)」 시는 『청련집』에 수록된 「규원사시조(閨怨四時調)」의 '봄〔春〕'에서 제3구와 제4구를 취해 왔다.

희디희고 붉디붉은 고운 해 흐려져도	白白紅紅麗日陰
빈 동산 봄빛은 까닭없이 진하다.	空園春色等閒深
첩의 몸 오로지 문 앞 버들 닮아서	妾身只似門前柳
눈썹 비록 새로우나 속은 이미 썩었다오.	眉樣雖新已朽心

김극검의 구절은 『속동문선(續東文選)』 권9에 실려 있는 「규정(閨情)」 시의 제3구, 제4구이다.

삼동의 옷을 전하지 못해	未授三冬服
부질없이 밤중의 다듬이질 재촉한다.	空催半夜砧
촛불은 마치 나와 같아서	銀缸還似妾
눈물 다하자 문득 마음까지 태운다네.	淚盡却燒心

판서 이후백이 함경감사가 되어서는 정사에 임하기를 청렴하고 명철하게 하며, 묵은 폐습을 제거하는 데 힘써서 온 도에서 그를 칭송했다. 그러나 견감[99]이 매우 심하여 군읍이 황폐해졌기에 과세하기로 정해진 세금 외에도 재물을 빼앗았으니,

백성들이 이로부터 괴롭게 여겼다. 임제(林悌)가 이를 두고 시를 지었다.

혜초는 서릿바람에 꺾고 옥은 티끌에 버려졌나니	蕙折霜風玉委塵,
한때는 맑은 덕이 벼슬아치들을 고무시켰네.	一時淸德動簪紳.
가련하구나! 맥도[100]는 결국 이어 나가기 어려워라	可憐貊道終難繼,
상국이 백성을 고쳐 줌이 바로 백성을 병들게 했도다.	相國醫民是病民.

李判書後白爲咸鏡監司, 莅政淸明, 務袪宿弊, 一道稱頌. 然蠲減太甚, 郡邑凋敝, 科外誅求, 民始苦之, 林悌有詩曰: "蕙折霜風玉委塵, 一時淸德動替紳. 可憐貊道終難繼, 相國醫民是病民."

해설 임제의 시는 『지봉유설』 및 『오산설림초고(五山說林草藁)』[101] · 『연려실기술(燃藜室記述)』 · 『여유당전서(與猶堂全書)』 등에 실려 있으나, 정작 『임백호집』에는 확인되지 않는다. 『오산설림초고』는 전구 두 번째 글자가 '긍(矜)'으로 되어 있지만, 의미상의 차이는 없다. 이후백은 청백리로서 험난한 환경에 놓인 함경도민들의 처지를 배려하여 조세를 감면해 주었지만, 후대에는 세금 수입이 적어서 지방 행정에 지장을 불러왔다. 후임 관료들은 그 손실을 핑계로 사리사욕을 채우려 별도의 명목을 신설해서 세금을 과도하게 거두었다. 임제는 그 점을 문제 삼았다.

99 견감(蠲減)은 흉년이나 기타 일들로 인해 나라에서 조세(租稅)의 일부를 면제해 주는 것을 말한다.

100 앞에 나왔듯이, 원문의 맥(貊)은 북방의 미개한 종족을 지칭한다. 맥도는 수세(收稅)가 적정치 못하고 지나치게 적은 것을 말한다. 『맹자』 「고자 하(告子下)」에 보면 백규(白圭)가 조세를 20분의 1을 취하고자 한다고 하자, 맹자가 이는 맥도라고 했다. 요·순 때 10분의 1을 취했던 방도를 기준으로 삼아, 이보다 많으면 걸왕(桀王)의 방도이고 이보다 적으면 오랑캐의 방도라고 본 것이다.

101 차천로(車天輅)의 시화·야담집. 2권 1책 필사본이 현전하며, 『대동야승(大東野乘)』과 『시화총림(詩話叢林)』에도 수록되어 전한다.

『어우야담(於于野談)』[102] — 유몽인(柳夢寅)

이후백이 아직 벼슬 길에 오르기 전에 관찰사의 행차길을 범하게 되어 군졸에 잡혀서 감영의 문으로 끌려갔다. 스스로 자기는 유생이라고 말하자, 관찰사가 운자를 부르며 시를 지어 보라고 명했다. 그때 지은 시에 이러하다.

끊어진 다리 저녁 햇살에 동서로 어지럽고	斷橋斜日眩西東.
얼굴 때리며 모래 먼지가 저녁 바람에 말아 올려지네.	摶面塵沙捲夕風.
잘못하여 아정(牙旌)을 건드렸어도 원한 없을 줄 아오	誤觸牙旌知不恨.
낭선(浪仙, 가도)도 이런 일로 한문공(韓文公, 한유)을 알았으니.	浪仙從此識韓公.

관찰사는 이 시를 보고 대단히 좋다고 칭찬을 하고 마침내 그와 좋은 사이가 되었다.

그 후에 과거에 급제해서 호남지방의 어사가 되었는데, 남원 고을에 이르러 부사가 기생 말진(末眞)을 시켜 천침하게 하니, 자못 마음에 두어서 이별을 아쉬워하면서 떠나갔다. 곡성 땅에 이르러 큰비를 만나게 되어 사흘간 머물러야 했는데, 그곳에서 지은 시가 있다.

어사의 풍류가 두목지(杜牧之, 두목)를 닮아 있어	御史風流似牧之
지난날 대방(남원)에 있을 적에 청루에 들렀네.	靑樓昨過帶方時
춘심은 늙은 나이에도 죄다 없애기 어려워라.	春心向老消難盡
푸른 소매는 새벽이 되자 눈물에 흥건히 젖었구나.	翠袖侵晨淚欲滋

102 『어우야담』「학예편(學藝編) 시화(詩話)에서 취했다. 유몽인(柳夢寅, 1559~1623)의 본관은 고흥(古興), 자는 응문(應文), 호는 어우당(於于堂)·묵호자(默好子)이다. 문장으로 이름이 높았다. 광해군 때 폐모론이 일어나자 사직하고 도성에 들어오지 않아 인조반정 때 화를 면했으나, 광해군 복위를 꾀한다는 무고로 역률(逆律)로 다스려져 처형되었다. 문집으로 『어우집(於于集)』이 있다.

무정한 강물 위를 그림 배 떠나가니,	江水無情移畵舫
뿔나팔 소리는 원망하듯 정기(旌旗)를 보냈네.	角聲如怨送征旗
욕천(浴川)에서 사흘이나 사람을 머물게 하는 비	浴川三日留人雨
우습구나, 천공(조물주)이 이렇듯 뒤늦게야 내 사정을 알다니.	可笑天公見事遲

욕천은 곡성의 별호이다.

李後白未釋褐, 犯路於觀察使, 曳致營門. 自道儒生, 察使喚韻使賦之. 其詩曰: "斷橋斜日眩東西, 拍面塵沙捲夕風. 誤觸牙旌知不恨, 浪仙從此識韓公." 察使大嘉賞之, 遂與相善. 後登第爲湖南御史, 至南原府. 府以妓末眞薦枕, 頗繾綣, 惜別而去. 至谷城, 遇雨滯三日, 有詩曰: "御史風流似牧之, 靑樓昨過帶方時. 春心至老消難盡, 翠袖侵晨淚欲滋. 江水無情移畵舫, 角聲又怨送旌旗. 浴川三日留人雨, 可笑天公見事遲." 浴川, 谷城別號也.

해설 앞의 시는 『청련집』에 「범마(犯馬)」라는 제목으로 실려 있는데, 제1, 제2를 "먼 들판 아침 햇살 동서로 어지럽고, 얼굴 때리며 모래 먼지가 북풍에 휘날리네.〔遠郊初日眩西東, 搏面塵沙滾北風.〕"라고 했고, 이수광의 『지봉유설』 권13 「문장부(文章部) 6 동시(東詩)」에는 "遠郊斜日眩西東, 撲眼塵沙困北風"이라 했다. 둘째 시는 『청련집』에 「비로 인하여 곡성에 머물면서〔滯雨谷城〕」라는 제목으로 실려 있는데, 제3구의 '춘정향로(春情向老)'는 '춘심지로(春心至老)'로 되어 있고, 제4구의 '침신(侵晨)'은 '침신(浸晨)'으로 되어 있다.

오겸(吳謙)이 광주목사로 있을 때에, 고봉 기대승과 청련 이후백도 모두 남쪽에 있으면서, 함께 문장이 당세에 뛰어났다. 오겸은 이들을 맞아 놀고자 하여, 먼저 고을 아전을 시켜 기생을 일신시켜 맵시 있게 차려 입고 예쁘게 화장을 하게 하고, 성대하게 연회를 차려 놓고 청했다. 기대승과 이후백이 일시에 모두 왔다. 술이 반쯤 돌자 오겸은 술잔을 잡고 말했다. "오늘 두 분을 청한 것은 한바탕 연회를 베풀어 정을 나누고 술잔을 비교하는 데 그치자는 것이 아닙니다. 내가 서울에서부터 두 분이 유림의 우두머리임을 평소부터 흠복하여, 소단(시단)의 백전(白戰)을 이루어 백 년 이후까지 문단의 일대 장관을 이루고 싶었습니다. 원컨대 두 분은 사양하지 마시오." 기대승은 즉석에서 기생으로 하여금 먹을 갈게 하고 종이를 펴 놓게 하고는 칠언사운(七言四韻)의 율시 8편을 지어, 글자마다 점을 개칠하지도 않고 붓을 나는 듯이 휘둘렀다. 이후백 또한 종이를 펴 놓더니 어깨를 나란히 하여 붓에 먹을 묻혀 휘둘러서 교방(敎坊)의 80여 기생에게 각각 주었는데, 장편과 단편, 율시와 고시를 뜻하는 대로 이루어 내었다. 각기 한껏 즐겁게 놀다가 마쳤다.

그다음 날 오겸은 화전(華箋, 고급 종이) 등의 문방구는 모두 치워 버리고, 별도의 서재에 술과 안주를 간단히 베풀었다. 술이 반쯤 얼근해졌을 때 오겸이 또 청하기를, "어제 두 분의 시전(詩戰)은 잘 보았습니다. 원컨대 오늘은 천고의 일을 상세하게 논하여, 각각 평소 보아 기록한 것들을 다 쏟아 내 주시기 바랍니다." 이후백은 『강목(綱目)』에 대하여 아주 익숙하게 알고 있었으므로, 널리 알려져 드러난 것들은 제외하고 150책 중에서 아주 작은 장절과 자그마한 구절에 대해서 입으로 거침없이 내어 암송하지 못하는 것이 없었다. 기대승은 또한 이후백이 논란한 것에 대하여 본기(本紀)와 본전(本傳)의 유래한 바를 들어 말하고, 여러 전문가들이 논한 큰 설에서부터 작은 설에 이르기까지 방통(旁通, 곁으로 통함)하여, 닿는 대로 암송을 해서, 혹은 전체 편을 들기도 하고 혹은 수십 행을 들기도 하여, 문자를 거의 다 들어서 꿰뚫지 않은 것이 없을 정도로 눈앞에 나열했다. 오겸은 자리를 고쳐 앉으면서 절을 하고 말했다, "어제의 싸움은 청련이 고봉을 이겼고, 오늘의 싸움은 고봉이 청련을 이겼습니다. 어제와 오늘의 모임은 진실로 사림에서 찾아볼 수 없는 뛰어난 일입니다. 비록 동정호의 균천광악[103]이나 월궁의 예상우의곡[104]을 펼쳐 놓는다 해도 광주의 이번 연회보다는 못할 것입니다."

吳謙爲光州牧使, 奇高峰大升·李靑蓮後白, 皆在南中, 文章俱冠當世. 謙欲邀爲士林奇會, 豫勅州吏一新妓女, 彩衣華粧, 盛陳宴具于大觀而請之. 奇李兩公, 一時偕至. 酒半, 謙執酌而言曰: "今日之請兩君, 非作一場閒話叙情, 素較盃觴而止耳. 謙自京華, 素服兩君, 宗匠儒林, 欲成騷壇之白戰, 爲百年翰墨壯觀也. 願兩君無讓." 奇公卽席令小妓, 磨墨張箋, 走筆七言四韻律八篇, 字不加點, 揮翰如飛, 李公又積華箋, 齊肩恣毫揮灑. 教坊八十餘妓, 各有所贈, 長篇短篇, 律詩古詩, 隨意而就, 各盡歡而罷. 又於翌日, 謙盡去華箋之具, 就別齋, 略設盃盤. 酒微醺, 謙又請曰: "作日快覩兩君詩戰. 願今日細論千古. 各罄平生覩記." 李公最熟於『綱目』, 除表表著顯者外, 至於百五十冊中, 微章小句, 無不應口而誦. 奇公又取『綱目』中李公所論難者, 能擧其本紀本傳所從來, 旁通諸家大小說, 觸處成誦, 或全篇, 或數十行, 略盡文字, 無不貫穿, 羅列於目前. 謙離席而拜曰: "昨日之戰, 季眞能克明彦. 今日之戰, 明彦能捷季眞. 今兩日之會, 眞詞林絶代之勝事也. 雖陳洞庭之鈞天廣樂, 月殿之霓裳羽衣, 不多於光州之宴矣."

해설 광주목사의 주선으로 이후백과 기대승이 문주연(文酒宴)에서 시의 제술과 『강목』의 암송을 겨룬 이야기는 이 『어우야담』에 처음 나온다. 이후 『광주읍지(光州邑誌)』에 전재되었다.

『농암집(農巖集)』—김창협(金昌協)[105]

『농암집』 권22 「태천집(苔川集) 서(序)」[106]

공은 시를 지을 적에 애써 깊이 찾고 널리 구하여 까다롭게 문장을 구사하거나

103 균천광악은 춘추시대 진(秦)나라 목공(穆公)이 병이 들어 혼수상태에서 천제의 거처인 균천에 올라가서 들었다는 천상 음악이다.

104 예상우의곡은 당나라 현종이 나공원(羅公遠) 도사를 따라 월궁에 가서 듣고 암기하여 와서 지상으로 내려와 교방으로 하여금 익히게 했다는 음악이다.

화려하게 수식하는 것을 능사로 여기지 않고, 일에 따라 상황을 묘사하기를 진솔하고 담박하게 하여 옛사람의 격조를 잃지 않았다. 특히 절구(絶句)에 뛰어났으며, 그 궁사(宮詞)와 새곡(塞曲)은 왕왕 왕중초〔王仲初, 중국 당나라 왕건(王建)〕와 이군우〔李君虞, 중국 당나라 이익(李益)〕의 유풍이 있었다. 공은 호남 사람이다. 호남의 시는 이청련〔李青蓮, 이후백(李後白)〕이 처음으로 당시(唐詩)를 배웠고, 이어 최씨〔崔氏, 최경창(崔慶昌)〕와 백씨〔白氏, 백광훈(白光勳)〕가 연달아 나와서 문단에 더욱 명성이 났는데, 공이 그 뒤를 이었다고 해도 부끄러움이 없을 것이다.

公於爲詩. 初不冥搜旁索. 以深刻富麗爲能. 而卽事寫境. 眞率淸澹. 自不失古人格韻. 尤長於絶句. 其宮詞塞曲. 往往有王仲初, 李君虞之遺. 公. 湖南人也. 湖南之詩. 自李靑蓮始學唐. 因以崔·白代興. 益有聲詞苑. 以公而繼其後. 殆可以無愧焉矣.

105 김창협(金昌協, 1651~1708)의 본관은 안동(安東), 자는 중화(仲和), 호는 농암(農巖)·삼주(三洲), 시호는 문간(文簡)이다. 기사환국 때 부친 김수항(金壽恒)이 사사되자 사직하고, 갑술옥사 이후 부친이 신원되자 대제학과 지돈령부사에 임명되었지만 모두 사직하고 학문에 전념했다. 아우 김창흡(金昌翕, 1653~1722)과 함께 문장으로 이름이 높았다. 문집으로 『농암집』이 있다.

106 『태천집』은 김지수(金地粹)의 시문집이다. 김지수의 자는 거비(去非), 본관은 의성(義城)이다. 1626년(인조 4) 서장관(書狀官)으로 정사(正使) 김상헌(金尙憲)을 따라 중국 명나라에 가서 가도(椵島)의 모문룡(毛文龍)이 우리나라 사람이 여진족을 인도하여 난을 일으켰다고 모함하자 예부(禮部)에 글을 올려 논변했다. 또한 『조천록(朝天錄)』을 만들었다. 사헌부의 지평과 장령, 시강원의 관원 등을 역임한 뒤에 고향인 전라도 고부(古阜)로 돌아갔다. 광해군 때에 벼슬에 올라 폐모론(廢母論)이 일어나자 소(疏)를 올려 반대했다가 북쪽 변방으로 귀양을 갔다. 인조반정 때 간관(諫官)으로 부름을 받고 사헌부와 세자시강원의 여러 벼슬을 역임했다. 나중에 시사(時事)를 논한 것이 여론에 거슬려 변방의 수령으로 나가게 되었는데, 체임(遞任)되어 돌아온 뒤로는 천태산(天台山) 기슭에서 지내다가 10여 년 만에 사망했다. 윤증(尹拯)의 『명재집(明齋集)』 권37에 「종성부사태천김공묘갈명(鍾城府使苔川金公墓碣銘)」이 있다.

『호곡시화(壺谷詩話)』— 남용익(南龍翼)[107]

우리 조선에서 문장으로 뛰어난 선비는 성종조와 선조조보다 더 성대한 시대는 없었는데, 시재가 뛰어난 사람이 많기로는 선묘(선조) 때가 가장 융성했으니, 이를 중국 명나라와 비교해 보면 중국 명나라 가정(嘉靖) 시대 및 융경(隆慶) 시대[108]와 견주어 볼 수 있을 것이로다! 선묘(선조)때 시와 문장을 겸비한 사람으로는 마땅히 간이(簡易) 최립(崔岦)을 으뜸으로 쳐야 할 것이다. 간이의 「은대 이십영(銀臺二十咏)」 시[109]는 대개 이청련 후백이 당후(堂後)[110]에 있을 때 새로 장원급제한 사람을 불러서 재능을 시험해 본 것인데,[111] 간이로 하여금 한번 진퇴할 때마다 각각 시 한 수를 이루게 하여서 편마다 모두 맛이 있다. 「고목(枯木)」 시의 결구에서 "이끼는 꽃이 되고 칡덩굴이 잎이 되니, 외려 알겠구나 조물주가 사물을 모두 다 버리지는 않았음을!〔苔蘚作花蘿作葉, 還知造物未全捐!〕"이라고 읊은 것은 어구가 아주 새롭고 기발하다.

國朝文章之士, 莫盛於成宣兩朝, 而詩才之盛, 宣廟朝爲最. 比諸皇明, 其嘉隆之際乎! 宣廟朝 詩文之兼備, 當以簡易爲首. 簡易「銀臺二十咏」, 盖李青蓮後白爲堂后時,

107 남용익(南龍翼, 1628~1692)의 본관은 의령(宜寧), 자는 운경(雲卿), 호는 호곡(壺谷), 시호는 문헌(文憲)이다. 송시열의 문인으로, 이조판서와 대제학 등을 지냈다. 문집으로 『호곡집(壺谷集)』이 있다.

108 원문의 가륭(嘉隆)은 중국 명나라 세종(世宗)의 연호 가정(嘉靖)과 목종(穆宗)의 연호 융경(隆慶)을 합칭한 말이다. 이 시기에 후칠자(後七子) 곧 가륭칠재자(嘉隆七才子)가 명성을 떨쳤다.

109 최립의 『간이집(簡易集)』 권6 습유(拾遺)에 「은대 이십영(銀臺二十詠)」이 있다. 1559년(명종 14, 기미) 봄에 직부전시(直赴殿試)의 명이 내렸는데, 그때 신은(新恩)을 받았다는 이유로 주서(注書)였던 이후백이 시운(詩韻)을 내고 급히 지어 올리도록 하여 지은 것이다. 앞에 나왔다.

110 당후(堂後)는 승정원에서 주서가 거처하는 방을 말한다. 1559년(명종 14) 당시 이후백은 승정원 주서(注書)였다.

111 실제로 최립이 장원급제했던 것이 아니라 성균관 반시(泮試)에서 수석을 하여 직부전시(直赴殿試)의 은전을 입었을 때 일이다.

呼新魁試才, 使之一進退, 各成一律者, 而篇篇皆有味, 其中枯木結句: "苔蘚作花蘿作葉, 還知造物未全捐", 語甚新奇.

『사암집(思菴集)』[112] 부록

계미년[113] 3월에 인재를 추천하라는 왕명이 있었다. 선생은 성혼(成渾)이 재주와 덕이 모두 뛰어나고, 김여물(金汝岉)·최경회(崔慶會)·서익(徐益)은 문과 무의 재능으로 명에 응할 수 있다고 추천했다. 그 밖에 전후로 인재를 추천했으니, 청련 이후백, 황강(黃岡) 김계휘(金繼輝), 구봉령(具鳳齡), 신응시(辛應時), 이산보(李山甫) 등이 모두 한 시대에 덕으로 이름이 나고 헌걸찬 인사들이었다.[114]

癸未(중략)三月, 命薦人才. 先生以成渾才德俱優, 金汝岉·崔慶會·徐益, 文武才能應命. 此外前後薦進人才, 如李靑蓮後白·金黃岡繼輝·具鳳齡·辛應時·李山甫. 皆一時名德魁碩之士云.

만력(萬曆) 3년 을해(1685년) 선조 8년 5월, 이후백이 특지로 형조판서에 배수되었다. 이후백은 청렴하고 근실하게 직무를 수행해 왔으므로, 대신의 천거로 이러한 특별 제수가 있게 되었다. 이보다 앞서 상감께서 박순에게 묻기를, "형조의 장관은 늘 적당한 인물을 얻지 못하여 걱정이다. 경이 직위 서열의 고하를 묻지 말고 직책을 감당할 만한 인물을 추천하기 바란다. 비록 그 사람이 낭료[115]로 있다고 하더라

112 『사암집』은 선조 연간에 영의정을 지낸 박순(朴淳, 1523~1589)의 문집이다. 박순의 본관은 충주(忠州), 자(字)는 화숙(和叔), 호는 사암(思菴)이다. 서경덕(徐敬德)의 문인이다.

113 1583년(선조 16, 계미)으로, 박순(朴淳)은 61세였다. 3월에 왕명으로 당시 인재들을 천거했다.

114 박순(朴淳), 『사암선생문집(思菴先生文集)』 권5 부록(附錄), 이선(李選) 찬, 「영의정증시문충공사암박선생행장(領議政贈謚文忠公思菴朴先生行狀)」.

도, 역시 발탁해서 쓰겠다."라고 말씀하셨다. 박순이 대답하기를, "상감의 명이 이와 같으시니 감격을 이길 수 없습니다."라고 하고, 마침내 이후백을 추천했으므로 특지(特旨)로 그 관직에 배수했다.[116]

萬曆三年乙亥. 宣祖八年五月 ○李後白, 以特旨拜刑曹判書. 後白淸謹奉公, 大臣薦之, 故有是除. 先是, 上問朴淳曰: "刑曹長官每患不得其人. 請卿勿論職次高下, 薦其可堪者. 雖在郎僚, 亦可擢用." 淳對曰: "上敎如此. 不勝感激." 乃薦後白, 故以特旨拜官.

『장빈거사호찬(長貧居士胡撰)』— 윤기헌(尹耆獻)[117]

사문(斯文) 이장영(李長榮)[118] 공이 함양에 군수로 있을 때, 노진(盧禛) 공이 마침 감사로 순시하러 왔고, 이후백 공이 판서로서 또한 휴가를 얻어 고을에 와서 모이게 되었다.

한 백성이 감사에게 호소했다. "가난한 백성이 못자리 할 논이 없어 이웃에 사는 아무개에게 빌려 주기를 청했더니 주지 않습니다. 만약 이것을 빌려 주지 않으면 굶어 죽게 될 지경이니, 속히 아무개를 관청에서 잡아들여 백성의 소원이 이루어지도록 하여 주옵소서."

노 감사가 말했다. "그가 자기 논을 가지고 너에게 주지 않으려고 하니, 그가 이

115 낭료(郎僚)는 낭관요속(郎官僚屬)의 준말로, 각 관서의 당하관을 가리킨다.

116 박순(朴淳), 『사암선생문집(思菴先生文集)』 권7 부록(附錄) 제가기술(諸家記述).

117 윤기헌(尹耆獻, 1548~?)의 호는 장빈자(長貧子), 보관은 남원(南原)이다. 호조판서 윤자신(尹自新)의 아들이며 율곡 이이의 문인이다.

118 이장영(李長榮, 1521~?)의 본관은 함평(咸平), 자는 수경(壽卿), 호는 죽곡(竹谷)이다. 1558년 식년문과에 급제했고, 함양군수 등을 거쳐 선공감정(繕工監正)으로 있으면서 1586년(선조 19) 중시문과에 장원으로 급제했다. 품계는 통정대부(通政大夫), 관직은 부사에 이르렀다.

웃과 친목을 하지 못하는 것이지만, 관(官)으로서 어떻게 빼앗아 줄 수 있느냐?"

그러자 이 판서가 말했다. "관아가 나쁜 사람을 다스리지 않는다면 가난한 백성은 누구를 믿으며, 소장(訴狀)을 방치하고 처리하지 아니하면 장차 누가 호소를 하겠소?" 두 사람은 논쟁이 결말을 보지 못했다.

노 공이 말했다. "군수는 노련한 관리이니, 사건을 이 분에게 맡겨야겠습니다."

군수는 논의 소유자를 치죄하고자 했다. 노 공은 놀랐다.

군수는 말했다. "선성(先聖)의 교훈이 있으니 감히 어길 수가 없습니다."

노 공이 괴이하게 여겨 그 까닭을 물었다. 군수는 말했다. "'사양하지 마라! 이웃과 향당에게 주어라!〔毋! 以與隣里鄕黨!〕'[119]라는 것이 공자의 말씀이 아닙니까? 무(毋)와 묘(苗)는 음이 서로 비슷합니다." 온 좌중이 탄복했다.

정해년(1587년, 선조 20) 가을에 나는 송강〔정철(鄭澈)〕의 집에 있었는데, 이장영이 마침 중시에 수석으로 합격하여 송강을 보러 왔다. 술이 반쯤 취하여 이 이야기를 하자, 송강 역시 무릎을 치며 탄복했다.

李斯文長榮公之守咸陽也, 盧禛方按節. 李公後白以判書受由, 亦來會于郡. 有一民訴于方伯曰: "貧民無種苗田, 請借居隣某, 某不與. 不與則民將無食而死, 願速某于郡獄, 俾遂民願." 盧曰: "彼以其田, 不肯與汝, 彼雖不睦, 官何奪給乎?" 判書曰: "官不治惡, 貧者何賴? 狀告亦置, 將誰赴訴?" 兩公爭不得. 盧曰: "主倅老吏. 宜付于此." 倅欲治有田者, 盧爲駭. 倅曰: "先聖有訓, 不敢更異." 盧怪問. 倅曰: "毋以與隣里鄕黨, 非孔子之言乎? 毋與苗音相近也." 一座嘆服. 丁亥秋, 余在松江第, 李斯文方魁重試, 亦來見松江. 酒半言之, 松江亦擊節.

119 『논어』「옹야(雍也)」에 보면, "원사(原思)가 공자의 재(宰)가 되었다. 공자가 그에게 속(粟) 9백을 주었다. 원사가 사양했다. 공자가 말했다. '사양하지 마라! 그것을 네 이웃 마을과 향당에 주지 않겠느냐?'〔原思爲之宰, 與之粟九百, 辭. 子曰: '毋! 以與爾鄰里鄕黨乎!'〕"라고 나온다.

『부계기문(涪溪記聞)』[120] — 김시양(金時讓)

북쪽 지방은 바로 풍패(豊沛)[121]의 땅인데, 요황(要荒)[122]의 바깥에 있어서 풍속이 오랑캐와 다름없이 포악했다.

선묘(선조) 초 청련(靑蓮) 이후백(李後白)이 관찰사로 있으면서 함흥(咸興)에 문회서원(文會書院)을 짓고 문교(文敎)로 교도(敎導)를 했다. 주현(州縣)의 백성들 중에 『시』·『서』를 외우고 글을 잘 짓는 사람이 있으면 친히 그와 주객(主客)의 예(禮)를 차렸다. 사람들이 모두 다투어 권면되어, 문풍(文風)이 우쑥 성하여, 신적(臣籍)에 이름이 올라가고 조정에 등용된 자가 뒤를 이었다.

임진년 난리에 난을 평정하고 질서를 회복시킨 것이 모두 스스로 유생(儒生)이라고 호칭하는 자들에게서 시작되었다. 이 공과 같은 사람은 참다운 방백(관찰사)이라고 이를 만하다.

北方卽豐沛之地, 而在要荒之外, 風俗獷悍, 與胡貊無異. 宣廟初李靑蓮後白爲方

120 부계(涪溪)는 즉 종성(鐘城)의 다른 이름으로, 김시양(金時讓, 1581~1643)이 광해 임자년(1612)에 여기에서 귀양살이하면서 『기문(記聞)』을 찬술했다. 김시양의 본관은 안동(安東), 초명은 시언(時言), 자는 자중(子中), 호는 하담(荷潭), 시호는 충익(忠翼)이다. 1605년(선조 38) 정시문과에 병과로 급제했다. 1611년(광해군 3) 전라도도사로서 향시(鄕試)를 주관하면서 내건 시제(試題)가 왕의 실정을 비유했다고 무고되어 함경도 종성(鍾城)에 유배되었다가 1616년 경상도 영해(寧海)로 이배되었다. 인조반정 후에 풀려났다. 1631년(인조 9) 병조판서에 올라 팔도 도원수와 사도 도체찰사를 겸했다. 척화를 주장하다가 영월(寧越)에 유배되었으며, 풀려나 강화유수·호조판서 등을 역임했다. 1636년 숭록대부(崇祿大夫)에 오르고 판중추부사가 되었으나, 안질로 사직하고 향리 충주로 내려갔다. 저서에 『하담집』·『하담파적록(荷潭破寂錄)』·『부계기문』 등이 있다.

121 풍패는 제왕의 고향을 가리키는 말로, 중국 패현(沛縣)의 풍읍(豐邑)이 한 고조(漢高祖)의 고향이라는 데서 연유했다. 함경도 영흥(永興)이 태조 이성계(李成桂)의 고향이기 때문에 한 말이다.

122 요황(要荒)은 요복(要服)과 황복(荒服)을 합친 말이다. 『서경(書經)』「우공(禹貢)」에 따르면 중국인들을 천하를 천자가 거처하는 왕기(王畿)를 중심으로 전복(甸服)·후복(侯服)·수복(綏服)·요복·황복 등 다섯 개 구역이 동심원으로 나뉜다고 생각했다. 요복과 황복은 그중에서 가장 바깥에 위치한다. 조선의 경우 한양과 경기에서 가장 먼 지역을 지칭한다.

伯, 作文會書院于咸興, 以文教道之. 州縣小民有能誦詩書作文辭者, 親與之爲主客之禮. 人皆競勸, 文風藹然, 策名登朝者相繼. 壬辰之亂, 能撥亂而反正, 皆自號儒生者始. 若李公, 可謂眞方伯矣.

이 청련은 총재(이조판서)로 있을 때에 그의 집에서 사사로이 알현하러 오는 사람을 받아들이지 않았다. 비록 그 명망이 관리가 되기에 알맞은 사람이라고 하더라도, 그 사람이 혹 사사로이 부탁하는 일이 있으면 반드시 끊어 버렸다. 인재를 아끼는 이들은 그런 처사를 대부분 병통으로 여겼다. 대부분 병통으로 여긴 것은 진실로 옳다. 하지만 오직 돈이면 좋다고 하여 문 앞이 시장을 이루게 하는 자들과 비교한다면, 아무래도 같이 나란히 두고 말할 수가 없다.

李靑蓮爲冢宰, 門不受私謁. 雖名稱堪爲百執事者, 人或私托, 則必絶之. 惜人才者多病之. 多病, 誠是也. 其視惟貨其吉而門如市者, 亦不可同年語也.

『유천차기(柳川箚記)』[123] — 한준겸(韓浚謙)

만력 원년〔1573년, 선조 6, 계유〕에 특별히 배신(陪臣) 이후백(李後白)·윤근수(尹根壽)와 서장관 윤탁연(尹卓然)을 보내서, 종계(宗系)와 시역(弑逆) 등에 관해 변무(辨誣)한 내용을 『대명회전(大明會典)』에 삽입하여 편찬해 주기를 애원하는 뜻을 황제에게 주달하니, 예부에서는 비로소 복제(覆題)[124]로 성지를 받들었다고 명백히 밝혔다.

123 한준겸(韓浚謙, 1557~1627)의 『유천차기』는 편자 미상의 『대동야승(大東野乘)』에 수록되어 있다. 한준겸의 본관은 청주(淸州), 자는 익지(益之), 호는 유천(柳川), 시호는 문익(文翼)이다. 1586년(선조 19) 문과에 급제하여 호조판서·경상도관찰사·함경도관찰사 등을 역임했다. 저서로 『유천유고(柳川遺稿)』가 있다.

124 복제(覆題)는 제복(題覆)과 같다. 중국 명나라 육부(六部)의 상서(尙書)가 황제의 질문에 답하여

이어서 칙서를 내렸는데, 그 칙서에 이러했다. "너희 할아버지 태조〔'휘(諱)'를 피하여 적지 않음〕가 오랫동안 옳지 못한 죄명[125]을 들써 왔는데, 우리 열성조(列聖朝)께서 밝게 살피시어, 이미 누명을 깨끗이 씻고 그릇된 곳을 개정했다. 이에 『실록』을 편찬하면서, 전후에 아뢴 말을 갖추어 채록해서 영구히 전하게 한다. 짐의 생각에, 너희는 예의를 지키는 나라이고 또 일이 군신 대의(君臣大義)에 관계되므로, 특별히 청한 바를 윤허한다. 즉시 예관을 시켜 사실을 초록해서 사관(史館)에 주어, 숙조(肅祖)〔가정(嘉靖) 세종황제(世宗皇帝)〕의 실록[126] 안에 상세히 기재했다가, 후일 새로 『회전』을 편수할 때를 기다려, 너희가 선대의 억울함을 씻겨 달라고 부르짖는 그 간곡한 뜻을 위로해 주겠노라."

萬曆元年特遣陪臣李後白·尹根壽, 書狀尹卓然, 乞將宗系弑逆辨誣等事, 增入撰脩『會典』等情, 奏聞于帝. 禮部始覆題, 明白奉聖旨. 是仍降勅書, 有曰: "爾祖太祖〔諱〕, 久蒙不韙, 荷我列聖垂鑑, 已爲昭雪改正. 玆者撰修實錄, 欲將前後奏詞, 俾行採錄以垂永久. 朕念爾係守禮之邦, 且事關君臣大義, 特允所請, 卽命禮官抄付史館, 備書于肅祖〔嘉靖世宗皇帝〕實錄內, 俟後修新『會典』, 以慰爾籲雪先世懇情."云.

올리는 공문서이다. 조선의 사신이 청하는 사안을 정문으로 써서 예부(禮部)에 올리면, 예부에서 정문을 검토한 뒤 요약 정리하여 황제에게 올려 윤허를 받았다. 앞에 나왔다.

125 원문의 '불위(不韙)'는 옳지 못한 죄명이란 뜻이다. 『춘추좌씨전』 은공(隱公) 11년에 나온다. 앞에 나왔다.

126 『숙조실록(肅祖實錄)』은 중국 명나라 『세종실록(世宗實錄)』을 가리킨다. 명나라 태조 주원장(朱元璋)의 부친 이름이 '주세진(朱世珍)'이었기 때문에 명나라에서는 '세(世)'자를 피했다. 묘호가 세종(世宗)인 가정제(嘉靖帝)의 경우 묘호 대신 시호를 사용하여 숙황제(肅皇帝)·숙조(肅朝)·숙묘(肅廟) 등으로 지칭했다. 앞에 나왔다.

『월정만록(月汀漫錄)』[127] — 윤근수(尹根壽)

융경(隆慶) 2년 무진년(1568년, 선조 원년) 중국 명나라에서 한림원 검토(翰林院檢討) 성헌(成憲)과 병과 급사중(兵科給事中) 왕새(王璽)를 보내 황태자를 세웠다는 조서(詔書)를 반포했다. 대개 조사(詔使)를 대접하는 일은 도승지가 책임지는데, 성헌 공의 뺨 위에 매우 큰 담괴(痰塊, 혹)가 있어서 우리나라 의원에게 치료하게 하려고 했다.

이후백이 당시에 도승지였는데, 그가 아뢰었다. "우리나라 의원이 만일 치료했는데 낫지 않으면 작은 걱정이 아닐 것입니다. 상사에게 '외국에는 훌륭한 의원이 없으니, 만일 담괴를 제거하지 못해서 종기가 된다면 어찌하겠습니까? 손을 대지 마십시오.'라고 하십시오." 임금이 그 말을 옳게 여겨 상사에게 청하니, 상사가 과연 그렇게 생각했다. 당시의 재신들이 이 공이 임기응변을 잘했다고 여기지 않는 이가 없었다.

성헌 공은 기해년(1539년)〔명나라 가정(嘉靖) 18년〕생으로 계주위(薊州衛) 사람인데, 을축년(1565년)〔명나라 가정 44년〕의 과거에 급제했다. 이후 기축년(1589년, 선조22)에 내가 북경에 갔더니, 성 공이 국자좨주(國子祭酒)로서, 집으로 돌아가 병을 잘 치료하여 뺨 위의 핵(담괴)이 씻은 듯이 치료되었다고 한다.

隆慶二年戊辰. 天朝遣翰林院檢討成憲. 兵科給事中王璽. 頒立皇太子詔. 凡接待

127 윤근수(尹根壽), 『월정집(月汀集)』 별집 권4 「만록(漫錄)」. 또한 『대동야승(大東野乘)』 수록 『월정만록(月汀漫錄)』. 윤근수(1537~1616)의 본관은 해평(海平), 자는 자고(子固), 호는 월정(月汀)이다. 김덕수(金德秀)와 이황(李滉)의 문인이다. 1562년(명종 17) 홍문관 부수찬에 임명되었는데, 기묘사화 당시 화를 당한 조광조(趙光祖)의 신원(伸冤)을 청했다가 과천 현감으로 체직되었다. 1589년(선조 22) 성절사(聖節使)로 중국 명나라에 파견되었다가 귀국할 때 『대명회전(大明會典)』 전서를 가져왔다. 이듬해 종계변무(宗系辨誣)의 공으로 광국공신(光國功臣) 1등에 해평부원군(海平府院君)으로 봉해졌다. 1591년 우찬성으로 정철(鄭澈)의 건저(建儲) 문제에 연루되어 관직을 삭탈당했다. 임진왜란이 일어나자 예조판서로 다시 기용되었다. 1604년 호성공신(扈聖功臣) 2등에 봉해졌다. 문집은 『월정집(月汀集)』이다.

詔使責在都承旨. 成公頰上有痰核甚大. 將令我國醫治之. 李公後白時爲都承旨. 啓曰: "我國醫若治療而不差則將奈何? 非小慮也. 請於上使. 以爲: '外國無良醫. 若核不去而成瘡. 則將奈何? 願勿下手.'" 上旣然其語. 請於上使則果以爲然. 一時宰臣. 莫不以李公善於應變. 成公己亥生. 薊州衛人. 乙丑科. 其後余於己丑年赴京. 則成公以國子祭酒, 回家養病. 頰核已治療如掃云.

「최고죽시집후서(崔孤竹詩集後敍)」[128] — 박세채(朴世采)

공의 이름은 경창(慶昌)이고, 자는 가운(嘉運)이며, 문헌공 최충(崔沖)의 18세손이다. 타고난 성품이 호쾌하고 빼어났으며, 풍채가 우뚝했으므로, 만나 보면 마치 신선 가운데 있는 사람같이 황홀했다. 젊어서 옥봉(玉峯) 백광훈(白光勳)과 함께 송천(松川) 양응정(梁應鼎) 공과 청련 이후백 공의 문하에 유학했다. 20세가 되기 전에 율곡(栗谷) 이이(李珥) 선생, 구봉(龜峯) 송익필(宋翼弼), 동고(東皐) 최립(崔岦) 등 여러 사람과 더불어 무이동(武夷洞)에서 시를 짓고 창수했으니, 세상에서 팔문장계(八文章稧)라고 불렀다. 송강(宋江) 정철(鄭澈), 만죽(萬竹) 서익(徐益) 등 명류들과 삼청동(三淸洞)에 유람하니, 사람들이 또 이십팔수회(二十八宿會)라고 일컬었다. 문예가 조숙하게 이루어져, 교유하거나 친하게 가까이한 이들이 일시의 염모(艶慕)되던 분들이었음을 알 수가 있다.

公諱慶昌, 字嘉運. 文憲公冲十八世孫也. 天資豪爽俊邁, 風采聳然, 見者怳若神仙中人. 少與玉峯白光勳, 游學松川梁公 · 青蓮李公之門. 未弱冠, 同栗谷李先生 · 龜峯

128 박세채(朴世采)가 53세 되던 1683년(숙종 9, 계해) 최경창(崔慶昌)의 시집에 작성한 「고죽시집후서(孤竹詩集後敍)」이다. 박세채, 『남계선생박문순공문집(南溪先生朴文純公文集)』 외집 권12 수록. 박세채(1631~1695)의 본관은 반남(潘南), 자는 화숙(和叔), 호는 현석(玄石)·남계(南溪), 시호는 문순(文純)이다. 문묘(文廟)에 배향되었다. 1689년 소의장씨(昭儀張氏)의 희빈 책봉 문제로 남인이 재집권하자 야인 생활을 했으나, 1694년 갑술옥사 이후 우의정·좌의정 등을 역임했다.

宋翼弼東皐崔岦諸才子. 唱酬于武夷洞, 世號八文章稧. 同松江鄭澈·萬竹徐益諸名流, 遊三清洞, 人又稱二十八宿會. 其文藝夙成, 交游親附, 爲一時艶慕者, 可知也.

「논사록발(論思錄跋)」[129] — 김종수(金鍾秀)

아, 선조(宣祖)께서 처음 즉위하셨을 때에 조정이 청명하여 현자들이 대거 조정에 나와 벼슬했다. 선생이 조정에 계실 때에 퇴계(退溪) 이문순공(李文純公)이 앞에서 천거했고, 사암(思菴) 박순(朴淳), 송강(松江) 정철(鄭澈), 오음(梧陰) 윤두수(尹斗壽), 월정(月汀) 윤근수(尹根壽), 황강(黃岡) 김계휘(金繼輝), 약포(藥圃) 정탁(鄭琢), 백록(白麓) 신응시(辛應時), 청련(靑蓮) 이후백(李後白) 등 여러 분이 뒤에서 도왔으니, 이때에 세도(世道)와 인심은 하나도 걱정할 만한 것이 없을 듯했다.

그런데도 선생(기대승)의 정성스럽고 간곡한 마음은 현자와 간신 가운데 한쪽이 성장하면 한쪽이 소멸하는 기미에 두었다. 심지어는 "소인이 군자를 공격하면서 '조정의 정사를 비난한다'[130]고 말하는데, 군주가 혹 이것을 살피지 못하면 사화가 이

129 이 글은 김종수(金鍾秀, 1728~1799)가 기대승(奇大升)의 『논사록(論思錄)』이 중간될 때 쓴 발문으로, 김종수의 문집 『몽오집(夢梧集)』 권4에 수록되어 있다. 『논사록』 기대승이 죽은 후 선조(宣祖)가 기대승이 경연에서 강설한 통치이념을 잊지 않으려고 문신에게 명하여 편찬하게 해써, 2권 2책의 목판본으로 간행했다. 이후 1786년(정조 10)에 기대승의 6세손 기언정(奇彦鼎)이 김종수의 교정을 받고 평안도관찰사 조경(趙璥)의 도움을 받아 1786년에 중간본을 간행했다. 김종수의 본관은 청풍(淸風), 자는 정부(定夫), 호는 진솔(眞率)·몽오(夢梧)이다. 1781년에 대제학에 올라 이조판서를 거쳐 우의정에 올랐다. 벽파(僻派)의 영수로 정조 때 좌의정으로 심환지(沈煥之)와 더불어 시파(時派)인 홍씨(洪氏) 일파와 맞섰다. 1802년에 유언호(兪彦鎬)와 함께 정조 묘에 배향되었다. 저서에 『몽오집(夢梧集)』이 있다.

130 『통감절요(通鑑節要)』 권46 「당기(唐紀) 헌종(憲宗) 정해(丁亥) 2년」에 『신당서』 「이강전」의 다음과 같은 대화를 옮겨 두었다. "상(헌종)이 일찍이 이강에게 조용히 묻기를 '간관들이 왕왕 조정의 정사를 비방하지만 모두 사실이 없으니, 짐이 그 중에 특히 심한 자 한두 명을 귀양보내어 나머지 사람들을 경계하고자 하는데, 어떠한가?' 하니, 이강이 대답했다. '이것은 폐하의 뜻이 아니라. 필시 간사한 신하가 폐하의 총명을 가리고자 해서 이러한 말을 했을 것입니다. 신하가 살고 죽

때문에 일어난다."라고 했으며, 동한(東漢)의 당고(黨錮)[131]와 중국 당나라 말기의 백마역(白馬驛) 사건[132]을 인용하여 밝혔다. 또 말하기를, "외척이 비록 어진 사람이라도 군주는 그들을 의지하여 정사를 해서는 안 되며, 선비들도 외척들과 일을 함께하면 안 된다."라고 했다.

그 고심이 담긴 말들은 천 년이 지난 뒤에도 사람들로 하여금 반복해 읽고 눈물을 흘려 그칠 수 없게 할 것이니, 아, 그 천하와 만세를 위한 염려가 장구하다 하겠다. 구천에 있는 분을 다시 세상에 나오게 할 수 있다면 내가 선생 말고 누구에게 귀의하겠는가? 아, 슬프다!

숭정(崇禎) 후 세 번째 병오년(1786년, 정조 10) 중동(仲冬)에 후학 청풍(淸風) 김종수(金鍾秀)는 삼가 쓴다.

噫! 當宣祖初服, 位著淸明, 羣賢彙征. 先生之立乎朝廷也, 有退溪李文純公薦之於前, 有思庵·松江·梧陰·月汀·黃岡·藥圃·白麓·靑蓮諸公, 左右之於後. 于斯時也,

는 것은 군주의 기쁨과 노여움에 달려 있으니, 감히 입을 열어 군주에게 간하는 자가 몇 명이나 있겠습니까? 가령 군주에게 간하는 자가 있더라도 낮 동안에 헤아리고 밤중에 생각하며 아침에 삭제하고 저녁에 줄여서 군주에게 상달(上達)할 즈음에는 열 가지 중에 두세 가지도 남지 않습니다. 그러므로 군주가 부지런히 간언하기를 바라도 오히려 간언이 이르지 않을까 두려운데 하물며 간관에게 죄를 준단 말입니까? 이렇게 하면 천하 사람들의 입을 막을 것이니, 종묘사직의 복이 아닙니다.' 상이 그의 말을 좋게 여겨 중지했다.〔嘗從容問李絳曰: '諫官多謗訕朝政, 皆無事實, 朕欲謫其尤者一二人, 以儆其餘, 如何?' 對曰: '此殆非陛下之意. 必有邪臣欲壅蔽陛下之聰明也. 人臣死生, 繫人主喜怒, 敢發口諫者有幾. 就有諫者, 晝度夜思, 朝刪暮減, 比得上達, 什無二三. 故人主孜孜求諫, 猶懼不至, 況罪之乎? 如此, 杜天下之口, 非社稷之福也.' 上善其言而止.〕"

131 중국 후한 환제(桓帝) 때 이응(李膺)과 진번(陳蕃) 등이 태학생 곽태(郭泰)·가표(賈彪) 등과 연합하여 환관을 맹렬히 공격하자 환관들은 오히려 그들이 붕당을 지어 조정을 비난했다고 무고하여 이응 등 200여 명에 대해 종신토록 금고(禁錮)하는 형벌을 받게 했다. 영제(靈帝) 때에 이응 등이 다시 기용되어 대장군 두무(竇武)와 모의하여 환관을 주벌하려다 사전에 발각되어 이응 등 100여 명은 피살되었다. 『후한서』「당고열전(黨錮列傳)」 참고

132 중국 당나라 애제(哀帝) 때 권신(權臣) 주전충(朱全忠)이 배추(裴樞) 등 조사(朝士) 30여 명을 백마역에 집결시켜 하룻저녁에 다 죽이고 그 시체를 황하(黃河)에 던져 넣었다. 『신당서』「배추전(裴樞傳)」 참조.

世道人心, 似若無一可虞者, 而乃先生之惓惓懇懇, 獨在於賢邪消長之幾. 至曰: “小人攻君子, 謂之: ‘謗訕朝政’. 人主或不能察, 則士禍由此而起.” 引東漢黨錮, 唐末白馬驛事以明之. 又曰: “戚里雖賢, 人君不可倚以爲政, 儒者亦不可與之同事,” 則其苦心所在, 千載之下, 尙有令人三復流涕而不能已者.

嗚呼! 其爲天下萬世慮, 可謂遠矣. 使九原可作者, 非先生吾誰與歸? 嗟夫!

崇禎三丙午中冬. 後學淸風金鍾秀. 謹書.

『대동기문(大東奇聞)』

이후백은 연안 사람이며, 자는 계진이고, 호는 청련이다. 병오년에 진사가 되고, 계축년[133]에 문과에 급제했다.

(중략)

공이 어렸을 때 감사의 행차 길을 범했는데, 감사가 그로 하여금 시를 지어 보라고 하니 공이 즉석에서 절구 수를 지어 바쳤다. 그 시에 이러하다. “먼 들판 아침 햇살 동서로 어지럽고, 눈을 때리며 모래 먼지가 북풍에 괴롭네. 잘못하여 아정(牙旌)[134]을 건드렸어도 원한 없을 줄 아오, 가낭선(賈浪仙, 가도)도 이런 일로 한문공(한유)을 알았으니!” 감사가 크게 경탄하고, 예우하고 보내 주었다.

李後白, 延安人, 字季眞, 號靑蓮. 丙午進士, 癸丑文科. (中略) 公小時, 犯路於方伯, 方伯令賦詩, 公卽呈一絶曰: “遠郊斜日眩西東, 撲眼塵沙困北風. 誤觸牙旌知不恨, 浪仙從此識韓公!” 方伯大加驚歎, 禮而遣之.

133 을묘년의 잘못이다.

134 아정(牙旌)은 앞에 나왔다. 대장군의 의장(儀仗)으로 쓰이는 상아(象牙)로 장식한 큰 깃발이다.

해설 앞서 보았듯이 『지봉유설』 권13 「문장부(文章部) 6 동시(東詩)」 등에 이 시를 소개했다. 『지봉유설』의 경우, 둘째 구를 '撲面塵沙捲北風'이라 했는데, 여기서는 '撲眼塵沙困北風'이라 했다.

『재조번방지(再造藩邦志)』[135] —신경(申炅)

안영(安瑛)[136]이 말에서 내려 고경명(高敬命)에게 말을 주고 도보로 따라갔다. (중략) 유팽로(柳彭老)와 안영이 자기 몸으로 막아 가리다가 함께 죽임을 당했다.

○안영의 자는 원서(元瑞)인데, 기묘 명류 홍문관교리 안처순(安處順)[137]의 증손이고, 판서 이후백의 외손이다. 남원에 살았는데 어버이를 섬기기를 지극히 효성스럽게 했다. 이때에 바야흐로 남원에 있었고 어머니는 서울에 있었는데, 길이 막혀 생사를 알 수가 없었다. 그래서 강화도로 들어가 어머니의 생사를 알아보려고 했다가, 고경명이 의병을 일으켰다는 말을 듣고 드디어 막하에 들어갔다. 막하의 제생

135 『재조번방지(再造藩邦志)』는 진사 신경(申炅, 1613~1653)이 지었다. 임진왜란 때 조선이 명나라의 후원으로 재건된 사실을 적은 책으로, 4권 4책이다. 신경의 본관은 평산(平山), 자는 용회(用晦)·화은(華隱)이다. 1643년(인조 21) 부친 동양위(東陽尉) 신익성(申翊聖)이 척화오신(斥和五臣)으로 지목되어 청나라에 붙잡혀 갔다가 풀려나 이듬해 죽자, 서울로 돌아왔다가 1652년에 다시 강릉으로 내려가 그곳에서 죽었다.

136 안영(安瑛)의 본관은 순흥(順興)이고, 자는 원서(元瑞)이다. 이후백의 외손이다. 임진왜란 때 서울이 광주(光州)에 있던 고경명(高敬命)의 휘하에 들어갔다가 금산의 싸움에서 고경명과 함께 순국했다. 남원에 있는 정충사(貞忠祠)에 임진왜란 때 순절(殉節)한 황진(黃進)·고득뢰(高得賚) 등과 함께 배향되었다. 정충사는 뒤에 정충사(旌忠祠)로 사액(賜額)되었다.

137 안처순(安處順, 1492~1534)의 본관은 순흥(順興), 자는 순지(順之), 호는 기재(幾齋)·사재당(思齋堂)이다. 1518년 홍문관박사가 되었으나, 모친의 봉양을 위해 외직을 청해서 구례현감(求禮縣監)으로 제수되었다. 이때 『근사록(近思錄)』을 간행해서 보급했다. 1519년 기묘사화가 일어나자 평소 친분이 깊었던 조광조(趙光祖)와 김구(金絿)의 유배지를 방문하고 이듬해 벼슬을 버리고 남원(南原)으로 돌아갔다. 1619년(광해군 11) 전라북도 임실군 지사면 영천리에 영천서원(寧川書院)이 창건되어, 안처순·정환(丁煥)·정황(丁熿)·이대유(李大昺)의 위패가 봉안되었다. 1820년 후손 안사눌(安思訥)이 『사재실기(思齋實記)』를 간행했다.

들이 큰소리만 치면서 그를 깔보았지만, 안영은 아무 말 없이 대오에 따랐을 뿐이었다. 싸움에 패하자 제생(諸生)들은 일시에 흩어져 달아났으나 안영만은 떠나가지 않았다.

安瑛下馬授敬命, 而徒步從之. (중략) 彭老及瑛, 以身捍蔽, 與之俱死. 瑛, 字元瑞. 己卯名流弘文館校理處順之曾孫, 判書李後白之外孫. 居南原, 事親至孝. 是時方在南原, 其母在京中, 道路阻絶, 生死不聞. 欲入江華尋其母存沒, 聞敬命之起兵, 遂詣幕下. 幕下諸生高談大言藐視之, 瑛惟日隨行逐隊而已. 及軍敗, 諸生一時散走, 瑛獨不去.

해설 조경남(趙慶男)의 『난중잡록(亂中雜錄)』 1 「임진년 상〔선조 25. 1592년〕」에 다음 기록이 있다.

> 선친이 일찍이 말씀하시기를, "나는 말타기가 익숙하지 못하니 불행히 싸우다 패하면 오직 죽는 것밖에 없다. 우리들이 성공하고 못 하는 것에 국가의 안위가 매여 있으니 어찌 한 몸의 화와 복에 그칠 따름이랴?" 하셨습니다. 군사가 무너지던 날 말에서 떨어져서 말이 빨리 달아나니 모시고 가던 유생(儒生) 안영(安瑛)은 작고한 판서 이후백의 외손인데 말에서 내려 자기의 말을 바치고 걸어서 따라가다가 안영도 역시 적의 손에 죽었습니다. 종사관 유팽로(柳彭老)가 건장한 말을 타고 먼저 나와서 그 종에게 묻기를, "대장이 포위망을 벗어났느냐?" 하니, 종이 답하기를, "벗어나지 못했습니다." 했습니다. 유팽로가 즉시 고삐를 돌려 말을 채찍질하여 선친을 난군(亂軍) 속에서 시종하니, 선친이 돌아보고 말씀하시기를, "나는 반드시 죽음을 면하지 못할 것인데 그대는 어찌하여 먼저 나가지 않는가?" 하자, 유군이 대답하기를, "내 어찌 대장을 버리고 구차히 살려 하겠습니까?" 하고, 여러 번 말해도 선뜻 가지 아니하고 종시 보호했던 것입니다.

『국조인물지(國朝人物志)』[138]

이후백의 자는 계진(季眞)이고, 호는 청련(靑蓮)이다. 연안(延安) 사람으로, 이숙함(李淑瑊)[139]의 증손이다. 병오년(1546년)에 진사가 되고 을묘년(1555년)[140]에 문과에 급제하여, 광국공신(光國功臣)에 녹훈되고 연양군(延陽君)으로 봉해졌다.

이조판서로 있을 때, 어떤 친족이 와서 뵈면서 관직을 구하는 뜻을 비쳤다. 후백은 얼굴빛이 바뀌고는, 조그만한 책자 하나를 보여 주었는데, 많은 사람의 이름이 적혀 있었으며, 장차 관직을 제수할 사람들이었다. 그 친족의 이름도 역시 그 기록 속에 있었다. 후백이 말했다. "내가 그대의 이름을 기록하여 장차 물망에 올리려고 했다. 지금 그대가 벼슬을 구하는 말을 했으니, 만약 구하려던 사람이 관직을 얻게 된다면, 공도(公道)가 아니다. 아깝구나! 그대가 만약 말을 하지 않았으면 관직을 얻을 수 있었을 텐데!" 그 사람이 부끄러워하며 물러갔다. 관리를 제수할 때마다 반드시 그 사람이 벼슬할 수 있는 자격이 있는지 없는지를 두루 물어보았고, 만약 부적당한 사람을 제수했다면 밤새도록 잠을 자지 않고 "내가 국사를 그르쳤다!"라고 말했다.[141]

선묘(선조) 초 북백(함경도 감사)이 되어 문회서원을 함흥에 짓고 문교(文敎)로 백성을 교도(敎導)했다. 고을 사람들이 다투어 격려되어 문화의 풍습이 물씬 일어났으며, 이름이 관적에 올라 조정에 오른 사람이 줄을 이었다.[142]

후백은 관리로 있으면서 직분을 다했고, 몸을 다스림에 청고했다. 지위가 육경에

138 편자 미상의 『국조인물지(國朝人物志)』 권2 「명종조(明宗朝)」 '이후백(李後白)'의 기록이다.

139 '淑瑊'이 『국조인물지』에 '叔瑊'으로 되어 있다. 「청련선생이공행장(靑蓮先生李公行狀)」과 『강한집(江漢集) 수록 이공 신도비명(「資憲大夫吏曹判書兼弘文館提學贈輸忠貢誠翼謨修紀光國功臣崇政大夫議政府左贊成延陽君文淸李公神道碑銘幷序」)에 '埱瑊'으로 되어 있으나, 족보에 '淑瑊'으로 되어 있다.

140 『국조인물지』에 '癸丑'으로 되어 있으나 이후백의 행장과 신도비명에 '을묘(乙卯)'로 되어 있다.

141 이이(李珥)의 『경연일기』(『석담일기』)에 관련 기록이 있다.

142 『부계기문』에 나온다.

이르렀으나 평소의 생활은 유생과 같았다. 손님이 와도 술잔과 소반이 차고 담백했다. 사람들이 그의 결백함에 감복했다.

李後白, 字季眞, 號淸蓮. 延安人, 淑瑊曾孫. 丙午進士, 癸丑文科. 錄光國功臣, 封延陽君.

拜吏曹判書, 有族人往見, 市求官之意. 後白變色, 示一小冊子, 多記入姓名, 將除官者也. 其族人姓名, 亦在錄中. 後白曰: "吾錄子名, 將擬望. 今子有求官之語. 若求者得之, 非公道也. 惜乎! 子若不言, 可以得官矣!" 其人慚退. 每除一官, 必遍問其人之可仕與否, 若除不合之人, 則終夜不眠曰: "我誤國事."

宣廟初李靑蓮後白爲方伯, 作文會書院于咸興, 以文敎道之. 人皆競勸. 文風藹然, 策名登朝者相繼.

居官盡職, 律身淸苦. 位至六卿. 平素如儒生. 客至, 杯盤淡冷. 人服其潔.

『국조명신언행록(國朝名臣言行錄)』[143]

이후백의 자(字)는 계진(季眞), 호는 청련(靑蓮)으로, 연안(延安) 사람이다. 명종 8년 계축[144]에 과거에 급제하고, 옥당(玉堂, 홍문관)과 이랑(吏郞, 이조정랑)[145]을 거쳐 호당(독서당)에서 사가독서했다. 관위는 이조판서에 이르렀다. 경인년에 광국공신에 추봉되고 부원군을 추증받았다.

어렸을 때 방백의 행차 길을 범하자, 방백이 시를 지어 보게 했다. 공이 즉시로 한

143 안종화(安鍾和, 1860~1924)가 1909년(융희3) 조선 건국 이래 철종 때까지 3,000여 명의 행적에 관한 자료를 편집한 책이다. 모두 3책이다. 그 후집(後集) 권2에 「이후백(李後白)〔문청공(文淸公)〕」의 항이 있다.

144 '을묘(乙卯)'의 잘못이다. 필기잡록류에서 '계축'으로 오기된 것이 답습되었다.

145 이조참판의 잘못이다.

절구를 지어 바쳤다. "먼 들판 아침 햇살 동서로 어지럽고, 눈을 때리며 모래 먼지가 북풍에 휘날리네. 잘못하여 아정(牙旌)을 건드렸어도 원한 없을 줄 아오. 가낭선(浪仙, 가도)도 이런 일로 한문공(한유)을 알았으니!" 방백은 크게 놀라고 경탄하여, 예로써 대우하고 보내 주었다. 혹자는 말하기를, "이것은 옛사람이 지은 것인데 공이 차용했다."라고 했다.

함경감사가 되고서, 정사에 임하기를 청렴하고 명철하게 하며, 묵은 폐습을 제거하는 데 힘써서 온 도에서 그를 칭송했다. 그러나 견감(蠲減, 면제하거나 덜어 줌)이 매우 심하여 군읍이 황폐해졌기에 과세하기로 정해진 세금 외에도 재물을 빼앗았으므로, 백성들이 처음으로 괴롭게 여기기 시작했다. 임제가 이를 두고 시를 지었다. "혜초는 서릿바람에 지고 옥은 티끌에 버려졌나니, 한때는 맑은 덕이 벼슬아치들을 고무시켰네. 가련하구나! 맥도(貊道)는 결국 이어 나가기 어려워라, 상국이 백성을 치유함이 바로 백성을 병들게 했도다."【'어렸을 때' 이하 두 항은 『지봉유설』에 수록】

이후백을 특명으로 형조판서를 시켰다. 이후백이 청렴하고 근실하게 봉공(奉公, 공무에 봉직함)한다고 대신이 천거하여 임명했던 것이다. 이에 앞서 상이 박순(朴淳)에게 물었다. "형조의 장관(長官)은 매번 적당한 사람을 얻지 못하여 근심이 되니 경(卿)은 직차(職次)의 고하를 막론하고 맡을 만한 사람을 천거하라. 낭관에 있는 사람도 상관없다." 박순이 대답했다. "주상의 교시가 이러하시니 감격함을 견디지 못하겠습니다. 신이 나가서 동료와 의론하여 천거하겠습니다." 나와서 이후백을 천거했기 때문에 특명으로 배관(拜官)한 것이다.

이조판서 이후백이 병으로 사면했다. 이후백이 전장(銓長)이 된 뒤로 공론을 숭상하고 청탁을 받지 않아 정사가 볼만했다. 비록 친구라 할지라도 자주 찾아가 보면 마땅하게 생각하지 않았다. 하루는 족인(族人)이 찾아가 보면서 말 끝에 관직을 구하는 의사를 보이니, 이후백이 얼굴빛을 고치며 사람들의 성명이 많이 기록된 작은 책 한 권을 내어 보이는데 모두 장차 벼슬을 시킬 사람들이었다. 그 족인의 이름도 기록 안에 들어 있었다. 이후백이 말했다. "내가 자네 이름을 기록하여 장차 천거하려 했더니, 지금 자네가 관직을 구하는 말을 하니 만약 구하여 된다면 공도(公道)가 아니다. 애석하다. 자네가 만일 그 말을 하지 않았더라면 벼슬을 할 뻔했는데!" 그 사람이 그만 부끄러워서 돌아가 버렸다. 이후백은 매양 하나의 벼슬이라도 시키려면 꼭 그 사람의 쓸 수 있는가 없는가를 두루 물었으며, 만일 합당하지 못한 사람을 잘못 시켰다면 문득 밤이 새도록 잠을 자지 않고 "내가 국사를 그르쳤다!"라고 했다. 시론(時論)이 "이후백 같은 공정한 마음은 근세에는 비할 사람이 없다."라고 했다.

이후백은 벼슬에서는 직무를 다했고, 몸 단속을 청간(淸簡)하게 했다. 지위가 육경(六卿)에까지 이르렀으나 빈한하고 소박하기 유생(儒生)과 같았다. 뇌물을 일절 받지 않았으며, 손이 오면 배반(杯盤)이 냉담(冷淡)하니 사람들이 그 결백함을 탄복했다. 다만 국량이 좁아서 묘당(廟堂, 조정)의 그릇은 아니었다. 김효원(金孝元)이 늘 말했다. "계진은 다만 육경(六卿)의 인재이다. 만일 정승이 되기에 이른다면 내가 논박하고 탄핵하겠다." 사람들은 "이후백이 심의겸(沈義謙)과 알기 때문에 김효원이 심의겸을 미워하여 이 말을 했다."라고 한다. 이이는 홀로 이렇게 말한다. "계진은 과연 정승이 될 그릇은 아니므로, 김효원이 잘못 보았다고 할 수 없다. 다만 계진보다 나은 사람이 없으니, 어찌 그가 정승되는 것을 탄핵할 수 있겠는가?"【위의 세 항은 『경연일기』(『석담일기』)에 수록】

북쪽 지방은 바로 풍패(豊沛)[146]의 땅인데, 요황(要荒)[147]의 바깥에 있어서 풍속이 오랑캐와 다름없이 포악했다. 선묘(선조) 초 청련 이후백이 관찰사로 있으면서 함

146 풍패는 제왕의 고향을 가리키는 말로, 중국 패현(沛縣)의 풍읍(豐邑)이 한 고조(漢高祖)의 고향이라는 데서 연유했다. 함경도 영흥(永興)이 태조 이성계(李成桂)의 고향이기 때문에 한 말이다.

147 요황(要荒)은 요복(要服)과 황복(荒服)을 합친 말이다. 『서경(書經)』「우공(禹貢)」에 따르면 중국인들은 천하를 천자가 거처하는 왕기(王畿)를 중심으로 전복(甸服)·후복(侯服)·수복(綏服)·요복·황복 등 다섯 개 구역이 동심원으로 나뉜다고 생각했다. 요복과 황복은 그중에서 가장 바깥에 위치한다. 조선의 경우 한양과 경기에서 가장 먼 지역을 지칭한다.

흥(咸興)에 문회서원(文會書院)을 짓고 문교(文敎)로 교도(敎導)를 했다. 주현(州縣)의 백성들 중에 『시』·『서』를 외우고 글을 잘 짓는 사람이 있으면 친히 그와 주객(主客)의 예(禮)를 차렸다. 사람들이 모두 다투어 권면되어, 문풍(文風)이 우쑥 성하여, 사적(仕籍)에 이름이 올라가고 조정에 등용된 자가 뒤를 이었다. 임진년의 난리에 난을 평정하고 정도로 되돌린 것이 모두 스스로 유생(儒生)이라고 호칭하는 자들에게서 시작되었다. 이 공과 같은 사람은 참다운 방백(관찰사)이라고 이를 만하다.

이 청련은 이조판서로 있을 때에 그의 집에서 사사로이 찾아오는 사람을 받아들이지 않았다. 비록 그 명망이 일반 관리가 되기에 알맞은 사람이라고 하더라도, 그 사람이 혹 사사로이 부탁하는 일이 있으면 반드시 끊어 버렸다. 인재를 아끼는 이들은 그런 처사를 대부분 병통으로 여겼다. 대부분 병통으로 여긴 것은 진실로 옳다. 하지만 오직 재화를 길하다고 여겨 문 앞이 시장을 이루게 하는 자들과 비교한다면, 아무래도 같이 나란히 두고 말할 수가 없다.【이 두 항은 『부계기문』에 수록】

字季眞, 號靑蓮, 延安人. 明宗八年癸丑登第. 歷玉堂·吏郞, 賜暇湖堂. 官至吏曹判書. 庚寅, 追策光國勳, 贈府院君.

少時犯路於方伯, 方伯令製詩, 公卽呈一絶曰: "遠郊斜日眩西東, 撲眼塵沙困北風. 誤觸牙旌知不恨, 浪仙從此識韓公." 方伯大加驚歎, 禮而遣之. 或言此乃古人所作而公借用云.

爲咸鏡監司, 莅政淸明, 務祛宿弊, 一道稱頌. 然蠲減太甚, 郡邑凋弊, 科外誅求, 民始苦之. 林悌有詩曰: "蕙折霜風玉委塵, 一時淸德動簪紳. 可憐貊道終難繼, 相國醫民是病民."【竝『芝峯類說』】

李後白以特旨拜刑曹判書. 後白淸勤奉公, 大臣薦之, 故有是除. 先是, 上問朴淳曰: "刑曹長官, 每患不得其人, 請卿勿論職次高下, 薦其可堪者. 雖在郞僚, 亦可擢用." 淳對曰: "上敎如此, 不勝感激. 臣請出與同僚議薦." 旣出, 乃薦後白, 故以特旨拜官.

吏曹判書李後白辭疾免. 後白爲銓長, 務崇公論, 不受請托, 政事可觀. 雖親舊, 若頻往候之, 則深以爲不韙. 一日有族人往見, 語次示求官之意, 後白變色, 示以一小冊, 字多記人姓名, 將以除官者也, 其族人姓名亦在錄中. 後白曰: “吾錄子名, 將以擬望. 今子有求官之語, 若求者得之, 則非公道也. 惜乎! 子若不言, 可以得官矣.” 其人大慙而退. 後白每除一官, 必遍問其人之可仕與否, 若除不合之人, 則輒終夜不眠, 曰: “我誤國事!” 時論以: “後白之公心, 近世無比.”

李後白居官盡職, 律身淸苦, 位至六卿, 霜素如儒生, 賄賂一切不受, 客至盃盤冷淡, 人服其潔. 只是局量狹隘, 非廟堂之器. 金孝元常曰: “季眞只是六卿之才. 若至作相, 我當論劾.” 人以: “後白與沈義謙相知, 故孝元嗛義謙而發此.”云. 李珥獨曰: “季眞果非相器, 孝元不爲無見. 但無人勝於季眞, 則安能劾其爲相乎?”【竝『石潭日記』】

北方是豐沛之地, 而在要荒之外, 風俗獷悍, 與胡貊無異. 宣廟初, 李靑蓮後白爲方伯, 作文會書院于咸興, 以文敎道之. 州縣小民有能誦詩書, 作文辭者, 親與之爲主客之禮, 人皆競勸, 文風藹然, 策名登朝者相繼. 壬辰之亂, 能撥亂反正, 皆自號儒生者始, 若李公可謂眞方伯矣.

李靑蓮爲冢宰, 門不受私謁, 雖名稱堪爲百執事者, 人或私托, 則必絶之, 惜人才者多病. 多病誠是也, 其視惟貨其吉而門如市者, 亦不可同日而語矣.【竝『涪溪記聞』】

『목민심서(牧民心書)』[148] —정약용(丁若鏞)

교묘하게 명목을 세워 수령의 주머니로 들어가는 것은 모두 없앨 것이며, 여러

148 『목민심서(牧民心書)』는 정약용(丁若鏞, 1762~1836)이 전라남도 강진에서 귀양살이를 하고 있던 중에 집필하여 1818년(순조 18)에 48권 16책으로 완성했다. 수령이 지방 통치를 할 때 필요한 도덕적 규율, 행정 지침·방안 및 통치 이념 등을 사례를 제시하고 안어(按語)를 부기하는 방식으로 항목별로 집필하여 모두 12편 72조로 구성했다. 이후백 관련 사실은 『목민심서』 호전(戶典) 6조 가운데 제5조 「평부(平賦) 상(上)」에 나온다.

종목 중에서 과도하거나 허위로 만들어진 것은 삭제해서 백성의 부담을 가볍게 해 주어야 할 것이다.

청련 이후백이 영북(嶺北)의 감사로 있을 때 묵은 폐단을 모두 없애고 각 군현에서 부과 징수되어 들어오던 것을 거의 다 삭감해 버리니, 융성하고 부유하던 고을의 관부도 드디어 쇠잔하게 되었다. 그 후 수령들이 혹 근거 없는 세목을 만들어 내매 백성들이 비로소 괴로워했다.

임제(林悌)가 다음과 같은 시를 지어 애석하게 여겼다.

혜초가 상풍에 꺾이고 옥이 흙에 묻히니	惠折霜風玉委塵,
한때의 맑은 덕망 사대부들을 감동시켰다.	一時淸德動簪紳.
가련하다, 맥도(貊道)는 결국 이어 나가기 어려워라	可憐貊道終難繼,
상국은 백성의 병 고친 것이 백성을 병들게 했구려	相國醫民是病民.

살피건대, 이 청련의 정사는 천리(天理)의 공정에서 나온 것이요, 임백호(林白湖, 임제)가 시를 지어서 기롱한 것은 본래 오활한 선비의 소견이다. 그런데 온 세상이 이 시를 전해 외어 명언으로 삼고 있으니, 이는 모두 세속의 의논인지라, 거론할 필요도 없다.

대저 관부의 융성과 쇠잔은 백성들이 내는 부담의 많고 적음에 달린 것이 아니다. 관부가 있어 높은 성곽과 굽이진 못에 단청한 누각(樓閣)이 날아갈 듯이 늘어서 있으면 웅장한 관부가 아니겠는가? 관부가 창건할 당초에는 비록 민력(民力)을 사용했지만 관부가 이미 이루어지고 나서는 민부(民賦)로 수입되는 것이 모두 수령 개인의 주머니로 돌아가서 자기들의 집을 윤택하게 하는 데 쓰이니 관부에 무슨 이익이 되겠는가?

나는 다음과 같은 경우를 많이 보았다. 깃발과 북이 낡고 헐어도 수령은 한 번도 수리를 하지 않고, 가마나 평상이 파괴되어도 수령은 한 번도 고치지 않으며, 문루(門樓)가 무너지고 패전(牌殿)이 기울어져 있어도 수령은 한 번도 보수를 하지 않고,

관노들이 초췌하고 문졸들이 남루해도 수령은 한 번도 구휼하지 않는다. 민부가 많고 적음이 관부의 융성과 쇠잔에 무슨 관계가 있겠는가?

제반 공용(公用)의 물자를 거의 모두 삭감해 버린다면 관부에 피해가 될 것이다. 저 관름(官廩)의 수입의 경우에는 말할 바가 아니다. 이와 전혀 사정이 다르다. 청렴한 사람이 수령으로 있으면 비록 적게 받더라도 부족하지 않을 것이요, 탐학한 사람이 수령으로 있으면 아무리 많이 받더라도 사치가 반드시 더 증가할 것이다. 지세(地稅)가 늘어나는 것은 수령이 탐학하기 때문이다. 어찌 청련의 허물이겠는가.

매양 보건대, 청렴한 사람이 관직으로 있으면서 백성의 부담을 줄여 놓으면 후임으로 온 사람이 비방하기를, "아무가 무슨 명목을 감해 버려서 그 후부터 관부가 꼴이 아니고 백성들이 그 해를 입는다."라고 한다. 이는 모두 야비한 내장과 누추한 뱃속으로 관직을 장사치로 여긴 설이므로, 족히 따질 것도 못 된다.

其巧設名目, 以歸官槖者, 悉行蠲減. 乃就諸條, 刪其濫僞, 以輕民賦.

李青蓮後白按節嶺北, 盡去宿弊, 郡縣賦入, 蠲除殆盡, 雄富之邑, 遂爲凋殘. 其後守宰, 或鑿空地稅, 民始苦之.

林悌以詩傷之曰："蕙折霜風玉委塵, 一時清德動簪紳. 可憐！貊道終難繼, 相國醫民是病民."

○案: 青蓮之事, 出於天理之公, 林白湖作詩嘲之, 本是迂儒之見, 擧世傳誦, 以爲名言, 斯皆俗論, 不足述也. 夫府之雄殘, 不繫乎民賦之厚薄. 有府焉, 層城曲池, 朱樓翠閣, 翼然相望, 非雄府乎? 創建之初, 雖用民力, 府之旣成, 民賦所入, 悉歸私槖, 以潤其家, 於府何益?

余見多矣, 旗鼓弊缺, 官未嘗修之也; 輿榻破壞, 官未嘗補之也; 譙樓崩毁, 牌殿攲傾, 官未嘗葺之也; 官奴憔悴, 門隷襤褸, 官未嘗恤之也. 民賦之厚薄, 何與乎官府之雄殘乎? 諸凡公用之物, 削減殆盡, 則府之害也. 若夫官廩之所入, 非所言也. 廉者居之, 雖約不匱; 貪者居之, 雖侈必增. 地稅之增, 官之貪也, 豈青蓮之咎哉?

每見廉白之人, 居官有所蠲減, 其後人訕之謫之曰 : "某也蠲某物, 自此以後, 府不成樣, 民受其害." 皆鄙腸陋腹, 以官爲賈之說, 不足徵也.

1962년 중간본 변언(弁言)·발문(跋文)

중간본 변언(弁言)

아, 우리 청련 선조께서는 명종·선조의 두 조정에서 문장과 도덕으로 한 시대의 종주이자 모범이셨다. 현명한 행실과 아름다운 덕은 역사책이나 여러분의 문집에 전하지만, 시와 문의 경우에는 스스로 편찬하여 후세에 남기려는 일을, 가만히 상상컨대 우리 선조께서는 한사코 원하지 않으신 바였던 듯하다. 지금 남아 있는 것은 많지 않은데, 이것도 또한 세대가 오래되면 혹시라도 전하지 않게 되지 않을까 염려된다. 그래서 선대에서 수집해 두었으므로, 대략적으로 엿보아서 인쇄에 부쳐 우선 책임을 메우기만 하고 뒷날 역사서와 여러 문집 속에서 두루 채록하여 청련 문집 편찬의 일조에 대비하고자 할 따름이다.

임인년(1962년) 3월

청련의 후예 해남 문중 일동

惟我靑蓮先祖, 於明宣兩朝, 道德文章, 宗範一世. 賢行美德, 傳之於史記與各家文集, 而至於詩與文, 自編遺後, 竊想吾先祖之固所不欲者也. 以今所存者無多, 此亦世久代遠, 恐其不傳. 故蒐集於先代, 略闚而付梓, 先爲塞責, 後日更爲博採於史記與諸文集之中, 以備靑蓮文集編纂之一助云爾.

壬寅三月

靑蓮後裔海南門中一同

중간본 발문(跋文)

이상은 청련 이 선생 문집 약간 권이다. 대개 선생이 생존해 있을 때는 도(道)가 몸에 있었고, 선생이 타계하자 도는 책에 있게 되었다. 선생의 도를 탐구하려면 먼저 선생의 책을 읽은 이후에 그 만에 하나라도 구할 수가 있을 터이지만, 책 상자 속에 보관되어 있기만 하고 세상에 간행되지 않았던 것은 알 수가 없다.

하지만 역시 이해할 수 있는 것이 있다. 무릇 인간이 불후한 것에는 세 가지가 있어, 가장 최고는 덕을 세우는 것이고, 그다음은 공을 세우는 것이며, 그다음은 말씀을 세우는 것이니,[149] 말씀을 세운다는 것이 곧 책이다. 그 위의 덕을 세운 일과 공을 세운 일은 국사에 찬란하게 기록되고 사람들 입에서 칭송되어서, 수백 년이 하루같이 변함이 없게 된다〔청련 이후백의 경우〕. 책이 미처 간행되지 못한 것은 혹은 이것이 이유가 아니었을까? 아마도 그럴 것이다. 하지만 이제부터서는 후손이나 후학이 되는 사람이 선생의 도를 공부하고자 한다면 책이 아니면 불가능하다. 이에 쓸쓸한 서너 권이라도 필요로 하는 것이니, '많아야 하겠는가? 많을 필요가 없다.'[150]라는 말이 이것을 이르는 것이 아니겠는가?

선생의 도학·절의·문장의 경우는 선현이 서술하고 칭양한 것이 지극하고 또 전부 망라했다. 그러니 말학의 아둔한 이 사람이 감히 그 사이에 혀를 놀릴 수 있는 것이 못 된다. 그러나 다만 유집(遺集)이 세상에 행(行)하는 것이 옛적에 먼저 이루

149 영원토록 썩지 않고 전해지는 세 가지로, 덕업(德業)을 이루고〔立德〕, 뛰어난 공을 세우고〔立功〕, 훌륭한 말을 남기는 것〔立言〕을 말한다. 『춘추좌씨전(春秋左氏傳)』 양공(襄公) 24년에 보면, 중국 춘추시대 노(魯)나라 대부 숙손표(叔孫豹)가 진(晉)나라에 갔을 때 범선자(范宣子)가 영원히 불후하는 일에 대해 물어보자, "최상의 것은 덕을 남기는 것이고, 그다음은 공을 세우는 것이며, 그다음은 말을 전하는 것이다.〔太上有立德, 其次有立功, 其次有立言.〕"라고 했다.

150 『논어』 「자한(子罕)」에 보면, 공자가 다능(多能)하다고 평하는 말을 듣고는 "내가 소싯적에 신분이 천했기 때문에 자질구레한 일을 잘하는 일이 많게 되었다마는, 군자가 어찌 다능해야 되겠는가. 다능과는 관계가 없다.〔吾少也賤, 故多能鄙事. 君子多乎哉? 不多也.〕"라고 말한 내용이 나온다. 본래 '다(多)'는 다능(多能)의 뜻인데, 여기서는 남긴 시문의 책이 많다는 뜻으로 전용했다.

어지지 않고 지금에서야 마침 그러한 것은, 아마도 시기를 기다리는 바가 있었던 듯하다. 무슨 말인가? 지금은 인륜이 땅에 떨어져서, 사람치고 금수에 가깝지 않은 사람이 거의 없다. 실로 이 문집이 행(行)하여〔널리 유포되어〕 선생의 도학과 절의가 다시 세상에 밝아지는 것은 하늘이 새벽이 오려고 하여 닭울음이 그치지 않는 것이다. 어찌 단지 '세상의 교화에 보탬이 있다.'라고 말할 뿐이겠는가?

선생의 후손 호경(浩敬)이 내게 발문을 청하므로, 선조 문헌공(文憲公)〔기대승〕과 선생이 도의의 교제를 한 것을 계승하는 것을 불가불 강구하지 않을 수 없음을 생각하여, 그래서 참월을 헤아리지 않고, 보잘것없는 언사를 엮어서 근실하게 여러 차례 부탁하는 글에 수응하는 바이로다!

해는 신축년(1961년) 10월 일, 후학 덕양(德陽) 기근섭(奇近燮)[151]이 삼가 적는다

右青蓮李先生文集若箇卷. 盖先生在, 道在於身, 先生沒, 道在於書. 欲求先生之道, 先讀先生之書而後, 庶可求其萬一, 而是其藏在巾衍之中, 而不果行於世者, 是未可知也. 亦有可曉者. 夫人之不朽有三. 太上立德, 其次立功, 其次立言. 立言卽書也. 以上立德立功, 炳朗國史, 稱頌人口, 數百年如一日也, 書之未遑於刊者, 或是之由歟? 其然乎! 然從今以往, 爲後裔後學者, 欲學先生之道者, 非書莫可. 此須寂寥幾卷, '多乎哉! 不多'者, 非是之謂歟?

若其先生道學節義文章, 先賢叙述稱揚, 至矣盡矣. 顧末學顓蒙, 非敢容喙於其間者, 而但遺集之行, 不先於古, 而適於今者, 似有待焉. 何者? 而今彝倫墜地, 人不近於禽獸者, 無幾. 實斯集之行, 先生道學節義, 復明於世, 則天欲向曙, 而鷄鳴不己者

151 기대승(奇大升)의 후손으로, 기동준(奇東準, 1860~1918)의 아들이다. 본관은 행주(幸州)이다. 기동준의 자(字)는 평중(平仲), 호는 춘담(春潭)이다. 18세에 기정진(奇正鎭)을 배알한 뒤 인고의 노력으로 제자백가서를 탐독했다. 선조인 문헌공(文憲公) 기진(奇進)이 기묘사화로 인해 광주(光州)의 고룡(古龍)에 내려와 거주했는데, 1877년 기동준이 이곳으로 옮겨와 살면서 강학을 했다. 1894년 사마시(司馬試)에 합격했으나 벼슬에 뜻이 없어 다시 기정진에게 귀의했다. 1966년에 기근섭이 부친 기동준의 문집『춘담문집(春潭文集)』10권 5책 석인본을 간행했다.

矣. 豈但曰: '有補於世敎'已哉? 先生後孫浩敬, 請余跋文, 念先祖文憲公與先生道義之交爲承者, 不可不講. 故不揆僭忘, 敢構蕪辭, 以塞勤敎文乎!

歲辛丑十月日, 後學德陽奇近燮謹識

찾아보기

ㄱ

ㄹ

ㅁ

ㅊ

ㅍ

ㅎ

신편 신역 청련집 - 영인(影印)

『청련집』 중간본 / 동양문고 필사본 시조

青蓮集

全

弁言

惟我青蓮先祖於　明宣兩朝道德文章宗範一世賢行美德傳之於史記與各家文集而至於詩與文自編遺後窃想吾先祖之固所不欲者也以今所存者無多此亦世久代遠恐其不傳故蒐集於先代略闕而付梓先爲塞責後日更爲博採於史記與諸文集之中以備青蓮文集編纂之一助云爾

壬寅三月

青蓮後裔海南門中一同

青蓮集卷之一

青蓮先生文集目錄卷之一

五言律詩

七言律詩

青蓮先生文集目錄終

青蓮先生文集卷之一

詩　五言絶句

江上別友人

缺月漁村曉孤舟水國秋盃傾人已遠停棹更夷猶

贈趙獻納惟誠

元日客京塵故鄉千里外相逢情畧同酒罷還相對

贈盧王溪禛

四十已云老百年能幾何官堂春雨夜把酒看梅花

讀書堂前江心有沙

江心一帶沙隅斷雲天影若比羣山高剗去功差省

失題

細雨迷歸路騎驢十里風野梅隨處發䰟斷暗香中

清風院樓念愼君　居廬

清風樓上望林靄起天東渚鷺踰峯去巢應寄寺松

失題

靈籟飄空壑纖雲續碧岑僧窓今夜話江郭昔年心

贈金英穎

天寒愁郭路多病哅村盃未了梅花癖煩君折得來

戲題梁忠順衛壁上

厭客梁忠順常慳酒一盃司書何事者大醉夜深迴

題友蓮亭

池荷秋摵摵松日晩暉暉一醉難爲別紅粧更挽衣

六言絶句

醉題

呼命福何許人假命福崇山月眞命福在天涯欲見之膓斷絶

七言絶句

塔松 幼時作

一尺青松塔畔栽塔高松短不相齊傍人莫恠青松短他日松高塔反低

暮烟

白屋殘籬細細生轉看來柘一村平霏霏薄暮長風過百丈高山半失青

犯馬

遠郊初日眩西東搏面塵沙滾北風誤觸牙旌知不恨浪仙從此識韓公 遠郊初日一作斷橋斜日

雲城百連寺贈諸族

蒲堂佳會儘情親席上何多白髮人少長咸知同骨肉萬枝花是一根春

聞箏

江洲二月聽箏夜白髮新生不願聞如今搭是頭[illegible]
雪彈到天明亦任君

閨怨四時詞

春

白白紅紅麗日陰空園春色等閒深妾身祇似庭前[illegible]
柳眉樣雖新已朽心

夏

野色連雲麥漾濤自家田壠信蓬蒿還時不恨囊[illegible]
盡滿篋新絲手自繅

秋

舊日逢秋特地哀空閨秋至却蘇武王門關路知何
許聞道西風自此來

冬

料得邊風虜騎橫寸心長夜為誰明願將燹斗灰中
火爍盡黃河萬里冰

贈金河西麟厚二絕

江南嗜酒謫仙人眞契長衾夢寐親咳唾偶收瀟灑
句世間珠玉摠非珍

詩老罹痾古亦多坐雕肝腎吐淸華惟應豈矜神明
護藥刀如今減也加

次韻二首　河西

樹穴探環自有人仙舟何日笑談親梁園瀟灑名
非我且見新平壁上珍

聞君日用悲才多病入新詩此亦華年前十月休
官去酒刀如今化藥加

次梁松川應鼎韻

官閣高臨百里風翻簷雲幕日光中柳絲也動吟詩
興影着淸池漾碧空

元韻

南平東館倚微風詩伯騷英一座中更喜使君寬
作念稻畦新漲四連空

次盧士訓　韻

水丘莫道非遊釣片石何時立墓墟夢裡寸心還耿
耿白頭歸去結茅廬

元韻

其丘迢遞牛村外宰樹蒼茫冶洞墟十年已飫蓬
山寵何事吾鄉欠一廬

失題

春盡江南鴈已還相思千里寄書難德津龍種眞憐
我含素悠然沂漢瀾

贈惟晶

梅花院裡惟離幻後五百年湯德休一夜舟中話叢壑江南歸思正悠悠

罷衙還家

槐院先生老病兼火生肝肺雪生鬚春風不管花開落衙罷歸來月滿簷

答友人

景叔柴門臨大路元之茅舍隔重山人情本是無深淺地勢如何有易難

月下

月下扁舟泛碧江沙頭鷺鷺起雙雙飄然忽去歸天際醉叩銀河織女窻

傳鐵狗書 三絶

秋齋苦語辭南月冬帶堅封駕北風可笑青蓮老居士往來長作繫書鴻

秋霖嶺北共霑襟滯雨長安獨撫衾我是丈夫猶欲死爾誠兒女作何心

題竹叢

叢際蕭蕭竹數竿幽蹊略匀步蹣跚陰池日日無塵事雲影天光一樣看

次林士秀 韻

灆溪北轉渡相縁方丈南横雲政生此是江山奇絶處問君何事更尋行

次戚從弟朴承林韻

厚禄清時食不貪厨中屢責漢江鱗自知一飽如籠鳥遠憶藍溪斫膾人

題俞内翰 醉别佳人圖

岸樹矇朧霧不開舟中殘醉首空擡江流若不深千尺得載離愁萬斛來

贈朴思菴淳 無題

小屋高懸近紫微月邊僧影渡江飛西湖處士來相宿東岳白雲沾草衣

次二友堂申靈川潛韻

北嶺林巒拱揖來南山蒼翠望中迴一村樓舘家家好獨愛玆堂眞地開

元韻 靈川

二友堂中偶入來層軒徙倚却忘迴最憐月出山如畫落日烟鬟照耀開

野路

野路梅花點客衫夕陽行色照溪潭如何不踏橋邊

草孤負青春三月三

登第下鄉途中贈知禮使君盧王溪禛

匹馬單童行色惡官人誤道摘梨郎誰知獻賦明光殿頭上天葩五色香

×失題

春晩長安欲夕暉俠途楊柳正依依廣通橋畔仙娥過風送天香襯客衣

贈永思亭安處士

帶方南畔足江山過客怱怱跡未還獨立沙頭延佇久白鷗無侶古磯閑

×醉與景錫次奇明彥大升韻三首

春思撩人老更狂相逢清夜喚深觴歸來不盡南樓興松月微凉影透床

臺上清遊醉不狂松風吹雪入金觴醒來半夜無塵思萬古興亡閑一床

風流全減少年狂興至猶堪把一觴更待春江回鴨綠蘋洲橫笛據胡床

×元韻二首　明彥

少年無賴只顚狂愛酒猶堪倒百觴餘習至今知未悔夜深濡首卧吟床

書堂何幸忝踈狂老興隨人酒滿觴懷抱百年誰復說且搔蓬鬢偃空床

×次韻二首　景錫

年來不免次公狂鼎坐清宵却盡觴醉據枯桐仍覓句二更山月照書床

湖邊烟月剩清狂物外襟期累十觴却笑官黃何日了從他缺跡滿塵床

藏春塢

萬紫千紅續續開天公不信有環回藏春不獨慳花卉鎭得童顏換背鮐

仁壽橋

一石方橋數尺平偏憐耆舊作閒行扶笻頻却冠童輩自愛鏗然曳杖聲

觀魚臺

少日臺埃老可咍平沙流水石臺崑兒孫不識知魚樂白白徒誇入餞來

百花潭

潭水滄浪濯鬢霜濯㽘餘浪漾寒光縱無翠竹娟娟靜行見紅蕖冉冉香

松菊逕

過盡羣芳節獨強逞中天質屬氷霜人間年少凋零
半白髮徘徊感慨長

×過李判書長坤舊宅有感

門前車馬散如烟相國風流未百年村巷寥寥過寒
食菜萸花發古墻邊

×贈文白蓮堂益周

前川秋月引閒興步上巖臺望紫微北闕迢迢消息
斷終南渭水夢依依

×朧月贈扇

莫怪隆冬贈扇意爾今年少詎能知相思一别胷中

火遠勝流火六月時

×贈兵使

湖南兵馬大將軍花胄金村逈出羣萬里封侯班定
遠平生下士信陵君

×詠小草

堯時十日并生東草木燋枯零落風帝獨憂愁令羿
射至今遺跡貫輪中

×偶吟

庭前小草挾風薰殘夢初醒午酒醺深院落花春晝
永隔簾蜂蝶晚紛紛

×題南原樓

手織氷綃上翠樓清烟初歇桂花秋牛郎去後無消
息烏鵲橋邊夜夜愁

五言律詩

題薛上舍 瑭 環翠堂

虗窓明月夜環坐醉鄉人蠟燭暉紗幕庭花糝玉塵
絃歌酬遠客羅綺艶芳春自笑清狂態前身賀季真

次王果縣校軒宴席韻

座客并都鄙盤蔬雜苦甘亂峯春燎遠涼月夕霜添
縱酒高談合聽歌麗興兼半生經過地此日忝同酣

次松竹軒韻

竹脩松更老翠入一堂高笋美鄉思肉苓肥亦勝蝦
月搖盈砌玉風撼半天濤几案森相對何須三逕勞

次盧玉溪 禛 溪亭韻

緣雲登絕磴脫險下中流邑老能誇酒山僧解刺舟
林香花沒岸沙白月迷洲不盡沿洄興丁丞謾縮頭

二月梅花方闌不數日盡落無餘

待爾嗔年晚開時已仲陽階簷纔索笑風雨又成狂
艶杏非無色夭桃亦有香吾詩難動輿柱杖更懷傷

無 失題

協化賢從事平反大相公聲威曾亦熟盃酒偶相同古驛臨寒澗空林振朔風應知别後夢長在此山中

挽白岐峯光弘

茂材膺重望長策指亨衢可忍關西别空驚洛下癯風霜時忽改宇宙我還孤汭水他年恨村壺獨自酤

七言律詩

贈月出山僧

九井巉巉柱碧旻吾師此下養靈眞衲衣冷帶伽倻月杖錫香留方丈春烟斷法厨初絶粒篛閒禪榻不生塵天花落處無餘臭濫壑崇蘭未要紉

題居昌枕流亭

四十年前丱角流入司綸綍禁圍幽身還白髮初欹領帶重黃金漫鍍鉤邑老凋零山幾腫世情遷變事千頭灘聲不改憑欄地倒盡深盃未破愁

題尚友亭

老叔家貧斷世情吾宗遺韻本來淸築堂不爲遊觀事所羨偏宜尚友名雅儀政應超國彥高風元得引鄉英最憐客散書窓寂興入陳編面目明

次 天使漢江韻

使事初竣且出遊陋邦何幸有玆樓階平碧浪漫無際天濶遠雲散不收風陣放顚誰作戲宴莛狼藉秖堪羞怱怱未盡登臨興歸路翻然雪滿裘

送管押使柳仲郢赴燕京

內外殊宗行則同諸孫俱出判校公深情缺阻青門道遠別還當白露風遼薊山河心眼豁虜戎偸梗笑談空來孤四射男兒志努力加餐善保躬

滯雨谷城

御史風流似牧之青樓昨過帶方時春情向老消難盡翠袖浸晨淚欲滋江水無情移畫舫角聲如惡送征旗浴川三日留人雨可笑天公見事遲

集勝亭

塵中奔走爲浮名鏡裡那堪白髮生官渡弄舟愁不盡野亭憑檻眼還明汀空落木蕭蕭下天濶遠岑點點橫南國江山無此勝一盃聊遣望鄉情

奉使西出

朝辭魏闕出西郊松日蒼凉宿霧消祖道親朋尊榼共客亭堠置短長交青山歷亂吟邊過大野微茫望裡遥夏若炎塵團馬鬣好風吹月上林梢

寒甚不寐

臘近寒威特地嚴一燈孤坐夜厭厭疏鍾隱隱傳清

漏急雪騷騷打矮簷世事不堪遲暮意天機還許歲
年淹盃中酒盡無人送欹枕風軒只撚髯

送友歸鄉

勝地人言嶺表多遠含山水更堪誇尋仙方丈時乘
鶴把釣藍溪却泛槎厚祿十年吾負國倦遊今日子
還家簑驢舊侶如相問貪戀 君恩鬢已華

幽居卽事

籬外松梢擁翠微朝來山氣透窓扉雲輕碧落鴻微
呌巢冷虛簷燕已歸風動敗荷聲摵摵露晞寒菊艶
輝輝秋光起我田園思自戀 君恩未拂衣

送友人落第歸鄉

湖海相逢昔少年苦心螢雪對陳篇禪房想靜雲泥
竹釁舍吟淸雨打蓮籍着天門吾已濫賦遺官韻子
堪憐蕭條獨伴孤鴻去千里霜風匹馬邊

奉使湖南偶吟

江水涵秋碧玉明光翻斜日動簷楹霜洲木葉蕭蕭
墮風浦船帆片片輕望眼欲迷山靄遠吟魂偏覺月
華淸悠然更荷 君恩重何必歸田愜野情

送 聖節使

年年西笑想中華奉使今隨八月槎萬古山河爭戰
地五雲城闕帝王家貢連狼鹿庭陳威舟達荆關稅
運賒收拾壯遊憑健筆歸來驚起蹶泥蛙

白蓮社 康津萬德寺 僧印牛袖軸求詩爲賦近體三
首以餉之

蓮山壓海碧層層中有談空物外僧身寄百年輕一
沫學傳三昧烱千燈心如古井波難起道似寒灰焰
不騰等覺天中從住着法門能自貫宗乘

巖壑潛身學瞿曇雲衣霞佩謝纓簪生涯秖作龜藏
六世事何煩狙怒三花雨落時禪業做石頭點處理
源探恒河普化衆精進一法千乘得指南

詩壇跌宕靑蓮老佛域幽潛白足僧語不驚人心自
率功能濟衆化無憑茶熟石鼎淸如水衣製江荷冷
似氷淨社同盟知幾日攢眉歸去學何曾

余旣以三詩題上人軸徐又自解之曰夫上人
之求余詩必欲聞吾道余之作徒記其山阿隱
遯之態此其厭飫者耳豈能塞其望於是步退
之贈文暢之意成一律

太古鴻荒民物混宮居粒食自羲堯君臣父子倫惟
重禮樂文章道孔昭飽暖逸居眞自棄明誠遺教且
須繇問渠何獨捐慈愛麋鹿爲羣寄岳椒

次愼叅議 喜男 書齋韻

小屋新開三十椽幽居長日與相牽峯連晩嶂橫天外雪泛回風漲竹邊雲谷正追論性妙愽山還愢卜基先如今懶拙迷歸定獨借僧床伴老眠

比丘僧

錦州城裡比丘僧獨立城頭喚不應遠憶親鄕連歲饉苦看來麥飰時登風搖翠浪愁初减日曝黃雲喜却增泣樹餘生聞此語不堪膓肚亂摧崩

哭韓都事 胤明

京洛交遊揔俊英通家於子更深情研窮性理聖賢

學瀟灑風姿氷雪清一死豈知無起日此身還恨迫嚴程綿茅竟乏阡陌奠東望高陽涕泗橫

挽奇高峯 大升

利欲迷人事事非君生南服紹前徽志扶衰俗還淳古神會遺編闡奧微共惜鄕園聊暫去忽聞身世已長違云亡自古關時運可忍今年淚再揮

挽盧玉溪 禛

德宇淵亭量海渾妙齡聞道志彌敦儒傳自是明誠事時論宜居鼎軸尊毀極三年終痼疾訃承長樂更哀奔 邦家殄瘁丁今日童稚情親不暇言

挽竹巖

早日交遊氣槩親晩來情思爲婚姻江湖放浪心無累麴蘖沉冥興有神久別不堪承遠訃故山何處送靈輀他年訪到新庄裡巖竹庭松又改春

挽贊成柳公綽

趍庭貂玉慶光裯食有常珍愛養優宿惠民方歌五袴沉痾天不憖三仇江蚊伏書嚴歸婁松露溥秋爽故丘四十年前同穴誓寸心相待九泉幽

七言排律

瑞葱臺 應制

北苑岡巒遶迤回東邊斷阜剏稱臺天開奕業鍾頎地葱表靈祇效瑞栽日揔萬機臨幸簡運丁中否宴遊催築增欲軋姑蘇壯樂極都忘社稷災眞界不容生草棘中興初喜淨塵埃丕承永鑑荒亾跡暇日閑移仗衛來閱武省農防逸弛荷香松翠徜徘徊清秋盡召周行彥黼座親傳暖玉盃凡骨隔塵郍易到當時執戟偶叨陪仙班一輟還迷路怳似三淸夢裡迴

五言古詩

敬老亭

殊方十年客故鄕今歸矣茅亭水際構非爲遊觀事

敬老燕於斯揭石良有以村中往事改者舊存無幾
養之不可遲一社皆人子丁寧戒諸子愼勿隳其始
唐虞世無異孝悌而已耳

次林石川 億齡 贈月出山僧彗遠韻

海鎭峙月出不啻南山鄰連峰表裡雄僧廬新舊結
剔髭唱梵臚如來枉豪傑遠也年尚少貌瑩寒江月
道岬昔相知歲暮栖風雪一別換星霜夢寢愁孤孑
今來抱黃卷索敎誠頻切山途險拖氷朝夕脚皴裂
嗟予事鹵莽莫與庸人別門羅雀聲嘈逕草朋蹤絶
禪科況新設物外遭羈縲乘馬威驅從氣焰炙手熱

伊何好相舛如食含烏鼈雋永入淡泊虀根還可舌
出鶴會歸山雲苔封故穴悵望不能追逸氣憩前列

元韻 石川

昔時有高士乃是陶靖節視世一鼠肝喜與名僧
結廬山山之秀遠師僧之傑逍遙白蓮社握手虎
溪月其事播宇宙清風灑蘭雪嗟予後先生天地
一身孑大嘯月出山高與浮雲切海風吹九井吹
我荷衣裂遠也住其中古僧無分別出入雲萬里
遂與世人絶予猶俗緣重中間塵勒緤每望倚晴
峰使我肝肺熱如今復棄官曳尾泥中鼈吾當巢
雲松永息蜀庵舌秋風會歸去爲我掃巖穴將使
千載後名與陶翁列

七言古詩

題紅葉

未央宮中秋欲暮凉威一夜霜滿空上林千樹葉盡
赤飄零萬片隨西東美人睡起感年華玉淚暗濕羅
衫紅幽懷脉脉不敢語捲簾獨倚臨淒風題詩何用
薛濤牋葉間賦墨香霧濃吟哦腸斷知者誰只有御
溝鳴玲瓏寧將泛水出城去有情庶與人間通于卽
眞箇有心者一讀未了先感衷波原寄赴聊戲耳誰

知已入香筒中風流一朝好緣成十年鸞鳳棲深義
傳媒舊葉字尚明一笑豈非由天公從來有情解感
物何羨月老繩滿絨君不見太玆樓上桐葉題亦與
此事奇緣同

曹娥碑

蒼苔斷岸草離離荒碑半倒龜趺危苔衣深合字尚
宛披拂一一猶言之娥年廿四德成孝自擬奉養無
違離豈意卽能不自重逆濤千頃爲沉屍江邊走哭
雙眸枯一十七日精神疲哀哀此生不復見寧投波
底魂相隨却訴馮夷覓夫屍依然抱出江之湄遺骸

免被魚鼈食天實使之非人為何人刻之三丈石美迹載以瓊琚詞雨蕩霜磨神鬼護千年留與騷人悲停驂讀罷一回顧茫茫落日江無涯

鸚鵡洲

黃鶴樓前鸚鵡洲涵天碧江平如油蘆花兩岸雪紛披遊人正值西風秋稱君遺塚今何處白沙十里迷寒眸當年才調天下奇名動四海驚凡儔如何到處不見容將身屢陷曺劉謀終然江夏謾罹殃寃骨葬處烟波幽平生一賦人所慕揭作洲名千古愁楓林迢遞芳草歇詞魂日暮應夷猶停驂此日訪陳迹灑

淚蘋渚心悠悠空學些吟擬楚招吳天萬里愁雲浮

巫山神女廟

天邊碧峰橫十二遊人暫憩楓林間陽臺夢罷雲雨散尚有遺廟留孱顏錦衾瑤席無處尋壁間古畫苔班班藤蘿引蔓補屋罅寒溪繞户鳴潺潺時將着觳能幾薦行人旁午來躋攀當年神艷是虛幻夢魂一去難復還終然世人指為實廟宇無乃憑神姦奸怪末俗何足道悠然獨倚碑石頑雲間猿吽聽未了一陣行雨過前山

銀橋

華清宮裡秋風新太液池面波紋匀君王憑欄御夜凉明月正當三五辰薄雲散盡玉露零長天澹澹無纖塵仰眺氷輪九萬里餘輝尚可爽精神倚桂蟾蜍擣藥兎欲見彷彿知無因羅仙元自上界客遊賞廣寒知幾春期將異境駭俗眼戲擲桂杖撑碧旻須臾化作橋千丈直掛雲端橫素銀參差危級穩宜躡攀登可作姮娥賓終教至尊餐沆瀣暫曳寶舄辭紫宸迹着空虛若平地快勝駕鶴東海濱九霄冷氣逼肌骨忽見玉闕高嶙峋俯視塊蘇是何許霓裳羽衣還相親歸來怳怳付一夢新翻異譜驚世人仙梯一滅

難再攀幾時望月空逡巡那知胡馬騁秋風西作劒門奔迯身棧梯縈紆接九天蕭蕭獨去饒悲辛却憶銀橋夏斷腸行宮夜夜沾衣巾由來君道不外求貴用至德臨臣民承調日月足云美詎向物外仙為隣胡為一身慕清靈禁闥引接方術倫觀燭廣寒復遊月役意荒怪何其頻終然國步際顛倒銀橋無賴扶傾論風流爭似趙知微秋空翳月誠堪嗔携笻步上天柱峰不用銀橋訪上眞

鐵狗行

君不見秦時李太守伐石刻犀巴江口又不見漢家

武皇帝鑄銅範馬高如阜千年奇勝到東海還敎實
鐵融成狗繫華帶方古稱國厥初好事誰調剖堅鐵
猶帶戀主心豈比泥車隨戲走廣寒樓下作司閽未
許暴客干牕牖桃花妙粧逈獨立影入鵲橋秋水溜
三生似耻盜肉語日啖桂虆哺瓊糗追飛搏走渾未
慣綏綏有狐難爲喉人知投骨不可招押翫自有灣
溪叟叟乎其人美且偲隨耳重環眞得偶淸齋日永
書滿几梨園粉黛紛屢醜亂吹繁管戞慢絃陵省崇
案樽灑酒靈馴眞似唐苑馬啣盃拜舞稱萬壽春花
秋月樂未畢南涯一去歸期久形容瘦已似喪家逢

毛誰爲掃塵垢不向人中覓乞憐何曾掉尾因俛首
孤樓夜寂夢未溫星河正蘸官街柳風鴉翻樹缺月
昇耿耿漏鍾聞曉扣望仙一路接通衢紛紛過客迷
前後狺狺猜吠日未休始信蒯生言不苟憶曾泗水
澳醉卧縱有所賣邦忍負似聞遺迹托神仙隱松樓
觀依叢藪高緣未忘舐鼎時仙家白雲軽可躡况知
道友有青蓮踏象弄鶴終無咎走衆淸契亦甚樂一
日趦趄恒八九不是鶉江不可泗不是寶鎖難解紐
道傍豺虎摠非害只怕閨中獅子吼

韶石

咸池遺響久杳寂洞庭波浪摇秋碧愁雲鼎湖已斷
腸况復韶州見韶石韶之方奏春繞石律協八音純
夔繹率舞鳥獸感神人祥風鼓德吹遐域韶之旣闋
雲鎖石九成淪散山寥閴猿鳴鳥嘯澗聲咽空巖無
處尋幽迹重華當日豈徒哉要用至音和乖逆紛紛
管絃賞山水荒耽後世邦堪責悵望南薰不可見西
風日暮騎驢客斜陽掛山石無語回頭九疑雲政白

黔驢

噫噓嘻世人不量力動兆小忿旋妄侵輕躁何知自
保計凌強鬪大災相尋誰敎微獸冒此辜哀哉驢也

死於黔江舟載入已非樂况復放棄窮山陰形貌空
大何足誇異鄉猜訝虞憂溧淸泉豊草 三字缺 尙可
畢命依山岑山君威猛慴百毛危乎倉卒於空林魂
驚遠走是云幸蔽林窺覘終何禁宏聲縱非捍禦具
猶可微駭消機心胡爲押習不自愼欲將短技防暴
蹄雙蹄難可敵爪牙骨肉委碎叢榛森由來出技以
怒強畢竟鮮不爲所擒息侯滅蔡身竟殲胡子掠楚
邦亦况紛紛賭禍不自省蚍蜉撼樹元非任柳州刺
史玩世翁光年坎坷南海潯秪憐昧者好乘物托斯
引譬陳規箴釁于非類鼠竊時並蚩三戒傳至今其

言雖是未必有事貴驚世吾所諶不辭揮翰述微詞
重與病狂當砭針

護花鈴

長安城裡雨初經長安城上烟寘寘春光先到五侯
家東風淡蕩吹堦庭百花齊綻弄韶華紅紫耀日爭
光熒叢叢窠窠窖成林暖雲低壓藂芳馨風流公子
雙眼閑半脫錦幘憑虛欞把酒多時惜妖艶秖恐春
盡隨凋零生憎烏雀不解事亂集梢上紛未停踏破
殘藥啅軟葩有如嘉轂遭蝗螟金丸彈去亦徒勞欲
盡驅逐將何令新機巧出網羅外紅繩滿綴黃金鈴

枝間橫繫百餘尺忽然風動聲玲玲嘈啾相顧不敢
近飛散豈曾驚雷霆園欄寂寂掛夕陽萬條帖妥環
樓亭逡巡遊宴喜有餘撫掌暗語誇威靈年年歲歲
管此樂將身幾醉還幾醒繁華一朝不可留臺傾苑
廢莎草青只將奢侈買幾貶護花之說垂千齡山中
老夫事幽淡東風一夜搖紫扃簷前亂卉已布繡扶
筇獨賞時携瓶只將閑落付天公遮莫野鳥棲交翎
喃喃好語政可伴何況懸鈴驚彼聽

大鯉上龍門

龍門之山高拂雲河源萬里天河奔山下潛鯈不知
數跳躑欲上難爲援中有大鯉眞異物衝波一躍驚
濤翻心期不是魚鼈伍氣勢已欲江海呑奮鬐直上
三級上震雷一聲天地昏飛騰九霄變化去腥風陣
陣吹山根噓雲吸霧薄日月快注靈雨浸八垠俯視
昔時同隊魚尚將點額蟠沙痕從來神物不終蟄會
須振翼凌乾坤十年學海有潛鱗搖尾經欲尋龍門
何當掉鬣破巨浪一雨下土蘇黎元

文章憎命達

長嘯激昂眄宇宙胷中五岳高崚嶒堪嗟古來翰墨
徒崎嶇蹭蹬紛相乘草堂杜老豈虛語有命似被文

章憎士生天地異凡庸才氣落落雲霄凌螢窓遊藝
不暫停盈床典墳神所憑心期直擬燠皇猷豈欲媚
世求譽稱詞源倒流三峽水文彩萬丈神光騰天孫
雲錦脫塵機綠池波淨披荷菱英名共許華國手金
馬玉堂身宜登如何不遇楊得意飛詔永斷天門徵
一官未授頹已衰垂簪白髮空鬅鬙飢寒困苦何足
道人間禍患紛相乘平生所負反爲祟悲吟到處愁
難勝萍蓬飄泊竟莫補後來秖得騷人矜奇才豈是
害身物古來窮阨何相仍治安賈生落長沙春秋董
子江都丞柳江又見子厚老昌黎揭揚罹炎蒸寒郊

貪島未須言吟哦有似蛟與蠅獨憐謫仙李翰林風
儀軒豁南溟鴻調羹御床未爲貴夜郎萬里山千層
知音杜陵有布衣一生自許金蘭朋應憐坎坷寄幽
憤詩詞苦楚非寬弘流傳千載指爲例騷林遺誦悲
塡膺窮鄕今日一書生十年暎雪隣山僧高風縱未
涉古人奏技豈讓時輩能胡爲奔走困塵土名參薦
書猶未曾長吟聊復許不平搦毫盡日心兢兢

青蓮先生文集卷之一

青蓮先生文集卷之二

序

國朝儒先錄序

隆慶庚午歲卽我　殿下踐祚之三年也于時宵旰
求治　勤御經筵尤　留意於性理之學一日夕講
罷　上語副提學柳希春曰李彥迪文集則予旣覽
之矣金宏弼鄭汝昌趙光祖玆皆不世出之賢亦豈
無所著述乎爾其爲予裒輯以來希春承　命兢惶
退與玉堂諸儒蒐摭摽別并収其行狀及遺事彙次
凡例倣伊洛淵源錄屢稟　睿裁而𦤺定焉於宏弼

則取景賢錄所載稍有增損彥迪文字頗多不可盡
錄則抄列其緊要者若干篇其他多得之於聞見書
旣成投　進請名之爲　國朝儒先錄　上允之深
加玩繹下校書館印布　國中且　命臣序之臣竊
惟自孟子沒而儒者之學不傳人心貿貿邪說并興
千有餘年至于有宋濂洛關閩諸君子相繼而作發
其關鍵極其歸趣而集其大成使孔孟之道粲然復
明於世雖其身不見用於當時百代之下遺書尚存
讀而味之者於義理王覇之辨操存克治之方瞭然
若親承指誨而作興焉其功可謂盛矣吾東方自箕

子受封肇被仁賢之化世代荒邈文獻無徵降及新羅以迄高麗非無名人器士之可稱顧其所治者章句所尚者詞藻而其尤者不過以節義勳業相高而己有能自拔於流俗研窮性命超然自得妙契聖賢之旨卓乎爲世儒宗者鄭夢周外未聞其人焉天眷我朝　列聖相承培養之厚歷年之久人材之出負絶古昔宏弼奮乎絶學遠紹夢周之緒志學聖賢精積力久忠信篤敬動遵禮法汝昌生并一世志同道合相與講磨切磋以闡義理光祖蚤師宏弼得其依歸其嚮道誠而其厲志確潛心主敬涵養本源省身

克己常若不及彥迪天資近道自奮於爲學持敬功深大有定力神會心融所見精邃玆四臣者倡之於前而繼之於後其工程之疎密造詣之淺深臣後生愚鹵何足以知之然其所學卽濂洛關閩之學專事爲己體履眞實從事於人倫日用之常以求至乎聖賢之閫奧則其揆一也乃蹇連困躓於讒賊之口俱不免奇禍以死豈天不欲斯民蒙至治之澤乎何其遭遇休明言聽計從者亦不得保其終耶民彝不墜清議難泯至今閭巷之間縫掖之流欽其風而慕其人咸知好善而惡惡子孝而臣忠崇吾道而斥異端

謂文藝爲不足尚謂聖賢爲必可學者是誰之功也惜乎時世不遠而遺響莫尋徽言懿行之播於人者日就湮沒寧不爲斯文之憾也我　殿下臨御以來不遑他事首擧曠典　褒贈二人昭雪幽寃四方之耳目固己煥然一新又　命撰印是編與濂洛關閩之書并傳於天地之間是表章眞儒扶植正道之盛意嗚呼至哉第恨採摭無據其平生言行之大者盖十亾其七八而於汝昌爲尤踈畧然卽此以觀亦足以知其致意用力之地無彼此之間而箴警規諫之文經席勸講之說丁寧懇惻禆補君德而興起來

學亦己多矣深宮燕閒之中常置之几案日　賜覽觀則是猶四臣者環侍左右迭進嘉言所以一　聖心導聖德者何可勝言而志學之士莊誦景仰以爲吾邦亦有此等人想像親切不自覺其脫舊習而立根基其亦賢於披閱陳編而嘐嘐者矣由是而彝倫日明俗尚日變善人輩出而至治可復是書之行其有補於世道爲如何哉我　殿下之眷眷於斯誠所謂急先務矣視彼役意於筆札文詞之工者殆不可以同年語也抑臣於此有感焉正直難親讒諛易惑是非雖定於百年好惡或眩於一時此古今之通患

也是以褒旣往之賢爲難而信當世之賢尤難盖士之特立篤行躬道義之學者雖等級有異何代無其人也獨人君知之不明用之不誠而娼疾之徒排陷雖悪之深耳宋理宗能崇顯周程張朱尊尚其書而眞德秀魏了翁乃不免貶逐姦臣擅政運祚衰替此固不足論且如　聖哲在上夢周之祀旣升矣宏弼汝昌之爵旣隆矣畢竟憸邪得志事有不忍言者豈不痛哉今我　殿下之於四臣崇奬表異之可謂盡矣後之視今亦猶今之視昔願　聖明念玆在玆終始罔間益充好賢之實以盡委任之誠則斯道大幸

而　宗社之福悠久無疆矣

族會序

惟我族譜謹譜李氏之族也始祖一人之身分爲兄弟兄弟之子孫至於八九寸緦麻之服則宗支貴賤散處京鄉居住名字多所不知況見其面目哉嗚呼同玄祖五代後服盡則情文盡而遂爲路人也肆以今日會皆是寸內有服之親而賞心樂事偶然而同則忠厚門中孝悌之心油然生矣何以知其效也族中若有吉凶榮辱則同心協力爭趨慶吊惟恐不及自今以後貧饒貴賤之間毋使視於道人而忽忘焉可也

文

削勳　教文

王若曰國家値不幸之運羣凶肆毒於曩時人心有難誣之理公議獲伸於今日諭予意於中外昭國是如日星在辰巳之兩年懋勛華之繼陟姦人不逞禍心無厭尹元衡以猰貐之性稔虺蜮之謀旣憑肺腑之親兼據城社之勢挾私憾於尹任久懷呑噬之志顧所憚者儲宮未試賊害之術嫌成大小之說漸非朝夕之故謂武夫之何知乃猖然而旁伺當　仁廟

在位之日無間可乘及龍馭賓天之後惟意自恣
明廟以介弟入承統緖攸正　文定以母后權臨
宗社是賴有血氣者共戴一天爲臣子者孰懷二心敢造言於無疑之地實欲逞其積憤之凶元凶豿咆羣姦蝟起乞與百齡迭爲心腹磁及順朋互相羽翼託密旨以貿外朝屢被臺臣之折遣妖妾而憾內聽潛成市虎之讒欲加罪而難其名始倡不自安三字旋聚謀而爲之辭終陷大無道重典柳灌柳仁淑顧命元老帷幄名卿咸守正而不撓以異己而就戮瑠亦何辜任之近屬亡命秪偸生誰望視死如歸被孽

非自作實緣指無爲有搆成禍穽交致大獄謗德應
而免死俾誣其服教毛猘而謊言逐以爲證譸張眩
惑鍛鍊羅織畏淸議之間發掩衆正而盡劉至於鳳
城君之罹禍亦由金明胤之誣揑流言無根成王之
所未及知讒人罔極慈母之所以見疑致維城之斯
壞雖同氣而莫保尤有痛焉不忍言者梓宮方臨外
家之血肉狼藉囊書僞撰內庭之拷掠憯毒非惟肆
誣於內殿實是幸禍於　孝陵有擢髮難數之罪無
一毫可記之功發制　君父敢歃銅盤之血汚辱
宗祊至勒鐵卷之名雖計謀極其巧密而黨類自相

矛盾許磁嘆嵬神之難誣仍致投荒齊仁悔小人之
不免竟被奪勳鄭礦爭其父順朋而因憂致疾元祿
諫其叔李芑而逢怒坐謫敗露之形難掩凶慝之鋒
未戢餘禍所及累歲愈酷神人之交憤極矣邦國之
不亾幸耳然而白日中天雲霓漸釋寶鑑當空魑魅
莫遁肆　先王閔悟於末年痛姦凶欺蔽於初服量
移遠謫之臣稍釋連坐之孥雷雨之澤未霈存沒弓
釰之痛遽纏臣民予以渺末之資叨守艱大之業仰
體　皇考之志親承　慈后之教當丁卯之權同收
用舊人逮庚午之庭諍畧採公論李芑鄭順朋林百

齡鄭彥慤等奪其官爵柳灌柳仁淑等滌其逆名丁
未己酉兩年被罪之人復其職牒還其籍沒一國之
心雖欲盡革　先朝之事未敢輕改顧輿憤之益激
抑天道之必復剏東朝親經變故在當日洞燭情狀
乃於一疾之彌留　命雪四人之冤枉予於是詢及
大臣卽命還柳仁淑職名惟任瑠事體重大猶且遲
疑第以國言未已衆怒有甚於水火　王候惟幾慰
懷匪在於藥餌事求其是天不容僞玆於十一月二
十八日命給任瑠職牒革罷衛社功臣收其錄劵亟
達　懿殿且答羣情不吊降割未及頒教罙深摧慟

越玆布告於戲伸冤討罪旣終　先王之意閔國承
家永絕小人之禍故玆教示想宜知悉

狀

襄平吳公 自治 行狀

聖朝受命嵬勳壯節之士經國濟世之才膺時輩出
羽翼邦家轉危難躋昇平而惟其忠孝兼全能知出
處顯晦之際不以權位爲榮耀者恐無幾人焉以余
所聞覩記之卽　世廟朝勳臣羅城君吳公是也公
自孩提天姿純美才器夙成事親之節一以誠敬爲
主進學之方服習庭訓飭躬修行儼若老成及其弱

冠經史子傳無不融會且智勇絶倫能於射御世以全才稱焉嘗於錦山有惡虎咆噬人物甚多仙巖妖僧獰暴恣凶殺越行陰一州騷然幾不安堵便同吳中三害公素以救民除害爲己任奮發勇力一箭亡椎兩害乃去闔境賴以得安至今山傳虎斃之洞江有僧殪之津故老指以稱道焉常積學攻文以立揚門户爲志而屢屈公車家事蕭然躬執漁樵滫瀡難繼遂爲祿仕養親計而武擧連魁重試卽付宣傳由主簿經歷求補縣邑政用嚴恕淸白節儉朝夕供奉外一物未嘗取吏安民懷到底有豎石去思之頌累

蒙 朝家褒賞之典壬申遭外艱哭擗無節絶而復甦聞者惻然起哀執喪一遵朱文公家禮服闋不復仕進事母夫人盡致愉婉焉 世廟十三年丁亥叛賊施愛締結凶徒敢逞不軌據有嶺徼稽將不測朝野憂惶凶鋒莫遏公素以不世之勇畧方面捍衛之責而爲一世所擬重遂被 朝家特選召命勤摯同志諸公亦相敦勉催程盖公謝仕歸養已十餘年雖無意當世而見國勢岌嶪曰吾家受累 朝殊恩宗社危亾迫在朝夕不可坐視卽膺命從征 上招入別殿賜以 御醞慰諭而送之公乃與曺錫文魚

有沼李徐等一乃心力奔走效勞躬冒矢石以死爲誓斬獲甚多賊勢小挫時有高原宜陣之地勢必見奪於賊公與輕騎畧干疾馳先往左執大旗右捲障泥作角聲賊聞之不敢上我軍賴以先登遂大捷施愛之第施合在吉州最爲桀驁勢甚鴟張諸將莫敢先敵公與李徐等直馳突入賊壘縛施合以歸未及還營追騎大至前軍被執死賊公獨斬施愛以歸一軍莫不震慴二賊旣殲餘黨熄平雖有逞憾之徒莫敢誰何致使 宗祊再奠至今晏然洪業鞏固者寔不當時諸公之力歟噫公當時茂績不亞於曺魚諸

勳之次而特以從征官階之卑竟爲敵愾二等勳樹碑記功立閣圖形褒賞亦異例焉翌年四月陞通政七月進階嘉善封羅城君拜兵曹參判期以大用公不以勳貴自居謙牧思退累上章言臣之效勞不可謂小報涓埃而親年極高養日不多辭意切至乞歸故里自上挽之不得厚遺以送同朝諸公咸爲歎惜以古人急流勇退之意咸有稱引是後同勳諸人多不保終始寔公己有先見於此而然歟一自南還常侍母夫人側以順適爲務有時黃冠野服逍遙於林泉小無蟬赫態自是不復到都下及其遭艱擗踊號

隕一如前喪旣葬廬于墓側躬執爨具朝夕哭泣常欲隕絶柴毁骨立至於委頓床席沉痾漸劇哀隕益切竟至不淑享年僅五十　朝家致祭賻官庀葬具生死哀榮越三月日禮葬于元堂山坐艮之原公氣像温粹才識明敏吏政兵籌周涉博通其卓犖英達求之先輩鮮有儔匹而前後立朝不多平生蓄積未盡展布識者恨之今　上朝　贈吏曹判書賜諡襄平百世不祧配食　廟庭遺馨不替嗚呼偉哉誠孝之純至出處之得宜必有後世之公平如余謏寡曷足以揄揚哉每當諱辰雉獐等物自來就捕以助享

需人以爲異事且影宇有回祿之變燃炎之烈纔及邊幅至於眞像火乃自滅又有夢感之兆英姿完復颯爽　天香依舊愈芳是靈烈所格事實不偶

青蓮先生文集卷之二

青蓮先生文集卷之三

世系
系出黃海道延安府

始祖諱茂
唐顯慶中以中郎將從蘇定方來平百濟因留不還受籍延安延安之李皆其後也
其後諸來繼六七百年而自始祖至漬不知爲幾代

八世祖諱　漬
麗朝保乘將軍通禮門副使配全義李氏政堂文學文義公芸齋彥冲女

七世祖諱保孫
麗朝工曹典書文昌公配慶州李氏文忠公益齋齊賢女

六世祖諱　亮
麗朝典醫監正以孫補丁貫　贈兵曹參議配全州崔氏判書士儀女繼配永川崔氏參議厚用女

五世祖諱伯謙
入我朝南臺掌令知前州事以子補丁貫　贈兵曹參判配溫陽方氏步尹希祐女

高祖諱末丁
禮賓少尹以子淑琦貴　贈左贊成延城府院君配谷山韓氏平節公雍女

曾祖諱淑瑊
吏曹參判副提學　贈吏曹判書大提學諡文莊號楊原配江陵金氏執義琦女

祖諱世文
中部參奉以先生貴　贈吏曹判書配貞夫人南陽洪氏郡守九叔女

考諱國衡
獻監以先生貴　贈領議政延川君配貞敬夫人羅州林氏翰林宗義女

年譜

庚辰　明武宗皇帝正德十五年我　中宗大王十五年
四月十一日辰時先生生于咸陽介坪村　地在介坪村相望處士人稱之曰牛巖村或通稱介坪村

辛巳　先生二歲

壬午　先生三歲

癸未 先生四歲
甲申 先生五歲 始就學
乙酉 先生六歲
丙戌 先生七歲
沈默少言笑聰明絶倫文思益通
丁亥 先生八歲
先生時在山寺讀書本道伯適至聞先生名招之
試以詩適見塔畔有新栽小松乃以塔畔松爲題
呼韻先生卽對曰一尺靑松塔畔栽塔高松短不
相齊傍人莫恠靑松短他日松高塔反低方伯大

奇之一時傳播先輩以爲此非但天才夙就其志
趣可見
戊子 先生九歲 連遭議政公及貞敬夫人林氏喪
先生荐遭內外艱哀號哭擗執喪如禮見者稱之
養于伯父家未嘗與群兒渾處笑語一日往宗丈
家宗丈饋以醴却之不飮問之對曰此雖醴旣名
以酒不敢飮一座莫不歎異雖盛夏不脫絰帶受
人吊慰儼然成人凡居喪儀文小節皆質問於長
者而行之
己丑 先生十歲

庚寅 先生十一歲
辛卯 先生十二歲 就學于表公寅之門
時表公有學行隱居敎授先生以伯父命往學一
時學徒十五人盧玉溪禛梁牧使喜吳德溪韓錦
山皆與焉以次受學先生年最少常居末席聽諸
人所受書一皆背念表公聞之招使試之先生卽
席通誦諸人所受書無一錯誤如熟讀者然表
公大加驚異曰未知古有如此兒否
壬辰 先生十三歲
癸巳 先生十四歲

甲午 先生十五歲 作瀟湘八景歌詩八篇
先生之伯父參奉公泛舟於花開岳陽 花開岳陽皆地名
之間先生從焉參奉公望見智異山雲嵐掩藹斗
治江烟波澄碧命先生賦瀟湘八景歌詞卽席立
就膾炙一時騰諸樂府
乙未 先生十六歲 往侍祖母貞夫人洪氏于金陵地 康津古號
時先生之王考判書公已下世祖母洪夫人自京
隨親庭來居于金陵地先生逐往省因留侍奉養
焉
丙申 先生十七歲

先生事洪夫人怡愉承順愛敬備至鄉里稱之

丁酉 先生十八歲

定省之暇一以讀書爲事

戊戌 先生十九歲

時李芑謫居康津先生聞其有文學往從之數日即歸人問之則曰觀芑之爲人凡於毫末之事一皆秘之不欲人知君子行事豈宜如是也遂絕不復往

己亥 先生二十歲

庚子 先生二十一歲 聘夫人洪氏

夫人郡守處誠之女先生祖母貞夫人洪氏之姪孫也

辛丑 先生二十二歲

壬寅 先生二十三歲

是歲先生魁鄉解至京師文人學士雅聞先生名皆邀其至名公巨卿多禮敬之

癸卯 先生二十四歲 築室于金陵博山村

先生愛博山溪岑明麗遂誅茅奉祖母洪夫人移居焉

甲辰 先生二十五歲 ○ 我仁宗大王元年

先生自是尤留意於切問近思之學專治經義及程朱諸書遠近士友從遊者甚衆

乙巳 先生二十六歲 ○ 我明宗大王元年

丙午 先生二十七歲 子善慶生

是歲先生中司馬

丁未 先生二十八歲

同鄉有叅乙巳僞勳者重先生欲一見之先生時在山房讀書其人託遊獵與鄉人相約而至先生聞之輒移棲避之其嫉惡如此

戊申 先生二十九歲 丁祖母洪夫人憂

先生承重守制三年廬墓朝夕上塚風雨不廢終始如一柳眉巖希春林石川億齡相謂曰純孝出於天性古之孝子無踰於此

己酉 先生三十歲

庚戌 先生三十一歲

辛亥 先生三十二歲

先生學問日進白玉峰光勳崔孤竹慶昌李峒隱義健李孤潭純仁金南溪胤林斯文薈尹斯文箕皆從而遊白崔兩公則因執師弟之禮柳清溪夢井金健齋千鎰諸名儒每有禮文逕庭經義疑晦

處必往復問難歎曰論辨精確非今世人所可跂
及
壬子 先生三十三歲 訪河西金公麟厚于長城地
時河西金公棄官來居于長城先生重其出處大
節往拜之因與講論而歸
癸丑 先生三十四歲
甲寅 先生三十五歲 訪高峯奇公大升于光州地
先生少時與奇公賦詩同遊交契甚篤至是往訪
與論經義
乙卯 先生三十六歲 登式年乙科

先生以明經登式年乙科選入槐院拜權知副正
字
丙辰 先生三十七歲 拜 世子侍講院說書及兵曹佐郎
丁巳 先生三十八歲 拜司諫院正言
戊午 先生三十九歲 拜弘文館副修撰及吏曹佐郎 賜暇
湖堂讀書
己未 先生四十歲 陞拜弘文館校理及吏曹正郎
是年以繡衣奉 命廉察湖南守令貪汚者素聞
先生之剛直解印綬去者數人
庚申 先生四十一歲 連在三司之職

時在乙巳斬伐之餘士氣沮喪先生每入講筵論
思之際輒請扶植元氣
辛酉 先生四十二歲 拜議政府檢詳又拜舍人
壬戌 先生四十三歲 陞拜弘文館應教及司諫院司諫
癸亥 先生四十四歲 拜弘文館典翰
甲子 先生四十五歲 承 命製進國朝登科畫帖後題詩
上素重科擧以文武生進諸科放榜謝恩遊街等
事爲畵二十三帖 命先生賦詩書於畵後
乙丑 先生四十六歲 又拜司諫
丙寅 先生四十七歲

丁卯 先生四十八歲 擢拜承政院同副承旨
是歲 穆宗皇帝登極頒詔先生以遠接使從事
官往迎詔使還擢拜同副承旨○是時有守令私
獻之弊先生乃請杜私獻其啓畧曰儉約則用度
自不煩矣若爲人君者一有富國之意則斂臣例
先自私焉不利其已而誠心富國者亦幾人哉有
國者不患不足而患失民心如用斂臣則得財無
幾而失民甚多矣近來外間傳說守令等有私獻
之事間有公然託私獻而求於他處者矣 先朝
聖哲化理清明而不知何以有此言也如此等事

一切嚴杜而察其根源可也守令雖有愛君之心
自有名分自有法禁何可私獻乎旁谿曲逕皆爲
身謀曲諂於君欲固其寵也　上優批因以此啓
辭頒示八路私獻之弊遂絶
戊辰先生四十九歲○我宣祖大王元年　拜司諫院大司諫旋遞
時朴謹元之弟愼元爲靑松府使厭邑殘欲不往
陰囑諫官以病論遞承旨鄭芝衍啓論臺官之失
於是兩司攻芝衍以承旨沮抑臺諫之言先生獨
曰雖諫官之言若有違誤則豈可不矯乎因白于
上曰臺諫固任言責然人非大賢何得每言無誤

言而或誤則曲在我矣及其未害於政而有能捄
之者是亦愛君何怒之有況喉舌之臣職重出納
非庶官之比耶如不欲議己也盍亦愼重詳審無
誤其言乎不若是吁咈之風絶迎合之患生擧一
世而歸於依阿苟容之地矣大臣或有未盡則曰
大臣之言何可違也臺諫或涉謬誤則曰臺諫之
言何可論也積此不已幾何其不爲子思所謂莫
敢相矯而國事日非者耶於是兩司以議不合引
避先生遂辭遞諫長
己巳先生五十歲　拜承政院都承旨

先生在政院終日端坐嚴毅不可犯禁中肅然掖
庭人無敢闌語後宮女侍相戒曰李某入政院毋
使語聲出於外　上以故久任於是職○柳公希
春以同僚議云不宜入參水刺上食之時爾通于
先生閤之先生以爲不可不參柳公與諸僚乃進
參○時　上欲講大學衍義先生建議以爲當先
講近思錄　上從之○是時追削南袞官爵　上
特命弘文館兩司使劄論南袞是非先生繳粲曰
疏劄之上公論所激自下而發受旨言事古人所
不爲其事雖善其論雖公恐不無後弊也只令玉

堂兩司條列其罪惡庶無妨也　答曰啓意至當
庚午先生五十一歲　孫棨吉生○奉　教撰進國朝儒先錄
序
上下教于政院曰金宏弼鄭汝昌趙光祖李彦迪
立言行己予欲覽閱玉堂書籤則蒐薪爲書一卷
以進矣今欲印出頒布此人皆在　先朝未免被
患其間多有未安之語印出頒宣或不可矣先生
啓論四臣之賢其畧曰金宏弼鄭汝昌被罪於昏
亂之朝而實爲東方道學之宗此則更無可言矣
趙光祖篤志躬行道明德立爲袞貞所搆陷竟罹

大禍而人無不服其賢李彥迪學聖賢造詣深奧
茲四臣心迹無毫末可疑豈可以一時不免搆陷
而致疑於其間哉雖有未安之語不過發揚小人
輩凶慝情狀耳萬不爲　先朝之累矣伏願　聖
明夬决無疑　上許之命儒臣柳公希春等撰次
其言行命曰國朝儒先錄因命先生製序文先生
遂上明道學之淵源次叙授受之統緖老成典要
人無間言是書始名東國儒先錄先生以爲稱東
國則泛及於羅麗此四人皆我朝人莫若以國朝
易東國　上從之○是歲先生又與栗谷李文成

公始擧乙巳削勳之議協心竭力爭論不已竟得
允從○先生又言賤夫良妻之子從良未便之意
其啓畧曰子不可舍父而從母賤不可無故而從
良若以其母之良許令從母而良則人紀紊亂矣
○時有醫官楊仁壽授六品正職之命先生繳奏
以爲不可事遂寢
辛未(先生五十二歲)陞拜禮曹衆判又移拜司憲府大司憲
弘文館提學旋移吏曹衆判奉　教製進流民圖
詩
是歲先生文臣迋試居魁加資○時適大飢流民

滿路　上憫之欲知民生流離疾苦命畫工圖其
狀爲十帖屛命先生逐帖賦詩○盧公守愼以前
大提學擬薦文衡三相與衆贊元混吏判朴承俊
户判鄭宗榮共六員圈之先生與金公貴榮並見
六圈蓋兩可之意也及金公爲大提學先生爲提
學物論惜之
壬申(先生五十三歲)拜同知　經筵事又拜藝文提學進講
時請以朱子感興詩易東坡詩
進講畢先生進曰頃日　上命入東坡詩臣未知
上欲考一二處耶欲留覽耶蘇軾爲人矜豪詭譎

心術不正發於文辭亦皆不平自　上欲與於詩
則有朱子感興詩二十韻在凡一千二百六十字
之中天地萬物之理聖賢萬古之心古今萬事之
變無不在焉音韻鏗鏘與致悠遠吟咏之間意味
深長以此詩易東坡詩幸甚先生又於經筵力陳
論語不可不熟讀
癸酉(先生五十四歲)以　宗系辨誣正使如　京師
先是我康獻大王被叛賊誣告　宗系于中朝
皇朝祖訓及大明會典俱載誣語自　恭定王以
至　先王累世陳奏以辨其誣每奏輒蒙許改而

所改之辭尚未昭示及　上嗣位慨然歎曰國系受誣二百年何可一日偃然視息乎宜極擇使价血誠奏籲以期昭辨乃於萬曆元年癸酉以先生爲陳奏正使乞將　宗系已辨誣事增入新修會典盖　皇朝方修續大明會典故也禮部尚書陸樹聲感先生之至誠懇請卽具奏乞載實錄因又入續修會典　皇帝乃降勑諭曰爾祖久蒙不韙荷我列祖垂鑑已爲昭雪改正玆者纂修盖欲將前後奏辭備行採錄以垂永久朕念爾繫守禮之邦且事關君臣大義特允所請卽命抄付史官備

書于　肅祖實錄俟後修新會典以慰爾籲雪先祖懇情及奉勑東旋　上備法駕郊迎特加先生嘉義　賜田三十結奴婢五口及萬曆十六年戊子謝恩使兪泓還自京師得頒賜會典成書並奉勑來宣　上告廟大赦御殿受賀錄　宗系辨誣功時先生已卒乃追錄先生輸忠貢誠翼謨修紀光國勳　贈左贊成大提學封延陽府院君

甲戌(先生五十五歲) 陞拜刑曹判書

上問左相朴公淳曰秋曹長官每患不得其人卿薦可堪者朴公乃以淸謹奉公擧先生故有是命

○朴公嘗於經筵薦先生曰李某可以托六尺之孤寄百里之命　上然之

乙亥(先生五十六歲) 特旨授咸鏡道觀察使

上以咸鏡道民生失所以監司不得其人乃命遞觀察使朴大立時先生因事免官家居　上特命授之道在遐遠無名之賦不法之事狼藉無藝先生旣視事悉理而蠲革之威惠並行一路澄淸又聚士於文會書院教課之州縣小民有能誦詩書作文辭者與之爲主客之禮人皆競勸文風蔚然策名登朝者相繼壬辰之亂能撥亂而反正者皆

自號爲儒生者也許典翰篈以御史廉察北路遇谿峒小氓則必問李判書好在否篈以其事識諸冊子而美之及先生遞歸關北儒生吽闇願留先生十年　上不聽優批以送

丙子(先生五十七歲) 特旨拜吏曹判書○孫有吉生

時東銓有闕而難其人先生在北營纔朞年乃以特旨召拜之先生旣居銓地務恢公道請託不行雖親舊頻往候之甚不避之有族人來見求官先生正色出示一冊子其族人亦在簿中先生乃歎曰錄子之名久矣惜乎使子不言吾可以擬於望

也若求而得官豈公道乎每有注擬遍問郎僚若有誤除必終夜不眠曰我欺主上矣金贍爲銓郎每稟事而出則拂汗歎息而顧同僚曰異哉此爺之不可犯每見此爺自然敬服先生歿後甲申乙酉年間黨論分爭勢不可支一時名類會於掌令奇大鼎家李潑亦參坐客曰時議如此何時鎭定有一客曰李某若在則如何李潑曰諾盖士論之不正常由於薦人之不公李爺爲銓長時吾爲銓郎每注擬之際雖素親切不合公論則不應雖不相識合公論則用之如恐不及夫用人如是之公

則豈有不靖之理乎李爺久在則士論歸一而朝廷想亦和矣李潑非慕先生之人而其言猶如此

丁丑先生五十八歲 承 命撰進乙巳削勳頒教文又議定

仁聖王后服制

仁聖王后疾大漸乃命削衛社功臣號當有頒教中外之文使大提學金貴榮撰進詞拙而意不章備 上謂近臣曰辨別忠邪此國家至大之事宜正其辭以曉諭中外豈可草草若是乎即命先生改撰先生曰是非乃可明矣乃不辭立草教書以獻宣教之日人皆感悅尤菴宋文正公撰先生之狀有曰其所以泝禍敗之源流斥羣奸之欺蔽著 明廟友愛之情發鳳城冤屈之狀明白痛快至使讀者感激而流涕議者謂非獨文章出等其志氣之發華可見於此云爾自是論議大定以啓 宣廟淸明之化公之功可謂大矣○仁聖王后薨領議政權轍議曰 殿下當服齊衰先生以爲王者繼體雖兄弟亦服三年今 殿下爲 先王後而先王實承 仁宗之統是 殿下於 仁聖王妃有祖孫之義當服三年 上從之遂定爲三年之喪先生之議是禮也引經據義明白精當羣議推爲

第一西厓柳公成龍時在玉堂誦先生議敬服曰此老所學其至此耶爲寫一通置之几案並書先生論議政事一冊以自玩賞焉

戊寅先生五十九歲 拜戶曹判書乞暇省先壠于咸陽地十月初七日卒

盧公守愼奏言地部長官宜擇剛明守法之人遂薦先生爲戶曹判書時稱得人○九月先生受暇省親墳于咸陽地先生與盧公稹同鄕契厚哭奠其柩歸而感疾一夜而卒訃聞 上震悼隱卒之典有加焉 特命所經邑護喪歸葬坡州廣灘先

塋之側子坐之原栗谷李文成公曰李某居官盡職律身淸苦位至六卿寒素如儒生四方賂遺一切不受客至盃盤冷淡人服其潔方有入相之望及卒士林甚惜以爲正二品無人云○是歲 上令二品以上各擧遺逸先生以沙溪金文元公長生薦命是時先生在銓曹郎除金公爲 孝陵參奉其薦目曰篤信古訓沉潛經傳○先生卒門人將理喪檢其遺財則惟有書籍及賜皮數張而己鵝溪李公山海以詩挽之曰八座位高猶貸屋兩朝恩重未歸田其後 宣廟命錄淸白吏公與焉

肅宗丙子太常議府君謚曰文淸 勤學好問曰文 避遠不義曰淸

行狀

公諱後白字季眞號青蓮延安之李爲東方大族其譜云唐中郎將李茂從蘇定方平百濟留仕新羅受籍于延世有聞人麗末有諱係孫官至工曹典書爲李文忠公齊賢之婿於公七世祖也高祖末丁禮賓少尹 贈延城府院君曾祖淑瑊吏曹參判副提學文莊公以文章爲 成廟朝名臣祖世文參奉 贈吏曹判事考國衡縣監 贈領議政兩世之贈皆以公貴也正德庚辰四月十一日辰時公生焉幼沉默少言笑聰明絶倫未十歲父母俱歿與內外諸從七八人並鞠于伯父家良慕執喪未嘗與羣兒渾處笑語一日往宗丈家宗丈饋以醴酒却之不飮問之則曰此雖醴旣名以酒不敢飮一座莫不歎嗟年甫十餘歲與盧玉溪禛梁牧使喜學于表公寅之門一時學徒十五人以次受學公年最少常居末席聽諸人所受書一皆背念其中有性理大全書矣表公聞其然招使試之公遍誦十四人書如熟講者然表公大加驚異曰未知古有如此兒否嘗作瀟湘八景歌詞傳播京中或騰諸樂府自是聲名益振京師文士皆

遲其至累魁鄕解至京師名公巨卿重其名多禮敬之然公旣早嬰風樹無心進取放跡林泉舍後有蒼松因自號松巢洞隱李公義健孤竹崔公慶昌玉峯白公光勳諸人從之遊公少時李芑謫康津人稱芑有學公從而學焉留數日卽歸人問之則曰吾數日見其處心行事而歸矣問曰何也公曰凡於毫末一皆秘之不欲人知之君子心事豈宜如是也同鄕有參乙巳僞勳者勢焰熏天猶重公名一欲見之公嘗在山寺讀書其人託於遊獵與鄕人相約而至公聞之稷樓而避之遭祖母喪守墓三年朝夕上塚不廢

風雨終始如一柳眉菴希春林石川億齡相謂曰純
孝出於天性雖古之孝子無踰於此推而自盡於方
喪必素食三年清溪柳夢井健齋金千鎰一時名儒
每有禮文還庭經義疑晦處必往復問難每歎曰論
辨精確實非今世人所可跂及年二十七中司馬三
十六中式年乙科歷剔清顯與奇公大升齊名正色
立朝有壁立千仞不可奪之氣像其履歷則初補槐
院薦入承政院爲注書侍講院說書司書司諫院正
言司諫兵曹正佐郎吏曹正佐郎議政府檢詳舍人
弘文館應教典翰又嘗選居湖堂丁卯以遠接使從

事官往迎 詔使其年擢拜承政院同副承旨司諫
院大司諫兵曹叅知叅議未久還入政院爲都承旨
辛未以文臣廷試狀元加資爲禮曹叅判司憲府大
司憲弘文館提學吏曹叅判癸酉以辨誣使赴 京
還陞嘉義錄光國勳追封延陽君甲戌以大臣薦特
拜刑曹判書乙亥關北鈌監司時本路歲凶且有邊
警 上難其人公時在罷散中 上特命授之道在
遐遠無名之賦不法之事狼籍無藝公至悉理而蠲
革之威惠並行一路澄清後許典翰銓以御史巡撫
本道遇溪峒小民則必問李判書好在否銓以其事

志諸冊子而美之入爲吏曹判書兩館提學銓選平
允士論重之公久負文望朝夕當秉文衡而其時處
其任者久居而終不歸之公物論甚歉然壬申春年
飢 上命畫工寫流民圖作屛十帖又命公逐帖賦
詩以進以寓觀省焉 仁聖王后昇遐朝廷論服制
不一公請 上行三年之喪據禮引經明白精當羣
議推爲第一 上竟從之柳相成龍時在玉堂誦公
文敬服曰此老所學其至此耶爲寫一通置之几案
並書公議論政事一冊以自玩賞焉戊寅以戶曹判
書乞暇省墓于咸陽十月初七日病卒訃聞 上震

悼隱卒之典有加焉特命所經護喪歸葬于坡山廣
灘上先塋之側子坐午向之原康津章甫立祠俎豆
之夫人洪氏郡守處誠之女男善慶察訪三女適安
昌賢奇誠獻朴擧賢庶子善潤善竹察訪男恭吉有
吉復吉益吉井吉伯季皆縣監仲叔皆縣令第三別
座四女爲柳希成崔壁李振先金渫妻曾孫壽仁友
仁克仁榮仁好仁壽仁文科典翰有恬退節克仁文
科持平玄孫碩亨叅奉碩耉碩臣碩賓碩昌碩寬并
庶出十三人公器局峻整神彩秀朗見識通透言論
明白盖優遊而灑落也正大而從容也平居夙興盥

檝端拱危坐研覃經傳沉潛奧義踐履篤實至微細事未嘗放過見義理眞實處確然自守不隨俗依違至聞人善言見人善行必沛然從之無所疑貳 宣廟初服李文成諸公以爲乙巳之禍甚於己卯若不伸雪人心拂鬱無以爲國遂協力竭心爭論不已雖以李文純之高見亦不能無疑於眞僞之辨矣及宣廟允從羣議當有頒教中外之文諸賢皆推筆於公公不辭應命其所以泝禍敗之源流斥羣邪之奸欺著 明廟友于之情發鳳城冤屈之狀明白痛快至使讀者感激而流涕論者謂不獨文章出等其志氣之拔萃可見於此云爾自是議論大定以啓 宣廟清明之化公之功可謂大矣 宣廟嘗命公作國朝儒先錄序公上明道學之淵源次叙授受之統緖老成典要人無間言公可謂知言之君子矣不有眞知踐履之功焉得以與此哉古人云一臠可以知全鼎況此數件文字不止一臠而已乎其爲都承旨也終日端坐嚴毅不可犯廳中寂然無敢閑語至於內閤女侍相戒曰今日李某入政院矣惟恐語聲之出於外也 上以故久任於是職其長銓曹也有族人來有請公正色出示一冊子蓋錄才行人姓名也其

人亦在其中矣公曰吾錄子名將以擬望矣惜乎子若不言可以得官矣其人大慙而去公每注擬時必遍問於郎僚論議歸一然後用之如或有誤則終夜不眠曰我欺 主上矣公嘗以清白見錄李文成先生稱之曰李某居官盡職律身清苦位至六卿寒素如儒生客至盃盤冷淡人服其潔思菴朴公嘗於經筵啓曰李某可以托六尺之孤寄百里之命云嗚呼以公之才之德當 宣廟盛際倘任經綸之丕責則其所猷爲必有可觀者以故物議皆望其朝夕入相而公則病矣可勝惜哉乙巳之禍圭菴宋文忠公余叔曾祖也以一世領袖而受禍最酷含冤九原殆三十餘年矣至於萬曆丁丑公文一出神人寃憤一時清雪余每景仰於心如一日也今碩亨以行狀千里來托余不敢終辭而猥錄如右以俟立言之君子云爾

崇禎紀元後丙寅八月日大匡輔國崇祿大夫領中樞府事兼領 經筵事後學恩津宋時烈謹狀

請諡行狀

公諱後白字季眞延安之李爲東方大姓其譜云唐中郎將李茂從蘇定方平百濟留仕新羅受籍于延

世有聞人麗末有諱係孫官至工曹典書爲文忠公
李齊賢之壻於公七世祖也高祖末丁禮賓少尹
贈延城府院君曾祖淑珷吏曹叅判副提學文莊公
以文章爲　成廟朝名臣祖世文叅奉　贈吏曹判
書考國衡縣監　贈領議政皆以公貴也正德庚辰
四月十一日辰時公生焉幼沈默少言笑聰明絶倫
未十歲父母俱歿與內外諸宗七八人並鞠于伯父
家哀慕執喪未嘗與羣兒渾處笑語一日往宗丈家
宗丈饋以醴酒却之不飲問之則曰此雖醴旣名以
酒不敢飲一座莫不嗟嘆年甫十歲與盧玉溪禛梁

牧使喜學于表公寅之門一時學徒十五人以次受
學公年最少常居末席聽諸人所受書一皆背念其
中有性理大全書矣如熟讀者然表公大驚異曰未知
古有如此兒否嘗作瀟湘八景歌詞傳播京中或騰
諸樂府自是聲名益振京師文士皆邇其至時年十
六矣累魁鄉觧至京師名公巨卿重其名多禮敬之
然公早嬰風樹無心進取放跡林泉舍後有蒼松因
自號松巢峒隱李公義健孤竹崔公慶昌玉峯白公
光勳諸人從之遊公少時李芑謫康津時人稱芑有
學公從而學焉留數日卽歸人問之則曰凡於毫末

一皆秘之不欲人知之君子心事豈宜如是同鄕有
叅乙巳僞勳者勢焰熏天猶重公名欲一見之公嘗
在山寺讀書其人托於遊獵與鄕人相約而至公聞
之輒移棲避之遭祖母喪守制三年朝夕上塚不廢
風雨終始如一日柳眉巖希春林石川億齡相謂曰
純孝出於天性雖古之孝子無踰於此推以自盡於
方喪必素食三年柳淸溪夢井金健齋千鎰一時之
名儒每有禮文逕庭經義疑晦處必往復問難每歎
曰論辨精確眞非今世人所可跂及年二十七中司
馬三十六中乙科式年歷敭淸顯與奇公大升齊名

正色立朝有壁立千仞不可奪之氣總其履歷則初
補槐院薦入承政院爲注書侍講院說書司書司諫
院正言司諫兵曹正佐郞吏曹正佐郞議政府檢詳
舍人弘文館應敎典翰又嘗選居湖堂丁卯以遠接
使從事官徃迎　詔使其年擢拜承政院同副承旨
司諫院大司諫兵曹叅知叅議未幾還入政院爲都
承旨辛未以文臣廷試壯元加資爲禮曹叅判司憲
府大司憲弘文館副提學吏曹叅判癸酉以辨誣使
赴　京還陞嘉義錄光　國勳後追封延陽君甲戌
以大臣薦特拜刑曹判書乙亥關北缺監司時本路

歲凶且有邊警 上難其人公時在罷散中 上特
命授之道在遐遠無名之賦不法之事狼藉無藝公
至悉理而釐革之威惠并行一路澄清俄許典翰銓
以御史巡撫本道遇鰥峒小氓則必問李判書好在
否銓以其事識諸册子而美之入爲吏曹判書兩館
提學銓選平允士論重之公久負文望朝夕當秉文
衡而其時處是任者久居而終不歸之公物議甚歉
焉壬申春年飢 上命畫工寫流民圖作屛十帖又
命公逐帖賦詩以進以寓觀省焉 仁聖王后昇遐
朝廷論服制不一公請 上行三年之喪據禮引經

明白精當羣議推爲第一 上竟從之柳相成龍時
在玉堂誦公文敬服曰此老所學其至此耶爲寫一
通置之几案並書公論議政事作一冊以自玩賞焉
戊寅以戶曹判書乞暇省墓于咸陽十月初七日病
卒訃聞 上震悼隱卒之典有加焉 特命所經護
喪歸葬于坡州廣灘上先塋之側子坐午向之原康
津章甫立祠俎豆之世以青蓮先生稱焉夫人洪氏
郡守處誠之女男善慶察訪三女適安昌賢奇誠獻
朴舉賢察訪男恭吉有吉復吉益吉井吉伯季皆縣
監仲叔皆縣令第三別座四女爲柳希成崔壂李振

先金溓妻曾孫壽仁克仁榮仁友仁好仁壽仁文科
典翰以恬退學行聞于世克仁文科持平玄孫碩耉
監察碩亨參奉碩昌碩臣碩賓碩寬並庶出十四人
公器局峻整神彩秀朗見識通透言論明白蓋優游
而灑落也正大而從容也平居夙興盥櫛端拱危坐
研覃經傳況潛奧義踐履篤實至微細事未嘗放過
見事理眞實處確然自守不隨俗依違至聞人善言
見人善行必沛然從之無所疑惑 宣廟初服李文
成公諸賢以爲乙巳之禍甚於己卯若不伸雪人心
拂欝無以爲國遂協力竭心爭論不已雖以李文純

之高見亦不能無疑於眞僞之卞矣及 宣廟允從
羣議當有頒教中外之文諸賢皆推筆於公公不辭
應命其所以泝禍敗之源流斥羣邪之奸欺著 明
廟友于之情發鳳城冤屈之狀明白痛快至使讀者
感激流涕論者謂不獨文章出等其志氣之發卒可
見於此云爾自是論議大定以啓 宣廟淸明之化
公之功可謂大矣 宣廟嘗命公作國朝儒先錄序
公上明道學之淵源次敍傳授之統緖老成典要人
無間言公可謂知言之君子矣不有眞知踐履之功
焉得以與此哉古人云一臠可以知全鼎況此數件

文字不止一齋而已乎其爲都承旨也終日端坐嚴
毅不可犯廳中寂然無敢闌語至於內間女侍相戒
曰今日李某入政院矣惟恐語聲之出於外也　上
以故久任於是職其長銓曹也有族人來有請公正
色出示一冊子蓋錄才行人姓名也其人亦在其中
矣公曰吾錄子名將以擬望矣惜乎子若不言可以
得官矣其人大慚而歸公每注擬時必遍問於郎僚
論議歸一然後用之如或有誤則終夜不眠曰我欺
主上矣公嘗以清白見錄李文成先生稱之曰李某
居官盡職律身清苦位至六卿寒素如儒生客至盃

盤冷淡人服其潔思菴朴相公嘗於經筵啓曰李某
可以託六尺之孤寄百里之命嗚呼以公之才之德
當　宣廟盛際倘一任經綸之丕責則其所猷爲必
有可觀者以故物論皆望其朝夕入相而公則病矣
可勝惜哉世采自少每服公名德以爲　明宣間第
一人物常欲得見其論著文字而不能得心竊惘然
今碩亨以公行蹟來示俾成易名之典適坐衰昏不
能有所發揮只因舊文而叙次之庶幾爲太常氏採
取之資云

大匡輔國崇祿大夫議政府左議政兼領經筵事
世子傅朴世采謹狀

肅宗丙子六月初七日太常議諡

文清 勤學好問曰文 避遠不義曰清 落點

文莊 文上同 履正志和曰莊

文靖 文上同 寬樂令終曰靖

神道碑銘

萬曆六年十月癸未資憲大夫吏曹判書兼弘文館
提學文清李公卒于咸陽公諱後白字季眞其先中
國人也唐高宗顯慶五年中郎將茂從蘇定方平義
慈留事金氏家海臯海臯於今爲延安故子孫爲延

安人曾祖諱淑瑊事　成宗爲吏曹參判副提學諡
文莊祖諱世文參奉　贈吏曹判書考諱國衡縣監
贈領議政延川君妣林氏　贈貞敬夫人公生九歲
喪父母鞠於伯父諱國柱家少明敏嘗從李芑學辭
章數日輒歸人問之公對曰芑之中心雖毫髮皆秘
之不欲人知君子之心豈如是耶遂與芑絕芑之徒
有爲衛社功臣者聞公讀書浮圖寺欲往見之公輒
移棲而避之峒隱先生李公義健常稱之曰誠莊士
也年二十七成進士嘉靖三十四年擧乙科權知承
文院副正字選入　世子侍講院爲說書改承政院

注書兼春秋館記事官遷兵曹佐郞入司諫院爲正言改 世子侍講院司書選授吏曹佐郞陞拜正郞移兵曹已而薦入議政府爲檢詳遂遷舍人由司諫院司諫入弘文館爲應教 賜暇讀書公少與崔公慶昌白公光勳爲歌詩名重當世及 賜暇常在湖堂與諸學士課文章諸學士見公歌詩皆以爲不可及也隆慶元年 莊皇帝遣翰林檢討許國給事中魏時亮頒詔書公以弘文館典翰充遠接使從事官 宣祖卽位擢承政院同副承旨未幾拜參知兵曹初文純公李先生召至 王京擢議政府右贊成

小人金鎧内不平譏文純公甚切公與奇文憲公大升怒詆之及鎧進爲大司憲乃啓言今之儒林矯激喜事人竊憂之昔文正公趙光祖得罪朝廷者皆由於矯激之徒釀成其禍也願 殿下痛加裁抑鄭文淸公澈曰此金鎧中傷李某奇大升也卽求對爲上言曰金鎧熒惑 聖聰安得不嫁禍士林耶 上大怒曰鄭澈過矣鄭公對曰雷霆雖嚴臣言不可以不盡因言鎧熒惑之罪 上竟黜鎧削其官爵已而公拜司諫院大司諫又入兵曹爲參議改承政院都承旨公爲人淸愼有守在政院終日端坐容貌嚴毅

不可犯 禁中肅然人無敢閑語後宮女侍輒相戒曰李某爲都承旨毋使語聲出於外公以是久居政院文忠公朴先生淳告于 上曰曾子所謂可以託六尺之孤寄百里之命李某是也五年擧文臣廷試第一擢嘉善大夫禮曹參判入司憲府爲大司憲遷吏曹參判兼藝文提學六年大饑 上命畫工爲流民圖諭公曰赤子流離之狀予甚愍之爲此圖列於内屛卿賦詩以警不德公於是爲詩十篇投進之萬曆元年充奏請使如京師請正 國系是時 天子新卽位勅太學士修 世宗皇帝實錄禮部尚書陸

樹聲感公之請卽具奏乞載實錄因又入續修會典詔曰可冬使還 上嘉其忠命特陞嘉義大夫明年上問大臣誰可爲刑曹判書者大臣對曰李某可遂特授刑曹判書以事免又明年 上以公爲咸鏡觀察使金公繼輝爲平安觀察使將行文成公李先生言於朝曰李某金繼輝兩人不可去朝乃上劄曰李某金繼輝明於典章達於時務宜留之爲朝廷用上不從居二年召拜吏曹判書兼弘文館提學公在銓不受私謁雖故舊數往見之則輒不悅有族人往見求官公正色出示枕上孝廉簿其族人亦在簿中

公歎曰錄子之名久矣使子不言吾可以擬於官也其族人大慙而去每注擬適問郎僚若有誤者必終夜屏營不寐曰我歟 主上矣初尹元衡與李芑鄭順明等爲腹心殺尹忠毅公任柳忠肅公灌又起大獄殺鳳城君岏桂林君瑠 仁宗未葬而外家盡被屠戮元衡等又誣 仁聖王妃朴氏陰主岏謀任灌旣死策功臣號曰衛社 宣祖嗣位領議政李浚慶率百官請削衛社功臣號 上不許及 仁聖王妃疾大漸乃命削衛社功臣號使大提學金貴榮撰敎以進貴榮詞拙而意不章 上顧近臣曰辨別忠

邪此國家至大之事宜正其辭以曉諭中外士臣宣可草草若是乎卽命公改撰敎書公奮曰是非乃可明矣乃不辭立草敎書以獻之宣敎之日百官感激往往有泫然而泣者於是國論遂大定以啓 宣廟平明之治公功爲大已而 仁聖王妃薨領議政權轍議曰 殿下當服齊衰公以爲王者繼體雖兄弟亦服三年今 殿下爲先王後而先王實承 仁宗之統是 殿下於 仁聖王妃有祖孫之義當服三年 上竟從之遂定爲三年之喪明年六月公以疾固辭吏曹改戶曹十月請告如咸陽未反而卒享年

五十九訃聞 上震悼賜吊祭以其年十有二月庚辰葬于坡州廣灘之原公氣朗望之凝然其守堅若不可移聞人善言不終朝而沛然從之不少疑也與人交老而益篤治身廉潔菜羹淡然如寒士四方饋遺無所受爲觀察時悉蠲無名之賦及旣歸御史許篈巡撫北方遇塞上戍卒小民必問李公無恙否篈以是知公遺愛之在北方也然公素善青陽君沈公義謙小人不悅者甚衆金孝元嘗曰李某六卿之材也若作相我當劾之李文成公曰李某不能容物而今之所謂六卿賢於李某者吾未見也雖使爲相彼

孝元安能劾哉初 宣廟命弘文館副提學柳公希春論次先賢金文敬公宏弼鄭文獻公汝昌趙文正公光祖李文元公彥迪言行爲儒先錄凡四篇使公序之上以明正學之源下以述傳道之統垂于後世公彊記至老不衰所爲文有青蓮集藏于家公旣卒之十二年 顯皇帝詔頒會典公以請正 國系功特命追封延陽君賜輸忠貢誠翼謨修紀光國功臣號謚曰文淸政府以公淸白聞命吏曹錄其子孫配貞敬夫人南陽洪氏某郡郡守處誠之女也生子一人女三人子曰善慶重林道察訪女長適安昌贅次

適奇誠獻次適朴攀賢察訪生子五人女四人子曰恭吉縣監曰有吉縣令曰復吉別座曰益吉縣令曰井吉縣監女長適柳希成次適崔塈次適李振先次適金渫公當 宣廟極盛時進於 王朝與朴文忠公李文成公二賢人相讓以德相引以義名列於高位然所謂朋黨之說日益興公雖已卒而小人媒孼不已二賢入皆被中傷悲夫銘曰

李自中國始徙于延文莊侃侃烈聞甚熚公治文章遂翔 王庭衡牙朱組有鏘璜聲公隆儒學序我四賢沂泗大道以昭其傳公有令望元臣交擧乃授士師九棘以處乃畀鈇鉞翊公于宣赫赫天官何任之專公有懿德君子攸友文忠維前文成維後褒之揚之引之挽之噫嘻小人讒言其滋 王明邪正爰削衛社公作璽書布聞于下德音惻怛蒭蕘亦泣是非旣定 王道乃立哲人則好憸人則訾刻詩于石百世不隕

嘉善大夫吏曹參判兼守弘文館大提學藝文館大提學知成均館事同知 經筵事 世孫右副賓客黃景源撰

遺事

公年未十歲在咸陽從師遊學一時學徒有盧玉溪吳德溪韓錦山諸人聯句曰晉代衣冠畢吏部(玉溪)風流千載屬吾儕(德溪)夜來偸飮無人縛(錦山)公時年最少續之曰大醉還山月欲低議者謂第四句跌曠之中又有清邪氣味露出文章手段

十歲前連遭考領相公妣貞敬夫人林氏喪哀慕執喪凡喪祭微文小節皆質問於長者行之必欲盡合古禮伯父參奉公大奇之曰此兒必爲學問之士也又曰大我門戶者必此兒也

年甫十餘歲以伯父參奉公命往學于表公寅之門表公素有學行之人也敎人有次序法度公由是德器益就文思日進每質問疑義表公不能難

公之王考判書公叅世祖母洪夫人隨其親庭來留於金陵地(金陵康津古號)公自嶺南往省因留侍之時公年纔成童矣

公愛博山溪岑清勝遂卜居刱數椽讀書講學一時名儒從遊者甚衆(博山金陵境)

白公光勳聞青蓮李公講學於金陵之博山村就以學焉李公每以絶世奇寶稱之一時有崔孤竹慶昌尹斯文篔金南溪胤李峒隱義健林斯文慉同學于

李公有偲切薰陶之益 玉峯年譜

青蓮李公與奇高峰共遊於光州徜軒本州牧吳公謙聞兩公文章特設文酒宴聊與一娛也李公頃刻之間揮灑長篇短篇律詩古詩數十篇又講綱目雖微章少句無不應口而誦奇公亦如之於是吳公避席而拜曰今日之會眞詞林之勝事雖陳洞庭之旬天廣樂不能多於此 夢溪筆談

思菴朴公嘗得一句曰暎山紅暎斜陽裏未得其對李公適至應聲而對曰生地黃生細雨中盖暎山紅花名生地黃藥名也 清江瑣錄

明廟十六年命大提學洪暹選讀書堂人員朴淳丁胤柳琠崔顒奇大升李山海李後白辛應時等凡八人 國朝寶鑑

盧蘇齋守愼嘗語人曰李某文章才調分明是金貴榮之上而文衡終歸於金是亦數也況一松喜壽親聽之云 一松集

公嘗以遠接使從事官就詔使許國魏時亮講定儀注於舊例中頗有損益參酌古禮務歸正當兩使皆稱善退溪李文純公聞之與鄭惟一書曰李典翰某處 詔使所定諸儀註可索取來示否李君曾許以謄示似聞其中値病患未必記得公自以意問取爲佳云 退溪集

退溪李文純公答鄭惟一書有曰朴子進名過其實而昧於自處蹭蹬無怪其意不止於此一人然當靜而俟之尚何爲哉李李眞之意如此亦好 退溪集。
李眞先生字

眉巖柳公常曰李某道德文章宗範一世

李公拜北伯粟谷李文成公以爲李某練達時務明習典故不可去朝乃議于同僚上劄請留 上不從時沈金有分黨之漸李公負衆望與青陽君善人目之以沈黨也李公旣出金孝元受謗益深

經筵奏事云李某之文章學力已到極處 朝野記聞

己巳冬至方物製表中有爭長亞歲之儀之句李公論其誤改爭爲方

李公同成均時與柳公希春鄭公芝衍坐明倫堂與諸生揖出箴題不役耳日李公所命也

盧公守愼以右相奏言地部長官宜擇差並薦李公與沈守慶尹鉉李公遂除户曹判書時稱得人李公居是職財賦平及李公卒尹鉉爲度支長頗事聚斂朝野皆思李公

思菴朴公淳嘗於經筵啓曰李某可以託六尺之孤
寄百里之命又啓曰李某眞合大用之人也 上然
之
北道風俗獷悍專尚弓馬不習文學 宣廟初李青
蓮爲方伯作文會書院於咸與以文教之自是策名
登朝者相繼壬辰之亂多賴此輩之力若李公可謂
眞方伯矣 涪溪記聞
以李某爲吏曹判書李某在咸鏡道民懷善政至是
拜銓長 經筵日記
甲戌三月李叅判後白代大提學科次讀書堂朔 缺

啓請副提學柳希春同考 上從之遂會于上番廳
與柳希春同考許篈道峯書院上樑文及古詩皆以
上之下等第
金鎧爲人剛愎自信見人異於深俗則必深嫉之旣
斥退溪李文純公又大言曰當今士類妄欲有爲不
可不抑制也盖指奇大升沈義謙李後白等也其後
士類合辭攻鎧 經筵日記
李元慶者浚慶再從弟也失職怏怏甚欲朝廷生事
上舅鄭昌瑞亦欲攬權勢相與潛謀欲攻朴淳李後
白吳健等十餘人元慶一日語白仁傑曰 上甚厭

朴淳李後白去之易也
丁卯四月都監郎廳啓館伴及吏禮曹大提學同擬
製述官尹斗壽李後白吳億齡奇大升權擘盧守愼
柳希春李珥梁應鼎等
柳公希春講畢進榻前啓曰臣頃撰語錄字義與李
後白及同僚反覆商確矣
柳公希春以檢詳速出非故事而舍人先生奇明彥
閔叔道皆以爲太遽故具錄尹舍人根壽手書之薦
通于李承旨後白盖李公以都承旨爲吏房故也李
公答書 缺 盛壯之年劇務獨賢得新進 缺 人誰間然

顧先生昔際危難 缺 浮議所撓今日乃慮此耶
宣廟嘗震怒某人之䟽欲鞫問其言根曰若得讒人
則可罪讒人不得則罪作䟽之人於是左右相憲長
諫長及都承旨李後白極諫不可事遂寢
奇高峯曰鄭季涵 澈 以內艱爲父憂外艱爲母憂余
反攻其說李季眞 後白 亦以季涵之言爲然余殊不
以爲然厥後偶見圃隱集年譜其中正以父憂爲內
艱母憂爲外艱然後又知兩公之言有所稽也
忠武公李舜臣爲咸鏡道童仇非權管時李青蓮後
白爲監司巡行列鎭試射邊將邊將免杖者少至本

堡素聞忠武公名甚欵接忠武公因從容言曰使道
刑杖頗嚴青蓮李公笑曰君言好矣我亦豈無是非
而爲哉 忠武全書

澤堂李公植撰李洸行狀有曰咸興營府舊納細布
貂皮私用頗役李公後白鄭公彥信按道遞減其半
及李公洸爲政盡蠲之 澤堂集

宣廟戊寅年間令二品以上各擧遺逸青蓮李公以
沙溪金文元公長生薦命其薦目曰篤信古訓沉潛
經傳是時李公在銓曹卽除金公爲 昌陵叅奉 沙
溪年譜

國家自乙巳斬伐以來羣奸滿朝賢士屛息利慾滔
天義理晦塞國勢之危堇若綴旒公與思菴存齋青
蓮黃岡諸人同心協力有以正君心培士氣維持其
間庶不至敗而 明廟末年上意乃悟始除姦兇轉
移風俗遂使公論行於朝廷以至 宣廟之初儒風
勃興善化大行 朴都憲應男行狀

青蓮李公曾王考文莊公嘗爲咸鏡監司時北俗蚩
蠢專無文學文莊公遂手書四體小學刋布列邑以
教蒙士由是北俗頗知向學之方遂立石頌德建祠
俎豆 賜額文峯書院及青蓮公繼爲北伯因其迹
益勸文學文風大振北人比之文翁之化蜀追享於
文峯書院至今祀之云

閔舍人德鳳湖南人旅宦沒于京青蓮李公極悼惜
之盡力助賻且貽書於柳公希春勉其自本館別加
顧恤盖柳公方爲同成均也李公與柳公書尙藏在
閔舍人後孫家云

青蓮李公與宋贊偕往趙秀彥第見壁間有屛風卽
黃耆老草書也李公謂趙公曰吾有新屛風願換此
秀彥曰何也曰吾平生嫉此書願換而焚之

柳謙菴雲龍與南義仲書曰李判書青蓮公不意捐

館滐爲摧痛爲國一念夷險不移而於私己事無一
点涴厚如此之人何處得來

李公卒賜祭文曰望之日烈卽也春溫一時傳誦謂
公實事

青蓮李公嘗以繡衣持斧廉察湖南李公素以剛直
明察聞守令聞之觧印紱去者數人

辨誣事蹟

宣廟二十六年癸未謝恩使兪泓回自京師 宗系
改正昭雪會典一冊禮部題准給送 皇帝降勑褒
諭先是 國朝康獻大王被本國叛賊臣誣告 宗

系于中朝 皇祖寶訓及大明會典俱錄有誣語自
王七代祖 恭定王以至 前王累世陳奏以辨其
誣每奏輒蒙許改而所改之辭尚未昭示及 王嗣
位慨然發歎曰 國系受誣二百餘年何可一日偃
然食息於覆載之間哉宜極擇使价血誠奏籲以期
昭辨乃於萬曆元年癸酉遣陪臣李後白等三年乙
亥遣陪臣洪聖民等六年戊寅遣陪臣金繼輝等十
二年甲申遣陪臣黃廷彧等節[缺]續齎奏陳請每當
封奏 王必戒使臣曰不得準請則毋還也其危辭
懇語可以感動天地至是始得快覩昭雪 王教羣

臣曰賴諸卿之力今日得有是事 皇恩罔極古之
人君莫大於中興祖業光復舊物此不過外物耳豈
如今日得雪數百年至痛使彝倫復叙東韓再造予
可以有辭于祖先矣遂親行告祭于 宗廟社稷畢
教曰今日親承寶典祗告 太廟志願畢矣可大赦
與臣民同慶且新受景命已告 廟社夫子乃彝倫
之主予當親祭以告彝倫復叙之意遂祭文廟且
命俞泓等一行承文院提調等 賜宴于太平館以
勞之 穆陵誌文
癸酉遣奏請使李後白等乞將 宗系已辨誣等事

增入新修會典蓋 皇朝方修續大明會典故也禮
部尚書陸樹聲等覆題曰據爾 宗系各有本源而
其爲誣辭在我 皇祖之大訓固得于一時之傳聞
在伊裔孫之辨詞實出於一念之誠孝宜念世秉禮
義克篤忠勤依其所請奉 聖旨該國前後奏辭備
細纂入於 皇祖實錄內新會典則候旨續修增入
仍降勑諭畧曰爾祖某久蒙不韙荷我列祖垂鑑已
爲昭雪改正茲者纂修實欲將前後奏辭備行採錄
以垂永久朕念爾繫守禮之邦且事關君臣大義特
允所請即命抄付史官備書于 肅祖實錄俟後修

新會典以慰爾籲雪先祖懇情
萬曆十有六年戊子二月謝恩使俞泓還自京師得
頒賜會典成書並奉勑來宣 上迎勑郊外告 廟
赦御殿受賀
戊子三月羣臣以改宗系光前烈請上尊號 上不
許
己丑請錄光國勳臣三司請上尊號 上不許
庚寅二月廷臣建請上尊號 上不許久乃勉從上
尊號曰正倫立極盛德弘烈
庚寅八月錄前後奏請呈文入

光國功臣錄

輸忠貢誠翼謨修紀光國功臣

一等尹根壽 子固禮判文衡海平府院君文貞公 月汀甲戌奏請

黃廷彧 景文兵判文衡長溪府院君 芝川甲戌奏請

兪　泓 止叔左相杞城府院君忠穆公 松堂戊子以會典成書來

二等洪聖民 時可判樞文衡益城府院君文貞公 拙翁乙亥奏請

李後白 季眞吏判延陽府院君文淸公 靑蓮癸酉奏請

尹斗壽 子昂令相海原府院君文靖公 梧陰呈文赴京

韓應寅 春卿右相淸平府院君忠靖公 百拙芝川書狀

尹　暹 汝進校理龍陽府院君文烈公 果齋松堂書狀

尹　泂 美伯判敦茂松府院君靖僖公 後川梧陰書狀

洪彦純 譯官通事唐城君

三等金　澍 應霖禮參花山君 寓菴癸亥奏請

李陽元 伯春令相漢陽府院君文憲公 鷺渚寓菴書狀

黃　璘 吏判義城君 呈文赴京

尹卓然 尙中戶判漆溪君 漆溪靑蓮書狀

鄭　澈 季涵左相寅城府院君文淸公 松江以大臣錄

李山海 汝受令相 鵝溪以大臣錄

奇大升 明彦副學德原君文憲公 高峯撰奏文

柳成龍 而見令相文衡豐原府院君文忠公 西厓以大臣錄

崔　滉 彥明贊成海城君 月潭請道奏請使

建院事實

萬曆己丑孫公軾按節湖南倡道內之士就公僑寓之康津縣北博山村後營立書院而未及完役値壬辰之亂因以未成及庚戌道內諸賢發通刱立于舊址盖此同事之人卽一代名流表著於士林者也旣始役因形勢之不便更擇地于縣北月巖村下營建號瑞峯書院奉安先生位版

瑞峯書院營建通文

睡隱姜　沆製

盖嘗聞李文靖淡然無慾王文正儼然不動兼之者吾靑蓮李先生其人也先生早自奮發爲切問近思之學晩而樹立有利民澤物之志遭遇明時終始一節引君當道懇懇不已好賢樂善休休有容樓臺起無地暮夜孰懷金淸白之可質鬼神形於處士之歌咏文章金擲地風采王成樓聲容之聳動耳目播於學士之章句草削勳之文而九地之姦鬼慄序儒先之錄而先賢之潛德發長風峻節緖言餘論足以百世下興起而况於一世乎况於一道乎况於一邑乎如是而廟貌不立風聲未樹其於高山仰景行行之之義何如哉遠近大夫指吾南爲頹靡其孰能說之

竊念康津縣乃先生僑寓地而月出山是先生藏修所也玆用於縣北山南剏立書院文武不謀同辭士子咸懷盡力第念先生一國之名卿而斯文之蓍龜非康津一鄕之所得以私則書院之說乃一道公共之責非一邑之所應獨任也肆敢播告于列邑諸君子伏願共成盛事以侈斯文不勝幸甚

又通文　兌湖曹行立製

賢者之出豈偶然哉生能扶植乎此世沒亦準則乎吾人則賢者之有關於世大矣是以人之於賢者雖沒世而敬之不衰必爲建院立祠俾享俎豆之腏食

永爲多士之瞻依則儒林盛大之擧後學興起之方豈有加於尊慕而祀事之哉竊惟　國朝名臣青蓮李先生氣稟敦厚聰明絶倫早自奮發爲切問近思之學踐履篤實積操存涵養之工晩而樹立有利物澤民之志純懿剛直盡責難陳善之道垂紳正笏朝著肅穆觀風察化坻俗丕變洙泗淵源之學氷玉耿介之操好賢樂善之德匪躬盡瘁之節國家之倚以蓍龜朝野之仰以山斗者不可以一一指稱而試取數事言之則草削勳之文而九地之姦思慄序儒先之錄而先賢之潛德發獻議切確而　王后之喪制定焉奏請誠懇而　宗系之舊誣辨焉以至於言行事業之可考可稽而載之於諸公記事者何限畧擧其槩則西崖柳相國之在玉堂也誦公文敬歎而嘗寫一通置之几案並書公論議政事作爲一冊以自矜式思菴朴相國之入對經席也曰李某可以托六尺之孤寄百里之命柳眉巖之啓曰李某文章學力已到極處林石川之言曰李某純孝出於天性李鵝溪之詩曰八座位高猶貸屋兩朝恩重未歸田栗谷李先生嘗曰李某爲銓長務崇公道請託不行注擬公明又曰李某居官盡職律身淸苦位至六卿寒素

如儒生噫先生德業之盛先生造詣之深則以諸一二言而槩可想矣高風峻節緖言餘論足以矜式乎百代則後學之尊尙景慕爲瞻仰準則者非先生而誰與往在萬曆己丑孫公軾按節湖南之日以右文之意倡一道之士優給材料欲剏先生祠宇於康津縣是縣乃先生僑寓之地而藏修之所也一道多士聞風向慕庶幾訖功而値壬辰之變不得成就爲吾儒落莫之恨雅者矣粤在庚戌先輩金府尹存敬林監司塤尹正郞光啓趙正郞彭年姜佐郞沆尹掌令趌洪僉知千璟李結城喜態進士崔坱進士柳敬賢

生員金安邦諸大夫不謀同辭通告列邑咸懷盡力更創廟貌堂宇墻垣井井可觀而值昏朝否塞之際九仞之功竟爲一簣之虧則豈非斯文之厄會而士林之不幸也哉天日復明之後卽當興廢修闕以遂素願而遷延等待尙爾未就者豈不爲吾儕之所耻而遠近士大夫指吾南爲頹靡其孰能以何說解之惟我三邑之士慨然於斯咋謀共議已試工匠之役纔有樑桷之架而財力已竭完畢無期諸生之相視嗟咄曷有其已而烏可無播告列邑以冀諸君子之聳動也哉竊念先生國朝之名賢而斯文之大宗匠

也爲先生立祠宇豈但多士之所獨以私享者也諸宰閤下臨莅一邑實南土風化之任則其於尙賢聳動之擧不必後於士子之趍風况先生風裁特立之操爲搢紳間師表領袖則諸宰亦必欽仰範式若聞建祠之事則何惜捐俸之費而不救羸屈之慮乎伏願諸宰惠顧尊慕之義優助工匠之資以副區區之望不勝幸甚

瑞峯書院上樑文

欂軒郭聖龜製

雖百世可知尙有遺風之存者微先生誰與所以爲廟而饗之實一國所共欽故是邦之先倡先生乾坤正氣今古偉人學力能造於淵源固非後生敢議純孝况出於天性旣見先輩亟稱自持磊落簡確之姿不負正大光明之志淸白是自家長物末之前聞文章爲一代所宗特其餘事惟其壁立千仞是以恩重兩朝草削勳之文地中之邑帽慄彰先儒之蹟卷首之辭分明申包胥之哭庭東誣昭雪范孟博之攬轡北路澄淸人物銓衡邪正自別於進退邦家龜鑑用捨實關於重輕置廟堂雖曰不然在朝廷無出其右思菴相公之發歎豈偶然哉栗谷先生之正論良有以也有德有功有言有烈俾也可忘如金如錫如璧

如圭沒而不朽不但當世之瞻仰果是後代之模楷矧當右文之辰寧欠妥神之典是多士公共之責非一邦所私顧先生振作之風自弊邑伊始蓋薄修息遊之於此而像想依慕者之滐之子之孫風流尙爾某丘某水物色依然爰謀一畝之宮粤自曩者不免半塗而廢以至于今秪緣財力之不敷豈云尊尙之未至時至有待遠近齊聲道之將行公私協力願新者聽閱基於一邑之中不日而成授規於三農之隙幸方伯之悉心英靈攸托况地主之殫慮輪奐苟完地圻南濵素稱金陵之勝山連北麓自作沙洞之奇

瞻棟宇而長懷莫曰樓臺無地奉香火而冈鈇抑亦鄉黨有光用遵白鹿之遺規爰揭青蓮之舊號天王峯分萬仞高先生之節配其峻極九湖水方千丈緜先生之風並其汪洋敢伸一言恭贊六偉兒郎偉拋梁東江上孤城曉旭紅莫道絃歌長寂寞至今治化有文翁兒郎偉拋梁西野店蒼茫落日低白屋疎籬烟細細令人却憶舊時題兒郎偉拋梁南九湖風靜水如藍凌波欲渡滄溟去何處鰲山峭作三兒郎偉拋梁北月出巉巉撐手極面目直如五老峯謫仙當日留行蹟兒郎偉拋梁上煌煌奎壁垂天象偏邦從

此借輝光一代文明誰與讓兒郎偉拋梁下混混源泉流不舍九曲餘波接武夷潔清肯受纖塵涴伏願上樑之後多士歸之斯文備矣晦者以明絕者以續冈不宗師望之則烈卽之則溫有所矜式一變鄒魯長鎭溪山

康津瑞峯書院奉安祝文　白江李敬輿製

人有秉彝好是懿德百世相感先正遺躅恨不同時九原如作矧爾挺生幸此南服高山仰止愈久彌篤緬惟先生天授英特啓鍵自己委身斯學建安工程曲江標格霽月光風山休玉立行修家庭聲騰邦國補綴舜裳彰施五色餘事文章漢遷唐白手秉天衡官方載穆門屛苞苴宵肝氷蘗臨戎朔徼克壯鎖鑰卿月增位王鉉虛席睿眷方隆天奪胡速痛軫淵衷恩逮窀穸薦紳雪涕輿儓巷哭星沉朱鳥彩晦奎壁文喪吾東士失矜式殄瘁當年遺恨此日象賢捨是誰爲廟食鄉髦建幟人恐勿亟歲値龍蛇釁鋒充斥事歸參差章甫永惜日月幾何壠有拱木斯邦之耻豈容暫釋載營經始民思丕作月峯之陽武夷一曲扙屨攸經龜筮亦協棟宇肇新豹虎遠跡水深山高包絡川陸妥靈有所典型在卽絃歌遊藝右堂左塾

吾黨小子庶償厚責從此虔奉永世無斁尙俾狂簡獲遵繩墨君子之澤奚異提掖月吉辰良陽生陰剝玆潔牲醴式薦菲薄今古雖殊精爽靡隔神享克誠冀或降格

咸興文會書院追享祭文　寒圃齋李健命製

穆陵御世儒化旁達時維文淸簡畀北臬思宣德音首闢庠序其教其育有條有緖廣聚經籍厚以廩餼由淺入深必以身帥賢愚咸得遠近風動椎鄙一變弓馬絃誦北人咁闇誠深借寇　聖褒炳然且示恩諭功德入人百歲如昨睠玆咸府儒宮有侐敬憲是

享文翼追躋亦有鄉賢並列東西公曾樂斯遺躅可
尋士論始倡事若待今儷美匹休同閭先後英靈不
昧庶歆茲卣

知禮道洞書院追享祭文　鏡湖李宜朝製

一代英豪兩朝元老學邃經禮德宜師表移孝事君
道本一貫正色立朝壁立千仞削勳頒教昭雪幽冤
邦禮獻議人服正論儒先錄序光國勳名道統攸叙
國系斯明北藩遺化東銓公道名錄淸白材優廊廟
居官盡職托孤寄命栗老思翁推重甚感律身淸苦
寒素如儒養德正大誠信外孚額宣右院名垂後代

玟屭茲鄉遺芬所在士議躋享道洞之祠先祀忠簡
靖襄文僖皇考追服先生與同五賢並列多士攸宗
筮日齋沐縟儀是將薦以泂酌庶格洋洋

道洞書院春秋常享祝文　性潭宋煥箕製

德純忠孝學邃經禮昭代淸名頹俗激勵

建院事蹟

湖南儒生享先生于康津瑞峯書院

先生嘗僑寓於康津地萬曆己丑湖南章甫營建
未及訖功值壬辰之亂而止庚戌復建。

關北儒生享先生于咸興文會書院

先生嘗爲咸鏡監司有遺愛于此道及遞歸諸生
上疏願留　上優批不許其後北人慕先生之德
追享于文會書院因以　上批揭于院壁

嶺南儒生享先生于知禮道洞書院

嶺南以先生生長之鄕久有建院之議　正宗戊
午嶺南章甫以先生及先生之曾王考文莊公享
于道洞書院

湖南儒生享先生于靈巖龜巖書院

先生嘗寓居於靈巖地　純宗辛酉湖南章甫享
先生于龜巖書院

瑞峯書院請額疏　疏頭進士金翮　製疏持平金鎭瑞

伏以恭惟我　宣祖大王在宥人材蔚興文治昭朗
時則有若故判書臣李後白德行經術文章言議允
爲搢紳之模楷士林之標的至今去後白之世雖已
閱百累十載而兒童猶有誦靑蓮之號者以臣等之
草野愚賤其於後白亦豈無景慕之誠哉旣有景慕
之誠則備儒林崇報之禮旣備崇報之禮則安得不
丐　朝廷顯揚之典乎况今　聖明在上以褒賢尚
德爲第一務此臣等樂道後白之賢以冀　殿下之
垂察者也若曰臣等何從而得之則請有以證之臣

等謹按先正臣宋時烈所撰行狀有曰器局峻整神
彩秀朗見識通透言論明白蓋優游而灑落也正大
而從容也研覃經傳沉潛奧義踐履篤實確然自守
宣廟初服李文成諸賢以爲乙巳之禍若不伸雪人
心拂鬱無以爲國遂協力竭心爭論不已及　宣廟
允從羣議當有頒教中外之文諸賢皆推於後白後
白不辭而應命其所以泝禍敗之源流斥羣邪之奸
欺明白痛快至使讀者感激流涕論者謂不獨文章
出等其志氣之抜萃可見於此自是論議大定以啓
宣廟清明之治後白之功可謂大矣思菴朴相公嘗

於筵席啓曰李某可以托六尺之孤寄百里之命云
其所謂文成卽先正臣李珥謚也思菴則故相臣朴
淳號也夫以時烈之道德學問其知足以知之其言
足以徵之其稱道後白乃如此若後白豈非搢紳之
模範士林之標的哉噫此固後白之大畧而若指一
事一行而言之則遭祖母喪守墓三年朝夕上塚推
以自盡於方喪必素食三年可見其篤於孝也柳夢
井金千鎰俱以一時名儒每有禮文疑晦必就後白
而問難每歎其論辨精確至　仁聖王后昇遐朝廷
論服制不一後白請　上行三年喪據禮引經明白

精當羣議推爲第一可見其精於禮文也其爲都承
旨也終日端坐廳中寂然內官侍女相戒曰今日李
某入政院惟恐語聲之出於外也其長銓曹也有人
來有請後白正色出示一冊子蓋錄才行人姓名而
其人亦在其中乃曰錄子名將以擬望惜乎子若不
言可以得官矣嘗以清白見錄位至六卿寒素如儒
其持身之嚴毅也守法之公平也制行之清苦也惟
此數款皆出於時烈所撰而至若故副提學臣柳希
春所錄後白道德文章宗範一世等語亦不可殫擧
也後白之賢乃擧世之所同慕也非一方之所獨尊

而惟我康津後白所居之地也先故則躬被誨迪後
學則逖仰風聲其所以知之深愛之切尊之至敬之
盡自倍於他人遂就故里刱立祠宇俎豆虔誠今已
累十春秋其於崇報之道可謂無憾而惟是請額一
事始則因循而未擧間以非特而廢閣粉題未擧觀
瞻埋沒臣等若不仰請於　聖明之世則不惟有歉
於景慕後白之道實有外於　殿下褒賢尚德之化
玆敢千里封章仰籲於　天閽伏願　殿下察臣等
景慕後白之誠推朝家顯揚先賢之典特命有司亟
賜華額以備祠儀則非有光於後白實有光於　聖

德非臣等之幸卽斯文之幸臣等不勝大願臣等無任惶懼祈懇之至謹昧死以 聞

青蓮先生文集卷之三 終

跋

右青蓮李先生文集若箇卷盖先生在道在於身先生沒道在於書欲求先生之道先讀先生之書而後庶可求其萬一而是其藏在巾衍之中而不梓行於世者是未可知也亦有可曉者夫人之不朽有三太上立德其次立功其次立言立言卽書也以上立德立功炳朗國史稱頌人口數百年如一日也書之未遑於刊者或是之由歟其然乎然從今以往爲後裔後學者欲學先生之道者非書莫可此須寂寥幾卷多乎哉不多者非是之謂歟若其先生道學節義文

章先賢叙述稱揚至矣盡矣顧末學顓蒙非敢容喙於其間者而但遺集之行不先於古而適於今者似有待焉何者而今彝倫墜地人不近於禽獸者無幾矣斯集之行先生道學節義復明於世則天欲向曙而鷄鳴不已者矣豈但曰有補於世教已哉先生後孫浩敬請余跋文念先祖文憲公與先生道義之交爲承者不可不講故不揆僭忘敢搆蕪辭以塞勤教

文乎歲辛丑十月日後學德陽奇近燮謹識

歌詞

瀟湘八景

蒼창梧오山산聖셩帝뎨魂혼이구름조차瀟소湘상에나려夜야半반흘너드러竹쥭間간雨우되온뜻즌二이妃비의千쳔年년淚누痕흔을시서볼가ᄒᆞ노라

平평沙사에落낙雁안ᄒᆞ니江강村촌에日일暮모로다漁어船션언已이歸귀ᄒᆞ고白ᄇᆡᆨ鷗구다ᄌᆞᆷ든밤에어ᄃᆡ서數슈聲셩長장笛뎍이ᄌᆞᆷ든날을새오ᄂᆞᆫ고

洞동庭뎡湖호발근달이楚초懷회王왕의넉시되여七칠百ᄇᆡᆨ里니平평湖호水슈에다빗최여뵈ᄂᆞᆫ뜻즌아마도屈굴三삼閭녀의魚어腹복忠튱魂혼을구버볼가ᄒᆞ노라

瀟소湘상江강細셰雨우中즁에누역삭갓저老노翁옹아뷘비흘너져어向향ᄒᆞᄂᆞ이어ᄃᆡ미오李니白ᄇᆡᆨ이騎긔鯨경飛비上상天텬ᄒᆞ니風풍月월실너가노라

峨아嵋미山산月월半반輪륜秋츄와赤뎍壁벽江강上상無무限한景경을蘇소東동坡파李니謫뎍仙션이못다놀고나문뜻즌後후世셰예날갓든豪호傑걸이다시놀게ᄒᆞ미로다

舜슌이南남巡슌狩슈ᄒᆞ사蒼창梧오野야에崩붕ᄒᆞ시니南남風풍詩시五오絃현琴금을뉘손의젼ᄒᆞ신고至지今금에聞문此ᄎᆞ聲셩ᄒᆞ니傳젼此ᄎᆞ手슈인가ᄒᆞ노라

岳악陽양樓누上상上상層층에올나洞동庭뎡湖호구버보니七칠百ᄇᆡᆨ里니平평湖호水슈에君군山산이반나마ᄌᆞᆷ겨서라어ᄃᆡ서一일葉엽漁어船션이任님去거來ᄅᆡᄒᆞᄂᆞᆫ고

黃황鶴학樓누젹소릐듯고姑고蘇소臺ᄃᆡ올나가니寒한山산寺ᄉᆞ찬바람에醉취ᄒᆞᆫ술이다새거다아희야酒쥬家가何하處쳐오典뎐衣의沽고酒쥬ᄒᆞ오리라

贈文白蓮 竝圖

玉옥梅미ᄒᆞᆫ가지를路노傍방에볼여거던니라서거두어盆분우희올여더니梅미花화已이成셩臘납ᄒᆞ니主쥬人인몰나ᄒᆞ노라

白蓮文公以先生之舊三爲郡守出仕後絶不來往先生作此歌以攄其意文公荅以山水歌